LITTÉRATURE FRANÇAISE

TEXTES ET CONTEXTES

Tome I

LITTÉRATURE FRANÇAISE

TEXTES ET CONTEXTES

Tome I

R.-J. BERG

Bowling Green State University

JOHN WILEY & SONS, INC.

Cover image: Molière, Culver Pictures.

This book is printed on acid free paper. ∞

Copyright © 2001 John Wiley & Sons, Inc. All rights reserved.

No part of this publication may be reproduced, stored in a retrieval system or transmitted
in any form or by any means, electronic, mechanical, photocopying, recording, scanning
or otherwise, except as permitted under Sections 107 or 108 of the 1976 United States
Copyright Act, without either the prior written permission of the Publisher, or
authorization through payment of the appropriate per-copy fee to the Copyright
Clearance Center, 222 Rosewood Drive, Danvers, MA 01923, (978) 750-8400, fax
(978) 750-4470. Requests to the Publisher for permission should be addressed to the
Permissions Department, John Wiley & Sons, Inc., 111 River Street, Hoboken, NJ 07030,
(201) 748-6011, fax (201) 748-6008, E-Mail: PERMREQ@WILEY.COM.

To order books or for customer service please, call 1(800)-CALL-WILEY (225-5945).

Library of Congress Cataloging-in-Publication Data
Berg, R.-J.
 Littérature Française: Textes Et Contextes / R.-J. Berg,—Tome I
 p. cm.

L.C. Card No. 93-79502
ISBN 0-470-00291-3

Printed in the United States of America

10 9 8

Preface

Littérature française: textes et contextes is a two-volume anthology intended for use as the core text in French literature survey courses. The volumes correspond to the chronological division of most two-semester sequences: *Du Moyen Age au XVIIIᵉ siècle* (Tome I), and *XIXᵉ et XXᵉ siècles* (Tome II).

Littérature française differs from its two major competitors primarily in the following ways:
- The selections are, whenever possible, *complete works* (see below).
- The ancillary material is written *entirely in French* (with the exception of this preface—*éditeur oblige!*).
- On the assumption that the *contextes* mentioned in the subtitle are essential to an understanding of the *textes,* the pedagogical apparatus is considerably longer and more diverse.

The *pedagogical apparatus* includes the following:
- Substantial introductions to the periods, movements and authors. If read consecutively, these essays would provide a brief history of French literature. Every effort has been made both to be clear and to avoid unrealistic assumptions about students' background knowledge.
- Before each selection, a very brief section entitled *Avant de lire.* The purpose of this section is either (a) to serve as an *advance organizer*, focusing attention on some aspect of the text and inviting students to read with certain questions in mind, or (b) to provide specific information, usually linguistic or historical. (When shorter texts are individually introduced, as is the case, for example, with La Fontaine's fables and Madame de Sévigné's letters, the *Avant de lire* section has been omitted.)
- After each selection, a section entitled *Matière à réflexion.* As the name indicates, the questions in this section are intended to serve as *food for thought*, as stimuli for class discussion and as subject matter for written assignments.
- An appendix entitled *Eléments de versification française.* Since many instructors introduce this material in survey courses, it has been included at the end of each volume in order to facilitate presentation and to serve as a reference for students. In Tome I, the illustrative examples are drawn from pre-1800 poetry, and in Tome II, from poetry of the 19th and 20th centuries.

The selections in *Littérature française* have been dictated by numerous considerations, among the most important of which are the following: the *literary merit* and *importance* of the work; the extent to which it is *representative* of its author, of a

period or of a movement; the degree to which it has retained its capacity to *interest* and *engage* today's readers; and of course, in keeping with the anthology's guiding principle, considerations of *completeness* and therefore of *length.*

"Completeness" requires some explanation. All plays in Tome I are complete, with the single exception of *Le Cid,* from which the *infante*'s role has been deleted. All poems are complete, with the single exception of *La Chanson de Roland,* from which the long "épisode de Baligant" and approximately fifty other *laisses* have been deleted. All works of narrative fiction are complete, unless otherwise indicated in the *Table des matières.* With respect to the other selections, "complete" should be taken to mean: more or less self-contained and independent. This definition may seem vague, but its application in **Littérature française** is clear and, it is hoped, uncontroversial in most cases. Few would deny, for example, the "excerptability" of Montaigne's *essais,* of Pascal's *pensées,* of La Rochefoucauld's *maximes* or of the "branches" of *Le Roman de Renard.* The same principle applies, though no doubt less straightforwardly so, to the individual *promenades* of *Les Rêveries du promeneur solitaire* and to the letters of *Lettres persanes.*

These considerations have conspired to banish from **Littérature française** a number of great authors who simply did not have the foresight to write short, self-contained works that also meet enough of the other criteria. Chrétien de Troyes, Madame de La Fayette, Diderot and Beaumarchais, to name only a few, would have been at home in the present volume and will be sorely missed. The fact that writers of this magnitude had to be "sacrificed" is an indication of the extent to which the completeness principle informs the anthology. The criteria also explain what might be called the "belles-lettristic" bias of **Littérature française,** the absence of the *chroniqueurs,* of Descartes and Fontenelle, etc. No deliberate effort was made to "break out of the canon," but the criteria, acting alone or in collusion, have in some cases done so, with respect both to authors and to works. This is perhaps a good thing.

Each volume of **Littérature française** offers more selections than can be covered in a single semester; the resulting options will enhance course flexibility. All selections from the medieval period through Montaigne are translated into modern French, with the exception of the lyric poets whose spelling is modernized. Montaigne, a transitional figure linguistically, is presented both in the original *moyen français* (with modernized spelling) and in translation. The notes explain all terms and expressions that have fallen from usage or that have changed meaning over the centuries. The instructor might wish to consider recommending or requiring, as an ancillary text, a paper-bound French-French dictionary.

Acknowledgments

I gratefully acknowledge the thoughtful suggestions of the following reviewers: Joseph Allaire, Florida State University; Heather Arden, University of Cincinnati; Arthur E. Babcock, University of Southern California; Lucille F. Becker, Drew University; Raymond K. Binder, Loras College; Leon H. Bourke, Indiana University; Edmund Campion, University of Tennessee; Rouben Cholakian, Hamilton College; Robert E. Chumbley, Louisiana State University; Robert T. Denommé, University of Virginia; Dorothy M. DiOrio, Auburn University; Benjamin Ebling,

Western Michigan University; Klaus H. Engelhardt, Lewis and Clark College; William W. Kibler, University of Texas; Nancy Lane, University of South Carolina; Arley W. Levno, Towson State University; Kenneth Meadwell, The University of Winnipeg; Joseph G. Morello, University of Rhode Island; Jean-Louis Picherit, University of Wyoming; Christopher Pinet, Montana State University; Dora Polachek, Cornell University; Jeanne Brink Rigsby, University of San Diego; Emile J. Talbot, The University of Illinois; and Phillip Wolfe, Allegheny College. Special thanks are due to Laurence M.-J. Berg for her assistance in typing the manuscript.

Finally, before retreating behind the editorial *nous,* I want to express my personal, heartfelt gratitude to Jim Harmon, Senior Acquisitions Editor at Holt, Rinehart and Winston, for his unfailing support from outset to end.

<div style="text-align:right">R.-J. Berg, Bowling Green State University</div>

Table des matières

Le XVIᵉ Siècle

Le XVII^e Siècle

Le XVIIIe Siècle

Le Moyen Age

Entrée en matière

Le Moyen Age littéraire

Pour les historiens, le terme de *Moyen Age* désigne toute la période, longue de dix siècles, qui s'étend de l'effondrement de l'Empire romain d'Occident en 476 jusqu'à la prise de Constantinople par les Turcs en 1453. Comme l'indique assez son nom — « *moyen:* qui se trouve entre deux choses » —, cette époque est conçue comme un âge de transition entre l'Antiquité et les « Temps modernes ». Pour l'historien de la littérature française, le Moyen Age couvre une période bien plus restreinte. Avant 1100, les textes littéraires qui ne sont pas rédigés en latin se comptent sur les doigts de la main; après cette date, les ouvrages écrits en français commencent à se multiplier. Le Moyen Age *littéraire* en France ne comprend donc que les XIIᵉ, XIIIᵉ, XIVᵉ et XVᵉ siècles.

Il est clair que « Moyen Age », même circonscrit de la sorte, ne saurait guère être qu'une étiquette commode, utile surtout aux auteurs de manuels. Un préjugé tenace nous fait supposer qu'à chaque mot doit correspondre quelque réalité définissable. De quelle réalité s'agirait-il pour ces quatre siècles d'histoire littéraire? Ce qu'on y trouve, en les approfondissant un peu, c'est une abondance et une diversité prodigieuses. La production de cette période va du souffle épique à l'amour courtois, du lyrisme au didactisme, de la piété au gros rire. Les genres prolifèrent: poèmes héroïques et romans d'amour; contes à rire et récits dévots; farces, miracles et mystères; chroniques, annales et mémoires; chansons de toile, d'amour et de croisade. Il y a des floraisons et des décadences; de nouveaux idéaux viennent remplacer les anciens; les écoles et les mouvements se succèdent. Devant une telle variété, tous les stéréotypes tombent, et avec eux, la plupart des généralisations.

On a répété à satiété que le Moyen Age est « l'époque de la foi et de la féodalité ». C'est là une affirmation qu'il faudrait entourer de réserves. Les structures et les valeurs de la féodalité, après avoir atteint leur apogée au début du XIIᵉ siècle, sont en pleine décomposition dès le milieu du XIIIᵉ. A la fin du XVᵉ siècle, elles sont mortes depuis longtemps, ainsi que la littérature qui s'en inspirait. Le christianisme restera certes la force culturelle prédominante au long de la période en question. Mais nombreux sont les auteurs qui cherchent ailleurs leurs points de repère. Certains ouvrages, d'inspiration essentiellement païenne, sont difficilement conciliables avec l'enseignement de l'Eglise; d'autres vont jusqu'à le contredire expressément. Il en va de même des autres formules auxquelles on a recouru pour résumer ces quatre siècles d'histoire et de littérature: non seulement il y a des exceptions — cela va sans dire —, mais elles sont nombreuses et importantes.

Cette tentation de considérer le Moyen Age comme un tout homogène explique les jugements d'ensemble dont il a été si souvent l'objet. Suivant son époque et son esthétique, on condamne en bloc la littérature médiévale, ou bien on l'admire dans sa totalité. Les uns n'y trouvent guère qu'une suite ininterrompue d'ouvrages ratés; les autres y voient une succession continue de chefs-d'œuvre. Les deux camps oublient qu'il y a de tout dans la production de cette longue période: de très grandes œuvres, d'autres qui le sont moins, d'autres encore sans valeur aucune. En cela, ces quatre siècles d'histoire littéraire ressemblent aux quatre suivants. En cela, ils ressemblent au nôtre.

Naissance d'une langue

Si de telles idées stéréotypées ont pu se perpétuer, c'est que la littérature du Moyen Age est longtemps restée relativement peu connue du grand public. Elle est, pour des raisons d'ordre linguistique, d'un accès difficile, et à moins d'avoir fait des études poussées, c'est en traduction qu'il faut la lire. Il ne s'agit pas de s'habituer à un *langage* archaïque et démodé, mais de passer d'une *langue* à une autre.

Le français qu'on appelle *moderne* date seulement du XVIIᵉ siècle. Il est l'aboutissement d'une longue suite de transformations qui remontent à l'époque des conquêtes romaines. Lorsque Jules César et ses légions s'emparèrent de la Gaule au premier siècle avant J.-C., le peuple indigène parlait une langue celtique dont nous savons peu de chose. Les vaincus ne tardèrent pas à adopter la langue des vainqueurs, et déjà au IVᵉ siècle, le latin semble avoir largement supplanté le celtique sur tout le territoire gaulois. Mais ce latin qu'importent en Gaule les soldats et les colons romains diffère considérablement du pur latin de Rome. C'est un latin familier et populaire qui, sous l'influence conjuguée des parlers celtiques et germaniques, s'éloignera de plus en plus de la langue officielle des écrivains classiques. Au VIIIᵉ siècle, l'écart se sera suffisamment creusé pour qu'on puisse parler de deux langues distinctes: celle qu'on écrit à l'école (le latin), et celle qu'on apprend à parler sur les genoux de sa mère. De cette dernière, qu'on appelle *langue romane*, vont naître l'italien, l'espagnol, le portugais, le roumain... et le français.

Dès le IX^e siècle, le roman se subdivise en plusieurs dialectes: ceux de la Gaule du Nord constituent ensemble la *langue d'oïl*; ceux de la Gaule du Sud, la *langue d'oc* (ainsi nommées d'après les deux façons de dire *oui*). Ces dialectes tiennent tous évidemment du latin dont ils sont issus, mais ils en simplifient considérablement la syntaxe. La langue d'oïl va évoluer encore plus rapidement que la langue d'oc, et son autonomie par rapport au latin d'origine sera telle, au XI^e siècle, que l'on parle à cet égard, non plus de roman, mais d'*ancien français*. On appelle ainsi la langue parlée et écrite en Gaule du Nord des environs de l'an 1000 jusqu'à la fin du XIII^e siècle.

Comme le roman, l'ancien français est composé de plusieurs dialectes de province: à l'Est, le lorrain; au Nord, le picard; au Nord-Ouest, le normand; à l'Ouest, le poitevin, etc. Mais c'est le francien, dialecte de la région parisienne — et donc, de la maison royale —, qui, pour des raisons d'ordre politique, l'emportera sur les autres. Il est pourtant loin d'être, au début, le dialecte le plus riche en œuvres littéraires. *La Chanson de Roland*, par exemple, le plus ancien des poèmes épiques français (et le premier texte du présent volume), est écrite en dialecte anglo-normand. En voici, avec une traduction littérale, les neuf premiers vers:

Carles li Reis, nostre emperere magnes,	Charles le Roi, notre grand empereur,
Set anz tuz pleins ad estet en Espaigne:	Sept ans entiers est resté en Espagne:
Tresqu'en la mer cunquist la tere altaigne.	Jusqu'à la mer, il a conquis la haute terre.
N'i ad castel ki devant lui remaignet;	Pas de château qui tienne devant lui,
Murs ne citet ni est remés à fraindre	Pas de cité ni de mur qui reste à forcer
Fors Sarraguce, k'est en une muntaigne.	Hors Saragosse, qui est sur une montagne.
Le reis Marsilies la tient, ki Deu nen aimet;	Le roi Marsile la tient, qui n'aime pas Dieu,
Mahummet sert e Apollin reclaimet:	Qui sert Mahomet et prie Apollon;
Ne s' poet guarder que mals ne li ataignet.	Mais il ne peut se garder du malheur qui va
	[l'atteindre.

L'ancien français est, on le voit, à mi-chemin du latin et du français moderne. Il garde, par exemple, une déclinaison simplifiée à deux cas: le substantif se termine différemment suivant sa fonction dans la phrase. Ainsi, *reis* (roi), qui est sujet au vers 7, s'écrit *rei* quand il est complément d'objet. Mais l'apparition des articles, que le latin ne connaissait pas, annonce l'usage étendu qu'en fera plus tard le français moderne. En attendant, c'est malheureusement en traduction qu'il faudra lire la plupart des textes médiévaux.

Justification/invitation

« Mais alors — direz-vous — pourquoi les lire? Comme dit le proverbe, *traduire, c'est trahir*, et c'est d'autant plus vrai qu'il s'agit dans les pages qui suivent de traductions *en prose* d'œuvres écrites *en vers*. Si ces vieux textes nous restent impénétrables dans leur version originale, ne ferions-nous pas mieux de commencer plus tard, avec Corneille, ou Racine, ou Voltaire? »

L'objection est raisonnable; il faut y répondre. Disons tout de suite que, s'il vaut mieux lire cette littérature en traduction que de ne pas la lire du tout, ce n'est

pas pour se faire une meilleure idée de l'époque. Car d'abord, les textes médiévaux donnent de l'époque une idée assez fausse. Et d'autre part, la littérature n'est pas un document historique; du moins, si elle est cela, est-elle d'abord et surtout autre chose. Pourquoi donc commencer par les commencements?

1° Tenons-nous-en d'abord à l'histoire, mais à l'histoire *littéraire*. Nous lisons les textes du Moyen Age pour mieux comprendre ceux des époques suivantes. Une littérature se pose toujours en s'opposant: elle se définit par rapport à celle qui la précède. Ainsi, le XVIe siècle à ses débuts réagit contre le XVe siècle finissant, provoque à son tour des réactions, et ainsi de suite. Ignorer l'un quelconque de ces moments littéraires, c'est mal connaître celui qui en provient. Les étapes et l'aboutissement même d'une évolution se comprennent à la lumière du point de départ.

2° En particulier, c'est au Moyen Age qu'apparaissent les orientations générales et permanentes de la littérature française. Il ne reste certes plus grand'chose aujourd'hui des genres médiévaux. Mais dès le XIIe siècle se dessinent et se dégagent deux partis pris esthétiques qui ne disparaîtront pas avec les pastourelles et les rondeaux: le *réalisme*, qui assigne pour fin à la littérature l'imitation fidèle de la réalité; et *l'idéalisme*, qui représente l'homme et le monde tels qu'ils devraient être, ou tels que l'on aimerait qu'ils soient. Cette division fondamentale sera évidente dans les lectures qui suivent; elle partage la littérature encore aujourd'hui. Pour bien voir ces deux constantes parmi tant de variables, c'est aux débuts qu'il convient de remonter.

3° Mais ce sont là des raisons d'historien, auxquelles il est permis de ne pas s'intéresser. Elles s'appliquent d'ailleurs à toutes les œuvres d'une époque, aux médiocres et aux nulles comme aux chefs-d'œuvre, et nous ne lisons d'habitude que ces derniers. Une littérature pousse ses racines dans le sol de son époque; les grandes œuvres s'en nourrissent, mais à la fin elles s'en passent. Leur beauté reste intacte à travers les âges; elles ont des choses à dire et à faire voir aux lecteurs de toute époque. *Le chef-d'œuvre est toujours actuel.* C'est pour cela aussi que nous lisons la littérature du Moyen Age.

4° Mais c'est là une raison de critique ou d'esthète, et nous sommes aussi de simples lecteurs. Quand nous nous serons penchés sur ces vieux textes pour mieux comprendre la suite, quand nous aurons exercé sur eux notre discernement esthétique, il nous restera encore ce qui est peut-être l'essentiel: *nous lisons cette littérature pour le plaisir de la lire.*

La Littérature épique

Un genre...

Voltaire fait remarquer au XVIII^e siècle un fait notable d'histoire littéraire: « C'est la destinée de l'esprit humain dans toutes les nations: les vers furent partout les premiers enfants du génie. » La littérature française ne fait pas exception à la règle: non seulement elle commence par la poésie, mais pendant trois siècles elle se composera presque entièrement d'œuvres en vers.

Les premières grandes œuvres de la littérature française sont des poèmes d'un genre particulier qu'on appelle *épique*[1]. Un poème épique est un récit en vers d'aventures héroïques. Le genre semble répondre aux besoins des peuples et des nations à un certain stade de leur développement, d'où le noyau de caractéristiques communes aux épopées primitives. Celles-ci présentent typiquement un héros aux vertus éclatantes qui se voit investi d'une mission. Les obstacles qu'il doit vaincre sont formidables; l'enjeu de la lutte est énorme. La victoire finale du héros est surtout celle du groupe auquel il appartient et dont il incarne l'idéal. Le poète épique, souvent anonyme, traduit la mémoire collective et consacre les mythes fondateurs de sa communauté. L'Inde eut ainsi son *Ramayana*; le Sumer, son *Gilgamesh*; la Grèce antique, ses poèmes homériques; et l'Allemagne, ses *Nibelungen*. En France, l'épopée apparaît au cours du XI^e siècle sous la forme des *chansons de geste*.

1. A l'adjectif *épique* correspond le substantif féminin *épopée*.

7

Le mot *geste* dérive du pluriel latin *gesta*, qui signifie *actions, exploits*[2]. Les exploits en question sont les prouesses guerrières de grands seigneurs féodaux du temps de Charlemagne et de son fils Louis (VIII[e] et IX[e] siècles). Comme l'indique leur nom, les chansons de geste appartiennent à la littérature orale: elles étaient destinées, non à la lecture, mais à la récitation publique. Parfois le poète, ou *trouvère*, chantait lui-même son ouvrage, mais le plus souvent c'était le rôle du *jongleur*. On appelait ainsi au Moyen Age les chanteurs itinérants qui récitaient des vers en s'accompagnant d'une sorte de violon primitif à trois cordes. Vivant de la générosité de leur auditoire, ils exerçaient leur métier dans les salles d'armes des châteaux, aux carrefours des villes, sur les places publiques et les champs de foire — partout où une foule se présentait. Accessible à tout le monde, cette littérature orale s'adressait à tous les publics et à toutes les classes de la société.

La centaine de chansons de geste qui nous sont parvenues diffèrent considérablement par la forme et par le fond. Les plus brèves ne comptent que 2.000 vers environ; les plus longues, presque 20.000. Ces vers, décasyllabes dans la plupart des chansons, sont répartis en strophes ou *laisses* de longueur variable. Dans les poèmes de « l'âge d'or » du genre (XII[e] siècle), une même assonance[3] fait l'unité de chaque laisse. Au cours du siècle suivant, l'assonance est remplacée graduellement par la rime.

La prolifération des chansons de geste amena les jongleurs du XIII[e] siècle à les grouper en *cycles* selon le sujet qu'elles traitaient. Ainsi se sont constitués le cycle de Charlemagne (auquel appartient *La Chanson de Roland*), le cycle de Guillaume d'Orange et le cycle des barons révoltés. Mais à cette époque les poèmes étaient déjà passés au stade de l'écrit, et nous ignorons dans quelle mesure les versions écrites parvenues jusqu'à nous ressemblent aux poèmes oraux primitifs. Furent-ils fidèlement transcrits? plus ou moins remaniés? entièrement refondus? La question demeure sans réponse, et c'est ce qui nous empêche de savoir avec précision les circonstances de la composition des épopées françaises. Les poèmes les plus anciens que nous possédons ne remontent pas plus loin que le XI[e] siècle, mais ils célèbrent des événements qui étaient censés avoir eu lieu trois cents ans plus tôt. Que s'est-il passé dans l'intervalle? C'est poser la question, très discutée, de l'origine des chansons de geste.

Pour y répondre, de nombreuses hypothèses ont été avancées. Les uns voient dans ces poèmes l'aboutissement d'une longue création collective commencée à l'époque des événements eux-mêmes. Les autres assignent aux épopées une origine moins collective et bien plus tardive: elles auraient été rédigées au XI[e] siècle par des trouvères de métier. Le problème n'est pas résolu et ne le sera peut-être jamais. Mais si l'origine du genre reste obscure, son succès et son rayonnement ne sont pas douteux. En évoluant avec le goût du jour, les chansons de geste garderont un immense public jusqu'à la fin du Moyen Age. Traduites, adaptées et imitées dans l'Europe entière, elles assureront pendant des siècles la prépondérance littéraire de la France.

2. Le mot *geste*, dans cette acception, est féminin. A ne pas confondre avec le substantif masculin signifiant *mouvement du corps*. Le féminin ne subsiste guère en français moderne que dans l'expression *faits et gestes*, c'est-à-dire toute la conduite (de quelqu'un). — 3. Sur l'assonance, voir l'*Appendice, Eléments de versification française*, §2.2 et note.

... et une œuvre

Dans ce genre à succès, un poème surtout se distingue et s'impose par sa supériorité littéraire et par son retentissement mondial. « Ce poème essentiel », affirme le critique Edmond Jaloux, « est un des hauts lieux de la littérature française, et l'un des premiers par son importance et sa signification. » Nous le connaissons aujourd'hui sous un titre inventé au XIXᵉ siècle: *La Chanson de Roland.*

Par une coïncidence que les spécialistes cherchent encore à s'expliquer, cette chanson de geste, considérée d'un commun accord comme la plus belle et la plus émouvante du genre, est aussi la plus ancienne qui nous ait été conservée. Ecrite vers 1100, elle nous est parvenue en plusieurs versions assez dissemblables. Un manuscrit découvert à Oxford en 1837 présente la version la plus brève — 4.002 vers décasyllabes groupés en 291 laisses — et la plus voisine de l'état primitif du poème. C'est de ce texte d'Oxford, allégé d'une centaine de laisses, que vous lirez une traduction dans les pages qui suivent.

Le poète anonyme s'est inspiré au départ d'un fait historique rapporté en 830 par un biographe de Charlemagne. En 778, le roi Charles, âgé alors de 36 ans, revenait d'Espagne où il était intervenu en faveur d'un prince musulman. Au passage des Pyrénées, son arrière-garde fut surprise et massacrée par des montagnards basques (chrétiens). L'attaque resta impunie. Parmi les victimes est nommé un certain Roland, « responsable de la frontière bretonne ».

Entre les événements et la composition du poème, l'histoire s'est transformée en légende. Roland devient le neveu d'un Charlemagne âgé de deux cents ans; d'autres personnages sont de pure invention. Il ne s'agit plus d'un obscur combat d'arrière-garde, mais d'une bataille colossale où s'affrontent la Chrétienté et l'Islam. Les auteurs du massacre, devenus musulmans, sont exemplairement punis.

Ces déformations, parmi beaucoup d'autres, illustrent une caractéristique de *La Chanson de Roland* en particulier et des poèmes épiques en général: le grossissement dramatique. Tout y est agrandi, transfiguré, embelli. Les héros, aux vertus invraisemblables, sont « plus grands que nature »; l'échelle des événements n'est pas celle du monde réel. Il s'agit, en effet, d'un univers réinventé selon l'idée que le poète s'en fait. *La Chanson de Roland,* typique à cet égard, est un des plus purs exemples de la littérature *idéaliste.*

Les idéaux qui animent le poète et les personnages de *La Chanson de Roland* sont essentiellement ceux de la féodalité et du christianisme. Les institutions de la féodalité, bien implantées à l'époque de la composition du poème, se dessinaient déjà au IXᵉ siècle à la suite du démembrement de l'empire carolingien. La décomposition du pouvoir central après la mort de Charlemagne exposait les campagnes aux incursions normandes, hongroises et arabes. L'insécurité générale contraignit les ruraux isolés et démunis à se grouper autour des chefs locaux, détenteurs de la propriété et de la force militaire. Ainsi s'est établi un système de rapports personnels entre protégés et protecteurs. Lors de la cérémonie solennelle de l'hommage, le *vassal* s'engageait à une fidélité absolue envers son *seigneur.* Il lui devait, au besoin, le service militaire, et recevait en retour la protection et une terre, ou *fief,* à cultiver. On conçoit que sous un tel régime, fondé sur des obligations réciproques, la vertu principale consiste à respecter ses engagements, et que le pire des crimes

consiste à y manquer. Cette morale de la foi jurée explique en grande partie la motivation des personnages de *La Chanson de Roland*. C'est pour son seigneur que Roland combat et meurt; c'est pour ne pas avoir assuré la protection de « son homme » que Charlemagne s'afflige; c'est de *félonie* — c'est-à-dire de déloyauté — que Ganelon se rend coupable.

La féodalité a répondu à un besoin de l'époque, mais elle comportait aussi de graves inconvénients. La vacance du pouvoir central inclinait les souverains locaux à guerroyer constamment entre eux. Estimant que ces luttes intestines desservaient le monde chrétien, l'Eglise essaya d'y mettre un terme en canalisant dans une cause commune l'ardeur des seigneurs féodaux. Ainsi naquit l'idée des expéditions militaires ayant pour but de reprendre aux « infidèles » les lieux saints d'Orient. Ce n'est pas un hasard si *La Chanson de Roland* fut composée précisément à l'époque de la première croisade (1096–1099): elle en traduit parfaitement l'esprit. « Le chevalier du Christ tue en conscience et meurt plus tranquille, » prêchait saint Bernard vers 1130; « en mourant, il fait son salut; en tuant, il travaille pour le Christ. » A plusieurs reprises dans notre poème, l'archevêque Turpin s'exprime de la même façon. Cet étonnant personnage, type même du prêtre-soldat, incarne au plus haut point l'idéal de la foi militante.

Nous avons mis en garde contre l'idée d'un Moyen Age monolithique dominé d'un bout à l'autre par « la féodalité et la foi ». Et voilà que la première grande œuvre du Moyen Age littéraire se conforme à merveille au stéréotype!

« Mais alors — direz-vous — où est cette actualité permanente qui s'attache prétendument à tout chef-d'œuvre? Née à un moment et dans un milieu donnés, *La Chanson de Roland* en reflète les valeurs. Voilà des siècles que ces valeurs ne sont plus les nôtres. Qu'est-ce donc que leur expression littéraire pourrait avoir à nous "dire et faire voir" aujourd'hui? »

Encore une fois, l'objection est raisonnable. Certes, le code féodal et la foi chrétienne militante ne sont pas précisément d'une actualité brûlante. Ces valeurs constituent « l'historicité » de l'œuvre, et cela intéresse les historiens. Essayons donc de nous en détacher; cherchons l'essentiel. « Au fond de chaque œuvre d'art », disait Hippolyte Taine, « est une idée de la nature et de la vie. C'est cette idée qui mène le poète. Soit qu'il le sache, soit qu'il l'ignore, il écrit pour la rendre sensible. » L'« idée » du poète détermine souvent ce qui nous plaît ou nous déplaît, ce qui nous émeut et ce qui nous laisse indifférents, en dehors de toute considération de valeur littéraire.

Quelle idée mène le poète inconnu de *La Chanson de Roland*? Que cherche-t-il à rendre sensible? Il s'agit moins, chez lui, d'une façon de *concevoir* le monde que d'une manière de le *sentir*. Son poème exprime, plus clairement que tout autre, ce qu'on pourrait appeler *le sentiment épique de l'existence*. La terre, pour lui, est un vaste champ de bataille où s'affrontent le Bien et le Mal. Rien n'a d'importance que par rapport à ce combat; tout doit y être subordonné. Notre devoir est de nous engager; notre vie n'a pas d'autre sens. Cette façon de sentir l'existence humaine n'est en rien particulière à l'époque des guerres saintes. D'autres âges présentent d'autres conflits; le bien et le mal se présentent autrement. Mais à toute époque il se trouve quelques individus qui conçoivent la vie comme l'auteur du *Roland* — *sous le signe de la grandeur héroïque, comme une croisade*. Victor Hugo, au

XIX^e siècle, en est un des plus éclatants exemples, comme l'attestent ses vers célèbres:

> Ceux qui vivent, ce sont ceux qui luttent; ce sont
> Ceux dont un dessein ferme emplit l'âme et le front,
> Ceux qui d'un haut destin gravissent l'âpre cime,
> Ceux qui marchent pensifs, épris d'un but sublime,
> Ayant devant les yeux sans cesse, nuit et jour,
> Ou quelque saint labeur ou quelque grand amour.

Ce n'est pas un hasard si Hugo s'est inspiré des chansons de geste dans plusieurs poèmes de sa *Légende des siècles*. Mais il appartient au poète de *La Chanson de Roland* d'avoir donné à cette morale de chevalier croisé son expression définitive. C'est par cela que le poème survit aux circonstances qui l'ont vu naître et s'inscrit parmi les œuvres de la littérature universelle.

Avant de lire

La religion manichéenne, fondée au III^e siècle, reconnaissait deux dieux, égaux et rivaux, dont l'un était bon et l'autre méchant; le monde est le lieu où ils s'affrontent éternellement et se disputent nos âmes. Aujourd'hui, dire de quelqu'un qu'il a une conception manichéenne de la vie, c'est l'accuser de voir le monde en noir et blanc, d'y manquer les innombrables nuances du gris. Et c'est le manichéisme du *Roland*, au sens étendu du terme, qui déplaît à beaucoup de lecteurs modernes. « Cette division des gens en bons et en méchants, disent-ils, est fausse et peut même être dangereuse. » Mais d'autres répondront: « Ne faut-il pas être "manichéen" pour accomplir de grandes choses, des exploits... des *gestes*? » Anecdote véridique: Quelques années après la Libération, une journaliste interrogeait un héros de la Résistance, un de ces nombreux Français qui n'avaient pas accepté passivement l'occupation de leur pays par les Allemands. Menacé à tout moment d'être pris, torturé et mis à mort, il avait continué la lutte sans faiblir et s'était distingué par des actes d'un courage exceptionnel. La journaliste sait le pourquoi; elle veut savoir le comment. « Je pensais à Roland, » répond-il simplement; « lui n'aurait jamais fléchi. » En lisant, essayez de comprendre comment un héros d'il y a neuf cents ans a pu soutenir ainsi un héros de notre temps.

Un moment critique de la bataille de Roncevaux, où Roland appelle — trop tard! — à l'aide: « Roland a mis l'olifant à ses lèvres; il l'embouche bien, et le sonne d'une puissante haleine. Les puys sont hauts, et le son va bien loin » (vers 1753–1755). Illustration de l'époque romantique, début XIX[e] siècle.

Brown Brothers

La Chanson de Roland

Première Partie: La Trahison de Ganelon

1

Charles le Roi, notre grand empereur,
Sept ans entiers est resté en Espagne:
Jusqu'à la mer, il a conquis la haute terre.
Pas de château qui tienne devant lui,
5 Pas de cité ni de mur qui reste encore debout,
Hors Saragosse, qui est sur une montagne.
Le roi Marsile la tient, qui n'aime pas Dieu,
Qui sert Mahomet et prie Apollon[4];
Mais le malheur va l'atteindre: il ne peut s'en garder.

4. Le poète est mal renseigné sur l'islamisme, qu'il mélange ici avec la religion de l'antiquité grecque.

2

10 Le roi Marsile était à Saragosse.
Il est allé dans un verger, à l'ombre.
Sur un perron de marbre bleu il se couche;
Autour de lui sont plus de vingt mille hommes.
Il adresse alors la parole à ses ducs, à ses comtes[5]:
15 « Sachez, seigneurs, » dit-il, « le mal qui nous accable;
« Charles, l'empereur de France la douce,
« Pour nous confondre est venu dans ce pays.
« Je n'ai plus d'armée pour lui livrer bataille,
« Je n'ai plus de gens capables de briser la sienne.
20 « Comme mes hommes sages, donnez-moi un conseil,
« Et préservez-moi de la mort et de la honte. »
Pas un païen, pas un qui réponde un seul mot,
Hors Blancandrin, du château de Val-Fonde.

3

Blancandrin, parmi les païens, était l'un des plus sages,
25 Chevalier de grande vaillance,
Homme de bon conseil pour aider son seigneur:
« Ne vous effrayez point, » dit-il au roi.
« Envoyez un message à Charles, à ce fier, à cet orgueilleux;
« Promettez-lui service fidèle et très grande amitié.
30 « Faites-lui présent de lions, d'ours et de chiens,
« De sept cents chameaux, de mille autours qui aient mué[6];
« Donnez-lui quatre cents mulets chargés d'or et d'argent,
« Tout ce que cinquante chars peuvent porter.
« Il pourra bien payer ses soldats.
35 « Mais il a trop longtemps fait la guerre en ce pays
« Et n'a plus qu'à retourner en France, à Aix.
« Vous l'y suivrez — direz-vous — à la fête de Saint-Michel;
« Et là, vous vous convertirez à la foi chrétienne;
« Vous serez son vassal en tout bien, tout honneur.
40 « S'il exige des otages, eh bien! envoyez-en
« Dix ou vingt, pour avoir sa confiance;
« Oui, envoyons-lui les fils de nos femmes.
« Moi, tout le premier, je lui livrerai mon fils, dût-il y mourir.
« Mieux vaut qu'ils y perdent la tête
45 « Que de perdre, nous, notre seigneurie et notre terre
« Et d'être réduits à mendier. »

5. Le poète prête aux musulmans la même hiérarchie féodale (ducs, comtes) qu'aux chrétiens, comme ailleurs il leur attribue les mêmes lois et coutumes. Il ne faut pas chercher chez lui l'exactitude sociologique. — 6. La mue peut être mortelle pour un oiseau rapace. Un autour qui a déjà mué a donc plus de valeur.

4

« Par ma main droite que voici, » dit Blancandrin,

« Et par cette barbe que le vent fait flotter sur ma poitrine,

« Vous verrez soudain les Français lever leur camp

50 « Et s'en aller dans leur pays, en France.

« Une fois qu'ils seront de retour en leur cher domaine,

« Charles, à sa chapelle d'Aix,

« Donnera pour la Saint-Michel une très grande fête.

« Le jour où vous devrez venir arrivera, le terme passera,

55 « Et Charles ne recevra plus de vos nouvelles.

« L'Empereur est terrible, son cœur est implacable;

« Il fera trancher la tête de nos otages.

« Mais il vaut mieux qu'ils y perdent la vie

« Que de perdre, nous, claire Espagne la belle

60 « Et de souffrir tant de maux et de douleurs.

« — Peut-être dit-il vrai! » s'écrient les païens.

5

Le conseil de Marsile est terminé.

Le Roi appelle alors Clarin de Balaguer,

Estamarin et son pair, Eudropin,

65 Priamus avec Garlan le barbu,

Machiner avec son oncle Mathieu,

Joïmer avec Maubien d'outre-mer,

Et Blancandrin, pour leur exposer son dessein.

Il fait ainsi appel à dix païens, des plus félons[7]:

70 « Seigneurs barons, vous irez vers Charlemagne,

« Qui est en ce moment au siège de la cité de Cordoue.

« Vous porterez dans vos mains des branches d'olivier,

« En signe de soumission et de paix.

« Si vous réussissez à me réconcilier avec Charles,

75 « Je vous donnerai or et argent,

« Terres et fiefs, autant que vous en voudrez. »

Les païens disent: « Nous voilà comblés! »

6

Le conseil de Marsile est terminé:

« Seigneurs, » dit-il à ses hommes, « vous allez partir

80 « Avec des branches d'olivier dans vos mains.

« Dites de ma part au roi Charles

« Qu'au nom de son dieu il ait pitié de moi:

« Avant qu'un seul mois ne soit passé,

« Je le suivrai avec mille de mes fidèles,

7. C'est la plus offensante des injures. Le félon est celui qui agit contre la foi due à son seigneur, et par une extension de sens, une personne méprisable et odieuse (voir l'introduction à *La Littérature épique*).

85 « Pour recevoir la loi chrétienne

« Et devenir son vassal par amour et par foi.

« S'il veut des otages, certes il en aura.

« — Bien, » dit Blancandrin. « Vous aurez là un bon traité. »

7

Marsile fit alors amener dix mules blanches

90 Que lui avait envoyées le roi de Sicile.

Les freins sont d'or, les selles d'argent;

Les dix messagers y sont montés,

Portant des branches d'olivier dans leurs mains.

Et voici qu'ils arrivent près du roi qui tient la France en son pouvoir.

95 Charles a beau faire: ils le tromperont.

A Cordoue. — Conseil tenu par Charlemagne

8

L'Empereur se fait tout joyeux et est de belle humeur.

Il a pris Cordoue; il en a mis les murs en pièces;

Avec ses machines il en a abattu les tours;

Ses chevaliers y ont fait un butin très abondant

100 D'or, d'argent, de riches armures.

Dans la ville il n'est pas resté un seul païen

Qui ne soit forcé de choisir entre la mort et le baptême.

Le roi Charles est dans un grand verger;

Avec lui sont Roland et Olivier,

105 Le duc Samson, le fier Anséis,

Geoffroi d'Anjou, qui porte le gonfanon royal[8],

Gérin et son compagnon Gérier,

Et, avec eux, beaucoup d'autres:

Quinze milliers de la douce France.

110 Ils sont assis sur des tapis blancs,

Et, pour se divertir, jouent au trictrac;

Les plus sages, les plus vieux jouent aux échecs,

Et les bacheliers légers à l'escrime.

Sous un pin, près d'un églantier,

115 Est un fauteuil d'or massif:

C'est là qu'est assis le roi qui tient douce France.

Sa barbe est blanche et sa tête toute fleurie[9];

Son corps est beau, et fière est sa contenance.

A celui qui le cherche, il n'est pas besoin de le désigner.

120 Les messagers païens descendent de leurs mules

Et saluent Charles en tout bien, tout amour.

8. Le *gonfanon* était une bannière de guerre suspendue à une lance. — 9. C'est-à-dire: il a les cheveux blancs (il est vieux).

9

Blancandrin, le premier, prend la parole,
Et dit au Roi: « Salut au nom de Dieu
« Le Glorieux, que nous devons tous adorer!
125 « Voici ce que vous mande le roi Marsile, le vaillant:
« Après s'être bien enquis de votre loi, qui est la loi du salut,
« Il veut largement partager ses trésors avec vous.
« Vous aurez des lions, des ours, des lévriers enchaînés,
« Sept cents chameaux, mille autours après la mue,
130 « Quatre cents mulets chargés d'argent et d'or,
« Tout ce que peuvent porter cinquante chars.
« Vous aurez tant et tant de besants[10] de l'or le plus fin,
« Que vous pourrez enfin payer tous vos soldats.
« Mais il y a trop longtemps que vous êtes en ce pays,
135 « Et vous devriez retourner en France, à Aix.
« Mon maître vous y suivra, c'est lui-même qui vous le promet. »
L'Empereur élève alors ses deux mains vers Dieu;
Il baisse la tête et commence à penser.

10

L'Empereur garda la tête baissée;
140 Car jamais sa parole ne fut hâtive,
Et sa coutume était de ne parler qu'à loisir.
Quand enfin il se redressa, très fier était son visage:
« Vous avez bien parlé, » dit-il aux messagers.
« Cependant le roi Marsile est mon grand ennemi:
145 « Ces paroles que vous venez de prononcer,
« En quelle mesure puis-je m'y fier?
« — Vous aurez de bons otages, » répond le Sarrasin;
« Nous vous en donnerons dix, quinze ou vingt.
« Mon fils sera du nombre, dût-il y périr.
150 « Et vous en aurez, je pense, de plus nobles encore.
« Lorsque vous serez de retour en votre palais seigneurial,
« A la grande fête de saint Michel-du-Péril,
« Mon maître, c'est lui qui vous le promet, vous suivra
« A vos eaux d'Aix, que Dieu a fait jaillir pour vous,
155 « Et là consentira à devenir chrétien.
« — C'est ainsi, » répond Charles, « qu'il pourra encore se sauver. »

11

Le soir fut beau, le soleil clair.
Charles fait conduire les dix mules dans ses étables:
Puis, dans le grand verger, fait tendre un pavillon
160 Et y donne l'hospitalité aux dix messagers:

10. Monnaie en usage à Byzance.

Douze sergents en prennent soin;
Jusqu'au jour clair ils y passent la nuit.
L'Empereur se lève de grand matin.
Charles entend messe et matines; *daybreak*
165 Puis va s'asseoir sous un pin,
Et mande ses barons pour tenir son conseil:
Car il ne veut rien faire sans ceux de France[11].

send for

12

L'Empereur va sous un pin,
Et mande ses barons pour tenir son conseil:
170 C'est le duc Ogier et l'archevêque Turpin;
C'est Richard le Vieux et son neveu Henri;
C'est le brave comte de Gascogne, Acelin;
C'est Thibaud de Reims et son cousin Milon.
Gérier et Gérin y sont aussi,
175 Et le comte Roland y est venu avec eux
Suivi du noble et vaillant Olivier.
Il y a là plus de mille Français de France.
On y voit aussi Ganelon, celui qui fit la trahison.
Alors commence le conseil qui tourna mal.

13

180 « Seigneurs barons, » dit l'empereur Charles,
« Le roi Marsile vient de m'envoyer ses messagers.
« Il veut me donner une large part de ses richesses,
« Des lions, des ours, des lévriers enchaînés,
« Sept cents chameaux, mille autours après leur mue,
185 « Quatre cents mulets chargés d'or arabe,
« Plus de cinquante chars tout chargés.
« Mais il y met cette condition: c'est que je retourne en France.
« Il s'engage à me rejoindre dans mon palais d'Aix
« Pour y recevoir notre loi, qui est la loi du salut.
190 « Il se fera chrétien et tiendra de moi ses domaines.
« Mais en a-t-il vraiment l'intention, voilà ce que je ne sais pas.
« — Prenons bien garde, » s'écrient les Français.

14

L'Empereur a fini son discours.
Le comte Roland, qui ne l'approuve point,
195 Se lève, et, debout, parle contre son oncle:
« Croire Marsile serait folie, » dit-il au Roi.
« Il y a sept longues années que nous sommes entrés en Espagne.
« Je vous ai conquis Commible et Nobles;

11. Ce conseil est une réunion des grands vassaux. Sans leur avis, Charles ne peut prendre aucune décision importante.

« J'ai pris Valtierra et la terre de Piña,

200 « Avec Balaguer, Tudela et Séville.

« Mais, quant au roi Marsile, il s'est toujours conduit en traître.

« Jadis il vous envoya quinze de ses païens,

« Portant chacun une branche d'olivier,

« Et qui vous tinrent le même langage.

205 « Vous prîtes aussi le conseil de vos Français,

« Qui furent assez fous pour être de votre avis.

« Alors vous envoyâtes au païen deux de vos comtes:

« L'un était Basan, l'autre Basile.

« Que fit Marsile? Il prit leurs têtes dans les montagnes, sous Haltoïe.

210 « Faites la guerre, comme vous l'avez entreprise;

« Conduisez sur Saragosse votre armée;

« Mettez-y le siège, dût-il durer toute votre vie,

« Et vengez ceux que le félon Marsile a fait mourir. »

15

L'Empereur tient la tête baissée.

215 Il tourmente sa barbe et tire sa moustache;

A son neveu il ne répond rien, ni bien ni mal.

Tous les Français se taisent, tous excepté Ganelon.

Ganelon se lève, s'avance devant Charles,

Et très fièrement commence son discours:

220 « Vous auriez tort d'en croire les fous, » dit-il au Roi,

« Les autres ou moi; n'écoutez que votre avantage.

« Quand le roi Marsile vous fait savoir

« Qu'il est prêt à devenir, mains jointes, votre vassal;

« Quand il consent à tenir toute l'Espagne de votre main

225 « Et à recevoir notre foi,

« Celui qui vous conseille de rejeter de telles offres

« N'a guère souci de quelle mort nous mourrons.

« Conseil d'orgueil ne doit pas l'emporter plus longtemps.

« Laissons les fous, et tenons-nous aux sages. »

16

230 Naimes alors s'avance à son tour;

Dans toute la cour il n'est pas de meilleur vassal.

« Vous l'avez entendue, » dit-il au Roi,

« La réponse du comte Ganelon.

« Sage conseil, pourvu qu'il soit suivi!

235 « Le roi Marsile est vaincu dans la guerre.

« Vous lui avez enlevé tous ses châteaux,

« Vos machines ont brisé tous ses murs;

« Vous lui avez brûlé ses villes, vous avez battu ses hommes.

« Or il ne vous demande aujourd'hui que d'avoir pitié de lui:

240 « Ce serait péché que d'exiger davantage,

« D'autant que par ses otages il vous offre toute garantie.

« Car il est temps que cette grande guerre prenne fin. »

Tous les Français de dire alors: « Le Duc a bien parlé. »

17

« Seigneurs barons, quel messager pourrons-nous envoyer

245 « Vers le roi Marsile à Saragosse?

« — J'irai, si vous le voulez bien, » répond le duc Naimes.

« Donnez-moi sur-le-champ le gant et le bâton[12].

« — Non, » répond le Roi, « vous êtes un homme sage.

« Par la barbe et les moustaches que voici,

250 « Vous n'irez pas à cette heure aussi loin de moi.

« Rasseyez-vous: personne ne vous invite à prendre la parole. »

18

« Seigneurs barons, quel messager pourrons-nous envoyer

« Vers le Sarrasin qui règne à Saragosse?

« — Je peux fort bien y aller, » s'écrie Roland.

255 « — Non, certes, » répond le comte Olivier.

« Vous avez un cœur trop ardent et farouche;

« J'aurais souci pour vous d'une méchante affaire.

« J'irai plutôt, s'il plaît au Roi. »

« Taisez-vous tous les deux, » répond l'Empereur:

260 « Vous n'y mettrez les pieds ni l'un ni l'autre.

« Par cette barbe blanche que vous voyez,

« J'entends qu'on ne choisisse aucun des douze Pairs[13]. »

Les Français se taisent; les voilà interdits.

19

Turpin de Reims se lève, sort de son rang

265 Et dit au Roi: « Laissez vos Francs en paix.

« Vous êtes depuis sept ans dans ce pays,

« Et vos barons n'y ont eu que travaux et douleurs.

« C'est à moi, Sire, qu'il faut donner le gant et le bâton.

« J'irai trouver le Sarrasin d'Espagne,

270 « Et lui dirai un peu ma façon de penser. »

L'Empereur, plein de colère, lui répond:

« Allez vous rasseoir sur ce tapis blanc,

« Et ne vous avisez plus de parler, à moins que je ne vous l'ordonne. »

12. Le gant et le bâton étaient les insignes de l'ambassadeur. En les lui confiant, le souverain lui déléguait son autorité. — 13. L'institution des *douze pairs* n'existait pas au temps de Charlemagne. Il s'agit d'une sorte d'élite militaire dont les membres sont choisis parmis les plus vaillants des chevaliers. Le chiffre de douze est peut-être un souvenir biblique des douze apôtres du Christ.

20

« Chevaliers francs, » dit l'empereur Charles,
275 « Elisez-moi un baron de ma terre,
« Qui soit mon messager près de Marsile.
« — Eh! » dit Roland, « ce sera Ganelon, mon beau-père. »
Les Français disent: « Il s'en acquitterait fort bien.
« Si vous le laissez ici, vous n'en enverrez point de meilleur. »
280 Le comte Ganelon en est tout plein d'angoisse:
Il rejette de son cou ses grandes peaux de martre,
Et reste avec sa seule tunique de soie.
Il a les yeux vairons et très fier le visage;
Son corps est tout gracieux, sa poitrine est large;
285 Ses pairs ne peuvent le quitter des yeux, tant il est beau.
« Fou, » dit-il à Roland, « pourquoi cette rage?
« On le sait assez, que je suis ton beau-père.
« Ainsi tu m'as condamné à aller vers Marsile!
« C'est bien; mais, si Dieu permet que j'en revienne,
290 « J'attirerai sur toi tel deuil et tel malheur,
« Qui dureront autant que ta vie.
« — Orgueil et folie, » répond Roland.
« On sait trop bien que je ne prends nul souci des menaces.
« Mais, pour un tel message, il faut un homme sage,
295 « Et, si le Roi le veut, je suis prêt à le faire à votre place. »

21

« Tu n'iras point à ma place, » dit Ganelon.
« Tu n'es pas mon vassal, et je ne suis pas ton seigneur.
« Charles ordonne que je fasse son service:
« J'irai donc à Saragosse, vers Marsile;
300 « Mais j'y ferai quelque folie
« Pour soulager ma grande colère. »
Lorsque Roland l'entend, il commence à rire.

22

Quand Ganelon voit que Roland rit de lui,
Il en a telle douleur que, de colère, son cœur est tout près de se fendre.
305 Peu s'en faut qu'il n'en perde le sens:
« Je ne vous aime pas, » dit-il au comte Roland;
« Vous avez fait sur moi tomber ce choix injuste.
« Droit Empereur, me voici devant vous,
« Tout prêt à remplir votre commandement. »

23

310 « Je vois bien, » dit Ganelon, « qu'il me faut aller à Saragosse.
« Qui va là-bas n'en revient point.
« Sire, n'oubliez pas surtout que votre sœur est ma femme.

« J'en ai un fils; on ne pourrait trouver de plus bel enfant.

« C'est Baudouin, qui, s'il vit, sera un preux.

315 « Je lui laisse mes terres et mes fiefs;

« Gardez-le bien; car je ne le reverrai plus de mes yeux.

« — Vous avez le cœur trop tendre, » lui répond Charles.

« Puisque je vous l'ordonne, il y faut aller. »

24

« Ganelon, » dit le Roi, « avancez près de moi

320 « Pour recevoir le bâton et le gant.

« C'est la voix des Francs qui vous désigne: vous l'avez entendue.

« — Non, » répond Ganelon, « tout cela est l'œuvre de Roland.

« Et plus jamais je ne l'aimerai de ma vie.

« Et je n'aimerai plus Olivier, parce qu'Olivier est son ami.

325 « Et je n'aimerai plus les douze Pairs, parce qu'ils l'aiment.

« Et là, sous vos yeux, Sire, je leur jette mon défi.

« — C'est trop de colère, » dit le Roi.

« Puisque je l'ordonne, vous irez.

« — Je peux y aller, mais c'en est fait de moi,

330 « Comme jadis de Basile et de son frère Basan. »

25

L'Empereur tend à Ganelon le gant de la main droite;

Mais le comte voudrait n'être point là.

Comme il va pour le saisir, le gant tombe par terre.

« Dieu! » s'écrient les Français, « que cela pourrait-il signifier?

335 « Ce message sera pour nous la cause de grands malheurs.

« — Vous en saurez des nouvelles, » leur répond Ganelon.

26

Ganelon dit à l'Empereur: « Donnez-moi congé, Sire;

« Puisqu'il faut y aller, je n'ai plus de temps à perdre.

« — Allez, » dit le Roi, « pour l'honneur de Jésus et pour le mien. »

340 Et, de sa main droite, il fait sur Ganelon le signe de la croix pour l'absoudre.

Puis, il lui remet le bâton et la lettre.

27

Le comte Ganelon s'en va dans sa maison

Et commence alors à revêtir ses armes,

Les meilleures qu'il peut y trouver.

345 A ses pieds il fixe les éperons d'or;

A son côté il ceint Murgleis, son épée,

Et monte sur son destrier[14] Tachebrun.

Son oncle Guinemer lui tient l'étrier.

14. *Destrier:* cheval de bataille. A ne pas confondre avec le palefroi, cheval de parade ou de promenade.

Que de chevaliers vous eussiez vus pleurer!
350 Et tous lui disent: « O baron, quel malheur pour vous!
« Il y a si longtemps que vous êtes à la cour du Roi
« Et que l'on vous y tient pour un noble vassal!
« Quant à celui qui vous a désigné pour aller là-bas,
« Charlemagne lui-même ne saura le défendre.
355 « Jamais le comte Roland n'eût dû avoir une telle pensée:
« Car vous êtes d'un si haut parentage! »
Puis: « Seigneur, » lui disent-ils, « emmenez-nous.
« — A Dieu ne plaise, » répond Ganelon.
Tant de bons bacheliers mourir! non, plutôt mourir seul.
360 « Vous, seigneurs, retournez en douce France.
« Saluez ma femme de ma part;
« Saluez aussi Pinabel, mon ami et mon pair,
« Et mon fils Baudouin, que vous connaissez.
« Défendez-le bien, et tenez-le pour votre seigneur. »
365 Alors Ganelon entre en sa voie, et s'achemine vers Sarragosse.

L'Ambassade et le crime de Ganelon

28

Voilà Ganelon qui chevauche sous de hauts oliviers.
Il a rejoint les messagers sarrasins:
Blancandrin, pour l'attendre, avait ralenti sa marche.
Tous deux commencent l'entretien, tous deux y sont habiles:
370 « Quel homme merveilleux que ce Charles! » s'écrie Blancandrin,
« Il a conquis la Calabre et la Pouille,
« Il a passé la mer salée, afin de mettre la main sur l'Angleterre,
« Et il en a conquis le tribut pour saint Pierre.
« Mais pourquoi vient-il nous poursuivre chez nous?
375 « — Telle est sa volonté, » dit Ganelon,
« Et il n'y aura jamais d'homme qui soit de taille à lutter contre lui. »

29

« Quels vaillants hommes que les Français! » dit Blancandrin:
« Mais vos comtes et vos ducs font très grand tort
« A leur seigneur, quand ils lui donnent tel conseil;
380 « Ils perdent Charles, et en perdent bien d'autres avec lui.
« — Je n'en sais vraiment pas un, » dit Ganelon, « qui mérite ce blâme,
« Pas un, si ce n'est Roland; et il n'en tirera que de la honte.
« L'autre jour encore, l'Empereur était assis à l'ombre.
« Son neveu vint devant lui, vêtu de son haubert[15]:
385 « C'était près de Carcassonne, où il avait fait riche butin.

15. Le *haubert* était une chemise faite de petits anneaux de métal (mailles) reliés les uns aux autres.

« Dans sa main il tenait une pomme vermeille:

« 'Tenez, beau sire,' dit-il à son oncle,

« 'Voici les couronnes de tous les rois que je mets à vos pieds.'

« Tant d'orgueil devrait bien trouver son châtiment. punishment

390 « Chaque jour il s'expose à la mort.

« Que quelqu'un le tue: nous n'aurons la paix qu'à ce prix. »

30

« Ce Roland, » dit Blancandrin, « est bien cruel

« De vouloir faire crier merci à tous les peuples

« Et mettre ainsi la main sur toutes les terres!

395 « Mais, pour une telle entreprise, sur qui compte-t-il?

« — Sur les Français, » répond Ganelon.

« Ils l'aiment tant qu'ils ne lui feront jamais défaut.

« Il ne leur refuse ni or, ni argent,

« Ni destriers, ni mules, ni soie, ni armures;

400 « A l'Empereur lui-même il en donne autant que Charles en désire.

« Il conquerra le monde jusqu'à l'Orient. »

31

Ils ont tant chevauché, Ganelon et Blancandrin,

Qu'ils ont fini par s'engager mutuellement leur foi

Pour chercher le moyen de faire périr Roland.

405 Ils ont tant chevauché par voies et par chemins,

Qu'ils arrivent à Saragosse. Ils descendent sous un if.

A l'ombre d'un pin il y a un trône

Enveloppé de soie d'Alexandrie.

C'est là qu'est assis le roi maître de toute l'Espagne.

410 Vingt mille Sarrasins sont autour de lui;

Mais on n'entend, parmi eux, sonner ni tinter un seul mot,

Tant ils désirent apprendre les nouvelles.

Voici venir Ganelon et Blancandrin.

32

Devant Marsile s'avance Blancandrin,

415 Qui par le poing tient le comte Ganelon:

« Salut, » dit-il, « au nom de Mahomet

« Et d'Apollon, dont nous observons la loi sainte.

« Nous avons fait votre message à Charles.

« Il a levé ses deux mains vers le ciel,

420 « A rendu grâces à son Dieu, et n'a point fait d'autre réponse;

« Mais il vous envoie un de ses nobles barons,

« Qui est un très puissant homme de France.

« C'est par lui que vous saurez si vous aurez la paix ou non.

« — Qu'il parle, » dit Marsile; « nous l'écouterons. »

33

425 Ganelon, cependant, prend son temps pour réfléchir
Et commence à parler avec un grand art,
Comme un homme qui s'y connaît:
« Salut, » dit-il au Roi, « salut au nom de Dieu,
« De Dieu le glorieux que nous devons adorer.
430 « Voici ce que mande Charlemagne le baron:
« Vous recevrez la sainte loi chrétienne,
« Et Charles daignera vous laisser en fief la moitié de l'Espagne.
« Si vous ne voulez point de cet accord,
« Vous serez pris, vous serez garrotté de force,
435 « Et l'on vous conduira à Aix, siège de l'Empire.
« Un jugement y finira vos jours,
« Et vous y mourrez dans la vilenie, dans la honte. »
Le roi Marsile fut alors tout saisi de frémissement
Il tenait à la main une flèche empennée d'or:
440 Il veut en frapper Ganelon; mais par bonheur on le retient.

34

Le roi Marsile a changé de couleur
Et brandit la flèche dans sa main.
Ganelon le voit, met la main à son épée,
Et en tire du fourreau la longueur de deux doigts:
445 « Epée, » lui dit-il, « vous êtes claire et belle.
« Tant que je vous porterai à la cour de ce roi,
« L'Empereur de France ne dira pas
« Que je serai mort tout seul au pays étranger.
« Mais, avant ma mort, les meilleurs vous auront payée de leur sang.
450 « — Empêchons la mêlée, » s'écrient les Sarrasins.

35

Les meilleurs des païens ont tant prié Marsile,
Que sur son trône il s'est enfin rassis.
Et le Calife: « Vous nous mettiez, » dit-il, « en vilain cas,
« Quand vous vouliez frapper le Français.
455 « Il fallait l'écouter et l'entendre.
« — Sire, » dit Ganelon, « je veux bien souffrir cet affront:
« Mais jamais je ne consentirais, pour tout l'or que Dieu fit,
« Ni pour tous les trésors qui sont en ce pays,
« A ne pas dire, si l'on m'en laisse le loisir,
460 « Le message que Charles, le roi très puissant,
« Vous mande à vous, son ennemi mortel. »
Ganelon était vêtu d'un manteau de zibeline,
Couvert de soie d'Alexandrie.
Il le jette à terre, et Blancandrin le reçoit;
465 Mais, quant à son épée, il ne veut point la quitter:

En son poing droit il la tient par le pommeau d'or.
Les païens disent: « Voilà un noble baron![16] »

36

Ganelon s'est approché du Roi:
« Vous vous emportez à tort, » lui a-t-il dit.
470 « Celui qui tient la France, Charlemagne vous mande
« Que vous ayez à recevoir la loi chrétienne,
« Et il vous donnera en fief la moitié de l'Espagne;
« Quant à l'autre moitié, elle est pour son neveu Roland.
« L'orgueilleux compagnon que vous aurez là!
475 « Si vous ne voulez accepter cet accord,
« Charles viendra vous assiéger dans Saragosse. *besiege*
« Vous serez pris, vous serez garrotté de force,
« Et mené droit à Aix, siège de l'Empire.
« Pour vous pas de destrier ni de palefroi;
480 « Pas de mulet ni de mule où l'on vous laisse chevaucher.
« On vous jettera sur un méchant cheval de charge;
« Et un jugement vous condamnera à perdre la tête.
« Voici la lettre que vous envoie notre Empereur. »
Il la remet au païen, dans le poing droit.

37

seal
485 Marsile, de rage, a pâli;
Il brise le sceau, en jette la cire,
Regarde la lettre, et lit ce qui y est écrit:
« Celui qui a la France en son pouvoir, Charles, me mande
« De me souvenir de sa colère et de sa grande douleur,
490 « C'est-à-dire de Basan et de son frère Basile,
« Dont j'ai pris les têtes aux monts de Haltoïe.
« Si je veux racheter ma vie,
« Il me faut lui envoyer le Calife, mon oncle.
« Autrement, jamais il ne m'aimera. »
495 Seul, après Marsile, son fils prend la parole:
« Ganelon a parlé follement, » dit-il au Roi.
« Son langage mérite la mort.
« Livrez-le-moi, j'en ferai justice. »
Ganelon l'entend, brandit son épée,
500 Et contre le tronc du pin va s'adosser.

38

Le roi Marsile s'en est alors allé dans son verger;
Il n'y emmène que les meilleurs de ses hommes.

16. *Baron* n'est le plus souvent qu'un terme lauditif, synonyme de *vaillant*, et ne désigne pas un titre particulier de la hiérarchie féodale.

Blancandrin, au poil chenu[17], y vient avec eux,

Ainsi que Jurfaleu, son fils et son héritier.

505 Le Calife y vient aussi, qui est l'oncle de Marsile et son fidèle ami.

« Appelez le Français, » dit Blancandrin.

« Il m'a engagé sa foi pour notre cause.

« — Amenez-le, » dit le Roi.

Blancandrin est allé prendre Ganelon aux doigts, par la main droite;

510 Il l'amène au verger près de Marsile.

Et c'est alors qu'ils préparent la trahison infâme.

39

« Beau sire Ganelon, » a dit le roi Marsile,

« Je fis preuve de folie avec vous,

« Quand, par colère, je voulus vous frapper.

515 « Mais avec ces peaux de martre je vous en fais réparation:

« L'or en vaut plus de cinq cents livres.

« Avant demain soir, je vous aurai payé une belle amende. »

Ganelon répond: « Je ne la refuse point,

« Et que Dieu, s'il lui plaît, vous en récompense lui-même! »

40

520 « Ganelon, » dit Marsile, « sachez en vérité

« Que j'ai le désir de vous aimer très vivement.

« Je voudrais vous entendre parler de Charlemagne.

« Il est bien vieux, n'est-ce pas? et a usé son temps.

« Il a, je pense, plus de deux cents ans[18].

525 « Il a promené son corps par tant et tant de terres!

« Il a reçu tant de coups sur son bouclier! ← shield

« Il a réduit à mendier tant de puissants rois!

« Quand donc sera-t-il las de guerroyer ainsi?

« — Non, » répond Ganelon, « ce n'est point là Charlemagne.

530 « Tous ceux qui le voient et le connaissent,

« Tous vous diront que l'Empereur est un vrai baron.

« Je ne saurais assez l'admirer, assez le louer devant vous:

« Car il n'y a nulle part plus d'honneur ni plus de bonté.

« Qui pourrait donner une idée de ce que vaut Charlemagne?

535 « Dieu l'a illuminé d'une telle vertu!

« Non, j'aimerais mieux mourir que de quitter son baronnage. »

41

« En vérité, » dit le païen, « je suis tout émerveillé

« A la vue de Charlemagne, qui est si vieux et si chenu.

« Il a bien, je crois, deux cents ans et plus.

17. Aux cheveux blancs. — 18. Bel exemple de ce qu'on appelle *l'exagération épique*. Il s'en trouve bien d'autres dans la suite. Sans doute y réagissons-nous différemment que les auditeurs du Moyen Age.

540 « Il a peiné son corps par tant de royaumes!

« Il a reçu tant de coups de lance et d'épieu[19]!

« Il a réduit à mendier tant de rois puissants!

« Quand donc sera-t-il las de guerroyer ainsi?

« — Ah! » répond Ganelon, « ce n'est certes pas tant que vivra son neveu:

545 « Sous la chape des cieux il n'y a pas un baron de sa taille:

« Son compagnon Olivier est aussi plein de prouesse.

« Les douze Pairs, qui sont tant aimés de Charlemagne,

« Font l'avant-garde, à la tête de vingt mille chevaliers.

« Charlemagne peut être tranquille, et ne craint aucun homme. »

42

550 « Je suis tout émerveillé, » dit le Sarrasin,

« A la vue de Charlemagne, qui est chenu et blanc.

« Il a bien, je crois, deux cents ans passés.

« Il a marché en conquérant par tant de terres!

« Il a reçu tant de coups de bons épieux tranchants!

555 « Il a vaincu en bataille et mis à mort tant de rois puissants!

« Quand donc sera-t-il las de guerroyer ainsi?

« — Ce ne sera certes pas, » dit Ganelon, « tant que vivra Roland;

« Il n'est tel baron d'ici en Orient;

« Son compagnon Olivier est aussi plein de valeur.

560 « Les douze Pairs, que Charles aime tant,

« Font l'avant-garde, à la tête de vingt mille Francs.

« Charles peut être tranquille, et ne craint nul homme vivant. »

43

« Beau sire Ganelon, » dit le roi Marsile,

« Mon peuple est le plus beau qu'on puisse voir.

565 « Je puis avoir quatre cent mille chevaliers[20]:

« Puis-je avec eux combattre Charles et les Français? »

Ganelon répond: « Non point cette fois:

« Vous y perdriez des milliers de vos païens.

« Laissez cette folie, et tenez-vous à la sagesse:

570 « Donnez tant d'argent à l'Empereur,

« Que les Français en soient tout émerveillés.

« Au prix de vingt otages que vous lui enverrez,

« Le roi Charles s'en retournera en douce France

« Et derrière lui laissera son arrière-garde;

575 « Je crois bien que son neveu Roland en fera partie,

« Avec Olivier le preux et le courtois.

« Si vous voulez m'en croire, les deux comtes sont morts.

19. L'*épieu* était un gros et long bâton terminé par un fer pointu et qui servait d'arme de guerre. — 20. Cette affirmation est difficilement conciliable avec ce que Marsile a dit aux vers 18–19. Cette contradiction, parmi beaucoup d'autres, indique peut-être que le manuscrit d'Oxford est une compilation de deux ou de plusieurs versions du poème.

« Charles, par là, verra tomber son grand orgueil
« Et n'aura plus envie de jamais vous combattre. »

44

580 « Beau sire Ganelon, » dit le roi Marsile,
« Comment m'y prendrai-je pour tuer Roland?
« — Je saurai bien vous le dire, » répond Ganelon.
« Le roi sera aux meilleurs défilés de Cize,
« Et derrière lui aura placé son arrière-garde.
585 « Là sera son neveu, le puissant comte Roland,
« Et Olivier, en qui il a tant de confiance;
« Vingt mille Français y seront avec eux.
« Lancez sur eux cent mille de vos païens
« Qui engagent contre eux une première bataille;
590 « La gent de France y sera cruellement blessée;
« Je ne dis pas que les vôtres n'y soient mis en pièces.
« Mais livrez-leur un second combat:
« Roland ne pourra se tirer de l'un et de l'autre.
« Vous aurez fait par là belle chevalerie,
595 « Et n'aurez plus de guerre en toute votre vie. »

45

« Faire mourir Roland là-bas,
« Ce serait ôter à l'Empereur le bras droit de son corps.
« Adieu les merveilleuses armées de France!
« Charles, désormais, n'assemblerait plus de telles forces,
600 « Et toute l'Espagne resterait en repos. »
Quand Marsile entend Ganelon, il le baise au cou;
Puis il commence à ouvrir ses trésors.

46

Marsile alors: « Pourquoi de plus longs discours?
« Il n'est pas de bon conseiller, si l'on n'en est point sûr:
605 « Jurez-moi, sans plus tarder, jurez-moi sa mort. »
Et Ganelon répond: « Qu'il soit fait selon votre volonté! »
Et voilà que, sur les reliques de son épée Murgleis[21],
Il jure la trahison. La forfaiture est accomplie.

47

Un fauteuil d'ivoire était là;
610 Marsile y fait porter un livre

21. Les épées portent souvent un nom dans les épopées françaises; celle de Roland; par exemple,
s'appelle Durendal. Le pommeau de l'épée (la tête arrondie de la poignée) était creux et renfermait
des reliques sacrées.

Où est écrite la loi de Mahomet et de Tervagan[22].

Le Sarrasin espagnol y jure son serment:

Si, dans l'arrière-garde de Charlemagne, il trouve Roland,

Il le combattra avec toute son armée;

615 S'il le peut, Roland y mourra.

Et Ganelon: « Puisse notre traité réussir! »

48

Voici venir un païen, du nom de Valdabrun;

C'est lui qui, pour la chevalerie, fut le parrain du roi Marsile,

Clair et riant, il dit à Ganelon:

620 « Prenez mon épée: aucun homme n'en a de meilleure;

« Le pommeau à lui seul vaut plus de mille écus d'or.

« Je vous la donne par amitié, beau sire;

« Mais aidez-nous contre Roland le baron,

« Et faites que nous puissions le trouver à l'arrière-garde.

625 « — Ainsi sera-t-il, » répond le comte Ganelon.

Tous les deux se baisent à la joue et au menton.

49

Voici venir un païen, Climborin,

Qui, clair et riant, dit à Ganelon:

« Prenez mon heaume[23]: jamais je n'en vis de meilleur.

630 « Mais aidez-nous contre Roland le marquis,

« Et donnez-nous le moyen de le déshonorer.

« — Ainsi sera-t-il fait, » répond Ganelon.

Puis, ils se baisent à la joue et sur la bouche[24].

50

Voici venir la reine Bramimonde:

635 « Sire, » dit-elle à Ganelon, « je vous aime grandement;

« Car mon seigneur et tous ses hommes ont pour vous grande estime.

« Je veux à votre femme envoyer deux bracelets;

« Ils sont tout en améthystes, en rubis et en or:

« Ils valent plus, à eux seuls, que tous les trésors de Rome:

640 « Et certes votre empereur n'en vit jamais de pareils. »

Il prend les bracelets; dans sa botte il les serre.

51

Le roi Marsile appelle son trésorier Mauduit:

« As-tu disposé les présents que je destine à Charles?

22. Après Mahomet et Apollon, Tervagan est la troisième des divinités que les musulmans sont censés adorer. L'origine du nom est obscure. — 23. Le *heaume* était un casque en métal de forme conique, muni sur le devant d'un *nasal* qui protégeait le visage. — 24. Ce geste aggrave la trahison de Ganelon, puisque le baiser sur la bouche faisait partie du cérémonial d'hommage féodal par lequel le vassal s'engageait à servir son seigneur.

« — Oui, Sire, ils sont tout prêts, » répond le trésorier.

645 « Sept cents chameaux sont là, chargés d'or et d'argent,

« Et vingt otages, des plus nobles qui soient sous le ciel. »

52

Marsile tient Ganelon par l'épaule:

« Tu es très vaillant, » lui dit-il, « et très sage;

« Mais, au nom de cette loi que vous tenez pour la meilleure,

650 « Ne t'avise point de changer de sentiment pour nous.

« Je te donnerai largement de mes trésors:

« Dix mulets chargés de l'or le plus fin d'Arabie;

« Et chaque année je te ferai pareil présent.

« Voici les clefs de cette vaste cité:

655 « Présente de ma part tous ces trésors à Charles.

« Mais fais placer Roland à l'arrière-garde.

« Si je puis le trouver aux défilés et aux passages,

« C'est une bataille à mort que je lui livrerai.

« — Mon avis est que je tarde trop, » répond Ganelon.

660 Alors il monte à cheval, et se met en route.

53

L'empereur Charles approche de son royaume:

Le voilà arrivé à la cité de Valtierra,

Que jadis le comte Roland a prise et ruinée.

Et depuis ce jour-là elle fut cent ans déserte.

665 C'est là que le roi attend des nouvelles de Ganelon,

Et le tribut d'Espagne, la grande terre.

Or, un matin, à l'aube, quand le jour jette sa première clarté,

Le comte Ganelon arrive au campement.

54

L'Empereur s'est levé de grand matin,

670 A entendu messe et matines,

Puis est venu se placer sur l'herbe verte, devant sa tente.

Roland y fut, avec Olivier le preux,

Et le duc Naimes, et mille autres.

C'est là que vient Ganelon, le félon, le parjure,

675 Et que très perfidement il prend la parole:

« Salut au nom de Dieu, » dit-il au roi.

« Voici les clefs de Saragosse que je vous apporte,

« Et voilà de grands trésors

« Avec vingt otages: faites-les bien garder.

680 « Le vaillant roi Marsile vous mande encore

« De ne point le blâmer, si je ne vous amène point le Calife.

« J'ai vu, vu de mes yeux, trois cent mille hommes armés,

« Le haubert au dos, le heaume d'acier en tête,

« Et, au côté, l'épée au pommeau d'or niellé,

685 « Qui se sont embarqués, avec le Calife, sur la mer.

« Ils quittaient le pays de Marsile, à cause de la foi chrétienne

« Qu'ils ne voulaient ni recevoir ni garder.

« Mais, avant qu'ils eussent navigué quatre lieues,

« Ils ont été surpris par le vent et la tempête.

690 « Tous sont noyés, et plus jamais vous ne les reverrez.

« Si le Calife avait été vivant, je vous l'aurais amené.

« Quant au roi païen, Sire, tenez pour assuré

« Qu'avant ce premier mois passé

« Il vous suivra au royaume de France

695 « Et y recevra la loi chrétienne;

« Il y deviendra, mains jointes, votre vassal

« Et tiendra de vous le royaume d'Espagne.

« — Grâces en soient rendues à Dieu, » s'écrie le Roi.

« Vous avez bien agi, Ganelon, et vous en serez bien récompensé. »

700 On fait alors sonner mille clairons dans l'armée:

Les Francs lèvent le camp, chargent leurs sommiers,

Et tous s'acheminent vers France la douce.

L'Arrière-garde; Roland condamné à mort

55

Charles le Grand a dévasté l'Espagne,

Pris les châteaux, violé les cités.

705 « Ma guerre est finie, » dit le roi;

Et voilà qu'il chevauche vers douce France.

Le comte Roland a planté son enseigne

Sur le sommet de la colline, droit contre le ciel.

Par tout le pays, les Francs dressent leur campement.

710 Or, les païens chevauchent par les grandes vallées,

Vêtus de leurs hauberts,

Heaumes en tête, épées au côté,

Ecus au cou et lances toutes prêtes.

Au haut de ces montagnes il est un bois: ils y font halte.

715 C'est là que quatre cent mille hommes attendent le lever du jour.

Et les Français qui ne le savent pas! Dieu, quel malheur!

56

Le jour s'en va, la nuit se fait noire.

Charles s'endort, l'empereur puissant.

Il fait un rêve: il se voit aux grands défilés de Cize,

720 Tenant entre ses poings sa lance en bois de frêne.

Et voilà que le comte Ganelon s'en est emparé;

Il la brandit et la secoue si rudement

Que les éclats en volent vers le ciel.

Charles dort, et ne s'éveille pas.

dream

57

725 Après ce songe, il en a un autre.

Il se voit en France, dans sa chapelle, à Aix.

Un ours le mord cruellement au bras droit;

Puis, du côté de l'Ardenne, il voit venir un léopard

Qui, très férocement, va l'attaquer aussi.

730 Mais alors un lévrier sort de la salle,

Qui accourt vers Charles au galop et par bonds.

Il commence par trancher l'oreille droite de l'ours;

Puis, avec fureur, s'attaque au léopard.

« Grande bataille! » s'écrient les Français

735 Et ils ne savent quel sera le vainqueur.

Charles dort, et ne s'éveille pas.

58

La nuit s'en va, et l'aube apparaît, claire.

Très fièrement chevauche l'Empereur,

Et mille clairons retentissent alors dans toute l'armée:

740 « Seigneurs barons, » dit le roi Charles,

« Vous voyez ces passages et ces défilés étroits.

« Qui placerai-je à l'arrière-garde? Décidez. »

Ganelon répond: « Ce sera mon beau-fils Roland.

« Vous n'avez pas de baron si vaillant. »

745 Charles l'entend et lui jette un regard farouche:

« Il faut, » lui dit-il, « que vous soyez le diable en personne.

« Une mortelle rage vous est entrée au corps.

« Et qui sera devant moi à l'avant-garde?

« — Ce sera, » dit Ganelon, « Ogier de Danemark.

750 « Vous n'avez point de baron qui puisse mieux s'en acquitter.

59

Quand le comte Roland entend qu'on le désigne,

Il se prend à parler en vrai chevalier:

« Sire beau-père, je dois vous bien aimer,

« Vous m'avez fait donner l'arrière-garde.

755 « Le roi qui tient la France, Charles, n'y perdra rien.

« Rien à mon escient, ni palefroi, ni destrier,

« Ni mule, ni mulet sur lequel on chevauche;

« Il ne perdra un seul cheval de somme,

« Avant qu'on le dispute à coups d'épée.

760 « — Vous dites vrai, » répond Ganelon, « et très bien je le sais.

60

Roland, quand il entend qu'on le met à l'arrière-garde,

Adresse, tout furieux, la parole à son beau-père:

« Ah! traître, méchant homme et de méchante race,

« Tu croyais peut-être que je laisserais tomber le gant,
765 « Comme tu as laissé tomber le bâton[25] devant l'Empereur! »[26]

61

Le comte Roland interpelle alors Charlemagne:
« Donnez-moi l'arc que vous tenez au poing.
« A mon escient on ne me reprochera pas
« Qu'il me tombe des mains comme il arriva à Ganelon,
770 « Pour votre gant droit, quand il reçut le bâton. »
L'Empereur reste là, tête baissée;
Il tourmente sa barbe, tord ses moustaches,
Et ne peut s'empêcher de pleurer.

62

Naimes ensuite est venu;
775 Il n'est point en la cour de meilleur vassal:
« Vous l'avez entendu, » dit-il au Roi;
« Le comte Roland est en grande colère:
« On lui a confié l'arrière-garde,
« Et certes il n'est pas de baron qui s'en charge à sa place.
780 « Donnez-lui l'arc que vous avez tendu
« Et trouvez-lui bonne aide. »
Le Roi lui donna l'arc, et Roland le reçut.

63

L'Empereur interpelle son neveu Roland:
« A coup sûr vous savez, beau sire neveu,
785 « Que je veux vous donner la moitié de mon armée.
« Gardez-la près de vous: c'est votre salut.
« — Non, » dit le Comte, « non, je n'en ferai rien;
« Et que Dieu me confonde, si je démens ma race!
« Je garderai seulement vingt mille Français bien vaillants.
790 « Pour vous, passez les défilés en toute sûreté;
« Vous n'avez pas un homme à craindre, tant que je vivrai! »

64

Le comte Roland monte alors sur son destrier:
A ses côtés vient se ranger Olivier, son compagnon;
Puis Gérin, puis Gérier le preux comte,
795 Puis Othon et Bérengier,
Puis Astor et Anséis le fier;

25. Le poète — ou Roland — oublie que c'est le gant que Ganelon a laissé tomber. — 26. On s'explique mal la différence de ton d'une réponse à l'autre (laisses 59-60). Est-ce de l'ironie qui éclate en colère?

Le vieux Girard de Roussillon y est aussi venu,
Avec le riche duc Gaifier.
« Par mon chef, » s'écrie l'Archevêque, « j'irai, moi aussi.

800 « — Et j'irai avec vous, » dit le comte Gautier:
« Je suis l'homme de Roland, et ne dois point lui faillir. »
Ils se choisissent entre eux vingt mille chevaliers.

65

Le comte Roland appelle Gautier de l'Hum:
« Prenez mille Français de notre terre de France;

805 « Occupez les défilés et les hauteurs,
« Afin que l'Empereur n'y perde aucun des siens.
« — Pour vous je dois bien le faire, » répond Gautier.
Avec mille Français de leur terre de France,
Gautier parcourt les passages et les hauteurs.

810 Il n'en descendra pas, si mauvaises que soient les nouvelles,
Avant que sept cents épées aient été tirées du fourreau.
Le roi Almaris, du royaume de Belferne,
Lui livrera ce jour même une formidable bataille.

66

Hautes sont les montagnes, et ténébreuses les vallées;

815 La roche est noire, terribles sont les défilés.
Ce jour-là, les Français y passèrent, à grande douleur:
A quinze lieues de là on entendit le bruit de leur marche.
Mais, lorsqu'en se dirigeant vers la Terre des Aïeux,
Ils virent la Gascogne, le pays de leur seigneur,

820 Alors ils se souvinrent de leurs fiefs et de leurs domaines,
Des jeunes filles et de leurs nobles épouses,
Et il n'en est pas un qui n'ait pleuré d'attendrissement.
Mais, entre tous, le plus angoisseux, c'est Charles
Qui a laissé son neveu aux défilés d'Espagne.

825 Il est pris de douleur, et ne peut s'empêcher de pleurer.

67

Les douze Pairs sont restés en Espagne:
Vingt mille Français sont en leur compagnie.
Ils n'ont pas peur et ne craignent point la mort.
Quant à l'Empereur, il s'en retourne en France.

830 Sous son manteau il cache son angoisse.
A son côté chevauche le duc Naimes:
« Quelle pensée vous pèse? » dit-il au Roi.
« — Le demander, » répond Charles, « c'est me faire outrage.
« J'ai si grand deuil qu'il me faut pleurer:

835 « Par Ganelon la France sera détruite.
« Cette nuit, j'ai vu, dans une vision étrange,

34

« J'ai vu Ganelon me briser ma lance entre les mains,
« Ce même Ganelon qui a fait mettre mon neveu à l'arrière-garde.
« Et j'ai dû laisser Roland en un pays étranger.
840 « Dieu! Si je le perds, jamais je ne trouverai son pareil! »

68

Charles le Grand ne peut s'empêcher de pleurer:
Cent mille Français sont pris pour lui de grand'pitié
Et d'une peur étrange pour Roland.
C'est Ganelon, c'est ce félon qui l'a trahi;
845 C'est lui qui a reçu du roi païen riches présents,
Or et argent, étoffes et vêtements de soie,
Chevaux et mulets, chameaux et lions.
Et voici que Marsile mande ses barons d'Espagne,
Comtes, vicomtes, ducs et princes,
850 Avec les émirs et les fils de ses comtes.
Il en réunit quatre cent mille en trois jours,
Et fait sonner ses tambours dans toute la ville de Saragosse.
Sur la plus haute tour, on dresse la statue de Mahomet:
Pas de païen qui ne la prie et ne l'adore.
855 Puis ils chevauchent, en très grande furie,
A travers toute cette terre, par vaux et par monts.
Enfin ils aperçoivent les enseignes des Français.
C'est l'arrière-garde des douze Compagnons:
Elle ne manquera pas de leur livrer bataille.

69

860 Au premier rang s'avance le neveu de Marsile,
Sur un mulet qu'il aiguillonne d'un bâton.
A son oncle il a dit bellement, en riant:
« Beau sire roi, je vous ai bien servi;
« Pour vous j'ai dû subir bien des peines, bien des douleurs,
865 « Pour vous j'ai livré bien des batailles et j'en ai bien gagné!
« Frapper Roland, voilà tout le fief que je vous demande.
« Oui, je le tuerai du tranchant de ma lance,
« Si Mahomet veut m'aider,
« Et je délivrerai toute l'Espagne,
870 « Depuis les défilés d'Aspre jusqu'à Durestant.
« Charles sera épuisé, les Français se rendront,
« Et vous n'aurez plus de guerre en toute votre vie. »
Le roi Marsile alors lui tend le gant.

70

Le neveu de Marsile tient le gant dans son poing,
875 Et très fièrement interpelle son oncle:
« C'est un grand don, beau sire roi, que vous venez de me faire.

« Choisissez-moi donc onze de vos barons,

« Et j'irai me mesurer avec les douze Pairs. »

Le premier qui réponde à cet appel, c'est Fausseron;

880 Il est frère du roi Marsile:

« Beau sire neveu, nous irons vous et moi;

« Nous livrerons certainement cette bataille.

« Malheur à l'arrière-garde de la grande armée de Charles!

« Nous l'exterminerons: c'est dit. »

[Dans les laisses 71–78, les « barons » païens du vers 877 prennent l'un après l'autre la parole. Devant Marsile, ils se font fort, en des termes pareils à ceux de Fausseron, d'infliger à Roland une défaite humiliante.]

79

Les païens se revêtent de hauberts à la sarrasine,

995 Qui, pour la plupart, sont doublés d'une triple étoffe.

Sur leurs têtes ils lacent leurs bons heaumes de Saragosse,

Et ceignent leurs épées d'acier viennois.

Leurs écus[27] sont beaux à voir, leurs lances sont de Valence;

Leurs gonfanons sont blancs, bleus ou rouges.

1000 Ils laissent là leurs mulets et leurs bêtes de somme,

Montent sur leurs destriers et s'avancent en rangs serrés.

Le jour fut clair, et beau fut le soleil:

Pas d'armure qui ne flamboie et resplendisse.

Mille clairons sonnent, pour que ce soit plus beau.

1005 Grand est le tumulte, et nos Français l'entendent:

« Sire compagnon, » dit Olivier, « je crois

« Que nous pourrons bien avoir bataille avec les Sarrasins. »

Et Roland: « Que Dieu nous l'accorde, » répond-il.

« Notre devoir est de tenir ici pour notre roi;

1010 « Car pour son seigneur on doit souffrir grande détresse.

« Il faut endurer pour lui la grande chaleur et le grand froid,

« Et perdre enfin de son poil et de son cuir.

« Frapper de grands coups, voilà le devoir de chacun,

« Afin qu'on ne chante pas sur nous de mauvaise chanson!

1015 « Les païens ont le tort, le droit est pour les chrétiens.

« Ce n'est pas de moi que viendra jamais le mauvais exemple! »

Deuxième Partie: La Mort de Roland

80

Olivier monte sur une hauteur:

Il regarde à droite parmi le val herbu,

27. *Ecu* est synonyme de *bouclier*.

Et voit venir toute l'armée païenne.
1020 Il appelle son compagnon Roland:
« Ah! du côté de l'Espagne, quel bruit j'entends venir!
« Que de blancs hauberts! que de heaumes flamboyants!
« Ceux-là vont nous infliger de grandes pertes.
« Cette trahison est l'œuvre de Ganelon, ce félon;
1025 « C'est lui qui nous fit donner cette besogne par l'Empereur.
« — Tais-toi, Olivier, » répond le comte Roland;
« C'est mon beau-père: n'en parle plus. »

81

Olivier est monté sur une colline élevée:
De là il découvre le royaume d'Espagne
1030 Et le grand assemblement des Sarrasins.
Les heaumes luisent, tout couverts d'or et de pierreries,
Et les écus, et les hauberts brodés,
Et les épieux, et les gonfanons au bout des lances.
Olivier ne peut compter les bataillons;
1035 Il y en a tant, qu'il n'en sait la quantité!
En lui-même il en est grandement troublé.
Le plus vite qu'il peut, il descend du sommet,
Vient aux Français et leur raconte tout.

82

Olivier dit: « J'ai vu tant de païens
1040 « Que nul homme n'en vit jamais plus sur la terre.
« Il y en a bien cent mille devant nous, avec leurs écus,
« Leurs heaumes lacés et leurs hauberts polis;
« Leurs lances sont droites, leurs épieux bruns luisent.
« Vous aurez bataille, bataille comme il n'y en eut jamais.
1045 « Seigneurs Français, que Dieu vous donne sa force;
« Et tenez ferme pour n'être point vaincus. »
Les Français disent: « Maudit qui s'enfuira!
« Pas un ne vous fera défaut pour cette mort. »

La Fierté de Roland

83

Olivier dit: « Les païens ont grande force,
1050 « Et nos Français, ce semble, sont bien peu.
« Ami Roland, sonnez de votre cor.
« Charles l'entendra, et fera retourner son armée.
« — Je serais bien fou, » répond Roland;
« Dans la douce France, j'en perdrais ma gloire.
1055 « Non, mais je frapperai grands coups de Durendal:

« Le fer en sera sanglant jusqu'à l'or de la garde.

« Les félons païens furent mal inspirés de venir aux défilés:

« Je vous jure que, tous, ils sont jugés à mort. »

84

« Ami Roland, sonnez votre olifant[28]:

1060 « Charles l'entendra et fera retourner l'armée.

« Le Roi et ses barons viendront à notre secours.

« — A Dieu ne plaise, » répond Roland,

« Que mes parents jamais soient blâmés à cause de moi,

« Ni que France la douce tombe jamais dans le déshonneur!

1065 « Non, mais je frapperai grands coups de Durendal,

« Ma bonne épée que j'ai ceinte à mon côté.

« Vous en verrez tout le fer ensanglanté.

« Les félons païens sont assemblés ici pour leur malheur:

« Je vous jure qu'ils sont tous condamnés à mort. »

85

1070 « Ami Roland, sonnez votre olifant.

« Le son en ira jusqu'à Charles, qui passe aux défilés,

« Et les Français, je vous le jure, retourneront sur leurs pas.

« — A Dieu ne plaise, » répond Roland,

« Qu'il soit jamais dit par aucun homme vivant

1075 « Que j'ai sonné mon cor à cause des païens!

« Je ne ferai pas aux miens ce déshonneur.

« Mais quand je serai dans la grande bataille,

« J'y frapperai mille et sept cents coups:

« De Durendal vous verrez le fer tout sanglant.

1080 « Les Français sont braves: ils frapperont vaillamment;

« Les Sarrasins ne peuvent échapper à la mort. »

86

« Je ne vois pas où serait le déshonneur, » dit Olivier.

« J'ai vu de mes yeux les Sarrasins d'Espagne;

« Les vallées, les montagnes en sont couvertes;

1085 « Et les landes aussi, et toutes les plaines.

« Qu'elle est puissante, l'armée de la gent étrangère,

« Et que petite est notre compagnie!

« — Tant mieux, » répond Roland, « mon ardeur s'en accroît.

« Ne plaise à Dieu, ni à ses très saints anges,

1090 « Que France, à cause de moi, perde de sa valeur!

« Plutôt la mort que le déshonneur.

« Plus nous frappons, plus l'Empereur nous aime! »

28. Cor d'ivoire, taillé dans une défense d'éléphant (du latin *elephantus*).

87

Roland est preux, mais Olivier est sage;
Ils sont tous deux de merveilleux courage.
1095 Lorsqu'ils sont à cheval et en armes,
Ils aimeraient mieux mourir qu'esquiver la bataille.
Les comtes ont l'âme bonne, et hautes sont leurs paroles.
Les païens félons chevauchent furieusement.
« Voyez un peu, Roland, » dit Olivier;
1100 « Les voici près de nous, et Charles est trop loin.
« Ah! vous n'avez pas voulu sonner de votre cor;
« Si le Roi était ici, nous ne serions pas en danger.
« Jetez les yeux là-haut, vers les défilés d'Espagne;
« Vous le voyez: notre arrière-garde est digne de pitié.
1105 « Ceux qui s'y trouvent ne feront jamais partie d'une autre.
« — Ne parlez pas aussi follement, » répond Roland.
« Maudit soit qui porte un lâche cœur au ventre!
« Nous tiendrons pied fortement sur la place:
« De nous viendront les coups, et de nous la bataille! »

88

1110 Quand Roland voit qu'il y aura bataille,
Il se fait plus fier que lion ou léopard.
Il interpelle les Français, puis Olivier:
« Ne parle plus ainsi, ami et compagnon;
« L'Empereur, qui nous laissa ses Français,
1115 « A mis à part ces vingt mille que voici.
« Pas un lâche parmi eux, Charles le sait bien.
« Pour son seigneur on doit souffrir grands maux,
« Endurer le chaud et le froid,
« Perdre de son sang et de sa chair.
1120 « Frappe de ta lance, Olivier, et moi, de Durendal,
« Ma bonne épée que me donna le Roi.
« Et si je meurs, qui l'aura pourra dire:
« C'était l'épée d'un noble vassal! »

89

D'autre part est l'archevêque Turpin;
1125 Il pique son cheval, et monte sur une colline;
Puis s'adresse aux Français, et leur fait ce sermon:
« Seigneurs barons, Charles nous a laissés ici,
« C'est notre roi: notre devoir est de mourir pour lui.
« La chrétienté est en péril, maintenez-la.
1130 « Il est certain que vous aurez bataille;
« Car, sous vos yeux, voici les Sarrasins.
« Confessez donc vos péchés, et demandez à Dieu miséricorde.
« Pour guérir vos âmes, je vais vous absoudre.
« Si vous mourez, vous serez tous martyrs:

1135 « Dans le grand Paradis vos places sont toutes prêtes. »

Les Français descendent de cheval, s'agenouillent à terre,

Et l'Archevêque les bénit de par Dieu:

« Pour votre pénitence, vous frapperez les païens. »

90

Les Français se redressent et se remettent debout;

1140 Les voilà absous et quittes de tous leurs péchés.

L'Archevêque leur a donné sa bénédiction au nom de Dieu;

Puis ils sont montés sur leurs destriers rapides.

Ils sont armés en chevaliers

Et tout disposés pour la bataille.

1145 Le comte Roland appelle Olivier:

« Sire compagnon, vous le savez,

« C'est Ganelon qui nous a tous trahis;

« Il en a reçu bons deniers en argent et en or.

« L'Empereur devrait bien nous venger.

1150 « Quant au roi Marsile, il a fait marché de nous,

« Mais c'est avec nos épées qu'il sera payé. »

91

Aux défilés d'Espagne passe Roland

Sur Veillantif, son bon cheval courant.

Il porte ses armes; elles lui vont bien.

1155 Il s'avance, le baron, avec sa lance au poing

Dont le fer est tourné vers le ciel

Et au bout de laquelle est lacé un gonfanon tout blanc.

Les franges d'or lui descendent jusqu'aux mains.

Le corps de Roland est très beau, son visage est clair et riant.

1160 Sur ses pas marche Olivier, son ami,

Et les Français le saluent comme leur protecteur.

Sur les Sarrasins il jette un regard fier,

Mais humble et doux sur les Français;

Puis, leur a dit un mot courtois:

1165 « Seigneurs barons, allez au petit pas.

« Ces païens, en vérité, viennent ici chercher grand martyre.

« Le beau butin que nous aurons aujourd'hui!

« Aucun roi de France n'en fit jamais d'aussi riche. »

A ces mots, les deux armées se rencontrent.

92

1170 « Je ne veux plus rien dire, » dit alors Olivier.

« Vous n'avez pas daigné sonner de votre cor,

« Et voici que le secours de Charles vous fera défaut.

« Certes il n'est pas coupable: car il n'en sait rien, le baron,

« Et ceux qui sont là-bas ne sont point à blâmer.

1175 « Maintenant, chevauchez du mieux que vous pourrez,

« Seigneurs barons, et ne reculez point.

« Au nom de Dieu, ne pensez qu'à deux choses:

« A recevoir et à donner de bons coups.

« Et n'oublions pas le cri de guerre de Charles. »

1180 A ce mot, les Français ne poussent qu'un seul cri:

« Monjoie! »[29] Celui qui aurait pu les entendre crier de la sorte

Aurait eu l'idée du courage.

Puis ils chevauchent, Dieu! avec quelle fierté!

Pour aller plus rapidement, donnent un fort coup d'éperon,

1185 Et — que feraient-ils d'autre? — se jettent sur l'ennemi.

Mais les païens n'ont pas peur:

Voilà les Français et les Sarrasins aux prises.

La Mêlée

93

Le neveu de Marsile (il s'appelle Aelroth)

Chevauche tout le premier devant l'armée païenne;

1190 Quelles injures il jette à nos Français!

« Félons Français, vous allez aujourd'hui lutter avec les nôtres:

« Qui devait vous défendre vous a trahis;

« Votre empereur est fou qui vous a laissés dans ces défilés:

« C'en est fait aujourd'hui de l'honneur de douce France,

1195 « Et Charles le Grand va perdre ici le bras droit de son corps. »

Roland l'entend: grand Dieu, quelle douleur!

Il éperonne son cheval, le lance à toute vitesse;

Du plus rude coup qu'il peut porter, le Comte frappe le païen.

Il fracasse l'écu d'Aelroth, lui rompt les mailles de son haubert,

1200 Lui tranche la poitrine, lui brise les os,

Lui sépare toute l'échine du dos

Et, avec sa lance, lui jette l'âme hors du corps.

Il enfonce le fer, ébranle le corps,

Et à pleine lance l'abat mort de son cheval;

1205 Le cou du païen est en deux morceaux.

Roland ne manque pourtant pas de lui parler:

« Va donc, misérable, et sache bien que Charles n'est pas fou

« Et qu'il n'aima jamais la trahison.

« En nous laissant aux défilés, il a agi en preux,

1210 « Et la France aujourd'hui ne perdra pas sa gloire.

« Frappez, Français, frappez: le premier coup est nôtre.

« C'est à ces félons qu'est le tort, c'est à nous qu'est le droit. »

29. Ce cri de ralliement, souvent répété, est d'origine conjecturale. Il vient peut-être du latin *meum gaudium* (« ma joie »), ou du vieux francique *mund gawi* (« protection du pays »).

94

Il y a là un duc du nom de Fausseron:
C'est le frère du roi Marsile.
1215 Il tient la terre de Dathan et d'Abiron,
Et il n'est pas sous le ciel d'homme plus insolent ni plus félon.
Entre ses deux yeux il a le front énorme,
Et l'on pourrait y mesurer un grand demi-pied.
A la vue de son neveu mort, il est tout saisi de douleur,
1220 Sort de la foule, se précipite,
Jette le cri des païens
Et, dans sa rage contre les Français:
« Aujourd'hui la douce France va perdre son honneur. »
Olivier l'entend, il en a grande colère:
1225 Des deux éperons d'or, pique son cheval
Et va frapper Fausseron d'un vrai coup de baron.
Il lui brise l'écu, lui rompt les mailles de son haubert,
Lui plonge dans le corps les pans de son gonfanon,
Et, à pleine lance, le désarçonne mort.
1230 Alors il regarde à terre, et y voyant le misérable étendu,
Il lui dit ces très fières paroles:
« Je n'ai point souci, lâche, de vos menaces.
« Frappez, Français, frappez, nous les vaincrons! »
Puis: « Monjoie! » s'écrie-t-il. C'est le cri de l'Empereur.

95

1235 Il y a là un roi du nom de Corsablis;
Il est de Barbarie, d'un pays lointain.
Le voilà qui se met à interpeller les autres païens:
« Nous pouvons aisément soutenir la bataille:
« Les Français sont si peu!
1240 « Ceux qui sont devant nous sont à dédaigner;
« Pas un n'échappera, Charles n'y peut rien,
« Et voici le jour qu'il leur faudra mourir. »
L'archevêque Turpin l'entend:
Il n'est pas d'homme sous le ciel qu'il haïsse plus;
1245 Des éperons d'or fin il pique son cheval
Et va frapper sur Corsablis un coup terrible.
L'écu est mis en pièces, le haubert en lambeaux:
Il lui plante sa lance au milieu du corps.
Le coup est si rude que le Sarrasin chancelle:
1250 A pleine lance, Turpin l'abat mort sur le chemin;
Puis regarde à terre et y voit le traître étendu.
Il ne manque pas de lui parler, et lui dit:
« Vous en avez menti, lâche païen;
« Mon seigneur Charles est toujours notre appui,
1255 « Et nos Français n'ont pas envie de fuir.

« Vos compagnons, nous saurons bien les arrêter ici,
« Et quant à vous, c'est une autre mort qui vous attend.
« Frappez, Français: que pas un de vous ne s'oublie.
« Le premier coup est nôtre, Dieu merci! »
1260 Puis il crie « Monjoie! » pour rester maître du champ.

[Dans les laisses 96–103, la bataille continue en une série de combats singuliers qui sont décrits en des termes identiques ou semblables: « Il lui brise l'écu, il lui défait le haubert, il lui plante au corps sa bonne lance, » etc. Les païens sont vaincus et tués l'un après l'autre.]

104

1320 La bataille est merveilleuse, la bataille est une mêlée:
Le comte Roland ne craint pas de s'exposer.
Il frappe de la lance tant que le bois lui dure;
Mais voilà que quinze coups l'ont brisée et perdue.
Alors Roland tire Durendal, sa bonne épée nue,
1325 Eperonne son cheval et va frapper Chernuble.
Il lui brise le heaume aux escarboucles luisantes,
Lui coupe en deux la coiffe et la chevelure,
Lui tranche les yeux et le visage,
Le blanc haubert aux mailles si fines,
1330 Tout le corps jusqu'à l'enfourchure.
A travers la selle incrustée d'or
L'épée entre dans le corps du cheval,
Lui tranche l'échine sans chercher le joint,
Et sur l'herbe drue abat morts le cheval et le cavalier:
1335 « Misérable, » lui dit-il ensuite, « tu fus mal inspiré de venir ici;
« Ton Mahomet ne te viendra point en aide;
« Et ce n'est pas par un coquin comme toi que la bataille sera gagnée. »

105

Par le champ de bataille chevauche le comte Roland,
Sa Durendal au poing, qui bien tranche et bien taille,
1340 Et qui fait grande tuerie des Sarrasins.
Ah! si vous aviez vu Roland jeter un mort sur un autre mort,
Et le sang tout clair inondant le sol!
Roland est rouge de sang; rouge est son haubert, rouges ses bras,
Rouges sont les épaules et le cou de son cheval.
1345 Quant à Olivier, il ne se met pas en retard de frapper.
Les douze Pairs aussi ne méritent aucun blâme;
Tous les Français frappent, tous les Français massacrent.
Et les païens de mourir ou de se pâmer:
« Vivent nos barons! » dit alors l'Archevêque:
1350 « Monjoie! » crie-t-il: c'est le cri de guerre de Charles.

106

Parmi la bataille chevauche Olivier;
Le bois de sa lance est brisé, il n'en reste plus qu'un tronçon.
Alors il va frapper un païen, du nom de Mausseron.
Il lui brise l'écu couvert d'or et de fleurons,
1355 Il lui jette les deux yeux hors de la tête,
Et la cervelle du païen lui tombe aux pieds.
Bref il le renverse mort avec sept cents de sa race.
Puis, il a tué Turgis et Estorgous;
Mais cette fois sa lance se brise en éclats jusqu'à son poing:
1360 « Que faites-vous, compagnon? » lui crie Roland,
« Ce n'est pas un bâton qu'il faut en telle bataille,
« Mais il n'y a de bon que le fer et l'acier.
« Où donc est votre épée qui s'appelle Hauteclaire?
« Sa garde est d'or, et son pommeau de cristal.
1365 « — Je n'ai pas le temps de la tirer, » répond Olivier;
« J'ai trop besoin de frapper! »

107

Sire Olivier a tiré sa bonne épée,
Que lui a tant demandée son compagnon,
Et, en vrai chevalier, il la lui a montrée.
1370 Il en frappe un païen, Justin de Val-Ferrée,
Lui coupe en deux morceaux la tête,
Lui tranche le corps et le haubert brodé,
Avec la bonne selle ornée d'or et de pierreries.
Il tranche aussi l'échine du destrier,
1375 Et abat mort sur le pré le cheval avec le cavalier:
Roland dit: « Je vous reconnais, frère!
« Voilà bien les coups qui nous font aimer de l'Empereur. »
Et de toutes parts on entend ce cri: « Monjoie! »

[La laisse 108 raconte les victoires, en combat singulier, de Gérin, de Gérier et de l'archevêque Turpin. Roland cite en exemple leurs prouesses.]

109

La bataille cependant est devenue très rude:
Français et païens y échangent de beaux coups.
Les uns attaquent, les autres se défendent.
Que de lances brisées et rouges de sang!
1400 Que de gonfanons et d'enseignes en pièces!
Et que de bons Français perdent là leur jeunesse!
Ils ne reverront plus leurs mères ni leurs femmes,
Ni ceux de France qui les attendent là-bas, aux défilés.
Charles le Grand en pleure et se lamente:
1405 Hélas! à quoi bon? Ils n'en recevront point de secours.
Ganelon leur rendit un mauvais service,

Le jour qu'il alla dans Saragosse vendre sa propre lignée.

Mais, depuis lors, il en a perdu les membres et la vie:

Plus tard, à Aix, on le condamna à être écartelé,

1410 Et, avec lui, trente de ses parents

Auxquels on ne fit pas grâce de la mort.

110

A Roncevaux la bataille est merveilleuse et pesante:

Olivier et Roland y frappent de grand cœur;

L'archevêque Turpin y rend des milliers de coups;

1415 Les douze Pairs ne sont pas en retard.

Tous les Français se battent et sont en pleine mêlée;

Et les païens de mourir par cent et par mille.

Qui ne s'enfuit ne peut échapper à la mort:

Bon gré, mal gré, tous y laissent leur vie.

1420 Mais les Français y perdent leur meilleurs défenseurs,

Ils ne reverront plus ni leurs pères ni leurs familles,

Ni Charlemagne qui les attend là-bas.

Cependant en France il y a une merveilleuse tourmente:

Des tempêtes, du vent et du tonnerre,

1425 De la pluie et de la grêle démesurément,

Des foudres qui tombent souvent et menu,

Et, en toute vérité, un tremblement de terre.

Depuis Saint-Michel-du-Péril jusqu'aux Saints de Cologne,

Depuis Besançon jusqu'au port de Wissant,

1430 Pas une maison dont les murs ne crèvent.

A midi, il y a grandes ténèbres;

Il ne fait clair que si le ciel se fend.

Tous ceux qui voient ces prodiges en sont épouvantés,

Et plusieurs disent: « C'est la fin du monde,

1435 « C'est la consommation du siècle. »

Non, non: ils ne le savent pas, ils se trompent:

C'est le grand deuil pour la mort de Roland!

111

Les Français frappent rudement et de bon cœur,

Et les païens de mourir par milliers, par multitudes.

1440 Sur cent mille, il n'en est pas deux mille qui survivent.

« Nos hommes sont braves, » s'écrie l'Archevêque,

« Et nul roi sous le ciel n'en a de meilleurs.

« Il est écrit dans la Geste des Francs[30]

« Que notre empereur a de vaillants soldats. »

1445 Et les voilà qui vont par la plaine et recherchent les leurs.

30. *Geste* a ici le sens de *récit historique*. « C'est une de ces prétendues chroniques dont nos épiques citent volontiers le témoignage. Il s'agit sans doute d'une plus ancienne chanson ou d'une tradition orale » (Léon Gautier).

De deuil et de tendresse leurs yeux sont tout en larmes
A cause du grand amour qu'ils ont pour leurs parents.
Devant eux surgit Marsile avec sa grande armée.

spring JP **112**

Par le milieu d'une vallée s'avance le roi Marsile,
1450 Avec la grande armée qu'il a réunie
Et divisée en vingt colonnes.
Au soleil reluisent les pierreries et l'or des heaumes,
Et les écus et les hauberts brodés.
Sept mille clairons sonnent la charge.
1455 Quel bruit dans toute la contrée!
Roland dit: « Olivier, mon compagnon, mon frère,
« Le traître Ganelon a juré notre mort,
« Et sa trahison n'est ici que trop visible.
« Mais l'Empereur en tirera une terrible vengeance.
1460 « Quant à nous, nous aurons une bataille rude et dure:
« Car on ne vit jamais une telle rencontre.
« Je vais frapper de mon épée Durendal;
« Vous, compagnon, frappez de votre épée Hauteclaire.
« Nous les avons déjà portées en tant de lieux!
1465 « Avec elles déjà nous avons gagné tant de victoires!
« Il ne faut pas qu'on chante sur elles de mauvaises chansons. »

[Dans les laisses 113–114, la bataille reprend. L'Archevêque tue Abime, le plus vil des païens, « qui ne croit pas en Dieu et que jamais personne n'a vu s'amuser ou rire ». Les Français se rassurent: la chrétienté, disent-ils, est en sûreté aux mains de l'Archevêque. Mais depuis l'arrivée de la deuxième armée païenne, Turpin voit bien que tout est perdu…]

115

1510 Quand nos Français voient qu'il y a tant de païens,
Et que la campagne en est couverte de toutes parts,
Ils appellent à leur aide Olivier et Roland
Et les douze Pairs, pour qu'il soient leur défense.
L'Archevêque alors leur dit sa façon de penser:
1515 « Pas de lâche pensée, seigneurs barons.
« Au nom de Dieu, ne fuyez pas,
« Afin que nul vaillant ne chante contre vous de mauvaises chansons.
« Il vaut mieux mourir en combattant.
« Or, il est très certain que nous allons mourir;
1520 « Oui, après ce jour nous ne serons plus vivants.
« Mais il est une chose dont je puis vous être garant:
« C'est que le saint Paradis vous sera ouvert:
« Demain vous y serez assis tout près des Saints. »
A ces mots les Francs redeviennent gaillards et fiers,
1525 Et tous de crier: « Monjoie! Monjoie! »

[Laisses 116–126: la bataille commence à tourner à l'avantage des païens. La reprise des combats singuliers annonce la fin prochaine. « Comme les nôtres tombent! » disent les Français, qui se découragent.]

127

[...] Durs sont les coups, et rude la bataille.
Les chrétiens sont en grande détresse.
1680 Ah! quel spectacle de voir Roland et Olivier
Combattre et frapper du fer de leurs épées!
L'Archevêque, lui, frappe de sa lance.
On peut savoir le nombre de ceux qu'ils tuèrent:
Ce nombre est écrit dans les chartes et dans les brefs[31],
1685 Et la Geste dit qu'il y en eut plus de quatre mille.
Aux quatre premiers chocs tout va bien pour les Français;
Mais le cinquième leur fut fatal et terrible;
Tous les chevaliers de France y sont tués.
Dieu n'en a épargné que soixante;
1690 Mais ceux-là, avant de mourir, ils se vendront cher!

Le Cor

128

Le comte Roland voit la grande perte des siens,
Et parle ainsi à son compagnon Olivier:
« Beau sire, cher compagnon, au nom de Dieu, qu'en pensez-vous?
« Voyez tous ces bons vassaux qui gisent à terre:
1695 « Certes nous pouvons plaindre douce France la belle,
« Qui va demeurer veuve de tels barons.
« Eh! roi, notre ami, pourquoi n'êtes-vous pas ici?
« Mon frère Olivier, comment pourrons-nous faire
« Pour mander de nos nouvelles?
1700 « — Je ne sais pas le moyen, » répond Olivier,
« Mais plutôt la mort que le déshonneur! »

129

« — Je vais, » dit Roland, « sonner mon cor,
« Et Charles l'entendra, qui passe aux défilés.
« Les Français, je vous jure, vont retourner sur leurs pas.
1705 « — Ce serait grande honte, » répond Olivier.
« Tous vos parents auraient à en rougir;
« Et ce déshonneur serait sur eux toute leur vie.
« Lorsque je vous le conseillai, vous n'en voulûtes rien faire;

31. Les *chartes* et les *brefs* sont des documents et des lettres officiels — et probablement inexistants — que le poète cite pour donner de la véracité à son récit. Il en va de même de la *Geste* (chronique) du vers suivant.

« Mais ce n'est pas moi qui vous approuverai maintenant.

1710 « Sonnez de votre cor, non, ce n'est pas d'un brave:

« Vous avez déjà vos deux bras tout sanglants.

« — C'est vrai, » répond Roland; « j'ai donné de fiers coups! »

130

« Notre bataille est rude, » dit Roland;

« Je vais sonner du cor, et Charles l'entendra. »

1715 « — Ce ne serait point là du courage, » répond Olivier.

« Quand je vous le conseillai, ami, vous ne daignâtes pas le faire.

« Si l'Empereur était ici, nous n'aurions pas subi une telle perte.

« Mais ceux qui sont là-bas ne méritent aucun reproche. »

Et il ajoute: « Par ma barbe!

1720 « Si je revois jamais la belle Aude, ma sœur,

« Vous ne coucherez jamais entre ses bras. »

131

grudge

« Pourquoi me garder rancune? » demande Roland.

« C'est votre faute, » lui répond Olivier;

madness

« Le courage sensé n'a rien de commun avec la démence,

1725 « Et la mesure vaut mieux que la fureur.

« Tant de Français morts à cause de votre légèreté!

« Jamais plus nous ne pourrons servir l'Empereur.

« Si vous m'aviez cru, notre seigneur serait ici;

« Cette bataille nous l'aurions livrée et gagnée,

1730 « Le roi Marsile aurait été pris et tué.

grievous

« Ah! votre vaillance, Roland, nous sera bien funeste;

« Désormais vous ne pourrez rien faire pour Charlemagne,

« L'homme le plus grand que l'on verra d'ici au jugement.

« Vous allez mourir, et la France en sera déshonorée.

1735 « Puis c'est aujourd'hui que va finir notre loyale amitié:

« Avant ce soir nous serons séparés, et bien douloureusement! »

132

L'Archevêque entend leur dispute

Et pique son cheval de ses éperons d'or pur;

Il vient vers eux, et commence à les reprocher:

1740 « Sire Roland, et vous, sire Olivier,

« Je vous conjure de ne point vous courroucer ainsi.

« Votre cor ne nous sauverait pas.

« Mais néanmoins il serait mieux d'en sonner.

« Vienne le roi, il saura nous venger,

1745 « Et les païens ne s'en retourneront pas joyeusement.

« Les Français de Charlemagne descendront de leurs chevaux,

« Ils nous trouveront morts et coupés en pièces,

« Et nous mettront en bières, à dos de cheval.

« De deuil et de pitié ils seront tout en larmes;
1750 « Puis ils nous enterreront dans des parvis d'église;
« Les chiens, les sangliers et les loups ne nous mangeront pas.
« — Vous dites bien, » répond Roland.

133

Roland a mis l'olifant à ses lèvres;
Il l'embouche bien, et le sonne d'une puissante haleine;
1755 Les puys sont hauts, et le son va bien loin.
On en entendit l'écho à trente lieues.
Charles et toute l'armée l'ont entendu,
Et le Roi dit: « Nos hommes ont bataille. »
Mais Ganelon lui répondit:
1760 « Si un autre le disait, on le traiterait de menteur. »

134

Le comte Roland, à grand'peine, à grande angoisse,
Et très douloureusement sonne son olifant.
De sa bouche jaillit le sang vermeil,
De son front la tempe est rompue;
1765 Mais de son cor le son alla si loin!
Charles l'entend, qui passe aux défilés,
Naimes l'entend, les Français l'écoutent,
Et le Roi dit: « C'est le cor de Roland;
« Certes, il n'en sonnerait pas, s'il n'était en pleine bataille. »
1770 Ganelon répond: « Il n'y a pas de bataille;
« Vous êtes vieux, tout blanc et tout fleuri;
« Ces paroles vous font ressembler à un enfant. […]
1780 « Pour un lièvre Roland corne toute la journée.
« Avec ses pairs sans doute il est en train de rire;
« Et puis, qui oserait attaquer Roland? Personne.
« Chevauchez, Sire; pourquoi faire halte?
« Le grand pays est très loin devant nous. »

135

1785 Le comte Roland a la bouche sanglante;
De son front la tempe est brisée.
Il sonne l'olifant à grande douleur, à grande angoisse.
Charles et tous les Français l'entendent,
Et le Roi dit: « Ce cor a longue haleine! »
1790 « — Roland, » dit Naimes, « c'est Roland qui souffre là-bas.
« Sur ma conscience, il y a bataille,
« Et celui qui l'a trahi vous conseille maintenant de vous dérober.
« Armez-vous, Sire; jetez votre cri de guerre
« Et secourez votre noble maison:
1795 « Vous entendez assez la plainte de Roland. »

136

L'Empereur fait sonner tous les cors;
Les Français mettent pied à terre, et les voilà qui s'arment
De heaumes, de haubers, d'épées à pommeau d'or;
Ils ont de beaux écus, de grandes et fortes lances,
1800 Des gonfanons blancs, rouges, bleus.
Tous les barons du camp remontent à cheval;
Ils éperonnent, et, tant que durent les défilés,
Il n'en est pas un qui ne dise à l'autre:
« Si nous voyions Roland avant sa mort,
1805 « Quels beaux coups nous frapperions avec lui! »
Las! que sert? En retard! trop de retard!

137

Le soir s'est éclairci, voici le jour.
Au soleil reluisent les armes;
Heaumes et haubers jettent des flammes,
1810 Et les écus aussi, si bien peints à fleurs,
Et les lances, et les gonfanons dorés.
L'Empereur chevauche, plein de colère;
Tous les Français sont dolents et courroucés;
Il n'en est pas un qui ne pleure à chaudes larmes,
1815 Il n'en est pas un qui ne tremble pour Roland.
Le Roi a fait saisir le comte Ganelon
Et l'a livré aux gens de sa cuisine.
Charles appelle leur chef nommé Begon;
« Garde-moi bien cet homme, » dit-il, « comme un traître
1820 « Qui a vendu toute ma maison. »
Begon alors prend Ganelon, et met après lui cent compagnons
De sa cuisine, des meilleurs et des pires,
Qui lui arrache la barbe et les moustaches.
Puis chacun lui donne quatre coups de son poing;
1825 Ensuite ils le battent rudement à verges et à bâtons;
Ils lui mettent une grosse chaîne au cou;
Ils l'enchaînent enfin comme on ferait un ours,
Et le jettent ignominieusement sur un cheval de charge.
Ils le gardent ainsi jusqu'au moment de le rendre à Charles.

138

1830 Comme les montagnes sont hautes, énormes et ténébreuses!
Comme les vallées sont profondes et les torrents rapides!
Par derrière, par devant sonnent les trompettes de Charles
Qui toutes répondent au cor de Roland.
L'Empereur chevauche, plein de colère.
1835 Les Français sont courroucés et dolents;
Il n'en est pas un qui ne pleure et ne sanglote,
Pas un qui ne prie Dieu de préserver Roland

50

Jusqu'à ce qu'ils arrivent tous ensemble sur le champ de bataille.

Ah! c'est alors qu'avec Roland ils frapperont de rudes coups!

1840 Mais, hélas! à quoi bon? Tout cela ne sert de rien:

Ils ont trop tardé, et ne peuvent arriver à temps. [...]

La Déroute

140

Roland jette les yeux sur les monts et sur les landes:

Que de Français il y voit étendus!

En noble chevalier il les pleure:

« Seigneurs barons, que Dieu prenne pitié de vous:

1855 « Qu'à toutes vos âmes il octroie le paradis;

« Qu'il les fasse reposer en saintes fleurs!

« Meilleurs vassaux que vous, je n'en vis jamais.

« Vous m'avez tant servi et durant tant d'années!

« Vous avez fait de si vastes conquêtes pour Charlemagne!

1860 « L'Empereur vous a nourris pour son malheur!

« O terre de France, vous êtes un bien doux pays,

« Mais vous voilà veuve aujourd'hui de vos meilleurs barons!

« C'est à cause de moi, barons, que je vous vois mourir,

« Et je ne puis vous défendre, et je ne puis vous sauver!

1865 « Que Dieu vous aide, Celui qui jamais ne mentit.

« Olivier, frère, mon devoir est de ne pas te quitter.

« Si l'on ne me tue pas ici, la douleur me tuera.

« Allons, sire compagnon: retournons frapper les païens. »

141

Le comte Roland rentre sur le champ de bataille;

1870 Dans son poing est Durendal, et il s'en sert en brave.

Un de ses coups tranche en deux Faudron du Puy;

Puis il tue vingt-quatre païens, des plus vaillants.

Jamais il n'y aura d'homme qui mette une telle ardeur à se venger.

Comme le cerf s'enfuit devant les chiens,

1875 Ainsi s'enfuient les païens devant Roland.

« Voilà qui est bien, » lui dit l'Archevêque,

« Et telle est la valeur qui convient à un chevalier

« Portant de bonnes armes et assis sur un bon cheval.

« Il faut qu'il soit fort et fier dans la bataille;

1880 « Autrement il ne vaut pas quatre deniers.

« Qu'on en fasse alors un moine dans quelque monastère,

« Où il priera toute sa vie pour nos péchés.

« — Frappez, » répond Roland, « et pas de quartier! »

A ces mots, nos Français ont recommencé la bataille;

1885 Mais les chrétiens subirent là de grandes pertes.

142

Quand il sait qu'on ne lui fera point de quartier,
L'homme dans la bataille se défend rudement:
Et c'est pourquoi les Français sont fiers comme des lions.
Voici Marsile, qui a tout l'air d'un vrai baron,
1890 Monté sur son cheval qu'il appelle Gaignon.
Il l'éperonne vivement et va frapper Beuvon,
Sire de Beaune et de Dijon;
Il lui brise l'écu, lui rompt les mailles du haubert,
Et, sans plus de façons, l'abat raide mort.
1895 Puis le roi sarrasin tua Ivoire et Ivon,
Et avec eux Girard de Roussillon.
Le comte Roland n'était pas loin:
« Que le Seigneur Dieu te maudisse, » dit-il au païen,
« Puisque tu m'as, contre tout droit, tué mes compagnons.
1900 « Tu vas, avant de nous séparer, le payer d'un rude coup
« Et savoir aujourd'hui le nom de mon épée. »
Alors il va le frapper en vrai baron
Et lui tranche du coup le poing droit;
Puis il coupe la tête à Jurfaleu le blond,
1905 Qui était le propre fils du roi Marsile:
« A l'aide! à l'aide, Mahomet! » s'écrient les païens.
« Vengez-nous de Charles, ô nos dieux.
« Quels félons il nous a laissés sur la terre d'Espagne!
« Plutôt que de nous laisser le champ, ils mourront. »
1910 « — Enfuyons-nous au plus vite! » se disent-ils l'un à l'autre.
Et voilà que, sur ce mot, cent mille hommes tournent le dos.
Les rappeler? c'est inutile. Ils ne reviendront pas[32].

143

Mais, hélas! à quoi bon? Si Marsile est en fuite,
Son oncle le Calife est resté.
1915 Or c'est celui qui tenait Carthage, Alferne, Garmaille
Et l'Ethiopie, une terre maudite;
C'est celui qui était le chef de la race noire,
Au nez énorme, aux larges oreilles:
Et il y en a là plus de cinquante mille
1920 Qui chevauchent fièrement et en grande colère,
Et qui jettent le cri d'armes païen.
« C'est ici, » s'écrie alors Roland, « que nous serons martyrs.
« Maintenant, je sais bien que nous n'avons plus longtemps à vivre;
« Mais maudit celui qui ne se vendra chèrement!
1925 « Frappez, seigneurs, frappez de vos épées fourbies;

32. Autre exemple d'exagération épique, le plus outré peut-être de toute la *Chanson:* les soixante Français qui survivent encore mettent en déroute cent mille païens! Un peu plus loin, quarante et un mille païens n'osent approcher des *trois* Français survivants.

« Disputez bien votre mort et votre vie,

« Et surtout que France la douce ne soit pas déshonorée.

« Quand Charles mon seigneur viendra sur ce champ de bataille,

« Quand il verra le massacre des Sarrasins,

1930 « Quand pour un des nôtres il trouvera quinze païens morts,

« Il ne manquera pas de nous bénir. »

Mort d'Olivier

144

Quand Roland aperçoit la gent maudite

Qui est plus noire que de l'encre

Et n'a de blanc que les dents:

1935 « Je suis très certain, » dit Roland;

« Oui, je sais clairement que nous mourrons aujourd'hui.

« Frappez, Français: allez, je recommence! »

Olivier dit: « Honni soit le plus lent! »

A ces mots, les Français foncent sur l'ennemi.

145

1940 Les païens, quand ils s'aperçoivent qu'il y a si peu de Français,

En sont remplis d'orgueil et tout réconfortés entre eux:

Ils se disent les uns aux autres:« Le droit n'est pas pour l'Empereur. »

Le Calife montait un cheval roux, [red-haired]

De ses éperons d'or il le pique,

1945 Frappe Olivier par derrière dans le milieu du dos,

Dans le corps même lui brise les mailles du blanc haubert,

Et la lance du païen passe de l'autre côté de la poitrine:

« Voilà un rude coup pour vous, » lui dit-il:

« Charles fut mal inspiré de vous laisser aux défilés.

1950 « L'Empereur nous fit tort, mais n'aura guère lieu de s'en louer;

« Car sur vous seul j'ai bien vengé tous les nôtres. »

146

Olivier sent qu'il est frappé à mort.

Dans son poing est Hauteclaire, dont l'acier est bruni:

Il en frappe le Calife sur le heaume aigu couvert d'or,

1955 Et il en fait tomber à terre les pierres et les cristaux;

Il lui tranche la tête jusqu'aux dents;

Il secoue la lame, et l'abat raide mort:

« Maudit sois-tu, païen, » lui dit-il ensuite.

« Je ne dis pas que Charles n'ait rien perdu;

1960 « Mais certes, ni à ta femme ni à aucune autre dame

« Tu n'iras te vanter, dans le pays où tu es né,

« D'avoir pris à l'Empereur la valeur d'un denier,

[boast]

« Ni d'avoir fait du tort soit à moi, soit à d'autres. »
Puis il appelle Roland à son secours.

147

1965 Olivier sent qu'il est blessé à mort:
Jamais il ne saurait assez se venger.
Dans la grand'presse il frappe en baron,
Tranche les écus à boucles et les lances,
Les pieds, les poings, les épaules et les flancs des cavaliers.
1970 Qui l'aurait vu démembrer ainsi les Sarrasins,
Jeter par terre un mort sur l'autre,
Celui-là aurait eu l'idée d'un bon chevalier.
Mais Olivier ne veut pas oublier le cri de Charles:
« Monjoie! » crie-t-il d'une voix haute et claire.
1975 Il appelle Roland, son ami et son pair:
« Compagnon, venez vous mettre tout près de moi.
« C'est aujourd'hui le jour où nous serons douloureusement séparés! ›

148

Roland regarde Olivier au visage.
Son ami est tout pâle, blêmi et décoloré;
1980 Son beau sang jaillit et coule, tout clair, de son corps,
Les ruisseaux en tombent par terre:
« Dieu! » dit Roland, « je ne sais maintenant que faire.
« Quel malheur, ami, pour votre courage!
« Jamais plus on ne verra homme de votre valeur.
1985 « O douce France! tu vas donc être veuve
« De tes meilleurs soldats; tu seras confondue, tu tomberas.
« L'Empereur en pâtira grandement. »
A ce mot, Roland sur son cheval se pâme.

149

Voyez-vous Roland, là, pâmé sur son cheval,
1990 Et Olivier, qui est blessé à mort?
Il a tant saigné que sa vue en est trouble;
Ni de près, ni de loin, il ne voit plus assez clair
Pour reconnaître homme qui vive.
Le voilà qui rencontre son compagnon Roland;
1995 Sur le heaume orné de pierreries et d'or, il frappe un coup terrible,
Qui le fend en deux jusqu'au nasal,
Mais qui, par bonheur, ne pénètre pas en la tête.
A ce coup, Roland l'a regardé,
Et doucement, doucement, lui fait cette demande:
2000 « Mon compagnon, l'avez-vous fait exprès?

« Je suis Roland, celui qui tant vous aime:
« Vous ne m'aviez point défié, que je sache?[33] »
Olivier dit: « Maintenant je vous entends parler,
« Mais je ne vous vois point: que Dieu vous voie, ami.
2005 « Je vous ai frappé: pardonnez-le-moi.
« — Je n'ai point de mal, » répond Roland;
« Je vous pardonne ici et devant Dieu. »
A ce mot, ils s'inclinent l'un devant l'autre.
Dans cet élan d'amour, ils se séparent.

150

2010 Olivier sent l'angoisse de la mort;
Ses deux yeux lui tournent dans la tête;
Il perd l'ouïe, et tout à fait la vue,
Descend à pied, sur la terre se couche,
A haute voix fait son *mea culpa*,
2015 Joint ses deux mains et les tend vers le ciel,
Prie Dieu de lui donner son paradis,
De bénir Charlemagne, la douce France
Et son compagnon Roland par-dessus tous les hommes.
Le cœur lui manque, sa tête s'incline:
2020 Il tombe à terre, étendu de tout son long.
C'en est fait, le Comte est mort.
Et le baron Roland le regrette et le pleure.
Jamais sur terre vous n'entendrez un homme plus dolent.

151

Quand Roland voit que son ami est mort,
2025 Etendu, la face contre terre,
Très doucement il commence à lui dire le dernier adieu:
« Mon compagnon, quel malheur pour ta vaillance!
« Bien des années, bien des jours nous avons été ensemble.
« Jamais tu ne me fis de mal, jamais je ne t'en fis:
2030 « Maintenant que tu es mort, il m'est douloureux de vivre. »
A ce mot, le Comte se pâme
Sur son cheval, qu'on appelle Veillantif;
Mais il est retenu à ses étriers d'or fin:
Où qu'il aille, il ne peut tomber.

152

2035 A peine Roland a-t-il repris ses sens,
A peine est-il guéri et revenu de sa pâmoison,
Qu'il s'aperçoit de la grandeur du désastre.

33. C'est-à-dire: « Avant de me frapper, vous ne m'aviez pas lancé un défi, comme l'exige le code de la chevalerie. »

Tous les Français sont morts, il les a tous perdus,
Excepté deux: l'Archevêque et Gautier de l'Hum. […]

153

Roland est plein de douleur et de colère.
Dans la grande mêlée, il commence à frapper;
Il jette à terre vingt-cinq païens d'Espagne, raides morts.
Gautier en tue six, l'Archevêque cinq.
2060 « Quels terribles hommes! » s'écrient les païens.
« Prenons garde qu'ils ne s'en aillent vivants:
« Honte à qui n'ira pas les attaquer!
« Honte surtout à qui les laisserait échapper! »
Alors recommencent les cris et les huées,
2065 Et de toutes parts les païens attaquent les trois Français.

Charlemagne approche

154 Fiesta

Le comte Roland fut très hardi et fier.
Et Gautier de l'Hum fut un très bon chevalier.
Pour l'Archevêque, c'est un brave éprouvé.
L'un ne veut pas abandonner l'autre:
2070 Au plus fort de la mêlée ils frappent les païens.
Il y a là mille Sarrasins à pied,
Et quarante milliers à cheval.
En vérité, ils n'osent approcher des trois Français.
De loin, ils jettent sur eux lances et épieux,
2075 Javelots, dards, flèches et piques.
Les premiers coups ont tué Gautier.
Quant à Turpin de Reims, son écu est percé,
Son heaume brisé, sa tête blessée,
Son haubert rompu et démaillé;
2080 Quatre lances lui sont entrées dans le corps;
Son destrier meurt sous lui.
Ah! c'est grande douleur quand l'Archevêque tombe.

155

Quand Turpin de Reims se sent abattu,
Quand il se voit percé de quatre coups de lance,
2085 Il se relève en un instant, le brave; il se redresse,
Cherche Roland du regard, court vers lui
Et ne lui dit qu'un mot: « Je ne suis pas vaincu.
« Tant qu'un bon vassal est vivant, il ne se rend pas. »
Alors il tire Almace, son épée d'acier bruni,
2090 Et se lance en pleine mêlée, où il frappe plus de mille coups.

Charles lui-même dit par la suite qu'il ne fit grâce à personne:
L'Empereur trouva quatre cents cadavres autour de l'Archevêque,
Les uns blessés, les autres tranchés par le milieu du corps,
Les autres privés de leurs têtes. [...]

156

Il se bat noblement, le comte Roland:
2100 Il a tout le corps en sueur et en feu;
Mais surtout quel mal, quelle douleur dans la tête!
D'avoir sonné son cor sa tempe est tout ouverte;
Toutefois il voudrait bien savoir si Charles viendra.
De nouveau il prend son cor et en tire un son, bien faible, hélas!
2105 L'Empereur, là-bas, s'arrêta et l'entendit:
« Seigneurs, » dit-il, « tout va mal pour nous,
« Et mon neveu Roland va nous manquer aujourd'hui.
« Aux sons de son cor, je vois qu'il n'a plus longtemps à vivre.
« Si vous désirez arriver à temps, pressez vos chevaux.
2110 « Tout ce qu'il y a de trompettes dans l'armée, qu'on les sonne! »
Alors on sonne soixante mille trompettes, et si haut
Que les monts en retentissent et que les vallées y répondent.
Les païens les entendent et n'ont pas envie d'en rire:
Ils disent: « Charles sera bientôt sur nous! »

157

2115 Les païens disent: « L'Empereur revient!
« Ce sont bien les trompettes françaises qu'on entend.
« Si Charles arrive, quel désastre pour nous!
« Si Roland survit, c'est toute notre guerre qui recommence,
« Et l'Espagne, notre terre, est perdue. »
2120 Alors quatre cents d'entre eux se rassemblent, heaume en tête,
Parmi les meilleurs de toute l'armée païenne.
Et voici qu'ils livrent à Roland un affreux, un horrible assaut.
Ah! le Comte a vraiment assez de besogne.

158

Quand le comte Roland les voit venir,
2125 Il se fait tout fier, il se sent plus fort, il est prêt.
Tant qu'il aura de la vie, il ne se rendra pas.
Il monte son cheval Veillantif,
De ses éperons d'or fin le pique,
Et, au plus fort de la mêlée, court attaquer les païens.
2130 L'archevêque Turpin y va avec lui.
Et les Sarrasins se disent entre eux: « Fuyons, amis,
« Car nous avons entendu les trompettes de France.
« Il revient, le roi puissant! Charles arrive! »

159

Jamais le comte Roland n'aima les lâches,
2135 Ni les orgueilleux, ni les méchants,
Ni les chevaliers qui ne sont pas bons vassaux.
Il s'adresse à l'archevêque Turpin:
« Sire, » lui dit-il, « vous êtes à pied, et moi à cheval.
« Par amour pour vous, je veux faire halte.
2140 « Nous partagerons ensemble le bien et le mal,
« Et, pour aucun homme du monde, je ne vous abandonnerai.
« Tous les deux nous rendrons aux païens leur assaut:
« Les meilleurs coups sont ceux de Durendal!
« — Honte à qui ne frappe pas de son mieux, » dit l'Archevêque.
2145 « Charles arrive, qui vous vengera. »

160

« Nous sommes nés pour notre malheur, » disent les païens,
« Et ce jour s'est levé pour nous bien funeste! grievous
« Nous avons perdu nos seigneurs et nos pairs.
« Et voilà que Charles le vaillant revient avec sa grande armée:
2150 « Nous entendons d'ici les claires trompettes des Français
« Et le grand bruit que fait le cri de "Monjoie".
« Rien n'égale la fierté du comte Roland,
« Et il n'est pas d'homme vivant qui puisse le vaincre.
« Tirons de loin, et laissons-le sur le terrain. »
2155 Ainsi firent-ils. Ils lui lancent de loin dards et javelots,
Epieux, lances et flèches empennées; feathered
Ils ont mis en pièces et troué l'écu de Roland;
Déchiré et démaillé son haubert;
Mais ils ne l'ont point touché dans son corps.
2160 Pour Veillantif, il a reçu trente blessures
Et sous le Comte est tombé mort.
Les païens, cependant, s'enfuient et laissent Roland seul,
Seul et à pied.

La Dernière Bénédiction de l'Archevêque

161

Les païens s'enfuient, courroucés et pleins d'ire;
2165 Ils se dirigent en hâte du côté de l'Espagne.
Le comte Roland ne les a point poursuivis,
Car il a perdu son cheval Veillantif.
Bon gré, mal gré, il est resté à pied.
Le voilà qui va aider l'archevêque Turpin;
2170 Il lui a délacé son heaume d'or sur la tête;
Il lui a retiré son blanc haubert léger;

Puis il lui met la tunique tout en pièces,
Et en prend les morceaux pour bander ses larges plaies.
Il le serre alors étroitement contre son sein
2175 Et le couche doucement, doucement, sur l'herbe verte.
Ensuite, d'une voix très tendre, Roland lui fait cette prière:
« Ah! gentilhomme, donnez-m'en votre congé.
« Nos compagnons, ceux que nous aimions tant,
« Sont tous morts; mais nous ne devons point les laisser ici.
2180 « Ecoutez: je vais aller chercher et reconnaître tous leurs corps;
« Puis je les déposerai à la rangette devant vous.
« — Allez, » dit l'Archevêque, « et revenez bientôt.
« Grâce à Dieu, le champ nous reste, à vous et à moi! »

162

Roland s'en va et, tout seul, parcourt le champ de bataille;
2185 Il fouille la montagne, il fouille la vallée;
Il y trouve Gérier et Gérin, son compagnon;
Il y trouve Bérenger et Othon;
Il y trouve Anséis et Samson;
Il y trouve Gérard, le vieux de Roussillon.
2190 L'un après l'autre, il emporte les dix barons;
Avec eux il est revenu vers l'Archevêque,
Et les a déposés en rang aux genoux de Turpin.
L'Archevêque ne peut se tenir d'en pleurer;
Il élève sa main, il leur donne sa bénédiction:
2195 « Seigneurs, » dit-il, « mal vous en prit.
« Que Dieu le glorieux ait toutes vos âmes!
« Qu'en paradis il les mette en saintes fleurs!
« Ma propre mort me rend trop angoisseux:
« Je ne verrai plus le grand Empereur. »

163

2200 Roland s'en retourne fouiller la plaine:
Il a trouvé le corps de son compagnon Olivier,
Le tient étroitement serré contre son cœur,
Et, comme il peut, revient vers l'Archevêque.
Sur un écu, près des autres Pairs, il couche son ami,
2205 Et l'Archevêque les a tous bénis et absous.
La douleur alors et les larmes de redoubler:
« Bel Olivier, mon compagnon, » dit Roland,
« Vous fûtes fils au bon comte Renier
« Qui tenait la Marche de Gênes.
2210 « Pour briser une lance, pour mettre en pièces un écu,
« Pour vaincre et confondre les orgueilleux,
« Pour conseiller loyalement les bons,
« Pour venir à tout bout des traîtres et des lâches,
« Jamais, en nulle terre, il n'y eut meilleur chevalier. »

164

2215 Le comte Roland, quand il voit morts tous ses Pairs
Et Olivier, celui qu'il aimait tant,
S'attendrit et commence à pleurer;
Tout son visage en est décoloré.
Sa douleur est si forte qu'il ne peut se soutenir;
2220 Bon gré, mal gré, il tombe en pâmoison;
« Quel malheur, » dit l'Archevêque, « pour un tel baron! »

165

L'Archevêque, quand il vit Roland se pâmer,
En ressentit une telle douleur, qu'il n'en eut jamais de si grande.
Il étend la main et saisit l'olifant.
2225 En Roncevaux il y a une eau courante;
Il veut y aller pour en donner à Roland.
Tout chancelant, à petits pas, il y va;
Mais il est si faible qu'il ne peut avancer;
Il n'a pas la force, il a trop perdu de son sang.
2230 Avant d'avoir marché l'espace d'un arpent,
Le cœur lui manque, il tombe en avant:
Le voilà dans les angoisses de la mort.

166

Alors le comte Roland revient de sa pâmoison,
Il se redresse; mais, hélas! quelle douleur pour lui!
2235 Il regarde à droite, il regarde à gauche;
Au delà de ses compagnons, sur l'herbe verte,
Il voit étendu le noble baron,
L'Archevêque, le représentant de Dieu.
Turpin s'écrie: « *Mea culpa!* »; il lève les yeux,
2240 Joint ses deux mains et les tend vers le ciel,
Prie Dieu de lui donner son paradis.
Il est mort, Turpin; il est mort au service de Charles,
Celui qui par de grands coups de lance et de très beaux sermons
N'a jamais cessé de guerroyer les païens.
2245 Que Dieu lui donne sa sainte bénédiction.

167

Le comte Roland voit l'Archevêque à terre.
Ses entrailles lui sortent du corps,
Et sa cervelle lui bout sur la face, au-dessous de son front.
Sur le milieu de sa poitrine, entre les deux épaules,
2250 Roland lui a croisé ses belles mains blanches.
Tristement, selon la mode de son pays, il prononce l'oraison:
« Ah! gentilhomme, chevalier de noble lignée,
« Je vous remets aux mains du Glorieux qui est dans le ciel.
« Il n'y aura jamais homme qui le serve plus volontiers,

2255 « Non, depuis les Apôtres, on ne vit jamais tel prophète
« Pour maintenir la chrétienté et convertir les hommes.
« Puisse votre âme être exempte de toute douleur,
« Et que du paradis les portes lui soient ouvertes! »

Mort de Roland

168

Roland lui-même sent que la mort est proche de lui;
2260 Sa cervelle s'en va par les oreilles.
Le voilà qui prie pour ses pairs d'abord, afin que Dieu les appelle.
Puis il se recommande à l'ange Gabriel.
Il prend l'olifant d'une main, pour n'encourir aucun reproche,
Et de l'autre saisit Durendal, son épée.
2265 Un peu plus loin qu'une portée d'arbalète,
Il s'avance du côté de l'Espagne, va dans un champ
Et monte sur une butte. Là, sous deux beaux arbres,
Il y a quatre blocs de marbre.
Roland tombe à l'envers sur l'herbe verte
2270 Et se pâme: car la mort est proche.

169

Les puys sont hauts, hauts sont les arbres.
Il y a là quatre blocs, tout luisants de marbre.
Sur l'herbe verte le comte Roland se pâme.
Cependant un Sarrasin l'épie,
2275 Qui contrefait la mort et gît parmi les autres;
Il a couvert de sang son corps et son visage.
Soudain il se redresse, il accourt.
Il est fort, il est beau et de grande bravoure.
Plein d'orgueil et de mortelle rage,
2280 Il saisit Roland, corps et armes,
Et s'écrie: « Vaincu, il est vaincu, le neveu de Charles!
« Voilà son épée que je porterai en Arabie. »
Mais, comme il la tirait, Roland reprit un peu connaissance.

170

Roland sent bien qu'on lui enlève son épée;
2285 Il ouvre les yeux, ne dit qu'un mot:
« Tu n'es pas des nôtres, que je sache! »
De son olifant, qu'il ne voulut jamais lâcher,
Il frappe un rude coup sur le heaume couvert de pierreries et d'or,
Brise l'acier, la tête et les os du païen,
2290 Lui fait jaillir les deux yeux hors de la tête,
Et le retourne mort à ses pieds.
« Lâche, » lui dit-il, « qui t'a rendu si osé,

« A tort ou à droit, de mettre la main sur Roland?

« Qui le saura t'en estimera fou.

2295 « Le pavillon de mon olifant en est fendu;

« L'or et les pierreries en sont tombés. »

171

Roland sent bien que la mort le presse;

Il se lève et, tant qu'il peut, s'évertue:

Las! son visage n'a plus de couleur.

2300 Devant lui est une roche brune;

Plein de chagrin et de rage, il y assène dix forts coups;

L'acier de Durendal grince, mais ne se rompt ni ne s'ébrèche.

« Ah! sainte Marie, venez à mon aide, » dit le Comte.

« O ma bonne Durendal, quel malheur!

2305 « Puisque je meurs, de vous je n'ai plus la charge;

« Avec vous j'ai gagné tant de batailles!

« J'ai tant conquis de vastes royaumes

« Que tient aujourd'hui Charles à la barbe chenue! ↙ gone white

« Ne tombez jamais entre les mains d'un homme qui puisse fuir devant

2310 « Car vous avez été longtemps au poing d'un bon vassal, [un autre!

« Il n'y en aura jamais un pareil en France la Sainte. »

172

Roland frappe une seconde fois au perron de sardoine.

L'acier grince: il ne se rompt pas, il ne s'ébrèche point.

Quand le comte s'aperçoit qu'il ne peut briser son épée,

2315 En dedans de lui-même il commence à la plaindre:

« O ma bonne Durendal, comme tu es claire et blanche!

« Comme tu luis et flamboies au soleil!

« Je m'en souviens: Charles était aux vallons de Maurienne,

« Quand Dieu, du haut du ciel, lui manda par son ange

2320 « De te donner à un vaillant capitaine.

« C'est alors que le grand, le noble roi te ceignit à mon côté.

[Vers 2322–32: Roland se souvient de tous les pays qu'il a conquis pour Charles à l'aide de Durendal.]

« En ai-je assez conquis de pays et de terres,

« Que tient Charles à la barbe chenue!

2335 « Et maintenant j'ai grande douleur à cause de cette épée:

« Plutôt mourir que de la laisser aux païens!

« Que Dieu n'inflige point cette honte à la France! »

173

Pour la troisième fois, Roland frappe sur une pierre bise:

Il en abat plus que je ne saurais dire.

2340 L'acier grince; il ne rompt pas:

L'épée remonte en amont vers le ciel.
Quand le Comte s'aperçoit qu'il ne peut la briser,
Tout doucement il la plaint en lui-même:
« Ma Durendal, comme tu es belle et sainte!
2345 « Dans ta garde dorée il y a bien des reliques:
« Une dent de saint Pierre, du sang de saint Basile,
« Des cheveux de monseigneur saint Denis,
« Du vêtement de la Vierge Marie.
« Non, non, il n'est pas juste que les païens te possèdent.
2350 « Tu ne dois être servie que par des mains chrétiennes.
« Plaise à Dieu que tu ne tombes pas aux mains d'un lâche!
« Combien de terres j'aurai par toi conquises,
« Que tient Charles à la barbe fleurie
« Et qui sont aujourd'hui la puissance et la richesse de l'Empereur!

174

2355 Roland sent que la mort le prend tout entier
Et qu'elle lui descend de la tête sur le cœur.
Il court se jeter sous un pin: _(vie éternelle)_
Sur l'herbe il se couche face contre terre;
Il met sous lui son olifant et son épée,——→ il ne veut pas qu'ils tombent dans les mains des sarrasins, et en plus il meurt dans son rôle et en conquérant.
2360 Et tourne la tête du côté des païens.
Et pourquoi le fait-il? Ah! c'est qu'il veut
Faire dire à Charles et à toute l'armée des Francs,
Le noble comte, qu'il est mort en conquérant.
Il bat sa coulpe[34] à petits coups répétés.
2365 Pour ses péchés, au ciel il tend son gant.

175

Roland sent que son temps est fini.
Il est là, au sommet d'un pic qui regarde l'Espagne;
D'une main il frappe sa poitrine:
« _Mea culpa_, mon Dieu, et pardon au nom de ta puissance,
2370 « Pour mes péchés, pour les petits et pour les grands,
« Pour tous ceux que j'ai faits depuis l'heure de ma naissance
« Jusqu'à ce jour où je suis parvenu. »
Il tend à Dieu le gant de sa main droite[35],
Et voici que les Anges du ciel s'abattent près de lui.

176

2375 Il est là, gisant sous un pin, le comte Roland;
Il a voulu se tourner du côté de l'Espagne.
Il se prit alors à se souvenir de plusieurs choses:
De tous les pays qu'il a conquis,

34. _Battre sa coulpe:_ confesser ses péchés en se frappant la poitrine. — 35. Ce geste signifiait ordinairement la soumission du vassal à son seigneur.

Et de douce France, et des gens de sa famille,

2380 Et de Charlemagne, son seigneur, qui l'a nourri[36].

Il ne peut s'empêcher d'en pleurer et de soupirer.

Mais il ne veut pas se mettre lui-même en oubli,

Et de nouveau réclame le pardon de Dieu:

« O notre vrai père, » dit-il, « qui jamais ne mentis,

2385 « Qui ressuscitas saint Lazare d'entre les morts

« Et défendis Daniel contre les lions,

« Sauve mon âme et défends-la contre tous périls,

« A cause des péchés que j'ai faits en ma vie. »

Il a tendu à Dieu le gant de sa main droite;

2390 Saint Gabriel l'a reçu.

Alors sa tête s'est inclinée sur son bras.

Et il est allé, les mains jointes, à sa fin.

Dieu lui envoie son ange Chérubin

Et saint Michel du Péril;

2395 Avec eux est venu saint Gabriel.

Ils emportent l'âme du Comte au paradis.

Epilogue

[Laisses 177–183: les représailles. En arrivant à Roncevaux, Charlemagne voit le champ de bataille jonché de corps. Les Français pleurent leurs compagnons morts, puis se lancent à la poursuite de l'armée sarrasine. Celle-ci risque de s'échapper à la faveur de la nuit qui tombe. Charlemagne supplie Dieu « de vouloir bien pour lui arrêter le soleil, dire à la nuit d'attendre »; sa prière est exaucée. Les Français attrapent les Sarrasins et les frappent terriblement. Ceux d'entre les païens qui ne sont pas tués sur le coup se jettent dans un fleuve et périssent noyés. Charlemagne remercie Dieu du miracle qui a permis aux Français de se venger. La nuit étant enfin tombée, les Français campent sur place et s'endorment, épuisés.]

184

La nuit est claire, la lune est brillante;

Charles est couché, mais il a grande douleur en pensant à Roland,

Et le souvenir d'Olivier lui pèse cruellement,

2515 Avec celui des douze Pairs et de tous les Français

Qu'il a laissés rouges de sang et morts, à Roncevaux.

Il ne peut se retenir d'en pleurer, d'en sangloter.

Il prie Dieu de se faire le sauveur de ces âmes.

Mais le Roi est fatigué: car ses peines sont bien grandes.

2520 Il n'en peut plus et, lui aussi, finit par s'endormir.

Par tous les prés on ne voit que Français endormis.

36. *Qui l'a nourri:* (sens particulier) qui l'a pris comme page et lui a appris la chevalerie.

Pas un cheval n'est de force à se tenir debout
Et celui qui veut de l'herbe la prend sans se lever.
Ah! il a beaucoup appris, celui qui connut la douleur.

[Laisses 185–267: « l'épisode de Baligant ». Marsile regagne Saragosse où il appelle au secours Baligant, l'émir de Babylone et chef suprême des musulmans. Celui-ci rassemble ses armées et attaque les Français à Roncevaux où ils étaient retournés pour enterrer leurs morts. Alors s'engage l'âpre combat qui oppose la chrétienté et l'Islam. Dans la mêlée Charles et Baligant se trouvent et s'affrontent dans un combat individuel. L'aide de Dieu permet à Charles de tuer son adversaire. Les païens s'enfuient; les Français prennent Saragosse et convertissent de force et en masse les habitants. De retour en France, Charles enterre à Blaye les corps de Roland, d'Olivier et de l'Archevêque, puis regagne Aix...[37]]

268

3705 L'Empereur est revenu d'Espagne:
Il vient à Aix, la meilleure ville de France,
Monte au palais, entre en la salle.
Une belle demoiselle vient à lui: c'est Aude.
Elle dit au Roi: « Où est Roland le capitaine,
3710 « Qui m'a juré de me prendre pour femme? »
Charles en est plein de douleur et d'angoisse;
Il pleure des deux yeux, il tire sa barbe blanche:
« Sœur, chère amie, » dit-il, « tu me demandes nouvelles d'un mort.
« Mais, va, je saurai te remplacer Roland;
3715 « Je ne puis mieux te dire: je te donnerai Louis,
« Louis mon fils, celui qui tiendra mes Marches.
« — Ce discours m'est étrange, » répond belle Aude.
« Ne plaise à Dieu, ni à ses saints, ni à ses anges,
« Que, Roland mort, je reste en vie! »
3720 Elle perd sa couleur et tombe aux pieds de Charles.
La voilà morte: Dieu veuille avoir son âme!
Les barons français la pleurent et la plaignent.

269

Aude la belle s'en est allée à sa fin.
Le Roi croit qu'elle est seulement pâmée;
3725 Il en a pitié, il en pleure,
Lui prend les mains, la relève;
Mais la tête retombe sur les épaules.
Quand Charles voit qu'elle est morte,

37. Les spécialistes sont divisés sur la question de l'authenticité de ce long épisode. En le supprimant, nous avons suivi ceux qui le considèrent comme une « interpolation tardive », absente du poème primitif et destinée à être chantée à part. Peut-être l'épisode formait-il le début d'une chanson nouvelle. Quoi qu'il en soit, ces laisses allongent démesurément un poème dont elles se détachent facilement.

Il fait sur-le-champ venir quatre comtesses,
3730 Qui la portent dans un couvent,
Et veillent près de son corps jusqu'au jour;
Puis on l'enterra bellement près d'un autel,
Et le Roi lui fit grand honneur.

[Laisses 270–290: le châtiment de Ganelon. Le moment venu de juger le traître, Charlemagne mande toute l'aristocratie de l'Empire. Le procès commence. Ganelon avoue s'être vengé de Roland, mais il nie avoir trahi les Français. Charles affirme qu'*en se vengeant*, Ganelon a trahi. Les nobles sont presque unanimes à vouloir acquitter l'accusé; un seul, Thierri, persiste à maintenir sa culpabilité. On procède donc à un duel judiciaire: Thierri, qui soutient l'accusation, se battra contre Pinabel, que Ganelon a désigné comme son défenseur; Dieu accordera la victoire à celui qui a le bon droit. Thierri est vainqueur, et les nobles condamnent l'accusé à mort. « Ganelon meurt en traître avéré. Il n'est pas juste que le traître puisse se vanter de sa trahison. »]

291

Quand l'Empereur eut fait justice,
Quand sa grande colère se fut un peu éclaircie [...]
Le jour était passé, la nuit sombre était venue.
Le Roi se couche dans sa chambre voûtée;
Saint Gabriel descend lui dire de la part de Dieu:
« Charles, rassemble toutes les armées de ton empire;
3995 « A marches forcées, va dans la terre de Bire,
« Va secourir le roi Vivien à Imphe,
« Dans cette cité dont les païens font le siège,
« Et où les chrétiens t'appellent à grands cris. »
L'Empereur voudrait ne pas y aller:
4000 « Dieu, » s'écrie-t-il, « que ma vie est peineuse! »
Il pleure de ses yeux, il tire sa barbe blanche.
Ici s'arrête l'histoire que Turold raconte[38].

(Adapté de la traduction de Léon Gautier)

38. Ce Turold est-il donc l'auteur de *La Chanson de Roland?* Rien n'est moins sûr. Voici le dernier vers: « Ci falt la geste que Toroldus declinet ». Tout dépend du sens des mots *geste* et *declinet*, et ce sont là deux questions auxquelles les spécialistes n'ont pas répondu de la même façon. En ancien français, *decliner* signifie (sens transitif) *quitter, finir une œuvre,* et par extension, *raconter tout au long* (L. Gautier). Mais que Turold *finit*-il de faire? De chanter? de copier? de composer? Faute de savoir, nous ne savons pas s'il est jongleur, copiste ou poète. Et quelle est cette *geste* qu'il raconte? Le mot signifie-t-il *aventure, poème,* ou bien, comme partout ailleurs dans la *Chanson, source autorisée?* Dans ce dernier cas, le complément (sous-entendu) de *decliner* serait, par exemple, *faire connaître* ou *amplifier poétiquement.* On se perd dans les conjectures. Notre traduction, qui n'est pas celle de Gautier, contourne tous ces problèmes — au prix d'une certaine ambiguïté. Mais qu'importe, en dernière analyse? Ce qui compte, pour nous, ce n'est pas l'auteur, mais son œuvre...

Matière à réflexion

1. Le poète résume le caractère des deux héros dans un vers célèbre (1093): « Roland est preux, mais Olivier est sage. » En quoi consistent et comment se manifestent la « prouesse » de Roland et la « sagesse » d'Olivier?

2. Sur la peinture des caractères dans *La Chanson de Roland*, on a porté des jugements contradictoires. Les personnages, disent les uns, sont « unidimensionnels », « découpés dans du carton », et ne diffèrent guère les uns des autres sur le plan humain. Ils sont, dit-on, de pures abstractions: Ganelon, c'est la traîtrise, Roland incarne le courage, Olivier symbolise la prudence, etc. Pour Ferdinand Brunetière, particulièrement sévère à cet égard, « les personnages ne vivent pas. Les Olivier et les Turpin de France ne diffèrent que par le nom des Estorgant et des Estramarin d'Espagne. Les uns jurent par [Mahomet], les autres par [Dieu]: c'est leur seule caractéristique. Elle est de pure forme. Au fond, ils respirent tous la même valeur féroce et brutale, ils ont tous la même valeur insultante et bravache, ils déchargent tous les mêmes grands coups d'épée. » Pour d'autres critiques, en revanche, les personnages ne sont peut-être pas analysés, mais « ils *sont*, ce qui vaut mieux » (G. Lanson). « Quelle richesse nous découvrons, » écrit André Cordier, « sous l'apparente simplicité des personnages! Sarrasins ou Français, chacun d'eux a une physionomie propre, une individualité marquée. » Comment expliquez-vous des jugements si opposés? A qui donnez-vous raison dans cette dispute?

3. Beaucoup de lecteurs sont frappés par le comportement et la motivation de Roland. « Ce "héros", » disent-ils, « n'a rien d'un vrai héros, car son seul but est d'obtenir l'approbation des autres. Il ne pense qu'au *qu'en-dira-t-on*, aux "mauvaises chansons" que l'on pourrait chanter sur lui (vers 1014, 1466). C'est pour garder sa *réputation* qu'il refuse de sonner du cor (vers 1054) — réputation à laquelle il accepte de sacrifier vingt mille braves. Roland n'aspire pas à *posséder* les vertus; il tient à ce qu'on les lui *attribue*. Il ne cherche pas à *être* grand, mais il a besoin qu'on le *croie* tel. Le héros incarne ignominieusement ce que le psychologue Nathaniel Branden appelle *social metaphysics*: il vit de l'opinion d'autrui, n'existe que par elle, n'agit que pour elle. Que jamais on ne cite Roland en mauvais exemple (vers 1016)! C'est avec raison que G. F. Jones écrit, à propos de Roland et de ses compagnons d'armes: "For them, a man's honor lies in other people's opinions. Their fear of disapproval explains to what ends they go to escape reprobation." » Croyez-vous que ce jugement soit justifié? Que pourrait-on dire pour la défense du héros?

4. « Ganelon le traître, le félon » — bien sûr! Mais ce personnage est, pour beaucoup de lecteurs, le mieux étoffé, le plus finement peint, le plus intéressant, *le plus vivant* du poème. Haineux mais courageux, vindicatif sans être vil, il n'est pas fait d'une seule pièce. Montrez la complexité du personnage en étudiant son comportement et sa motivation au conseil de Charlemagne, avec Blancandrin, devant Marsile, etc.

5. Les critiques s'accordent pour voir en la première scène du cor (laisses 79–92) le « point central », la « pièce maîtresse » du poème. Mais ils ne sont pas d'accord sur la question capitale des mobiles de Roland. Pourquoi le héros refuse-t-il de sonner du cor pour rappeler l'Empereur? Selon l'interprétation traditionnelle, son orgueil et sa démesure empêchent Roland d'appeler à l'aide — refus qu'il regrette amèrement avant la fin de la bataille. Mais cette lecture semblait diminuer le héros, et le rapprocher du portrait qu'en avait fait Ferdinand Brunetière: « Rien d'humain ne bat sous cette épaisse armure, rien, que l'intraitable orgueil du barbare et son arrogante confiance dans la vigueur de son bras. » Aussi certains critiques se sont-ils avisé récemment de faire de Roland un martyr chrétien. Selon cette thèse, Roland se sacrifie *consciemment, intentionnellement*; il sait, dès le début, que son refus de sonner aura pour conséquence l'extermination de l'arrière-garde. « Is it not more plausible », demande Alfred Foulet, « to envisage a less impulsive, more masterful Roland, one who deep in his heart knows that a terrible sacrifice is demanded of him? [...] Roland is the self-sacrificing hero who knows he must die and who wills his own death. » Quelle interprétation vous paraît la mieux appuyée par le texte? Justifiez votre réponse en relevant tous les passages où Roland s'explique à Olivier (voir surtout les vers 1053–4, 1062–3, 1064, 1073–6, 1089 et 1117–23).

6. On a beaucoup insisté sur l'importance du vers 1015: « Les païens ont le tort, le droit est pour les chrétiens ». Comment la conviction exprimée dans ce vers se manifeste-t-elle chez les différents personnages? En quel sens et dans quelle mesure pourrait-on considérer l'idée de ce vers comme un résumé de tout le poème? Etudiez à ce propos le rôle du surnaturel (interventions divines ou angéliques) dans *La Chanson de Roland*.

7. Au vers 178, le poète annonce déjà la trahison de Ganelon; aux vers 1408–11, il annonce le jugement et l'exécution du traître. Dès la fin de la laisse 110, le lecteur sait que Roland mourra. Relevez d'autres exemples du même procédé. En éliminant ainsi le suspense, le poète diminue-t-il l'intérêt du récit? Faut-il distinguer entre l'effet produit par ces anticipations sur un *lecteur* moderne et la réaction des *auditeurs* contemporains du poète?

8. Il y a, comme vous l'aurez sans doute remarqué, de nombreuses répétitions dans *La Chanson de Roland*: répétitions d'idées, d'expressions, de vers et de laisses. Dans la plupart des cas, elles s'expliquent facilement: le poème étant long, sa récitation se fait en plusieurs séances; le jongleur doit faire la pause, reprendre le lendemain, accrocher l'attention d'un auditoire distrait, mettre au courant les retardataires et les nouveaux venus, etc. D'autres répétitions posent problème. En particulier, les laisses *similaires* ou *parallèles* ont intéressé la critique (laisses 40–42, 83–85, 129–130, 171–173), et plusieurs explications en ont été avancées. Certains y voient la négligence d'un copiste qui colligeait différentes versions du poème; pour d'autres, ces redites sont voulues et répondent à une intention artistique. Se pourrait-il que ces groupes de laisses ne s'expliquent pas tous de la même façon? S'agirait-il tantôt d'inattention, tantôt d'inspiration? Justifiez votre réponse en

étudiant la progression psychologique et narrative d'une laisse à l'autre dans chaque groupe.

9. A chaque époque, sa lecture; à chaque lecteur, sa réaction. Peu après la Première Guerre mondiale, G. K. Chesterton écrivit, à propos de la fin de notre poème: « That high note of forlorn hope, of a host at bay and a battle against odds without end, is the note on which the great French epic ends. I know nothing more moving in poetry than that strange and unexpected ending, that splendidly inconclusive conclusion. [...] The poem ends, as it were, with a vision and vista of wars against the barbarians; and the vision is true. For that war is never ended, which defends the sanity of the world against all the stark anarchies and rending negations which rage against it forever. That war is never finished in this world; and the grass has hardly grown over the graves of our own friends who fell in it. » Que pensez-vous de sa réaction et de son interprétation?

La Littérature courtoise

Vers 1200 la chanson de geste entre dans une longue déca-
dence. Non pas, certes, que le genre tarisse; bien au contraire. C'est effectivement
de la première moitié du XIII^e siècle que datent la plupart des chansons de geste
qui nous sont parvenues; aux XIV^e et XV^e siècles, elles continueront d'être imitées
et traduites dans tous les pays et dans toutes les langues de l'Europe. Mais cette
popularité ne pourra se maintenir qu'au prix d'importantes transformations. En
s'adaptant au goût du jour, les épopées tardives ressemblent de moins en moins à
celles de l'« âge d'or » du genre. Les poètes appliquent encore les vieilles for-
mules, mais elles ne suppléent pas au souffle qui manque. Ils en viennent à
tourner en ridicule les héros en qui le public ne croit plus. Les protagonistes qui
ne sont plus nobles que par la naissance se voient bernés par des bourgeois. Le
comique joue un rôle de plus en plus important et tombe de plus en plus bas.
L'épique cède ainsi au parodique, le sublime au bouffon.

Il ne manque pas d'exemples d'une pareille évolution dans d'autres domaines
et à d'autres époques (ainsi, de nos jours, du western et du film d'espionnage…).
Un genre se constitue et s'impose en s'inspirant d'idéaux qui répondent à ceux
d'un certain public. On a beau s'en moquer; le genre fleurit tant que vivent les
idéaux. Que le créateur ou son public cessent d'y croire, et le genre fait lui-même
le travail de ses critiques: il ne se prend plus au sérieux et, vidé de sa substance, en
arrive à *se parodier*. Tel fut le cas des épopées françaises.

C'est l'aristocratie qui manifestera d'abord et le plus visiblement cette évolu-
tion du goût. Le modèle austère des premières chansons de geste n'inspire plus
l'élite du XIII^e siècle. Certes, la société reste chrétienne et féodale, mais les valeurs
mobilisatrices, toujours en avance par rapport à la réalité sociale, ne sont plus les
mêmes. Ce qu'on pourrait appeler le *personnage régnant* — celui qui incarne les
idéaux d'une classe, d'une société ou d'une époque —, ce n'est plus le guerrier
vaillant et mal dégrossi; c'est le mondain élégant et cultivé. Le premier triomphait
sur le champ de bataille; le second brille à la *cour*. C'est ainsi qu'au sentiment
épique succède l'*esprit courtois*.

71

C'est au sud de la Loire, en pays de langue d'oc, que naît et s'épanouit le nouvel idéal. La civilisation latine y avait mieux survécu; les mœurs y sont plus douces, la vie, plus paisible. Dès le XIe siècle, les cours commencent à se multiplier dans le Midi. Les seigneurs donnent des fêtes, étalent leurs richesses, s'entourent d'artistes et de *troubadours* (ainsi appelait-on, dans le Midi, les poètes de langue d'oc). Dans ce petit monde clos de la haute société, les femmes jouent un rôle grandissant et même prééminent. Il leur arrive de donner le ton et d'imposer leur conception exigeante de la *courtoisie*. Ce terme désigne étymologiquement *ce qui est propre à la cour*, mais il ne tarde pas à englober l'ensemble du code qui régit la vie mondaine: rites, règles, usages et interdits.

Le plus important de ces rites est incontestablement celui de l'amour. Si la courtoisie est un savoir-vivre, elle est d'abord et surtout un art d'aimer. L'amour occupe dans la littérature courtoise une place analogue à celle du « saint labeur » dans les premières épopées: il devient la grande affaire de la vie, la préoccupation centrale qui confère un sens à l'existence humaine. Le héros courtois n'en est pas moins vaillant que le héros épique; il est tout aussi accompli dans le maniement des armes. Mais sa valeur et ses exploits ne servent pas les mêmes causes. Roland se bat pour son renom, pour son seigneur, pour l'honneur de son lignage et de la « douce France ». S'il arrive au chevalier courtois de se battre, c'est pour mériter les faveurs de sa dame, et les victoires dont il rêve sont moins militaires.

En mourant, Roland se souvient de ce pour quoi il a vécu: ses conquêtes, son pays, son seigneur et son Dieu; il ne pense nullement à la belle Aude, sa fiancée. Ce n'est pas pour de telles raisons que vit, ce n'est pas ainsi que meurt le héros courtois. « Que vaut la vie sans l'amour? » demande le troubadour Bernard de Ventadour dans sa *Joie d'aimer*, et il ajoute: « Puisse Dieu m'aimer assez pour ne pas me laisser vivre ni un mois ni un jour si je n'ai plus le désir d'aimer. » Nous sommes devant deux façons radicalement différentes de concevoir l'existence. A celle que résume ici le troubadour, le poète romantique Alfred de Musset fera écho sept siècles plus tard en écrivant: « Il faut aimer sans cesse, après avoir aimé. »

Mais pour les troubadours, il ne suffit pas d'aimer; il faut aimer *courtoisement*. L'amour courtois est un *art* — en cela il diffère de celui des romantiques —, et cet art a ses règles. La plus importante exige de l'amant une soumission absolue aux volontés de sa dame. Il lui doit une dévotion entière et une fidélité de tous les instants; la dame, pour sa part, peut *en principe* tout lui demander et ne rien lui accorder. On le voit: l'amour courtois est essentiellement la transposition de l'hommage féodal dans le domaine des rapports sentimentaux. Il s'agit d'une sorte de jeu où la dame joue le rôle du seigneur et son chevalier, celui du vassal — avec cette différence que les obligations féodales sont réciproques. Comme le dit Bernard de Ventadour, typique à cet égard: « Noble dame, je ne vous demande qu'une chose: prenez-moi pour serviteur. Je vous servirai comme on sert un bon seigneur, quel que soit le gain que je dois obtenir. Me voici à votre commandement, noble dame… », etc. Ce n'est pas un hasard si ce mot *dame* vient du latin *domina* qui signifie *maîtresse* au sens propre du terme (féminin de *maître*).

Cette maîtresse tyrannique est obligatoirement d'un rang social supérieur; elle est presque toujours mariée (avec un autre que le soupirant, cela va sans dire: l'amour et le mariage sont considérés comme fondamentalement incompatibles).

Ces circonstances astreignent l'amant à une discrétion absolue au sujet de son « amitié »: il y va de la réputation de sa dame. C'est là la deuxième grande règle de l'amour courtois. Toute infraction vaut au chevalier d'être banni sans appel de la présence de sa bien-aimée. Il doit cacher sa passion aux yeux du monde, se montrer d'une patience à toute épreuve, souffrir longtemps et en silence les moindres caprices de sa dame, pour qu'elle finisse — peut-être — par lui accorder ses faveurs. Encore ne faut-il rien présumer sur le caractère de cette récompense: un sourire? une main à baiser? plus? Ce n'est pas toujours clair, les troubadours s'étant exprimés en la matière avec une délicatesse notoire.

Il ne faut pas voir en ce cérémonial une description exacte des mœurs aristocratiques de l'époque. Il s'agit moins d'une réalité sociale que d'un divertissement mondain et d'une mode littéraire. La littérature courtoise *prescrit* bien plus qu'elle ne *décrit*, et à cet égard elle est tout aussi idéaliste que les poèmes épiques. A la différence pourtant de l'idéal épique, l'idéal courtois représente au XI^e siècle une grande nouveauté. L'antiquité n'avait rien connu de pareil, et l'Eglise s'était toujours montrée d'une extrême misogynie. L'idée de mettre la femme sur un piédestal et d'en faire un objet de vénération amoureuse, de lui soumettre l'homme comme un vassal à son seigneur, voilà qui était proprement révolutionnaire à l'époque.

L'idéal courtois, ainsi conçu, connaîtra dans toute l'Europe une fortune prodigieuse. Il se répandra au XII^e siècle en Angleterre et en Allemagne; au siècle suivant, en Italie et en Espagne. Il subsistera encore au XVII^e siècle, quoique sous une forme parodique et parodiée. C'est de cet idéal que se moque Cervantès en 1604 lorsqu'il fait dire à son héros don Quichotte, grand liseur de romans courtois: « O princesse Dulcinée, dame de ce cœur captif! une grande injure vous m'avez faite en m'imposant, par votre ordre, la rigoureuse contrainte de ne plus paraître en présence de votre beauté. Daignez, ma dame, avoir souvenance de ce cœur, votre sujet, qui souffre tant d'angoisses pour l'amour de vous... » Et aujourd'hui encore, il ne serait pas difficile de citer — dans certaines règles de l'étiquette, dans notre conception même des rapports entre hommes et femmes — des survivances de la courtoisie...

Mais nous anticipons. Retournons quelques siècles en arrière, au moment où la poésie courtoise du Midi est en pleine floraison. En 1137 la Méridionale Aliénor d'Aquitaine épouse Louis le Jeune, qui devient l'année suivante roi de France. Elle doit partir pour le Nord. A la cour de Paris où elle séjournera quinze ans, elle s'entoure de poètes venus du Sud et acclimate ainsi ses goûts littéraires chez les écrivains du Nord. Des régions de langue d'oc, l'idéal courtois passe en Ile de France où l'on parle le francien, ancêtre du français. C'est à partir de ce moment-là que la courtoisie intéresse les étudiants de la littérature française.

Marie de France

En passant aux pays de langue d'oïl, l'esprit courtois a dû subir quelques modifications. Des chroniqueurs venaient de révéler aux Français du Nord la « matière de Bretagne » (c'est-à-dire, de l'actuelle Grande-Bretagne ainsi que la « petite » Bretagne française). On appelait ainsi la masse de légendes ayant pour cadre la

Cornouaille, l'Irlande, le Pays de Galles et l'Armorique. Les Français découvrent l'histoire tragique de Tristan et Iseut, ces deux amants séparés par la vie et réunis dans la mort; ils s'engouent de la légende du roi Arthur et des Chevaliers de la Table ronde. Dans la deuxième moitié du XIIe siècle, ces légendes deviennent l'inspiration principale des écrivains du Nord.

Ce que ces histoires avaient en commun, à part leur cadre, c'est une autre conception du *surnaturel*. Dans la littérature méridionale et dans les poèmes épiques, l'élément du merveilleux était exclusivement *chrétien*: c'étaient Dieu et ses anges, Satan et ses démons qui intervenaient dans les affaires humaines. Le merveilleux des légendes bretonnes est *païen*: on y rencontre des nains, des géants et des dragons, des bêtes qui parlent et des fontaines miraculeuses, des philtres d'amour et des châteaux magiques, l'enchanteur Merlin et la fée Morgane — tout un univers fabuleux qui passionne le public français du XIIe siècle. C'est de la rencontre de ce merveilleux païen et d'une conception méridionale de l'amour que sont nées les premières manifestions de la courtoisie en pays de langue « française ».

Le premier Français du Nord à exploiter la « matière de Bretagne » fut Chrétien de Troyes. Outre une version de l'histoire de Tristan et Iseut (perdue aujourd'hui), il composa, sans doute entre 1160 et 1190, cinq romans qui se rattachent tous à la légende du roi Arthur. Son *Lancelot* décrit le type du « parfait amant », soumis aux moindres caprices de sa dame tyrannique. Les œuvres de Chrétien connurent un immense succès et suscitèrent de nombreux imitateurs. Il fut considéré, de son vivant et au siècle suivant, comme le maître du roman courtois.

Un autre écrivain, contemporain exact de Chrétien, se sentait plus à l'aise dans le cadre de la nouvelle. Un de ses écrits nous apprend à peu près tout ce que nous savons de sa personne: « Marie ai non si sui de France » (« Je m'appelle Marie et je suis de France »). Aussi connaissons-nous aujourd'hui la première poétesse de la littérature française sous le nom de Marie de France. Il est probable qu'elle passa une bonne partie de sa vie en Angleterre à la cour d'Aliénor d'Aquitaine (devenue reine d'Angleterre en 1152 après avoir été reine de France). Elle y composa une douzaine de *lais* (courtes nouvelles en vers) qui diffèrent par le ton et l'inspiration mais qui ont tous en commun *le thème de l'amour*.

Le lai que l'on considère aujourd'hui comme son meilleur, celui qui a été le plus traduit et imité, s'intitule *Lanval*. On a vu dans ce titre un anagramme d'Avalon, le séjour des bienheureux dans la mythologie celtique — encore une indication de l'influence de la « matière de Bretagne ». *Lanval* illustre particulièrement bien les deux règles essentielles de l'amour courtois, telles qu'elles ont été définies plus haut: la soumission du chevalier à sa dame et la nécessité du secret. Le lai peut être lu, en effet, comme l'illustration des conséquences d'une infraction à ces règles.

On peut s'amuser à relever certaines analogies, aussi frappantes que superficielles, entre le lai de *Lanval* et *La Chanson de Roland*. Dans les deux, il y a un procès; dans les deux, le prévenu est accusé de *félonie* (voir l'introduction à *La Littérature épique*). Là s'arrête le parallèle. Car la félonie envers son seigneur dont Lanval est accusé lui importe bien moins que celle qu'il a commise envers sa

dame. Mais nous l'avons déjà dit, et il serait inutile d'insister davantage: l'univers épique et l'univers courtois sont à des années-lumière l'un de l'autre. Il s'agit, pour nous, d'entrer tour à tour dans l'un et l'autre et d'y vivre quelque temps...

Collection Viollet

Scène d'un roman de Chrétien de Troyes. On y voit la reine Guenièvre recevant les hommages de Lancelot, parfait modèle du « chevalier amoureux qui doit vivre agenouillé devant sa dame, dans un perpétuel tremblement... » (Lanson). D'après une miniature du XVe siècle.

Avant de lire

consoled *difficulties*

« Le lai de *Lanval* est l'histoire d'un chevalier qui est consolé des déboires de la vie par l'amour d'une fée » (ainsi résume succinctement L. Clédat). Une fée, comme nous le disent les dictionnaires, est « un être imaginaire de forme féminine auquel la légende attribue un pouvoir surnaturel et une influence sur la destinée des humains ». Cependant la fée de notre conte ne ressemble guère à celles de *Cendrillon* et de *La Belle au bois dormant*. *Lanval* est un conte de fées pour adultes. Le genre s'est transformé considérablement depuis l'époque de Marie de France — l'élément du surnaturel ayant largement disparu pour faire place à celui de l'invraisemblable —, mais on peut en reconnaître aujourd'hui encore les lointains *far off* descendants. Pouvez-vous en donner des exemples?

Lanval

MARIE DE FRANCE

I

Je vais vous raconter les aventures d'un noble jeune homme dont le nom en breton est Lanval.

Le roi preux, le roi courtois, le roi Arthur avait établi sa cour à Carlisle. Les Ecossais et les Pictes ravageaient en effet le pays, envahissant et saccageant le royaume d'Angleterre. Donc le roi était à Carlisle, à la Pentecôte en été.

Il y distribua force riches présents. Il donna femmes et terres aux comtes, aux barons, à ceux de la Table ronde, qui dans le monde entier n'avaient point leurs pairs. Il n'en oublia qu'un seul, et celui-là pourtant l'avait bien servi: c'était Lanval. Le roi ne s'en souvint plus, et ceux de son entourage se turent, car ils n'aimaient pas le chevalier.

Sa valeur, sa générosité, sa beauté, sa prouesse, étaient cause que beaucoup l'enviaient; tel lui montrait semblant d'amour, qui en cas de malheur, se serait gardé de le plaindre. Il était de haut parage, étant né d'un roi, mais son pays était loin. Il faisait partie de la maison d'Arthur. Or tout son avoir était dépensé; et le roi ne lui donna rien, et Lanval ne demanda rien. Le voilà bien embarrassé, bien soucieux. Seigneurs, ne vous en étonnez pas: l'étranger, que nul ne conseille, est très dolent sur la terre d'autrui, quand il ne sait pas où chercher une aide.

Un jour, il monte sur son destrier et part en promenade. Il descend au bord d'une eau courante. Son cheval bronchait souvent; il le dessangle pour le laisser se vautrer au milieu du pré.

Pour lui, il roule son manteau sous sa tête et se couche. Son indigence le rend tout pensif; il ne voit rien dans l'avenir qui lui plaise.

Comme il reposait ainsi, il aperçut deux jeunes filles nobles qui venaient vers lui le long de la rivière; elles étaient étroitement lacées dans des tuniques de pourpre sombre et leurs visages étaient clairs et beaux. L'une portait un bassin d'or pur, fin, bien travaillé; et l'autre — je vous dis là chose comme elle est — portait une serviette. Elles venaient droit vers la place où le chevalier gisait. Lanval, qui savait les bons usages, se lève à leur approche. Elles le saluent d'abord, puis lui font leur message:

— Sire Lanval, notre maîtresse, qui est extrêmement belle et courtoise, nous envoie vers vous. Venez avec nous! Sans risque nous vous conduirons auprès d'elle; voyez-vous sa tente là-bas?

Donc le chevalier les suit; de son cheval, qui paissait devant lui dans le pré, il n'a plus souci.

Elles l'amènent jusqu'au pavillon qui est très beau et très bien tenu. Ni la reine Sémiramis, au temps où elle avait le plus de fortune, et le plus de puissance, et le plus de sagesse, ni l'empereur Octavien n'auraient pu en payer la moitié. En haut est un aigle en or; ce qu'il vaut, je ne puis l'estimer, non plus que les cordes et les piquets qui tendent les pans de la toile. Sous le ciel, il n'y a pas de roi assez riche pour les acquérir, donnât-il pour cela toutes ses richesses. Et dans ce pavillon se tient la jeune fille. Fleur de lis et rose nouvelle, quand elles

éclosent au printemps, ne peuvent égaler sa splendeur.

Elle est étendue sur un lit magnifique, vêtue simplement de sa chemise. Un riche manteau en pourpre d'Alexandrie, doublé d'hermine blanche, est jeté sur elle pour lui tenir chaud; mais elle a le côté découvert, la jambe et la poitrine. Son corps est gent et bien fait, et plus blanc que fleur d'aubépine.

Le chevalier s'avance et la jeune fille le convie à s'asseoir:

— Lanval, bel ami, dit-elle, c'est pour vous que je suis sortie de mon pays; et mon pays est loin. Si vous êtes preux et courtois, il n'est comte, roi ni empereur qui ait jamais connu la joie qui vous attend: car je vous aime plus que toute chose au monde!

Il la contemplait, il la trouvait belle. L'Amour le pique alors d'une étincelle qui embrase son cœur. Il répond gracieusement:

— Belle, s'il m'advenait par bonheur que vous me voulussiez aimer, vous ne sauriez rien m'ordonner chose que je ne fasse de mon mieux, que ce soit sagesse ou folie. Je ferai tous vos commandements; je renonce à tout pour vous seule. Je ne souhaite plus qu'une chose: c'est de ne jamais vous quitter.

Quand la jeune fille l'entend parler d'un tel amour, elle lui octroie sa confiance et son cœur. Voilà Lanval en meilleure voie! Puis elle lui fait un don: désormais, tout ce qu'il souhaitera, il l'aura à volonté. Plus généreusement il dépensera, plus il aura d'or et d'argent. Qu'il donne à poignées, elle lui trouvera de quoi y suffire. Voilà Lanval bien protégé!

— Seulement, dit-elle, il est une chose, dont je vous conjure et que je vous commande: ne révélez notre amour à personne. Car s'il était

connu, vous me perdriez pour toujours; jamais plus vous ne pourriez me voir ni me posséder.

Il lui promet d'observer exactement ce qu'elle lui ordonne.

Puis le long d'elle, dans le lit, il se couche. Voilà Lanval bien hébergé, ensemble avec la dame. Il reste là avec elle jusqu'à la nuit tombante, et il serait bien resté encore si son amie avait consenti.

— Ami, fait-elle, levez-vous sans plus tarder; vous ne pouvez demeurer davantage. Allez-vous-en. Mais sachez ceci: quand vous souhaiterez ma présence, il n'est point de lieu — de ceux du moins où l'on peut recevoir son amie sans vilenie et sans offense —, où je ne me présente à vous, prête à faire votre plaisir. Et nul homme ne me verra, sauf vous, ni n'entendra mes paroles.

Quand il l'entend ainsi parler, il en est très joyeux. Il l'embrasse, puis il se lève. Celles qui l'avaient conduit au pavillon le revêtent de riches vêtements. Quand il fut ainsi de neuf habillé, il n'y avait sous le ciel plus beau jeune homme. Elles lui présentent de l'eau et la serviette pour ses mains; puis elles apportent le souper, qui a belle apparence. Il mange à côté de son amie. On le sert en grande courtoisie et il prend de tout à grande joie. Mais il y a entre chaque plat un divertissement qui lui plaît mieux que tout le reste et dont il ne se prive guère: c'est de donner souvent des baisers à son amie et de la serrer étroitement dans ses bras. Quand ils se sont levés de table, on lui amène son cheval. La selle en est bien sanglée: riche service, celui qu'il a trouvé là! Il prend congé, monte à l'étrier et s'en retourne vers la cité. Mais souvent il regarde en arrière. Il est en très grand étonnement; il va

pensant à son aventure et doutant au fond de son cœur. A peine s'il la croit véritable.

De retour à son logis, il trouve ses hommes bien vêtus. Cette nuit-là il tint table ouverte, et nul ne sut d'où lui venait l'argent. Il n'y avait pas en la ville de chevalier ayant besoin de quelque secours qu'il ne fît venir à lui et servir richement et bien. Lanval faisait de riches dons; Lanval rachetait les prisonniers; Lanval habillait les jongleurs; Lanval donnait de grands banquets; Lanval dépensait largement; Lanval prodiguait l'or et l'argent. A tous sans exception, aux étrangers comme aux familiers, Lanval donne quelque chose. Et Lanval avait aussi grande joie amoureuse: la nuit, le jour il appelait à lui son amie, et elle venait. Tout était à ses ordres.

II

Cette même année, après la fête de Saint-Jean, trente chevaliers allèrent s'ébattre en un verger, sous la tour où séjournait la reine. Parmi eux était Gauvain, le franc, le preux Gauvain qui sut se faire tant aimer de tous. Et Gauvain dit:

— Par Dieu, Seigneurs, nous agissons mal envers notre compagnon Lanval, si généreux, si courtois et fils d'un roi si riche, quand nous venons ici jouer sans lui.

Alors ils s'en retournent chez Lanval et l'emmènent avec eux à force de prières.

La reine s'était accoudée à une fenêtre taillée dans la tour; elle avait trois dames avec elle. Elle voit venir les familiers du roi et Lanval qu'elle connaît bien. Elle appelle une de ses dames, elle l'envoie chercher les plus gracieuses et les plus jolies de ses demoiselles d'honneur, pour descendre avec elle dans le verger où se divertissent les seigneurs. Elle en choisit trente et avec elles descend les escaliers jusqu'en bas.

A leur rencontre viennent les chevaliers, qui leur font joyeux et bruyant accueil. Ils les ont prises par les mains; cette assemblée n'a rien qui déplaise. Pourtant Lanval se retire à l'écart, loin des autres. Il ne songe qu'à son amie. Il s'impatiente de la voir, de la serrer contre lui, de l'embrasser. La joie d'autrui ne le touche guère, puisque lui-même n'a pas son plaisir.

Quand la reine le voit seul, elle vient droit à lui. Elle s'assied près de lui, elle lui découvre son cœur:

— Lanval, voilà longtemps que je vous honore et que je vous aime. Et vous pouvez avoir mon amour tout entier: vous n'avez qu'à parler. Je vous octroie mes faveurs; faites de moi votre plein vouloir!

— Dame, fait-il, laissez-moi en paix. Loin de moi l'idée de vous aimer. J'ai longuement servi le roi, mon seigneur, et je ne veux pas être déloyal envers lui — ni pour vous ni pour votre amour.

La reine se courrouce; elle est en colère. Elle parle méchamment:

— Ah! je le vois bien maintenant: vous n'aimez pas ce genre de plaisir. Bien souvent on m'avait dit que ce n'est pas des femmes que vous avez envie. Oui, vous préférez les valets bien tournés, et c'est avec eux que vous prenez vos plaisirs. Vilain couard, ignoble traître! Il est vraiment à plaindre, mon mari qui vous a supporté près de lui!

Quand Lanval l'entend, il est très peiné. Mais il n'est pas long à la riposte, et dans sa colère il dit ce qu'il n'aurait jamais dû dire:

— Dame, je n'entends rien à ces vilenies. Mais j'aime une femme qui

l'emporte sur toutes celles que je connais, et je suis aimé d'elle. Et je vous dirai une chose sans détours: sachez qu'une quelconque de ses servantes, oui, la plus humble de toutes, vaut mieux que vous, dame reine, pour le corps et le visage et la grâce et la beauté et la bonté!

Alors la reine le quitte; elle retourne en sa chambre, toute en pleurs. Elle a grande douleur et colère de ce qu'il l'a ainsi avilie. Elle se couche en son lit, malade. Jamais, se dit-elle, elle ne s'en relèvera si le roi ne donne pas suite à la plainte qu'elle va lui adresser.

III

Le roi Arthur revient des bois où il a chassé tout le jour. Tout joyeux, il entre dans la chambre de la reine. Quand elle le voit, elle s'exclame, elle tombe à ses pieds, elle crie merci, elle lui dit que Lanval l'a déshonorée en lui demandant ses faveurs. Et parce qu'elle a refusé, il l'a injuriée et avilie sans mesure: il s'est vanté d'avoir une amie si sage, si fière et si noble que mieux valait sa chambrière, oui, la moindre qui la servait, que la reine elle-même. Le roi entre en une grande colère. Il jure de faire brûler ou pendre Lanval si celui-ci ne peut se justifier devant la cour.

Le roi sort de la chambre pour appeler trois de ses barons. Il les envoie chercher Lanval qui est abîmé dans une profonde tristesse.

Lanval était rentré à son logis. Il avait compris tout de suite qu'en révélant leur amour il a perdu son amie. Il s'était enfermé tout seul dans une chambre, anxieux et angoissé. Là sans cesse il l'appelle, mais ses appels n'ont plus d'effet. Il se plaint et soupire, se pâme d'instant en instant, puis lui crie cent fois qu'elle ait pitié de son ami,

qu'elle lui parle. Il maudit son cœur et sa bouche. Il est étonnant qu'il ne songe pas à se tuer. Mais en vain il crie et se lamente, en vain il bat sa poitrine et tord ses mains: elle ne daigne pas lui apparaître un seul moment. Hélas, que deviendra-t-il?

Ceux que le roi avait envoyés arrivent et disent à Lanval de venir à la cour sans tarder: la reine l'a accusé, le roi le mande. Lanval les suit plein de son grand deuil; s'ils l'avaient écouté, ils l'auraient tué sur place. Il arrive devant le roi, pensif et taciturne, ayant le visage et la contenance que donne une grande douleur.

Le roi lui dit avec colère:

— Vassal, vous avez gravement méfait envers moi! Vous avez laidement essayé de m'outrager et de me honnir. Et vous vous êtes vanté d'une folie! Vous l'avez faite trop belle, votre amie, en prêtant à sa moindre servante plus de beauté et d'excellence que n'en a ma dame la reine!

Lanval se défend: il n'a pas voulu déshonorer son seigneur; il n'a point demandé les faveurs de la reine. Mais pour l'amour dont il s'est vanté, il maintient ses paroles. S'il mène un tel deuil, c'est qu'il l'a perdu. Au reste, il fera ce que la cour décidera.

Le roi est très irrité. Il envoie chercher tous ses hommes pour qu'ils lui disent franchement ce qu'il doit faire et pour qu'on ne puisse pas lui faire de reproches plus tard. Eux font son commandement: que cela leur plaise ou leur déplaise, tous sont venus.

Ils décident entre eux que Lanval sera jugé plus tard, mais que jusque-là il devra fournir des garants à son seigneur. Ceux-ci promettront, en engageant leur foi, qu'il attendra son jugement et se présentera au jour fixé. Alors la cour sera au complet, car ce

jour-là les familiers seuls étaient présents.

Les barons reviennent vers le roi et lui disent leur décision. Le roi demande où sont les garants. Lanval est seul, plein de trouble; il n'a autour de lui ni parent ni ami. Gauvain s'avance, qui répond de lui, et tous ses compagnons à sa suite. Et le roi leur dit:

— Je vous accepte, sur ce que chacun de vous tient de moi, terres et fiefs.

Quand Lanval eut trouvé des garants, plus rien ne restait à faire. Il s'en retourne à son logis. Les chevaliers l'accompagnent; ils le blâment et l'exhortent de tout leur pouvoir à ne pas mener si grande douleur. Et ils maudissent son fol amour. Chaque jour, ils vont lui rendre visite pour savoir s'il boit et mange; ils ont grand peur qu'il ne devienne fou.

IV

Au jour fixé, les barons se rassemblent. Le roi et la reine sont là et les garants amènent Lanval. Il est cité à très grand tort; tous le pensent; tous sont tristes pour lui. Je crois qu'il y en a bien cent qui feraient tout pour le voir libre sans jugement. Le roi ordonne que les faits soient exposés, d'abord par l'accusation, puis par la défense. Maintenant, tout repose sur les barons!

Ils sont allés au jugement, pensifs et troublés, à cause de ce franc homme venu de terre étrangère qui au milieu d'eux est engagé en si mauvais pas. Plusieurs veulent le châtier selon la volonté de leur seigneur. Alors le duc de Cornouailles se lève:

— Jamais de notre part il n'y aura fourberie; qu'on s'en félicite ou qu'on en pleure, le droit doit primer sur tout! Le roi a parlé contre un de ses vassaux, que je vous entends nommer Lanval. Il l'a accusé de félonie, à cause d'un méchant propos sur un amour dont il s'est vanté, ce qui a provoqué la colère de madame la reine. Il ne l'accuse de rien d'autre. Par ma foi, il n'y a pas là, pour qui veut parler franchement, matière à sentence, sinon qu'en toute affaire le vassal doit honorer son seigneur. Mais de cela un serment le tiendra quitte, et le roi suivra notre décision. Et si Lanval peut avancer ses preuves, si son amie peut venir, s'il n'y a que vérité dans les choses qu'il en dit et qui ont offensé la reine, son propos lui sera pardonné, puisqu'il ne l'aura pas dit pour l'humilier. Mais s'il ne peut avancer ses preuves, nous devons lui signifier ceci: il a perdu tout droit de servir le roi et doit se tenir pour congédié.

Ils chargent des messagers de demander à Lanval de faire venir son amie pour se justifier et se garantir. Il leur répond qu'il ne peut pas: désormais, il n'attend plus d'elle aucune aide. Et les messagers s'en reviennent vers les juges: qu'ils n'attendent de Lanval aucune défense désormais.

Or le roi les pressait durement de conclure, à cause de la reine qui s'impatientait. Comme ils allaient prononcer, voici venir deux jeunes filles sur deux palefrois qui trottent l'amble. Elles sont parfaitement avenantes, simplement vêtues d'une tunique pourpre sur leur chair nue. Tous les regardent avec plaisir.

Gauvain, suivi de trois chevaliers, se rend auprès de Lanval, lui conte tout, lui montre les deux jeunes filles et le prie de désigner son amie. Et Lanval de dire:

— Je ne sais qui elles sont, ni où elles vont, ni d'où elles viennent.

Elles avancent, toujours à cheval;

elles arrivent ainsi jusqu'au trône où siège le roi, descendent et le saluent:

— Que Dieu qui fit l'obscur et le clair sauve et garde le roi Arthur! Roi, faites préparer des chambres, et que l'on les orne de tentures de soie pour que notre maîtresse puisse y descendre. Elle veut être hébergée chez vous.

Il le leur octroie volontiers, appelle deux chevaliers qui les font monter vers les chambres. Elles ne disent rien de plus.

Le roi demande à ses barons le jugement et la sentence: il est très courroucé de ce que la chose traîne ainsi.

— Sire, font-ils, nous nous sommes séparés pour regarder les dames et nous n'avons rien décidé. Or nous allons reprendre les débats.

Donc ils s'assemblèrent tout pensifs. Et clameurs et querelles recommencèrent.

Comme ils étaient dans cette agitation, voici venir deux jeunes filles en bel apparat, vêtues de tuniques de soie brodée et chevauchant deux mules espagnoles. Grande joie en ont tous les vassaux. Ils se disent entre eux que maintenant Lanval est sauvé, le preux, le hardi. Gauvain va vers lui, emmenant ses compagnons:

— Sire, fait-il, soyez heureux! Pour l'amour de Dieu, répondez-nous! Voici venir deux demoiselles, très belles et très bien parées. L'une est votre amie, à coup sûr!

Et Lanval de regarder hâtivement. Puis il dit qu'il ne les connaît pas, et qu'il n'en a cure.

Mais les deux jeunes filles sont arrivées devant le roi; elles descendent. Tous n'ont que des louanges pour leur corps, leurs teints, leurs visages. L'une et l'autre valent mieux que jamais n'a valu la reine. Toutes deux saluent et font gracieusement leur message:

— Roi Arthur, faites préparer un grand festin pour honorer notre dame; elle vient ici vous parler.

Il commande qu'on les mène vers les autres qui déjà sont venues. Pour leurs mules, elles n'en disent mot: assez sont là qui en prennent soin et les conduisent aux étables. Et quand Arthur en a fini avec elles, il mande à tous ses barons de prononcer le jugement. Le jour est déjà trop avancé, et la reine s'en irrite, qui est à jeun depuis trop longtemps.

Donc ils vont conclure le débat, quand voici qu'à travers la ville s'élève une rumeur. Une jeune fille arrive, à cheval; dans le monde entier, il n'y en a point de si belle. Elle chevauche un blanc palefroi qui la porte avec orgueil et douceur. Il est bien fait de tête et d'encolure; il n'y a pas plus noble bête sous le ciel. Il est richement harnaché et il n'y a comte ni roi qui puisse l'acheter sans vendre ses terres et sa couronne. La jeune fille est vêtue d'une robe blanche lacée sur ses deux flancs par des fils de soie. Elle a le corps gent, la hanche basse, le cou plus blanc que la neige sur la branche, le visage clair et les yeux changeants, la bouche belle et le nez droit, les sourcils bruns, le front beau, les cheveux bouclés et blonds; des fils d'or resplendissent moins que ses cheveux sous le soleil. Son manteau est de pourpre sombre; elle en a rejeté les pans derrière elle. Sur son poing, elle tient un épervier, et un lévrier la suit. Petits et grands, vieillards et enfants, tous courent sur son passage pour l'admirer. Devant sa beauté, on ne sait que dire.

Elle avance au petit pas. Les juges la voient et la tiennent pour grande merveille; pas un qui ne l'admire et qui d'une joie saine ne s'échauffe. Il

n'y a si vieil homme à la cour qui volontiers ne la servirait, pourvu qu'elle voulût le souffrir. Ceux qui aiment le chevalier viennent à lui, et lui disent qu'une jeune fille approche qui, s'il plaît à Dieu, le délivrera.

— Sire compagnon, en voici une qui arrive, qui n'est ni brune ni rousse; c'est la plus belle de la terre, entre toutes celles qui sont nées.

Lanval les entend, il lève un peu la tête; il la voit, il la reconnaît, il respire. Le sang lui monte au visage; et il est prompt à parler.

— Sur ma foi, dit-il, voici mon amie! Je ne souffre plus puisque je la vois. Et je ne veux plus mourir, si elle m'accorde son pardon!

La jeune fille entre au palais; jamais si belle n'y vint depuis. Elle descend devant le roi, de sorte qu'elle est bien vue de tous. Et elle laisse tomber son manteau, afin que tous puissent mieux la voir. Le roi, en homme courtois, se lève et la salue; tous les autres l'honorent et s'empressent pour la servir. Quant ils l'ont bien regardée et qu'ils ont assez loué sa beauté, elle parle:

— Arthur, écoute-moi, et vous tous, barons que je vois ici! J'ai aimé l'un de tes vassaux. Le voici; c'est Lanval. Il fut accusé devant ta cour et je ne veux pas qu'on tourne contre lui les paroles qu'il a dites. Sache ceci: que la reine a tort. Jamais il n'a demandé ses faveurs. Quant à la vanterie qu'il a faite, si par ma présence il peut en être acquitté, c'est à vous, barons, de le dire et de le délivrer!

Ce que les barons jugeront en toute loyauté, le roi promet de le faire. Pas un qui ne prononce aussitôt que Lanval est justifié. Leur sentence le fait libre. Et la jeune fille salue Arthur, puis se retire. Le roi ne peut la retenir; les gens se pressent autour de son étrier pour l'aider à se mettre en selle.

A la sortie on avait dressé un escalier de marbre gris d'où les chevaliers, alourdis par leur armure, montaient sur leurs chevaux quand ils quittaient la cour du roi. Lanval y court, monte dessus. Quand la jeune fille sort de la salle, il bondit de plein élan sur son palefroi, derrière elle. Et le palefroi part au galop. Il les emporta, disent les Bretons, en Avalon, une île belle et merveilleuse.

Ainsi fut ravi le jeune homme. Personne n'en a plus entendu parler, et je ne puis plus rien vous en dire.

(Adapté de la traduction de Paul Tuffrau)

Matière à réflexion

1. « Conter pour conter, » écrit le médiéviste J.-C. Payen, « tel est l'objectif de Marie. Point d'idéologie, sinon la chasse au bonheur. » (Par « idéologie », Payen veut dire, sans doute: *sens profond, leçon, enseignement moral.*) A votre avis, le lai de *Lanval* confirme-t-il ou infirme-t-il ce jugement?

2. Au début du lai, Lanval semble être le type même du parfait chevalier, à qui d'autres envient sa « valeur » et sa « prouesse ». Mais certains critiques estiment que par la suite le héros se montre faible, résigné, passif, rêveur, qu'« il subit son destin plutôt qu'il ne le fait », etc. Y aurait-il contradiction entre ce que Marie nous *dit* du héros et ce qu'elle nous en *montre*?

3. Gustave Lanson parle, non sans humour, du « type idéal du chevalier amoureux qui doit vivre agenouillé devant sa dame, dans un perpétuel tremblement, prêt à perdre le sens dès qu'elle ne veut plus le souffrir à cette humble place...» A votre avis, Lanval se conforme-t-il à cet idéal? Comment se manifeste la soumission du héros à sa dame?

4. Relevez les manifestations du « merveilleux païen » dans *Lanval.* Quelle est leur importance?

5. Comparez Lanval et Roland. En quoi les deux personnages se ressemblent-ils et en quoi est-ce qu'ils diffèrent? Tirez de votre comparaison des conclusions générales sur « l'esprit courtois » et « le sentiment épique ».

6. Le « crime » de Lanval est double: il y a celui dont Arthur l'accuse, et celui qu'il a commis à l'égard de sa dame. La cour le déclare innocent du premier. Sa dame lui pardonne-t-elle le second? Justifiez votre réponse.

7. Les contes de fées se terminent traditionnellement par une formule telle que: « Et ils se marièrent et eurent beaucoup d'enfants. » Marie évite de clore ainsi son lai et refuse de divulguer la suite de l'histoire. Préférez-vous l'ambiguïté que laisse subsister une telle fin?

8. On a porté des jugements contradictoires sur Marie de France. Dans son style que certains trouvent « sec, grêle et frêle », d'autres voient « une rare densité poétique ». Ses lais sont pour les uns « au seuil de l'art »; les autres y trouvent « du très grand art ». Qu'en pensez-vous?

☞ N.B.: Il s'agit de *porter un jugement* (« Ceci est bon, cela est mauvais ») et de *le motiver* (« parce que...»), et non d'exprimer vos réactions personnelles (« Cela m'a [dé]plu »).

La Littérature comique

Nous avons insisté sur la distance qui sépare l'univers épique et l'univers courtois. Que pourrait-il y avoir de plus dissemblable, en effet, que ces deux conceptions du monde et de la vie? Peut-on imaginer deux personnages plus différents que Roland et Lanval? Et cependant, il y a chez eux un trait commun qui les rapproche: ils sont des *héros* proposés à l'admiration d'un public dont ils incarnent l'idéal. En cela ils se distinguent des protagonistes d'une autre littérature qui se développe parallèlement et qui prétend représenter le monde et les hommes tels qu'ils sont. Elle ne se propose ni d'inspirer ni d'émouvoir, mais tout simplement de faire rire. La littérature comique du Moyen Age représente ainsi la revanche de la réalité contre une vision trop idéalisée de l'existence. C'est la réponse du *réalisme* à la *littérature idéaliste*.

Il est traditionnel de classer les ouvrages comiques du Moyen Age sous la rubrique de *littérature bourgeoise et satirique*. Le terme de *bourgeois* ne convient qu'en partie. Il est vrai que le pouvoir royal, en s'affirmissant aux dépens de la féodalité, favorise l'essor urbain des XIIᵉ et XIIIᵉ siècles; que la nouvelle classe des *bourgeois* — ainsi appelait-on au Moyen Age les habitants des *bourgs* ou villes — réclame une littérature adaptée à ses goûts; que ces goûts vont aux réalités de la vie quotidienne plutôt qu'aux sublimités de la littérature chevaleresque; et qu'ainsi, comme l'a dit le médiéviste J. Bédier, la littérature comique « est née dans la classe bourgeoise, pour elle et par elle ». Mais cette littérature, bourgeoise à l'origine, ne tardera pas à se répandre dans toutes les classes de la société, y compris les milieux les plus aristocratiques. L'inspiration comique est certes à l'opposé de celle des poèmes épiques et courtois; mais comme la littérature chevaleresque, les « contes à rire » ne seront réservés à aucune classe particulière. Au Moyen Age, les publics, comme les genres, finissent par se confondre.

Le terme de *satirique* convient encore moins. La satire s'attaque aux abus pour les réformer et aux individus pour les corriger; elle implique donc un

idéal au nom duquel on condamne, une cause que l'on défend. Le satiriste parvient à son but au moyen du rire, mais lorsqu'il se moque de quelqu'un ou de quelque chose, c'est toujours avec une arrière-pensée réformatrice. Tel n'est généralement pas le cas des auteurs comiques du Moyen Age. Ils ne s'inspirent, pour la plupart, d'aucun idéal, ne défendent aucune cause. Plutôt que de s'indigner des tares humaines, ils prennent le parti d'en rire. Ils représentent ainsi ce qu'on appelle traditionnellement l'*esprit gaulois*. L'expression désigne une tournure d'esprit très particulière mais difficile à définir, faite de raillerie, de malice et de jovialité franche et parfois licentieuse[1]. Cet esprit se retrouvera sous d'autres formes et à d'autres époques; partout et toujours il fera contrepoids à l'esprit de sérieux et aux sentiments élevés. Nous pourrons mieux le reconnaître pour l'avoir rencontré dans ses premières manifestations littéraires: les *fabliaux* et *Le Roman de Renard*.

Les Fabliaux

Les *fabliaux* sont de brefs contes en vers, destinés à faire rire. Il nous en reste environ cent trente, dont la grande majorité datent du XIII[e] siècle. Leur longueur varie le plus souvent entre trois cents et quatre cents vers octosyllabes à rimes plates. La plupart des fabliaux nous sont parvenus sans nom d'auteur. Il est possible que leur matière provienne du folklore des provinces du Nord: les jongleurs, voulant profiter de la vogue de la littérature comique au XIII[e] siècle, auraient mis en vers de vieilles histoires qui circulaient oralement. Mais comme nous ignorons à peu près tout de cette tradition populaire, l'origine des fabliaux reste, au fond, un mystère.

Le comique de ces textes est toujours gros, souvent grossier, parfois obscène. Il naît d'un répertoire restreint de ressorts éprouvés: jeux de mots, malentendus, coups et blessures. Les intrigues et les situations se répètent, à peine variées, d'un fabliau à l'autre. Le thème de l'adultère semble particulièrement privilégié: ainsi la femme infidèle, son amant et son mari cocu se retrouvent-ils dans le tiers des fabliaux.

Ces histoires ne semblent cibler aucune classe sociale en particulier. Les auteurs se moquent des bourgeois, mais aussi des paysans et même, à l'occasion, des chevaliers. Les prêtres sont souvent maltraités, mais cet « anticléricalisme » ne cache pas d'intention irreligieuse. Il en va de même de ce que les commentateurs appellent « l'antiféminisme » des fabliaux. La misogynie des auteurs est bien réelle, mais il s'agit, le plus souvent, d'une attitude sans malveillance, méprisante, certes, mais non haineuse. Si les femmes sont presque toujours représentées comme rusées, infidèles et trop avides de plaisir sexuel, les conteurs ne songent pas à les corriger, ni à détourner les hommes du mariage. La peinture peu flatteuse des femmes qui a frappé tant de lecteurs des fabliaux constitue peut-être une

1. La traduction consacrée en anglais est « Gallic wit ». C'est un contresens complet: il ne s'agit pas du tout de « wit » — mot qui suppose une certaine finesse —, mais d'une tournure d'esprit qui en est presque le contraire.

réaction contre la vision idéaliste de la littérature courtoise. Il ne faut pas y voir une manifestation de la misogynie radicale des Pères de l'Eglise, pour qui la femme, foncièrement corrompue, était la cause de la Chute, l'initiatrice du péché et la source du mal.

Après avoir connu une vogue considérable tout au long du XIII^e siècle, le genre des fabliaux s'éteint au début du XIV^e. L'esprit qui les anime se prolongera pourtant, car il semble bien correspondre à une tendance permanente. Laquelle? Considérons la réponse du médiéviste P. Le Gentil, qui explique ainsi l'attrait des fabliaux: « Il y a toujours des gens que l'idéal dépasse trop, qui se méfient des grands mots, restent froids devant la poésie des mythes ou refusent d'être dupés des belles attitudes. » Y aurait-il, comme le croit Le Gentil, deux familles d'esprits, l'une éthérée, l'autre terre à terre? S'agirait-il plutôt de deux versants de l'esprit humain, présents en chacun de nous? Les deux hypothèses expliqueraient en partie ce phénomène d'alternance, de flux et de reflux de tendances contraires, qui caractérise l'histoire des arts. Elles expliqueraient qu'à l'esprit courtois s'oppose l'esprit gaulois, que le burlesque succède à la préciosité du XVII^e siècle, et que le symbolisme réagisse contre le naturalisme du XIX^e. Et peut-être expliquent-elles, de nos jours et chez nous, après tant de séries télévisées offrant de la vie une vision béatement idéaliste, la vogue du « blue-collar humor » de *Married with Children* et de *Roseanne*...

Avant de lire

Ecrite sans doute vers 1250, *La Bourgeoise d'Orléans* représente la première expression littéraire du thème bien connu du « cocu battu et content ». D'autres conteurs ne tarderont pas à broder là-dessus des variations, en français d'abord, puis en catalan, en italien, en espagnol, en allemand — et en anglais, sous le titre « Of the Wife that Made Her Husband Go Sit in the Arbor While Her 'Prentice Lay with Her in Bed » (1526). C'est La Fontaine (XVII^e siècle) qui nous en donnera dans ses *Contes* la version définitive: *Le Cocu battu et content*. Quant à l'auteur de notre fabliau, nous sommes réduits aux conjectures. Sans autre preuve que le récit, on a avancé qu'il était *clerc*. Ainsi appelait-on au Moyen Age, non pas les prêtres, mais ceux qui faisaient leurs études sous la tutelle de l'Eglise. Ces étudiants n'appartenaient, le plus souvent, à aucun ordre religieux; ils n'étaient tenus, comme nous le verrons, par aucun vœu de chasteté. En lisant, cherchez les indices qui justifient cette attribution d'état à un auteur dont nous ignorons tout.

La Bourgeoise d'Orléans

Voulez-vous entendre l'aventure très courtoise[2] d'une dame bourgeoise? Elle était d'Orléans et son mari, d'Amiens. Excessivement riche, il se connaissait fort bien en commerce et en usure; tout ce qu'il tenait en ses poings était bien tenu, et fermement.

Un jour vinrent à la ville, sacs de livres au dos, quatre jeunes étudiants, clercs de leur état. Ils étaient bien gros et bien gras, car ils aimaient faire bonne chère et ne s'en privait pas. Dans la rue où ils logeaient, on aimait bien ces bons vivants.

L'un d'entre eux en particulier, qui passait pour un jeune homme extrêmement courtois, fréquentait beaucoup chez le bourgeois. Mais c'est à la bourgeoise que sa compagnie plaisait, ce qui ne manquait pas d'inquiéter le mari. Le clerc fréquentait si assidûment chez eux que le bourgeois résolut à lui apprendre une leçon, s'il pouvait en trouver le moyen. Il avait chez lui une nièce qu'il élevait depuis longtemps. Il la prend à part et lui fait une proposition: si elle espionne sa femme et son ami et qu'elle lui rapporte tout, il lui offrira un beau jupon. La voilà espionne.

Entre-temps, le clerc avait tant insisté auprès de la dame qu'elle finit par faire tout ce qu'il voulait. Et la nièce est là qui voit et entend tout. Elle va sur-le-champ trouver le bourgeois et lui raconte leur projet que voici: la dame enverra chercher le clerc dès que son mari sera parti; le clerc viendra à la grille du verger, et c'est là qu'ils se retrouveront à la tombée de la nuit.

Le bourgeois écoute sa nièce et part d'un mauvais rire. Sur-le-champ il va chercher sa femme.

— Dame, fait-il, il faut que je parte en voyage d'affaires. Gardez bien la maison, chère amie, comme doit faire une honnête femme. Je ne sais quand je serai de retour.

— Volontiers, sire, répond-elle.

Il envoie chercher ses charretiers et dit que pour gagner du temps il ira se loger à quelque distance de la ville. La dame ne voit pas la ruse et ne tarde pas à apprendre la nouvelle au clerc.

Celui qui s'imagine la tromper fait héberger ses gens près de là et retourne sans plus attendre vers la maison. Voyant la nuit se mêler au jour, il va droit à la grille du verger. La dame vient la lui ouvrir et, croyant voir son ami, l'accueille entre ses bras. Son espérance la trompe!

— Ami, soyez le bienvenu.

Son mari se garde de parler fort et lui rend son salut tout bas. Elle l'amène alors vers la maison, mais elle remarque qu'il tient la tête baissée. S'inclinant un peu pour regarder sous le chaperon, elle s'aperçoit de la trahison. C'est son mari qui cherche à la tromper! Dès qu'elle s'en rend compte, elle décide de le tromper à son tour. Que les femmes sont malignes! Depuis le temps d'Abel, les hommes les plus sages sont victimes de leurs ruses, et Argus lui-même fut trompé par une femme[3].

— Ami, dit-elle, qu'il m'est doux de vous tenir dans mes bras! Venez tout de suite avec moi; je vais vous mettre secrètement dans un placard

2. *Aventure courtoise:* emploi ironique, car c'en sera le contraire. — 3. Argus: prince mythologique surnommé « celui qui voit tout » à cause de ses cent yeux dont cinquante restaient toujours ouverts. Il fut trompé, non par une femme, mais par Hermès, fils de Zeus.

dont j'ai la clef. Vous allez m'y attendre en silence, jusqu'à ce que nos gens aient fini de manger. Quand ils seront tous couchés, je vous recevrai dans mon lit. Personne ne saura jamais notre secret.

— Dame, fait-il, vous avez bien dit.

Comme le pauvre se doutait peu du stratagème de sa femme! N'est-ce pas toujours ainsi: celui qui mène l'âne pense une chose, et l'âne en pense une autre. Bientôt le bourgeois était mal logé, car sa femme l'enferma à clef dans le placard. Puis elle retourna à la grille du verger pour retrouver son ami. Elle le reçoit dans ses bras, l'étreint et l'embrasse. Il est à croire que le clerc se trouvait mieux que le mari!

Ils traversèrent à la hâte le verger et entrèrent silencieusement dans la maison. La dame mena son ami à la chambre où elle le mit sous la couverture de son lit. Le gaillard n'était pas homme à perdre son temps, et il ne tarda pas à se livrer au jeu de l'amour, celui à côté duquel tous les autres ne valent rien. Ils prirent longuement leur plaisir. Lorsqu'ils s'étaient assez étreints et embrassés, la dame parla:

— Ami, attendez-moi ici un peu: je vais faire manger nos gens. Après, nous souperons en tête-à-tête, vous et moi.

— Dame, je suis à vos ordres.

D'un pas allègre, elle s'en alla s'occuper de ses domestiques. Lorsqu'ils avaient beaucoup bu et mangé, elle les rassembla autour d'elle et leur parla habilement. Deux neveux du mari étaient là, et un garçon qui portait l'eau; il y avait aussi trois femmes de chambre, la nièce du bourgeois, deux valets et un vagabond.

— Dieu vous sauve! commença-t-elle. Entendez ce que je vais vous dire. Vous avez vu venir plusieurs fois dans cette maison un clerc qui ne me laisse pas en paix. Il y a longtemps qu'il essaie de me séduire, et il y a longtemps que je le refuse. Quand j'ai vu que je ne pouvais lui échapper, j'ai fini par promettre de lui accorder tout ce qu'il voulait quand mon seigneur serait parti. Le voilà parti — Dieu le protège! —, et à celui qui m'importune je fais semblant de tenir parole. Le moment est venu de lui donner ce qu'il mérite! Il m'attend dans le placard là-haut. Je vous donnerai une bonne pinte de notre meilleur vin pourvu que je sois bien vengée. Prenez de bons bâtons, allez là-haut et battez-le comme plâtre. Donnez-lui tant de coups qu'il ne songera plus jamais à séduire une honnête femme comme moi.

Quand ses gens comprennent ce qu'elle leur demande, ils se lèvent sur-le-champ. L'un prend un bâton, l'autre un gourdin; un troisième, faute de mieux, prend un gros pilon. Puis la bourgeoise leur confie la clef.

— Surtout, leur dit-elle, ne le laissez pas sortir du placard!

Ils y montent, le trouvent, lui crient:

— Par Dieu, petit clerc! Vous allez payer bien cher votre impudence!

Celui qui aurait pu marquer tous les coups serait un bon comptable! On le jette à terre et le saisit par la gorge; pas un mot ne peut sortir de sa bouche. Alors commence la bastonnade, et ils ne sont pas chiches de leurs coups et blessures. Les deux neveux mettent un soin particulier à cogner sur leur oncle, dessus, dessous, partout. Le malheureux essaie de crier pitié, ce qui lui vaut des coups redoublés. Enfin on le tire dehors comme un chien crevé et le jette sur un fumier.

Puis ils rentrent à la maison où ils se mettent à se soûler du meilleur vin de la cave. Et la bourgeoise? Elle se fait servir du vin et des gâteaux, une nappe de lin blanc et une grosse chandelle de cire — et elle passe toute la nuit avec son ami! A l'aube il s'en va, mais elle le prie de revenir chaque fois qu'il le pourra.

Celui qui a passé la nuit sur le fumier commence enfin à se remuer un peu; il se traîne du mieux qu'il peut à l'endroit où il a laissé son équipage. Ses charretiers s'étonnent et s'affligent de le voir si meurtri.

— Comment vous portez-vous? lui demandent-ils.

— Je me porte mal. Ramenez-moi à la maison et ne me posez plus de questions.

Aussitôt ils le soulèvent et s'en retournent vers son logis. Il est noir de coups, il a mal partout; mais il ne pense pas à sa douleur. Il sait que sa femme lui est fidèle, et cette certitude le soutient et le réconforte. Il se promet, s'il peut guérir, de la chérir pour toujours. Il rentre chez lui; sa femme le voit; elle lui demande ce qui lui est arrivé.

— Dame, répond-il, j'ai dû passer par de graves dangers, et je me suis fait casser les os.

Ses gens lui racontent l'histoire du clerc que sa femme leur avait livré. Elle lui prépare alors un bain de bonnes herbes et soigne ses blessures.

Pardieu! elle se tira de cette affaire comme une femme honnête et sage. Plus jamais, de toute sa vie, elle ne fut blâmée ou soupçonnée, et elle aima son ami jusqu'au jour où il retourna en son pays.

Ainsi la bourgeoise trompa celui qui voulut la tromper. Il lui avait tendu un piège; elle lui rendit la pareille.

(Traduction de R.-J. Berg)

Matière à réflexion

1. Il est traditionnel de dénoncer la prétendue *misogynie* des fabliaux. Typique à cet égard, J. Bédier trouve dans ces contes non seulement « une sorte de colère contre les femmes, haineuse et méprisante », mais « un dogme bien défini, profondément enraciné, que voici: les femmes sont des êtres inférieurs et malfaisants ». Le médiéviste R. Guiette ne trouve, dans toute la collection des fabliaux, que trois ou quatre femmes qui ne sont pas « coquines ». Trouvez-vous que ces observations s'appliquent à *La Bourgeoise d'Orléans*? En ce qui concerne l'attitude de l'auteur envers son héroïne — attitude qu'il nous invite à partager —, ne pourrait-on pas parler d'*admiration* aussi bien que de mépris? N'est-ce pas le mari, plutôt que la femme, que l'auteur tourne en ridicule? Et n'est-ce pas elle qui triomphe de son époux? Quelle image de la femme se dégage, à votre avis, de *La Bourgeoise d'Orléans*?

2. Les fabliaux, avons-nous dit, sont destinés à faire rire. En quoi consiste, à votre avis, le comique de *La Bourgeoise d'Orléans*? Ce comique est-il daté? *La Bourgeoise* parvient-elle à nous faire rire aujourd'hui?

3. « En ce qui concerne les rapports entre hommes et femmes, *La Bourgeoise d'Orléans,* c'est l'anti-*Lanval.* » Etes-vous d'accord avec ce jugement? Justifiez votre réponse.

4. Si les fabliaux se proposent d'abord et surtout de divertir, ce n'est peut-être pas toujours leur seul but. Pourrait-on dégager de *La Bourgeoise d'Orléans* une leçon, un enseignement, une morale? Considérez de ce point de vue les derniers lignes du récit. N.B.: « Il lui avait tendu un piège; elle lui rendit la pareille » est notre traduction du dernier vers du fabliau: « Il meïmes brasça son boivre! » (*Il prépara lui-même sa boisson*). Est-ce à dire: *Il fut lui-même la cause de son malheur?*

5. Quelques réactions typiques à notre fabliau: « Il cherche à nous faire rire aux dépens de la morale reçue... Il montre le triomphe d'un amour adultère... Le comique en est sadique et cynique », etc. Ces jugements vous paraissent-ils justifiés?

Le Roman de Renard

Ce qu'on appelle *Le Roman de Renard* n'est pas du tout un roman, au sens moderne du terme, mais une compilation d'une trentaine de récits indépendants, écrits entre 1170 et 1250 par une vingtaine d'auteurs différents dont la plupart sont anonymes. Comme les fables d'Esope, ces contes versifiés mettent en scène des animaux plus ou moins humanisés. Le seul lien d'un récit à l'autre est le retour des mêmes « personnages », et notamment du héros, Renard le « goupil ». (*Goupil* était, en ancien français, le nom commun du renard; dans le « roman », *Renard* est le nom propre du protagoniste.) Sous le nom de Reinardus, ce personnage paraît vers 1150 dans la littérature latine du Moyen Age, et il semble bien que *Le Roman de Renard* en provient directement. Mais certains épisodes du *Roman* se retrouvent dans la tradition populaire de nombreux pays européens, ce qui indique peut-être une origine folklorique lointaine.

Le ton et l'esprit de ces histoires varient considérablement, selon la personnalité et le propos de l'auteur. D'une façon générale, elles se groupent en deux cycles. Les poèmes du premier, rédigés entre 1170 et 1205, visent d'abord et surtout à divertir: ils *parodient* la littérature épique et courtoise, mais la *satire*, au sens défini plus haut (voir *Les Fabliaux*), y est presque entièrement absente. Ce sont, en effet, des « contes à rire », qui ne diffèrent des fabliaux que par le retour des mêmes personnages. Les poèmes du second cycle, écrits de 1205 à 1250, visent moins à faire rire qu'à flétrir les abus du temps, et notamment ceux de l'aristocratie et de l'Eglise. Une nouvelle tendance satirique apparaît dans la peinture des caractères: le personnage du « goupil », assez sympathique dans les premiers poèmes, devient l'incarnation diabolique du Mal. La gravité moralisante de ces nouveaux épisodes nous déplaît aujourd'hui, d'autant plus que les préoccupations de leurs auteurs sont très loin d'être les nôtres. Rien ne date plus vite qu'un pamphlet — sauf peut-être la littérature qui s'en rapproche.

Le Renard qu'ont retenu les siècles, celui dont les aventures se relisent avec plaisir aujourd'hui encore, c'est le héros des contes du premier cycle. Étonnant protagoniste que ce « goupil », et combien ambigu! Complètement dépourvu de scrupules, irrespectueux envers tout et tous, il ne paraît connaître d'autre loi que ses besoins du moment. Mais il les satisfait avec une telle habileté que nous éprouvons par moments une secrète admiration. Renard est tout simplement l'un des personnages les plus « débrouillards » de la littérature française. Il incarne au plus haut point cet art de tromper qu'on appelle la *ruse*. C'est la ruse qui lui permet de se tirer des situations les plus difficiles; c'est par la ruse qu'il triomphe des plus forts, et que les faibles triomphent parfois de lui. Si, après cela, il se montre cruel à l'occasion — notamment aux dépens de son éternel ennemi, Ysengrin le loup —, la franche gaieté avec laquelle les auteurs mènent ces récits nous empêche de prendre les choses au tragique, ou même au sérieux. Comme dans les fabliaux, ici domine *l'esprit gaulois*.

Le succès du *Roman de Renard* fut immédiat, immense et durable. Recueillis au début du XIIIe siècle, les contes du premier cycle furent bientôt traduits en d'autres langues. De longues « suites » parurent, allongeant de 70.000 vers les récits originaux. La popularité du héros fut telle que *Renard*, nom propre au début, finit par se substituer à *goupil*, nom commun. L'œuvre a laissé encore d'autres traces dans la langue d'aujourd'hui: le sens métaphorique de *renard* (« personne subtile et rusée »), ainsi que les nombreuses expressions où figure le mot: *fin renard, ruser comme un renard, renarder* même! Il ne faut pas y voir d'allusions au caractère de la bête; ce sont bien plutôt des *souvenirs littéraires,* preuves linguistiques d'une célébrité d'autrefois.

Avant de lire

On a souvent rapproché *Le Roman de Renard* du film en dessins animés. En effet, l'ouvrage a été porté plus d'une fois au cinéma sous cette forme. Cherchez, en lisant, les raisons de ce rapprochement. Quelle conformité entre « l'épopée animale » et le genre du dessin animé a facilité cette transposition de la page à l'écran?

Renard dans le puits. « Déposant la poule qu'il avait rapportée de la grange, Renard se rapprocha de l'ouverture du puits... » Enluminure d'un manuscrit du XIVe siècle.

Photo Bibliothèque Nationale, Paris

Le Roman de Renard

I

Comment Renard fit rencontre des marchands de poisson, et comment il eut part des harengs et des anguilles.

Quand le doux temps d'été faisait place au rigoureux hiver, Renard était souvent à bout de provisions. Un de ces tristes jours de profonde disette, il sortit de Maupertuis[4], déterminé à n'y rentrer que les poches gonflées. D'abord il se glissa entre la rivière et le bois dans une jonchère, et quand il fut las de ses vaines recherches, il approcha du chemin ferré et s'accroupit dans l'ornière, tendant le cou d'un et d'autre côté. Rien encore ne se présentait.

Dans l'espoir de quelque chance meilleure, il alla se placer devant une haie, sur le versant du chemin. Enfin il entendit un mouvement de roues. C'était des marchands qui revenaient des bords de la mer, ramenant des harengs frais, dont, grâce au vent de bise qui avait soufflé toute la semaine, on avait fait pêche abondante. Leurs paniers crevaient sous le poids des anguilles et des lamproies qu'ils avaient encore achetées, chemin faisant.

A la distance d'une portée d'arc, Renard reconnut aisément les lamproies et les anguilles. Son plan fut bientôt fait: il rampa sans être aperçu jusqu'au milieu du chemin et s'y étendit, jambes écartées, dents rechignées, la langue pantelante, sans mouvement et sans haleine. La voiture avance; un des marchands regarde, voit un corps immobile, et appelant son compagnon:

— Si je ne me trompe pas, c'est un goupil ou un blaireau.

— C'est un goupil, dit l'autre. Descendons, emparons-nous-en, et surtout qu'il ne nous échappe pas.

Alors ils arrêtent le cheval, vont à Renard, le poussent du pied, le pincent et le tirent. Comme ils le voient immobile, ils ne doutent pas qu'il ne soit mort.

— Nous n'avions pas besoin d'user de grande adresse. Mais que peut valoir sa pelisse?

— Quatre livres, dit l'un.

— Dites cinq, reprend l'autre, et pour le moins. Voyez sa gorge: comme elle est blanche et fournie! C'est la bonne saison. Jetons-le sur la charrette.

Ainsi dit, ainsi fait. Le saisissant par les pieds, on le lança entre les paniers, et la voiture se remit en mouvement. Pendant qu'ils se félicitaient de l'aventure et qu'ils se promettaient de découdre, en arrivant, la robe de Renard, celui-ci ne s'en inquiétait guère. Il savait qu'entre faire et dire il y a souvent un long trajet. Sans perdre de temps, il étendit la patte sur le bord d'un panier, se dressa doucement, dérangea la couverture et tira à lui deux douzaines des plus beaux harengs. Il mangea tout son soûl; le panier fut bientôt vide. D'ailleurs il ne se pressa pas, et peut-être même eut-il le loisir de regretter l'absence de sel. Mais il n'avait pas l'intention de se contenter de si peu.

4. Maupertuis, qui signifie étymologiquement « mauvais trou », est la demeure de Renard.

Dans le panier voisin frétillaient les anguilles: il en attira vers lui cinq ou six des plus belles. La difficulté était de les emporter, car il n'avait plus faim. Que fit-il? Il aperçut dans la charrette plusieurs de ces colliers d'osier qui servent à embrocher les poissons. Il en prit deux ou trois, les passa dans la tête des anguilles, puis se roula de façon à en former une triple ceinture, dont il rapprocha les extrémités en tresse. Il s'agissait maintenant de quitter la voiture; ce fut un jeu pour lui. Seulement il attendit que l'ornière vînt trancher sur le vert gazon, pour se couler sans bruit et sans risque de laisser après lui les anguilles. Cela fait, il aurait eu regret d'épargner un brocart aux voituriers.

— Dieu vous maintienne en joie, beaux vendeurs de poisson! leur cria-t-il. J'ai fait avec vous un partage de frère: j'ai mangé vos plus gros harengs et j'emporte vos meilleures anguilles. Mais je laisse le plus grand nombre.

Quelle ne fut pas alors la surprise des marchands! Ils crièrent: *Au goupil, au goupil!* mais le goupil ne les redoutait guère. Il avait les meilleures jambes.

— Fâcheux contre-temps! dirent-ils, et quelle perte pour nous, au lieu du profit que nous pensions tirer de ce maudit animal! Voyez comme il a dégagé nos paniers. Puisse-t-il en crever au moins d'indigestion!

— Tant qu'il vous plaira, dit Renard, je ne crains ni vous ni vos souhaits.

Puis il reprit tranquillement le chemin de Maupertuis. Hermeline, sa bonne et sage épouse, l'attendait à l'entrée. Ses deux fils, Malebranche et Percehaye, le reçurent avec tout le respect qui lui etait dû, et quand on vit ce qu'il rapportait, ce fut une joie et des embrassements sans fin.

— A table! s'écria-t-il. Que l'on ait soin de bien fermer les portes, et que personne ne s'avise de nous déranger.

II

Où l'on voit comment Ysengrin eut envie de se convertir, et comme il fut ordonné moine de l'abbaye de Tyron.

Pendant que Renard était ainsi festoyé dans Maupertuis, que la sage Hermeline lui frottait et rafraîchissait les jambes, que ses enfants écorchaient les anguilles, les taillaient et les posaient doucement sur la braise, voilà qu'on entendit frapper à la porte. C'était monseigneur Ysengrin[5], lequel, ayant chassé tout le jour sans rien prendre, était venu d'aventure s'asseoir devant le château de Maupertuis. Bientôt la fumée qui s'échappait du haut des toits frappa son attention, et profitant d'une petite ouverture entre les ais de la porte, il crut voir les deux fils de la maison occupés à retourner de belles côtelettes sur les charbons ardents.

Quel spectacle pour un loup mourant de faim et de froid! Mais il savait le naturel de son compère aussi peu généreux que le sien. La porte étant fermée, il demeura quelque temps à lécher ses barbes, en étouffant ses cris de convoitise. Puis il grimpa à la hauteur d'une fenêtre, et ce qu'il y vit confirma ses premières découvertes. Maintenant, comment pénétrer dans ce lieu de délices? comment décider Renard à défermer

5. Ysengrin le loup, éternelle victime de Renard, et son ennemi de toujours.

sa porte? Il s'accroupit, se relève, tourne et retourne, bâille à se démettre la machoire, regarde encore, essaie de fermer les yeux. Mais les yeux reviennent d'eux-mêmes plonger dans la salle qui lui est interdite. « Voyons pourtant, se dit-il, essayons de l'émouvoir. »

— Eh! compère! beau neveu Renard! Je vous apporte de bonnes nouvelles! J'ai hâte de vous les dire. Ouvrez-moi.

Renard reconnut aisément la voix de son oncle, et n'en fut que mieux résolu de faire la sourde oreille.

— Ouvrez donc, beau sire! persista Ysengrin. Ne voulez-vous pas prendre votre part du bonheur commun?

A la fin, Renard, qui avait son idée, prit le parti de répondre au visiteur:

— Qui êtes-vous, là-haut?

— Je suis moi.

— Qui, vous?

— Votre compère.

— Ah! je vous prenais pour un larron.

— Quelle méprise! c'est moi; ouvrez.

— Attendez au moins que les Frères soient levés de table.

— Les Frères? il y a des moines chez vous?

— Assurément, ou plutôt de vrais chanoines, ceux de l'abbaye de Tyron, enfants de saint Benoît, qui m'ont fait la grâce de me recevoir dans leur ordre.

— *In nomine Domini*[6]! Alors, vous m'hébergerez aujourd'hui, n'est-ce pas? et vous me donnerez quelque chose à manger?

— De tout notre cœur. Mais d'abord répondez. Venez-vous ici en mendiant?

— Non; je viens savoir de vos nouvelles. Ouvrez-moi.

— Vous demandez une chose impossible.

— Comment cela?

— Vous n'êtes pas en état.

— Je suis en état de grand appétit. N'est-ce pas de la viande que je vous vois préparer?

— De la viande! vous nous faites injure. Vous savez bien qu'en religion on fait vœu de renoncer à toute œuvre de chair?

— Et que mangent-ils donc, vos moines? Des fromages mous?

— Non pas précisément; mais de gros et gras poissons. Notre père saint Benoît recommande même de choisir toujours les meilleurs.

— Voilà du nouveau pour moi, répond Ysengrin. Mais enfin cela ne doit pas vous empêcher de m'ouvrir et de m'accorder gîte pour cette nuit.

— Je le voudrais bien, mais, par malheur, il faut, pour entrer, être ordonné moine ou hermite. Vous ne l'êtes pas. Bon soir! passez votre chemin.

— Ah! voilà de méchants moines; je ne les reconnais pas à leur charité. Mais j'entrerai malgré vous… Non! la porte est trop forte, et la fenêtre est barrée… Compère Renard! Vous avez parlé de poisson, et je ne connais pas cette viande. Est-elle bonne? Pourrais-je en avoir un seul morceau, simplement pour en goûter?

— Très volontiers, et bénie soit notre pêche aux anguilles, si vous en voulez bien manger.

6. Au nom du seigneur.

Il prend alors sur la braise deux tronçons parfaitement grillés, mange le premier et jette l'autre à son compère.

— Tenez, compère, approchez; nos frères vous envoient cela, dans l'espoir que vous serez bientôt des nôtres.

— J'y penserai; cela pourra bien être. Mais pour Dieu! donnez, en attendant.

— Voici. Eh bien, comment le trouvez-vous?

— Mais c'est le meilleur manger du monde. Quel goût, quelle saveur! Je me sens bien près de ma conversion. Ne pourriez-vous m'en donner un second morceau?

— Par nos bottes! si vous voulez être moine, vous serez bientôt mon supérieur; car, je n'en doute pas, avant la Pentecôte, nos frères s'entendront pour vous élire abbé.

— Se pourrait-il? oh! non, vous raillez.

— Mais non, par ma tête! vous feriez le plus beau moine du monde, et quand vous aurez passé les draps noirs sur votre pelisse grise...

— Alors, vous me donnerez autant de poisson que je voudrai?

— Tant que vous voudrez.

— Cela me décide; faites-moi raser tout de suite.

— Non pas seulement raser mais tonsurer[7].

— Tonsurer? Je ne croyais pas qu'on exige cela. Bon, qu'on me tonsure donc!

— Il faut attendre que l'eau soit un peu chaude: la couronne n'en sera que plus belle... Voilà! elle est à peu près comme il faut: ni trop froide ni bouillante. Baissez-vous seulement un peu et passez votre tête par ce trou pratiqué dans le mur... Voilà, je vous ouvre.

Ysengrin fait ce qu'on lui dit. Il allonge cou, avance la tête, et Renard aussitôt renverse le pot et l'inonde d'eau bouillante. Quelle méchanceté! Ysengrin se secoue et recule en grimaçant.

— Aïe! s'écrie-t-il, je suis mort! Au diable la tonsure! Vous la faites trop grande!

Renard, qui a du mal à se retenir de rire:

— Non, compère, on la porte ainsi; elle est tout au plus de la largeur voulue.

— Cela n'est pas possible.

— Je vous le jure, et j'ajoute que la règle du couvent demande que vous passiez dehors la première nuit en pieuses veilles.

— Si j'avais su tout cela, dit Ysengrin, et surtout comment on tonsure les moines, l'envie ne m'aurait pris de le devenir! Mais il est trop tard pour changer d'avis. Au moins, me servira-t-on des anguilles?

— Une nuit, dit Renard, est bientôt passée; d'ailleurs je vais vous rejoindre pour vous la faire trouver moins longue.

Cela dit, il sortit par une porte secrète connue de lui seul et arriva près d'Ysengrin. Tout en parlant de la vie douce et édifiante des moines, il conduisit le nouveau converti sur le bord d'un vivier, où lui arriva l'aventure que nous allons vous raconter.

7. *Tonsurer:* raser complètement le sommet de la tête. La *tonsure* (ou couronne cléricale) était de règle dans certains ordres religieux.

III

Où l'on verra comment Renard conduisit son compère à la pêche aux anguilles.

C'était peu de temps avant Noël, au temps où l'on pense à saler les jambons. Le ciel était parsemé d'étoiles, et il faisait un grand froid. Le vivier où Renard avait conduit son compère était si fortement pris de glace que l'on eût pu en toute sécurité danser là-dessus. Il n'y avait qu'un seul trou, soigneusement entretenu chaque jour par les paysans du village, et près duquel ils avaient laissé le seau qui leur servait à puiser de l'eau. Renard, indiquant du doigt le vivier:

— Sire, dit-il, c'est là que se tiennent en quantité les barbeaux, les tanches et les anguilles; et précisément voici le seau qui sert à les prendre. Il suffit de le tenir quelque temps plongé dans l'eau, puis de l'en tirer quand on sent à sa pesanteur qu'il est garni de poissons.

— Je comprends, dit Ysengrin, et pour bien faire, je crois, frère, qu'il faudrait attacher l'engin à ma queue; c'est apparemment ainsi que vous faites vous-mêmes quand vous voulez avoir une bonne pêche.

— Justement, dit Renard, c'est merveille comme vous comprenez aisément. Je vais faire ce que vous demandez.

Il serre fortement le seau à la queue d'Ysengrin, puis:

— Et maintenant, vous n'avez plus qu'à vous tenir immobile pendant une heure ou deux, jusqu'à ce que vous sentiez les poissons arriver en foule dans l'engin.

— Je comprends fort bien. Pour de la patience, j'en aurai tant qu'il faudra.

Renard se place alors un peu à l'écart, sous un buisson, la tête entre les pieds, les yeux attachés sur son compère. L'autre se tient au bord du trou, la queue en partie plongée dans l'eau avec le seau qui la retient. Mais comme le froid est extrême, l'eau ne tarde pas à se figer, puis à se changer en glace autour de la queue.

Le loup, qui se sent pressé, attribue le tiraillement aux poissons qui arrivent. Il se félicite, et déjà songe au profit qu'il va tirer d'une pêche miraculeuse. Il fait un mouvement, puis s'arrête encore, persuadé que plus il attendra, plus il amènera de poissons à bord. Enfin, il se décide à tirer le seau, mais ses efforts sont inutiles. La glace a pris de la consistance; le trou est fermé; la queue est arrêtée sans qu'il lui soit possible de rompre l'obstacle. Il se démène et s'agite; puis il appelle Renard:

— A mon secours, frère! Il y a tant de poissons que je ne puis les soulever. Venez m'aider!

Renard, qui faisait semblant de dormir, lève alors la tête:

— Comment, frère, vous êtes encore là? Allons, hâtez-vous. Prenez vos poissons et partons. Le jour ne peut tarder à venir.

— Mais, dit Ysengrin, je ne puis les remonter. Il y en a tant, tant, que je n'ai pas la force de soulever l'engin.

— Ah! reprend Renard en riant, je vois ce que c'est. Mais à qui la faute? Vous en avez voulu trop prendre, et l'on a raison de le dire: « Qui convoite tout perd tout ».

La nuit passe; l'aube paraît; le soleil se lève. La neige avait blanchi la terre, et messire Constant des Granges, un honnête vavasseur[8] dont la maison touche à l'étang, se lève et réveille sa maisonnée. Il prend un cor, appelle ses chiens et fait seller un cheval. Des clameurs partent de tous les côtés; tout se dispose pour la chasse. Renard ne les attend pas, mais reprend lestement le chemin de Maupertuis, laissant sur la brèche le pauvre Ysengrin qui tire de droite et de gauche et déchire sa queue cruellement sans parvenir à la dégager.

Survient un garçon tenant deux lévriers en laisse. Il aperçoit le loup arrêté par la queue dans la glace, le derrière ensanglanté.

— Ohé! ohé! le loup! s'écrie-t-il.

Les veneurs avertis accourent avec d'autres chiens, et Ysengrin entend Constant des Granges donner l'ordre de les lâcher. Les veneurs obéissent et les chiens se jettent sur le loup. Celui-ci, la pelisse hérissée, se dispose à faire bonne défense. Il mord les uns, retient les autres à distance. Alors messire Constant descend de cheval, approche l'épée au poing et pense couper Ysengrin en deux. Mais il manque son coup et tombe en arrière. La tête saignante, il se relève à grand'peine et revient à la charge. Il vise la tête, mais l'épée glisse vers la queue et la coupe net.

Ysengrin, surmontant une douleur aiguë, fait un effort suprême et s'élance au milieu des chiens qui s'écartent pour lui ouvrir passage et courir aussitôt à sa poursuite. Malgré la meute entière acharnée sur ses traces, il gagne une hauteur d'où il les défie. Braques et lévriers tous alors renoncent à leur chasse. Ysengrin entre au bois, plaignant la longue et riche queue qu'il s'est vu contraint de laisser en gage, et jurant de tirer vengeance de Renard, qu'il commence à soupçonner de lui avoir malicieusement ménagé toutes ces fâcheuses aventures.

IV

Comment Renard entra dans le puits, et comment il en sortit heureusement; comment Ysengrin y entra, mais en sortit à son grand dommage.

J'engage à faire silence ceux qui, n'étant pas d'humeur à écouter sermon ou la vie de quelque saint homme, voudraient bien entendre raconter des choses plaisantes et faciles à retenir. Laissez-moi vous apprendre un nouveau tour de Renard, ce grand maître en fourberie, Renard l'ennemi naturel des chemins droits, qui jouerait aisément le monde entier, et qui lutterait de malice avec le démon lui-même.

Il était allé chasser assez loin de sa maison, mais le gibier ayant fait défaut, il lui fallut revenir du bois sans souper. Il sortit une seconde fois, et perdit une seconde fois ses peines. Dans les joncs, au milieu desquels il restait inutilement au guet, il n'entendit que son ventre murmurer de la paresse de ses dents et du repos de son gosier.

Ces plaintes répétées le décidèrent à faire une nouvelle tentative. Un étroit sentier couvert le conduisit dans une plaine à l'extrémité de laquelle était un terrain enclos d'une haie, formant l'enceinte de grands bâtiments. C'était une abbaye de

8. *Vavasseur:* vassal d'un vassal; homme de la petite noblesse.

moines bénédictins, gens qu'on ne prend guère au dépourvu de bonnes provisions. La grange était à la gauche du cloître, et Renard désirait y faire une pieuse visite; mais les murs étaient hauts et solides.

Quel dommage cependant! Là sans doute était réuni tout ce qu'avait à désirer un goupil: poules, coqs, chapons et canards. Renard, en regardant sous la porte, apercevait le poulailler où devait reposer ce qu'il aimait le mieux au monde, et ses yeux ne pouvaient s'arracher à cette vue irritante. N'y avait-il donc là ni fenêtre extérieure, ni trou, ni la moindre lucarne? Comme il commençait à désespérer et que, pour mieux suivre le cours de ses tristes pensées, il allait s'accroupir au bas de la porte, ô bonheur! une légère pression fit céder le guichet mal joint et lui offrit un passage inattendu. Aussitôt le voilà dans la cour.

Mais ce n'était pas tout d'être entré: s'il était aperçu, sa pelisse pourrait bien demeurer en gage. Avançant donc avec précaution, il arriva à portée des poules: un pas de plus, elles étaient à lui. Mais si les poules jetaient un cri? Cette réflexion l'arrêta et le décida même à rebrousser chemin. Il allait donc repasser le guichet, quand un sentiment de honte le retint dans la cour et lui fit donner quelque chose à l'aventure. Autant vaut être roué de coups que mourir de faim! Il revint alors aux objets de sa convoitise par un autre détour qui devait mieux assurer sa marche et sa retraite. Bientôt il avisa trois poules qui s'étaient endormies, juchées au delà d'un tas de foin, sur une longue pièce de bois. En entendant un mouvement dans le foin, elles se réveillent en sursaut et se lèvent pour aller se tapir un peu plus loin. Renard fond

sur elles, les étrangle l'une après l'autre, mange la tête et les ailes des deux premières et emporte la troisième.

La campagne avait été heureuse, et Renard quitta sans encombre cette bienheureuse grange de moines. Mais la soif venait succéder à la faim, et comment l'apaiser? Devant la maison se trouvait un puits auquel il ne manqua pas de courir. L'eau par malheur n'était pas à sa portée. Il frémit d'impatience, lécha ses barbes desséchées et n'imaginait pas d'expédient quand, au-dessus de sa tête, il vit un treuil ou cylindre auquel tenait une double corde. L'une descendait dans le puits, l'autre soutenait un seau vide à fleur de terre. Renard devina l'usage qu'on pouvait en faire, et déposant la poule qu'il avait rapportée de la grange, il se rapprocha de l'ouverture du puits, s'attacha à la corde et la tira de toutes ses forces dans l'espoir de ramener le seau qui reposait au fond. Mais soit que le vaisseau ne fût pas rempli, soit que la corde tournée sur le treuil eût échappé à la cheville qui la retenait, Renard fut — quand il s'y attendait le moins — entraîné lui-même dans le gouffre.

Il avait maintenant toute liberté de boire; il aurait même eu le temps de pêcher à son aise. Mais je doute qu'il s'en soit avisé: la soif ne le tourmentait plus; elle avait fait place à la crainte, à la terreur. Le voilà donc attrapé, le grand attrapeur des autres! Que va-t-il devenir, ô mon Dieu! Il faudrait des ailes pour sortir d'ici. A quoi lui sert une sagesse prétendue? Il restera dans ce lieu jusqu'au jour du Jugement, à moins qu'un autre ne vienne l'en tirer. Et dans ce cas-là même que n'aura-t-il pas à craindre de ces moines, ennemis de sa race et si

convoiteux du collier blanc de sa fourrure?

Tout en faisant ces douloureuses réflexions, il se tenait d'une patte à la corde du puits, de l'autre à l'anse du seau qui flottait au-dessus de l'eau. Or, le hasard voulut qu'Ysengrin fût sorti du bois à peu près en même temps que lui et que dans une intention pareille, il arrivât dans ces parages, souffrant de la faim et de la soif. Trop maladroit pour découvrir le défaut du guichet: «Voilà,» se disait-il en revenant sur ses pas, « une terre du démon, non du Dieu vivant. On n'y trouve rien à manger, rien à boire. Je vois bien là ce qu'ils appellent un puits, mais le moyen d'en tirer une seule goutte d'eau? »

Ysengrin s'en était pourtant approché; il avait mis ses pieds sur la pierre circulaire et mesuré des yeux la profondeur. Renard, tranquille comme une ombre, conservait à l'eau dans laquelle il était à demi plongé toute sa transparence.

— Que vois-je là! dit tout à coup Ysengrin. Au fond de ce puits... Renard! Est-ce possible?

Il regarde encore, et cette fois son image reproduite à côté du corps de Renard lui donne les idées les plus étranges. Il croit voir de ses propres yeux son épouse Hersent en compagnie de Renard, et il suppose entr'eux un rendez-vous convenu.

— C'est bien lui! c'est bien elle! Ah! traîtresse, diras-tu maintenant que tu n'as pas été surprise avec le méchant Renard?

Le puits sonore répond « Renard! ». Il répète ses injures et l'écho lui apporte la confirmation de sa honte et de son malheur. Ayant aisément reconnu son compère, Renard le laisse maugréer et crier. Cependant au bout de quelques minutes:

— Qui va là-haut? demande-t-il, et qui se permet de parler?

— Va! dit Ysengrin, je te reconnais.

— Je vous reconnais aussi; oui, je fus autrefois votre bon voisin, votre compère, et je vous aimais comme votre neveu. Mais aujourd'hui je suis feu[9] Renard. J'étais assez sage durant ma vie; aujourd'hui je suis, Dieu merci, trépassé, et je me trouve dans un lieu de délices.

— S'il est vrai que tu sois mort, répond Ysengrin, je m'en réjouis. Mais depuis quand?

— Depuis deux jours. Ne vous en étonnez pas, sire Ysengrin: tous ceux-là mourront qui sont encore en vie; tous passeront le guichet de la mort. Notre Seigneur, dans sa bonté, m'a tiré de la vallée de misère, du monde puant dans lequel j'étais embourbé. Puisse-t-il aussi vous visiter, Ysengrin, à l'heure de la mort! Mais d'abord, je vous engage, et dans votre intérêt seul, à changer de dispositions envers moi.

— Je le veux bien, répond Ysengrin. Puisque te voilà mort, je prends Dieu à témoin que je n'ai plus de haine. Je commence même à regretter que tu ne sois plus du monde.

— Et moi j'en ai grande joie.

— Comment? Tu parles sérieusement?

— En pure vérité.

— Mais explique-toi.

— Volontiers. D'un côté mon corps repose dans la maison de ma chère Hermeline; de l'autre mon âme est en Paradis, placée devant les pieds de Notre Seigneur. Comprenez-vous

9. *Feu(e):* qui est mort(e) depuis peu de temps (« the late... »).

maintenant que j'aie sujet d'être joyeux et satisfait? J'ai tout ce que je puis désirer. Ah! sire Ysengrin, je ne veux pas faire mon éloge, mais vous auriez dû me tenir plus cher que vous ne faisiez, car je ne vous ai jamais voulu de mal et je vous ai souvent procuré du bien. Non pas que je m'en repente: mes vertus sont aujourd'hui trop bien récompensées. Et si vous êtes un des grands de la terre, je suis encore mieux placé dans l'autre monde. Je ne vois ici que riches campagnes, belles prairies, plaines riantes, forêts toujours vertes. Ici, les grasses brebis, des chèvres, des agneaux comme on n'en voit pas chez vous. Ici, vingt fois plus de lapins, de lièvres et d'oisons que vous n'en pourriez compter. En un mot, j'ai tout ce que je désire, comme tous ceux qui vivent à peu de distance de moi. Autant de poules que nous voulons. En voulez-vous la preuve? Sur le bord de cette ouverture doit s'en trouver une que j'ai jetée comme superflue, en sortant de notre dernier festin. Regardez; vous la trouverez.

Ysengrin détourna un peu la tête et trouva en effet la poule dont Renard lui parlait. « Il dit vrai, ma foi, » pensa-t-il; « mais quel bon Paradis que celui où l'on a telle viande à foison! Je n'en voudrais jamais d'autre. » En même temps il jetait les dents sur la poule et la dévorait sans y rien laisser que les plumes. Puis revenant au puits:

— Feu Renard, dit-il, aie compassion de ton compère. Apprends-moi, par la grâce de Dieu, comment à ton exemple je pourrai gagner Paradis.

— Ah! répond Renard, vous demandez là quelque chose de bien difficile. Voyez-vous, le Paradis, c'est la maison du ciel: on n'y entre pas quand et comme on veut. Vous conviendrez que vous avez toujours été violent, larron et déloyal. Vous m'avez toujours poursuivi d'injustes soupçons, quand vous aviez une femme remplie de vertus, un vrai modèle de pudicité.

— Oui, oui, j'en conviens, dit Ysengrin, mais à cette heure je suis repentant.

— Eh bien! si vous êtes dans les bonnes dispositions que vous dites, je vais vous aider.

Ecoutez, Seigneurs, cette ruse merveilleuse! Montrant de sa patte le seau, qu'il évite avec soin d'appeler par son nom:

— Regardez, dit Renard, les deux vaisseaux qui sont l'un près de vous, l'autre près de moi. Ils servent à peser le bien et le mal des âmes. Quand on se croit en état d'espérer les joies du Paradis, on entre dans la corbeille supérieure, et si l'on est en effet repentant, on descend facilement. Mais on reste en haut si la confession n'a pas été bonne et complète. Avez-vous jamais confessé vos péchés?

— Assurément, répond Ysengrin. J'ai vu passer un vieux lièvre et une chèvre barbue; je les ai priés de m'écouter et j'en ai reçu l'absolution. Allons, vite! Fais-moi entrer là-dedans.

— Pas encore. Il vous faut d'abord prier Dieu et lui demander la rémission de vos fautes. Ainsi vous pourrez entrer ici.

Ysengrin ne se le fait pas dire deux fois. Il tourne son postérieur vers l'orient, sa tête vers l'occident[10], et se met à hurler à rompre les oreilles. A bout de patience après quelques minutes:

10. L'inverse du rite chrétien.

— Renard, c'est fait, dit-il, j'ai fini ma prière.

— Et moi j'ai obtenu votre grâce. Entrez dans la corbeille; je pense que maintenant vous descendrez facilement.

On était alors en pleine nuit, et le ciel était inondé d'étoiles dont le puits renvoyait la lumière.

— Voyez le miracle, Ysengrin, dit alors Renard; mille chandelles sont allumées autour de moi, signe assuré que Jésus vous a fait pardon.

Ysengrin rempli de confiance et d'espoir essaie lontemps sans succès. Mais enfin, aidé des conseils de son compère, il parvient à se tenir à la corde avec les pattes de devant, en posant les deux autres dans le seau. La corde alors se dévide et cède au nouveau contrepoids de son corps. Il descend, alors qu'en même temps monte Renard, beaucoup plus léger. Voilà pour Ysengrin un nouveau sujet de surprise: au milieu de la route ils se croisent!

— Où vas-tu, cher compère, dis-moi? Suis-je dans la bonne voie?

— Oui, vous y êtes et je te la laisse toute entière. Mais ne fais pas si grise mine! Je vais t'expliquer les usages: quand l'un vient, l'autre s'en va. La coutume a toujours été telle ici. Je monte au Paradis et toi, tu descends en Enfer. J'ai échappé au diable; à présent je te lui livre. Tu es tombé dans le piège et moi, je m'en suis tiré.

En prononçant ces derniers mots il touchait au bord du puits. Il sauta à pieds joints, sans demander son reste, et ne cessa de courir jusqu'à ce qu'il eût perdu de vue l'abbaye des bénédictins.

La surprise, la honte et la rage ne permirent pas au pauvre Ysengrin d'essayer une réponse. Vainement essaya-t-il de remonter; la corde glissa entre ses bras, et tout ce qu'il put faire, c'est, grâce au seau dans lequel il était descendu, de conserver la tête au-dessus de l'eau glacée où le reste de son corps était plongé.

Ainsi passa toute la nuit, pour lui si longue et si cruelle. Voyons maintenant ce qu'on faisait dans le couvent. Apparemment les moines bénédictins avaient trop salé les fèves crevées dont ils avaient soupé la veille, car ils se réveillèrent fort tard. Après avoir ronflé comme des tuyaux d'orgue, ces généreux sergents de Jésus-Christ sortirent enfin de leur lit et demandèrent à boire. Le cuisinier, gardien des provisions, envoya sur-le-champ à la cave et voulut bien aller lui-même au puits accompagné de trois Frères et d'un gros âne d'Espagne qu'ils attachèrent à la corde. Le loup eut soin alors de s'accrocher au seau. L'âne commence à tirer, mais il n'a pas assez de toutes ses forces pour soulever le poids que le puits lui oppose. Les Frères le frappent; les coups sont inutiles. Alors un des Frères s'avise de regarder au fond du puits. O surprise! il aperçoit les pieds, il reconnaît la tête d'Ysengrin. Il appelle les autres; ils ne le croient pas.

— Oui, oui, je vous assure! C'est le loup!

Ils retournent au monastère, jettent l'alarme au dortoir et au réfectoire. L'Abbé saisit une massue, le Prieur un candélabre; il n'y pas un moine qui n'ait pieu, broche ou bâton. Avec cet attirail ils reviennent au puits, se mettent tous à la corde, si bien qu'enfin, grâce aux efforts de l'âne et des moines, le seau monte et touche à l'extrémité supérieure du puits. Ysengrin n'a pas attendu si

longtemps; d'un bond il saute par-dessus la tête des premiers frères. Mais les autres lui ferment le passage, et il reçoit une grêle de coups. La massue de l'Abbé tombe d'aplomb sur son pauvre dos, si bien que le loup ne peut plus se défendre et demeure à terre sans mouvement. Le Prieur met la main au couteau pour découdre la pelisse noire, mais l'Abbé, vénérable personne, le retient:

— Que pourrions-nous faire de cette peau? dit-il. Elle est toute déchiquetée, toute couverte de trous. Allons-nous-en et laissons cette charogne.

Ysengrin ne se plaignit pas outre mesure du mépris qu'on faisait de sa fourrure, et quand les frères, dociles à la voix du digne abbé, se furent éloignés, il fit un effort, se souleva et parvint à se traîner péniblement jusqu'aux premiers buissons qui annonçaient la forêt. C'est là que son fils le retrouva:

— Ah! cher père, qui vous a mis en pareil état?

— Fils, c'est Renard le traître, le félon, le pendard.

— Comment! ce nain roux qui, devant nous, a fait honte à ma mère et nous a sali de ses ordures?

— Lui-même, et que le juste ciel me donne le temps de le bien payer!

Ce disant, Ysengrin prenait son fils par le cou, et soutenu par lui, parvenait au seuil de sa demeure. Dame Hersent en le revoyant dans cet état cria plus haut que les autres et parut désolée de la mésaventure de son cher époux. On se mit en quête de bons médecins, qui s'empressèrent de visiter les plaies, de les laver, d'y appliquer de bonnes pommades, et de préparer au malade une potion faite des herbes médicinales les plus rares. Grâce à leur science, le malade recouvra ses forces et son appétit; il put se lever et marcher. Mais s'il désirait vivre, c'était dans l'espoir que l'occasion se présenterait bientôt de tirer du traître Renard une vengeance complète.

(Branches III et IV, adaptées de la traduction d'A. Paulin Paris)

Matière à réflexion

1. Beaucoup de lecteurs, ne trouvant dans *Le Roman de Renard* qu'« une glorification de la ruse », condamnent ce qu'ils prennent pour l'« amoralisme » et même l'« immoralisme » de l'ouvrage. A votre avis, ont-ils raison de réagir ainsi? Justifiez votre réponse.

2. Quel mobile pousse Renard à voler des anguilles aux marchands et des poules aux moines? Pourquoi Ysengrin accepte-t-il l'humiliation de la tonsure et de la « pêche aux anguilles »? Quel besoin les amène tous les deux au fond du puits? Est-ce la même raison dans tous les cas? Quelle conclusion pourrait-on en tirer sur la portée sociale de l'ouvrage?

3. Nous avons dit que le Renard du premier cycle (auquel appartiennent les Branches III et IV) est « assez sympathique ». Etes-vous d'accord avec ce jugement?

4. Ces contes, avons-nous dit, visent d'abord et surtout à divertir; la satire y est presque entièrement absente. Mais ne peut-on pas deviner chez le(s) auteur(s) une attitude particulière envers l'Eglise? Laquelle? Considérez à ce propos la scène de la tonsure — pourquoi au juste Ysengrin veut-il se faire moine? — et la description des bénédictins, « ces généreux sergents de Jésus-Christ ».

5. Comparez le comique du *Roman de Renard* à celui de *La Bourgeoise d'Orléans*. S'agit-il essentiellement des mêmes procédés? Les deux ouvrages expriment-ils de la même façon ce que nous avons appelé l'esprit gaulois?

Le Théâtre religieux

En France comme aux Etats-Unis, le théâtre passe aujourd'hui pour être l'amusement d'une petite élite, et les sondages ne démentent pas cette réputation. Malgré d'importants efforts de vulgarisation, la grande majorité des Français ne vont jamais au théâtre; un nombre infime y vont régulièrement. Le cinéma et la télévision expliquent en partie cet état de choses, mais il tient aussi aux tendances du théâtre contemporain. A une époque où les pièces répondent rarement aux goûts et aux aspirations du grand public, il nous est difficile de concevoir le succès prodigieux que le théâtre connaissait autrefois. A son apogée au XV^e siècle, le théâtre était le grand divertissement, véritablement *populaire* au deux sens du terme: il s'adressait au peuple, et il plaisait au plus grand nombre.

Ce caractère populaire du théâtre médiéval remonte à ses origines religieuses. Les anthropologues et les historiens nous disent que, chez les peuples primitifs et dans la plupart des pays européens, le drame est sorti de la religion, par une mise en relief des éléments dramatiques du culte. Le théâtre français ne fait pas exception à la règle: il est né dans l'église même, au pied de l'autel. Pour frapper l'imagination des fidèles, qui avaient besoin de voir les abstractions du dogme représentées sous une forme concrète, le clergé eut l'idée de dramatiser certains événements de l'histoire sainte. Il s'agissait de créer des tableaux vivants; ce n'est donc pas un hasard si les épisodes privilégiés étaient les mêmes que représentait la peinture religieuse: la Nativité, la Passion, la Résurrection.

Au début, vers l'an 1000, les prêtres se bornaient à incorporer dans le service divin des lectures dialoguées des textes sacrés, ne s'écartant guère de la version latine de la Bible. Ainsi, par exemple, à l'office de Pâques, les officiants récitaient la question et la réponse de l'ange et des saintes femmes de l'Ecriture: « Quem quœritis in sepulcro » (*Qui cherchez-vous dans le sépulcre?*) — « Jesum Nazarenum » (*Jésus de Nazareth*). Mais les prêtres ne s'en tiennent pas là. Aux paroles ils joignent

bientôt les gestes et se costument selon le rôle qu'ils jouent. Ils ne sont plus de simples récitants; ils sont devenus des acteurs. C'est l'époque du *drame liturgique,* ainsi appelé parce qu'il fait encore partie intégrante de la liturgie[1].

Ces dramatisations remportent un vif succès et ne tardent pas à prendre de l'ampleur. Les prêtres commencent à prendre des libertés avec l'Evangile: ne se contentent plus de la citer textuellement, ils y ajoutent, ils l'interprètent, ils la paraphrasent. Comme le peuple ne comprend pas le latin, les dialogues sont rédigés de plus en plus en (ancien) français. Peu à peu, la mise en scène se complique; les personnages se multiplient et certains rôles doivent être joués par des laïcs. Au XIIe siècle, ces productions se sont trop éloignées des textes sacrés, elles sont devenues trop *théâtrales* pour rester dans le sanctuaire. Elles sortent de l'église et s'installent sous le porche ou sur le parvis[2]. C'est l'époque du *drame semi-liturgique,* ainsi appelé parce qu'il garde encore quelques liens, parfois assez ténus, avec la liturgie. La plus ancienne œuvre du genre s'intitule la *Représentation d'Adam.* Ecrite en français vers 1150, elle peut être considérée comme la première pièce du théâtre français.

Une fois sorti de l'église, le drame poursuit plus librement son évolution. Tout en restant d'inspiration religieuse, il se débarrasse des derniers éléments liturgiques et se rapproche du *spectacle,* au sens moderne du terme. Au cours des siècles suivants, deux genres principaux se constituent: le *miracle* et le *mystère.* Un miracle est la mise en scène d'une crise morale: un pécheur se repent de ses méfaits et implore l'intercession de la Vierge Marie; celle-ci opère un miracle au dernier moment et sauve le coupable. Un titre (typique) donnera une idée du genre: *Miracle de Notre Dame, où un enfant ressuscita entre les bras de sa mère, que l'on voulait brûler parce qu'elle l'avait noyé.*

On le voit: l'action et les ressorts du genre sont essentiellement humains. L'élément du surnaturel n'intervient qu'à la fin, pour dénouer le drame psychologique. Tel n'est pas le cas des *mystères.* Contrairement à ce que l'on pourrait croire, le mot ne fait pas allusion aux mystères de la foi; il vient du latin *ministerium,* qui signifie *cérémonie.* En effet, le mystère constitue une sorte de cérémonie religieuse, mais sous une forme populaire. A l'intérieur de l'église, l'office se déroule en latin; le drame liturgique continue d'en faire partie, mais il a retrouvé sa sobriété primitive. Dehors, sur la place publique, les mystères mettent en scène les mêmes épisodes de l'Ancien et du Nouveau Testament, mais en français, dans d'immenses productions « à grand spectacle » qui durent plusieurs jours et qui mobilisent les efforts de centaines d'acteurs. C'est la théologie mise à la portée du peuple.

Ces productions sont destinées à édifier, bien entendu, mais aussi et peut-être surtout à divertir. Leur succès prodigieux prouve assez qu'elles y sont parvenues. Ce qui explique leur popularité, c'est le mélange du sérieux et du comique, la juxtaposition du sacré et du profane qui caractérise tout le théâtre religieux du Moyen Age et notamment le genre du mystère. Pour complaire à leur public, les auteurs sont obligés d'intercaler dans le récit de l'histoire sainte des scènes

1. La liturgie est l'ensemble des pratiques et des prescriptions qui règlent une cérémonie religieuse. —
2. Le parvis est la place située devant la façade d'une église.

bouffonnes et parfois licencieuses. Ces intermèdes, dont l'importance grandit au cours du XVe siècle, finissent par scandaliser. Après la Réformation, les protestants font remarquer l'inconvenance d'un genre qui fait alterner les souffrances du Christ avec des scènes de taverne. Les catholiques en tombent d'accord, et en 1548 un arrêt du Parlement de Paris interdit la représentation des mystères. C'est la fin du théâtre religieux dans la capitale et bientôt dans toute la France. Ce n'est pourtant pas à cet acte officiel qu'il faut imputer la mort du genre. Déjà au début du XVIe siècle, ces pièces étaient critiquées par les lettrés au nom d'un idéal « classique » venu de l'Antiquité. Le zèle des parlementaires n'a fait que condamner ce que la Renaissance tarissait à ses sources.

On a rejoué de nos jours le plus célèbre des mystères, celui qui met en scène la Passion du Christ. En 1937 et à plusieurs reprises par la suite, la pièce a été recréée sur le parvis de Notre-Dame de Paris. Le cadre authentique n'a pas suffi pour ressusciter l'œuvre, qui n'a pas remporté un succès éclatant. On pouvait s'y attendre d'ailleurs: elle avait puisé sa vie dans une foi profonde qui n'est plus.

Le Miracle de Théophile

Quelques années avant la reprise du *Mystère de la Passion*, Gustave Cohen, professeur à la Sorbonne, avait eu l'idée de faire jouer un des premiers miracles par ses étudiants. Les cours de littérature, leur avait-il dit, « ne sont pas destinés à la dissection de cadavres, mais à la résurrection des morts ». Le mort en question était *Le Miracle de Théophile*, écrit entre 1255 et 1280 par un poète de profession nommé Rutebeuf. La représentation fit sensation, et la pièce a été rejouée à plusieurs reprises par des troupes professionnelles.

Qu'est-ce qui explique le succès de *Théophile*, peu avant l'échec relatif de la *Passion?* Alors que le mystère n'est au fond qu'une transposition théâtrale de la *Bible*, farcie d'épisodes bouffonnes dont le comique nous laisse froids, le miracle met en scène un drame humain capable de nous toucher aujourd'hui encore. A en croire Cohen lui-même — témoin oculaire sinon très impartial —, le public présent à la première de *Théophile* se laissa « émouvoir jusqu'au fond du cœur et jusqu'aux larmes au bord des paupières ». Et l'on comprend effectivement, en lisant la pièce, qu'il n'est pas besoin d'être croyant pour être sensible au drame du héros.

Rutebeuf a choisi pour sujet la vieille légende de Théophile, très répandue au Moyen Age, afin d'illustrer le double thème traditionnel de l'*apostasie* (abandon de la foi) et du *repentir*. Selon la légende, l'ecclésiastique Théophile (VIe siècle) refuse de succéder à son évêque qui vient de mourir. Destitué de ses fonctions par le nouvel évêque nommé à sa place, réduit au dénuement et au désespoir, Théophile signe un pacte avec le diable pour recouvrer ses biens et ses honneurs. Aussitôt pris de remords, il implore l'intervention de la Vierge. Le problème ainsi posé est celui de tout croyant: « le conflit du momentané et de l'éternel, de l'éphémère et du permanent » (Cohen). Mais ne peut-on pas « séculariser » le sujet en transposant ce conflit sur le plan de la vie terrestre? Ne devons-nous pas tous, tous les jours et à tout moment, choisir entre la satisfaction de nos désirs dans l'immédiat et notre plus grand bien à long terme? Et n'est-ce pas cet aspect

séculaire de l'histoire qui touche même les incroyants — qui les amène « au bord des larmes » ?

Il est facile d'imaginer Rutebeuf aux prises avec ce conflit dans quelqu'une de ses versions. Tout ce que nous savons de sa vie, c'est ce que ses œuvres nous permettent de conjecturer; elles nous révèlent un homme misérable. Dans ses poèmes intimes aux titres parlants — *La Pauvreté de Rutebeuf, La Complainte de Rutebeuf, La Repentance de Rutebeuf*, etc. —, il exhale sa détresse, ses remords, ses maladies; il se plaint de son mauvais mariage, de ses dettes, de la perte de ses amis. Face à tous ces maux, il nous demande: « Savez-vous comment je m'arrange? L'espérance du lendemain — voilà mes réjouissances ».

Or supposons qu'en un mauvais moment, « l'espérance du lendemain » ne lui suffise plus; il lui faut absolument et tout de suite quelques-uns des plaisirs qu'il a différés si longtemps, quelques-unes des récompenses qu'il a tant attendues — et pour les avoir il est prêt à tout. C'est toute l'histoire de Théophile. Considérée de ce point de vue, la pièce serait-elle une confession?

La légende de Théophile, telle qu'elle est représentée à Notre-Dame de Paris (portail latéral nord). Théophile, poussé par un sorcier, rendant hommage à Satan; Théophile rétabli au pouvoir; Théophile agenouillé devant la Vierge; la Vierge luttant avec Satan pour lui arracher la lettre maudite. Au-dessus, Théophile et l'évêque montrant la lettre au peuple.

Avant de lire

Nos conventions théâtrales modernes n'étaient pas celles du Moyen Age. Le « théâtre » n'avait ni rideau ni coulisses, et il n'y avait pas de changements de décors entre les scènes. En lisant la pièce, il faut imaginer un *décor multiple* sur une *scène unique*. Les différents lieux où se passe l'action sont représentés symboliquement par de petites constructions juxtaposées: la demeure de Théophile, par exemple, par une façade de maison; la chapelle de Notre-Dame, par un portail d'église. Les acteurs circulent sur la scène selon les besoins de l'action, se groupant successivement devant chaque décor. Ce système de la « mise en scène simultanée » est plus intellectuel que visuel; il indique les lieux à l'esprit, sans chercher à les reproduire fidèlement pour les yeux. En est-il ainsi de la pièce elle-même?

Le Miracle de Théophile

RUTEBEUF

PERSONNAGES

THÉOPHILE
SALATIN, sorcier
NOTRE-DAME
SATAN ou LE DIABLE
L'ÉVEQUE
PINCE-GUERRE, valet de l'évêque
PIERRE et THOMAS, compagnons de Théophile

Scène I

THÉOPHILE, *seul.* Hélas, hélas! Dieu, roi de gloire, je vous ai eu toujours si présent à l'esprit, que j'ai tout donné, dissipé, partagé entre les pauvres, et qu'il ne me reste même pas la valeur d'un sac. L'évêque m'a dit « échec et mat[3] », me laissant dénué de tout. Maintenant il me faut mourir de faim, si je ne vends ma robe pour avoir du pain. Et les miens, que feront-ils? Je ne sais si Dieu les nourrira. Dieu! S'occupe-t-il d'eux? Ils devront aller ailleurs, puisqu'il se soucie bien peu de mes maux. Mais je lui ferai la moue[4] à mon tour. Honni soit qui le loue! Il n'y a rien que je ne sois prêt à faire pour redevenir

3. *Echec* et *mat* sont des termes tirés du jeu d'échecs. La métaphore signifie: il m'a vaincu. — 4. *Moue:* grimace, air de mécontentement.

riche, et je ne crains ni Dieu ni ses menaces. Irai-je me noyer ou me pendre? Je ne puis pas m'attaquer à Dieu, car on ne peut pas arriver jusqu'à lui. Ah! celui qui, maintenant, pourrait le tenir et le bien battre en retour, il aurait fait une très bonne journée. Mais il s'est mis en un lieu, pour esquiver ses ennemis, que ni flèche ni lance n'atteint. Si maintenant je pouvais lui chercher querelle, le combattre et m'escrimer contre lui, je lui ferais frémir la chair! Il est là-haut à cette heure, bien à l'aise dans sa béatitude; et moi, hélas! imbécile, je suis dans les filets de la pauvreté et de la souffrance. A présent mes illusions sont brisées, et l'on dira que je suis un sot; ce sera le mot de tout le monde. Je n'oserai plus voir personne ni m'asseoir parmi les gens, car on me montrerait au doigt. Maintenant que faire? Je ne sais. Quel mauvais tour Dieu m'a joué!

(Là-dessus entre le sorcier Salatin.)

Scène II
[THÉOPHILE, SALATIN]

(Théophile s'avance vers Salatin, qui parlait au Diable quand il voulait.)

SALATIN. Qu'y a-t-il, Théophile? Qu'avez-vous? Par le Dieu puissant! quel malheur vous rend si triste, vous d'ordinaire si joyeux?

THÉOPHILE. Moi qu'on appelait seigneur et maître de ce pays, tu ne l'ignores pas, il ne me reste plus rien. Et j'en suis d'autant plus accablé, Salatin, que jamais je n'ai cessé de prier, en français comme en latin, celui qui, aujourd'hui, me veut tant de mal et me laisse si dépouillé qu'il ne reste plus rien au monde. Maintenant je suis prêt à commettre volontiers n'importe quel crime — si horrible qu'il soit, ou contraire à mes idées —, afin de rentrer dans ma charge. Car la perdre est pour moi honte et dommage.

SALATIN. Beau sire, vous parlez sagement; car pour celui qui a goûté de la richesse, c'est une grande douleur et une grande misère que de tomber sous le pouvoir d'autrui pour gagner son boire et son manger. Il y a trop de propos désobligeants à supporter.

THÉOPHILE. C'est ce qui me fait perdre la tête. Salatin, beau doux ami, depuis que je suis sous le pouvoir d'autrui, le cœur me crève ou peu s'en faut[5].

SALATIN. Je vois maintenant que cela vous fait beaucoup souffrir, et que vous en êtes très affecté comme un homme de mérite que vous êtes. Vous êtes bien défait, bien pensif.

THÉOPHILE. Frère Salatin, vous dites vrai. Si vous connaissiez un moyen de me faire recouvrer mon honneur, ma charge et ma fortune, il n'est rien que je ne fisse[6] pour cela.

SALATIN. Iriez-vous jusqu'à renier ce Dieu que vous avez tant coutume de prier, ainsi que toutes ses saintes et tous ses saints? Ainsi vous deviendriez, les mains jointes,

5. *Ou peu s'en faut:* ou presque. — 6. Imparfait du subjonctif de *faire:* «... que je ne ferais pas ».

l'homme de celui qui vous rendrait votre grandeur passée; à son service vous seriez plus honoré que jamais vous ne l'avez été. Croyez-moi, laissez votre maître. Eh bien, qu'en dites-vous?

THÉOPHILE. Bientôt je serai tout à votre discrétion; j'en ai un très grand désir.

SALATIN. Allez en paix. En dépit de vos ennemis, je vous ferai recouvrer vos honneurs. Revenez demain matin.

THÉOPHILE. Volontiers, frère Salatin. Et si tu es fidèle à ta promesse, que le dieu en qui tu crois et que tu adores, te garde!

Scène III
[THÉOPHILE, *seul*]

(*Là-dessus Théophile quitte Salatin et pense que c'est chose très grave que de renier Dieu.*)

THÉOPHILE. Hélas! que vais-je devenir? Le cœur me faillira avant que j'en arrive à cette extrémité. Que faire? Si je renie saint Nicolas, saint Jean, saint Thomas et Notre-Dame, que deviendra ma pauvre âme? Elle sera brûlée dans les flammes du noir enfer! C'est là qu'elle devra rester. Quelle demeure affreuse! Ce n'est pas une vaine parole: dans ces feux perpétuels, il n'y a personne qui ait le cœur bon; tous sont mauvais. Ce sont des démons; telle est leur nature. Leur maison est si sombre qu'on n'y vit jamais la lueur du soleil; c'est un trou tout plein d'ordures. Et c'est là que j'irai! Assurément, la mauvaise fortune s'acharne contre moi: pour m'être assuré de quoi vivre, me voilà chassé de la maison de Dieu — non sans cause! Fut-il jamais un homme aussi perplexe que moi? Mais Salatin dit, en revanche, qu'il me rendra ma richesse, tout mon avoir, et que jamais personne n'en saura rien. Je le ferai! Dieu m'a fait tort; je lui ferai tort en retour. Jamais je ne le servirai; je le renie. Si je suis pauvre à présent, je serai riche. Si Dieu me hait, je le haïrai. Qu'il prenne garde, et qu'il mobilise ses bataillons, lui qui tient dans ses mains le ciel comme la terre. J'y consens, pourvu que Salatin me tienne ses promesses.

Scène IV
[SALATIN, LE DIABLE]

SALATIN, *au diable (d'abord absent)*. Un chrétien s'est confié à moi, et je lui ai promis de l'aider. Je suis de tes amis, n'est-ce pas, Satan? Il viendra demain si tu l'attends; je le lui ai promis quatre fois. Attends-le donc. Il a été très bon chrétien, et le cadeau que je te fais ne vaut que mieux. Mets tes trésors à sa disposition. Ne m'entends-tu pas? Je te ferai venir assez vite, je pense. Oui, tu viendras aujourd'hui même, car ton retard me contrarie. J'ai assez attendu!

(*Ici Salatin conjure le diable[7].*)

Bagahi laca bachahé,
Lamac cahi achabahé,
Karrelyos.

7. Cette conjuration contient quelques mots d'un hébreu altéré (*acabahé*, par exemple, signifie: je conjure), mais elle est, pour la plupart, vide de sens.

Lamac lamec bachalyos,
Cabahagi sabalyos,
 Baryolas.
Lagozatha cabyolas,
Harrahya.

(Le diable conjuré paraît.)

LE DIABLE. Tu as bien prononcé la formule; celui qui t'a instruit n'a rien oublié. Tu me tourmentes beaucoup.

SALATIN. C'est qu'il n'est pas juste que tu me négliges, ni que tu contraries mes desseins quand je t'appelle. Je te ferai bien suer la peau. Veux-tu entendre une nouvelle? Nous avons un clerc. Ces gens-là, comme tu le sais, ont souvent gâté nos affaires. Que penses-tu faire du clerc qui viendra ici?

LE DIABLE. Comment s'appelle-t-il?

SALATIN. Théophile est son vrai nom. Il a une grande réputation en ce pays.

LE DIABLE. Lui! Je me suis toujours disputé avec lui, sans jamais pouvoir le subjuguer. Puisqu'il veut s'offrir à nous, qu'il vienne en cette vallée, seul et à pied. Cela lui sera facile: il n'est pas loin d'ici. Nous prendrons bien soin de lui, moi, Satan, et les autres noirs démons. Mais s'il appelle Jésus, le fils de sainte Marie, alors adieu mon secours. Je m'en vais. A l'avenir sois plus courtois envers moi; ne me tourmente plus pendant quelques mois, ni en hébreu ni en latin.

Scène V
[THÉOPHILE, SALATIN]

THÉOPHILE, *revenant à Salatin.* Suis-je donc venu de trop bonne heure? Avez-vous fait quelque chose?

SALATIN. J'ai si bien mené votre affaire, que votre évêque réparera tout le mal qu'il vous a causé. Il vous honorera davantage et vous fera plus grand seigneur qu'auparavant. On vous donnera encore plus qu'on vous refuse à présent. Soyez sans crainte, et descendez dans la vallée sans tarder. Mais il ne faut pas prier Dieu ni l'invoquer, si vous aimez votre propre intérêt. Vous avez trouvé Dieu trop dur, lorsqu'il vous a délaissé. Vous voilà tombé dans un état funeste. Dans quel abîme seriez-vous, si je ne vous aidais? Allez-vous-en; on vous attend. Marchez vite et ne songez pas à invoquer Dieu.

THÉOPHILE. Je m'en vais. Dieu ne peut ni me nuire ni m'aider; aussi ne puis-je rien lui demander.

Scène VI
[THÉOPHILE, LE DIABLE]

LE DIABLE. Approchez, approchez vite; gardez-vous de ressembler à un vilain qui va à l'offrande. Que vous a fait votre évêque et que vous demande-t-il? Il est bien dur!

THÉOPHILE, *approchant du diable, très effrayé.* C'est vrai, sire. Il était chancelier, et il veut m'envoyer mendier mon pain. Je viens donc vous prier et requérir que vous m'aidiez dans cette extrémité.

LE DIABLE. Vous demandez mon aide?

THÉOPHILE. Oui.

LE DIABLE. Alors joignez les mains, et devenez mon homme. Je vous aiderai plus que je ne le devrais.

THÉOPHILE. Certes je vous fais hommage, mais pour recouvrer ce que j'ai perdu, sire, et pour toujours.

112

LE DIABLE. Et à mon tour je m'engage envers vous: je vous ferai plus grand seigneur que vous ne l'avez jamais été. Mais pour qu'il en soit ainsi, sachez qu'il me faut de vous des lettres scellées, bien claires et faciles à comprendre. Car beaucoup de gens m'ont trompé parce que je n'avais pas exigé leurs lettres. C'est pour cela qu'il me les faut bien rédigées.

THÉOPHILE. Les voici toutes prêtes.

(Théophile tend au diable un papier que celui-ci prend.)

LE DIABLE. Théophile, beau doux ami, puisque tu t'es mis en mes mains, je te dirai ce que tu feras. Jamais tu n'aimeras le pauvre; si un pauvre homme en détresse te prie, tourne la tête et poursuis ton chemin. Si quelqu'un s'humilie devant toi, réponds-lui avec orgueil et dureté. Si un pauvre mendie à ta porte, qu'il n'emporte pas d'aumône. La douceur, l'humilité, la pitié, la charité, l'amitié, la pratique du jeûne et la pénitence, tout cela me soulève le cœur. Quand je vois quelqu'un faire l'aumône, aimer Dieu ou vivre chastement, il me semble que des serpents me rongent le cœur et les entrailles. Les visites à l'hôpital, les regards prodigués sur les malades me laissent l'âme si défaillante, si moribonde que je ne veux point en subir l'horreur. Quiconque fait le bien me tourmente. Va donc, tu seras sénéchal. Laisse le bien et fais le mal. Dans cette vie ne pense jamais à la justice qui n'est que folie et qui est mon ennemie.

THÉOPHILE. Je ferai mon devoir. Vous avez droit à l'obéissance, pourvu que vous me rendiez le bonheur.

Scène VII
[L'ÉVÊQUE, PINCE-GUERRE]

L'ÉVÊQUE, *envoyant chercher Théophile.* Allons, vite! Lève-toi, Pince-guerre, et va me chercher Théophile; je veux lui rendre sa charge. C'est une grande sottise que de la lui avoir ôtée, car il est le meilleur homme que je connaisse, ce que je puis dire sans erreur.

PINCE-GUERRE, *répondant à l'évêque.* Vous dites vrai, beau très doux seigneur.

Scène VIII
[PINCE-GUERRE, THÉOPHILE]

PINCE-GUERRE. Qui est là?

THÉOPHILE. Et vous, qui êtes-vous?

PINCE-GUERRE. Je suis un clerc.

THÉOPHILE. Et moi, je suis prêtre.

PINCE-GUERRE. Ah, Théophile! Cher beau sire, ne soyez plus si dur envers moi. Monseigneur vous demande; vous allez recouvrer votre prébende[8] et toutes vos charges. Soyez joyeux; faites bonne figure; montrez votre sens et votre esprit.

THÉOPHILE. Diable! J'aurais pu avoir l'évêché, mais j'y ai mis cet homme-là, et j'ai eu tort. Car à peine y était-il, que nous nous sommes querellés, et il s'est avisé de m'envoyer mendier mon pain. Je me moque de sa haine et de ses querelles sans fin, mais j'irai écouter ce qu'il a à me dire.

8. *Prébende:* revenu accordé à un ecclésiastique.

PINCE-GUERRE. Quand il vous verra, il rira et dira qu'il a fait tout cela pour vous éprouver. Maintenant il veut vous récompenser, et vous serez amis comme auparavant.

THÉOPHILE. Et les chanoines se sont-ils maintenant assez moqués de moi? Je les envoie à tous les diables!

Scène IX
[L'ÉVÊQUE, THÉOPHILE]

L'ÉVÊQUE, *allant à Théophile et lui rendant la charte de son emploi.* Ah, vous avez pu venir...

THÉOPHILE, *sarcastique.* Pourquoi pas? Ne sais-je plus marcher? Je ne suis pas tombé en route.

L'ÉVÊQUE. Beau sire, je répare la faute que j'ai commise à votre égard, le mal que je vous ai fait, et je vous rends avec plaisir votre charge. Reprenez-la, car vous êtes un homme dévot et sage, et tout ce que j'ai sera à vous.

THÉOPHILE. Voici de beaux mots, comme je n'en ai jamais su dire. Désormais, quand les vilains viendront en troupe pour me prier, je les ferai attendre dans la misère. Il ne vaut rien, celui que l'on ne craint pas. Ah! ils croient que je ne vois rien. Eh bien, avec ceux-là je serai dur félon.

L'ÉVÊQUE. Théophile, qu'avez-vous dans l'esprit? Ne songez, bel ami, qu'à faire le bien. Voyez, c'est ici que vous habiterez; voici ma maison et la vôtre. Nos richesses et nos biens seront désormais communs. Je crois que nous serons bons amis, car tout ce qui est à moi est à vous.

THÉOPHILE. Par ma foi, sire, je le veux bien!

Scène X
[THÉOPHILE, PIERRE, THOMAS]

THÉOPHILE, *allant à Pierre.* Pierre, veux-tu apprendre une nouvelle? La fortune t'est contraire; et deux as te sont tombés. Contente-toi de ce que tu as, car tu n'auras pas ma charge. L'évêque me l'a rendue, et je n'ai pas à t'en remercier.

PIERRE. Théophile, pourquoi ces mots amers? Hier encore je priais monseigneur qu'il vous rendît votre charge, et ce n'était que justice et raison.

THÉOPHILE. Pour me faire ainsi condamner, il fallait de dures machinations, et maintenant c'est malgré toi que je rentre dans ma charge. Tu as vite oublié —

PIERRE. Moi foi, cher sire, s'il avait dépendu de moi, vous auriez été élu évêque, après la mort du dernier. C'est vous seul qui avez refusé, par crainte du Roi des cieux.

THÉOPHILE, *allant à Thomas.* Thomas, Thomas, quelle mauvaise chance pour toi: on m'a refait sénéchal! Tu laisseras de côté désormais ton humeur indépendante, et tu cesseras de lutter contre moi. Tu n'auras pas de pire compagnon que moi.

THOMAS. Sauf le respect qui vous est dû, Théophile, on vous croirait ivre.

THÉOPHILE. Demain je serai en fonction, en dépit de vous.

THOMAS. Par Dieu! vous n'êtes pas bien raisonnable. Je vous aime et vous estime tant —

THÉOPHILE. Thomas, Thomas, je ne suis pas pris de vin, et je puis encore nuire et aider.

THOMAS. On dirait que vous voulez

quereller, Théophile. Laissez-moi en paix.

THÉOPHILE. Qu'est-ce que je te fais, Thomas? Mais tu pourras bientôt te plaindre, si les choses vont comme je veux.

Scène XI
[THÉOPHILE; *sept ans plus tard*]

THÉOPHILE, *qui se repent et entre dans la chapelle de Notre-Dame*[9]. Hélas! misérable! malheureux! que vais-je devenir? Terre, comment peux-tu me porter, moi qui ai renié Dieu et qui ai pris pour maître l'auteur de tous les maux? Renégat de Dieu! comment le cacher? J'ai laissé le baume[10] céleste, pour tomber dans le piège du malin[11]. Il a pris la lettre maudite, et je dois lui rendre le tribut de mon âme. Oh! Dieu, que feras-tu de ce misérable, dont l'âme tombera dans l'enfer brûlant, et sur laquelle les maudits passeront, en la foulant aux pieds. Ah! terre, ouvre-toi et engloutis-moi,

Seigneur Dieu, que fera ce malheureux insensé, repoussé par toi, haï par le monde, tombé dans les embûches des maudits, trahi par le diable, chassé de tous côtés, poursuivi par tous? Hélas! insensé! avoir renié Dieu pour si peu! Les richesses d'ici-bas que j'ai désirées m'ont précipité dans l'abîme sans retour.

Satan, j'ai suivi ta voie plus de sept ans. Les vins de ma cave m'ont fait passer de funestes heures de joie, et ceux qui les ont payées s'en feront rendre un compte terrible.

De félons charpentiers charpenteront ma chair.

L'âme a droit à l'amour. Mon âme sera-t-elle aimée? Oserai-je demander à la Vierge mon salut? C'est un mauvais grain jeté dans les semailles qu'une âme tombée en enfer. Hélas! quelle folle destinée! Nous voilà dans la détresse, mon âme et moi. Encore si j'osais me présenter devant la douce maîtresse, et si mon âme et moi étions accueillis. Je suis souillé, et la souillure ne peut aller qu'avec la souillure. J'ai moi-même accompli mon abaissement; qui le sait mieux que l'Eternel? Quelle mort effroyable! Satan, vous m'avez mordu d'une cruelle dent!

Je n'ai de refuge ni dans les cieux ni sur la terre. Hélas! quel lieu me cachera? L'enfer me fait horreur; j'y suis allé de mon gré pourtant! Le Paradis n'est pas pour moi, car je suis en guerre avec le Seigneur. Je n'ose implorer Dieu, ni saints ni saintes. N'ai-je pas fait hommage au diable, les mains jointes? N'a-t-il pas ma lettre et mon sceau? O fortune! pour t'avoir vue de près, que de maux! Je n'ose implorer Dieu, ni saints ni saintes, ni la très douce Dame, objet de tout amour. Et pourtant, qu'y a-t-il en elle qui ne soit sagesse et douceur, et qui me blâmerait d'implorer ma grâce?

(A la Vierge.) Sainte Reine, belle, vierge glorieuse, dame pleine de grâces, par qui tout bien arrive, quiconque vous implore dans le malheur est sauvé, quiconque vous donne son cœur obtient la joie perpétuelle de l'éternel royaume.

9. Selon G. Cohen, « il faut supposer, avant cette scène, une longue mimique de Théophile, saisi de remords et tombant enfin à genoux. » — 10. *Baume:* préparation employée comme calmant; au figuré, ce qui adoucit les peines. — 11. *Le malin:* le diable.

O source inépuisable de délices et de salut, ramenez-moi à votre Fils. Mon âme fut autrefois à votre doux service, mais je fus trop vite séduit par celui qui attire le mal et anéantit le bien. Je suis le jouet du séducteur; arrachez-moi à ses illusions, ô vous dont la volonté seule suffit pour ma liberté. Sans votre aide, mon corps paraîtra couvert d'horribles plaies devant la justice suprême. Dame sainte Marie, mon cœur bat; recevez-le à votre service. Autrement ses maux seront sans trêve ni fin. Mon âme sera votre esclave. Quelle horrible situation si mon âme doit affronter les affres de la mort sans votre protection. Laissez le corps au mal, mais que l'âme soit sauvée.

Dame de charité, si humble en portant le Sauveur qui nous a tous tirés de la douleur, de la bassesse et du bourbier de l'enfer, Dame, je vous salue! Vous m'avez déjà secouru, je le sais; empêchez maintenant qu'avec Tantale[12] je ne prenne place dans les fureurs de l'enfer. C'est là que mon âme doit s'enfuir, vers ces gouffres béants. O péché, quelle ruine! quelle évidente folie! Est-ce là mon partage?

O Dame, je vous fais hommage. Tournez vos doux regards vers mon affreux abandon, au nom de votre Fils divin! Faut-il que tous les témoignages de mon passé s'anéantissent dans une telle misère? Semblable à ces vitraux où passe et disparaît le soleil sans laisser une trace, vous êtes restée vierge quand Dieu, descendu des cieux, a fait de vous une dame et une mère. Ah! pierre resplendissante, femme tendre et miséricordieuse, entendez ma prière; arrachez mon vil corps et mon âme à la flamme éternelle.

Reine de bonté, éclairez-moi les yeux du cœur, effacez les ombres en moi, pour que je puisse vous plaire et faire votre volonté. Accordez-moi votre grâce: il y a trop longtemps que je suis dans les ténèbres. Les esclaves du mal comptent m'entraîner encore plus avant! O Dame, ne permettez pas un tel outrage. J'ai tant passé de jours dans l'abaissement, la corruption, l'aveuglement! Reine immaculée et pure, prenez soin de moi, guérissez-moi. Que votre vertu divine, toujours entière, illumine mon cœur de son éclat magnifique et doux, et dessille mes yeux impuissants à me conduire.

Le chasseur infernal a l'œil sur moi; je serai pris et emporté. Priez votre fils de me délivrer. Dame, vous voyez les ruses, vous voyez les maudits; tirez-moi de leurs pièges. Vous qui siégez là-haut, dérobez-leur mon âme, et que nul d'entre eux ne la voie.

Scène XII
[NOTRE-DAME, THÉOPHILE]

NOTRE-DAME. Qui es-tu? Qui va là?

THÉOPHILE. Ah! Dame, ayez pitié de moi! Je suis ce misérable Théophile, ce possédé pris et lié par l'enfer. Je viens vous prier, Dame, et vous demander grâce. Arrachez-moi à l'heure funeste où viendra me dévorer celui qui est

12. Roi mythique dont les crimes lui ont valu un châtiment exemplaire aux Enfers.

l'auteur de ma ruine. Autrefois, vous me regardiez comme de vos enfants, ô belle reine!

NOTRE-DAME. Je ne me soucis pas de ton bavardage. Va-t'en, sors de ma chapelle.

THÉOPHILE. Dame, je ne puis. Fleur d'églantier, lis et rose en qui se repose le fils de Dieu, que ferai-je? J'ai un affreux engagement avec le diable en fureur. Que faire? Jamais je ne cesserai de crier! Vierge de bonté, Dame honorée, mon âme sera-t-elle dévorée? Tombera-t-elle en enfer auprès du diable?

NOTRE-DAME. Théophile, tu as été à moi il y a longtemps. Eh bien, sache en vérité que je rapporterai ton écrit insensé. Je vais le chercher.

Scène XIII
[NOTRE-DAME, SATAN]

NOTRE-DAME. Satan, Satan, es-tu enfermé? Si tu es venu sur la terre pour damner mon clerc, tu as mal pensé. Rends son écrit, car tu as fait là une abomination.

SATAN. Le rendre! J'aimerais mieux être pendu! Ne s'est-il donné à moi, corps et âme, en échange de sa prébende que je lui ai rendue?

NOTRE-DAME. Et moi je te foulerai la panse[13].

Scène XIV
[NOTRE-DAME, THÉOPHILE]

NOTRE-DAME, *rapportant l'écrit.* Ami, je te rapporte ta lettre. Tu aurais pu arriver à mauvais port, sans secours,

sans repos. Ecoute-moi. Va trouver l'évêque sans plus attendre et donne-lui l'écrit. Qu'il le lise devant le peuple, dans la cathédrale, afin que les gens simples ne tombent pas dans un pareil piège. C'est trop aimer la richesse que l'acheter ainsi: l'âme se perd et se couvre de honte.

THÉOPHILE. Volontiers, Dame! Car j'aurais péri corps et âme, et je vois bien que semer ainsi, c'est perdre sa peine.

Scène XV
[THÉOPHILE, L'ÉVÊQUE, LE PEUPLE]

THÉOPHILE, *à l'évêque.* Sire, écoutez-moi, pour l'amour de Dieu! Malgré tout ce que j'ai fait, me voici devant vous pour vous apprendre les causes de ma détresse. J'étais pauvre, maigre et mal habillé; j'avais froid; je manquais de tout. Le diable, ennemi des bons, a fait commettre à mon âme un péché qui était ma mort. Notre-Dame m'a retiré du mauvais chemin qui menait en enfer. Le diable m'avait fait abandonner Dieu, le Père spirituel, et les œuvres de charité. Il a eu de moi une lettre promettant tout ce qu'il voulait, scellée à sa requête. J'étais accablé de repentir, à en mourir même. La Vierge, mère de Dieu, si bonne, si éclatante de pureté, me l'a rendue, et je viens vous prier, comme mon père, d'en faire lecture, afin que nul ne tombe dans ce piège encore ignoré.

L'ÉVÊQUE, *prenant la lettre.* Ecoutez, pour l'amour de Dieu, fils de Marie. Gens de bien, vous

13. Cohen donne l'indication scénique suivante: « Bref combat où Notre-Dame se sert de sa croix comme dans la sculpture de Notre-Dame de Paris » (voir l'illustration).

entendrez la vie de Théophile que le diable a trompé. Ceci est vraie comme l'Evangile et mérite un récit. Ecoutez: « A tous ceux qui verront cette lettre rédigée suivant l'usage, Satan fait savoir que, la fortune ayant tourné contre Théophile, celui-ci a eu de la rancune contre l'évêque qui ne lui avait rien laissé. Désespéré d'un tel outrage, il est allé chercher Salatin et lui a dit qu'en échange de ses honneurs perdus il ferait volontiers hommage au diable. Je l'avais combattu sans relâche durant sa vie sainte, et jamais je n'avais pris d'avantage sur lui. Ainsi, quand il est venu me prier, j'ai eu grande envie de lui. Comme il m'avait fait hommage, je lui ai rendu sa charge après avoir reçu cette lettre écrite de son sang et scellée de l'anneau de son doigt. » Ainsi a fait Théophile. La servante de Dieu l'a délivré; la Vierge Marie l'a arraché à son malheur. Chantons tous pour cette nouvelle. Debout donc. Disons: *Te Deum laudamus*[14].

(Adapté de la traduction d'A. Douhet)

14. « O Dieu, nous te louons », début de la célèbre hymne de matines (chantée entre minuit et le lever du jour).

Matière à réflexion

1. *Le Miracle de Théophile* a été condamné par nombre de critiques pour son manque de qualités dramatiques. Typique à cet égard, R. Bossuat écrit: « Point d'enchaînement entre les scènes, nul souci de ménager les transitions; la grâce agit subitement sans que rien nous y prépare; le dialogue s'allonge et languit. » Les personnages, a-t-on dit, sont mal dépeints; les monologues prennent trop de place, etc. On est allé jusqu'à se demander si l'ouvrage fut destiné à la représentation. Qu'est-ce donc qui explique que ce miracle ait toujours été, comme le dit un de ses traducteurs, « prodigieusement réputé », et qu'il soit le seul du genre à être représenté aujourd'hui encore?

2. A qui la faute? Faisant preuve d'une admirable lucidité envers lui-même, Théophile admet, au début de la scène du repentir: « J'ai moi-même accompli mon abaissement. » Un peu plus tard, il en est aux mauvaises excuses: il blâme le diable, « auteur » (cause) de sa ruine (« Le diable... a fait commettre à mon âme un péché... Le diable m'avait fait abandonner Dieu », etc.), et même sa pauvreté (« J'étais pauvre, maigre, mal habillé », etc.)! Commentez cette inconséquence.

3. Le médiéviste R. Bossuat fait remarquer, après bien d'autres, que « le comique et le tragique sont mêlés dans *Le Miracle de Théophile*. » Quelles sont, à votre avis, les scènes comiques? Trouvez-vous inconvenant ce mélange du rire et du religieux? Les « corrections » du premier traducteur de Théophile sont intéressantes à cet égard. « Je te foulerai la panse », dit Notre-Dame à Satan dans la version originale du miracle (scène XIII), et c'est l'un des rares vers qu'il n'est pas

besoin de traduire en français moderne. Le traducteur « interprète » ainsi: « Je te frapperai au cœur ». Commentez.

4. On a surnommé *Le Miracle de Théophile* « le Faust du Moyen Age ». Selon la légende née au XVI^e siècle et dont Gœthe a donné la version la plus célèbre au XIX^e, Faust vend son âme au diable pour satisfaire sa curiosité intellectuelle. Développez le parallèle entre les deux légendes. En quoi diffèrent-elles?

Le Théâtre profane

Nous connaissons assez bien aujourd'hui, du moins dans ses grandes lignes, l'évolution du théâtre religieux au Moyen Age. Grâce aux nombreux exemples qui en ont été conservés, nous pouvons suivre les étapes par où, en sortant de l'église, il s'est séparé de la liturgie pour s'établir sur la place publique comme genre indépendant. Nous sommes malheureusement moins bien renseignés sur l'histoire du théâtre profane — celui, comme nous le disent les dictionnaires, qui est « étranger à la religion ». Mais ces mêmes dictionnaires ajoutent que le mot vient du latin *profanus*, « hors de l'église », et cette indication étymologique rappelle ce que les historiens nous donnent pour probable: le théâtre profane en France naît du théâtre religieux.

Ce qui nous réduit aux hypothèses en la matière, c'est la rareté des textes antérieurs au XVe siècle. Les plus anciennes œuvres dramatiques que l'on puisse qualifier de profanes datent de la fin du XIIIe. Il s'agit de deux pièces isolées d'Adam de la Halle: le *Jeu de la Feuillée* (vers 1275), revue satirique inspirée de l'actualité, et le *Jeu de Robin et Marion* (vers 1285), sorte de comédie-ballet où les dialogues sont mêlés de chants et de danses. Après Adam de la Halle, qui semble n'avoir imité personne et ne pas avoir eu d'imitateurs, il y a un siècle et demi de silence. Il est à supposer que le développement du théâtre profane se soit poursuivi pendant cette longue période, mais, faute de documents, il nous est impossible d'en suivre les étapes. Cette situation contraste avec celle du théâtre religieux, lequel, pour le seul XIVe siècle, est représenté par une quarantaine de miracles.

Pour des raisons que les médiévistes comprennent mal, le théâtre profane réapparaît brusquement et en force vers le milieu du XVe siècle. Ce n'est peut-être pas un hasard si l'année 1453 marque la fin de la Guerre de Cent Ans. La cessation des hostilités produisit-elle une détente dans les esprits? La paix était-elle plus favorable à la conservation des manuscrits? Quoi qu'il en soit, à partir de cette date, le théâtre profane s'épanouit parallèlement au théâtre religieux.

Cette nouvelle production se répartit en plusieurs genres dont la plupart sont appelés à disparaître avant la fin du siècle suivant. Le genre de la *moralité* est didactique; il a pour but d'enseigner l'amour de la vertu et la haine du vice. Les personnages sont typiquement des abstractions: Chasteté, Abstinence, ou bien Débauche, Gourmandise, etc. Nous nous étonnons aujourd'hui du succès considérable que ces allégories sermonneuses connaissaient à la fin du Moyen Age. Le genre de la *sotie* est satirique; il aborde, souvent avec une grande hardiesse, les questions d'actualité. La sotie est ainsi nommée parce que les acteurs se déguisaient en *sots* (fous). Rendus irresponsables par le costume traditionnel de la folie — robe moitié jaune, moitié verte, chapeau à longues oreilles, marotte en main —, ils pouvaient s'attaquer avec impunité aux puissants du jour. A la différence de la moralité, il s'agit, on le voit, d'un genre comique. Mais le rire auquel visent les soties, loin d'être une fin en soi, n'est qu'un moyen pour parvenir à des fins réformatrices. C'est pourquoi on a pu définir ce genre combatif « le pamphlet au théâtre ».

Le genre majeur du théâtre profane au XVᵉ siècle — le seul d'ailleurs à ne pas disparaître au siècle suivant — est celui de la *farce*. Il nous reste environ cent cinquante de ces pièces purement comiques ayant pour seul but de faire rire. Dépourvue d'intentions didactiques, imprégnée du pur esprit gaulois, la farce se rapproche du fabliau (voir « Les Fabliaux »). Elle plaît au même public populaire; le ton, les personnages et les moyens comiques sont les mêmes. Ces nombreuses analogies expliquent l'assimilation si souvent répétée: la farce n'est, au fond, qu'un fabliau mis en scène.

L'une ne vient pourtant pas de l'autre, comme l'indique, encore une fois, l'étymologie. Le mot *farce* vient du latin *farcire:* remplir, farcir. Avant d'avoir un sens littéraire, le mot désignait — il désigne encore aujourd'hui — le hachis de viandes épicées dont on remplit un mets (volaille, pâté, etc.). Au XVᵉ siècle, le mot commence à se dire, par extension du sens culinaire, des intermèdes comiques insérés dans la représentation des interminables mystères pour fournir un peu de « comic relief ». Bien plus « épicées » que le mystère, ces pauses bouffonnes remportent un gros succès et prennent de plus en plus d'importance. Se dégageant peu à peu de la représentation du mystère, elles finissent par se jouer isolément. Ayant conquis ainsi son autonomie, la farce ne sert plus à « farcir ». Le nom restera pourtant, comme pour témoigner de l'origine religieuse de ce genre comique par excellence.

Né du théâtre religieux, le théâtre profane connaîtra un bien meilleur sort. Le premier s'éteindra complètement au souffle de la Renaissance; le second fera une belle carrière. Le théâtre étant devenu tout entier « étranger à la religion », la distinction du religieux et du profane, désormais périmée, sera remplacée au XVIᵉ siècle par celle qui oppose le sérieux et le comique. Le théâtre sérieux dédaignera le Moyen Age et, s'inspirant de l'Antiquité, donnera la tragédie classique. Le théâtre comique poursuivra en revanche une évolution continue. La comédie s'affinera considérablement par la suite, mais les éléments de farce seront reconnaissables chez Molière au XVIIᵉ siècle comme chez Beaumarchais au XVIIIᵉ, dans les vaudevilles du XIXᵉ comme dans les « pièces de boulevard » du XXᵉ. Avant de se transformer en comédie moderne, le genre de la farce donnera, à la fin du Moyen Age, un authentique chef-d'œuvre: *La Farce de Maître Pathelin.*

La Farce de Maître Pathelin

La Farce de Maître Pathelin fut écrite vers 1465 par un auteur génial dont nous ignorons le nom. Sa pièce rencontra tout de suite un vif succès, comme en témoignent les « suites » qui parurent avant la fin du siècle: *Le Nouveau Pathelin* (vers 1474); *Le Testament de Pathelin* (vers 1480). Ce succès ne se démentit pas au cours du siècle suivant: on compte une vingtaine d'éditions parues avant 1600! Après une éclipse aux XVIIe et XVIIIe siècles — quatre éditions seulement, et une imitation —, *Pathelin* fut redécouvert au XIXe, d'abord par les érudits, puis par le grand public. Traduite en français moderne, la pièce triompha en 1872 sur la scène de la Comédie Française, où elle est restée au répertoire. De nos jours, elle est applaudie un peu partout dans le monde francophone; les reprises fréquentes ont toujours du succès.

Or cette popularité durable pose un problème. Le médiéviste D. Poirion refuse, à propos justement de *Pathelin*, l'idée d'un « comique intemporel » auquel nous serions sensibles au XXe siècle au même titre que le public du XVe. Mais si, comme l'affirme Poirion, le rire médiéval dépend de conditions sociales disparues depuis longtemps, comment expliquer que *La Farce de Maître Pathelin* ait pu traverser victorieusement cinq siècles pour rester, aujourd'hui encore, une pièce à succès? C'est l'historien G. Lanson qui apporte peut-être un début de réponse. D'habitude si sobre de compliments, il écrit, à propos de l'intrigue de la pièce: « Dans ce sujet si simple, si mince, il y a un tel jaillissement de gaieté, tant de finesse, tant d'exactitude dans l'expression des caractères, un instinct dramatique si sûr, une vie si intense et un style si dru, si vert, si mordant, ici une si exubérante fantaisie et là une si saisissante vérité, souvent un si délicieux mélange de la fantaisie au dehors et de la vérité au dedans, que *La Farce de Maître Pathelin* doit être tirée hors de pair. »

Reste à savoir si notre pièce peut remplir la promesse d'une telle louange...

Avant de lire

La popularité de la pièce fut telle que le nom propre *Pathelin* est entré dans la langue sous forme d'adjectif. Le même phénomène se produit souvent en anglais, comme dans toutes les langues. Grâce, par exemple, à la célébrité d'un personnage de Dickens, on dit d'un homme avare et grincheux: « He's a real Scrooge. » *Patelin(-ine)* se dit d'une personne artificieuse et cajoleuse qui, par des flatteries, une douceur affectée, s'efforce de dissimuler ses intentions pour duper les gens et parvenir à ses fins (*Dict. Robert*). En lisant la pièce, essayez de garder cette définition présente à l'esprit. Maître Pathelin mérite-t-il qu'on lui applique le mot qu'il a légué à la langue?

© Harlingue-Viollet

La scène du procès: « Seigneur, je viens vous dénoncer les méfaits de ce misérable! » (Acte III, Scéne 4).

La Farce de Maître Pathelin

PERSONNAGES

MAÎTRE PIERRE PATHELIN, avocat
GUILLEMETTE, sa femme
le drapier GUILLAUME
le berger AGNELET
le juge

124

ACTE PREMIER

Chez le drapier GUILLAUME

(La scène se passe à Paris, au carrefour des Saints-Innocents. A gauche du théâtre, la boutique du drapier Guillaume. C'est une maison à devanture peinte, à charpente extérieure, à étage en surplomb. Les pièces de drap sont rangées sous l'auvent, sur une tablette devant la fenêtre.)

Scène première
[PATHELIN, GUILLEMETTE]

PATHELIN.

Par Notre-Dame, Guillemette,
Quelque soit le soin que je mette
Pour quelques écus entasser,
Nous ne pouvons rien amasser!
J'étais avocat qu'on renomme!

GUILLEMETTE.

Mais vous n'êtes plus qu'un pauvre
 homme;
On ne vous tient plus si savant
Que l'on faisait auparavant!
Tous venaient vous trouver naguère
Pour vous soumettre quelque
 affaire;
Et c'est sous l'orme maintenant
Que vous attendez le client[1].

PATHELIN.

Et pourtant, sans que je me vante,
Est-il personne plus savante,
A part notre maire, que moi?

GUILLEMETTE.

Ah! la belle science[2]! ma foi!

PATHELIN.

Je n'ai pas fait longues études,
Mais je montrais tant d'aptitudes

Au travail, que, sans me vanter,
Au lutrin je savais chanter
Si clairement avec le prêtre
Qu'on aurait cru que chez un
 maître
J'étais resté pendant sept ans.
C'est-à-dire un aussi long temps
Que le roi Charles en Espagne[3]!

GUILLEMETTE.

Que nous importe Charlemagne?
Nous sommes assez mal lotis,
Sans nourriture et sans habits!
Tous deux nous avons triste mine;
Nous mourons presque de famine;
Tous nos vêtements sont râpés,
Usés au coude et tout fripés.
Mais comment en acheter d'autres?
Il nous faut conserver les nôtres!
A quoi nous sert votre savoir,
Puisque nous n'en pouvons avoir
Pour nous vêtir ni sou ni maille[4]?

PATHELIN.

Taisez-vous! Voulez-vous que j'aille
Vous chercher robe et chaperon?
A vous servir je serai prompt,
Si j'ai recours à ma science!
Vous pouvez avoir confiance,
Car je saurai, comme avocat,
Par plaidoirie, avoir du drap!

GUILLEMETTE.

Je crois plutôt — ou je m'abuse —
Que ce ne sera que par ruse,
Car je sais bien que pour tromper,
Pour mentir et pour attraper,
Vous êtes un habile maître!

PATHELIN.

Par le Seigneur qui me vit naître,
Je veux avoir par mon talent
Du drap pour nous deux
 largement.
Quelle couleur vous semble belle?
Un gris-vert? Un drap de Bruxelle?

1. *Attendre sous l'orme:* attendre en vain quelqu'un qui ne viendra pas. — 2. *La science:* le savoir. — 3. Allusion au début de *La Chanson de Roland.* — 4. La plus petite monnaie à l'époque. *N'avoir ni sou ni maille:* n'avoir pas d'argent du tout.

GUILLEMETTE.

Ma foi, quand on n'a pas d'argent,
Il ne faut pas être exigeant.

PATHELIN.

Combien en faudra-t-il, ma mie[5]?
Pour vous deux aunes[6] et demie,
Et pour moi trois, ou quatre au
 plus.

GUILLEMETTE.

Où trouverez-vous des écus[7]?

PATHELIN.

Soyez sans souci, Guillemette.
Un denier[8] suffit pour l'emplette.
Je vous rapporterai du drap.

GUILLEMETTE.

Mais plus tard, qui donc le paiera?

PATHELIN.

Ne vous en mettez pas en peine:
On paiera lors de la semaine
Fameuse des quatre jeudis[9]!
Soyez sans crainte, je vous dis!
 (Il se dispose à sortir.)

GUILLEMETTE.

Au cabaret vous allez boire!

PATHELIN.

Non pas! Je m'en vais à la foire!
 (Il sort.)

Scène II
[PATHELIN, le drapier GUILLAUME]

PATHELIN, *s'arrêtant à la porte du drapier.*

Mais voici que tout en marchant
Je me trouve chez le marchand!
 (Le drapier est sur le pas de sa porte.)
Tiens! vous voici, maître Guil-
 laume!
Allons! serrez-moi donc la paume!
Comment se porte la santé?
Va-t-elle à votre volonté?

LE DRAPIER.

Oui-da[10], merci.

PATHELIN.

 La marchandise?

LE DRAPIER.

Tout doucement! Quoi qu'on en
 dise,
Marchand toujours ne gagne pas.

PATHELIN.

Encor gagnez-vous vos repas!

LE DRAPIER.

On va de l'avant, mon doux maître;
Le commerce est ce qu'il peut être.

PATHELIN.

Que c'était un homme entendu
Que votre père! Il a vendu
Du drap de robes à ma femme.
Le Seigneur veuille avoir son âme!
Quand je vous regarde, vraiment!
Je crois le voir absolument.
Vous êtes sa propre peinture.
Dieu n'a fait de créature
Plus semblable que vous à lui!
Je ne le vois pas d'aujourd'hui:
Voilà longtemps que j'examine
Votre honnête et joyeuse mine!

LE DRAPIER, *lui montrant un escabeau.* stool

Asseyez-vous donc, s'il vous plaît.

PATHELIN, *sans s'asseoir, continue.*

Oui, comme deux gouttes de lait,
Vous vous ressemblez de visage.
Dieu! que c'était un homme sage!
Combien de fois il m'a prédit
Tout ce qui se passe! Pardi[11]!
Bien souvent j'en eus souvenance!

LE DRAPIER, *approchant le siège.*

Sire! vous me faites offense
A ne pas daigner vous asseoir.

PATHELIN, *s'asseyant.*

Non! certes! l'on ne saurait voir
Deux personnes aussi pareilles.

5. *Ma mie:* forme archaïque de *mon amie,* qui se disait *m'amie.* — 6. *Aune:* ancienne mesure de longueur (1,2 m). — 7. *Ecu:* ancienne pièce de cinq francs en argent. *Des écus,* par extension: de l'argent. — 8. *Denier:* ancienne pièce de monnaie ne valant que deux mailles. — 9. *Payer la semaine des quatre jeudis:* ne jamais payer. — 10. *Oui-da:* oui, bien sûr. — 11. *Pardi:* exclamation qui renforce une déclaration (altération de *pardieu*).

C'est son nez, ses yeux, ses oreilles.
Vous êtes son portrait craché!
Entre vous en vain j'ai cherché,
Je ne vois nulle différence!
Et cette excellente Laurence,
Votre tante? Va-t-elle bien?

LE DRAPIER.

Oui, certes! Elle ne souffre en rien.

PATHELIN.

Mon Dieu! quelle belle personne!
Aussi droite qu'une colonne!
Naguère encor je l'admirais.
Et quand on vous regarde après,
On dit: « Quelle belle famille! »
Autant qu'elle est grande et
 gentille,
Vous êtes, vous, joli garçon,
Bien digne de votre maison!
Et votre père, le brave homme,
Prêtait souvent petite somme
A ceux qu'il voulait obliger!
Sans crainte de le déranger
On pouvait frapper à sa porte.
Mais des bourgeois de cette sorte,
On peut en chercher maintenant.
Ils ne prêtent plus leur argent.
Que votre père aimait à rire!
Plût au ciel qu'à présent le pire
Du monde pût lui ressembler!
On ne verrait pas tant voler!...
 (Il tâte une pièce de drap.)
Que ce drap est de fine laine!
On en a la main toute pleine.

LE DRAPIER.

C'est de la laine de mes brebis.

PATHELIN, *regardant le drap.*

On en ferait de beaux habits!
Ainsi ces étoffes parfaites
Sont de la laine de vos bêtes!
On dirait du cuir cordouan!

LE DRAPIER.

C'est un très bon drap de Rouen.

PATHELIN.

Je ne songeais à nulle emplette!
Mais cette étoffe est trop coquette!

J'avais dans ma poche emporté
Cent écus d'or, mis de côté
Pour faire achat de quelque rente,
Mais vous en aurez vingt ou trente,
Car de ce drap la couleur
Me plaît tant que c'est un malheur!

LE DRAPIER.

Vous aurez plus tard votre rente!
Profitez-en.

PATHELIN.

 Ce drap me tente!
Je veux m'en faire un vêtement;
A ma femme pareillement.

LE DRAPIER.

Vous n'avez qu'à parler, mon
 maître;
Combien faut-il vous en remettre?
Tenez! prenez tout le coupon.
Vous pourrez faire un chaperon.
Emportez le tout, sans reproche,
N'eussiez-vous pas un liard[12] en
 poche!

PATHELIN.

Pour votre obligeance, merci!

LE DRAPIER.

Voulez-vous, sire, ce bleu-ci?

PATHELIN.

Combien l'aune en coûtera-t-elle?

LE DRAPIER.

C'est mon étoffe la plus belle!
Je vous dirai ce qu'elle vaut,
Et vous saurez mon dernier mot.
Pour vous, c'est vingt-quatre sous
 l'aune.

PATHELIN.

Me prenez-vous pour un béjaune?

LE DRAPIER.

C'est le prix qu'il me coûte à moi!
Les brebis ont souffert du froid
Cet hiver! La laine est très rare.

PATHELIN.

Vingt! Et je ne fais pas l'avare!

LE DRAPIER.

On paie au double la toison
Qu'avant on trouvait à foison!

12. *Liard:* ancienne monnaie qui valait trois deniers. Par extension, une très petite somme d'argent.

Autrefois, à la Madeleine[13],
Je payais moitié moins la laine!

PATHELIN, *d'un air résigné.*

Soit! A vos raisons je me rends!
Mesurez-moi ce que je prends.

LE DRAPIER.

Mais combien?

PATHELIN, *réfléchissant.*

 … Pour moi, trois. Pour elle,
Deux et demi. Je me rappelle
Que c'est cela!

LE DRAPIER, *après avoir mesuré le drap.*

 Six justement!
Prenez les six tout rondement.

PATHELIN.

Soit!

LE DRAPIER.

 Faut-il revoir la mesure?

PATHELIN.

Votre honnêteté m'en assure!

LE DRAPIER.

Six aunes à vingt-quatre sous,
C'est six écus.

PATHELIN.

 D'or! Voulez-vous
Venir les prendre à ma demeure?

LE DRAPIER.

Ça me dérange un peu.

PATHELIN.

 Je meure,
Si vous ne venez pas chez moi!
Vous verrez comme l'on y boit
D'un bon petit vin de Bourgogne!
Allons! venez-y sans vergogne
Chercher votre or… et boire aussi!

LE DRAPIER.

Je le préférerais ici,
Si vous l'avez. Cela me peine
De vendre à crédit pour
 l'étrenne[14]!

PATHELIN.

Et mes écus — des écus d'or!
Est-ce rien? Vous pourrez encor

Manger d'une oie — et d'une
 belle! —
Qu'on rôtit. Vous aurez une aile!

LE DRAPIER.

Ma foi! puisque vous le voulez,
Je vous suis. Vous m'ensorcelez!
Je porterai le drap.

PATHELIN.

 De grâce,
De peur que ce paquet vous lasse,
Je vais le prendre entre mes bras!
Et comme je ne suis pas gras,
J'aurai gros ventre de la sorte!

 (Il rit.)

LE DRAPIER, *cherchant à reprendre le drap.*

Il vaut bien mieux que je le porte.

PATHELIN.

Non! non! je ne souffrirai point
Que pour moi vous preniez ce soin!
Je cours pour aller à la cave!

LE DRAPIER.

Et préparez mon or, mon brave!
Car de boire je n'ai souci.

PATHELIN.

Ah! pardieu! Vous boirez aussi!
Voulez-vous donc me faire offense?
Votre bon père — quand j'y
 pense! —
En passant ne se gênait pas
D'entrer s'asseoir à nos repas!
Mais pour vous riches nous ne
 sommes
Maintenant que de pauvres
 hommes!
Vous n'estimez pas un fétu
Celui qui n'est pas bien vêtu!

LE DRAPIER.

Moi! je ne suis pas du tout riche!
Bien souvent je dois être chiche…

PATHELIN.

Eh bien! je cours vite en avant.

LE DRAPIER.

Et n'oubliez pas mon argent!

13. Le 22 juillet, fête de la Sainte-Madeleine. — 14. *Etrenne:* ici, la première vente de la journée.

PATHELIN, *à part.*

Son argent! Il peut s'aller pendre
Certes, s'il croit qu'il vient de
 vendre
Du drap qui puisse l'enrichir!
Il n'a pas voulu consentir
A rien rabattre de la somme!
Il verra comme je me nomme!
Et quant à ses écus sonnants,
S'il veut courir après longtemps,
Il ira jusqu'à Pampelune!

 (Il se sauve avec le drap et rentre chez
 lui.)

LE DRAPIER, *seul.*

Ils ne verront ni soleil ni lune
Les écus qu'il va me donner!
Car je vais, sans plus lanterner[15],
Les cacher pour grossir le nombre
De ceux qui déjà sont à l'ombre!
Il n'est si malin acheteur
Qui ne trouve un plus malin
 vendeur!
Comme il s'est bien laissé refaire[16]!
Fut-il assez niais! J'espère
Que voilà du drap bien vendu!
A mes raisons il s'est rendu
Et m'invite à faire ripaille[17]!
J'aurai l'or, le vin... la volaille!

ACTE II

Scène première
[PATHELIN, GUILLEMETTE]

(La scène se passe dans la maison de Maître Pathelin. Grand lit à rideaux pouvant se fermer. Ustensiles divers de cuisine, casserole, balai, etc. Porte donnant sur l'extérieur.)

PATHELIN, *qui arrive en courant, portant la pièce de drap sous la robe. Il*

 sautille à travers la chambre.
En ai-je?

GUILLEMETTE.

 Eh! quoi, mon pauvre ami?

PATHELIN, *de plus en plus guilleret.*

Je n'accomplis rien à demi!
Femme, n'êtes-vous pas honteuse
De porter robe aussi piteuse?

GUILLEMETTE.

Hélas! Est-ce d'un bon époux
De se gausser[18] ainsi de nous?

PATHELIN.

En ai-je?

GUILLEMETTE.

 Avez-vous sous en poche
Pour sautiller comme un fantoche?

PATHELIN.

Non! pas d'argent! Mais j'ai du
 drap!
 (Il découvre triomphalement la pièce de
 drap.)

GUILLEMETTE.

Eh! grand Dieu! Qui donc le
 paiera?

PATHELIN.

Il est tout payé, Guillemette!
Je crois avoir fait bonne emplette!
Ah! que c'est un homme entendu
Le marchand qui me l'a vendu!
Ce n'est pas le quart d'une bête[19]!

GUILLEMETTE.

Payé? Mais perdez-vous la tête?

PATHELIN.

Le marchand n'a rien eu du tout!
Semblable paye est de mon goût!
Il va venir faire tapage,
Mais il n'aura pas davantage.
C'est Guillaume. Je lui disais
Qu'à son père on ne vit jamais
Un bon fils être plus semblable;
Qu'il était de race estimable;
Or ce fut un affreux marsouin[20]
Comme le fils est un babouin,

15. *Lanterner:* perdre du temps; tarder. — 16. *Refaire:* attraper; duper. — 17. *Ripaille:* repas où l'on mange beaucoup et bien. — 18. *Se gausser:* se moquer. — 19. *... bête:* une bête est quatre fois plus intelligente. — 20. *Marsouin:* ici, homme laid.

Rebut de la pire canaille!
Puis je lui parlai de volaille
Que je disais rôtir ici.
Et quand je le tins à merci,
Je pris le drap sous mon aisselle!

(Il caresse le drap.)

Savez-vous que l'étoffe est belle!

GUILLEMETTE.

Ainsi, c'est tout en le flattant
Que vous avez pu gagner tant!
Ceci me rappelle la fable
Du Corbeau. D'un air très affable
Le Renard, le voyant perché
Sur une croix, s'est approché.
Le Corbeau, fier de son plumage
Tenait dans son bec un fromage:
« Comme vous avez le corps beau! »
Dit Maître Renard au Corbeau;
« En vos chants quelle mélodie! »
Pour que sa voix fût applaudie,
Maître Corbeau, très sottement,
Ouvrit le bec tout largement.
Le fromage tombe par terre,
Et Maître Renard vous le serre
A belles dents, et puis s'enfuit.
Vous avez agi comme lui,
Et vous tenez la draperie!

(Elle rit aux éclats.)

Croyez-vous que le marchand rie?
C'est un achat qui n'est pas cher!
Mais maintenant, le fait est clair:
Il va venir! Et comment faire?

PATHELIN.

Préparez le lit, ma commère!
Je me couche, et ferai semblant
D'être malade. Tout tremblant
Je serai sous ma couverture,
Et vous ferez triste figure,
Disant: « Voilà tantôt deux mois
Qu'il est malade! » Et dans la voix
Vous mêlerez de feintes larmes.

GUILLEMETTE.

Mais la justice?

PATHELIN.

Point d'alarmes!
Remettez-vous-en tout à moi
Et ne soyez pas en émoi!

GUILLEMETTE.

Il se peut que mal vous advienne!
Mon bon ami, qu'il vous souvienne
Du malencontreux samedi
Où l'on vous mit au pilori!

PATHELIN.

Allons! cessez ce bavardage!
Il va venir faire tapage.
Il ne faut plus perdre d'instants!
Donc je me couche — et je
 l'attends.

(Il disparaît derrière les rideaux tirés. A ce moment on entend frapper bruyamment à la porte. Guillemette cache le drap sous le lit.)

Scène II
[le drapier GUILLAUME, GUILLEMETTE, PATHELIN, couché dans son lit]

LE DRAPIER.

Eh! Maître Pierre! Me voici!

GUILLEMETTE, *ouvrant la porte avec précaution.*

Ciel! Que venez-vous faire ici?
Parlez plus bas!

LE DRAPIER.

 Bonjour, madame!

GUILLEMETTE.

Plus bas!

LE DRAPIER.

 N'êtes-vous pas sa femme?

GUILLEMETTE.

De qui? Seigneur! Expliquez-vous.
Que pouvez-vous vouloir chez
 nous?

LE DRAPIER.

Mais voir votre mari, madame.

GUILLEMETTE.

De qui me croyez-vous la femme?

LE DRAPIER.

De qui? parbleu! Mais pas du Roi!
De Maître Pathelin, ma foi!
N'est-ce pas ici qu'il demeure?

130

GUILLEMETTE.

Hélas! En attendant qu'il meure!

LE DRAPIER.

Où donc est-il?

GUILLEMETTE.

 Eh! dans son lit!

Ah! maître; ce n'est pas joli

De venir troubler un pauvre
 homme

Que la fièvre du mal assomme!

Depuis onze semaines, las[21]!

Il gémit sur le matelas!

LE DRAPIER.

Qui donc?

GUILLEMETTE.

 Pathelin, mon cher maître,

Mon cher mari!

 (*Elle pleure.*)

LE DRAPIER.

 Ce ne peut être!

Je viens de le voir à l'instant.

 (*Pathelin s'agite et gémit derrière*
 les rideaux.)

GUILLEMETTE.

Ah! le voilà qui vous entend!

PATHELIN, *derrière les rideaux.*

Est-ce vous, Jean, l'apothicaire?

Dois-je prendre un autre clystère[22]?

LE DRAPIER, *furieux.*

Eh! je ne suis pas maître Jean!

Je viens pour chercher mon argent!

Il ne s'agit pas de clystère!

Ce n'est pas là mon ministère[23]!

GUILLEMETTE, *criant elle-même.*

Parlez plus bas! plus bas! plus bas!

LE DRAPIER.

Eh! parbleu! plus bas! Faut-il pas

Que je descende dans la cave

Ou dans le puits? Qu'est-ce qu'il
 bave?

Et que venez-vous me chanter?

Il n'est pas temps de plaisanter!

De Rome on vous entendrait
 braire,

Et vous me dites de me taire!

GUILLEMETTE, *plus bas.*

Il se rendort. Allez-vous-en!

LE DRAPIER.

Ah! vous me paierez à présent!

GUILLEMETTE.

Vous payer quoi?

LE DRAPIER.

 Mon drap, madame!

GUILLEMETTE.

Quel démon vous a troublé l'âme?

LE DRAPIER.

Suis-je chez maître Pathelin,

Qui me doit…

GUILLEMETTE.

 Vous êtes enclin

A pousser la plaisanterie

Trop loin!

LE DRAPIER.

 Mes écus, je vous prie!

Ou bien mon drap!

GUILLEMETTE.

 Son mal est grand!

Hélas! Il rend[24] tout ce qu'il prend.

LE DRAPIER.

Alors, mon drap, qu'il me le rende,

S'il ne peut payer. Je demande

Qu'on se dépêche! C'est certain,

Quand il eut mon drap, ce matin,

Je l'ai vu courir, je le jure!

GUILLEMETTE.

Maître, serait-ce une gageure?

Est-il en état de courir,

Le pauvre homme qui va mourir?

LE DRAPIER.

Il a pris du drap bleu, six aunes!

GUILLEMETTE.

Que vos draps soient bleus, verts ou
 jaunes,

Qu'importe! Car depuis trois mois

21. *Las:* hélas. — 22. *Clystère:* lavement. — 23. *Ministère:* fonction que l'on doit remplir (sens vieilli). —
24. *Il rend…:* il vomit tout ce qu'il mange.

Il n'a pu sortir une fois!
Ah! certes, de robe il n'a cure[25],
Et pour aller en sépulture
Le vêtement qu'il vêtira
Sera de linge et non de drap!

LE DRAPIER.

Pourtant, je lui parlerai sans faute!

GUILLEMETTE.

Ah! que vous avez la voix haute!
Parlez plus bas, par charité.

LE DRAPIER.

Craignez-vous donc, en vérité,
De votre époux la fin prochaine?
Mais moi, je suis en grande peine!
Payez-moi. Je vous laisserai!
Jamais crédit je ne ferai!

PATHELIN, *derrière les rideaux.*

Guillemette! un peu d'eau rose!
Haussez-moi pour que je repose
En mon lit plus commodément,
Et faites-moi boire.

LE DRAPIER.

 Ah! vraiment,
Le voici qui parle!

PATHELIN.

 Qu'on chasse
Tous ces gens noirs! Je me lasse
De les voir près de moi bondir!
Guillemette, viens me couvrir!
Voilà le moine noir qui vole!
Vite, donnez-lui son étole[26]!
Au chat! au chat! ah! Marmara,
Carimari, Carimara[27]!

 (Il s'agite.)

GUILLEMETTE.

Ah! mon Dieu, comme il se
 démène!

LE DRAPIER.

Il est fou! La chose est certaine!

GUILLEMETTE, *à Pathelin.*

Calmez-vous! C'est trop remuer!

PATHELIN.

Sans doute ils veulent me tuer,
Ces médecins, il faut le croire,
Avec tout ce qu'ils me font boire!

LE DRAPIER.

Fut-il donc pris d'un mal soudain?
Car il vint chez moi — c'est certain!
Aujourd'hui même! Quelle affaire!

GUILLEMETTE.

Voyez, monsieur, il faut vous taire.

LE DRAPIER.

Et pourtant je vendis tantôt
Six aunes pour faire un manteau,
Robe et chaperon! Il me semble
Que nous fîmes affaire ensemble!
Mais au fait! Ecoutez un peu:
N'avez-vous pas une oie au feu?

GUILLEMETTE.

Une oie ici? Belle demande!
Ah! messire, ce n'est pas viande
De malade! Cherchez ailleurs!
Allez rire avec vos tailleurs!

LE DRAPIER.

Ne vous mettez pas en colère!
Ce contretemps me désespère!
 (Il s'éloigne, mais il s'arrête à plusieurs
 reprises pour réfléchir.)
Je croyais bien avoir vendu
Mon drap!... Hélas! Il est perdu!
La pièce était là, sur ma table!...
C'est une chose inexplicable!
Faut-il donc croire qu'en dormant
Je cède draps à tout venant?
Ai-je rêvé? J'y perds la tête.
Est-on à ce point malhonnête?
Il a choisi parmi mes draps
Le bleu! Je l'ai vu sous son bras!
Mais non!... Car voici sa demeure;
Il semble être à sa dernière heure!
« Venez chez moi boire! » a-t-il
 dit...
Jamais je n'aurais fait crédit...
Mais si!... Mais non!... Je n'y vois
 goutte[28].
Plus je réfléchis, plus je doute!
Peut-être n'ai-je rien vendu!...
Je vais voir si j'ai confondu.

 (Il sort.)

25. *Il n'a cure:* il ne se soucie pas. — 26. *Etole:* bande d'étoffe portée par un prêtre. — 27. Ce sont des formules magiques. — 28. *... goutte:* Je n'y comprends rien.

Scène III
[PATHELIN, GUILLEMETTE]

PATHELIN, *sortant avec précaution la tête*
entre les rideaux.

Est-il parti?

GUILLEMETTE.

 Faites silence!

PATHELIN.

Avez-vous vu sa défiance?

GUILLEMETTE.

Taisez-vous! Il peut revenir!

PATHELIN.

Ma foi! Je n'y puis plus tenir[29]!

 (Il se lève et paraît dans son costume de
 nuit.)

La défense fut un peu lourde!
Il ne voulait de la bourde[30]!

 (Ils se mettent tous deux à rire aux
 éclats.)

Ma foi, se tienne qui pourra!
Il est trop drôle, avec son drap!

 (Leurs éclats de rire sont brusquement
 interrompus par des coups frappés à
 la porte.)

Scène IV
[les mêmes et le drapier GUILLAUME]

(Aussitôt Pathelin, qui n'a pas le temps de
se recoucher, s'affuble avec les objets et les
ustensiles qui lui tombent sous la main; il
enfourche un balai, et, coiffé d'une casse-
role, il se met à courir à travers la chambre.
Guillemette ouvre au drapier et peut à
peine contenir un éclat de rire en voyant la
mine du marchand et les contorsions de
Pathelin.)

LE DRAPIER.

A mon nez vous oserez rire,
Madame? Mais je viens vous dire
Qu'il faut me donner mon argent,
Ou je vais chercher un sergent!

GUILLEMETTE.

C'est encor vous! Sainte Marie!
De quoi pensez-vous que je rie?
Rire, moi! Que dites-vous là?
Quand mon pauvre mari s'en va!
Voyez comme il saute en tempête,
Il ne possède plus sa tête!
Il tient propos incohérents…
Ah! il n'en a pas pour longtemps!

LE DRAPIER.

Allons! trêve de facéties!
Moi, je ne prends pas des vessies
Pour des lanternes[31]!

PATHELIN, *montrant le lit au drapier.*

 Approchez.

Vous trouverez ici couchés
Vingt-quatre petits guitareaux[32],
Bénis par l'abbé d'Iverneaux,
Nés de la reine des Guitares!

LE DRAPIER.

Ah! c'est assez de tintamarre!
Payez-moi mes six écus d'or!

GUILLEMETTE.

Eh quoi! Vous insistez encor?
Une fois suffisait, messire.
Voyez! Il est dans le délire!

 (Pathelin fait mille singeries.)

LE DRAPIER.

Je le trouve fort agité…
Mais certe, il a bien emporté
Mon drap! Quel étonnant malade!

PATHELIN, *délirant en dialecte limousin [33].*

Capé dé Diou, la coronade!
Par fyé, y m'en voul anar

29. … *tenir:* je ne peux pas me retenir de rire. Même sens de *tenir* trois vers plus loin. — 30. … *bourde:* il ne voulait pas qu'on lui dise n'importe quoi. — 31. La locution *prendre des vessies pour des lanternes* signifie: commettre une grossière méprise. — 32. *Guitareau:* forme diminutive (et inventée) de *guitare.* — 33. Ici commence la fameuse « scène des divers langages » où Pathelin feint de délirer en plusieurs dialectes ou langues. Ces passages (en italiques) sont plus ou moins incohérents, et nous renonçons à donner les traductions qui en ont été proposées.

Or renague biou outre mar
Ventrebiou zen dit gigone,
Cestui carrible, et res ne donne
Ye carillaine, fui ta none
Que de l'argent il ne me sonne!
Entendez-vous, mon beau cousin?

GUILLEMETTE.

Il eut un oncle limousin,
Qui fut le mari de sa tante,
C'est pourquoi voici qu'il nous
 chante
Pour le moment en ce patois.

LE DRAPIER.

A ma boutique en tapinois[34]
Il prit l'étoffe la plus belle,
Qu'il emporta sous son aisselle!
Je devais manger du rôti.
Mon drap, comme l'oie, est parti!

PATHELIN.

En arrière donc, canaille!
Que nous veut cette crapaudaille[35]?
Quelle canchon vient-il canter[36]?

LE DRAPIER.

Ah! le gaillard peut se vanter
De varier sa comédie!

GUILLEMETTE.

Sa mère était de Picardie:
Il parle picard.

PATHELIN, *délirant en flamand.*
 Godement!

D'où viens-tu, carême-prenant?
Grile, Grile, Schohehouden,
Zilop, Zilop, nom que bouden!
Disticlen onen desen versen
Mat gro festal truit denhersen.
En vacte viul' corumetrie...
Répondez-moi, je vous en prie!
Quoi! *Acte senigat yaue,*
Et pourquoi m'y mettre un peu
 d'eau?
Vastu viulle pour le frimas,
Faites venir sire Thomas!

LE DRAPIER.

Comprenez-vous dans son langage
Quelque chose qui semble sage?
S'il me donnait un bon garant,
Je ferais crédit de l'argent!

GUILLEMETTE.

Ah! maître, laissez-nous, de grâce!
A vous répondre je me lasse
Et vous trouve bien obstiné!

PATHELIN, *qui continue à délirer.*

Or charnouart austiné,
Béupourdea, ma jambe est pelouse
Ou bien une mouque[37] à miel!
Bé! parlez-moi donc, Gabriel.
Vertubieu! Qu'est-ce qui s'attaque
A ma fesse? Est-ce une vaque,
Une mouque ou quelque
 escarbot[38]?
Hé! J'ai le mal de Saint Garbot[39]!
Suis-je des foireux de Bayeux?
Jean du Quemin sera joyeux,
S'il beit un pichet avec mé!

GUILLEMETTE.

Jean du Chemin, qu'il a nommé,
Jadis fut son maître d'école;
C'était un Normand... Il s'affole!
 (*Pathelin est de plus en plus agité.*)

LE DRAPIER.

Par Saint Jacques, c'est bien joué!
Mais moi, je me vois bafoué!

PATHELIN.

Empêchez cet âne de braire!
Ici nous n'en avons que faire!

GUILLEMETTE, *au drapier.*

Vous ne voulez donc pas sortir?
Et pourtant il faut en finir!

PATHELIN, *délirant en langue bretonne.*

Huis oz bez ou dronc noz badou
Digaut an can en ho madou
Empedit dich guicebnuan
Quels que vient obdre douchaman
M'en es cachet hoz bouzelou

34. *En tapinois:* avec dissimulation. — 35. *Crapaudaille* est plus ou moins synonyme de *canaille* (vers précédent): personne méprisable. — 36. *Canchon, canter:* formes picardes de *chanson* et *chanter* (voir trois vers plus loin). — 37. *Mouque:* mouche (dialecte normand). — 38. *Vaque, escarbot:* espèces d'insectes qui vivent dans les excréments de mammifères (d'où la question: « Qu'est-ce qui s'attaque à ma fesse? »). — 39. *Le mal de Saint-Garbot:* la colique.

En y obet grande canou
Maz rechet crux dan holcon
So oloz merveil grand macon
Aluzen archer episy
Har cals amour ha courteisy.

LE DRAPIER.

C'est vrai qu'il est mal! Il barbote!
Sa raison barbouille! Il marmotte
Tant de mots qu'on n'y comprend
 rien!
Certe il ne parle pas chrétien!

GUILLEMETTE.

Sa grand'mère était de Bretagne;
Il se meurt et bat la campagne[40]!

PATHELIN, *poursuivant le drapier.*

Va! coquin! va! sanglant pillard!
Ne fais plus ainsi le gaillard!
Morbleu, tu viens ici pour boire!
Mais il ne reste qu'une poire!

 (Il va se recoucher.)

Vous me regardez ébaubis!
Et bona dies sit vobis,
Magister amantissime,
Pater reverendissime,
Quomodo brulis? Quæ nova?
Parisiis non sunt ova.
Quid petit ille mercator?
Dicit sibi quod trufactor
Ille, qui in lecto jacet,
Vult ei dare, si placet,
De oca ad comedendum.
Si sit bona ad edendum,
Pete sibi sine mora [41].

 (Il se relève de son lit.)

GUILLEMETTE.

C'est en parlant qu'il s'en ira!
Voyez à ses lèvres l'écume!
Comme il s'agite! Comme il fume!
Il est de fièvre transporté.
Ah! quelle pauvre humanité!
Je vais rester dans la misère!

Et c'est ce qui me désespère!

 (Elle sanglote.)

LE DRAPIER.

Ma foi! je dois m'être trompé!
Il paraît gravement frappé!
J'avais cru me laisser refaire;
Je commence à voir le contraire!
Ce sont quelques mauvais esprits,
Voleurs de draps, qui me l'ont pris!
Le diable assurément s'en mêle,
Et de peur qu'il m'ensorcèle,
Que le drap reste à qui le tient!
S'il veut mourir en bon chrétien,
Votre pauvre homme, je suppose,
Peut vouloir dire quelque chose
En secret, pour se confesser.
C'est pourquoi je vais vous laisser.
Je m'en vais! Que Dieu me
 pardonne!

GUILLEMETTE.

Que le Seigneur grâce vous donne
Ainsi qu'à nous pareillement.

 (Elle ferme la porte derrière le drapier.)

Ai-je bien montré mon talent?

PATHELIN.

Vous avez joué votre rôle
Parfaitement! Qu'il était drôle
A réclamer toujours son drap!
Mais jamais il ne reviendra!

PATHELIN, *se débarrassant des objets avec*
 lesquels il s'est affublé.

Je lui souhaite bon voyage!
Nous avons fait noise et tapage,
Mais les six aunes sont à nous!

 (Il retire le drap de sa cachette et tend le
 bout de la pièce à Guillemette, et tous
 deux s'enroulent dans l'étoffe.)

GUILLEMETTE, *caressant le drap.*

Que ce tissu de laine est doux!

40. *Battre la campagne* (au sens figuré): parler d'une manière absurde. — 41. Ces vers latins ne sont pas entièrement vides de sens. Pathelin s'amuse à se moquer du drapier dans une langue que celui-ci ne comprend pas. Traduction partielle: « Que demande ce marchand? Qu'on lui dise que le trompeur, qui est couché dans ce lit, veut lui donner, s'il lui plaît, à manger de l'oie. Si l'oie est prête à paraître sur la table, qu'on l'avertisse sans retard. »

ACTE III

(La scène se passe dans un décor de place publique, avec chaire du juge au milieu pour un jugement en plein air.)

Scène première
[le drapier GUILLAUME, *devant sa porte*.]

Quoi! c'est partout même chanson!
Un jour on prendra ma maison!
Sur mon avoir chacun veut mordre!
Il faut que j'y mette bon ordre!
D'abord c'est mon drap qu'on
 volait!
Et maintenant c'est Agnelet,
Le berger de ma bergerie,
Qui me repaît de tromperie!

Scène II
[le drapier GUILLAUME, THIBAUT
AGNELET, berger]

GUILLAUME.

Le voici! Je vais bien savoir!
Car c'en est trop! Il faudrait voir
Que l'on m'abusât de la sorte!
Leur audace à tous est trop forte!
Approche ici, méchant vaurien,
Serviteur qui me sers si bien!
C'est toi! je n'ai pas la berlue!

AGNELET, *accent campagnard, la voix
 traînante.*

Mon bon seigneur, je vous salue!
A la ville je suis venu
Parce qu'aux champs un inconnu
Hier m'interpelle et m'aborde.
Il portait un fouet sans corde,
Et moi, je fus bien effrayé,
Quand il me dit de comparaître
Sur votre plainte, ici, mon maître!
Je ne sais pas quel mal j'ai fait.
Vous me le direz, s'il vous plaît!

Je n'arrive pas à comprendre
Quel traquenard on veut me
 tendre!
Je suis un pauvre paysan,
Bien novice et bien innocent!

LE DRAPIER.

Tu prends des airs de bon apôtre!
Mais c'est toi, ce n'est pas un autre,
Qui faisais périr mes moutons
A force de coups de bâtons,
Puis au boucher allais les vendre!
Mais je m'en vais te faire pendre!

AGNELET.

Pendre… par le cou? Monseigneur,
Ayez pitié d'un serviteur
Bien honnête, quoi qu'on en dise!

LE DRAPIER.

Oui! Tu volais ma marchandise!
Mais chez le juge il te faudra
Rendre mes six aunes de drap…
Non!… mes moutons, voleur!
 J'enrage
Lorsque je songe au grand
 dommage
Que tu me fais depuis dix ans!

AGNELET.

Ne croyez pas les médisants,
Mon bon seigneur! Car je vous
 jure —

LE DRAPIER.

Tu vas réparer ton injure!
Avant huit heures il te faudra
Rendre mes six aunes de drap…
Ou plutôt l'argent de mes bêtes!

AGNELET.

Quel drap? Ah! Monseigneur, vous
 êtes
Courroucé pour un autre sujet.
Je ne suis qu'un humble valet
Incapable de se défendre!

LE DRAPIER.

Au tribunal, il faudra rendre
Compte de l'assignation!

AGNELET.

Venons à composition!
Monseigneur, accordons ensemble!
Pour Dieu, je ne plaiderai point!

LE DRAPIER.

> Va! ton affaire est en bon point
> Et tu seras pendu, canaille!
>
> *(Il rentre chez lui.)*

Scène III

[AGNELET, seul, puis PATHELIN]

AGNELET.

> Sans lanterner, il faut que j'aille
> Trouver quelque bon avocat
> Qui me tire de ce pas-là.
>
> *(Il aperçoit maître Pathelin.)*
>
> Mon bon sire, faites excuse,
> Mais ne faut pas que je m'amuse:
> J'ai laissé mes moutons au champ,
> Et par la cité vais cherchant
> Un avocat pour me défendre.

PATHELIN.

> Je le suis, et je puis t'entendre.

AGNELET.

> Je ne suis qu'un pauvre valet,
> Mais je paierai bien, s'il vous plaît.

PATHELIN, *à part.*

> Ma foi! l'aubaine paraît bonne.
> Je verrai de l'argent qui sonne!
> Ce berger m'a l'air assez sot.

AGNELET.

> Maître, enseignez-moi ce qu'il faut
> Dire au juge.

PATHELIN.

> Quelle est ta cause?

AGNELET.

> Faut-il vous raconter la chose
> Comme elle est, en sincérité?

PATHELIN.

> Parbleu! Dis-moi la vérité.

AGNELET.

> Puisque vous le voulez, messire,
> A vous donc je m'en vais tout dire.

PATHELIN.

> Es-tu demandeur, défendeur?

AGNELET.

> Mais vous, soyez bon entendeur!
> Vous saurez donc que c'est mon maître
> Pour qui je faisais aux champs paître
> Des moutons, qui m'assigne ici.
> Si l'on me laisse à sa merci,
> On va me pendre!… A coups de trique[42],
> Menant brebis comme bourrique,
> J'en ai fait périr quelque vingt…
> Alors, quand mon doux maître vint,
> Je les dis morts de clavelée[43].
> « Qu'aucune ne soit donc mêlée
> Avec les autres! Dans un coin
> Enterre-les, fit-il, bien loin! »
> Moi, sachant leur mal véritable,
> Je m'en faisais viande de table
> Que m'achetait un bon boucher.
> Mais, à force de les toucher
> De mon bâton… j'usai la mèche[44]!
> Et mon maître vint à la crèche,
> Où je caressais un mouton
> Un peu fort… avec un bâton.

PATHELIN.

> Ma foi! tu gagnais bien tes gages!
> Peut-on trouver des témoignages
> Nombreux pour prouver le fait?
> Dis!

AGNELET.

> On peut en trouver plus de dix!
> Hélas! Et je crains la potence!

PATHELIN.

> Le fait n'est pas sans importance!
> Mais dis-moi ton nom, s'il te plaît.

AGNELET.

> Par saint Maur, Thibaut l'Agnelet.

PATHELIN.

> L'Agnelet! Si je prends ta cause,
> Tu me paieras bien, je suppose.

AGNELET.

> Si je suis par le juge absous,
> Je ne vous paierai pas en sous,
> Mais en bel or, à la couronne!
> Six beaux écus!

42. *Trique:* gros bâton. — 43. *Clavelée:* variole du mouton. — 44. *User la mèche:* se trahir.

PATHELIN.

Ta cause est bonne,
Du moment que tu peux payer!
Je m'en vais bien te conseiller.
Sois attentif. Ouvre l'oreille
Et nous pourrons faire merveille,
Si tu veux suivre mes avis.
Feins que jamais je ne te vis —
Nous nous rencontrons d'aventure
Devant le juge — et, sans murmure,
Ecoute ton maître parler.
Quand on voudra t'interpeller,
A toutes les questions faites
Réponds: « Bée », ainsi que tes
bêtes[45].
Fais l'imbécile! Assurément
Tu le feras facilement!
« Il se moque de la justice! »
Dira-t-on. — Bée. — « Il est
novice[46]
Et pense être avec ses brebis! »
Et plus ils seront ébaubis,
Plus tu diras: « Bée! »

AGNELET.

Ah! je gage
Que je n'aurai d'autre langage!
Et quoi qu'on veuille me chanter,
Je n'aurai pas l'air d'écouter,
Et dirai « bée! »

PATHELIN.

Ainsi j'espère
Qu'on renverra ton adversaire[47]!
Mais après, songe aux écus d'or!

AGNELET.

De bien payer je me fais fort,
Mon doux seigneur!

PATHELIN.

Bien. Tout à l'heure,
J'arrive ici de ma demeure;
Toi, tu viendras de ce côté.

AGNELET.

N'en doutez pas en vérité,
J'ai bien compris! Nulle personne,

Pour quelque mot que l'on me
sonne,
Ni juge, ni plaideur, ni vous,
Quand même je serais absous,
N'entendras sortir de ma bouche
Que « bée! ». Et serai, comme
souche,
Muet pour tout autre propos

PATHELIN.

Va-t'en, et reviens tout dispos.
Car voici qu'on entend la cloche[48].
Je m'éloigne! Le juge approche!
(Ils sortent chacun d'un côté.)

Scène IV
[le juge, PATHELIN, PUIS LE DRAPIER ET AGNELET]

PATHELIN.

Le ciel vous donne la santé,
Et tout à votre volonté,
Sire juge; je vous salue!

LE JUGE, *s'asseyant, l'air très affairé.*

Je vous donne la bienvenue,
Maître. Approchez, et couvrez-
vous[49].
Avez-vous un procès pour nous?
Dépêchons-nous, ou je me lève!

LE DRAPIER *entre, essoufflé.*

Attendez, Messire! Il achève
Quelques affaires qu'il avait.

LE JUGE.

Qui?

LE DRAPIER.

Mon avocat, s'il vous plaît.
Il va venir. Veuillez attendre.

LE JUGE, *d'un air impatienté.*

Moi-même on m'attend pour
entendre
D'autres causes! Finissons-en!
Si votre adversaire est présent,
Cela suffit! Vous portez plainte?

45. Agnelet doit imiter le bêlement de ses moutons. — 46. *Novice:* ici, faible d'esprit. — 47. *On renverra…:* on t'acquittera. — 48. Il s'agit de la cloche qui annonce l'arrivée du juge. — 49. *Couvrez-vous:* remettez votre coiffure (il s'agit d'une toque, insigne de sa profession).

LE DRAPIER.

Oui, contre un berger qui, par
 feinte,
Me fait périr tous mes moutons,
A force de coups de bâtons!

LE JUGE.

Que le défenseur en personne
Approche!

LE DRAPIER, *montrant Agnelet qui entre*
sans bruit et se cache dans la foule.

 Il est là qui ne sonne
Mot! Car il doit avoir bien peur!

LE JUGE.

Puisque vous êtes demandeur,
Et que l'autre est dans l'assistance,
Tous les deux étant en présence,
Dites! Nous pouvons commencer.

LE DRAPIER.

Seigneur, je viens vous dénoncer
Les méfaits de ce misérable!
C'est une chose inconcevable!
Car vous saurez en vérité
Que je le pris par charité!
Je le nourris dès son enfance,
Et quand je vis qu'il eut puissance
D'aller aux champs — pour
 abréger —
Je le fis être mon berger,
Et le mis à garder mes bêtes.
Mais, aussi vrai comme vous êtes
Dans cette chaire, monseigneur,
Il s'est conduit comme un voleur;
Il a vidé ma bergerie
Des plus beaux moutons! Je vous
 prie
Qu'on le punisse!

LE JUGE.

 Or dites-nous
S'il était à gage[50] chez vous.

PATHELIN, *qui jusqu'ici se tenait à l'écart*
en se cachant le visage pour ne pas
être reconnu du drapier, s'avance.

Comment un garçon de cet âge

Aurait-il été pris sans gage?
Il ne pouvait l'être autrement!

LE DRAPIER, *à Pathelin.*

Mais quoi! C'est vous assurément!
 (Au juge.)
C'est maître Pierre! Et sans
 méprise,
C'est bien lui! C'est sa voix, sa mise!

LE JUGE, *à Pathelin qui se cache le visage*
avec la main.

Pourquoi vous cachez-vous ainsi?
Vous ne souffrez pas des dents?

PATHELIN

 Si,
Ce vent qui souffle par derrière
Me cause un tourment!

LE JUGE.

 Maître Pierre,
Il nous faut achever pourtant!
Je suis pressé!

LE DRAPIER, *à Pathelin.*

 C'est vous vraiment!

LE JUGE.

Ah! taisez-vous, sans quoi je passe!
A moins la justice se lasse.

LE DRAPIER, *toujours à Pathelin.*

C'est bien à vous que je vendis
Six aunes de drap, je vous dis!

LE JUGE.

Que[51] parle-t-il de drap?

PATHELIN.

 Il erre[52]!
Interrogez son adversaire;
Peut-être pourra-t-on saisir...
Car pour moi, j'ai beau réfléchir...
 (Ayant l'air de comprendre tout à
 coup.)
Ah! tenez! Voyez comme il tire
De loin les choses qu'il veut dire!
De la laine de ses moutons
Cette robe que nous portons
Serait faite. Et c'est ce pauvre
 homme

50. *S'il était à gage...:* si le paiement de ses services avait été réglé d'avance. — 51. Pourquoi. — 52. *Errer:*
ici, délirer (sens vieilli).

Qui volerait la laine! En somme,
Je trouve ça très embrouillé.

LE JUGE.

C'est aussi ce qu'il m'a semblé.
Dépêchons! Concluez, messire.

PATHELIN, *riant*.

C'est malgré moi qu'il me faut rire!
Il faut le ramener au fait.

LE JUGE, *au drapier*.

Veuillez revenir, s'il vous plaît,
A vos moutons!

LE DRAPIER.

Eh! qu'on me pende,
S'il n'a pas mon drap! Qu'il le
 rende,
Et j'expliquerai tout!

LE JUGE.

Allons,
Revenons donc à nos moutons[53]!
Combien en a-t-il pris?

LE DRAPIER.

Six aunes!

LE JUGE.

Nous prenez-vous pour des
 béjaunes[54],
Des sots et des niais? Suffit!
Je vais terminer le conflit,
Si vous divaguez de la sorte!

PATHELIN.

Parbleu! Maître, la chose est forte!
Sans doute il veut nous rendre
 fous;
Peut-être vaut-il mieux pour vous
De lui dire un peu de se taire
Et d'interroger l'adversaire!

LE JUGE.

Vous avez raison!

(A Agnelet.)
Viens çà[55], dis.

AGNELET, *approchant, l'air niais*.

Bée!

LE JUGE.

Es-tu près de tes brebis?
Quel « bée »? Est-ce là ton langage?

Je ne suis pas chèvre, je gage.
Parle!

AGNELET.

Bée!

LE JUGE.

Eh! te moques-tu?

PATHELIN.

Croyez qu'il est fou ou têtu,
Ou qu'il croit être avec ses bêtes!

LE DRAPIER.

Morbleu! Maître Pierre, vous êtes
Celui qui m'emporta mon drap!
Oui! Me démente qui pourra!

(S'adressant au juge.)
Si vous saviez par quelle ruse!

LE JUGE.

Pensez-vous que cela m'amuse
De vous voir mêler ce détail
Au procès de votre bétail?
Allons au fait!

LE DRAPIER, *parlant très vite*.

Daignez m'entendre!
Je serai clair. Dût-on me pendre,
Parce qu'un fourbe m'a volé...
Rien d'autre ne sera mêlé
Au fait... Donc, je disais, messire,
Qu'il m'a pris mon drap!... Je veux
 dire
Mes moutons!... Maître, excusez-
 moi,
Vous me voyez tout en émoi...
Donc, je reprends... Ce gentil
 maître,
Mon berger, quand il devrait être
Aux champs... Il me dit que j'aurais
Six écus d'or, quand je viendrais...
Non! je me trompe!... Enfin,
 j'abrège...
Depuis trois ans déjà, disais-je,
Mon berger convint avec moi
De me servir de bonne foi,
Et de soigner ma bergerie
Sans faute ni friponnerie...
Et maintenant il a mon drap!

53. La phrase est passé en proverbe, au sens de: « Revenons à notre sujet. » — 54. *Béjaune:* plus ou moins synonyme de *sot* et *niais* (vers suivant). — 55. *Çà:* ici (archaïsme)

Et le prix, qui me le paiera,
Puisqu'il ne veut me reconnaître?
Et cependant, il faisait paître
Mes moutons depuis fort
 longtemps!
Ce coquin me volait mes laines,
Et les brebis étaient très saines,
Non malades, comme il disait,
Car c'était lui qui leur brisait
A force de coups la cervelle!
Quand mon drap fut sous son
 aisselle,
Il me dit de venir chez lui
Toucher six écus — et s'enfuit.

LE JUGE, *qui l'a écouté d'un air ahuri en*
faisant des gestes désespérés.

Je me lasse de vous entendre
Faire je ne sais quel esclandre[56],
Parler sans rime ni raison!
Vous mêlez d'étrange façon
Drap et brebis qu'on n'y voit
 goutte!
Que demandez-vous, somme toute?
Dites, car il faut en finir!

PATHELIN.

Je suis sûr qu'il doit retenir
Au pauvre berger son salaire!

LE DRAPIER.

Eh bien, je ne veux pas me taire!
Je veux qu'il me rende mon drap!

LE JUGE.

Ma foi! comprenne qui pourra!
(Il hausse les épaules et s'agite dans sa
chaise.)

LE DRAPIER.

Ah! faut-il donc qu'on vous dérobe
Ainsi? Soit! Qu'il garde la robe!
Mais qu'il paye!

LE JUGE, *se dressant, furieux.*

 Ah! vous m'ennuyez!
Il vous sert: c'est vous qui payez.
C'est juste!

PATHELIN, *montrant le berger.*

 Ce paysan n'ose

Rien dire! Moi, je propose
De le défendre. Ecoutez-moi!

LE JUGE.

C'est un triste client, ma foi!
Outre qu'il me paraît stupide,
C'est monsieur de la Bourse-vide[57].
Maître, ou je ne m'y connais pas,
Vous en aurez maigre repas!

PATHELIN.

Ce sera pour rien, je vous jure;
Je le fais par charité pure.
C'est pour débrouiller les débats.
 (A Agnelet.)
Allons! Ne reste pas là-bas.
Approche-toi; parle sans crainte.

AGNELET.

Bée!

PATHELIN.

 Est-ce répondre à la plainte?
Dis oui, dis non! Nous t'écoutons.

AGNELET.

Bée!

PATHELIN.

 Es-tu près de tes moutons?
Bée? Es-tu fou? C'est ton affaire!
Parle! Il ne s'agit pas de braire.

AGNELET.

Bée!

PATHELIN.

 Ah!
 (Bas à Agnelet.)
 Bien! très bien! Va toujours!
 (Haut.)
N'aurais-tu pas d'autres discours?

LE JUGE.

C'est un pauvre idiot de naissance!
Le plus fou n'est pas qui l'on
 pense:
C'est celui qui mène en procès
Semblable brute en ses accès!

LE DRAPIER.

Fou! Certe, il l'est bien moins,
 messire,
Que vous!

56. *Esclandre:* bruit. — 57. Personnage comique traditionnel. Lisez: il n'a pas d'argent.

LE JUGE.

 Silence! Il peut en cuire[58]
A qui médit d'un magistrat!

LE DRAPIER.

 Fort bien! Mais il a pris mon drap!
Et lui m'a fait tort de mes bêtes!

LE JUGE.

 Encor! Quels fous tous deux vous
 êtes!
Qu'on le renvoie à ses moutons!
Il n'est bon qu'à les mener paître,
Le pauvre égaré! Salut, maître!
Vraiment, je n'y puis plus tenir!
Maître, si vous voulez venir
Souper chez moi, je vous invite.

PATHELIN.

 Merci, je ne puis!

LE JUGE.

 Allons vite!

 (Il s'en va.)

Scène V

[le drapier, PATHELIN, AGNELET]

LE DRAPIER.

 Quoi! les deux voleurs soient
 absous?
Et mon drap à vingt-quatre sous?
Et mes moutons? Certe! On
 m'abuse!

 (A Pathelin.)

Mais vous! Je connais votre ruse!
Vous ai-je vu dans votre lit
Tantôt?

PATHELIN.

 Ah! le conte est joli!
Que veut dire cette bévue?

LE DRAPIER.

 Ah çà! Je n'ai pas la berlue!
C'est bien vous qu'à présent je vois.

PATHELIN, *moqueur.*

 Etes-vous sûr que ce soit moi?
Car Jean de Noyon me ressemble;
Parfois on nous confond ensemble.

LE DRAPIER.

 Vous n'êtes pas Jean de Noyon:
Il n'a pas visage si rond.
C'est vous que j'ai vu tout à l'heure
Malade, dans votre demeure!

PATHELIN.

 Malade? Et quel était mon mal?
Vous me paraissez jovial,
Et vous voulez, la chose est claire,
Rire de moi pour vous distraire.

LE DRAPIER.

 Nenni[59]! Je ne plaisante point!
C'est vous! Le ciel m'en est témoin!
Vous, dis-je, vous! Et pas un autre!
Ne faites pas le bon apôtre
Et l'innocent! Voleur de draps!

PATHELIN.

 Que chantez-vous? Je ne sais pas
Du tout ce que vous voulez dire!

LE DRAPIER.

 Chez vous je vous vis en délire,
Qui sembliez à demi mort!

PATHELIN.

 Allez voir si j'y suis encor!

LE DRAPIER.

 Eh bien, j'y vais!

 (Il sort.)

Scène VI

[PATHELIN, AGNELET]

PATHELIN.

 Approche! Ecoute.
Agnelet, dis! On le déboute
De sa plainte[60] et te voilà blanc[61]!

58. *En cuire à quelqu'un:* entraîner des ennuis pour lui. — 59. *Nenni:* non (archaïsme). — 60. En langage juridique, débouter quelqu'un, c'est rejeter sa prétention. — 61. *Blanc:* disculpé, innocent.

AGNELET.

Bée!

PATHELIN.

Eh bien, ne fais plus semblant
De bêler. Il est loin, ton maître!

AGNELET.

Bée!

PATHELIN.

Eh! Ne sois pas en émoi!
Car nous l'avons envoyé paître.
T'ai-je bien conseillé? Dis-moi.
Tu peux parler ici sans crainte.

AGNELET.

Bée!

PATHELIN.

Il ne s'agit plus de feinte!
Je vais m'en aller: le moment
Est venu de payer vraiment!

AGNELET.

Bée!

PATHELIN.

Oui, fort bien! Donne la somme.
Certes! Je t'estime honnête homme,
Et tu vas me payer comptant.
Inutile de bêler tant!

AGNELET.

Bée!

PATHELIN.

Allons! Cesse ton langage,
Hein! Comme son vain babillage
Par ton sang-froid fut bafoué!
Ton rôle fut très bien joué!
Mais, mon argent! Que je m'en
 aille!

AGNELET.

Bée!

PATHELIN.

Allons! Se peut-il qu'il faille
T'entendre moi-même bêler?
Parle! A moi, tu peux me parler!

AGNELET.

Bée!

PATHELIN.

Allons! çà, mon argent! Vite!
Les six écus, pour être quitte!
Viens, sois gentil! Paye à présent.
Ne fais plus le mauvais plaisant!

AGNELET.

Bée!

PATHELIN.

Il me fait manger de l'oie[62]
En me payant de ma monnoie[63]!
Par le ciel, ai-je tant vécu
Pour qu'un berger, mouton vêtu,
Un grossier paysan me vole?

AGNELET.

Bée!

PATHELIN.

En aurai-je une autre parole?
Si tu le fais pour t'amuser,
C'est inutile de ruser
Avec moi! Donc sans plus attendre,
Paye-moi! Voudrais-tu te rendre
Avec moi jusqu'à ma maison
Pour souper?

AGNELET.

Bée!

PATHELIN.

Ah! Cet oison
Veut-il aux champs me mener
 paître?
Je croyais bien être le maître
Des trompeurs, et je suis trompé.
C'est à mon tour d'être attrapé,
Et d'un berger je suis la dupe!
Attends un peu que je m'occupe,
Afin d'obtenir mon argent,
D'aller quérir un bon sergent!
Un sergent, pour qu'il
 t'emprisonne!

AGNELET, *se sauvant.*

S'il me trouve, je lui pardonne!

(Traduction de G. Gassies des Brulies)

62. *Faire manger de l'oie à quelqu'un:* se moquer de lui, le tromper. — 63. Ancienne orthographe de *monnaie* (pour la rime).

Matière à réflexion

1. Le philosophe Henri Bergson écrit dans son célèbre traité sur *Le Rire:* « Souvent on présentera un personnage qui prépare les filets où il viendra lui-même se faire prendre. L'histoire du persécuteur victime de sa persécution, du dupeur dupé, fait le fond de bien des comédies. » G. Gassies des Brulies, traducteur de notre farce, croit que ce thème du trompeur trompé est l'un des « élements du comique éternel, qui provoquent le rire dans tous les temps ». Etes-vous d'accord? Dans quelle mesure et de quelle façon *Pathelin* illustre-t-il ce thème?

2. La farce, avons-nous écrit, n'est, au fond, qu'un fabliau mis en scène. Etablissez de ce point de vue un parallèle entre *Pathelin* et *La Bourgeoise d'Orléans*. Comparez les personnages et les thèmes. A votre avis, quelle œuvre représente mieux *l'esprit gaulois*, tel que nous l'avons défini?

3. Un critique a vu dans *Pathelin* une condamnation et une satire de la justice de l'époque. Cela se peut-il, étant donné que le juge est le seul personnage de la pièce qui ne soit pas malhonnête?

4. Il est évident qu'avec *Pathelin* nous sommes loin des idéaux épique et courtois, et c'est justement ce qui déplaisait à l'écrivain Renan (XIXe siècle). Parlant de l'esprit mesquin de la pièce, « esprit plat, sans élévation, fort avisé pour les choses de ce monde, moraliste à sa manière, mais à condition qu'il entende par moralité l'art de réussir ici-bas », il porte ce jugement célèbre et sévère: « Le défaut irréparable de *Pathelin* est cette bassesse de cœur au-dessus de laquelle l'auteur ne s'élève jamais. » En quoi consiste cette « bassesse »? Dans quelle mesure caractérise-t-elle les différents personnages? S'agit-il d'un défaut? De quel genre (esthétique, moral…)? Le défaut est-il « irréparable »?

5. Pour C. E. Pickford, *Pathelin* nous fait rire aujourd'hui encore parce que « nous avons tous rencontré des Pathelin, des Guillemette et des Guillaume, sans oublier les Thibaut l'Agnelet. » C'est dire que chacun de ces personnages réunit les traits essentiels de toute une classe dont il peut être donné en exemple typique. Nous avons déjà vu ce que c'est qu'« un Pathelin » (ou un homme pathelin; voir *Avant de lire*). Pouvez-vous définir les autres types? Avez-vous rencontré « une Guillemette », « un Guillaume » ou « un Thibaut l'Agnelet »?

La Poésie lyrique

O n qualifie de *lyrique* la poésie qui exprime les sentiments personnels du poète. Le genre atteignit son apogée au XIX^e siècle chez les romantiques, soucieux avant tout, selon l'expression d'Alfred de Musset, d'« écouter parler le cœur ». Mais il s'agit là du sens moderne d'un terme qui signifiait tout autre chose au début du Moyen Age. *Lyrique* dérive d'un mot latin qui signifie *lyre* (instrument à cordes), et cette étymologie explique le sens du terme aux XII^e et XIII^e siècles: *destiné à être chanté avec accompagnement musical.* A l'origine, le poème lyrique est donc une chanson, c'est-à-dire une combinaison indissociable d'un air et de paroles.

La genèse de ces chansons est obscure, mais certains indices nous autorisent à leur assigner une origine populaire. On peut conjecturer qu'à l'occasion des célébrations du retour du beau temps au mois de mai, des chansons à danser, assez simples et nées plus ou moins spontanément, égayaient les fêtes villageoises. Mais aucune de ces chansons primitives ne nous est parvenue, et les plus anciens poèmes lyriques de langue d'oïl que nous possédions ne remontent pas plus loin que le milieu du XII^e siècle. A cette date relativement tardive, ils sont déjà des compositions savantes, écrites par des poètes de métier qui respectent les règles strictes de genres bien constitués. Ces trouvères s'inspirent sans doute des vieilles chansons populaires dont ils cherchent parfois à imiter la naïveté et la simplicité. Ce n'est pourtant pas en recherchant la naïveté qu'on y atteint, et leur « simplicité » est un effet de l'art.

La plupart de ces premières chansons ont pour sujet l'amour courtois, tel qu'il avait été élaboré dans le Midi par les poètes de langue d'oc (voir l'introduction à *La Littérature courtoise*). Grâce surtout à l'influence d'Aliénor d'Aquitaine, la mode de la courtoisie se répand chez les poètes du Nord qui ne tardent pas à broder mille variations sur le thème du chevalier soumis aux caprices de sa dame tyrannique. Ces chansonniers courtois nous renseignent utilement sur la doctrine de

145

l'amour courtois, mais nous trouvons chez eux très peu de lyrisme, au sens moderne du terme. Leurs poèmes présentent bien des grâces poétiques, mais on a l'impression de lire des compositions sur un thème donné d'avance; on y cherche en vain le « cri du cœur » du poète.

C'est dans la deuxième moitié du XIIIᵉ siècle, à la suite des efforts de Rutebeuf (voir l'introduction au *Miracle de Théophile*), que la chanson courtoise commence à se transformer en poème lyrique, au sens que nous donnons aujourd'hui à ce terme. Ce jongleur parisien, qui excelle dans tous les genres, fait figure de novateur dans le domaine de la poésie, du double point de vue de la forme et du fond. Car d'abord, ses poèmes ne sont pas destinés à être chantés. D'autre part — et c'est la plus importante de ses innovations —, sa poésie semble bien être l'expression sincère de ses sentiments intimes. Cette inspiration presque autobiographique lui a valu le titre du « premier poète personnel ».

Après Rutebeuf, qui meurt en 1280, l'évolution sera rapide. Au siècle suivant, Guillaume de Machaut († 1377) semble être le dernier poète à cumuler les deux rôles de parolier et de compositeur (son œuvre musicale remplit trois volumes). On continuera d'insister sur les liens entre la musique et le vers — comme, aujourd'hui, sur la « musicalité » du vers —, mais désormais les paroles se passeront de la mélodie. La poésie lyrique ne sera plus celle que l'on chante, mais celle qui traduit la vie intime du poète.

C'est en ce sens-là que l'on qualifie de lyriques les poètes qui figurent dans ce chapitre. Ils ont écrit tous trois au XVᵉ siècle, c'est-à-dire à la fin de la période qu'il est convenu d'appeler le Moyen Age. La langue de cette époque ressemble suffisamment au français moderne pour que nous présentions ici « en version originale » un échantillon restreint de la poésie de Christine de Pisan, de Charles d'Orléans et de François Villon. L'orthographe seule a été modernisée.

Avant de lire

Les poèmes qui suivent appartiennent à des *genres à forme fixe*. Cela veut dire que le nombre et l'agencement des rimes et des vers sont déterminés par des règles qui définissent le genre auquel le poème appartient. Les deux genres représentés, très en honneur au Moyen Age, sont le *rondel* (ou *rondeau*) et la *ballade*.

- Le rondel est un poème bref (de neuf à quinze vers) composé de trois strophes et construit sur deux rimes. Le premier vers est repris deux fois en refrain. (Un refrain est un vers qui se répète à des intervalles réguliers — comme dans une chanson...) La forme se complique de plus en plus au cours du XVᵉ siècle. Dans le rondel « régulier » (treize vers) de Charles d'Orléans, le premier vers est repris à la fin, et les deux premiers vers sont répétés après le sixième. Ainsi: ABba abAB abbaA (les majuscules représentent les refrains).
- La ballade comprend quatre strophes et trois ou quatre rimes. Les trois premières strophes ont le même nombre de vers, le même mètre

et les mêmes rimes. Elles sont suivies d'une demi-strophe en forme de
dédicace, adressée à un « Prince ». Le mot désignait généralement
celui qui présidait la société littéraire au concours de laquelle le
poème était soumis. Le dernier vers de la première strophe revient
comme refrain à la fin des trois strophes suivantes. Au cours du siècle,
d'autres règles sont venues compliquer la définition du genre. Il fal-
lait, par exemple, que le nombre des vers dans chacune des trois pre-
mières strophes égalât le nombre de syllabes dans chaque vers, ce qui
donnait une « strophe carrée » (8 × 8 ou 10 × 10).

On dira: « Des formes poétiques si compliquées risquent d'exclure toute
spontanéité, toute expression sincère du sentiment… toute poésie. » Et les
poètes répondront: « La beauté naît de la difficulté vaincue. »

CHRISTINE DE PISAN
1365–VERS 1430

Née à Venise de parents italiens, Christine a cinq ans quand sa famille vient
s'établir définitivement à Paris. Son père, astrologue célèbre, jouit d'une grande
faveur auprès du roi dont il est le conseiller. Ainsi Christine grandit dans l'aisance
à la cour de France. Elle a quatorze ans quand son père la marie à un jeune gentil-
homme qui devient bientôt notaire du roi. Une rare entente unit les jeunes
époux, et ce mariage arrangé selon les usages de l'époque va finir par être un
mariage d'amour. Jusqu'alors son père paraît avoir bien fait son métier, car la vie
de sa fille commence sous d'heureux auspices.

Mais la fortune qui a favorisé Christine à ses débuts ne tarde pas à l'abandon-
ner. La mort du roi prive la famille de son protecteur; le père meurt ruiné.
Quelques années plus tard, le mari de Christine meurt prématurément; elle ne se
remettra jamais de son chagrin. La voilà veuve à vingt-cinq ans, obligée de sub-
venir aux besoins de ses enfants et de sa mère. Pour comble de malheur, des
créanciers peu scrupuleux essaient de saisir ses biens et de la priver de son
héritage. Elle doit se battre, s'endurcir, intenter des procès. « J'étais femme, et je
suis devenue homme, » écrira-t-elle.

Pour se consoler de ses peines, elle se tourne vers la poésie. Ses premiers
poèmes évoquent son mari disparu et la solitude du veuvage; ce sont ceux-là qui
nous touchent aujourd'hui (*Ballade* et *Rondel I*, ci-dessous). Pour son public aristo-
cratique qui trouve ces poèmes un peu tristes, elle en écrit d'autres dans le goût
du jour (*Rondel II*). Produits de son talent mais sans rapport avec sa vie intérieure,
ces poèmes plaisent beaucoup à la cour et assurent à Christine un solide succès.
Elle devient ainsi la première femme en France à vivre de ses écrits. Mais elle se
lasse à la fin de la galanterie frivole de ces poèmes de commande et s'excuse d'en
avoir tant écrit. Ses loisirs sont occupés à rédiger des ouvrages philosophiques, his-
toriques et politiques. Elle ne craint pas de polémiquer contre les misogynes de

147 be involved in
controversy

Christine de Pisan présente ses œuvres à la reine. Miniature du XV[e] siècle.

Stock Montage

l'époque, et sa défense courageuse de la cause des femmes fera d'elle la première féministe française.

Les malheurs qui s'abattent sur la France vers 1418 (guerre civile, prise de Paris) décident Christine à se retirer dans un couvent; elle a cinquante-trois ans. Elle y passe, semble-t-il, le reste de ses jours, ne rompant qu'une fois son long silence pour célébrer en 1429 les premières victoires de Jeanne d'Arc.

Ballade

Seulette suis° et seulette veux°° être, °je suis °°je veux
Seulette m'a mon doux ami laissée,
Seulette suis, sans compagnon ni maître,
Seulette suis, dolente et courroucée°, °attristée
5 Seulette suis, en langueur mésaisée°, °mal à l'aise
Seulette suis, plus que nulle égarée°, °perdue
Seulette suis, sans ami demeurée.

Seulette suis à huis° ou à fenêtre, °porte
Seulette suis en un recoin cachée,
10 Seulette suis pour de pleurs me repaître,
Seulette suis, dolente ou apaisée.
Seulette suis, rien n'est qui tant messiée°, °déplaise
Seulette suis en ma chambre enserrée,
Seulette suis, sans ami demeurée.

15 Seulette suis partout et en tout être°, °lieu
Seulette suis, ou je voise ou je siée°, °que je marche ou reste assise
Seulette suis plus qu'autre rien° terrestre, °chose
Seulette suis, de chacun délaissée,

Seulette suis, durement abaissée,
20 Seulette suis, souvent toute éplorée,
Seulette suis, sans ami demeurée.

Prince, or° est ma douleur commencée: °maintenant
Seulette suis, de tout deuil° menacée, °peine
Seulette suis, plus sombre que morée°, °qu'une teinture noire
25 Seulette suis, sans ami demeurée.

Rondel I

Je ne sais comment je dure,
Car mon dolent cœur fond d'ire°, °de chagrin
Et plaindre° n'ose°°, ni dire °me plaindre °°je n'ose
Ma douleureuse aventure,

5 Ma dolent vie obscure°. °triste
Rien, hors la mort, ne désire;
Je ne sais comment je dure.

Il me faut, par couverture°, °en dissimulant
Chanter que° mon cœur soupire °ce que
10 Et faire semblant de rire;
Mais Dieu sait ce que j'endure.
Je ne sais comment je dure.

Rondel II

Vous n'y pouvez, la place est prise;
Sire, vous perdez votre peine:
De moi prier c'est chose vaine,
Car un bel et bon m'a acquise.

5 Et c'est droit° qu'un seul me suffise; °il est juste
Plus n'en veux°, fol est qui s'en peine°°; °je n'en veux °°essaie
Vous n'y pouvez, la place est prise.

Toute m'amour ai en lui mise
Et l'aimerai d'amour certaine
10 Mais ne m'en tenez à vilaine°, °ne me prenez pas pour une vilaine
Car je vous dis qu'en nulle guise° °manière
Vous n'y pouvez, la place est prise.

CHARLES D'ORLÉANS
1394–1465

Le poète-prince

Ce prince de la famille royale grandit à la cour dans un milieu de luxe et de raffinement. Petit-fils et neveu de rois de France, Charles épouse à l'âge de quatorze ans la veuve du roi d'Angleterre. Mais les privilèges de son rang ne peuvent le protéger des malheurs qui l'attendent. L'adolescent voit son père tomber sous les coups d'assassins; sa mère en meurt de chagrin peu après. L'année suivante, sa femme meurt en couches. A quinze ans, le voilà déjà veuf et orphelin de père et de mère. Ce n'est pas tout.

Après la reprise des hostilités entre la France et l'Angleterre, le jeune prince s'en va en guerre. Dès sa première bataille, il est fait prisonnier et emmené en Angleterre: il y passera vingt-cinq ans de captivité. Sa longue détention ne semble pourtant pas avoir été trop rigoureuse. Il est d'abord surveillé d'assez près, mais ses geôliers finissent par lui laisser une liberté relative. Charles en profite pour s'éprendre d'au moins une Anglaise à qui il adresse (en anglais) des poèmes courtois. C'est la poésie, bien plus que l'amour, qui lui permettra de tromper l'horrible ennui de ses jours. Déjà à l'âge de dix ans, il s'y était essayé pour s'amuser; maintenant il s'y adonne pour se consoler. Il découvre ainsi son don naturel: peu fait pour l'action, ce grand seigneur est un poète-né.

Libéré en 1440 à l'âge de quarante-six ans, Charles essaie sans succès de reprendre une vie d'action politique. N'ayant rencontré qu'échecs et déceptions, il se retire bientôt dans son château au bord de la Loire. Là, il coulera le reste de ses jours, entouré d'amis, de courtisans et de poètes. Il s'occupe à écrire des poèmes et à les faire enluminer; il organise des concours de poésie auxquels il participe lui-même. A sa mort il laisse une œuvre importante qui sera oubliée jusqu'au XVIII^e siècle. Son fils sera roi de France.

Charles d'Orléans, avant l'exil

The Granger Collection, New York

Une poésie princière

Les poèmes de Charles d'Orléans ont en commun, a-t-on dit, d'exprimer « une idée nette dans une forme exquise ». Les critiques recourent constamment, pour les décrire, aux mêmes expressions: « méticulosité… élégance… grâce aristocratique… raffinement délicat ». On a comparé ses poèmes à des bijoux, à de

150

petites sculptures, aux miniatures enluminées des manuscrits médiévaux (voir, par exemple, *Rondel I*, ci-dessous). Ce sont là autant de façons de souligner la perfection formelle de cette poésie: Charles d'Orléans serait un technicien du vers, pour qui la joliesse de l'expression l'emporte sur l'idée exprimée.

Ces mêmes critiques regrettent que le fond, chez lui, n'en vaille pas la forme. En effet, les bijoux, les sculptures et les enluminures ont en commun d'être *purement décoratifs*, et il en serait ainsi de la poésie de Charles d'Orléans. On voudrait qu'elle *serve* à quelque chose, que le poète défende une cause, qu'il soit plus « engagé ». Un prince qui est mêlé aux grands événements de son temps ne doit-il pas en parler dans ses poèmes? Et même au sujet de ses souffrances personnelles, il est étonnamment discret. A part quelques évocations de son mal du pays, il est difficile de savoir si tel ou tel de ses poèmes date de sa captivité ou d'après. Certes, il s'ennuie mortellement dans sa prison de la Tour de Londres, mais il s'ennuie aussi dans son château du val de Loire (voir *Rondel II*). On le reproche de ne pas avoir exhalé plus bruyamment les malheurs de son lourd destin — mais on le reproche aussi de n'en pas avoir été anéanti. Car il garde, malgré tout, sa bonne humeur foncière (*Rondel III*). Il écrira peu avant sa mort: « Quand tout est fait, il faut passer sa vie le plus heureusement qu'on peut, en gardant le sourire. » Et ce sourire sans amertume, cette insouciance épicurienne, on les lui a reprochés aussi.

Mais est-ce si méprisable que d'avoir renfermé « une idée nette dans une forme exquise »? Et si le poète y a réussi, ne devons-nous pas nous en contenter?

Rondels

I

 Le temps a laissé son manteau
 De vent, de froidure et de pluie,
 Et s'est vêtu de broderie,
 De soleil luisant, clair et beau.

5 Il n'y a bête ni oiseau
 Qu'en° son jargon ne chante ou crie: °qui en
 « Le temps a laissé son manteau
 De vent, de froidure et de pluie. »

 Rivière, fontaine et ruisseau
10 Portent, en livrée jolie,
 Gouttes d'argent d'orfèvrerie;
 Chacun s'habille de nouveau.
 Le temps a laissé son manteau.

II

 Je ne vois rien qui ne m'ennuie,
 Et ne sais chose qui me plaise;
 Au fort, de mon mal me rapaise° °j'apaise mon mal
 Quand nul n'a sur mon fait envie°. °Nul n'envie mon lot

5 D'en tant parler, ce m'est folie:
 Il vaut mieux que je me taise.
 Je ne vois rien qui ne m'ennuie,
 Et ne sais chose qui me plaise.

 Voudrait aucun° changer sa vie °Quelqu'un voudrait-il
10 A° moi, pour essayer mon aise°°? °avec °°état agréable (ironique)
 Je crois que non, car plus mauvaise
 Ne trouverait, je l'en défie.
 Je ne vois rien qui ne m'ennuie.

III

꜠ Qui est celui qui se tiendroit° °se retiendrait[1]
 De bouter hors° Mélancolie, °pousser, chasser dehors
 Quand toute chose reverdie
 Par les champs, devant ses yeux, voit?

5 Un malade s'en guériroit,
 Et un mort reviendrait en vie.
 Quel est celui qui se tiendroit
 De bouter hors Mélancolie?

 En tous lieux on le nommeroit
10 Méchant endormi en folie;
 Chasser de bonne compagnie,
 Par raison, chacun le devroit.
 Qui est celui qui s'en tiendroit?

1. L'ancienne orthographe (*-oit* pour *-ait*), en vigueur jusqu'au XVIIIᵉ siècle, a été conservée ici pour la rime (*voit* au vers 4).

FRANÇOIS VILLON
VERS 1431–APRÈS 1463

François Villon présente un contraste saisissant avec les deux lyriques que nous avons considérés précédemment. Ce sont certes, tous les trois, de grands affligés, mais combien différentes sont leurs afflictions! L'ardente et dolente Christine de Pisan souffre de la perte d'un mari adoré et de sa situation de femme seule; Charles d'Orléans, revenu de tout sauf de la poésie, souffre de ses interminables loisirs. François Villon, lui, n'est ni endeuillé ni blasé, mais angoissé: le mal dont il souffre, c'est la condition humaine. Ainsi s'explique l'universalité de son œuvre. Malgré les énormes difficultés linguistiques qu'elle présente, sa poésie semble avoir moins vieilli que celle de ses deux aînés. Elle nous touche et nous fait réfléchir aujourd'hui encore, et c'est pourquoi Villon est considéré comme le premier des poètes « modernes ».

Le mauvais sujet

Né à Paris de parents très pauvres, le jeune François est confié par sa mère, deve-nue veuve, à un ecclésiastique nommé Guillaume de Villon, professeur de droit à la Sorbonne. C'est au bon prêtre que François devra son nom et son éducation. A l'âge de vingt et un ans, François Villon est reçu *maître ès lettres*, mais semble se dé-sintéresser complètement de ses études. Aux livres il préférera désormais les ta-vernes et les bordels, et le peu que nous savons de sa vie d'après 1452 vient des archives de la police. En 1455, il blesse mortellement un prêtre au cours d'une querelle et quitte Paris. Grâcié six mois plus tard par l'entremise d'un protecteur (sans doute Guillaume de Villon), il regagne la capitale, mais après avoir pris part au cambriolage d'une école, il juge prudent de s'absenter plus longuement. Pen-dant cinq ans, il mène une vie de vagabond. Mis à part un séjour chez Charles d'Orléans, au cours duquel Villon participe à l'un des concours poétiques orga-nisés par le prince, cette période présente une lacune dans sa biographie. En 1461, Villon se trouve dans une prison de province (on ne sait pour quel crime), mais le roi, de passage dans la région, libère tous les prisonniers. Voilà Villon de retour à Paris, et le revoilà bientôt en prison sous une inculpation de vol. Il n'est libéré que pour être arrêté un mois plus tard après avoir participé à une rixe au cours de laquelle un notaire pontifical est blessé d'un coup de dague. Cette fois l'affaire est grave, et en 1462 Villon est condamné à mort. Ayant fait appel, il voit sa peine commué en bannissement de Paris pour dix ans. C'est alors que le poète disparaît de l'histoire, pour entrer dans la légende.

Au siècle suivant, Rabelais rapporte une anecdote selon laquelle un Villon assagi et pieux se serait retiré chez un abbé en Poitou; là, il aurait passé ses vieux jours à organiser des représentations du *Mystère de la Passion*. Depuis le XV^e siècle, de nombreux poètes, dramaturges et romanciers ont brodé sur la légende. Une version hollywoodienne des années trente nous dépeint Villon, sous les traits de Ronald Colman, quittant Paris à la fin du film et recueilli sur la route par sa bien-aimée noble. Tout cela relève, évidemment, de l'invention pure. Mais il faut ranger également dans cette catégorie tout ce qu'on a dit — et donné pour vrai — afin d'« expliquer » ou de « justifier » la vie sordide de ce malfaiteur profession-nel. « Son malheur fut d'être né pauvre, » nous dit-on — comme si la pauvreté poussait forcément au crime (autant dire qu'il se dévoya *en dépit* des bons offices de Guillaume de Villon!). « Il se laissa entraîner par de mauvaises fréquenta-tions, » nous assure-t-on, sans preuve aucune — et pourquoi Villon n'aurait-il pas corrompu ses compagnons, plutôt que l'inverse? « Il aimait Dieu, sa mère et son pays, » prétend-on — mais rien ne prouve qu'il fût sincère lorsqu'il nous le disait. Pour juger d'ailleurs de cette prétendue « sincérité » de Villon, donnée pour sa plus grande vertu, il faudrait confronter sa vie avec ce qu'il en dit, et le caractère trop lacunaire de sa biographie rend impossible une telle confrontation. Pourquoi tant d'excuses pour cette âme déchue? Parce qu'on admet difficilement qu'un voyou puisse être un grand poète. Et cependant, tout indique qu'il était précisé-ment l'un et l'autre.

« Mort saisit sans exception »

La gloire de Villon repose principalement sur son *Testament*, ouvrage hétéroclite d'environ 2.000 vers répartis en huitains, en ballades et en rondels. Villon semble en avoir composé la plupart pendant l'hiver 1461–2, peu après avoir retrouvé fortuitement sa liberté par la grâce du roi. Usé, malade, se sentant peut-être proche de sa fin, ce vieil homme de trente ans promène un regard désabusé sur sa vie gâchée, et le bilan qu'il fait n'est pas réjouissant. Il avoue ses fautes, regrette sa jeunesse mal employée, s'en prend à l'injustice du sort, exhale l'amertume de ses amours déçus. « Hé! Dieu, si j'avais étudié au temps de ma jeunesse folle », s'écrie-t-il. Mais il est trop tard: « Ma jeunesse s'en est allée, et je demeure. »

Poète du remords et des occasions perdues, Villon est d'abord et surtout le poète de la mort. Ce thème de la mort constitue le fil conducteur de son *Testament*, en apparence décousu: presque tout semble s'y rattacher de près ou de loin. Cette idée banale — « Nous mourrons tous » — frappe ou même effraie, à un moment ou à un autre, la plupart d'entre nous; Villon est de ceux qu'elle épouvante et obsède. (Ajoutons qu'elle le console de sa pauvreté, car, répète-t-il, les riches mourront comme lui.) Son originalité consiste à ramener *l'idée abstraite* de la mort au niveau de *l'image concrète*, à nous montrer la décrépitude qui annonce la mort et la pourriture qui la suit. Aussi Villon s'attarde-t-il sur les aspects les plus bas et les plus hideux de l'existence; il semble même s'y complaire. Ceux pour qui le réel se réduit à ces aspects considèrent Villon comme le premier grand *poète réaliste*.

Gravure sur bois de la 2e édition (1490) des œuvres de Villon, illustrant l'« Epitaphe dudit Villon », poème qui serait réintitulé au siècle suivant la *Ballade des pendus*

Stock Montage

Ballade des dames du temps jadis

Ce poème figure dans le *Testament* de Villon (1461–2), mais il fut probablement écrit antérieurement. Le thème en est un lieu commun: la fuite du temps, la fugacité des choses de cette vie. Le refrain, qui assimile les beautés légendaires d'autrefois aux neiges de l'an dernier (« d'antan »), est peut-être le vers le plus célèbre — certainement l'un des plus puissamment évocateurs — de la langue française.

> Dites-moi où, n'en° quel pays °et en
> Est Flora[2], la belle Romaine;
> Archipiada[3], ne Thaïs[4],

2. Flora: courtisane fameuse de Rome. — 3. Archipiada: le Grec Alcibiade, pris pour une femme au Moyen Age à cause de sa beauté. — 4. Thaïs: courtisane grecque.

Qui fut sa cousine germaine.

5 Echo[5], parlant quand bruit on mène° °fait
Dessus° rivière ou sus° étang, °sur
Qui beauté eut trop° plus qu'humaine. °beaucoup
Mais où sont les neiges d'antan°? °de l'an dernier

Où est la très sage Héloïs[6],
10 Pour qui châtré fut et puis moine
Pierre Abélard à Saint-Denis?
Pour son amour eut cette essoyne°. °malheur, peine
Semblablement, où est la reine
Qui commanda que Buridan
15 Fût jeté en un sac en Seine[7]?
Mais où sont les neiges d'antan?

La reine Blanche comme un lis
Qui chantait à voix de sirène[8]:
Berthe au grand pied[9], Biétris, Alis[10];
20 Harembourges qui tint le Maine[11],
Et Jeanne[12], la bonne Lorraine,
Qu'Anglais brulèrent à Rouen;
Où sont-elles, Vierge souveraine?
Mais où sont les neiges d'antan?

25 Prince, n'enquérez de semaine° °ne demandez pas cette
Où elles sont, ni de cet an,
Qu'à ce refrain ne° vous ramène: °De peur qu'à ce refrain
Mais où sont les neiges d'antan?

Ballade des pendus

Le sous-titre prêté au poème par un de ses éditeurs explique les circonstances de sa composition: *L'Epitaphe en forme de ballade que fit Villon pour lui et ses compagnons, s'attendant à être pendu avec eux.* En effet, Villon avait été condamné à mort et son exécution était imminente. Comme dans le poème précédent, un thème banal est traité d'une façon étonnamment originale: plutôt que de méditer sur sa mort prochaine, Villon fait parler son cadavre aux spectateurs qui le regardent décomposer au bout de sa corde (à l'époque, les pendus restaient longtemps exposés au public, pour lui servir de leçon). Le poème est considéré comme le chef-d'œuvre de Villon.

5. Echo: nymphe amoureuse de Narcisse dans la mythologie grecque. — 6. Héloïs, Abélard: Héloïse fut l'élève et l'amante du philosophe Abélard, qu'elle épousa en secret. L'oncle d'Héloïse s'opposa au mariage et fit châtrer Abélard. — 7. Selon une légende, la reine Marguerite de Bourgogne traita ainsi le philosophe Buridan (XIV[e] s.). — 8. Il s'agit peut-être de Blanche de Castille. — 9. Berthe: héroïne d'une chanson de geste. — 10. Biétris, Alis: noms portés par plusieurs femmes de la légende et de l'histoire. — 11. Harembourges: femme d'un comte d'Angou auquel elle apporta le Maine en dot. — 12. Jeanne: Jeanne d'Arc.

Frères humains qui après nous vivez,
N'ayez le cœur contre nous endurci;
Car, si pitié de nous pauvres avez,
Dieu en° aura plus tôt de vous merci. °à cause de cela
5 Vous nous voyez ci-attachés cinq, six:
Quant à la chair, que trop avons nourrie,
Elle est piéçà° dévorée et pourrie, °depuis longtemps
Et nous, les os, devenons cendre et poudre.
De notre mal personne ne s'en rie°, °que personne ne se rie
10 Mais priez Dieu que tous nous veuille
absoudre°! °priez Dieu qu'il veuille
 [nous absoudre tous

Si frères vous clamons°, pas n'en devez °si nous vous appelons
Avoir dédain, quoique fûmes occis° °tués
Par justice. Toutefois vous savez
Que tous hommes n'ont pas bon sens assis°; °mis dans leur âme
15 Excusez-nous, puisque sommes transis°, °morts
Envers le Fils de la Vierge Marie;
Que sa grâce ne soit pour nous tarie,
Nous préservant de l'infernale foudre.
Nous sommes morts, âme ne nous harie°, °que personne ne nous tourmente
20 Mais priez Dieu que tous nous veuille
absoudre!

La pluie nous a bués° et lavés, °lessivés
Et le soleil desséchés et noircis;
Pies, corbeaux nous ont les yeux cavés°, °crevés
Et arraché la barbe et les sourcils.
25 Jamais nul temps nous ne sommes rassis°; °tranquilles
Puis çà, puis là, comme le vent varie,
A son plaisir sans cesser nous charrie°, °il (le vent) nous ballotte
Plus becquetés d'oiseaux que dés à coudre.
Ne soyez donc de notre confrérie,
30 Mais priez Dieu que tous nous veuille
absoudre!

Prince Jésus, sur qui tous as maîtrie°, °souveraineté
Garde qu'Enfer n'ait de nous seigneurie:
A lui n'ayons que faire ni que soudre°. °payer
Hommes, ici n'a point° de moquerie; °il n'y a point
35 Mais priez Dieu que tous nous veuille
absoudre!

Matière à réflexion

1. Si nous nous sommes étendus sur la vie des poètes présentés dans ce chapitre, c'est qu'ils représentent l'apparition de *l'auteur* dans la littérature française: pour la première fois, nous sommes en présence d'écrivains qui ne se réduisent pas à leur nom. L'œuvre peut enfin être mise en rapport avec une vie dont elle est censée être le *reflet*. A votre avis, les renseignements biographiques dont nous disposons facilitent-ils la *compréhension* des poèmes? Votre *appréciation* d'un poème augmente-t-elle si vous connaissez la situation personnelle du poète? Donnez des exemples.

Sur Christine de Pisan

2. Etudiez la composition de sa ballade. Y a-t-il une progression, ou bien la poétesse ne fait-elle qu'énumérer les différents aspects de sa solitude? Le refrain devient-il plus riche de sens à la fin de chaque strophe successive, ou bien le poème finit-il « en queue de poisson »? (L'expression se dit d'une chose qui tourne court, dont la fin « anticlimactic » dément les heureux débuts.)

3. Par le thème et par le ton, *Rondel II* s'oppose complètement à *Rondel I* et à la ballade: il ne s'agit plus pour Christine de Pisan d'exhaler son chagrin mais de décourager un importun. Et pourtant… ne pourrait-on pas rapprocher ce poème des deux autres, et voir dans ce « bel et bon » une évocation du mari disparu, qu'elle aimera toujours « d'amour certaine »? (Ailleurs, elle affirme en effet qu'après la mort de son mari, elle n'a pas connu d'autres amours.) Cette interprétation vous semble-t-elle tirée par les cheveux? Trouve-t-elle des appuis *dans le texte*?

Sur Charles d'Orléans

4. *Rondel I* repose tout entier sur le procédé littéraire qu'on appelle *personnification* et qui consiste à représenter une chose inanimée ou abstraite sous les traits d'une personne. Etudiez le poème de ce point de vue. Comment la personnification permet-elle au poète de traduire en langage poétique la simple constatation: « Le printemps est arrivé »? Ce rondel a été qualifié de *mièvre* par de nombreux commentateurs. Etes-vous d'accord?

5. Le sentiment qui se dégage de *Rondel II* vous semble-t-il compatible avec l'attitude exprimée dans *Rondel III*? Quelles conclusions tirez-vous sur la sincérité du poète? (Remarquez qu'il ne s'agit pas d'humeurs passagères, mais de dispositions plus ou moins permanentes.)

Sur François Villon

6. Dans la *Ballade des seigneurs du temps jadis* qui fait suite à la *Ballade des dames du temps jadis*, Villon énumère semblablement les noms de puissants disparus (le pape Calixte III, Arthur, duc de Bretagne, les rois de France, d'Espagne, d'Aragon,

etc.). Le refrain: « Mais où est le preux Charlemagne? » Ce poème est beaucoup moins connu que le premier, et certainement moins réussi. Pourquoi, à votre avis? La précarité du pouvoir serait-elle moins émouvante que la fragilité de la beauté? L'explication est-elle plutôt d'ordre poétique? (Par exemple: dans le refrain du deuxième poème, il n'y a pas de changement de niveau ou de domaine; Charlemagne n'est qu'un grand parmi les autres grands, etc.)

7. Il est possible que la *Ballade des pendus* fût destinée moins au Juge céleste qu'aux juges du Parlement qui avaient comdamné Villon à mort. (Il sortait de prison quelques jours après l'avoir écrite, et il avait déjà essayé cette tactique lors d'une détention précédente). Etudiez le poème de ce point de vue. Montrez que, dans cette hypothèse, tout dans le poème prend un double sens.

Le XVIᵉ Siècle

Survol

Le XVI^e siècle en France est une période de transforma-
tions profondes qui marquent la fin du monde médiéval et la naissance du monde
moderne. Certes, il faut se méfier un peu des dates: bien avant 1500, l'esprit nou-
veau se préparait et s'annonçait déjà dans certains domaines, comme de nom-
breux aspects du Moyen Age se sont prolongés longtemps après 1600. Les auteurs
de manuels aiment diviser l'histoire en siècles, lors même que les événements ne
s'y prêtent pas. Ces réserves faites, il reste vrai qu'avec les bouleversements de cette
période s'ouvre en France une ère nouvelle.

Parmi les manifestations de cette modernité, citons d'abord celles, d'ordre
matériel, qu'engendrèrent les grandes découvertes géographiques de la fin du siè-
cle précédent (l'Amérique, la route des Indes, etc.). L'immense afflux de métaux
précieux importés du Nouveau Monde augmenta la masse monétaire, stimula le
commerce et accéléra la ruine de l'aristocratie dont la richesse était fondée sur la
possession de la terre. C'est ainsi que naquirent le *capital* et le *capitalisme;* la vie
économique et sociale devait en être révolutionnée.

La colonisation des terres conquises changea non seulement les conditions de
vie en Europe mais la conception même de la vie. La découverte des peuples dits
« primitifs » frappa l'imagination, excita la curiosité, ébranla les esprits. On se
rendit compte que sa façon de vivre n'était pas la seule possible: « d'autres lieux,
d'autres mœurs ». La révélation de croyances radicalement différentes obligea les
Européens à examiner les leurs, à les justifier et parfois même à les remettre en
question. Tout cela entraîna à la longue un certain relativisme qui n'était pas pour
plaire à l'Eglise catholique: ce n'est pas un hasard si les expéditions furent con-
damnées par nombre d'ecclésiastiques.

Mais les deux grands faits du XVI^e siècle en France, ceux qui le dominent et
qui en font une période non pas d'évolution lente mais de mutation brusque, ce
sont évidemment la Réforme et la Renaissance. Ces deux mouvements opèrent,

chacun dans son domaine, une rupture avec l'époque précédente: 1° en provoquant un schisme dans le christianisme, la Réforme brisa l'unité d'une Eglise qui avait résisté aux hérésies pendant quatorze siècles; 2° avec la Renaissance, le XVIe siècle déclara son indépendance par rapport au Moyen Age dans le domaine des arts et des lettres.

C'est assez tardivement — à partir, notamment, du XIXe siècle — que les historiens adopteront ce terme de *renaissance* pour désigner le mouvement de rénovation qui marque la transition du médiéval au moderne. Au XVIe siècle on préférait parler du « réveil » artistique et littéraire. Les deux images supposent pourtant l'idée d'un *retour*, d'où ce paradoxe: les novateurs de la Renaissance française avaient moins le sentiment d'*inventer* une littérature nouvelle que de *redécouvrir* une littérature achevée mais oubliée. Cette littérature redécouverte — celle qui, selon la métaphore, renaît ou se réveille —, c'est la littérature de l'Antiquité gréco-latine. Les œuvres de la Grèce et de Rome alimentent et orientent la littérature française tout au long du XVIe siècle; c'est à leur nom que les « Renaissants » prétendent rompre avec le Moyen Age et rénover la littérature de leur époque.

Ces partisans d'un retour à l'Antiquité s'appelaient *humanistes* (du latin *humanitas*: ce qui est propre à l'homme), pour délimiter leur discipline et la distinguer des études religieuses. S'intéressant essentiellement à l'*humain* par opposition au *divin*, ils ne tardèrent pas à entrer en conflit avec la Faculté de théologie de Paris. Ils avaient beau se dire bons catholiques; l'Eglise avait bien raison d'être sur ses gardes. Car si les humanistes se consacraient à l'étude des œuvres anciennes, c'était pour en dégager ce qu'ils appelaient la « sagesse antique ». Ils croyaient que la condition du progrès au XVIe siècle était de renouer, par-dessus et *contre* le Moyen Age, avec « l'âge d'or » de l'humanité. N'était-ce pas condamner, plus ou moins directement, le long intermède médiéval et *chrétien*? Ainsi, malgré les efforts de nombreux humanistes pour concilier les idéaux chrétien et païen, les autorités ecclésiastiques ne se trompaient pas sur l'ennemi à combattre.

Les humanistes remportèrent une victoire éclatante lorsqu'en 1530 François Ier, gagné aux idées nouvelles, fonda un collège laïc consacré à l'étude des langues anciennes et soustrait au contrôle des théologiens. Désormais la cause de l'humanisme se confondra avec celle de la Renaissance. Redécouverte/rénovation: il s'agit au fond des deux faces d'un seul et même mouvement.

On peut se demander pourquoi ce mouvement se fit attendre si longtemps, d'autant plus que les œuvres de l'Antiquité n'avaient jamais été complètement oubliées par les clercs du Moyen Age. Il y avait eu, à la vérité, plusieurs « renaissances » partielles et avortées au cours de l'époque médiévale: au IXe siècle, par exemple, sous Charlemagne, et au XIIIe, sous Louis IX. A quoi donc tenait la grande éclosion du début du XVIe siècle — celle dont le nom s'écrit aujourd'hui avec un R majuscule?

La cause profonde réside sans doute dans l'extrême décadence de cette fin d'époque[1]. La France d'alors était intellectuellement et moralement à bout de souffle. La religion se réduisait à un rituel sans rapport évident avec la foi; la philosophie officielle, appelée *scolastique*, n'était qu'une gymnastique verbale

1. Décadence dont les textes de la section précédente ne donnent pas d'idée. Villon et l'auteur de *Pathelin* sont des exceptions géniales qui confirment la règle.

coupée de la réalité. Les professeurs de l'Université se contentaient de gloser sur des gloses, et les écrivains, d'imiter des imitations. Les conditions étaient donc propices à la régénération qui devait se produire.

C'est une expédition militaire qui déclencha le mouvement. En 1494 le roi de France s'avisa d'envahir l'Italie; il y fut suivi à plusieurs reprises par ses deux successeurs. Désastreuses sur le plan militaire, ces premières *guerres d'Italie* (1494–1515) eurent au moins le mérite de révéler aux Français les splendeurs de la civilisation italienne. La Renaissance avait commencé en Italie près de deux siècles plus tôt; au moment des invasions françaises, elle atteignait son apogée. Et ce fut, comme l'écrit un historien, « une irruption de barbares au pays des merveilles ». Les seigneurs français furent éblouis par le raffinement des mœurs et la somptuosité des cours, par l'abondance des œuvres d'art et la beauté des femmes. Ils goûtèrent la *dolce vita*, s'y habituèrent pendant leur court séjour et ne voulurent plus s'en passer. Aussi cherchèrent-ils, de retour chez eux, à recréer ce qu'ils pouvaient de la vie italienne. Ils rapportèrent en France quantité de statues et de tableaux; ils invitèrent chez eux beaucoup d'artistes et d'artisans italiens. Modes, mœurs, manières, tout, en France, s'italianisa — y compris la langue qui comptait bientôt des milliers d'italianismes. Les Français avaient voulu conquérir l'Italie, et c'est l'Italie qui les conquit.

L'italianisation de l'aristocratie française fut un phénomène assez passager. Mais il était inévitable qu'entrât en France, avec les beaux dehors de la civilisation italienne, quelque chose de *l'esprit* qui les rendait possible. L'esprit que l'on a qualifié d'« italien », et qui est en fait celui de la Renaissance toute entière, peut se résumer ainsi: la terre n'est pas une vallée de larmes, mais un lieu de délices; la vie n'est pas une corvée, mais une merveilleuse aventure. Cette conception de l'homme et de ses possibilités fut l'héritage d'un passé antique dont l'Italie, pour des raisons historiques et géographiques, ne s'était jamais éloignée. L'humanisme italien fleurissait depuis le début du siècle; les érudits vivaient dans l'intimité avec les auteurs latins, et ils connaissaient depuis 1453 les œuvres grecques[2]. Quant aux humanistes français, très peu nombreux au début des guerres d'Italie, ils connaissaient mal les Latins et ignoraient presque complètement les Grecs. C'est donc toute l'Antiquité littéraire qu'ils découvrirent en franchissant les Alpes. A ce riche butin s'ajoutait une leçon de lecture, car les Français ne lisaient guère les œuvres anciennes que pour y chercher des arguments à l'appui du christianisme, alors que les Italiens savaient en goûter la beauté formelle.

L'humanisme trouva en France un terrain fertile, d'autant plus que l'invention récente de l'imprimerie favorisait la diffusion des idées nouvelles[3]. Celles-ci évoluèrent en s'adaptant au pays et aux circonstances, et l'on peut diviser l'histoire du siècle littéraire en trois périodes:

1° Devant la masse d'œuvres redécouvertes ou à redécouvrir, les humanistes de la première génération ont surtout conscience de l'immense travail qui leur

2. Cette date, que l'on donne traditionnellement pour la fin « officielle » du Moyen Age, est celle de la chute de Constantinople, capitale de l'empire byzantin. Devant les envahisseurs turcs, de nombreux savants grecs fuient avec leurs manuscrits et se réfugient en Italie où ils se mettent à enseigner leur langue. Cet événement donnera une grande impulsion aux études grecques en Italie et, plus tard, en France. — 3. Le premier atelier d'imprimerie s'ouvrit en France en 1470. En 1500, Paris en comptait quatre-vingt, et il y en avait plusieurs en province.

incombe. Il faut dénicher les manuscrits, établir les textes, publier les ouvrages, les traduire en français, apprendre et enseigner les langues anciennes — *ressusciter intégralement l'Antiquité littéraire*. Tâche formidable, fastidieuse parfois mais nécessaire, et qui convient aux « travailleurs du savoir » que sont les premiers humanistes: érudits, professeurs, traducteurs, philologues, imprimeurs. Paradoxalement, à cette époque d'effervescence dans tous les domaines, les œuvres originales sont rares. On dirait que les écrivains attendent, se préparent, *reculent pour mieux sauter*. Quelle qu'en soit la raison, les grands créateurs se font attendre. Il y a une seule exception, et elle est énorme: Rabelais. Grand lettré lui-même, Rabelais résume en sa personne l'optimisme, la curiosité universelle et l'énergie débordante des premiers humanistes.

2° Vers le milieu du siècle, on estime que le temps de la création est venu: à l'humanisme érudit succède alors l'humanisme poétique. On a approfondi dans tous les sens les œuvres anciennes; on s'est imprégné de leur fond et l'on sait apprécier leur forme. On a poussé la vénération des poètes latins jusqu'à les pasticher... *en latin*. Il s'agit maintenant — tout en s'inspirant des Anciens et tout en imitant leurs procédés —, de donner *à la langue française* une littérature qui soit égale en valeur au modèle. De ce projet ambitieux sortira l'école de la Pléiade. Ce sera le sommet littéraire de la Renaissance, et l'une des périodes les plus brillantes de la poésie française.

3° Cette belle floraison prend fin en 1562 lorsque la querelle entre catholiques et protestants dégénère en lutte armée. Les *guerres de religion* dévasteront le pays jusqu'à la fin du siècle; la littérature, triste écho des malheurs du temps, s'engage dans la mêlée. La plupart des écrivains prennent parti et, à la poésie, préfèrent désormais la propagande. Leur œuvre militante vieillira à mesure que s'éloigneront les événements dont elle s'inspire. L'écrivain qui passe aujourd'hui pour le plus grand de l'époque s'élève au-dessus des événements et, plutôt que de polémiquer, préfère se peindre lui-même. Il s'agit de Montaigne, en qui s'achèvent les efforts d'un siècle humaniste en quête de la sagesse antique.

Rabelais

C'est principalement dans le domaine de l'érudition que se manifeste, au début du XVIe siècle, l'« esprit nouveau ». A cette époque où souffle en rafales le vent du changement, la production littéraire reste, dans son ensemble, assez traditionnelle. Puis, avec la parution en 1532 de *Pantagruel*, l'humanisme fait son entrée fracassante dans la littérature française. L'ouvrage, signé Alcofribas Nasier — anagramme du vrai nom de l'auteur: François Rabelais —, obtient un vif succès. La Faculté de théologie de Paris, organe de l'Eglise, le trouve pourtant obscène et le frappe d'une censure. Les contes que Rabelais publiera par la suite connaîtront le même sort: *Gargantua* (1535), *Le Tiers* [troisième] *Livre* (1546) et *Le Quart* [quatrième] *Livre* (1552) seront tous bien accueillis du public, et tous seront officiellement condamnés. Inscrit aujourd'hui au programme avec les autres grands créateurs de la littérature française, cet écrivain dont on a tenté d'empêcher la lecture est lu obligatoirement par des milliers d'élèves et d'étudiants — dans des éditions amputées, bien entendu, des parties « inconvenantes ».

La biographie de Rabelais reste encore assez conjecturale. Une légende aussi tenace qu'injuste a longtemps fait de lui un grand noceur qui aurait passé la plupart de sa vie à manger et à boire. Le peu que nous savons de sa vie dément complètement sa réputation.

Né en Touraine vers 1490, Rabelais montre très tôt un goût prononcé pour l'étude. Aussi son père décide-t-il de le « mettre en religion », c'est-à-dire d'en faire un prêtre. Nous savons qu'en 1521 Rabelais est moine au couvent franciscain où il recevra tous les ordres, y compris la prêtrise. Il y poursuit avec acharnement ses études, sous le regard inquiet des supérieurs qui se méfient en particulier de sa connaissance du grec. En 1523, la Faculté de théologie interdit l'étude de cette langue suspecte, et les livres de Rabelais sont confisqués. Dégoûté, il obtient l'autorisation de quitter les Franciscains pour passer dans un ordre réputé plus favorable aux lettres. Son nouvel évêque, humaniste lui-même, l'engage comme secrétaire, et les deux voyagent ensemble à travers le Poitou.

En 1527, Rabelais quitte son ordre sans autorisation et disparaît de l'histoire pendant trois ans. Il est probable qu'au cours de cette période Rabelais ait commencé des études de médecine, puisqu'il reparaît en 1530 à la faculté de médecine de Montpellier où il est reçu bachelier six semaines après s'être inscrit. Peu après, il commence à exercer sa nouvelle profession dans un hôpital à Lyon. Lorsqu'en 1537 il prend le grade de docteur, sa célébrité est déjà grande, et vers la fin de sa vie il sera considéré comme l'un des plus éminents médecins du royaume.

Dès le début de sa carrière, sa réputation et ses qualités personnelles valent à Rabelais des protecteurs puissants qu'il gardera toute sa vie. A plusieurs reprises, il fait avec eux de longs séjours en Italie comme médecin et conseiller. Ces hauts personnages — évêques ou cardinaux, pour la plupart — le protègent contre les poursuites d'une Eglise dont ils sont eux-mêmes des représentants officiels. C'est grâce à leur appui qu'il peut publier impunément ses livres à une époque où l'hérésie mène parfois au bûcher. Une seule fois, leur protection lui faillit: en 1546, l'humaniste Etienne Dolet est condamné pour son irreligion et brûlé. Rabelais, dont Dolet avait publié les ouvrages, juge prudent de se réfugier quelques mois à l'étranger. Mis à part cet intermède désagréable, Rabelais vit en assez bons termes avec l'Eglise qu'il avait raillée et qui l'avait censuré. Il réussit même à obtenir du pape l'autorisation de rentrer chez les Bénédictins, et en 1551 il se fait attribuer la charge de deux paroisses. Pendant deux ans, Rabelais touche les bénéfices de ces postes sans jamais en exercer les fonctions. Il meurt, semble-t-il, vers 1553, dans des circonstances que nous ignorons.

Il est évident que rien, dans cette vie à la fois mouvementée et studieuse, n'accrédite la légende. C'est *dans l'œuvre* qu'il faut chercher l'origine de cette réputation d'ivrogne que Rabelais a entretenue lui-même avec soin. Dans le prologue de *Gargantua* (voir ci-dessous), il se fait un honneur et une gloire « d'avoir une réputation de bon vivant et de joyeux compagnon ». Il dédie son livre aux « buveurs très illustres » et affirme l'avoir écrit à table, en buvant (affirmation que *semble* confirmer l'incontinence verbale de certains passages).

Mais si ce n'était là qu'une façon de brouiller les pistes? Rabelais dit dans le même prologue qu'il ne faut pas juger son livre sur les apparences, qu'il faut « briser l'os et sucer la substantifique moelle[1] ». Le lecteur attentif trouvera dans son livre, affirme-t-il, une « philosophie cachée, de très hauts arcanes et d'horrifiques mystères ». Il est vrai que tout de suite après — pour désarmer la censure? —, Rabelais se moque des critiques qui découvrent dans une œuvre toutes sortes d'allégories auxquelles l'auteur n'a pas songé. Ce jeu de cache-cache a dérouté beaucoup de lecteurs; Voltaire, au XVIIIe siècle, a fini par le comprendre. S'arrêtant d'abord aux apparences, il ne ménage pas ce « philosophe ivre qui n'a écrit que dans le temps de son ivresse »; il trouve *Gargantua* « extravagant et inintelligible ». Mais après avoir relu Rabelais, il se repent d'en avoir dit tant de mal: « Son livre, à la vérité, est un ramas des plus impertinentes et des plus grossières ordures qu'un moine ivre puisse vomir; mais, aussi, il faut avouer que

1. La moelle nourrissante.

c'est une satire sanglante du pape, de l'Eglise, et de tous les événements de son temps. Il voulut se mettre à couvert sous le masque de la folie; il le fait entendre assez lui-même dans son prologue. »

Quelle est donc cette signification profonde, cette « substantifique moelle »? C'est d'abord, comme l'a vu Voltaire, une satire d'à peu près tout le monde, médecins et magistrats, princes et professeurs, mais surtout des ecclésiastiques. Loin d'être « cachées », les intentions satiriques de Rabelais sautaient aux yeux des contemporains — d'où ses tracas avec l'Eglise. Cependant cet aspect de son œuvre a daté. Certaines de ses allusions à l'actualité, transparentes au XVIe siècle, nous échappent aujourd'hui; d'autres nous laissent froids. Il en est souvent ainsi de la satire: les événements du jour qui lui prêtent son intérêt la rendent caduque le lendemain.

Un autre aspect de l'œuvre rabelaisienne, aussi frappant que la satire et presque aussi suspect aux yeux des censeurs catholiques, c'est l'humanisme. Sa passion pour l'antiquité gréco-latine est telle que l'on se demande, en lisant ses innombrables citations, si Rabelais ne fait que substituer l'autorité des Anciens à celle des scolastiques. Ce retour aux sources rapproche Rabelais des *évangéliques* (ainsi appelait-on, avant la rupture avec l'Eglise, les premiers réformateurs). Les évangéliques sont humanistes en matière de religion: ils veulent revenir au texte et à l'enseignement des Saintes Ecritures et en particulier des Evangiles. Aussi Rabelais fait-il, au début, cause commune avec Calvin: il s'agit pour les deux d'en finir avec tout ce que l'Eglise catholique a interposé entre eux et la Vérité.

Mais ce désir de revenir aux sources, commun à Rabelais et à Calvin, ne les rapproche que superficiellement. Leurs différences sont bien plus importantes, comme ils ne tardent pas à s'en apercevoir. Ce qui les divise, ce sont deux conceptions incompatibles de l'homme et du monde. Pour Calvin, nous sommes tous (y compris les nouveaux-nés) « corrompus en toutes les parties de notre nature... damnables devant Dieu... enveloppés du péché originel et souillés de ses taches » (*Institution chrétienne*, 1536). Là-dessus, Calvin est d'accord avec l'Eglise qu'il combat; il s'agit d'un fondement du christianisme sous toutes ses formes. A cette doctrine du péché originel, Rabelais oppose celle, essentiellement païenne et *anti-chrétienne*, de la bonté naturelle. Et ses livres, après avoir été censurés en France par les catholiques, seront brûlés à Genève par les protestants.

De cette confiance de Rabelais dans la nature humaine découle son optimisme foncier, son exubérance joyeuse, sa bonne humeur invincible — tout ce qui fait *le sentiment rabelaisien de l'existence*. Rabelais lui-même donne la meilleure définition de cette attitude devant la vie: « une certaine gaieté d'esprit conservée en dépit des choses fortuites ». Autrement dit: « ne vous laissez pas démonter par les coups du sort ou par les tracasseries de la vie quotidienne; soyez heureux, et ne vous en faites pas. » Que l'on ne s'y trompe pas: ce n'est pas l'indifférence que Rabelais nous conseille, mais l'équanimité. Le rabelaisianisme n'est pas une démission, mais une conquête. Beaucoup de lecteurs, à travers les siècles, ont trouvé de quoi se nourrir dans cette « gaieté d'esprit ». Substantifique moelle, en effet.

Avant de lire

Dans son avis *Aux lecteurs*, Rabelais annonce que son but est de nous amuser, « parce que le rire est le propre de l'homme. » Mais le rire n'est souvent chez Rabelais qu'un moyen pour parvenir à une fin polémique. Ainsi, dans le récit cocasse de la naissance du héros (« Comment Gargantua naquit d'une façon bien étrange », ci-dessous), Rabelais trouve moyen de glisser, mine de rien, une critique du christianisme. Cette critique est, de toute son œuvre, la plus sévère parce que la plus *fondamentale:* d'habitude, il se contente de railler l'Eglise et les ecclésiastiques, alors qu'ici il atteint le principe même de la foi. En lisant le chapitre, soyez attentifs à la transition du saugrenu au sérieux, ou plutôt: du comique pur au comique tendancieux. Ce n'est pas pour rien qu'on dit en France: *le ridicule tue.*

The Granger Collection, New York

Gargantua

Aux lecteurs (texte original)

Amis lecteurs, qui ce livre lisez,
Dépouillez-vous de toute affection,
Et, le lisant, ne vous scandalisez:
Il ne contient mal ni infection.
Vrai est qu'ici peu de perfection
Vous apprendrez, sinon en cas de rire;
Autre argument ne peut mon cœur
 élire,
Voyant le deuil qui vous mine et con-
 somme.
Mieux est de ris que de larmes écrire,
Pour ce que rire est le propre de
 l'homme.

Aux lecteurs (traduction)

Amis lecteurs, qui lisez ce livre,
Dépouillez-vous de toute passion
Et ne soyez pas scandalisés en le lisant.
Il ne contient ni mal ni corruption;
Il est vrai qu'ici peu de perfection
Vous trouverez, sauf en matière de rire;
Mon cœur ne peut choisir d'autre sujet
A la vue du chagrin qui vous mine et
 vous consume.
Il vaut mieux traiter du rire que des
 larmes,
Parce que le rire est le propre de
 l'homme.

Prologue

Buveurs très illustres et vous, vérolés[2] très précieux (c'est à vous, à personne d'autre que sont dédiés mes écrits), dans le dialogue de Platon intitulé le *Banquet,* Alcibiade faisant l'éloge de son précepteur Socrate, sans conteste prince des philosophes, le déclare, entre autres propos, semblable aux Silènes. Les Silènes étaient jadis de petites boîtes comme on en voit à présent dans les boutiques des apothicaires et sur lesquelles étaient peintes des figures amusantes et frivoles [...] pour inciter les gens à rire, à l'instar de Silène, maître du bon Bacchus. Mais à l'intérieur, on conservait de précieux ingrédients comme le baume, l'ambre gris, l'anome, le musc, la civette, les pierreries et d'autres choses de grande valeur. Alcibiade disait que tel était Socrate, parce que, ne voyant que son physique et le jugeant sur son aspect, vous n'en auriez pas donné une pelure d'oignon tant il était laid de corps et ridicule en son maintien: le nez pointu, le regard bovin, le visage d'un fou, simple dans ses mœurs, frustre en son vêtement, dépourvu de fortune, infortuné en amour, inapte à tous les offices de la vie publique; toujours riant, toujours prêt à boire avec chacun, toujours se moquant, toujours dissimulant son divin savoir. Mais en ouvrant une telle boîte, vous y auriez trouvé un céleste et inappréciable ingrédient: une intelligence plus qu'humaine, une force d'âme prodigieuse, un invincible courage, une sobriété sans égale, une incontestable sérénité, une parfaite assurance, un incroyable détachement envers tout ce pour quoi les hommes veillent, courent, travaillent, naviguent et se battent.

A votre avis, pourquoi ce prélude, ce coup d'envoi? C'est que vous, mes bons disciples, et quelques autres fous en chômage, jugez trop facilement, à lire les joyeux titres de certains livres de notre cru comme *Gargantua, Pantagruel, Fessepinte, La Dignité des Braguettes, Des Pois au lard assaisonnés d'un commentaire,* qu'il n'y est question que de moqueries, badinages et joyeux mensonges vu que le label (le titre) est, sans chercher plus loin, habituellement compris dans le sens de la dérision ou de la plaisanterie. Mais ce n'est pas avec une telle désinvolture qu'il faut juger les œuvres humaines. Vous dites vous-mêmes que l'habit ne fait pas le moine, car tel porte l'habit monacal, qui n'est en lui-même rien moins que moine[3]. [...] C'est pourquoi il faut ouvrir le livre et peser soigneusement ce qui s'y trouve exposé. C'est alors que vous vous rendrez compte que l'ingrédient qui s'y trouve contenu vaut bien mieux que ne le promettait la boîte; c'est-à-dire que les matières traitées ici ne sont pas aussi frivoles que le titre le laissait prévoir au-dessus.

Et, en admettant que le sens littéral vous offre une matière assez joyeuse pour correspondre au titre, il ne faut pourtant pas s'y arrêter, comme enchanté par les Sirènes, mais interpréter dans un sens plus transcendant ce que peut-être vous pensiez être dit de gaieté de cœur.

N'avez-vous jamais attaqué une bouteille au tire-bouchon? Nom d'un

2. *Vérole* signifiait à l'époque toute maladie vénérienne grave. En dédiant son livre aux « vérolés très précieux » — mots qui sont, bien à tort, supprimés dans les éditions scolaires —, le docteur Rabelais indique qu'il désire les guérir par le rire. — 3. Auto-allusion?

chien! Rappelez-vous la contenance que vous aviez. Et n'avez-vous jamais vu un chien rencontrant un os à moelle? C'est, comme le dit Platon au Livre II de la *République*, la bête la plus philosophe du monde. Si vous en avez vu un, vous avez pu remarquer avec quelle dévotion il guette son os, avec quel soin il le garde, avec quelle ferveur il le tient, avec quelles précautions il l'entame, avec quelle passion il le brise, avec quelle diligence il le suce. Quel instinct le pousse? Qu'espère-t-il de son travail, à quel fruit prétend-il? A rien, qu'à un peu de moelle. Il est vrai que ce peu est plus délicieux que le beaucoup de toute autre chose, parce que la moelle est un aliment élaboré à force de perfection naturelle, ainsi que le dit Galien au Livre III des *Facultés naturelles* et au Livre XI de *L'Usage des parties du corps*.

A l'instar de ce chien, il convient que vous soyez sagaces pour humer, sentir et apprécier ces beaux livres de haute graisse, légers à la poursuite et hardis à l'attaque, puis il vous faut, par une lecture attentive et de fréquentes méditations, rompre l'os et sucer la substantifique moelle (c'est-à-dire ce que je représente par ces symboles pythagoriques[4]) avec le ferme espoir de devenir avisés et vertueux au gré de cette lecture: vous y trouverez un goût plus subtil et une philosophie cachée qui vous révélera de très hauts arcanes et d'horrifiques mystères, tant pour ce qui concerne notre religion que pour ce qui est de la conjoncture politique et de la gestion des affaires.

Croyez-vous, en toute bonne foi, qu'Homère écrivant l'*Iliade* et l'*Odyssée*, ait jamais pensé aux allégories rafistolées par Plutarque, Héraclite du Pont, Eustache, Phurmutus et à ce que Politien a emprunté à ceux-ci? Si vous le croyez, vous n'approchez pas du tout de mon opinion selon laquelle Homère n'a pas songé davantage à ces allégories qu'Ovide en ses *Métamorphoses* n'a songé aux mystères de l'*Evangile*. [...]

Si vous ne le croyez pas, pour quelle raison n'adopteriez-vous pas la même attitude vis-à-vis de ces joyeuses nouvelles chroniques, sachant que quand je les dictais je n'y pensais pas plus que vous qui, peut-être, étiez, comme moi, en train de boire? Car, pour composer ce livre seigneurial, je n'ai jamais perdu ni passé d'autre temps que celui consacré à me refaire, c'est-à-dire à boire et à manger. C'est le bon moment pour traiter de ces hautes matières et de ces hautes disciplines, comme savaient bien le faire Homère, le modèle de tous les philologues, et Ennius, père des poètes latins, comme en témoigne Horace, bien qu'un malotru ait dit que ses vers sentaient plus le vin que l'huile[5].

Un turlupin en dira autant de mes livres, mais je l'emmerde! Le bouquet du vin est, ô combien, plus friand, riant, alléchant, plus céleste et délicieux que celui de l'huile! [...] C'est pour moi un honneur et une gloire que d'avoir une réputation de bon vivant et de joyeux compagnon; à ce titre, je suis le bienvenu dans toutes les bonnes sociétés de Pantagruélistes[6].

4. Allusion aux *Symboles* du philosophe Pythagore. L'ouvrage passait pour très obscur. — 5. Jeu de mots que Rabelais poursuit aux lignes suivantes. « *Sentir l'huile* se dit d'un ouvrage produit laborieusement et où l'on sent les traces du travail — par allusion à la lampe du travailleur nocturne. » (M. Rat, *Petit Dict. des locutions françaises*). Un ouvrage qui sent le vin, c'est évidemment un ouvrage qu'on dirait écrit sous l'influence de la boisson. — 6. *Pantagruéliste:* disciple de Pantagruel, fils de Gargantua.

[...] Aussi interprétez tous mes gestes et mes paroles dans le sens de la plus haute perfection; révérez le cérébral fromage qui vous offre en pâture ces belles sottises et, autant que vous le pourrez, prenez-moi toujours du bon côté.

A présent, réjouissez-vous, mes amours, et lisez gaiement la suite pour le plaisir du corps et la santé des reins! Mais écoutez, vits d'ânes — et puisse le chancre vous faucher les jambes! —, souvenez-vous de boire à ma santé à l'occasion, et je ne manquerai pas de boire à la vôtre.

[Dans les premiers chapitres, Rabelais raconte « Comment Gargantua fut porté onze mois au ventre de sa mère » et « Comment Gargamelle étant enceinte de Gargantua mangea profusion de tripes ». Puis, le jour de l'heureux événement...]

Chapitre 6
Comment Gargantua naquit d'une façon bien étrange.

Pendant qu'ils tenaient ces menus propos de beuverie, Gargamelle commença à se sentir mal du bas; alors Grandgousier se leva de sur l'herbe et la réconforta gentiment, pensant que c'étaient les douleurs de l'enfantement. Il lui dit de reprendre courage pour la naissance de son poupon et lui assura que la douleur qui l'abattait serait de courte durée; la joie qui y succéderait immédiatement lui ôterait tout ce désagrément, si bien qu'il ne lui en resterait même pas le souvenir.

— Aussi courageuse qu'une brebis! disait-il; débarrassez-vous de celui-ci et faisons-en bien vite un autre.

— Ah! dit-elle, vous avez beau jeu d'en parler, vous autres les hommes! Eh! bien, pardieu, je ferai un effort,

Stock Montage

Gargantua enfant, tel que des générations de lecteurs se le représentent, depuis les célèbres illustrations de Gustave Doré († 1883).

puisque tel est votre désir, mais plût à Dieu que vous l'eussiez coupé!

— Quoi? dit Grandgousier.

— Ah! dit-elle, vous en avez de bonnes! Vous me comprenez bien.

— Mon membre? dit-il. Nom d'une bique! Faites apporter un couteau, si bon vous semble!

— Ah! dit-elle, à Dieu ne plaise! Que Dieu me le pardonne. Je le disais comme ça, ne tenez pas compte de mes paroles. Mais j'aurai bien assez à faire aujourd'hui, si Dieu ne m'aide, et tout cela par la faute de votre membre et pour votre bon plaisir.

— Courage, courage, dit-il, ne vous souciez pas du reste et laissez agir la nature. Je vais boire encore un coup. Si pendant ce temps il vous arrive quelque chose, je serai à côté: appelez-moi, j'arriverai.

Peu de temps après, elle commença à soupirer, à se lamenter et à crier. Aussitôt, une foule de sages-femmes surgirent de tous côtés; en la tâtant par en dessous elles trouvèrent quelques membranes de goût assez désagréable et pensèrent que c'était l'enfant. Mais c'était le fondement qui lui échappait, à cause d'un relâchement du gros intestin (celui que vous appelez le boyau du cul) dû à ce qu'elle avait trop mangé de tripes, comme nous l'avons dit plus haut. Alors, une repoussante vieille du lot, qui avait la réputation d'être grande guérisseuse, lui administra un astringent si formidable que tous ses sphincters en furent contractés et resserrés à tel point que c'est à grand-peine que vous les auriez élargis avec les dents — chose bien horrible à imaginer.

Par suite de cet accident, les lobes placentaires se relâchèrent et l'enfant les traversa d'un saut pour entrer dans la veine cave ascendante. Puis, montant à travers le diaphragme jusqu'au-dessus des épaules, à l'endroit où la veine en question se partage en deux, il prit à gauche et sortit par l'oreille de ce même côté.

Sitôt né, il ne cria pas comme les autres enfants: « Du pain! du pain! », mais il s'écriait à haute voix: « A boire! à boire! à boire! » comme s'il avait invité tout le monde à boire, si bien qu'on l'entendait par tout le pays.

Je me doute que vous ne croyez sûrement pas à cette étrange naissance. Si vous n'y croyez pas, je m'en moque, mais un homme de bien, un homme de bon sens, croit toujours ce qu'on lui dit et ce qu'il trouve dans les livres. {Salamon ne dit-il pas: *Innocens credit omni verbo* (*Proverbiorum*, 14), et Saint Paul: *Charitas omnia credit* (*Prima Corinthio*, 13)? Pourquoi donc ne le croiriez-vous pas? « Parce que — dites-vous — il n'y a aucune preuve. » Je vous réponds que pour cette raison précisément vous devriez le croire en foi parfaite. Car les Sorbonnistes disent que la foi consiste à croire en l'absence de preuves.}[7] Est-ce contraire à notre loi et à notre foi, contraire à la raison et aux saintes Ecritures? Pour ma part, je ne trouve rien dans la sainte Bible qui s'oppose à cela. Et si telle avait été la volonté de Dieu, prétendriez-vous qu'il n'aurait pu le faire? Ah! De grâce, ne vous emberlificotez jamais l'esprit avec ces vaines pensées, car je vous dis qu'à Dieu rien n'est impossible et que, s'il le voulait, les femmes auraient dorénavant les enfants de la sorte, par l'oreille.

Bacchus ne fut-il pas engendré par la cuisse de Jupiter?

7. Le passage entre crochets figure seulement dans la première édition de *Gargantua*. Rabelais jugea prudent de le supprimer par la suite.

Rochetaillée ne naquit-il pas du talon de sa mère?

Croquemouche de la pantoufle de sa nourrice?

Minerve ne naquit-elle pas du cerveau de Jupiter, par l'oreille?

Adonis par l'écorce d'un arbre à myrrhe?

Castor et Pollux de la coquille d'un œuf pondu et couvé par Léda?[8]

Mais vous seriez bien davantage ébahis et étonnés si je vous exposais à présent tout le chapitre de Pline où il parle des enfantements étranges et contre nature; malgré tout, je ne suis pas un menteur aussi effronté que lui. Lisez le septième livre de son *Histoire naturelle*, chapitre III[9], et ne m'en rebattez plus les oreilles.

[Gargantua passe son enfance « comme tous les petits enfants du pays, autrement dit à boire, manger et dormir; à manger, dormir et boire; à dormir, boire et manger ». Mais quand il a cinq ans, son père Grandgousier reconnaît sa merveilleuse intelligence. Saisi d'admiration, Grandgousier parle aux gouvernantes de son fils...]

Chapitre 14
Comment Gargantua fut instruit en lettres latines par un sophiste.

« ... Je vous assure qu'à la seule conversation que j'ai eue tout à l'heure, en votre présence, avec mon fils Gargantua, je comprends que son intelligence participe de quelque puissance divine tant je la trouve aiguë, subtile, profonde et tranquille; s'il est bien éduqué, il atteindra un souverain degré de sagesse. C'est pourquoi, je veux le confier à quelque sage pour qu'il soit instruit selon ses capacités, et je ne regarderai pas à la dépense. »

De fait, on lui recommanda un grand docteur sophiste, nommé Maître Thubal Holoferne, qui lui apprit si bien son abécédaire qu'il le récitait à l'envers, par cœur, ce qui lui prit cinq ans et trois mois. Puis il lui lut la *Grammaire* de Donatus, le *Facet*, le *Théodolet* et Alain dans ses Paraboles[10], ce qui lui prit treize ans, six mois et trois semaines. Remarquez que dans le même temps il lui apprit à écrire en caractères gothiques, et Gargantua copiait tous ses livres, car l'art de l'imprimerie n'était pas encore en usage.

Gargantua portait habituellement une grosse écritoire, pesant plus de sept mille quintaux, dont l'étui était aussi grand et gros que les gros piliers de Saint-Martin d'Ainay; l'encrier qui jaugeait un tonneau y était pendu par de grosses chaînes de fer.

Puis Maître Holoferne lui lut les *Modes de la signification*, avec les commentaires de Heurtebise, de Faquin, de Tropditeux, de Galehaut, de Jean le Veau, de Billon, de Brelinguand et d'un tas d'autres[11]; il y passa plus de

8. Il s'agit, dans cette énumération, d'allusions mythologiques (Bacchus, Minerve, Adonis, Castor et Pollux) et de légendes populaires (Rochetaillée, Croquemouche). — 9. Le chapitre cité de l'ouvrage en question traite, en effet, d'enfantements monstrueux. Faut-il ajouter que Pline ne mentionne pas d'enfantements « auriculaires »? — 10. Ce sont quatre manuels de base pour les étudiants du début du XVI[e] siècle: Donat (IV[e] s. ap. J.-C.) est l'auteur d'une grammaire latine; le *Facet* était un traité de savoir vivre; le *Théodolet*, attribué à un évêque du V[e] s. ap. J.-C., enseignait la mythologie pour en prouver la fausseté; Alain, poète du XIII[e] s., avait écrit un traité de morale en quatrains. [Note du traducteur] — 11. Le traité scolastique de grammaire théorique *Modes de signification* représentait pour les humanistes le type d'une analyse purement formelle; Rabelais lui adjoint des commentateurs de fantaisie. [Note du traducteur]

dix-huit ans et onze mois. Gargantua connaissait si bien l'ouvrage qu'à l'épreuve il le restituait par cœur, à l'envers, et pouvait sur le bout du doigt prouver à sa mère que « les modes de la signification ne sont pas matière de savoir »[12].

Puis Maître Holoferne lui lut l'*Almanach*, ce qui lui prit bien seize ans et deux mois; c'est alors que mourut le précepteur en question. C'était en l'an mil quatre cent vingt des suites d'une vérole qu'il avait contractée.

Après, Gargantua eut un autre vieux tousseux, nommé Maître Jobelin Bridé, qui lui lut Hugutio, le *Grécisme* d'Everard, le *Doctrinal*, les *Parties*, le *Quid*, le *Supplément*, Marmotret, *Comment se tenir à table*, *Les Quatre Vertus cardinales* de Sénéca, Passaventi avec commentaire, le *Dors en paix*, pour les fêtes et quelques autres de même farine[13]. A la lecture des susdits ouvrages, il devint tellement érudit que jamais plus nous n'en avons enfourné de pareils.

Alors, son père put voir que sans aucun doute il étudiait très bien et y consacrait tout son temps; cependant il ne progressait en rien malgré tous ses efforts et, pire encore, il en devenait fou, niais, tout rêveur et radoteur.

[Indigné, Grandgousier décide de placer son fils sous la direction d'un nouveau précepteur, Ponocrates (mot forgé de racines grecques signifiant *laborieux*). Ponocrates est adepte des méthodes nouvelles, celles qu'approuvent les humanistes.]

Chapitre 23

Comment Gargantua fut éduqué par Ponocrates selon une méthode telle qu'il ne perdait pas une heure de la journée.

Quand Ponocrates connut le fâcheux mode de vie de Gargantua, il décida de lui inculquer les belles-lettres d'une autre manière, mais pour les premiers jours il ferma les yeux, considérant que la nature ne subit pas de mutations soudaines sans grande violence.

Et, pour mieux commencer sa tâche, il pria un docte médecin de ce temps-là, nommé Maître Théodore, de considérer s'il était possible de remettre Gargantua en meilleure voie. Celui-là le purgea en règle avec de l'ellébore d'Anticyre[14] et, grâce à ce médicament, il lui nettoya le cerveau de toute corruption et de tout vice. Par ce biais, Ponocrates lui fit aussi oublier tout ce qu'il avait appris avec ses anciens précepteurs [...].

Pour parfaire le traitement, il l'introduisit dans les cénacles de gens de science du voisinage; par émulation, il se développa l'esprit et le désir lui vint d'étudier selon d'autres méthodes et de se cultiver.

Ensuite, il le soumit à un rythme de travail tel qu'il ne perdait pas une heure de la journée, mais consacrait au contraire tout son temps aux lettres et aux études libérales. Gargantua s'éveillait donc vers quatre heures du matin. Pendant qu'on le frictionnait, on lui lisait quelque page des saintes Ecritures, à voix haute et claire, avec

12. C'est dire qu'après avoir étudié les « modes de la signification » pendant dix-neuf ans, Gargantua sait seulement qu'on ne peut rien en savoir. — 13. Ce sont des manuels scolaires ridiculisés par les humanistes: traités de sémantique, de rhétorique, d'éthique. Marmotret avait écrit un commentaire de psaumes et d'hymnes liturgiques; le *Dors en paix* était un recueil de sermons tout faits destiné à épargner la recherche intellectuelle aux prédicateurs. [Note du traducteur] — 14. L'ellébore était considéré comme un remède contre la folie.

la prononciation requise. Cet office était dévolu à un jeune page natif de Basché, nommé Anagnostes. Suivant le thème et le sujet du passage, bien souvent, il se mettait à révérer, adorer, prier et supplier le bon Dieu dont la majesté et les merveilleux jugements apparaissaient à la lecture.

Puis il allait aux cabinets excréter le produit des digestions naturelles. Là, son précepteur répétait ce qu'on avait lu et lui expliquait les passages les plus obscurs et les plus difficiles[15].

En revenant, ils considéraient l'état du ciel, regardant s'il était comme ils l'avaient remarqué la veille au soir et en quels signes entrait le soleil, et aussi la lune, ce jour-là.

Cela fait, il était habillé, peigné, coiffé, apprêté et parfumé et, pendant ce temps, on lui répétait les leçons de la veille. Lui-même les récitait par cœur et y appliquait des exemples pratiques concernant la vie des hommes; on dissertait quelquefois pendant deux ou trois heures, mais d'habitude on cessait quand il était complètement habillé.

Ensuite, pendant trois bonnes heures, on lui faisait la lecture. Après quoi, ils sortaient, toujours en discutant du sujet de la lecture, et allaient faire du sport dans les prés; ils jouaient à la balle, à la paume, à la pile en triangle, s'exerçant élégamment le corps, comme ils s'étaient auparavant exercé l'esprit.

Tous leurs jeux étaient libres, car ils abandonnaient la partie quand la sueur leur coulait par le corps ou qu'ils étaient autrement fatigués. Ils étaient alors très bien essuyés et frottés, ils changeait de chemise et allaient voir si le repas était prêt, en se promenant doucement. Là, en attendant, ils récitaient à voix claire et avec éloquence quelques formules retenues de la leçon.

Cependant, Monsieur l'Appétit venait et ils s'asseyaient à table juste au bon moment.

Au début du repas, on lisait quelque plaisante histoire des gestes anciennes, jusqu'à ce qu'il prenne son vin.

Alors, si on le jugeait bon, on poursuivait la lecture, ou ils commençaient à deviser ensemble, joyeusement, parlant pendant les premiers mois de la vertu, de la propriété, de l'efficacité et de la nature de tout ce qui leur était servi à table: du pain, du vin, de l'eau, du sel, des viandes, des poissons, des fruits, des herbes, des racines et de leur préparation.

Ce faisant, Gargantua apprit en peu de temps tous les paragraphes relatifs à ce sujet dans Pline, Athénée, Dioscorides, Julius Pollux, Galien, Porphyre, Oppien, Polybe, Héliodore, Aristote, Ælien et d'autres[16]. Sur de tels propos, ils faisaient souvent apporter à table les livres cités plus haut, pour plus de sûreté. Gargantua retint si bien et si intégralement les propos tenus, qu'il n'y avait pas alors un seul médecin qui sût la moitié de ce qu'il avait retenu.

Après, ils parlaient des leçons lues dans la matinée et terminaient le repas par quelque confiture de coing; il se curait les dents avec un brin de lentisque, se lavait les mains et les yeux de belle eau fraîche, et tous rendaient grâce à Dieu par quelques

15. Pourquoi est-ce aux cabinets que Gargantua se fait expliquer les saintes Ecritures? Le choix d'un tel lieu répondrait-il à quelque intention de la part de Rabelais? Laquelle? — 16. Auteurs de l'antiquité grecque, médecins pour la plupart.

beaux cantiques à la louange de la munificence et de la bonté divines. Sur ce, on apportait des cartes, non pas pour jouer, mais pour apprendre mille petits amusements et inventions nouvelles qui découlaient tous de l'arithmétique.

Par ce biais, il prit goût à cette science des nombres et, tous les jours, après dîner et le souper, il y passait son temps avec autant de plaisir qu'il pouvait en prendre aux dés et aux cartes. Il en connut si bien la théorie et la pratique que Tunstal l'Anglais[17], qui avait écrit d'abondance sur le sujet, confessa que, comparé à Gargantua, il n'y comprenait que le haut-allemand.

Et non seulement il prit goût à cette discipline, mais aussi aux autres sciences mathématiques, comme la géométrie, l'astronomie et la musique; car en attendant la digestion et l'assimilation de son repas, ils faisaient mille joyeux instruments et figures de géométrie et, de même, ils étudiaient les lois astronomiques.

Après, ils se divertissaient en chantant sur une musique à quatre ou cinq parties ou en faisant des variations vocales sur un thème. Côté instruments de musique, il apprit à jouer du luth, du clavecin, de la harpe, de la flûte, de la viole et du trombone.

Cette heure employée de la sorte et sa digestion bien achevée, il se purgeait de ses excréments naturels et se remettait à l'étude de son sujet principal pour trois heures ou plus, tant pour répéter la lecture du matin que pour poursuivre le livre entrepris et aussi écrire, apprendre à bien tracer et former les anciennes lettres et les caractères romains.

Cela fait, ils sortaient de leur demeure, accompagnés d'un jeune gentilhomme de Touraine, écuyer nommé Gymnaste, qui lui enseignait l'art de la chevalerie.

[Sous la direction de son entraîneur Gymnaste, Gargantua consacre son après-midi aux exercices physiques. Puisqu'il s'agit de former un chef militaire — Gargantua est fils de roi — son programme privilégie les sports qui peuvent servir en temps de guerre: équitation, maniement des armes (lance, épée, hache, pique; arc, arquebuse, canon), chasse, lutte, course, natation (« Il traversait toute la Seine avec une main en l'air, portant un livre sans le mouiller »), escalade, canotage, haltérophilie...]

Ayant ainsi employé son temps, frictionné, nettoyé, ses vêtements changés, Gargantua revenait tout doucement et, en passant par quelques prés ou autres lieux herbeux, ils examinaient les arbres et les plantes et en dissertaient à l'aide des livres des anciens qui ont traité ce sujet, comme Théophraste, Dioscorides, Marinus, Pline, Nicander, Macer et Galien. Ils emportaient au logis de pleines mains d'échantillons; un jeune page, nommé Rhizotome, en avait la charge, ainsi que des instruments indispensables pour bien herboriser. Une fois arrivés au logis, ils répétaient, pendant qu'on préparait le repas, quelques passages de ce qui avait été lu et s'asseyaient à table.

Remarquez que son déjeuner était sobre et frugal, car il ne mangeait que pour apaiser les abois de son estomac. Mais le dîner était abondant et copieux, car il prenait tout ce qui lui était nécessaire pour son entretien et sa nourriture. C'est la vraie diététique, celle qui est prescrite par l'art de la

17. Auteur d'un fameux traité d'arithmétique.

bonne et sûre médecine, bien qu'un tas de sots médicastres abêtis dans les officines des sophistes conseillent le contraire.

Pendant ce repas, on continuait la leçon du déjeuner autant que bon semblait et le reste se passait en bons propos, tous savants et instructifs.

Après avoir rendu grâces, ils se mettaient à chanter mélodieusement, à jouer d'instruments harmonieux ou se livraient à ces petits divertissements qu'offrent les cartes, les dés et les cornets. Ils restaient là, à faire grande chère et à se distraire, parfois jusqu'au moment d'aller dormir. Quelquefois, ils allaient visiter les cercles des gens de science, ou de gens qui avaient vu des pays étrangers.

En pleine nuit, avant de se retirer, ils allaient à l'endroit le plus découvert de la maison pour regarder l'aspect du ciel, et là, ils remarquaient les comètes, s'il y en avait, les figures, les situations, les positions, les oppositions et les conjonctions des astres.

Puis, avec son précepteur, Gargantua récapitulait brièvement, à la mode des Pythagoriciens, tout ce qu'il avait lu, vu, su, fait et entendu au cours de toute la journée.

Et ils priaient Dieu le créateur, l'adorant et confirmant leur foi en Lui, le glorifiant pour son immense bonté, lui rendant grâces pour tout le temps écoulé et se recommandant à sa divine clémence pour tout l'avenir.

[Après l'éducation intellectuelle et physique, la formation pratique…]

Chapitre 24
Comment Gargantua employait son temps quand l'air était pluvieux.

S'il arrivait que le ciel fût pluvieux et qu'il y eût des intempéries, tout le temps d'avant déjeuner était employé comme à l'accoutumée, à ceci près qu'il faisait allumer un beau feu clair pour combattre l'humidité de l'air. Mais après le repas, au lieu de se livrer aux exercices habituels, ils restaient à la maison et, en guise de régime reconstituant, se dépensaient en bottelant du foin, en fendant et en sciant du bois, en battant des gerbes dans la grange. Puis ils étudiaient les arts de peinture et de sculpture, ou remettaient en pratique l'ancien jeu des osselets. En y jouant, ils révisaient les passages des auteurs anciens qui font des comparaisons à partir de ce jeu ou le mentionnent.

Ils allaient aussi voir comment on étirait les métaux ou comment on fondait les pièces d'artillerie, ou ils allaient voir les lapidaires, les orfèvres et les tailleurs de pierres précieuses, ou les alchimistes et les monnayeurs, ou les tapissiers, les tisserands, les veloutiers, les horlogers, les miroitiers, les imprimeurs, les facteurs d'orgues, les teinturiers et autres artisans de ce genre. Partout, ils donnaient un pourboire et s'instruisaient en considérant l'activité créatrice des métiers.

Ils allaient écouter les leçons publiques, les actes solennels, les répétitions, les déclamations, les plaidoyers des nobles avocats, les sermons des prédicateurs évangéliques. Ils passaient par les salles et les lieux aménagés pour l'escrime, et là il essayait toutes les armes contre les maîtres et leur démontrait par l'évidence qu'il en savait autant qu'eux, voire davantage.

Au lieu d'herboriser, ils visitaient les boutiques des droguistes, des herboristes et des apothicaires; ils observaient soigneusement les fruits, les racines, les feuilles, les gommes, les graines, les onguents exotiques, et, en

même temps, comment on les transformait. Il allait voir les bateleurs, les jongleurs, les charlatans, observait leurs gestes, leurs ruses, leurs gesticulations, écoutait leurs belles phrases, s'attachant plus particulièrement à ceux de Chauny en Picardie, car ils sont naturellement grands bavards et beaux marchands de balivernes en matière d'attrape-nigauds.

Rentrés pour souper, ils mangeaient plus sobrement que les autres jours et prenaient une nourriture plus desséchante et plus amaigrissante, pour que l'humidité inhabituelle de l'air, communiquée au corps par un inévitable voisinage, fût corrigée par ce moyen et pour qu'aucune indisposition ne les affectât faute de s'être exercés comme ils en avaient l'habitude.

Ainsi fut dirigé Gargantua, et il continuait à suivre chaque jour ces règles de travail. Vous vous doutez bien qu'il tirait profit comme peut le faire, en fonction de son âge, un jeune homme sensé, de l'application maintenue d'une telle méthode. Celle-ci, bien qu'elle pût sembler difficile à suivre au commencement, était à la longue si douce, si légère et délectable qu'elle se rapprochait davantage d'un passe-temps royal que du travail d'un écolier.

Cependant, Ponocrates, pour le reposer de cette violente tension de l'esprit, choisissait une fois par mois un jour bien clair et serein où ils quittaient la ville au matin pour aller à la campagne. Là, ils passaient toute la journée à faire la plus grande chère qu'ils pouvaient imaginer, plaisantant, s'amusant, buvant à qui mieux mieux, jouant, chantant, dansant, se vautrant dans quelque beau pré, dénichant des passereaux, prenant des cailles, pêchant les grenouilles et les écrevisses.

Mais bien qu'une telle journée se fût passée sans livres ni lectures, elle ne s'était pas écoulée sans profit. Car, dans le beau pré, ils récitaient par cœur quelques jolis vers des *Géorgiques* de Virgile, d'Hésiode, du *Rustique* de Politien, composaient quelques plaisantes épigrammes en latin, puis les transposaient en langue française, en rondeaux et ballades.

[Pendant que Gargantua poursuit ses études à Paris, la guerre éclate dans son pays natal. L'armée ennemie envahit le territoire de son père Grandgousier qui appelle son fils au secours. Après de nombreuses péripéties, Gargantua l'emporte sur les envahisseurs et récompense les officiers de son armée victorieuse. Un moine, en particulier, s'est distingué par sa bravoure…]

(frère Jean)

Chapitre 52
Comment Gargantua fit bâtir pour le moine l'abbaye de Thélème.

Il ne restait plus qu'à doter le moine: Garguantua voulait le faire abbé de Seuilly, mais il refusa. Il voulut lui donner l'abbaye de Bourgueil ou celle de Saint-Florent, celle qui lui conviendrait le mieux ou toutes les deux s'il lui plaisait. Mais le moine lui répondit catégoriquement qu'il ne voulait ni se charger de moines, ni en gouverner:

— Comment, disait-il, pourrais-je gouverner autrui, alors que je ne saurais me gouverner moi-même? S'il vous semble que je vous aie rendu et que je puisse à l'avenir vous rendre quelque service agréable, permettez-

moi de fonder une abbaye à mon idée.

La requête plut à Gargantua qui offrit tout son pays de Thélème[18], le long de la Loire, à deux lieues de la grande forêt de Port-Huault. Il demanda à Gargantua que son ordre soit institué contrairement à tous les autres.

— Alors, dit Gargantua, pour commencer, il ne faudra pas construire de murailles alentour, car toutes les autres abbayes sont sauvagement murées.

— C'est vrai, dit le moine, et cela ne reste pas sans effet: là où il y a des murs devant aussi bien que derrière, il y a force murmures, envies et conspirations réciproques.

Bien plus, vu qu'il est en usage, dans certains couvents de ce monde, si quelque femme y pénètre (j'entends une de ces femmes prudes et pudiques), de nettoyer l'endroit par où elle est passée, on ordonna que s'il y entrait par hasard un religieux ou une religieuse, on nettoierait soigneusement tous les endroits par où ils seraient passés. Et parce que dans les couvents de ce monde tout est figé, limité et réglé par des horaires, on décréta qu'il n'y aurait là ni horloge ni cadran, mais que toutes les occupations seraient distribuées au gré des occasions et des circonstances. Gargantua disait que la plus sûre perte de temps qu'il connût c'était de compter les heures (qu'en retire-t-on de bon?) et que la plus grande sottise du monde c'était de se gouverner au son d'une cloche et non selon les règles du bons sens et de l'intelligence.

En outre, parce qu'en ce temps-là on ne faisait entrer en religion que celles des femmes qui étaient borgnes, boiteuses, bossues, laides, défaites, folles, insensées, maléficiées et tarées, et que les hommes catarrheux, mal nés, niais, des fardeaux pour la maison [...], on ordonna que ne seraient reçus en ce lieu que les belles, bien formées et d'une heureuse nature, et les beaux, bien formés et d'une heureuse nature.

En outre, parce que dans les couvents de femmes, les hommes n'entraient qu'à la dérobée, clandestinement, on décréta qu'il n'y aurait pas de femmes si les hommes n'y étaient, ni d'hommes si les femmes n'y étaient.

En outre, parce que les hommes aussi bien que les femmes, une fois reçus en religion, étaient, après l'année probatoire, forcés et contraints d'y demeurer perpétuellement, toute leur vie durant, il fut établi que les hommes aussi bien que les femmes admis en ces lieux sortiraient quand bon leur semblerait, entièrement libres.

En outre, parce que d'habitude les religieux faisaient trois vœux, à savoir de chasteté, de pauvreté et d'obéissance, on institua cette règle que là, on pourrait en tout bien tout honneur être marié, que tout le monde pourrait être riche et vivre en liberté.

Quant à l'âge légal, on recevait les femmes de dix à quinze ans et les hommes de douze à dix-huit.

Chapitre 57
Comment était réglé le mode de vie des Thélémites.

Toute leur vie était régie non par des lois, des statuts ou des règles, mais selon leur volonté et leur libre arbitre.

18. Le nom signifie *désir* en grec.

Ils sortaient du lit quand bon leur semblait, buvaient, mangeaient, travaillaient, dormaient quand le désir leur en venait. Nul ne les éveillait, nul ne les obligeait à boire ni à manger, ni à faire quoi que ce soit. Ainsi en avait décidé Gargantua. Et leur règlement se limitait à cette clause: FAIS CE QUE TU VOUDRAS, parce que les gens libres, bien nés, bien éduqués, vivant en bonne société, ont naturellement un instinct, un aiguillon qu'ils appellent honneur et qui les pousse toujours à agir vertueusement et les éloigne du vice. Quand ils sont affaiblis et asservis par une vile sujétion ou une contrainte, ils utilisent ce noble penchant, par lequel ils aspiraient librement à la vertu, pour se défaire du joug de la servitude et pour lui échapper, car nous entreprenons toujours ce qui est défendu et convoitons ce qu'on nous refuse.

Grâce à cette liberté, ils rivalisèrent d'efforts pour faire tous ce qu'ils voyaient plaire à un seul. Si l'un ou l'une d'entre eux disait « buvons », tous buvaient; si on disait « jouons », tous jouaient; si on disait « allons nous ébattre aux champs », tous y allaient. Si c'était pour chasser au vol ou à courre, les dames, montées sur de beaux petits chevaux de promenade, portaient chacune sur leur poing joliment ganté un épervier, un lanier, un émerillon; les hommes portaient les autres oiseaux.

Ils étaient si bien éduqués qu'il n'y avait aucun ou aucune d'entre eux qui ne sût lire, écrire, chanter, jouer d'instruments de musique, parler cinq ou six langues et s'en servir pour composer en vers aussi bien qu'en prose. Jamais on ne vit des chevaliers si preux, si nobles, si habiles à pied comme à cheval, si vigoureux, si vifs et maniant si bien toutes les armes, que ceux qui se trouvaient là. Jamais on ne vit des dames si élégantes, si mignonnes, moins désagréables, plus habiles de leurs doigts à tirer l'aiguille et à s'adonner à toute activité convenant à une femme noble et libre, que celles qui étaient là.

Pour ces raisons, quand le temps était venu pour un des membres de l'abbaye d'en sortir, soit à la demande de ses parents, soit pour d'autres motifs, il emmenait avec lui une des dames, celle qui l'avait choisi pour chevalier servant, et on les mariait ensemble. Et s'ils avaient bien vécu à Thélème dans le dévouement et l'amitié, ils cultivaient encore mieux ces vertus dans le mariage; leur amour mutuel était aussi fort à la fin de leurs jours qu'aux premiers temps de leurs noces.

(Traduction de Michel Renaud et Madeleine Gondeau)

Matière à réflexion

1. Qu'est-ce qu'une Silène et pourquoi Rabelais en parle-t-il si longuement dans son Prologue? Si le Chapitre 6 est une Silène, quel en est le contenu précieux?

2. En quoi la pédagogie de Rabelais diffère-t-elle du système médiéval? En particulier: a) quelles sont les matières étudiées?; b) comment sont-elles apprises?; et c)

quelle est l'importance accordée à la mémoire? Dans quelle mesure Rabelais semble-t-il s'inspirer de l'idéal antique formulé dans cet adage de Juvénal: *Mens sana in corpore sano* (un esprit sain dans un corps sain)?

3. Que pourrait-on répondre aux objections suivantes?

a) A l'abbaye de Thélème, on fait ce qu'on veut, en toute liberté — et c'est fort bien. Mais c'est une étrange liberté qui oblige *tout le monde* à faire ce qu'*un seul* veut faire. Pourquoi tous les Thélémites auraient-ils envie de boire ou de jouer au même moment? Ce n'est pas là la liberté, mais la tyrannie du conformisme.

b) Les commentateurs sont presque unanimes à attribuer à Rabelais une confiance profonde dans la bonté naturelle des hommes. L'abbaye de Thélème, disent-ils, le prouve: les Thélémites « ont naturellement un instinct, un aiguillon qui les pousse toujours à agir vertueusement et les éloigne du vice ». Mais les Thélémites constituent une élite sociale et intellectuelle, et ce que Rabelais dit à leur sujet ne s'applique pas forcément au commun des mortels. On ne saurait donc rien en conclure sur la nature humaine, ni sur la conception rabelaisienne de la nature humaine. Si d'ailleurs, comme Rabelais nous le dit, il faut être libre, avoir une bonne éducation et vivre en honnête compagnie, cette bonté des Thélémites n'est pas naturelle, mais acquise: *une vertu qu'il faut inculquer n'est pas instinctive*. Il n'y a donc aucune contradiction entre la doctrine de Rabelais et celle du péché originel, et l'Eglise avait tort de s'inquiéter.

c) En « Mai '68 », certains des étudiants en révolte à Paris se donnèrent pour slogan: *Il est interdit d'interdire.* Sans doute ceux-là avaient-ils bien lu leur Rabelais, car leur slogan ne diffère en rien de l'anti-règle des Thélémites. Ce n'est pas là la sagesse antique retrouvée; c'est la recette de l'anarchie.

La Renaissance poétique

C'est dans le domaine de la poésie que la Renaissance littéraire atteint au XVIᵉ siècle son plein épanouissement. L'éclosion des grandes œuvres se fait pourtant attendre. La production poétique des années 1500–1530 demeure singulièrement fade. Villon, au siècle précédent, avait été un cas isolé, une exception inimitable — ce qui n'empêcha pas quelques-uns de l'imiter, bien entendu —, et la plupart des poètes s'engagèrent dans une autre voie: celle de la poésie formelle. Marot s'en affranchit en partie, mais le vrai renouvellement commence vers 1540, lorsque paraissent les premières œuvres de l'école lyonnaise. Elles annoncent les chefs-d'œuvre du groupe qu'on appelle la Pléiade et dont les plus illustres membres sont du Bellay et Ronsard.

Les Persistances du Moyen Age

L'histoire littéraire groupe traditionnellement les poètes de la fin du XVᵉ siècle et du début du XVIᵉ sous l'étiquette de *grands rhétoriqueurs*[1]. Il s'agit moins d'une école que d'une tendance générale. Ces écrivains vivaient presque tous à la cour où, exerçant auprès d'un protecteur puissant les fonctions de bibliothécaire, de secrétaire ou d'historiographe, ils occupaient leurs loisirs à rimer des poèmes de circonstance[2]. Aux servitudes de leur situation professionnelle ils ajoutaient les contraintes d'une versification extrêmement exigeante. Ils multipliaient les règles

1. Le terme de *rhétorique* désignait l'art de bien dire; la *seconde rhétorique* était l'art de bien dire en vers, par opposition à la prose — voilà l'explication traditionnelle de l'origine du terme *rhétoriqueur*. Mais les « rhétoriqueurs » eux-mêmes ne s'appelaient pas du tout ainsi, et c'est par erreur, semble-t-il, qu'un érudit du XIXᵉ siècle, ayant mal lu un vieux document, a attribué l'appellation aux poètes, alors qu'elle s'appliquait en réalité aux magistrats. Nous recourrons, après tant d'autres, à ce terme consacré par l'usage. — 2. On appelle ainsi un poème écrit à l'occasion de quelque événement — naissance, deuil, mariage, maladie — et dont l'intérêt diminue à mesure que l'événement s'éloigne.

des genres à forme fixe, déjà assez compliqués. Ils enrichissaient les rimes[3] au point d'en faire des calembours:

> Car plus soudain que ne perd un **rat vie**
> Je fus surprise, enlevée et **ravie**.

Mais la richesse des rimes ne suffisait pas; il fallait trouver d'autres façons de les disposer. Ainsi, la rime se répétait au début du vers suivant (rime *enchaînée*):

> Trop durement mon cœur sou**pire**;
> **Pire** mal sent que déconfort,

ou au milieu du vers suivant (rime *batelée*):

> De fin acier trempé en bon vin **vieux**,
> Pour tailler **mieux** et être plus vaillante.

On répétait la syllabe finale, ce qui donnait la rime *en écho*:

> Quant du gai bruit d'Amours sou**vent vent vente**,
> Et l'amant, qui son cœur sa**vant vend, vante**…

On s'avisa de combiner ces différents procédés, comme, par exemple, dans les vers suivants, dédiés par le rhétoriqueur Crétin à son confrère Molinet:

> Moli**net n'est** pas sans bruit, ni sans **nom, non**;
> Il a **son son**, et comme tu **vois, voix**;
> Son doux **plaid** [ici: parole] **plaît** mieux que ne fait **ton ton**;
> Ton vif **art ard** [brûle] plus cher que char**bon bon**.

On alla jusqu'à écrire des poèmes qui se lisaient de gauche à droite aussi bien que de droite à gauche, de haut en bas et de bas en haut…

Il n'est guère étonnant qu'au cours des siècles on ait si souvent tourné en ridicule cette poésie bégayeuse. « Préoccupation de la forme aux dépens du fond », a-t-on dit, avec raison. En effet, à mesure que se complique la versification des rhétoriqueurs, le sens de leurs vers semble se réduire à zéro. « C'est ingénieux, » a-t-on répété, « mais cela n'a rien à voir avec la (vraie) poésie. »

En réaction contre ce mépris des siècles, on a tenté récemment de réhabiliter les grands rhétoriqueurs: la poésie devient chez eux, dit-on, « un champ d'expériences sur le langage », etc. C'est peine perdue. La tentative de réhabiliter ces rimeurs — comme d'ailleurs le mépris dont on les a accablés —, repose sur un malentendu, *lequel consiste à les prendre au sérieux*. Poètes de cour, ils écrivaient pour amuser un public frivole et raffiné. Ils y parvenaient en exécutant des tours d'acrobatie verbale dont certains sont des merveilles de virtuosité technique. Il ne faut pas y chercher autre chose.

3. Sur la rime riche, voir, dans l'appendice, *Eléments de versification française*.

Marot, poète de cour

Clément Marot (1496–1544) écrit pour amuser le même public, et à ses débuts il ne se distingue guère de ses prédécesseurs. Son père, rhétoriqueur lui-même et poète courtisan, lui apprend de bonne heure à aimer les complications des formes fixes et les raffinements de la rime. Les premiers vers du jeune Clément lui valent d'entrer d'abord au service de Marguerite d'Alençon, sœur du roi, puis au service de François Ier lui-même. Le voilà poète officiel; désormais les petits et grands événements de la cour, les triomphes et les tragédies de la famille royale lui inspirent d'innombrables poèmes de circonstance et de commande qui composent la plus grande partie de son œuvre.

Trop indépendant pour suivre en tout les rhétoriqueurs, Marot abandonne peu à peu leur versification compliquée. Aux genres médiévaux qu'ils affectionnaient — ballades et rondels, entre autres — il préfère de plus en plus les genres cultivés par les Anciens ou par les Italiens: l'épître, ou lettre en vers; le sonnet, qu'il introduit en France; et surtout l'épigramme (voir ci-dessous). Cette prédilection pour les formes de l'Antiquité fait de Marot le premier poète important de la Renaissance française.

Mais ses innovations ne touchent que les formes; en ce qui concerne le fond, Marot reste fils des rhétoriqueurs. La poésie est pour lui, comme elle était pour eux, une sorte de badinage élégant. Pour distraire les grands et plaire au prince, il faut être clair, enjoué, spirituel. Ces qualités résument ce qu'on appelle le *style marotique*. A vrai dire, il s'agit moins d'un style que d'un ton qui caractérise presque tous ses poèmes, même les plus « sérieux ». Quand, par exemple, sa sympathie pour la Réforme l'amène en prison ou en exil, la gravité de sa situation ne se devine pas dans les spirituelles épîtres qu'il adresse au roi ou aux grands pour se tirer d'affaire.

Voici une charmante épître adressée *A une damoiselle malade;* il s'agit de la jeune nièce du roi, laquelle était gravement malade.

☞N.B.: Dans ce poème et les suivants, le pronom sujet est souvent omis, conformément à l'usage du XVIe siècle.

<div style="margin-left:2em">

 Ma mignonne,
Je vous donne
Le bonjour.
Le séjour,° °le fait de rester chez soi
5 C'est prison;
Guérison
Recouvrez,
Puis ouvrez
Votre porte,
10 Et qu'on sorte
Vitement,
Car Clément
Le vous mande.° °vous l'ordonne

</div>

Va, friande
15 De ta bouche,
Qui se couche
En danger
Pour manger° °pour avoir mangé
Confitures;
20 Si tu dures
Trop malade,
Couleur fade
Tu prendras,
Et perdras
25 L'embonpoint.° °apparence de bonne santé
Dieu te doint° °donne
Santé bonne,
Ma mignonne.

De son vivant Marot était connu surtout comme épigrammiste. L'épigramme est un poème bref — de huit à dix vers, d'ordinaire — terminé par un mot d'esprit. Dans l'épigramme suivante, intitulée *Baiser volé*, Marot s'adresse au grand amour de sa vie, Anne d'Alençon, nièce par alliance de Marguerite. Notez que même dans ses poèmes d'amour, Marot ne quitte pas le ton badin, le *style marotique*.

Vous vous plaignez de mon audace,
Qui ai pris de vous un baiser
Sans en requérir votre grâce.
Venez vers moi vous apaiser.
5 Je ne vous irai plus baiser
Sans votre congé, vu qu'ainsi
Il vous deult° de ce baiser-ci, °vous cause de la peine
Lequel, si bien l'ai osé prendre,
N'est pas perdu: je suis ici
10 En bon vouloir de vous le rendre.

Anne ne semble pourtant pas trop pressé de récupérer le baiser volé. Le poète s'impatiente et menace de fuir la belle cruelle si elle ne lui accorde pas ce « qu'on n'ose dire ». La pièce suivante est intitulée simplement *Chanson:* le mot désignait un poème destiné à être mis en musique.

Le cœur de vous ma présence désire
Mais, pour le mieux, belle, je me retire;
Car, sans avoir autre contentement
Je ne pourrais servir si longuement:
5 Venons au point, au point qu'on n'ose dire.

Belle brunette à qui mon cœur soupire,
Si me donnez ce bien sans m'éconduire,° °repousser

Je servirai: mais savez-vous comment?
De nuit et jour, très bien et loyal'ment.
10 Si ne voulez, je fuirai mon martyre.

Anne ne cède pas et Marot ne la quitte pas. Il lui reproche pourtant sa froideur dans cette épigramme célèbre intitulée *D'Anne, qui lui jeta de la neige* (mieux connue sous le titre du *Dizain de neige*).

Anne, par jeu, me jeta de la neige
Que je croyais froide, certainement.
Mais c'était feu; l'expérience en ai-je,
Car embrasé je fus soudainement.
5 Puisque le feu loge secrètement
Dedans la neige, où trouverai-je place
Pour n'ardre point°? Anne, ta seule grâce °ne pas brûler
Eteindre peut le feu que je sens bien,
Non point par eau, par neige ni par glace
10 Mais par sentir° un feu pareil au mien. °en sentant

Malheureusement, le feu d'Anne n'était pas pareil à celui du poète. D'ailleurs, leur amour était impossible: Marot n'était pas noble, alors qu'Anne appartenait à la plus haute noblesse. Elle finit donc par faire « un bon mariage » avec un certain Nicolas de Bernay. Il était « écuyer-tranchant » de la fille du roi — c'est-à-dire, il découpait sa viande à table —, mais le mot *écuyer* avait aussi son sens moderne: celui qui sait monter à cheval. Ce détail n'est pas sans importance pour la compréhension de cette *Etrenne à Madame de Bernay*, dernier poème écrit pour Anne, dont le mariage semble avoir dépité Marot.

Votre mari a fortune
 Opportune:
Si de jour ne veut marcher,
Il aura beau° chevaucher ← cavalcade / se radelle. °pourra bien
5 Sur la brune.

Ne serait-on pas en droit, en lisant ces gentillesses, de douter de la profondeur des sentiments exprimés? Il en est ainsi de la poésie courtisane en général. Composée pour flatter ou commémorer, pour faire rire ou séduire, elle est comme une jolie petite flaque d'eau claire — peu profonde et de courte durée.

Vers la haute poésie: l'école lyonnaise

« Imitez de Marot l'élégant badinage »: tel sera, au siècle suivant, le conseil du critique Boileau. Mais déjà du vivant de Marot, la poésie de cour passait de mode. Aux rhétoriqueurs, si soucieux de la forme mais qui n'avaient rien à dire, et aux marotiques, qui semblaient allergiques aux choses sérieuses, quelques esprits commençaient vers 1540 à opposer une autre conception de la poésie. Ces premiers

réformateurs constituent ce qu'on appelle *l'école lyonnaise,* du nom de la ville où ils se groupaient. Lyon était à cette époque un foyer intellectuel qui rivalisait d'importance avec Paris. En raison de sa situation géographique, la Renaissance italienne y soufflait plus fort qu'à la capitale, et cette influence fut déterminante chez les poètes du groupe. Les plus connus sont MAURICE SCÈVE (vers 1500–vers 1562) et LOUISE LABÉ (vers 1522–1566).

A part son œuvre, très estimée par ses poètes contemporains, SCÈVE a laissé aux biographes bien peu de traces. De son vivant, il était connu surtout pour avoir découvert — du moins le croyait-on à l'époque — le tombeau de Laure de Noves, qu'avait aimée et chantée Pétrarque, le grand humaniste et poète italien du XIVe siècle. Et ce n'est pas un hasard si Scève prit Pétrarque pour modèle dans son chef-d'œuvre, *Délie, objet de la plus haute vertu* (1544). Le surnom du titre — allusion mythologique à la déesse de Délios, c'est-à-dire Diane, vierge farouche et cruelle qui a toujours repoussé l'amour — semble désigner la poétesse Pernette du Guillet. Il avait trente-six ans lorsqu'il fit sa connaissance; elle en avait seize. Le poète tomba éperdument amoureux de la jeune fille et la courtisa patiemment. Comme la Laure de Pétrarque, elle préféra que leur liaison restât platonique. Elle se maria peu après et finit par ne plus voir celui qu'elle appelait son « ami ».

Dans les 449 dizains qui composent *Délie,* le poète retrace les étapes et la progression de son amour: le *coup de foudre* de la première rencontre, l'épanouissement, l'alternance de souffrance et d'extase, l'apaisement final. Le dizain 378, que nous donnons ci-dessous, appartient à la dernière phase: l'amour du poète y semble résigné, épuré de ses éléments charnels.

Un mot d'avertissement: la poésie de Scève n'est pas facile. Sa langue a vieilli, bien entendu — ce qui présente aux lecteurs d'aujourd'hui des difficultés supplémentaires —, mais du vivant même de l'auteur, *Délie* fut qualifiée de « ténébreuse et obscure ». Ce fut un signe du temps et une preuve de l'évolution poétique: Scève voulait être compris par *l'aristocratie de l'esprit,* qui n'était pas forcément celle qui habitait à la cour. En ce qui concerne notre dizain, pourtant l'un des moins obscurs, les interprétations divergentes portent sur le quatrain final, qu'un fin connaisseur en la matière (A.-M. Schmidt) considère comme « l'un des plus beaux qui aient jamais été écrits pour une femme ».

Quelques indications:

- Aux vers 1–6, le poète croit, ou feint de croire, à la doctrine selon laquelle l'esprit (ou l'âme) quitte le corps pendant le sommeil pour aller se promener dans les régions astrales (ce qui explique les rêves). Ces sorties nocturnes n'allaient pas sans risque, car on croyait le corps et l'âme plus vulnérables séparés qu'unis.
- Le mot *fatalité* du vers 8 doit être entendu au sens de: existence humaine orientée vers la mort.
- La *myrrhe* du vers 9 est le parfum dont on embaumait les corps.

> La blanche Aurore à peine finissait
> D'orner son chef° d'or luisant, et de roses, °sa tête
> Quand mon Esprit, qui du tout° périssait °complètement
> Au fond confus de tant diverses choses,

5 Revint à moi sous les custodes° closes °rideaux (du lit)
 Pour plus me rendre° envers Mort invincible. °me rendre plus
 Mais toi qui as — toi seule — le possible° °le pouvoir
 De donner heur° à ma fatalité, °bonne fortune
 Tu me seras la Myrrhe incorruptible
10 Contre les vers de ma mortalité.

LOUISE LABÉ ne nous a laissé qu'une trentaine de poèmes, recueillis et publiés en 1555; ils ont suffi pour établir sa réputation comme « la plus grande poétesse qui soit née en France » (L. S. Senghor). Sa vie s'est enveloppée, au cours des siècles, d'une sorte de patine légendaire, mais sa biographie est presque entièrement conjecturale. Elle reçut, semble-t-il, une éducation soignée, savait plusieurs langues, se connaissait même en escrime et en équitation. Elle passait en plus pour être une excellente musicienne. Féministe avant la lettre, elle conseillait à ses contemporaines d'« élever leur esprit au-dessus de leurs quenouilles ». Ses mœurs émancipées semblent avoir été en avance sur son temps, ce qui lui valut les reproches des bien-pensants lyonnais.

 Les historiens font d'elle, sans aucune preuve, le « disciple » de Scève; rien n'est moins sûr, et son œuvre doit bien peu à *Délie*. Comme Scève, certes, elle chante son amour, mais avec plus d'ardeur et moins de détours. La franche sensualité de sa poésie choqua; on trouva mal qu'une femme parlât si

Avant de lire

La plupart des poèmes qui suivent sont des *sonnets*. D'origine italienne, cette forme fixe fut importée en France vers le début du XVIe siècle. Rappelons-nous les règles du genre. Le sonnet se compose de quatorze vers, divisés en deux strophes de quatre vers (les *quatrains*) suivies d'une strophe de six vers (le *sixain*). La disposition des rimes dans les quatrains suit presque toujours le schéma: abba/abba. Le sixain, séparé d'habitude en deux pseudo-strophes typographiques de trois vers chacune (les *tercets*), présente généralement la disposition: ccd/eed (parfois ccd/ede). Très en vogue aux XVIe et XVIIe siècles — grâce, en grande partie, aux poètes de la Pléiade (voir plus loin) —, le sonnet atteint son apogée au XIXe. Bon nombre de poètes le cultivent encore de nos jours.

LOUISE LABÉ.
Gravure anonyme, Bibliothèque Nationale.

Collection Viollet

ouvertement de sa passion pour un homme. Comme le dit R. Sabatier, « elle fait l'amour dans ses vers, elle halète, elle supplie et c'est une tempête charnelle. » Le « scandale » s'est prolongé jusqu'à nos jours: il y a peu de temps, les bons Lyonnais ont refusé de donner le nom de Labé à un lycée pour jeunes filles. Malgré sa popularité tenace, les manuels scolaires tendent, aujourd'hui encore, à bouder son œuvre — en quoi nous ne les imiterons pas.

Le sonnet suivant se compose tout entier d'antithèses. L'antithèse est une figure qui consiste à rapprocher deux expressions de sens contraire pour faire mieux ressortir un contraste. Le procédé était cher à Pétrarque, que Labé imite ici[4].

	Je vis, je meurs; je me brûle et me noie;	
	J'ai chaud extrême en endurant froidure:	
	La vie m'est et trop molle et trop dure.	
	J'ai grands ennuis entremêlés de joie.	
5	Tout à un coup° je ris et je larmoie,	°en même temps
	Et en plaisir maint° grief°° tourment j'endure;	°nombreux °°pénible
	Mon bien s'en va, et jamais il ne dure:	
	Tout en un coup° je sèche et je verdoie.	°en même temps
	Ainsi Amour inconstamment me mène;	
10	Et quand je pense avoir plus de douleur,	
	Sans y penser je me trouve hors de peine.	
	Puis, quand je crois ma joie être certaine,	
	Et être au haut de mon désiré heur,°	°bonheur
	Il me remet en mon premier malheur.	

Le sonnet suivant est l'un des plus connus de Labé, et l'on comprend qu'il soit considéré comme l'un des meilleurs. Il s'adresse probablement au poète Olivier de Magny, membre de la Brigade (voir, ci-dessous, « La Pléiade »). De passage à Lyon, le poète parisien se rendit chez Louise où elle tenait un salon littéraire. Ce fut, selon la légende, un coup de foudre réciproque. Qu'il s'agît ici de Magny ou d'un autre — et peu importe, en fin de compte —, il devait se montrer plus indiscret que son amie, en écrivant peu après un poème qui ridiculise ouvertement son mari.

	Tant que mes yeux pourront larmes épandre,°	°répandre
	A l'heur° passé avec toi regretter[5];	°bonheur
	Et qu'aux sanglots et soupirs résister	
	Pourra ma voix, et un peu faire° entendre;	°se faire

4. *Rime* CXXIV de Pétrarque commence ainsi: « Pace non trovo, e non ho da far guerra; / E temo, e spero; e ardo, e son un ghiaccio... » (Je ne trouve pas la paix, et je ne suis pas en guerre; / Je crains, et j'espère, je brûle, et je suis un glaçon...). — 5. Vers 2: Lisez: « à regretter l'heur passé avec toi ». Ou est-ce plutôt: « à regretter avec toi l'heur passé »?

5 Tant que ma main pourra les cordes tendre
 Du mignard luth, pour tes grâces chanter;
 Tant que l'esprit se voudra se contenter
 De ne vouloir rien hors de toi° comprendre,°° °hormis toi °°contenir

 Je ne souhaite encore point mourir.
10 Mais quand mes yeux je sentirai tarir,
 Ma voix cassée, et ma main impuissante.

 Et mon esprit en ce mortel séjour
 Ne pouvant plus montrer signe d'amante,
 Prierai la Mort noircir mon plus clair jour.

La Pléiade

En donnant l'exemple d'une poésie capable d'exprimer la pensée et la passion, les Lyonnais avaient préparé le terrain. Grâce à eux, il était désormais impossible d'ignorer que *rimeur* et *poète* ne sont pas synonymes, et que ce dernier vient d'un mot grec qui signifie *créateur*. Si l'histoire leur assigne aujourd'hui le rôle ingrat de précurseurs, c'est qu'ils furent éclipsés par d'autres à qui ils avaient ouvert la voie. Ces héritiers devaient produire, entre 1549 et 1573, l'une des plus belles floraisons de toute la poésie française. Ils sont groupés traditionnellement sous l'étiquette de la *Pléiade*. Les plus grands sont Pierre de Ronsard et Joachim du Bellay.

A l'origine, ce qui unit les futurs membres de la nouvelle école, c'est leur amour de la littérature gréco-latine. En 1547, Ronsard suit à Paris les cours d'un célèbre humaniste. Au hasard d'un voyage en province — dans une auberge, selon une légende qui est peut-être vraie —, il rencontre le jeune du Bellay. Les deux se confient et sympathisent; une communauté de goûts et d'idées scelle leur amitié. Voilà que du Bellay abandonne ses études de droit pour suivre Ronsard à Paris, où les deux forment le noyau d'un groupe que Ronsard baptise modestement la Brigade[6]. Emerveillés par les richesses qu'ils découvrent chez les Anciens, les membres de la Brigade se désolent du contraste qu'elles présentent avec la pauvreté de la production littéraire française. Comme ils ont du talent et de l'ambition, ils conçoivent le projet de venir en aide à la littérature de leur pays.

Ils commencent par lancer un manifeste, dont ils confient la rédaction au belliqueux du Bellay: en 1549 paraît sa *Défense et illustration de la langue française*. Le ton en est extrêmement agressif, comme l'exige l'importance de l'enjeu: il s'agit d'éliminer « cet ulcère et chair corrompus de mauvaises poésies ». Du Bellay appelle de ses vœux un grand poète capable de « faire taire ces enrouées cornemuses, non autrement que les grenouilles, quand on jette une pierre en leur marais ». Les grenouilles en question — les marotiques, principalement — s'inquiètent et s'indignent. Leur répliques sont nombreuses et énergiques, mais déjà les membres de la Brigade ont commencé à produire des chefs-d'œuvre; leur

6. Le mot, nouvellement emprunté à l'italien — *brigata* : bande, groupe —, n'a, à cette époque, rien de militaire.

promesse est désormais tenue et leur cause, gagnée. Un jour, le poète le plus en faveur à la cour essaie de ridiculiser la nouvelle école devant le roi en lisant sur un ton moqueur un poème de Ronsard. La princesse l'interrompt, lui prend le livre et lit le poème comme il faut.

D'autres poètes viennent grossir les rangs de la Brigade: des marotiques d'abord, ensuite des Lyonnais. L'ampleur du mouvement devient telle que Ronsard, chef incontesté, croit bon de nommer une sorte de « directoire » composé des meilleurs de la Brigade. Vers 1556, il choisit six poètes jugés dignes d'être associés à lui et donne à cette nouvelle élite le nom superbe de *Pléiade*. L'appellation, moins modeste que la première, désigne une constellation de sept étoiles. Elle sera ratifiée par les contemporains de Ronsard et consacrée par l'histoire.

Le programme de la Pléiade est indiqué dans le titre du manifeste de du Bellay. Il s'agit 1° de *défendre* la langue française contre les humanistes qui la jugent indigne d'une grande littérature et qui persistent à écrire en grec ou en latin; et 2° d'*illustrer* le français — c'est-à-dire de le *rendre illustre* (sens vieilli) — en le dotant d'œuvres égales ou supérieures à celles de l'Antiquité.

Et comment réaliser ce vaste projet? La doctrine de la Pléiade, telle qu'elle est formulée dans la *Défense* et ailleurs, peut se résumer ainsi:

1° *L'enrichissement de la langue.* Il est impossible aux modernes d'égaler les Anciens en latin ou en grec; il faut donc écrire en français. Mais le français (littéraire, et surtout poétique) est pauvre; il faut donc l'enrichir. On y parviendra en empruntant des mots au vieux français, aux dialectes provinciaux, aux terminologies des métiers et même — mais avec circonspection — aux langues anciennes et étrangères. On n'hésitera pas, s'il le faut, à forger des mots nouveaux.

2° *L'imitation des Anciens.* Pour égaler les Grecs et les Romains, il faut se mettre à leur école, les imiter systématiquement, « les piller sans scrupule » (du Bellay). Que faut-il imiter chez eux? Tout — forme et fond (à l'exception de leur langue). Il faut découvrir leurs « trucs », adopter leurs genres, écrire sur les mêmes sujets et s'inspirer des mêmes sentiments. Comme l'ont fait les maîtres de l'Antiquité, les poètes français doivent créer un style poétique qui soit distinct de celui de la prose. Il ne suffit pas de bien rimer comme les rhétoriqueurs, ni de causer joliment en vers comme les marotiques; le poète doit se forger une langue qui soit à lui, plus dense, plus opaque, plus chargée de sentiment et de sens — plus poétique. Il le fera en recourant aux inversions du latin, aux allusions mythologiques et aux figures de rhétorique (métaphores, comparaisons, périphrases[7], etc.)

3° *L'éminente dignité de la poésie.* Pour s'élever jusqu'au rang des maîtres de l'Antiquité, le poète doit se faire une plus haute idée de sa mission. Il avait été, pour les rhétoriqueurs et les marotiques, une espèce de bouffon chargé de divertir les grands avec ses plaisanteries rimées; il sera désormais le prêtre d'une nouvelle religion. « Sur toutes choses », conseille Ronsard à un jeune poète, « tu auras les

7. La périphrase consiste à exprimer une idée d'une manière étendue ou indirecte; elle sert à éviter le prosaïsme. Exemple: « C'était l'heure tranquille où les lions vont boire » (Hugo) pour « C'était le soir ».

Muses[8] en révérence, et même en singulière vénération, et ne les feras jamais servir [...] à risées[9]; mais les tiendras chères et sacrées, comme les filles de Jupiter, c'est-à-dire de Dieu. » Une telle attitude envers son métier ne vaudra peut-être pas au poète le succès facile, mais il aura l'estime des siècles futurs, laquelle est une forme de l'immortalité.

Ronsard (1524–1585)

Elevé à la campagne dans son Vendômois natal (vallée du Loir) — province qu'il chantera plus tard —, Ronsard débute à la cour comme page à l'âge de douze ans. Il s'y fait remarquer, voyage en Europe auprès de grands personnages et semble promis au plus brillant avenir. Sa famille, qui est noble, le destine à la carrière diplomatique, mais il doit y renoncer lorsqu'une maladie le laisse à moitié sourd à l'âge de dix-huit ans. Pour s'assurer un revenu, il reçoit la tonsure (premier degré de la cléricature); pourvu désormais de bénéfices ecclésiastiques, mais sans être prêtre, il peut s'adonner à la littérature. Conscient d'avoir négligé son éducation, il se met courageusement à l'étude du latin et du grec. Pendant sept ans il reste plongé dans les textes anciens; puis, ayant formé avec du Bellay le noyau de la future Pléiade (voir ci-dessus), il entre dans la mêlée littéraire. Ses *Odes*, publiées en 1550, l'imposent comme chef de la nouvelle école, mais elles déconcertent un public habitué à la poésie légère. *Les Amours*, parues deux ans plus tard, forcent l'admiration d'à peu près tout le monde; le voilà consacré « prince des poètes ». La gloire de Ronsard, qui va montant au rythme de ses publications, atteint son apogée sous Charles IX (1560–1574), dont il est l'ami personnel et le poète officiel. Ayant subi à la mort de Charles une sorte de demi-disgrâce à la cour, Ronsard se retire à la campagne où il continue d'écrire jusqu'à sa mort.

Ronsard mort, sa renommée devait connaître d'étranges vicissitudes. Célébrée, du vivant du poète, dans l'Europe entière, l'œuvre

Pierre de Ronsard vers la fin de sa vie. D'après une estampe de Léonard Gaultier.

Culver Pictures

8. Les Muses: la poésie, par allusion aux neuf déesses, filles de Jupiter, qui, dans la mythologie, présidaient aux arts et qui inspiraient les poètes. — 9. *Risée:* (sens vieilli) rire bruyant de plusieurs personnes qui se moquent. Le mot subsiste dans quelques expressions, par ex. *être un objet de risée.*

sombra après quelques années dans un profond oubli où elle devait rester pendant deux siècles. Vers 1830 les romantiques entreprirent de la réhabiliter, mais ce n'est qu'au XXe siècle que Ronsard a retrouvé sa véritable place, qui est celle d'un grand entre les plus grands.

Il convient de se rappeler cette étrange destinée posthume en lisant le sonnet suivant. Ronsard l'a écrit au début de sa carrière, avant de connaître la vraie gloire. Il y exprime magnifiquement l'attitude des membres de la Pléiade envers leur métier: le vrai poète n'écrit pas pour son temps, mais pour la postérité. Ronsard se montre assez mauvais prophète, si l'on considère la gloire qui vient bientôt le combler et l'oubli des générations suivantes. Mais sa perspective est celle des siècles, et la postérité à laquelle il se fie est celle qui se prononcera « après mille ans » (vers 5).

Cesse tes pleurs, mon livre: il n'est pas ordonné
Du destin, que, moi vif°, tu reçoives la gloire; °vivant
Avant que l'homme passe outre la rive noire[10],
L'honneur de son travail ne lui est point donné.

5 Quelqu'un, après mille ans, de mes vers étonné°, °frappé d'admiration
Voudra dedans mon Loir, comme en Permesse[11], boire,
Et voyant mon pays, à peine pourra croire
Que d'un si petit champ tel poète soit né.

Prends, mon livre, prends cœur°: la vertu°° précieuse °courage °°mérite
10 De l'homme, quand il vit, est toujours odieuse.
Après qu'il est absent, chacun le pense° un dieu. °le prend pour

La rancœur nuit toujours à ceux qui sont en vie.
Sur les vertus d'un mort elle n'a plus de lieu°, °prise
Et la postérité rend l'honneur sans envie.

Bocage (1554)

Comme le sonnet précédent, celui qui suit est un exemple de la « haute poésie » préconisée par la Pléiade et cultivée de préférence par Ronsard à ses débuts. Destinée à une élite d'humanistes, cette poésie était plus ou moins inaccessible à ceux qui ne s'étaient pas imprégnés de la philosophie et de la religion des Anciens. Pour pénétrer les poèmes de Ronsard, les profanes de l'époque demandèrent aux érudits d'en éclaircir les mystères — allusions mythologiques, références philosophiques, obscurités lexiques et syntaxiques, etc. Pour le sonnet qui suit, nous reproduisons intégralement dans les notes les remarques de l'érudit Muret; elles peuvent servir encore aujourd'hui. Le poème repose sur la distinction platonicienne entre le monde sensible (celui où nous vivons) et le monde intelligible (celui auquel nous aspirons). Selon la doctrine platonicienne de l'amour, la beauté terrestre n'est qu'un reflet ou une émanation de la Beauté idéale (l'Idée du Beau). L'amour platonicien n'est pas forcément platonique...

10. Le Styx, fleuve des Enfers. Passer outre la rive noire: mourir. — 11. La Permesse: rivière qui descend de l'Hélicon, montagne des Muses. Boire de ses eaux conférait l'inspiration poétique.

Je veux brûler[12], pour m'envoler aux Cieux,
Tout l'imparfait de cette écorce humaine,
M'éternisant comme le fils d'Alcmène[13],
Qui tout en feu s'assit entre les Dieux.

5 Jà° mon esprit, chatouillé[14] de son mieux, °déjà
Dedans ma chair, rebelle[15], se promène[16],
Et jà le bois de° sa victime amène °le bois qui servira à brûler
Pour s'enflammer[17] aux rayons de tes yeux.

O saint brasier! ô feu chastement beau!
10 Enflamme-moi d'un si divin flambeau
Qu'abandonnant ma dépouille connue,

Net, libre et nu, je vole d'un plein saut
Jusques au Ciel, pour adorer là-haut
L'autre beauté dont la tienne est venue.

Les Amours (1552)

Voici un sonnet *antithétique* (composé d'une série d'antithèses). Ce n'est pas du meilleur Ronsard; nous le présentons pour la comparaison que l'on peut en faire avec celui de Louise Labé (« Je vis, je meurs... »). Comme Labé, Ronsard s'inspire d'un sonnet de Pétrarque. On le voit: l'imitation des Anciens n'excluait pas celle des Italiens — au contraire. Le genre même du sonnet est d'origine italienne (XIII[e] siècle).

J'espère et crains, je me tais et supplie;
Or° je suis glace, et ores° un feu chaud; °maintenant
J'admire tout, et de rien ne me chaut°; °rien ne m'importe
Je me délace, et puis je me relie.

5 Rien ne me plaît sinon ce qui m'ennuie;
Je suis vaillant, et le cœur me défaut°; °le courage me manque
J'ai l'espoir bas, j'ai le courage haut;
Je doute° Amour, et si°° je le défie. °redoute °°pourtant

Plus je me pique, et plus je suis rétif;
10 J'aime être libre, et veux être captif;
Tout je désire, et si n'ai qu'une envie.

12. « Il dit qu'il est content de se brûler aux rayons qui sortent des yeux de sa dame, afin que son esprit, séparé de son corps, s'envole jusqu'au ciel, pour contempler et adorer la beauté divine, de laquelle est venue celle qui reluit en sa dame » (Muret). — 13. « Comme Hercule qui se brûla sur une montagne de Thessalie, nommée Oeta. Voir le neuvième livre des *Métamorphoses* d'Ovide et la dernière tragédie de Sénèque » (Muret). — 14. « Piqué d'un désir du bien qu'il espère avoir après qu'il sera séparé de son corps » (Muret). — 15. « Se fâchant d'y demeurer » (Muret). — 16. « Comme désireux d'en sortir » (Muret). — 17. Lisez: pour qu'elle (sa victime, c'est-à-dire « ma chair ») s'enflamme. Cette construction était correcte au XVI[e] siècle.

Un Prométhée en passions je suis[18];
J'ose, je veux, je m'efforce et ne puis,
Tant qu'un fil noir la Parque[19] ourdit ma vie.

Les Amours (1552)

Dans cette *ode* — poème lyrique d'inspiration élevée, composé de strophes symétriques —, le poète exhale l'angoisse de l'homme vieillissant devant une nature éternellement rajeunie. La femme nommée au dernier vers est Cassandre Salviati, une jeune Italienne que Ronsard avait rencontrée quelques années auparavant dans un bal de la cour. Elle se maria l'année suivante. Ce poème est parfois présenté sans la dernière strophe, que l'on estime en contradiction avec le reste. Qu'en pensez-vous?

Quand je suis vingt ou trente mois
Sans retourner en Vendômois,
Plein de pensées vagabondes,
Plein d'un remords et d'un souci,
5 Aux rochers je me plains ainsi,
Aux bois, aux antres et aux ondes:

« Rochers, bien que soyez âgés
De trois mille ans, vous ne changez
Jamais ni d'éclat ni de forme;
10 Mais toujours ma jeunesse fuit,
Et la vieillesse qui me suit° °poursuit
De jeune en vieillard me transforme.

« Bois, bien que perdiez tous les ans
En hiver vos cheveux mouvants,
15 L'an d'après qui se renouvelle
Renouvelle aussi votre chef°; °tête
Mais le mien ne peut derechef° °une seconde fois
Ravoir sa perruque° nouvelle. °chevelure

« Antres, je me suis vu chez vous
20 Avoir jadis verts° les genoux, °souples
Le corps habile et la main bonne;
Mais ores° j'ai le corps plus dur, °maintenant
Et les genoux, que n'est le mur
Qui froidement vous environne.

25 « Ondes, sans fin vous promenez,
Et vous menez et ramenez
Vos flots d'un cours qui ne séjourne°; °ne s'arrête pas

18. Lisez: mes passions renaissent sans cesse, comme le foie de Prométhée, rongé par un vautour (sa punition pour avoir volé le feu au ciel). — 19. Les Parques étaient, dans la mythologie romaine, des déesses infernales qui filaient et coupaient le fil de la vie des hommes.

Et moi, sans faire long séjour,
Je m'en vais, de nuit et de jour *Sans cesse*
30 Au lieu d'où plus on ne retourne. »

*Ça diffère
fortement*

Si est-ce que° je ne voudrais °Et cependant
Avoir été ni roc ni bois,
Antre, ni onde, pour défendre
Mon corps contre l'âge emplumé°, °image mythologique (« le Temps ailé »)
35 Car ainsi dur je n'eusse aimé
Toi qui m'as fait vieillir, Cassandre!

<div align="right">

Odes, Livre IV, 10 (éd. de 1555)

</div>

Nous en arrivons maintenant au Ronsard de tous les manuels scolaires et de toutes les anthologies. Les trois poèmes qui suivent, les plus célèbres du poète, ont en commun le thème épicurien du *carpe diem:* « cueille le jour » (profite, jouis du présent fugitif). La comparaison de la femme à une fleur était un lieu commun de l'époque. De ces deux clichés, Ronsard fait, dans le poème suivant, connu sous le titre d'*Ode à Cassandre,* un chef-d'œuvre universellement admiré.

invitation douce (hypothèse)

Mignonne, allons voir si la rose,
Qui ce matin avait déclose° °ouvert
Sa robe de pourpre au soleil,
A° point perdu cette vêprée°° °N'a °°soirée
5 Les plis de sa robe pourprée
Et son teint au vôtre pareil.

observation démonstration

Las°! voyez comme en peu d'espace, °Hélas
Mignonne, elle a dessus la place,
Las! las! ses beautés laissé choir°! °tomber
10 O vraiment marâtre Nature, ←———— *la nature cruelle.*
Puisqu'une telle fleur ne dure
Que du matin jusques au soir!

Donc, si vous me croyez, mignonne,
Tandis que votre âge fleuronne° °fleurit
15 En sa plus verte nouveauté,
Cueillez, cueillez votre jeunesse:
Comme à cette fleur la vieillesse
Fera ternir votre beauté.

<div align="right">

Les Amours, 2ᵉ éd. (1553)

</div>

Assonante à tous

Dans le sonnet suivant, les mêmes clichés servent le même dessein; l'inspiratrice n'est pourtant pas la même. Il ne s'agit plus de la fière Cassandre, mais d'une simple paysanne du nom de Marie Dupin dont Ronsard s'est épris au cours d'une partie de chasse. Dans les poèmes consacrés à Marie, le poète adopte ce qu'il appelle « le beau style bas », moins savant, moins chargé d'érudition gréco-latine. Ses amis lui avaient conseillé de baisser un peu le ton, de descendre des sommets

de la haute poésie, accessible aux seuls initiés. Il les a écoutés, et ce n'est pas un hasard si les poèmes ronsardiens que nous goûtons le plus aujourd'hui sont ceux où le poète semble oublier les longues années passées dans l'intimité des textes anciens.

> Je vous envoie un bouquet que ma main
> Vient de trier de ces fleurs épanies°: °épanouies
> Qui° ne les eût à ce vêpre°° cueillies, °Si quelqu'un °°soir
> Chutes° à terre elles fussent demain. °tombées
>
> Cela vous soit un exemple certain
> Que vos beautés, bien qu'elles soient fleuries,
> En peu de temps cherront° toutes flétries, °tomberont (du verbe *choir*)
> 5 Et comme fleurs périront tout soudain.
>
> Le temps s'en va, le temps s'en va, ma Dame;
> Las°! le temps, non, mais nous nous en allons, °Hélas
> Et tôt serons étendus sous la lame°; °pierre tombale
>
> 10 Et des amours desquelles nous parlons,
> Quand serons morts, ne sera plus nouvelle!° °on n'entendra plus parler
> Pource° aimez-moi, cependant°° qu'êtes belle. °Donc °°pendant

Continuation des Amours (1555)

Les *Sonnets pour Hélène*, parus en 1578, évoquent l'amour automnal — et peut-être plus littéraire que vécu — que le poète vieillissant a éprouvé pour la jeune Hélène de Surgères, fille d'honneur de la reine mère. Voici le plus célèbre du recueil.

> Quand vous serez bien vieille, au soir, à la chandelle,
> Assise auprès du feu, dévidant et filant,
> Direz, chantant mes vers en vous émerveillant:
> « Ronsard me célébrait du temps que j'étais belle. »
>
> 5 Lors° vous n'aurez servante, oyant°° telle nouvelle, °Alors °°entendant
> Déjà sous le labeur à demi sommeillant,
> Qui au bruit de Ronsard ne s'aille réveillant,
> Bénissant votre nom de louange immortelle[20].
>
> Je serai sous la terre et, fantôme sans os,
> 10 Par les ombres myrteux° je prendrai mon repos; °des myrtes (néologisme)[21]
> Vous serez au foyer une vieille accroupie,

20. Vers 7-8: Qui, en entendant Ronsard bénir votre nom de louange immortelle, ne se réveille pas... — 21. Les myrtes étaient consacrés à Vénus, déesse de l'amour.

Regrettant mon amour et votre fier dédain[22].
Vivez, si m'en croyez! n'attendez à demain:
Cueillez dès aujourd'hui les roses de la vie.

Sonnets pour Hélène, II, 24 (1578)

En 1578 Ronsard publia un groupe de poèmes *Sur la mort de Marie*. On a longtemps cru qu'il s'agissait de la paysanne que le poète avait aimée et chantée; on sait aujourd'hui que la défunte en question est Marie de Clèves, maîtresse de Henri III. A la mort de sa bien-aimée, le roi désirait qu'elle fût immortalisée en vers; Ronsard s'exécuta. Ces vers n'en sont pas moins admirables, et il y a là une belle leçon pour ceux qui jugent la *valeur littéraire* d'un poème selon la *sincérité* du poète.

Comme on voit sur la branche, au mois de mai, la rose,
En sa belle jeunesse, en sa première fleur,
Rendre le ciel jaloux de sa vive couleur,
Quand l'aube, de ses pleurs, au point du jour l'arrose;

5 La Grâce dans sa feuille, et l'Amour se repose[23],
Embaumant les jardins et les arbres d'odeur;
Mais, battue ou de pluie ou d'excessive ardeur°, °chaleur
Languissante, elle meurt, feuille à feuille déclose°. °ouverte

Ainsi, en ta première et jeune nouveauté,
10 Quand la terre et le ciel honoraient ta beauté,
La Parque[24] t'a tuée, et cendre tu reposes.

Pour obsèques[25] reçois mes larmes et mes pleurs,
Ce vase plein de lait, ce panier plein de fleurs,
Afin que, vif° et mort, ton corps ne soit que roses. °vivant

Second Livre des Amours, « Sur la mort de Marie », 4 (1578)

Cette élégie « Contre les bûcherons de la forêt de Gastine » marque un retour à une poésie plus élevée — plus chargée aussi d'allusions mythologiques. Les bûcherons qu'invective le poète sont ceux qui, vers la fin de sa vie, abattent la forêt à l'ombre de laquelle il a grandi et où il a écrit ses premiers vers.

Ecoute, bûcheron, arrête un peu le bras!
Ce ne sont pas des bois que tu jettes à bas;
Ne vois-tu pas le sang lequel dégoutte à force° °abondamment
Des nymphes qui vivaient dessous la dure écorce?
5 Sacrilège meurtrier, si on pend un voleur

22. Dans ce vers, *regretter* change de sens d'un complément d'objet direct à l'autre. — 23. Accord avec le dernier sujet (syntaxe du XVIᵉ siècle). — 24. Voir la note 19, ci-dessus. — 25. Offrandes funèbres qui accompagnent le défunt dans la tombe (usage antique).

Pour piller un butin de bien peu de valeur,
Combien de feux, de fers, de morts et de détresses
Mérites-tu, méchant, pour tuer nos déesses?
 Forêt, haute maison des oiseaux bocagers!

10 Plus° le cerf solitaire et les chevreuils légers °Jamais plus
Ne paîtront sous ton ombre, et ta verte crinière
Plus du soleil d'été ne rompra la lumière.
Plus l'amoureux pasteur° sur un tronc adossé, °berger
Enflant° son flageolet°° à quatre trous percé, °Soufflant dans °°flûte
15 Son mâtin° à ses pieds, à son flanc la houlette°°, °chien °°bâton
Ne dira plus l'ardeur de sa belle Jeanette.
Tout deviendra muet, Echo° sera sans voix; °nymphe des bois
Tu deviendras campagne et, en lieu de tes bois,
Dont l'ombrage incertain lentement se remue,
20 Tu sentiras le soc, le coutre° et la charrue; °lame qui découpe le sol
Tu perdras ton silence²⁶, et, haletants d'effroi,
Ni Satyres ni Pans²⁷ ne viendront plus chez toi.
 Adieu, vieille forêt, le jouet de Zéphyre°, °personnification du vent
Où premier° j'accordai les langues°° de ma lyre, °pour la première fois °°cordes
25 Où premier j'entendis les flèches résonner
D'Apollon°, qui me vint tout le cœur étonner; °dieu de la poésie
Où premier, admirant ma belle Calliope°, °muse de la poésie épique
Je devins amoureux de sa neuvaine trope°, °troupe des neuf Muses
Quand sa main sur le front cent roses me jeta,
30 Et de son propre lait Euterpe° m'allaita. °muse de la poésie lyrique
Adieu, vieille forêt, adieu têtes sacrées,
De tableaux° et de fleurs autrefois honorées, °plaques suspendues aux arbres
Maintenant le dédain° des passants altérés, °objets de dédain (forêt, têtes)
Qui, brûlés en l'été des rayons éthérés,
35 Sans plus trouver le frais de tes douces verdures,
Accusent tes meurtriers et leur disent injures.
Adieu, chênes, couronne aux° vaillants citoyens, °pour les
Arbres de Jupiter, germes Dodonéens²⁸,
Qui premiers aux humains donnâtes à repaître;
40 Peuples vraiment ingrats, qui n'ont su reconnaître
Les biens reçus de vous, peuples vraiment grossiers
De massacrer ainsi leurs pères nourriciers!
 Que l'homme est malheureux qui au monde se fie!
O dieux, que véritable est la philosophie
45 Qui dit que toute chose à la fin périra,
Et qu'en changeant de forme une autre vêtira²⁹!

26. Quand les bruits de la nature auront cessé (« Tout deviendras muet », v. 17), ce nouveau silence sera rompu par le bruit des hommes. — 27. Dans la mythologie grecque, un satyre était un demi-dieu rustique; Pan était le dieu des bergers. — 28. Dodonéens: de la forêt de Dodone. Cette forêt de chênes était consacrée à Jupiter. Selon les Anciens, les hommes primitifs se nourrissaient de glands de chêne, ce qui explique les quatre vers suivants. — 29. V. 46: Et qu'en changeant de forme [toute chose] en vêtira (c'est-à-dire: prendra) une autre.

De Tempé la vallée[30] un jour sera montagne,
Et la cime d'Athos° une large campagne; °montagne de Grèce
Neptune° quelquefois°° de blé sera couvert: °la mer °°un jour
50 La matière demeure et la forme se perd.

Œuvres, 6e éd. (1584)

Le dernier poème que nous présentons fut dicté par Ronsard sur son lit de mort. Jusqu'à la fin, le poète n'a rien perdu de sa maîtrise du vers, ni de son orgueil (voir le vers 6). C'est un beau « chant du cygne ».

Il faut laisser maisons et vergers et jardins,
Vaisselles et vaisseaux° que l'artisan burine, °vases
Et chanter son obsèque en la façon du cygne
Qui chante son trépas[31] sur les bords Méandrins[32].

5 C'est fait! j'ai dévidé le cours de mes destins;
J'ai vécu, j'ai rendu mon nom assez insigne;
Ma plume vole au ciel pour être quelque signe°, °astre
Loin des appas mondains° qui trompent les plus fins. °du monde (sens chrétien)

Heureux qui ne fut onc°; plus heureux qui retourne °jamais
10 En rien, comme il était; plus heureux qui séjourne,
D'homme fait nouvel ange, auprès de Jésus-Christ,

Laissant pourrir çà-bas° sa dépouille de boue, °ici-bas
Dont le sort, la fortune, et le destin se joue,
Franc° des liens du corps pour n'être qu'un esprit. °libéré

Derniers vers (posthumes, 1586)

Du Bellay (1522–1560)

Issu de la branche appauvrie d'une famille illustre, Joachim du Bellay devient orphelin de bonne heure et se voit confié aux soins d'un frère indifférent. « Sous sa direction, écrira du Bellay, ma première jeunesse périt sans être cultivée. » Sa santé précaire l'oblige à renoncer à la carrière des armes, et pour gagner sa vie, il se résout à faire des études de droit. La rencontre avec Ronsard (voir, ci-dessus, « La Pléiade ») est décisive. Conscient désormais de sa vocation littéraire, du Bellay suit Ronsard à Paris où ils préparent ensemble la révolution poétique. Il lance, en 1549, le manifeste de la nouvelle école et, devançant les autres membres de la Brigade, publie quelques mois plus tard ses premiers vers. Son ardeur au travail lui

30. Vallée de Thessalie chantée par les poètes. — 31. *Trépas:* mort. Une légende antique voulait que le cygne chantât ses adieux à la vie au moment de sa mort (« le chant du cygne »). — 32. *Méandrins:* du Méandre, fleuve d'Asie Mineure célèbre pour ces cygnes.

vaut de beaux succès, mais elle mine sa santé déjà fragile: une longue maladie le laisse, comme Ronsard, à moitié sourd. En 1553 il accompagne à Rome son oncle, le cardinal du Bellay, chargé d'une mission diplomatique auprès du pape. Les quatre ans du séjour romain seront vécus comme un douloureux exil: excédé par ses fonctions de secrétaire, humilié par sa situation subalterne, écœuré par les mœurs italiennes, le poète souffre surtout de la nostalgie du pays natal. Une fois de retour en France, il publie coup sur coup quatre recueils de poèmes composés à Rome. Mais de nouveaux ennuis domestiques et matériels viennent assombrir les deux années qu'il lui reste à vivre. Vieilli prématurément, il meurt d'apoplexie à l'âge de trente-sept ans.

La vie tragique de du Bellay contraste singulièrement avec sa destinée posthume. Au moment, vers 1630, où Ronsard s'enfonce dans l'oubli, un observateur remarque que de tous les poètes de la Pléiade, « je ne vois que du Bellay qui ait conservé sa réputation toute entière. » A vrai dire, il s'agit moins de sa réputation que de ses lecteurs. Pourquoi les a-t-il toujours gardés? Avançons deux raisons:

1° Il est le plus *personnel* des poètes de son époque. Comme Villon l'avait fait au siècle précédent, et comme les romantiques le feront bien plus tard, *du Bellay se met dans ses poèmes*; et c'est pourquoi « il est de ces auteurs dont il suffit de lire les œuvres pour les bien connaître » (L. Levrault).

2° A l'évidence, il ne suffit pas qu'un poète se confie dans ses vers; il faut que, par ses confidences, il puisse s'attacher le lecteur. Avec quel homme faisons-nous connaissance en lisant les vers de du Bellay? C'est un éternel insatisfait, dont le malheur semble presque constitutionnel et dont la « vie désespérée », soumise à l'influence d'« un astre mauvais », s'écoule en « mille tragiques sanglots ». Comme il nous le dit dans sa *Complainte du désespéré* :

Photographie Bulloz

> Langueur me tient en laisse,
> Douleur me suit de près,
> Regret point ne me laisse,
> Et crainte vient après;
> Bref, de jour et de nuit
> Toute chose me nuit.

De tels vers sous la plume d'un autre — d'un Ronsard, par exemple — pourraient n'exprimer qu'une attitude littéraire. Chez du Bellay, on sent que l'angoisse est bien réelle, vraiment vécue. Il est de la race de ces faibles qui, brisés de bonne heure par

Joachim du Bellay. Crayon anonyme du XVIᵉ siècle.

la vie, semblent voués à une incurable mélancolie. Et c'est pourquoi il a toujours eu et aura toujours la préférence de ceux pour qui la faiblesse est séduisante et la mélancolie, poétique.

Quelques mois après avoir signé le manifeste de la nouvelle école, du Bellay publiait son premier recueil de poèmes: *L'Olive* (1549). Le poète y voue un amour idéalisé à une femme dont nous ignorons l'identité et qui n'a peut-être pas existé. (La tradition veut que le titre soit l'anagramme d'une certaine Viole que du Bellay connaissait.) Ce n'est certainement pas dans *L'Olive* que l'on trouve le meilleur de du Bellay, mais un poème du recueil, connu sous le titre du « Sonnet de l'Idée », est souvent cité comme l'expression définitive du platonisme littéraire. L'« Idée » en question — elle apparaît au vers 13 — n'a rien de psychique: dans le langage du platonisme, les Idées (toujours avec majuscule) sont les essences éternelles et immuables dont les objets de ce monde ne sont que les imitations. Le sonnet est à rapprocher de celui où Ronsard s'essaie dans le même genre (voir, ci-dessus, « Je veux brûler… »).

Si notre vie est moins qu'une journée
En l'éternel°, si l'an qui fait le tour
Chasse nos jours sans espoir de retour,
Si périssable est toute chose née,

°dans l'éternité

5 Que songes-tu, mon âme emprisonnée?
Pourquoi te plaît l'obscur° de notre jour,
Si pour voler en un plus clair séjour,
Tu as au dos l'aile bien empennée°?

°l'obscurité

°munie de plumes

Là, est le bien que tout esprit désire,
10 Là, le repos où tout le monde aspire,
Là, est l'amour, là, le plaisir encore.

Là, ô mon âme, au plus haut ciel guidée,
Tu y pourras reconnaître l'Idée
De la beauté, qu'en ce monde j'adore.

L'Olive, CXIII (2e éd., 1550)

Peu après son arrivée en Italie, du Bellay se met à composer une série de sonnets sur *Les Antiquités de Rome*. A la vue des ruines de la Ville Eternelle, le poète médite sur les grandeurs passées, et parfois — comme dans le sonnet suivant — il tire de cette méditation une leçon toute personnelle[33].

Sacrés coteaux, et vous, saintes ruines,
Qui le seul nom de Rome retenez°,
Vieux monuments, qui encor soutenez
L'honneur poudreux de tant d'âmes divines;

°qui ne retenez que le nom

33. Sans doute le poète est-il « sincère », mais le poème est traduit d'un sonnet de Castiglione: « Superbi colli, e voi sacre ruine, / Che 'l nome sol di Roma anchor tenete… » « Piller sans scrupule », avait dit *La Défense et illustration*.

5 Arcs triomphaux, pointes du ciel voisines,

Qui, de vous voir°, le ciel même étonnez; °à votre vue

Las°! peu à peu cendre vous devenez, °hélas

Fable° du peuple, et publiques rapines[34]! °objet de moquerie

Et, bien qu'au temps pour un temps fassent guerre

10 Les bâtiments[35], si est-ce que° le temps °pourtant

Œuvres et noms finablement° atterre. °finalement

Tristes désirs, vivez doncque° contents: °donc (deux syllabes)

Car, si le temps finit chose si dure,

Il finira la peine que j'endure.

Les Antiquités de Rome, VII (1558)

Du Bellay était venu à Rome avec de grandes espérances; il a dû vite déchanter. Il exhale sa déception et sa tristesse dans une série de poèmes réunis plus tard dans le volume des *Regrets.* « Je me plains à mes vers, si j'ai quelque regret, » dit-il dans le premier sonnet du recueil. Ses vers sont en effet ses seuls confidents, « de son cœur les plus sûrs secrétaires ». Loin de son pays et de ses amis, il se sent moralement isolé. Il n'est pas à sa place dans l'entourage du cardinal, parmi tous « ceux qui... » du sonnet suivant. Le dernier vers, si bien mis en relief par l'anaphore[36] des vers précédents, résume le séjour du poète à Rome et son intention dans le recueil.

Ceux qui sont amoureux, leurs amours chanteront,

Ceux qui aiment l'honneur, chanteront de la gloire,

Ceux qui sont près du Roi, publieront sa victoire,

Ceux qui sont courtisans, leurs faveurs vanteront,

5 Ceux qui aiment les arts, les sciences° diront, °synonyme des arts

Ceux qui sont vertueux, pour tels se feront croire,

Ceux qui aiment le vin, deviseront° de boire, °parleront

Ceux qui sont de loisir, des fables écriront,

Ceux qui sont médisants, se plairont à médire,

10 Ceux qui sont moins fâcheux, diront des mots pour rire,

Ceux qui sont plus vaillants, vanteront leur valeur,

Ceux qui se plaisent trop, chanteront leur louange,

Ceux qui veulent flatter, feront d'un diable un ange.

Moi qui suis malheureux, je plaindrai mon malheur.

Regrets, V (1558)

34. Les pierres des ruines servaient de matériaux aux nouvelles constructions. — 35. Lisez: « Et, bien que les bâtiments fassent la guerre pour un temps au temps... » Exemple d'inversion poétique calquée sur le latin et préconisée par la Pléiade (voir « La Pléiade »). — 36. L'anaphore consiste à répéter un mot ou groupe de mots au début de plusieurs vers.

La pièce suivante est peut-être la plus émouvante, la plus *foncièrement triste* du recueil. En effet, que pourrait-il y avoir de plus triste pour un poète que la perte de son inspiration (personnifié ici par les Muses qui « s'enfuient »)? Mais la portée du poème est plus générale. Son « cœur vainqueur » désormais vaincu, *du Bellay a perdu sa jeunesse* — si la jeunesse, au sens moral du terme, consiste justement à projeter, sur les menues tâches de la vie quotidienne, quelque grand dessein, et à se croire capable de le réaliser...

> Las! où est maintenant ce mépris de Fortune°? °mépris envers le
> Où est ce cœur vainqueur de toute adversité,
> Cet honnête° désir de l'immortalité, °honorable
> Et cette honnête flamme au peuple non commune?
>
> 5 Où sont ces doux plaisirs qu'au soir, sous la nuit brune,
> Les Muses[37] me donnaient, alors qu'en liberté,
> Dessus le vert tapis d'un rivage écarté,
> Je les menais danser aux rayons de la lune?
>
> Maintenant la Fortune est maîtresse de moi,
> 10 Et mon cœur qui soulait° être maître de soi, °avait l'habitude de
> Est serf de mille maux et regrets qui m'ennuient°. °me tourmentent
>
> De la postérité je n'ai plus de souci;
> Cette divine ardeur, je ne l'ai plus aussi°, °non plus
> Et les Muses de moi, comme étranges°, s'enfuient. °devenues étrangères

Regrets, VI

Plusieurs sonnets des *Regrets* s'adressent aux amis que du Bellay a laissés en France. Celui qui suit s'adresse à Ronsard (« tu », vers 5), dont du Bellay admire — envie? — les succès. Magny (vers 1) — le même qui, de passage à Lyon, s'était fait aimer de Louise Labé — et Panjas (vers 2) sont, comme du Bellay, poètes et secrétaires de cardinaux à Rome.

> Cependant que Magny suit son grand Avanson,
> Panjas son cardinal, et moi le mien encore,
> Et que l'espoir flatteur, qui nos beaux ans dévore,
> Appâte nos désirs d'un friand hameçon,
>
> 5 Tu courtises les rois, et, d'un plus heureux son
> Chantant l'heur° de Henri, qui son siècle décore, °bonne fortune
> Tu t'honores toi-même, et celui qui honore
> L'honneur que tu lui fais par ta docte chanson[38].

37. Les neuf déesses qui président aux arts et qui inspirent les poètes. — 38. Au vers 7–8, « celui qui honore... », c'est le roi Henri II, qui récompense (« qui honore ») les éloges de Ronsard (« l'honneur que tu lui fais »).

Las! et nous cependant nous consumons notre âge
10 Sur le bord inconnu d'un étrange° rivage, °étranger
Où le malheur nous fait ces tristes vers chanter,

Comme on voit quelquefois, quand la mort les appelle,
Arrangés flanc à flanc parmi l'herbe nouvelle,
Bien loin sur un étang trois cygnes lamenter[39].

<div align="right">Regrets, XVI</div>

A l'ambition succède l'« ennui »; à l'espoir, le « soin »; au « meilleur de son âge », une vieillesse prématurée. Voici le poème des illusions perdues.

« Je me ferai savant en la philosophie,
En la mathémathique et médecine aussi;
Je me ferai légiste et, d'un plus haut souci,
Apprendrai les secrets de la théologie;

5 Du luth et du pinceau j'ébatterai° ma vie, °j'égaierai
De l'escrime et du bal. » Je discourais ainsi,
Et me vantais en moi d'apprendre tout ceci,
Quand je changeai la France au° séjour d'Italie. °pour le

O beaux discours humains! Je suis venu si loin
10 Pour m'enrichir d'ennui, de vieillesse et de soin°, °souci
Et perdre en voyageant le meilleur de mon âge.

Ainsi le marinier souvent, pour tout trésor,
Rapporte des harengs en lieu de lingots d'or,
Ayant fait comme moi un malheureux voyage.

<div align="right">Regrets, XXXII</div>

Les deux sonnets suivants figurent parmi les plus célèbres de la littérature française. Dans le premier, la métaphore de l'agneau égaré, filée tout au long du poème, rend admirablement la *désolation de l'exilé*. Dans le second, quelques détails évocateurs permettent au poète de traduire pour les siècles sa *nostalgie du pays natal*.

France, mère des arts, des armes, et des lois,
Tu m'as nourri longtemps du lait de ta mamelle;
Ores°, comme un agneau qui sa nourrice appelle, °maintenant
Je remplis de ton nom les antres et les bois.

5 Si tu m'as pour enfant avoué° quelquefois°°, °reconnu °°autrefois
Que° ne me réponds-tu maintenant, ô cruelle? °pourquoi
France, France, réponds à ma triste querelle°! °plainte
Mais nul, sinon Echo°, ne répond à ma voix. °la nymphe Echo

39. Sur le « chant du cygne », voir le dernier poème de Ronsard ci-dessus (« Il faut laisser maisons et vergers… », 1ʳᵉ strophe, note).

Entre° les loups cruels j'erre parmi°° la plaine; °parmi °°dans
10 Je sens venir l'hiver, de qui la froide haleine
D'une tremblante horreur fait hérisser ma peau.

Las! tes autres agneaux n'ont faute° de pâture, °ne manquent pas
Ils ne craignent le loup, le vent, ni la froidure:
Si° ne suis-je pourtant le pire du troupeau. °cependant

flock

Regrets, IX

Heureux qui[40], comme Ulysse[41], a fait un beau voyage,
Ou comme celui-là qui conquit la toison[42],
Et puis est retourné, plein d'usage° et raison, °expérience
Vivre entre ses parents le reste de son âge!

a

5 Quand reverrai-je, hélas! de mon petit village
Fumer la cheminée, et en quelle saison
Reverrai-je l'enclos de ma pauvre maison,
Qui m'est une province, et beaucoup d'avantage?

b

Plus me plaît le séjour° qu'ont bâti mes aïeux, *sires* *abode* °la demeure
10 Que des palais romains le front audacieux;
Plus que le marbre dur me plaît l'ardoise fine[43], *slate* vient de la région de la Loire.

Plus mon Loire gaulois que le Tibre latin,
Plus mon petit Liré[44], que le mont Palatin[45],
Et plus que l'air marin la douceur angevine°. °de l'Anjou

Regrets, XXXI

Après avoir « plaint son malheur », le poète passe à l'attaque. Plusieurs son-
nets des *Regrets* sont consacrés à la satire des mœurs romaines en général et de
l'obséquiosité des courtisans en particulier. De retour à Paris, du Bellay retrouve
dans l'entourage du roi la même hypocrisie qui régnait à la cour pontificale. Le
sonnet suivant, écrit peu après la rentrée décevante, est peut-être le plus incisif de
la série des pièces satiriques. On imagine facilement le dépit des courtisans qui ont
dû se reconnaître dans ce portrait mordant.

Seigneur, je ne saurais regarder d'un bon œil
Ces vieux Singes de Cour qui ne savent rien faire,
Sinon en leur marcher° les Princes contrefaire, °démarche
Et se vêtir, comme eux, d'un pompeux appareil.

40. Construction calquée sur le latin (« Felix qui... »). Lisez: celui-là est heureux qui... — 41. Héros
légendaire grec, dont Homère chanta les exploits dans *L'Odyssée*. Après s'être distingué par ses
prouesses au siège de Troie, Ulysse voulut regagner son pays natal. Le mauvais sort le fit s'égarer, et il
n'arriva chez lui qu'au bout de dix ans. — 42. Il s'agit de Jason, chef des Argonautes, qui conquit la
Toison d'or (« the Golden Fleece »). — 43. L'ardoise des toits de l'Anjou. — 44. Village natal de du
Bellay. — 45. Une des sept collines de Rome.

5 Si leur maître se moque, ils feront le pareil;
 S'il ment, ce ne sont eux qui diront du° contraire; °le
 Plutôt auront-ils vu, afin de lui complaire,
 La lune en plein midi, à minuit le soleil.

 Si quelqu'un devant eux reçoit un bon visage°, °un bon accueil
10 Ils le vont caresser, bien qu'ils crèvent de rage;
 S'il° le°° reçoit mauvais, ils le montrent au doigt. °quelqu'un (v. 5) °°le visage

 Mais ce qui plus contre eux quelquefois me dépite,
 C'est quand devant le Roi, d'un visage hypocrite,
 Ils se prennent° à rire, et ne savent pourquoi. °commencent

Regrets, CL

Si pénible qu'eût été le séjour à Rome, du Bellay ne semble pas en avoir rapporté seulement des « regrets ». Le poème suivant témoigne de quelques moments de détente. Il s'adresse à une certaine Faustine que du Bellay a connue peu avant de rentrer en France. Des chercheurs diligents ont établi qu'elle était mariée à un vieux jaloux qui l'a enfermée dans un couvent en apprenant ses rapports avec notre poète. Quelques mois plus tard, du Bellay rentrait en France; peut-être « l'affaire Faustine » y fut-elle pour quelque chose. Dans le genre poétique du *baiser*, très en faveur à l'époque, il s'agit de célébrer un baiser — donné ou désiré — de la bien-aimée.

Autre Baiser

 Quand ton col de couleur rose
 Se donne à mon embrassement,
 Et mon œil languit doucement
 D'une paupière à demi close,

5 Mon âme se fond du désir
 Dont elle est ardentement° pleine, °ardemment
 Et ne peut souffrir à grand'peine
 La force d'un si grand plaisir:

 Puis quand j'approche de la tienne
10 Ma lèvre, et que si près je suis
 Que la fleur recueillir je puis
 De ton haleine ambrosienne[46];

 Quand le soupir de ces odeurs,
 Où nos deux langues qui se jouent
15 Moitement folâtrent et nouent,
 Evente mes douces ardeurs,

46. Parfumée d'ambroisie, la nourriture des dieux, source d'immortalité.

Il me semble être assis à table
Avec les Dieux, tant suis heureux,
Et boire à longs traits savoureux
20 Leur doux breuvage délectable.

Si le bien qui au plus grand bien
Est plus prochain, prendre on me laisse[47],
Pourquoi ne permets-tu, maîtresse,
Qu'encores le plus grand soit mien?

25 As-tu peur que la jouissance
D'un si grand heur° me fasse Dieu, °bonheur
Et que sans toi je vole au lieu
D'éternelle jouissance?

Belle, n'aie peur de cela:
30 Partout où sera ta demeure°, °où tu seras
Mon ciel, jusqu'à ce que je meure,
Et mon paradis sera là.

Jeux rustiques, XXVI

47. Lisez: Si on me laisse prendre le bien qui est proche du plus grand bien...

Matière à réflexion

1. Comme les poèmes « d'amour » que Marot a écrits pour Anne — « Vous vous plaignez de mon audace...», « Le cœur de vous ma présence désire...» et « Anne, par jeu, me jeta de la neige...» —, le dizain 378 s'adresse à une femme. Là s'arrête le parallèle: en passant de Marot à Scève, on change d'univers poétique. En quoi ces deux univers diffèrent-ils?

2. Commentez le dialogue suivant:

— Dites-moi, à quoi cela sert-il d'écrire « La blanche Aurore à peine finissait / D'orner son chef d'or luisant, et de roses...» (Scève), lorsqu'on veut dire « Le soleil était sur le point de se lever »? Et pourquoi écrire « Tant que mes yeux pourront larmes épandre...» (Labé), alors que « Tant que je pourrai pleurer...» serait plus clair et moins long? Tout le travail des poètes consiste à encoder le message, à obscurcir l'idée. A quoi bon?
— Plus clair? moins long? De toute évidence, mon cher ami, tu ne comprends rien à la poésie. Sa valeur ne réside pas dans *l'idée* exprimée, mais dans la *manière* dont on l'exprime — dans l'encodage, si tu préfères, et non pas dans le message.

A qui donnez-vous raison dans ce débat? Quels arguments pourrait-on ajouter à ceux des interlocuteurs? Complétez la « traduction en prose » des deux poèmes. Qu'est-ce, à votre avis, qui se perd?

3. Comparez le sonnet antithétique de Labé (« Je vis, je meurs... ») avec celui de Ronsard (« J'espère et crains... »). a) Lequel préférez-vous? Pourquoi? b) A votre avis, le premier est-il supérieur ou inférieur au second? Pourquoi? N.B.: a) et b) ne sont pas la même question.

4. Comparez le sonnet platonicien de Ronsard (« Je veux brûler... ») avec celui de du Bellay (« Si notre vie... »). a) Lequel préférez-vous? Pourquoi? b) A votre avis, le premier est-il supérieur ou inférieur au second? Pourquoi? N.B.: a) et b) ne sont pas la même question.

5. L'ode de Ronsard qui commence « Quand je suis vingt ou trente mois... » est parfois présentée sans la dernière strophe, que l'on estime en contradiction avec le reste. Qu'en pensez-vous?

6. Ronsard « environnementaliste ». Dans l'élégie « Contre les bûcherons de la forêt de Gastine », quelles raisons le poète oppose-t-il au bûcheron? Résumez la réflexion philosophique des vers 43–50. Ces derniers vers marquent-ils un changement de ton par rapport à ce qui précède?

7. Comparez le thème du *carpe diem*, tel qu'il est traité par Ronsard dans « Mignonne, allons voir si la rose... », « Je vous envoie un bouquet que ma main... » et « Quand vous serez bien vieille... ». La réaction suivante est assez fréquente de nos jours; commentez-la:

> « Quel phallocrate que ce Ronsard! Toutes ses belles paroles se réduisent au piteux argument que voici: "Aujourd'hui vous êtes belle. Bientôt vous ne le serez plus. Donc, 'aimez'-moi avant qu'il ne soit trop tard." Quelle femme tomberait dans un tel piège poétique? »

8. « Moi qui suis malheureux, je plaindrai mon malheur, » écrit du Bellay au début des *Regrets*. Montrez que les sonnets VI, IX, XVI, XXXI et XXXII du recueil sont autant de variations sur ce thème du malheur. De quelle nuance du malheur s'agit-il dans chaque poème? Commentez le dialogue suivant (les interlocuteurs sont les mêmes que tout à l'heure):

> — Que du Bellay soit malheureux, voilà qui est clair; il nous le dit suffisamment, et même un peu trop. Il *affiche* son malheur; il s'y complaît et s'y vautre. Ses plaintes sont joliment tournées, mais à la fin elles nous fatiguent. Ce qu'il nous faut, c'est une poésie qui nous réjouisse et nous égaie...
> — Qui nous *égaie*! Ton incompréhension serait-elle totale? Seul le malheur arrache au poète ces cris du cœur qui nous touchent, et tu serais incapable de citer un seul grand poème — un seul — qui soit « heureux ». Le grand romantique Musset voyait bien: « Les plus désespérés sont les

chants les plus beaux, / Et j'en sais d'immortels qui sont de purs sanglots. »

9. Quel du Bellay préférez-vous: l'élégiaque — on appelle ainsi un auteur de poèmes mélancoliques ou plaintifs —, le satirique (sonnet CL des *Regrets*), ou l'amoureux (*Autre Baiser*)? Pourquoi?

Montaigne

Montaigne (1533–1592) est le premier en date des *moralistes* français. Un moraliste, au sens traditionnel du terme, n'est pas un donneur de leçons de morale, mais un peintre des mœurs et de la condition humaine. « Les autres se proposent l'édification de l'homme, » écrit Montaigne; « moi, je me borne à le décrire. » Certes, il arrive à Montaigne, comme à tous les moralistes de sa lignée, de *prescrire.* Mais il s'agit moins, chez lui, d'une morale, au sens étroit du terme, que d'un idéal au sens large; moins d'une ligne de conduite que d'une attitude face à la vie. Cette attitude est celle de la Renaissance mûrie, que Montaigne incarne au plus haut point.

Michel Eyquem appartient à une famille de riches négociants anoblis au siècle précédent par l'achat de la seigneurie de Montaigne (près de Bordeaux). L'enfant est élevé au château familial « en toute douceur et liberté, sans rigueur ni contrainte », au point d'être réveillé chaque matin au son de la musique. Son père est convaincu, en bon humaniste, de l'importance du latin, mais il veut épargner à son fils la peine d'apprendre dans les livres cette langue rébarbative. Aussi oblige-t-il toute la maisonnée — mère, domestiques, précepteurs — à ne parler à l'enfant qu'en latin pendant les premières années de sa vie. Cette méthode originale porte ses fruits, et lorsqu'à l'âge de six ans Michel est envoyé au collège de Bordeaux, il *parle couramment* le latin; malheureusement, il ne sait pas un mot de français.

Sa vie de pensionnaire à Bordeaux ne lui plaît guère: la discipline du collège lui répugne, et il a l'impression de perdre son temps. Ses études secondaires achevées, il fait sa philosophie et son droit, pour entrer dans la magistrature à l'âge de vingt et un ans. Au Parlement de Bordeaux, il remplit sans enthousiasme ses fonctions de juge, s'absentant souvent et longuement pour monter à Paris. En 1565, il se marie; sa femme lui donnera six filles, dont une seule survivra. Il avouera plus tard dans les *Essais* qu'il n'est pas né pour être bon époux et bon père.

Montaigne est né pour être écrivain. Il s'en rend compte lorsqu'ayant hérité du titre, des terres et de la fortune de son père, il résigne sa charge de magistrat et se retire dans son domaine. Au deuxième étage d'une tour ronde de son château, il fait aménager une bibliothèque (qu'on peut visiter encore) et fait graver au mur, pour marquer la solennité de l'occasion, l'inscription suivante: « L'an du Christ 1571, le jour de l'anniversaire de sa naissance, âgé de trente-huit ans, Michel de Montaigne, depuis longtemps déjà ennuyé de l'esclavage de la cour du Parlement et des charges publiques, se sentant encore dispos, est venu dans cette retraite se reposer sur le sein des doctes vierges [les Muses], espérant y passer dans le calme et la sécurité les jours qui lui restent à vivre. » Cette première retraite durera neuf ans, consacrés pour la plupart à la rédaction des *Essais*.

Après leur publication en 1580, Montaigne entreprend un long voyage pour soigner sa santé dans les principales villes d'eaux d'Europe. Il est en Italie quand il apprend qu'il a été élu maire de Bordeaux. La nouvelle ne le ravit guère, mais le roi insiste et Montaigne accepte. Réélu en 1583, il s'acquitte consciencieusement et habilement de ses devoirs municipaux, réussissant à préserver la ville des violences de la guerre civile.

Rentré chez lui en 1585, à la fin de son deuxième mandat, il retrouve avec soulagement la paix de sa bibliothèque; cette fois sa retraite sera définitive. Il continue à s'intéresser de loin aux affaires du royaume, mais sans y participer. Le roi essaie de l'attirer à la cour, mais Montaigne décline l'honneur: il préfère passer le temps qui lui reste à lire ses auteurs favoris et à préparer de nouvelles éditions de ses *Essais*. Il meurt en 1592, à l'âge de cinquante-neuf ans.

Le succès des *Essais* fut considérable du vivant même de leur auteur. Modeste, Montaigne assurait que cela ne durerait pas. Ils devinrent pourtant l'une de œuvres capitales en France aux XVIIᵉ et XVIIIᵉ siècles, et peu de livres français ont trouvé, pendant cette période, plus de lecteurs à l'étranger. Les *Essais* demeurent, aujourd'hui encore, le livre de chevet de ceux qui trouvent en Montaigne un esprit frère et une âme sœur.

Qu'est-ce qui explique ce succès? Les contemporains de Montaigne furent frappés surtout par *l'originalité* de son entreprise: il a inventé le genre de l'autoportrait littéraire. « C'est moi que je peins, » écrit-il dans son avis *Au lecteur*, placé en tête des *Essais*; « je suis moi-même la matière de mon livre. » D'autres, certes, avaient parlé incidemment de leur moi; personne n'en avait fait le sujet principal d'un livre. L'innovation de Montaigne fut hardie et féconde: c'est des *Essais* que proviennent tous les genres autobiographiques — souvenirs, journaux intimes, confessions, mémoires...

Faute de modèle à imiter, c'est en tâtonnant que Montaigne a graduellement formé le projet de se portraiturer. Sa première intention semble avoir été de rédiger, comme l'avaient fait bien d'autres, de simples notes de lecture pour *essayer* son jugement — d'où son titre. « Le jugement est un outil qui s'applique à tout et trouve partout son emploi, » écrit-il; « aussi ces essais que je compose fournissent-ils toutes sortes d'occasions de l'exercer... Au hasard, je choisis le premier sujet qui se présente; tous me sont également bons. » Il s'exerce ainsi sur des sujets passionnants tels que: « les chevaux de bataille... le comportement des ambassadeurs... si le chef d'une place assiégée doit sortir pour parlementer... » Peu à

peu, ces sujets deviennent de simples prétextes pour parler de soi. Montaigne s'en rend compte et s'y résigne: « Il y a déjà plusieurs années que je n'ai que moi comme objectif de mes pensées, que je n'observe et n'étudie que moi. Si j'étudie autre chose, c'est pour aussitôt m'en faire l'application. » Il a découvert sa voie; il sait désormais ce qui le singularise: « Chacun regarde devant soi; moi, je regarde dedans moi... Je me considère sans cesse, je m'observe, je me goûte... je me roule en moi-même. »

Cette vocation de se connaître et de se faire connaître amène Montaigne à faire complaisamment, à longueur de chapitre, des confidences telles que: « Je trempe mon vin, le plus souvent avec moitié, parfois avec un tiers d'eau... Je n'aime pas aller par les villes autrement qu'à cheval, parce que lorsque je vais à pied, je me crotte jusqu'à l'échine... » Si Montaigne s'était contenté de « se goûter » ainsi, il ne figurerait pas aujourd'hui dans tous les manuels scolaires. On a beau être charmant, sympathique, spirituel; il est difficile de plaire longtemps en parlant longuement de soi. Dans son avis *Au lecteur*, Montaigne lui-même semble mesurer cette difficulté. Après avoir annoncé son projet de se peindre, il ajoute: « Ce n'est pas là une raison suffisante pour que tu emploies tes loisirs à un sujet si frivole et si vain. »

Heureusement, Montaigne ne s'en tient pas là. Dans la quatrième édition des *Essais*, parue huit ans après la première, il découvre une nouvelle raison de parler de lui. Si sa vie et sa personne n'ont rien d'exceptionnel, n'importe: « Chaque homme porte la forme entière de l'humaine condition. » Ainsi, en se faisant connaître, Montaigne nous apprend à nous connaître nous-mêmes. Puisqu'il se communique — dit-il —, non par ce qui lui appartient en propre, mais par son « être universel », son cas particulier a une portée générale. Dans son autoportrait, nous nous reconnaissons.

C'est surtout pour cette peinture de « l'humaine condition » que nous lisons Montaigne aujourd'hui. Ses confidences personnelles nous séduisent par moments; ses observations générales nous font réagir et réfléchir. Il nous a légué, dans ses *Essais*, l'expression définitive d'une certaine attitude devant la vie, d'un certain idéal de sagesse. Il disait: « Le prix de l'âme ne consiste pas à aller haut, mais ordonnément. Sa grandeur ne s'excerce pas en la grandeur: c'est en la médiocrité. » C'est dire: *le mérite de l'âme n'est pas de s'élever haut, mais d'aller d'une façon ordonnée. Sa vraie grandeur se manifeste, non dans ce qu'on appelle communément « grandeur », mais dans la modération, dans le juste milieu.* Cette formule, qui résume assez bien son art de vivre, explique les réactions partagées — l'admiration des uns et l'agacement des autres — que Montaigne a toujours provoquées. Dans cette défense de la *voie moyenne*, on voit, suivant ses goûts, la recette d'une vie équilibrée, ou la négation de tout idéal.

« Ah! l'aimable homme! qu'il est de bonne compagnie! que ce livre est plein de bon sens, » s'écrie Mme de Sévigné (XVIIe siècle) en lisant les *Essais*. Michelet (XIXe siècle) y trouve, pour sa part, « à chaque instant certain goût nauséabond, comme dans une chambre de malade. » Et Montaigne continue, aujourd'hui encore, à provoquer et à partager ses lecteurs. Ironie du sort: rares sont les réactions tièdes à ce partisan du juste milieu...

Avant de lire

Nous présentons ci-dessous trois extraits des *Essais*. Le premier est tiré de l'édition de 1580; les autres, de la quatrième édition, parue en 1588. Dans cet intervalle de huit ans, la pensée de Montaigne a considérablement évolué. Adepte fervent de l'Antiquité — ses nombreuses citations en témoignent —, il *essaie* tour à tour, à la lumière de son expérience grandissante, les idées anciennes: d'abord les règles sévères de l'école stoïcienne, qui exaltait l'effort, la volonté, l'abstinence; ensuite les doutes de l'école sceptique, qui avait pour devise « Que sais-je? »; enfin les principes de l'école épicurienne, plus accom-

Statue de Montaigne, par Paul Landowsky. Paris.
© Boyer-Viollet

modante, plus ouverte aux plaisirs. Ainsi, Montaigne commence par prôner la nécessité d'un « savoir-mourir » (premier extrait, Livre I, Chapitre 20); puis, ayant « réglé ses comptes » avec la mort (deuxième extrait, Livre III, Chapitre 12), il nous offre un *art de vivre* (dont le troisième extrait, Livre III, Chapitre 13, donne l'essentiel).

Dans certains cas, la position de Montaigne « évolue » au point de se renverser. Au sujet de la mort, par exemple, il serait difficile de se contredire plus complètement que ne le fait Montaigne (deux premiers extraits). Ses contradictions ne lui échappent pas et il essaie de se justifier: « Il m'arrive de me contredire; mais la vérité, je ne la contredis point. » Montaigne emprunte cette défense à un orateur athénien du IVᵉ siècle avant J.-C. qui répliquait ainsi lorsque ses adversaires lui avaient reproché ses volte-face. Que diriez-vous d'un candidat politique qui, accusé de faire des « flip-flops » dans une campagne électorale, recourt à une telle défense? Que pensez-vous de cette défense dans le cas de Montaigne? Quel Montaigne préférez-vous, le stoïcien du premier extrait ou l'épicurien du troisième?

Sur le texte

- La langue de Montaigne a vieilli. Déjà au XVIIIe siècle, un éditeur disait qu'« il fallait mettre les *Essais* à la portée de ceux auxquels manque le loisir de les déchiffrer. » La solution qu'on adopte le plus souvent consiste à présenter en bas de la page les nombreuses notes explicatives qu'appelle presque chaque phrase du texte original. Une autre solution consiste à traduire Montaigne en français moderne. Pour éviter autant que possible les inconvénients évidents de l'une et de l'autre option, nous avons présenté le texte original sans appareil critique mais avec, en regard, une traduction en français moderne. En lisant *d'abord* la traduction, vous pourrez aborder sans difficulté excessive le texte de Montaigne (dont la lecture est, estimons-nous, indispensable).
- Quelques formules parmi les plus célèbres du Livre III sont imprimées **en caractères gras**. Nous y reviendrons dans la *Matière à réflexion*.

Essais

Livre I, Chapitre 20
Philosopher, c'est apprendre à mourir

Texte original	**Traduction**
Le but de notre carrière, c'est la mort, c'est l'objet nécessaire de notre visée: si elle nous effraie, comme est-il possible d'aller un pas en avant, sans fièvre? Le remède du vulgaire, c'est de n'y penser pas. Mais de quelle brutale stupidité lui peut venir un si grossier aveuglement? [...] Ce n'est pas de merveille s'il est si souvent pris au piège. On fait peur à nos gens seulement de nommer la mort, et la plupart s'en signent, comme du nom du diable. Et parce qu'il s'en fait mention aux testaments, ne vous attendez pas qu'ils y mettent la main, que le médecin ne leur ait donné l'extrême sentence; et Dieu sait lors, entre la douleur et la frayeur, de quel bon jugement ils vous le pâtissent.	Le but de notre existence, c'est la mort; c'est l'objectif fatal auquel nous tendons. Si elle nous effraie, comment pouvons-nous faire un pas en avant sans en avoir la fièvre? Le vulgaire échappe à cette obsession, en n'y pensant pas; faut-il que sa sottise soit grande pour être, à un tel degré, frappé d'aveuglement! [...] Ce n'est pas étonnant s'il est souvent pris au dépourvu. Les gens ont peur, rien qu'en entendant prononcer son nom; la mort! A ce seul mot, la plupart font le signe de la croix, comme s'ils entendaient évoquer le diable. Et parce qu'il en est question dans les testaments, ils ne se décident à faire le leur que lorsque le médecin les a condamnés. Et Dieu sait alors en quel état d'esprit ils le font, sous l'étreinte de la douleur et de la frayeur.

217

Texte original

Parce que cette syllabe frappait trop rudement leurs oreilles, et que cette voix leur semblait malencontreuse, les Romains avaient appris de l'amollir ou de l'étendre en périphrases. Au lieu de dire: « il est mort; il a cessé de vivre, » disent-ils: « il a vécu. » Pourvu que ce soit vie, soit-elle passée, ils se consolent. [...]

A l'aventure est-ce que, comme on dit, « le terme vaut l'argent »? [...] Il n'y a justement que quinze jours que j'ai franchi trente-neuf ans; il m'en faut pour le moins autant. Cependant s'empêcher du pensement de chose si éloignée, ce serait folie. Mais quoi, les jeunes et les vieux laissent la vie de même condition. Nul n'en sort autrement que comme si tout présentement il y entrait. Joint qu'il n'est homme si décrépit, tant qu'il voit Mathusalem devant, qui ne pense avoir encore vingt ans dans le corps. Davantage, pauvre fol que tu es, qui t'a établi les termes de ta vie? Tu te fondes sur les contes des médecins. Regarde plutôt l'effet et l'expérience. Par le commun train des choses, tu vis piéça par faveur extraordinaire. Tu as passé les termes accoutumés de vivre. Et qu'il soit ainsi, compte de tes connaissants combien il en est mort avant ton âge, plus qu'il n'en y a qui l'aient atteint. [...]

Combien a la mort de façons de surprise? « *Quid quisque vitet, nunquam homini satis / Cautum est in horas.* »

Traduction

Parce que ce mot résonnait trop durement à leurs oreilles et leur semblait de mauvais augure, les Romains en étaient arrivés à l'adoucir et à user de périphrases. Au lieu de dire: « Il est mort », ils disaient: « Il a cessé de vivre, il a vécu ». Pourvu qu'il y fût question de vie, fût-elle passée, cela leur suffisait. [...]

Est-ce que le dicton « le terme vaut l'argent »[1] serait ici applicable? [...] Il y a exactement quinze jours que j'ai accompli ma trente-neuvième année. J'aurai donc le droit d'espérer vivre encore au moins une fois autant, et me tourmenter en songeant à une éventualité si éloignée serait folie. Mais voilà, jeunes et vieux ne quittent-ils pas la vie dans les mêmes conditions? Nul n'en sort autrement que s'il ne faisait que d'y entrer; sans compter qu'il n'est homme si décrépit, si vieux, si cassé qui n'ait en tête la longévité de Mathusalem et ne pense avoir encore vingt ans de vie devant lui! Je dirai plus: qui donc, pauvre fou que tu es, a fixé la durée de ton existence? Tu t'en rapportes à ce que content les médecins, au lieu de regarder ce qui se passe et de juger par expérience. Au train dont vont d'ordinaire les choses, depuis longtemps tu ne vis que par faveur exceptionnelle; tu as déjà franchi la durée habituelle de la vie. Tu peux t'en assurer en comptant combien plus, parmi les personnes de ta connaissance, sont mortes avant cet âge, qu'il n'y en a qui l'ont atteint. [...]

Que de façons diverses la mort a de nous surprendre: « *L'homme ne peut jamais arriver à prévoir tous les dangers*

1. C'est-à-dire: obtenir un nouveau délai vaut à l'emprunteur une remise de la dette. Pris au figuré, le proverbe signifie: Quand on a du temps devant soi, on peut toujours se tirer d'embarras.

Texte original

[Montaigne énumère ici de nombreux exemples de morts subites et imprévues.] Ces exemples si fréquents et si ordinaires nous passant devant les yeux, comme est-il possible qu'on se puisse défaire du pensement de la mort, et qu'à chaque instant il ne nous semble qu'elle nous tient au collet?

Qu'importe-t-il, me direz-vous, comment que ce soit, pourvu qu'on ne s'en donne point de peine? Je suis de cet avis, et, en quelque manière qu'on se puisse mettre à l'abri des coups, fût-ce sous la peau d'un veau, je ne suis pas homme qui y reculasse. Car il me suffit de passer à mon aise; et le meilleur jeu que je me puisse donner, je le prends, si peu glorieux au reste et exemplaire que vous voudrez, « ...*prætulerim delirus inersque videri, / Dum mea delectent mala me, vel denique fallant, / Quam sapere et ringi.* »

Mais c'est folie d'y penser arriver par là. Ils vont, ils viennent, ils trottent, ils dansent; de mort, nulles nouvelles. Tout cela est beau. Mais aussi, quand elle arrive ou à eux ou à leurs femmes, enfants et amis, les surprenant en dessoude et à découvert, quels tourments, quels cris, quelle rage et quel désespoir les accable! Vîtes-vous jamais rien si rabaissé, si changé, si confus? Il y faut pourvoir de meilleure heure; et cette nonchalance bestiale, quand elle pourrait loger en la tête d'un homme d'entendement, ce que je trouve entièrement impossible, nous vend trop cher ses denrées. Si c'était ennemi qui se peut éviter, je conseillerais d'emprunter les armes de la couardise. Mais puisqu'il ne se peut, puisqu'il vous attrape fuyant et poltron aussi bien qu'honnête

Traduction

qui le menacent à chaque heure » (Horace). [Montaigne énumère ici de nombreux exemples de morts subites et imprévues.] Ces exemples sont si fréquents, se répètent si souvent sous nos yeux, qu'il ne semble pas possible d'éviter que notre pensée ne se reporte vers la mort, de nier qu'à chaque instant elle nous menace.

Qu'importe, direz-vous, ce qui peut arriver, si nous ne nous en mettons pas en peine? C'est aussi mon avis, et s'il est un moyen de se mettre à l'abri de ces coups, fût-ce comme un lâche, je ne suis pas homme à n'en pas user. Car il me suffit de vivre commodément, et ce qui peut le mieux faire qu'il en soit ainsi, je le pratique, si peu glorieux ou exemplaire que ce puisse être: « *Je préfère passer pour un fou, un impertinent, si mon erreur me plaît ou si je ne m'en aperçois pas, plutôt que d'être sage et d'en souffrir* » (Horace).

Mais c'est folie que d'espérer se dérober de la sorte à cette idée. On va, on vient, on trotte, on danse; de la mort, pas de nouvelles. Que tout cela est beau. Mais aussi quand elle s'abat sur nous, sur nos femmes, sur nos enfants ou sur nos amis, que le coup soit soudain ou attendu, quels tourments, quels cris, quel rage, quel désespoir! Vîtes-vous jamais personne si humiliée, si changée, si confuse? Il faut s'en préoccuper plus à l'avance; sans quoi une telle nonchalance stupide, même si elle pouvait se concilier en nous avec le bon sens — ce que je considère comme absolument impossible —, nous fait payer trop cher les illusions dont elle nous berce. Si la mort était un ennemi qu'on puisse éviter, je conseillerais d'en agir vis-à-vis d'elle comme un lâche devant le

Texte original	Traduction

homme, [...] apprenons à le soutenir de pied ferme et à le combattre.

Et pour commencer à lui ôter son plus grand avantage contre nous, prenons voie toute contraire à la commune. Otons-lui l'étrangeté, practiquons-le, accoutumons-le. N'ayons rien si souvent en la tête que la mort. A tous instants représentons-la à notre imagination et en tous visages. Au broncher d'un cheval, à la chute d'une tuile, à la moindre piqûre d'épingle, remâchons soudain: « Eh bien, quand ce serait la mort même? » et là-dessus, raidissons-nous, et efforçons-nous. Parmi les fêtes et la joie, ayons toujours ce refrain de la souvenance de notre condition, et ne nous laissons pas si fort emporter au plaisir, que parfois il ne nous repasse en la mémoire en combien de sortes cette nôtre allégresse est en butte à la mort, et de combien de prises elle la menace. Ainsi faisaient les Egyptiens, qui, au milieu de leurs festins, et parmi leur meilleure chère, faisaient apporter l'anatomie sèche d'un corps d'homme mort, pour servir d'avertissement aux conviés: « *Omnem crede diem tibi diluxisse supremum. / Grata superveniet, quæ non sperabitur hora.* » Il est incertain où la mort nous attende; attendons-la partout. [...]

Il n'est rien de quoi je me sois dès toujours plus entretenu que des imagi-

danger. Mais puisque cela ne se peut, puisqu'elle atteint immanquablement les fuyards, qu'ils soient poltrons ou honnêtes gens, [...] apprenons à l'attendre de pied ferme et à lutter contre elle.

Pour commencer, ne lui laissons pas le plus grand avantage qu'elle ait sur nous; et pour cela, agissons absolument à l'inverse de ce qui se fait d'ordinaire. Enlevons-lui son caractère étrange; n'en fuyons pas l'idée, accoutumons-nous-y, ne pensons à rien plus souvent qu'à la mort; ayons-la, à tout instant, présente à notre pensée et sous toutes les formes. Quand un cheval bronche, qu'une tuile tombe, à la moindre piqûre d'épingle, redisons-nous: « Eh! si c'était la mort, » et faisons un effort pour réagir contre l'appréhension que cette réflexion peut amener. Au milieu des fêtes et des réjouissances, souvenons-nous sans cesse de notre condition: ne nous laissons pas si fort entraîner au plaisir que, de temps à autre, il ne nous revienne à la mémoire que de mille façons notre allégresse peut aboutir à la mort, et en combien de circonstances elle peut inopinément survenir. C'est ce que faisaient les Egyptiens, lorsqu'au milieu de leurs festins, alors qu'ils étaient tout aux plaisirs de la table, on apportait un squelette humain, pour rappeler aux convives la fragilité de leur vie: « *Imagine-toi que chaque jour est pour toi le dernier, et tu accepteras avec reconnaissance celui que tu n'espérais plus* » (Horace). Nous ne savons pas où la mort nous attend; attendons-la partout. [...]

Il n'est rien sur quoi mon imagination se soit plus souvent reportée

220

Texte original	Traduction
nations de la mort: voire en la saison la plus licencieuse de mon âge, « *Jucundum cum ætas florida ver ageret,* » parmi les dames et les jeux, tel me pensait empêché à digérer, à part moi, quelque jalousie, ou l'incertitude de quelque espérance, cependant que je m'entretenais de je ne sais qui, surpris les jours précédents d'une fièvre chaude et de sa fin, au partir d'une fête pareille, et la tête pleine d'oisiveté, d'amour et de bon temps, comme moi, et qu'autant m'en pendait à l'oreille. [...] Il est impossible que d'arrivée nous ne sentions des piqûres de telles imaginations. Mais en les maniant et repassant, au long aller, on les apprivoise sans doute. [...]	que sur cette idée de la mort, et cela depuis toujours, même à l'époque de ma vie où j'étais le plus enclin aux plaisirs, « *quand j'étais à la fleur de l'âge* » (Catule). En compagnie des dames, en pleine fête, en me voyant pensif, on s'imaginait que j'étais préoccupé de quelque sujet de jalousie, ou par l'attente de quelque bonne fortune; tandis que ma pensée se reportait vers je ne sais plus qui, lequel, quelques jours avant, au sortir d'une fête semblable où, tout comme moi, il était tout entier à l'oisiveté, à l'amour et au bon temps, avait été pris d'un accès de fièvre chaude et en était mort; et je songeais que j'étais menacé du même sort. [...] Il est impossible qu'au début, cette idée ne nous cause pas une impression pénible; mais en y revenant, en l'envisageant en tous sens, à la longue, on finit sans doute par s'y accoutumer.

Livre III, Chapitre 12

Il est certain qu'à la plupart, la préparation à la mort à donné plus de tourment que n'a fait la souffrance. [...] Si vous ne savez pas mourir, ne vous chaille: nature vous en informera sur-le-champ, pleinement et suffisamment. Elle fera exactement cette besogne pour vous, n'en empêchez votre soin. [...] Nous troublons la vie par le soin de la mort, et la mort par le soin de la vie. L'une nous ennuie, l'autre nous effraie. Ce n'est pas contre la mort que nous nous préparons; c'est chose trop momentanée. Un quart d'heure de passion sans conséquence, sans nuisance, ne mérite	Il est certain qu'à la plupart des hommes la préparation à la mort a causé plus de tourments que le passage de vie à trépas ne leur a causé de souffrance. [...] Si vous ne savez pas mourir, ne vous en inquiétez pas: la nature vous renseignera sur le moment même d'une façon complète et suffisante; elle fera parfaitement cette besogne à votre place, n'en prenez pas souci [...] Nous troublons la vie par le souci de la mort, et la mort par le souci de la vie. L'une nous cause un vif regret; l'autre nous effraie. En réalité, ce n'est pas contre la mort que nous nous préparons:

Texte original

pas des préceptes particuliers. A dire vrai, nous nous préparons contre les préparations de la mort. La philosophie nous ordonne d'avoir la mort toujours devant les yeux, de la prévoir et considérer avant le temps, et nous donne après les règles et les précautions pour pourvoir à ce que cette prévoyance et cette pensée ne nous blesse. [...]

Si nous n'avons su vivre, c'est injustice de nous apprendre à mourir et de difformer la fin de son tout. Si nous avons su vivre constamment et tranquillement, nous saurons mourir de même. Ils s'en vanteront tant qu'il leur plaira. « *Tota philosophorum vita commentatio mortis est.* » Mais il m'est avis que c'est bien le bout, non pourtant le but de la vie; c'est sa fin, son extrémité, non pourtant son objet. Elle doit être elle-même à soi sa visée, son dessein; sa droite étude est se régler, se conduire, se souffrir. Au nombre de plusieurs autres offices que comprend ce général et principal chapitre de savoir vivre, est cet article de savoir mourir, et des plus légers si notre crainte ne lui donnait poids.

A les juger par l'utilité et par la vérité naïve, les leçons de la simplicité ne cèdent guère à celles que nous prêche la doctrine, au contraire. [...] Je ne vis jamais paysan de mes voisins

Traduction

c'est une chose trop momentanée — un quart d'heure de souffrance qui est sans conséquence, qui n'a pas de suite nuisible et qui ne mérite pas de préceptes particuliers. Non, à dire vrai, nous nous préparons contre les préparations à la mort. La philosophie nous ordonne de l'avoir toujours devant les yeux, de la prévoir, de l'envisager avant le temps. Puis, elle nous donne les règles à suivre, les précautions à prendre pour faire que cette prévoyance et cette pensée continue ne nous blessent pas. [...]

Mais si nous n'avons pas su vivre, c'est bien à tort qu'on veut nous apprendre à mourir et donner à notre vie une fin qui ne soit pas conforme à son ensemble. Si, au contraire, nous avons su vivre avec calme et fermeté, nous saurons bien mourir de même. Les philosophes peuvent se vanter tant qu'ils voudront de ce que « *toute leur vie a été une méditation sur la mort* » (Cicéron). Mais je crois que la mort n'est que le bout et non le but de la vie; elle en est la fin, l'extrémité, mais non l'objet. Ce que la vie doit avoir en vue, ce qu'elle doit se proposer, c'est elle-même; c'est à se régler, à se conduire, à se souffrir qu'elle doit exclusivement s'appliquer. Parmi les tâches qui lui incombent et que comprend le chapitre du savoir-vivre, qui est capital et s'étend à tout, il est sur le savoir-mourir un paragraphe qui serait des moins importants, si nos craintes n'ajoutaient à son importance.

A en juger par leur utilité et par leur vérité, les leçons de la simplicité ne sont en rien inférieures à celles que nous prêchent les doctrines philosophiques — au contraire. [...]

Texte original

entrer en cogitation de quelle contenance et assurance il passerait cette heure dernière. Nature lui apprend à ne songer à la mort que quand il se meurt. Et lors, il y a meilleure grâce qu'Aristote, lequel la mort presse doublement, et par elle, et par une si longue prévoyance. Pourtant fut-ce l'opinion de César que la moins pourpensée mort était la plus heureuse et plus déchargée. « *Plus dolet quam necesse est, qui ante dolet quam necesse est.* » L'aigreur de cette imagination naît de notre curiosité. Nous nous empêchons toujours ainsi, voulant devancer et régenter les prescriptions naturelles. Ce n'est qu'aux docteurs d'en dîner plus mal, tout sains, et se renfrogner de l'image de la mort. Le commun n'a besoin ni de remède, ni de consolation qu'au coup, et n'en considère qu'autant justement qu'il en sent. Est-ce pas ce que nous disons, que la stupidité et faute d'appréhension du vulgaire lui donne cette patience aux maux présents et cette profonde nonchalance des sinistres accidents futurs; que leur âme, pour être crasse et obtuse, est moins pénétrable et agitable? Pour Dieu, s'il est ainsi, tenons dorénavant école de bêtise. C'est l'extrême fruit que les sciences nous promettent, auquel cette-ci conduit si doucement ses disciples.

Traduction

Je n'ai jamais vu de paysan, d'entre mes voisins, qui se soit pris à réfléchir sur la contenance et l'assurance qu'il aurait à tenir à son heure dernière. La nature ne l'invite à songer à la mort que lorsqu'il meurt, et, à ce moment, il a meilleure grâce qu'Aristote, sur lequel la mort pèse doublement: par elle-même et par les longues méditations qu'il lui a consacrées. C'était l'opinion de César, qui estimait que la mort dont on a eu le moins à se préoccuper est la plus heureuse et la moins pénible: « *S'affliger d'avance, c'est trop s'affliger* » (Sénèque). L'idée de la mort n'est déplaisante que par le fait de notre curiosité; c'est ainsi que toujours nous nous faisons tort, en voulant devancer et régenter ce que fait la nature. Seuls les gens instruits, quand ils sont bien portants, se font du mauvais sang et s'attristent à l'idée de la mort. Mais le commun des mortels n'a, sur ce point, besoin ni de remède ni de consolation, sauf lorsque le coup le frappe, et il n'y songe qu'au moment même où il en souffre. C'est la confirmation de ce que nous disions: la stupidité et le manque de crainte chez l'homme du peuple lui donnent la résignation aux maux présents et une profonde indifférence pour ceux que lui réserve l'avenir. C'est parce qu'elle est plus grossière et plus obtuse que son âme est moins pénétrable et moins sujette à s'agiter. Pour Dieu! s'il en est ainsi, tenons dorénavant école de bêtise: c'est la conclusion finale où nous mène la sagesse; c'est aussi à cela que, tout doucement, elle achemine ses disciples.

Livre III, Chapitre 13

Texte original

Je hais qu'on nous ordonne d'avoir l'esprit aux nues, pendant que nous avons le corps à table. Je ne veux pas que l'esprit s'y cloue ni qu'il s'y vautre, mais je veux qu'il s'y applique, qu'il s'y asseie, non qu'il s'y couche. Aristippe ne défendait que le corps, comme si nous n'avions pas d'âme; Zénon n'embrassait que l'âme, comme si nous n'avions pas de corps. Tous deux vicieusement. [...] Le vrai tempérament se trouve en Socrate. [...]

Quand je danse, je danse; quand je dors, je dors; voire et quand je me promène solitairement en un beau verger, si mes pensées se sont entretenues des occurrences étrangères quelque partie du temps, quelque autre partie je les ramène à la promenade, au verger, à la douceur de cette solitude et à moi.

Nature a maternellement observé cela, que les actions qu'elle nous a enjointes pour notre besoin nous fussent aussi voluptueuses, et nous y convie non seulement par la raison, mais aussi par l'appétit: c'est injustice de corrompre ses règles.

Quand je vois et César et Alexandre, au plus épais de leur grande besogne, jouir si pleinement des plaisirs naturels, et par conséquent nécessaires et justes, je ne dis pas que ce soit relâcher son âme, je dis que c'est la raidir, soumettant par vigueur de courage, à l'usage de la vie ordinaire, ces violentes occupations et laborieuses pensées. Sages, s'ils eussent cru que c'était là leur ordinaire vacation, celle-ci l'extraordinaire.

Traduction

Je n'aime pas qu'on nous ordonne d'avoir l'esprit dans les nuages, quand nous avons le corps à table. Je ne veux pas que l'esprit s'y cloue et s'y vautre; je veux qu'il participe, qu'il s'y asseye et non qu'il s'y couche. Aristippe soutenait les droits du corps, comme si nous n'avions pas d'âme; Zénon ne considérait que l'âme, comme si nous n'avions pas de corps. Tous deux étaient dans l'erreur. [...] La mesure exacte nous a été donnée par Socrate. [...]

Quand je danse, je suis tout à la danse; quand je dors, tout au sommeil. Et même, quand je me promène solitairement dans un beau verger, si mes pensées se sont un moment portées sur des choses étrangères qui viennent à se présenter à moi, je les ramène l'instant d'après à la promenade, au verger, à la douceur de la solitude et à moi-même.

La nature, en bonne mère, a fait en sorte que nous avons plaisir à accomplir les actions nécessaires à nos besoins. Elle nous y convie non seulement par la raison, mais encore par le désir, et c'est un tort que d'aller à l'encontre de ses règles.

Quand je vois César et Alexandre, aux moments les plus ardus de leurs grands travaux, jouir si pleinement des plaisirs humains et corporels, je ne dis pas que ce soit là amollir l'âme; je dis que c'est la fortifier que de subordonner, grâce à la vigueur de leur courage, aux pratiques de la vie ordinaire leurs violentes occupations et leurs laborieuses pensées. Et ils auraient été vraiment sages, s'ils avaient cru que celles-là constituaient la partie normale de leur existence,

Texte original

Nous sommes de grands fous: « Il a passé sa vie en oisiveté, » disons-nous; « je n'ai rien fait d'aujourd'hui. » — Quoi, avez-vous pas vécu? C'est non seulement la fondamentale mais la plus illustre de vos occupations. « Si on m'eût mis au propre des grands maniements, j'eusse montré ce que je savais faire. » Avez-vous su méditer et manier votre vie? Vous avez fait la plus grande besogne de toutes. Pour se montrer et exploiter, nature n'a que faire de fortune, elle se montre également en tous étages, et derrière, comme sans rideau. Composer nos mœurs est notre office, non pas composer des livres, et gagner, non pas des batailles et provinces, mais l'ordre et tranquillité à notre conduite.

Notre grand et glorieux chef-d'œuvre, c'est vivre à propos. Toutes autres choses — régner, thésauriser, bâtir — n'en sont qu'appendicules et adminicules pour le plus. Je prends plaisir de voir un général d'armée au pied d'une brèche qu'il veut tantôt attaquer, se prêtant tout entier et délivré à son devis, entre ses amis; et Brutus, ayant le ciel et la terre conspirés à l'encontre de lui et de la liberté romaine, dérober à ses rondes quelque heure de nuit, pour lire et breveter Polybe en toute sécurité. C'est aux petites âmes, ensevelies du poids des affaires, de ne s'en savoir purement démêler, de ne les savoir et laisser et reprendre: « *O fortes pejoràque passi / Mecum sæpe viri, nunc*

Traduction

tandis que celles-ci en étaient la phase extraordinaire!

Nous sommes de grands fous. Nous disons: « Il a passé sa vie dans l'oisiveté. — Je n'ai rien fait aujourd'hui. » Eh quoi! n'avez-vous pas vécu? C'est là non seulement votre occupation essentielle, mais celle qui fait de vous quelqu'un. Vous dites encore: « Si on m'avait mis en état de conduire de grandes affaires, j'aurais montré ce dont j'étais capable. » Avez-vous su méditer et diriger votre vie? Vous avez, dans ce cas, accompli la plus grande des besognes qui nous incombent. Pour se manifester et fructifier, la nature n'a que faire de la fortune; son action s'exerce à tous les degrés sociaux sans se révéler, comme aussi à découvert. Si vous avez su régler vos mœurs, vous avez fait bien plus que celui qui a composé des livres. En mettant de l'ordre dans votre conduite, vous avez plus fait que celui qui a conquis des villes et des empires.

Le plus grand, le plus glorieux chef-d'œuvre de l'homme, c'est de vivre à propos, autrement dit de faire chaque chose en son temps. Tout le reste — régner, thésauriser, bâtir — n'est au plus qu'accessoires et menus détails. Je prends plaisir à voir un général d'armée, au pied d'une brèche à laquelle il va donner l'assaut, se dégager complètement de ses préoccupations et recouvrer sa liberté au dîner, pour bavarder avec ses amis; à voir Brutus, face à la conspiration du ciel et de la terre contre lui et la liberté romaine, dérober à ses rondes quelques heures de nuit pour, en toute tranquillité d'esprit, lire Polybe et y prendre des notes. C'est le fait des âmes sans envergure, écrasées par le

Texte original	**Traduction**

vino pellite curas; / Cras ingens iterabimus æquor. » [...]

poids des affaires, de ne pouvoir s'en affranchir et ne savoir ni les laisser ni les reprendre: « *Braves compagnons qui avez souvent partagé avec moi les plus rudes épreuves, noyons aujourd'hui nos soucis dans le vin; demain, nous nous remettrons à parcourir les vastes mers* » (Horace). [...]

Le relâchement et facilité honore, ce semble, à merveille et sied mieux à une âme forte et généreuse. Epaminondas n'estimait pas que de se mêler à la danse des garçons de sa ville, de chanter, de sonner et de s'y embesogner avec attention fût chose qui dérogeât à l'honneur de ses glorieuses victoires et à la parfaite réformation de mœurs qui était en lui. Et parmi tant d'admirables actions de Scipion l'aïeul, personnage digne de l'opinion d'une origine céleste, il n'est rien qui lui donne plus de grâce que de le voir nonchalamment et puérilement baguenaudant à amasser et choisir des coquilles, et jouer à cornichon-va-devant le long de la marine avec Lélius, et, s'il faisait mauvais temps, s'amusant et se chatouillant à représenter par écrit en comédie les plus populaires et basses actions des hommes. [...]

Se détendre et se prêter aisément à la vie commune honore considérablement, ce me semble, une âme forte et généreuse et lui sied on ne peut mieux. Epaminondas se mêlant aux danses des jeunes gens de sa ville, chantant, faisant de la musique, y apportant toute son attention, n'estimait pas que ce fût déroger à son extrême rectitude de mœurs et à l'honneur qu'il s'était acquis par ses glorieuses victoires. Parmi tant de traits admirables de la vie du premier Scipion, si recommandable qu'on le jugeait digne de descendre des dieux, il n'en est aucun qui ajoute davantage à son charme que de se le représenter, en compagnie de Lælius, flânant sur le bord de la mer, ramassant des coquilles, jouant et courant comme un enfant; et lorsqu'il faisait mauvais temps, s'amusant et s'évertuant à écrire des comédies, où il retraçait les faits et gestes les plus ordinaires des basses classes. [...]

La grandeur de l'âme n'est pas tant tirer à mont et tirer avant comme savoir se ranger et circonscrire. Elle tient pour grand tout ce qui est assez, et montre sa hauteur à aimer mieux les choses moyennes que les éminentes. **Il n'est rien si beau et légitime que de faire bien l'homme et dûment, ni science si ardue que de bien et**

La grandeur d'âme ne consiste pas tant à s'élever et aller de l'avant, qu'à savoir régler sa conduite et la circonscrire dans de justes limites. Elle tient pour grand tout ce qui est suffisant, et témoigne de son élévation en préférant les choses moyennes à celles qui sont éminentes. Il n'est rien de si beau et de si légitime que de bien

Texte original

naturellement savoir vivre cette vie; et de nos maladies, la plus sauvage, c'est mépriser notre être. […]

J'ai un dictionnaire tout à part moi: je passe le temps quand il est mauvais et incommode; quand il est bon, je ne le veux pas passer, je le retâte, je m'y tiens. Il faut courir le mauvais et se rasseoir au bon. Cette phrase ordinaire de *passe-temps* et de *passer le temps* représente l'usage de ces prudentes gens qui ne pensent point avoir meilleur compte de leur vie que de la couler et échapper, de la passer, gauchir et, autant qu'il est en eux, ignorer et fuir, comme chose de qualité ennuyeuse et dédaignable. Mais je la connais autre, et la trouve et prisable et commode, voire en son dernier décours, où je la tiens. Et nous l'a nature mise en main, garnie de telles circonstances, et si favorables, que nous n'avons à nous plaindre qu'à nous si elle nous presse et si elle nous échappe inutilement. « *Stulti vita ingrata est, trepida est, tota in futurum fertur.* » Je me compose pourtant à la perdre sans regret, mais comme perdable de sa condition, non comme moleste et importune. Aussi ne sied-il proprement bien de ne se déplaire à mourir qu'à ceux qui se plaisent à vivre. Il y a du ménage à la jouir; je la jouis au double des autres, car la mesure en la jouissance dépend du plus ou moins d'application que nous y prêtons. Principalement à cette heure que j'aperçois la mienne si brève en temps, je la veux étendre en poids; je veux arrêter la promptitude

Traduction

remplir son rôle d'homme dans toutes ses parties. Il n'est pas de science si ardue que de bien savoir vivre naturellement cette vie; et de nos maladies la plus sauvage, c'est de mépriser l'existence. […]

J'ai un vocabulaire à moi: je dis que je passe le temps, quand il m'est mauvais et incommode; lorsqu'il m'est bon, je ne veux pas le passer, je le savoure, je m'y arrête. Il est à franchir au plus vite, quand il nous est mauvais; à faire durer le plus qu'on peut, lorsqu'il nous est bon. Ces expressions banales: « passe-temps » et « passer le temps », peignent bien la manière d'en user de ces gens prudents qui ne pensent pas avoir meilleur emploi de la vie, que de la voir couler, s'échapper; de la passer en biaisant autant qu'il est en eux; de l'ignorer et la fuir comme une chose ennuyeuse et à dédaigner. Elle me fait un effet tout autre; je trouve qu'elle est commode et qu'elle a du prix, même quand elle est comme chez moi en sa décadence finale. La nature nous l'a mise en main, entourée de telles conditions favorables, que nous n'avons à nous en prendre qu'à nous si elle nous est à charge ou nous échappe sans avoir été employée utilement: « *La vie de l'insensé est désagréable, inquiète; sans cesse elle n'a que l'avenir en vue* » (Sénèque). Je me prépare pourtant à la perdre sans regret, mais parce que c'est dans l'ordre des choses, et non parce qu'elle est pénible et importune. Du reste, il ne convient bien qu'à ceux qui se plaisent dans la vie de ne pas éprouver de déplaisir à la quitter. Il y a bénéfice à en jouir et j'en jouis deux fois plus que les autres, parce que la jouissance

Texte original	Traduction
de sa fuite par la promptitude de ma saisie, et par la vigueur de l'usage compenser la hâtiveté de son écoulement. A mesure que la possession du vivre est plus courte, il me la faut rendre plus profonde et plus pleine.	s'en mesure au plus ou moins d'application que nous y apportons. Surtout à cette heure, où je m'aperçois que la mienne touche de si près à sa fin, je veux en accentuer le cas que j'en fais, arrêter la promptitude de sa fuite par ma promptitude à la ressaisir, et compenser la rapidité avec laquelle elle s'écoule par l'intensité dont j'en use. A mesure que diminue le temps durant lequel je dois encore en avoir possession, je m'applique davantage à rendre cette possession plus profonde et plus complète.
Les autres sentent la douceur d'un contentement et de la prospérité; je la sens ainsi qu'eux, mais ce n'est pas en passant et glissant. Si la faut-il étudier, savourer et ruminer, pour en rendre grâces condignes à celui qui nous l'octroie. Ils jouissent les autres plaisirs comme ils font celui du sommeil, sans les connaître. A cette fin que le dormir même ne m'échappât ainsi stupidement, j'ai autrefois trouvé bon qu'on me le troublât, pour que je l'entrevisse. Je consulte d'un contentement avec moi; je ne l'écume pas, je le sonde et plie ma raison à le recueillir, devenue chagrine et dégoutée. Me trouvé-je en quelque assiette tranquille? y a-t-il quelque volupté qui me chatouille? je ne la laisse pas friponner aux sens, j'y associe mon âme, non pas pour s'y engager, mais pour s'y agréer; non pas pour s'y perdre, mais pour s'y trouver; et l'emploie de sa part à se mirer dans ce prospère état, à en peser et estimer le bonheur et amplifier. Elle mesure [...] combien lui vaut d'être logé en tel point que, où qu'elle jette sa vue, le ciel est calme autour d'elle; nul désir, nulle crainte ou doute qui lui trouble l'air, aucune difficulté passée,	Les autres ressentent la douceur que produisent en nous la satisfaction et la prospérité; je la ressens comme eux, mais ce n'est pas seulement en passant et sans m'y attacher. Il faut l'étudier, la savourer, la ruminer, pour bien rendre à celui qui nous l'octroie toute la grâce que nous lui en devons. On jouit de tous les plaisirs comme on fait du sommeil, sans s'en rendre compte. Pour que même le bien-être que j'éprouvais à dormir ne m'échappât pas ainsi stupidement, j'aimais jadis qu'on me réveillât pendant mon sommeil, pour que je pusse en goûter les délices. J'analyse mes jouissances; je ne m'en tiens pas à la surface, j'approfondis et oblige ma raison, devenue chagrine et dégoûtée, à y prêter attention. Suis-je dans un moment de calme? Y a-t-il quelque plaisir qui me produise une sensation agréable? Je ne le laisse pas gaspiller par les sens, j'y associe mon âme, non pour s'y engager, mais pour qu'elle en éprouve de l'agrément; non pour qu'elle y demeure indifférente, mais pour qu'elle en soit consciente; je l'emploie, pour sa part, à se complaire dans cet état satisfaisant, à peser et estimer le bonheur qu'il me cause et

Texte original	**Traduction**
présente, future par-dessus laquelle son imagination ne passe sans offense. Cette considération prend grand lustre de la comparaison des conditions différentes. Ainsi je me propose, en mille visages, ceux que la fortune ou que leur propre erreur emporte et tempête. [...]	par là à l'augmenter. Elle apprécie [...] de la sorte de quel prix est pour elle d'être en telle situation que, partout où elle porte la vue, le ciel est calme autour d'elle; nul désir, nulle crainte, nul doute ne troublent son atmosphère. Son imagination peut, sans en souffrir, se représenter toute difficulté passée, présente ou future. Cet état acquiert toute sa valeur quand on le compare à ceux des autres; quand, les envisageant sous les mille formes qu'ils présentent, je songe aux gens que le sort ou leur propre erreur entraîne et expose aux fureurs de la tempête. [...]
Pour moi donc, j'aime la vie et la cultive telle qu'il a plu à Dieu nous l'octroyer. Je ne vais pas désirant qu'elle eût à dire la nécessité de boire et de manger, et me semblerait faillir non moins excusablement de désirer qu'elle l'eût double (*Sapiens divitiarum naturalium quæsitor acerrimus*), ni que nous nous sustentassions mettant seulement en la bouche un peu de cette drogue par laquelle Epiménide se privait d'appétit et se maintenait, ni qu'on produisît stupidement des enfants par les doigts ou par les talons, ains, parlant en révérence, plutôt qu'on les produise encore voluptueusement par les doigts et par les talons, ni que le corps fût sans désir et sans chatouillement. Ce sont plaintes ingrates et iniques. J'accepte de bon cœur, et reconnaissant, ce que nature a fait pour moi, et m'en agrée et m'en loue. On fait tort à ce grand et tout-puissant donneur de refuser son don, l'annuler et défigurer. Tout bon, il a fait tout bon. *« Omnia quæ secundum naturam sunt, æstimatione digna sunt. »* [...]	Donc, quant à moi, j'aime la vie, et je la cultive telle qu'il a plu à Dieu de me l'octroyer. Je ne souhaiterais pas qu'il y manquât la nécessité de boire et de manger, et je me reprocherais tout autant de désirer que ce besoin soit, en nous, double de ce qu'il est: « *Le sage recherche avec avidité les richesses naturelles* » (Sénèque). Je ne regrette pas davantage que nous ne nous nourrissions pas uniquement en nous mettant dans la bouche un peu de cette drogue par laquelle Epiménide se privait d'appétit et qui suffisait à le faire vivre; ni que les enfants venant au monde ne nous sortent tout bêtement des doigts ou des talons, en admettant même, pour ne pas sembler marquer du dédain pour cet acte, que ce mode de génération par les doigts et les talons ne le cédât point à l'autre sous le rapport de la volupté; ni que notre corps ne soit pas sans désir et insensible aux caresses. S'en plaindre, c'est être ingrat et injuste. J'accepte de bon cœur et avec reconnaissance ce que la nature a fait pour moi; je m'en déclare satisfait et m'en loue. On fait

Texte original	**Traduction**

tort à ce grand et tout-puissant donateur quand on refuse ses dons, qu'on les annule ou qu'on les défigure. De sa part tout est bon; tout ce qu'il a fait est bien fait: « *Tout ce qui est selon la nature, est digne d'estime* » (Cicéron). [...]

Esope, ce grand homme, vit son maître qui pissait en se promenant: « Quoi donc, fit-il, nous faudra-t-il chier en courant? » Ménageons le temps; encore nous en reste-t-il beaucoup d'oisif et mal employé. Notre esprit n'a volontiers pas assez d'autres heures à faire ses besognes, sans se désassocier du corps en ce peu d'espace qu'il lui faut pour sa nécessité. Ils veulent se mettre hors d'eux et échapper à l'homme. C'est folie: au lieu de se transformer en anges, ils se transforment en bêtes; au lieu de se hausser, ils s'abattent. Ces humeurs transcendantes m'effraient, comme les lieux hautains et inaccessibles. [...] La gentille inscription de quoi les Athéniens honorèrent la venue de Pompée en leur ville se conforme à mon sens: « D'autant es-tu dieu comme / Tu te reconnais homme. »

Ce grand homme qu'était Esope, voyant son maître uriner en se promenant, s'écriait: « Hé quoi! nous faudra-t-il donc soulager de même notre ventre en courant? » Ménageons le temps, quoiqu'il nous en reste beaucoup que nous passons dans l'oisiveté, ou que nous employons mal. Notre âme, pour la tâche qui lui incombe, ne dispose pas d'assez d'heures autres que celles qui font besoin au corps, pour se séparer de lui durant le peu de temps qui lui est de toute nécessité. Ils sont fous, ces gens que hante l'idée de sacrifier le corps à l'âme, de devenir autres qu'ils ne sont et cesser d'être seulement des hommes. Ce n'est pas en anges qu'ils se transforment, c'est en bêtes. Au lieu de s'élever, ils se rabaissent. Ces humeurs transcendantes m'effraient, comme font les sites élevés et inaccessibles. [...] La gracieuse inscription dont les Athéniens avaient décoré leur ville, en l'honneur de la venue de Pompée, rentre dans ma façon de penser: « *Tu es d'autant plus dieu, que tu te reconnais n'être qu'un homme* » (Plutarque).

C'est une absolue perfection, et comme divine, de savoir jouir loyalement de son être. Nous cherchons d'autres conditions, pour n'entendre l'usage des nôtres, et sortons hors de nous, pour ne savoir quel il y fait. Si, avons-nous beau monter sur des

Savoir loyalement jouir de ce que l'on est, voilà la perfection absolue et pour ainsi dire divine. Nous ne recherchons d'autres conditions que les nôtres, que parce que nous ne savons pas faire usage de celles en lesquelles nous nous trouvons; nous

Il faut jouir de votre être.

Texte original	Traduction
échasses, car sur des échasses encore faut-il marcher de nos jambes. Et au plus élevé trône du monde, si ne sommes assis que sur notre cul. **Les plus belles vies sont, à mon gré, celles qui se rangent au modèle commun et humain, avec ordre, mais sans miracle et sans extravagance.**	ne sortons de nous-mêmes, que faute de savoir tirer parti de ce qui est en nous. Mais nous avons beau monter sur des échasses, sur ces échasses il nous faut quand même marcher avec nos jambes, et sur le trône le plus élevé du monde nous ne sommes assis que sur notre derrière. Les plus belles existences sont, à mon sens, celles qui rentrent dans le modèle général de la vie humaine, qui sont bien ordonnées, et d'où surtout sont exclus le miracle et l'extravagance.

(Adapté de la traduction d'A. Michaud)

Matière à réflexion

1. Sur quel(s) point(s) précisément Montaigne se contredit-il? Relevez les affirmations du deuxième extrait (Livre III, Chapitre 12) qui s'opposent à celles du premier (Livre I, Chapitre 20).

2. On dit souvent — et c'est vrai — que Montaigne ne plaît pas beaucoup aux jeunes. Il y a, bien entendu, des exceptions, mais elles confirment la règle. Pourquoi, à votre avis?

3. Certaines formules de Montaigne sont devenues si familières qu'elles sont à peine reconnues comme citations. Leur sens n'est pourtant pas toujours clair. En vous aidant du contexte et de la traduction, précisez le sens des formules imprimées en caractères gras dans le troisième extrait.

4. Commentez ce jugement de J. Calvet: « Montaigne a fait du mal parce qu'il déconseille l'affirmation et l'effort, parce qu'il tue l'enthousiame et dissout la volonté. Une société qui se composerait de Montaignes ne pourrait pas subsister, puisque chacun vivrait uniquement pour soi. »

5. « Montaigne a en horreur, de son propre aveu, "ces humeurs transcendantes," celles des saints et des héros, de tous ceux qui vivent et meurent pour une idée ou pour une cause. Il ne cherche qu'à arranger commodément sa vie et à reposer sa tête sur un oreiller doux. Ceux qui sont incapables de grandes choses trouvent en lui leur guide et leur consolation. Il est le philosophe de l'homme moyen. » Quels passages du troisième extrait justifient ce jugement? Que pourrait-on dire pour la défense de Montaigne?

6. Montaigne écrit dans son avis *Au lecteur*, placé en tête des *Essais:* « C'est ici un livre de bonne foi, lecteur. Il t'avertit, dès le début, que je ne l'ai écrit que pour moi et quelques intimes, sans me préoccuper qu'il pût être pour toi de quelque intérêt, ou passer à la postérité — de si hautes visées sont au-dessus de mes forces. Je le destine particulièrement à mes parents et à mes amis, afin qu'ils y retrouvent, lorsque je ne serai plus (ce qui ne peut pàs tarder), quelques traces de mon caractère et de mes idées et, par là, conservent encore plus entière et plus vive la connaissance qu'ils ont de moi. » Cette préface vous paraît-elle « de bonne foi », c'est-à-dire sincère?

7. Nous avons vu (voir l'*Introduction*) qu'au début, les *Essais* semblent avoir été de simples exercices intellectuels: « Le jugement est un outil qui s'applique à tout et trouve partout son emploi; aussi ces essais fournissent-ils toutes sortes d'occasions de l'exercer. » De cette idée découlent les principes de la pédagogie de Montaigne, tels qu'il les expose dans l'essai intitulé *De l'institution [éducation] des enfants:* la façon d'apprendre une matière importe plus que la matière apprise; l'éducation idéale a pour but de former le jugement et non de charger la mémoire; il est plus important d'étudier « un peu de chaque chose » que d'approfondir une matière; il vaut mieux savoir penser que d'être une encyclopédie ambulante. Comme le dit Montaigne: « plutôt la tête bien faite que la tête bien pleine ». Discutez les mérites respectifs de « la tête bien faite » et de « la tête bien pleine ». Ces principes servent de base à ce qu'aux Etats-Unis il est convenu d'appeler « liberal arts education ». Qu'en pensent les responsables de votre université? Qu'en pensez-vous?

Le XVII^e Siècle

Survol

Nous abordons maintenant « le Grand Siècle », celui que l'on a longtemps considéré comme « l'âge d'or » de la littérature française.

On objectera: « Ce sont là des "jugements" périmés et subjectifs. "L'âge d'or" d'une littérature, c'est celui que l'on préfère; qualifier un siècle de "grand", c'est avouer qu'on le préfère aux autres, rien de plus. »

Mais non, mais non. Il faut distinguer entre le goût personnel et la valeur littéraire. On peut raffoler des romans de Danielle Steel, mais personne ne s'aviserait de les donner pour grands. On peut ne pas goûter les romans de Proust; *A la recherche du temps perdu* n'en est pas moins un incontestable chef-d'œuvre. Et c'est l'étonnante floraison d'incontestables chefs-d'œuvre au XVII[e] siècle qui a valu à leurs auteurs et à leur époque l'étiquette élogieuse de *classique*.

Comment parler d'un tel foisonnement? Ce qui est vrai de tous les siècles l'est encore davantage du XVII[e]: le caractériser en quelques pages, c'est le simplifier à l'excès. Il faut pourtant s'y résigner, sous peine de se perdre dans le dédale des œuvres. Cherchons donc le fil conducteur; dégageons l'essentiel. L'histoire de l'époque se caractérise avant tout par les progrès de l'*ordre* et de la *discipline*. Sur ce thème, les diverses tendances du siècle — non seulement littéraires, mais aussi politiques et religieuses —, se présentent comme autant de variations.

• **Dans le domaine politique.** — Après les guerres civiles du siècle précédent, la France aspire à l'ordre. Pour mettre fin à l'anarchie, il faut affirmer le pouvoir royal. Cette tâche nécessaire sera entreprise par Henri IV, poursuivie par Richelieu sous Louis XIII, achevée enfin par Louis XIV. Ce dernier, dont le règne personnel s'étend de 1661 à 1715, portera à son apogée la monarchie absolue. Vers 1670, il pourra dire sans exagérer: « La nation réside entière dans la personne du roi. L'Etat, c'est moi. »

• **Dans le domaine religieux.** — L'Eglise avait traversé au siècle précédent la plus grave crise de son histoire. Après la Réforme et les guerres de religion, face au défi

protestant, les catholiques éprouvent le besoin de préciser leur doctrine et de retrouver leur élan spirituel perdu. Ainsi s'explique le prodigieux renouveau du catholicisme au XVIIᵉ siècle. Un vaste travail de restauration se traduit par une prolifération d'ouvrages pieux ou doctrinaux — dont les *Pensées* de Pascal sont le plus grand exemple —, par la création de nouveaux ordres religieux — dont celui des Sœurs de la Charité est l'un des plus connus —, mais aussi par un nouveau conformisme de croyance et de comportement.

• **Dans le domaine littéraire.** — La mise en ordre se traduit ici par *une recherche de règles*. Il s'agit surtout, au début du siècle, d'organiser la profusion chaotique de la Renaissance, d'établir une orthodoxie dans les lettres — de *réglementer* la production littéraire. On s'applique à formuler les règles de la grammaire et de la prononciation, du vers et de la prose, des genres et même du goût. Loin de résister à ces nouvelles contraintes, la plupart des écrivains s'y soumettent de bon cœur.

Cette marche vers « le règne de l'ordre » ne va pourtant pas sans interruption. L'attachement aux libertés est trop grand pour que la discipline puisse s'établir sans une lutte.

• **Dans le domaine politique.** — Comme premier ministre de Louis XIII, Richelieu a pour mission de briser toute opposition au roi. Il y parvient presque, mais à sa mort en 1642, la résistance commence à se réorganiser. En 1648 éclate *la Fronde;* ainsi appelle-t-on la révolte qui, pendant cinq ans, opposera à l'autorité royale les grands seigneurs, le Parlement et même le peuple de Paris.

• **Dans le domaine religieux.** — La restauration catholique et le conformisme qui en résulte ne gagnent pas tout le monde. Nombreux sont ceux qu'à l'époque on appelle *libertins*, et qui n'acceptent ni la doctine ni la morale chrétiennes. Leur liberté de pensée et de mœurs vaut parfois à ces incrédules la prison ou le bûcher, ce qui explique qu'ils choisissent souvent la clandestinité.

• **Dans le domaine littéraire.** — La nouvelle orthodoxie ne fait pas l'unanimité. Assez nombreux au début du siècle, ceux qui entendent garder leur indépendance par rapport aux règles bravent un courant qui les aura emportés avant 1660. Ils feront une brève réapparition au chapitre suivant.

La liberté et l'ordre — voilà donc les deux principes en présence. Leur opposition nous permet de diviser le siècle en trois périodes:

1610–1660. — Les libertés cèdent du terrain aux forces de l'ordre, sans pourtant subir une défaite décisive. Selon que l'on privilégie celles-ci ou celles-là, on appelle cette période *pré-classique* ou *baroque*.

1660–1685. — La discipline l'emporte sur la licence. C'est à tort que certains historiens, déplorant cette victoire, parlent du « triomphe *apparent* de l'ordre ». Ce triomphe est bien réel, mais il est de courte durée: une trentaine d'années, tout au plus. Les Frondeurs sont morts ou vaincus; les libertins se sont tus ou convertis. Le Trône et l'Autel, solidement rétablis dans leur autorité, concourent à l'épanouissement littéraire du « moment classique ».

1685–1715. — L'ordre établi commence à se désagréger. Le déclin spectaculaire qui marque la France pendant cette fin de règne contribue à la remise en cause des institutions — y compris de la monarchie elle-même. Enhardis par

l'affaiblissement de l'autorité royale, les libertins reparaissent au grand jour et menacent de nouveau l'Eglise restaurée. La littérature n'échappe pas au climat général. Les écrivains semblent croire que les meilleures œuvres sont déjà faites; il ne reste alors qu'à les imiter... ou à se frayer une voie nouvelle. Une longue querelle s'ouvre, qui oppose le progrès à la tradition. Les lettres sont peut-être déjà près d'entrer dans leur phase « post-classique ».

« Pré-classique, classique, post-classique » — vous aurez remarqué la tendance « classico-centrique » du siècle. A vrai dire, cette tendance appartient moins à l'époque qu'aux historiens qui, bien plus tard, inventeront le substantif *classicisme* pour opposer les romantiques du XIX^e siècle aux grands auteurs, dits *classiques*, du XVII^e. L'adjectif provient du latin *classicus* (« de la première classe ») et signifiait déjà au XVI^e siècle: « du premier rang, (donc) digne d'être imité ». Le néologisme des historiens ne sera donc pas innocent: il leur permettra d'exalter la tradition aux dépens des novateurs.

Qu'est-ce donc que le classicisme? Comme tous les grands « -ismes », celui-ci n'est pas facile à définir avec précision. Il s'agit moins d'une école que d'un ensemble de principes et de règles qui ont présidé à la création des grandes œuvres du XVII^e siècle. Ces principes et ces règles peuvent se résumer ainsi[1]:

1° — La beauté absolue existe; « elle n'est, » affirme un théoricien de l'époque, « ni variable ni passagère, mais constante, certaine et au goût de tous les temps » (d'Aubignac). Voilà le point de départ, l'axiome dont tout le reste découle.

Premier corollaire: Les règles de l'art sont invariables comme le Beau qu'elles permettent d'atteindre. Il faut les formuler avec précision et les observer avec soin. Si doué ou même génial que soit un auteur, il ne produira jamais de chefs-d'œuvre sans une connaissance intime de « l'art d'écrire ».

Deuxième corollaire: Puisque les auteurs grecs et latins ont su réaliser le Beau, il convient de se mettre à leur école, de chercher chez eux des maîtres et des modèles. En particulier, on demandera aux Anciens les recettes de leur réussite; on étudiera les règles du grand art chez ceux qui les ont découvertes.

2° — Mais quel est au juste ce « grand art »? Les classiques ont répondu, après Aristote et bien d'autres, que c'est *l'unité* de l'œuvre qui en fait la valeur. Il faut que les parties de l'œuvre forment un tout, et que tous les éléments — action, style, personnages — convergent vers le même but. Aucun détail ne doit rester inactif ou diminuer l'effet d'ensemble. L'application scrupuleuse de ce principe explique l'impression de concentration, de sobriété et même de dépouillement que laissent les grandes œuvres classiques.

Premier corollaire: Il faut reconnaître la suprématie de la *raison*, définie, par opposition au sentiment et à l'imagination, comme la faculté de comprendre et de juger. C'est la raison ainsi conçue qui permet à l'auteur d'accorder tous les éléments de son œuvre et d'en retrancher les détails inutiles. Et c'est la raison ainsi conçue qui permet au critique de se prononcer sur la réussite ou l'échec de l'auteur. L'art n'est pas une affaire de cœur.

1. Telle quelle, notre énumération ne se trouve nulle part chez les classiques. Les besoins de l'exposition nous ont amené à « rationaliser » quelque peu la doctrine classique en lui prêtant plus de cohérence qu'elle n'en avait en réalité.

Deuxième corollaire: L'écrivain doit s'efforcer d'être clair. L'obscurité d'expression n'est en effet que le symptôme d'un défaut de la pensée. Avant donc d'écrire, conseille le théoricien Boileau, il faut apprendre à penser. Car...

> Selon que notre idée est plus ou moins obscure,
> L'expression la suit, ou moins nette, ou plus pure.
> Ce que l'on conçoit bien s'énonce clairement,
> Et les mots pour le dire arrivent aisément. (*Art poétique*)

Troisième corollaire: L'étalage du moi sera banni de la littérature sérieuse. A la différence de l'imagination et du sentiment, la raison est la même chez tout le monde. Et comme la raison dont il est en quelque sorte le produit, l'art doit aller du particulier à l'universel. L'écrivain préférera donc, à l'expression de sa propre personnalité, l'étude de la nature humaine. Quand, vers 1825, les romantiques assailliront l'édifice classique, c'est ce principe de l'impersonnalité de l'œuvre qu'ils prendront pour leur cible préférée.

3° — Les principes et leurs corollaires énumérés ci-dessus font appel à des considérations essentiellement *esthétiques*. Mais pour les classiques, la beauté ne suffit pas: il faut aussi que l'art serve *un but moral*. L'écrivain se proposera donc, du moins en principe, de corriger les mœurs de son public. Tous ne le font pourtant pas de la même façon. Certains prêchent directement; d'autres montrent la vertu récompensée et le vice puni. D'autres encore se contentent de parsemer leurs œuvres d'observations morales, ou bien, en peignant les mauvaises passions, d'en « purger » le lecteur.

4° — De très nombreuses *règles précises* viennent compléter les trois grands principes et leur corollaires. Chaque genre est réglementé dans le détail, et l'on assure aux écrivains qu'ils n'ont qu'à suivre les recettes indiquées pour produire, à coup sûr, de belles œuvres. Les règles suivantes, parmi les plus connues, s'appliquent aux genres dramatiques.

a) *La règle des unités.* — L'action doit se dérouler en un seul jour (unité de temps) et en un seul lieu (unité de lieu). Elle doit en outre ne comporter qu'une seule intrigue; pas d'épisodes secondaires, pas de détails superflus (unité d'action). On ajoute parfois l'unité de ton, laquelle interdit de varier le registre stylistique et sentimental d'une œuvre. Cette règle a pour conséquence capitale la distinction et la séparation absolues des genres: pas question de mélanger, par exemple, le tragique et le comique, le sublime et le ridicule. Tous les genres hybrides se trouvent, en principe, bannis.

b) *La règle de la vraisemblance.* — Le vraisemblable n'est pas le vrai, mais, comme l'indique assez le mot, ce qui *semble* vrai à un public donné. Une pièce dont l'histoire est à peine croyable ne pourra pas accrocher le spectateur et manquera ainsi son but, lequel consiste à toucher et à édifier.

c) *La règle des bienséances.* — Le mot vient du vieux verbe *seoir*. « être en accord; convenir ». Une pièce où les bienséances sont respectées *convient* au goût et à la sensibilité du public. Elle ne choque pas la morale, ni surtout la pudeur. Elle est correcte, décente, honnête — *convenable*.

Nous sommes maintenant en état de distinguer deux sens du mot *classicisme*. Au sens large, le terme désigne l'esprit des œuvres qui s'inspirent des *principes*

énumérés ci-dessus (1°–3°). Au sens étroit, le terme désigne la doctrine des *règles* (4°a–c, ainsi que des centaines d'autres propres à chaque genre). La distinction est utile, non seulement parce qu'elle dissipe bien des malentendus, mais parce qu'elle nous permet de comprendre le double aspect des chefs-d'œuvre classiques. Entendons par là la valeur permanente de ce qui « sent » si complètement son époque. C'est le respect intelligent des *principes* — et surtout du deuxième et de ses corollaires — qui vaut aux grandes œuvres d'être vivantes pour nous aujourd'hui encore. Et c'est la stricte application des *règles* — « éternelles et invariables » — qui vieillit presque instantanément ces mêmes œuvres. Comment, en effet, n'en serait-il pas ainsi? Ce qui « semble vrai » à un public donné ne sera plus vraisemblable cinquante, vingt, ou même deux ans plus tard. Ce qui « séyait bien » en 1670 n'était déjà plus bienséant à la fin du siècle.

Est-ce cette évolution que devinait La Bruyère quand il écrivit vers 1690: « Il y a dans l'art un point de perfection, comme de maturité dans la nature »? Avait-on à l'époque l'impression que ce point était dépassé? C'est ce que semble indiquer la longue Querelle des Anciens et des Modernes qui éclate en 1687. Il s'agissait de savoir si les écrivains du XVIIᵉ siècle étaient inférieurs, égaux ou supérieurs à ceux de l'Antiquité gréco-latine. Les uns tenaient pour la prééminence de Virgile et d'Homère, les autres, pour celle de Racine et de Corneille. Pour avoir refusé de considérer comme inégalables les auteurs de l'Antiquité, les partisans des Modernes faisaient figure de révolutionnaires. Leur thèse semble pourtant bien modeste. A aucun moment ils ne songèrent à nier l'existence d'un Beau absolu et éternel — bien au contraire. Ils se contentaient d'affirmer que les meilleurs écrivains modernes se rapprochaient de plus près que les Anciens de cet immuable idéal. C'était ne mettre en question (selon notre schéma ci-dessus) que le deuxième corollaire du premier principe, et non le principe lui-même. En quoi était-ce révolutionnaire?

Notre recul de trois siècles nous permet de comprendre pourquoi la Querelle suscita à l'époque tant de passion de côté et d'autre. Les partisans des Anciens disaient: « Nous ne saurons jamais égaler nos maîtres grecs et romains. Contentons-nous donc de les imiter. Ce n'est d'ailleurs qu'en les imitant que certains d'entre nous ont bien fait. » Et les partisans des Modernes répondaient: « Nos prédécesseurs étaient géniaux, mais nous avons fait mieux depuis. Il y a du progrès dans les sciences. Pourquoi n'y en aurait-il pas en littérature? Ne connaissons-nous pas mieux aujourd'hui les règles de l'art? » Mais les plus hardis des « Modernes » ajoutaient — et c'est à ce moment-là que, sans le savoir, ils devenaient révolutionnaires: « Les Anciens ont bien fait, mais ils ont fait pour eux et pour leur époque. Ecrivons pour la nôtre. Il faut aujourd'hui une littérature nouvelle, accommodée au goût du jour. Admirons donc les chefs-d'œuvre des Anciens, mais ne les prenons pas pour modèles. »

Ainsi commençait à se faire jour l'idée de *la relativité du beau et du goût*. Au type absolu du Beau (unique, éternel et immuable), le relativiste substitue le beau antique et le beau moderne; au *bon* goût, le goût d'hier, le goût d'aujourd'hui, et même — pourquoi pas? — le goût de chacun. C'est la négation du principe fondamental de la doctrine classique. Personne n'alla certes, au XVIIᵉ siècle, jusqu'à affirmer explicitement la position relativiste. Mais déjà vers 1660, d'Aubignac déplorait, chez quelques-uns, une certaine tendance à pratiquer l'anti-règle de

chacun son goût: « Dès qu'une chose fait plaisir, on décide hardiment qu'elle est belle. » Au début du siècle suivant, on tirera de la Querelle apaisée une leçon sub-jectiviste. En 1719 l'abbé Dubos osera écrire: « L'ouvrage plaît-il ou ne plaît-il pas? L'ouvrage est-il bon ou mauvais? *C'est la même chose.* » L'abbé est bien en avance sur son temps, mais un siècle plus tard les romantiques reprendront son idée pour s'attaquer à la doctrine classique. Leur grande revendication sera « l'indépen-dance en matière de goût ».

En attendant, la littérature française aura son « Grand Siècle », son « âge d'or », bref, son époque *classique.* Et le mot acquerra un autre sens — un sens qu'il garde aujourd'hui encore et que personne ne songe à lui contester: les « auteurs classiques » sont ceux qu'on étudie dans les classes...

La Littérature baroque

La régularité qui s'impose dans tous les domaines se manifeste d'abord par une mise en ordre de la langue elle-même. Il en naîtra, entre 1600 et 1650, le français qu'on appelle *moderne* et qui ressemble plus à la langue d'aujourd'hui qu'au *moyen français* de 1550.

Signe du temps: en 1634, Richelieu fonde l'Académie française. Cette société de gens de lettres a pour tâche officielle, d'après les statuts approuvés par le premier ministre, « de nettoyer la langue des ordures qu'elle a contractées, [...] de travailler à lui donner des règles certaines et à la rendre pure »[1]. Typiques de ce travail d'épuration sont les *Remarques sur la langue française* (1647) du grammairien Vaugelas, l'un des plus influents des premiers Académiciens. Vaugelas a beau se donner le rôle d'« un simple témoin qui dépose ce qu'il a vu et entendu »; sa véritable fonction est celle d'un législateur de la langue: « Les règles que je donne, » écrit-il, « subsisteront sans jamais recevoir de changement. » Lorsqu'il prétend se borner à *décrire*, on sait donc qu'en réalité il veut *prescrire* — ce qui explique d'ailleurs son énorme influence. Il finit par devenir l'arbitre incontesté de ce qu'il appelle le « bon usage »; pour ses contemporains, « parler Vaugelas » signifie *parler comme il faut*.

L'Académie joue donc un rôle décisif dans la formation de la langue qu'on appellera classique. Mais les premiers Académiciens marchent eux-mêmes sur les traces du grand devancier qu'a été François de Malherbe († 1628). S'il avait vécu,

1. L'Académie existe toujours. Elle est composée de quarante « immortels » — écrivains pour la plupart, mais aussi quelques savants et universitaires éminents. L'institution a beaucoup évolué, mais sa fonction demeure, au fond, la même: de veiller au bon état de la langue française. Elle publie régulièrement des « mises en garde » contre les fautes courantes et travaille, depuis une trentaine d'années, à un nouveau dictionnaire (elle en est à la lettre P...). Aujourd'hui comme au début, on se moque beaucoup de « l'illustre compagnie », tant qu'on n'en est pas membre, ni veut le devenir: on raille le grand âge des Académiciens, leur conservatisme, la lenteur de leurs délibérations, etc. Malgré les railleries, l'Académie garde et mérite de garder une certaine influence et un prestige certain.

il aurait sûrement été non seulement membre de l'Académie, mais l'âme même et l'animateur. Car nul plus que lui ne s'est acharné à débarrasser la langue de ses « ordures », à la rendre « pure » et à lui donner des « règles certaines ». L'Académie ne fera que continuer, pour la langue en général, ce que Malherbe avait déjà entrepris pour la langue poétique. Les poètes de la Pléiade et leurs continuateurs avaient voulu « enrichir » la langue de la poésie (voir p. 192). Malherbe veut l'*appauvrir*, en la débarrassant de tout ce dont le XVIᵉ siècle l'avait encombrée: archaïsmes, provincialismes, latinismes, néologismes, termes empruntés aux métiers, aux dialectes et aux langues étrangères. Pour Ronsard et ses disciples, toute licence semblait permise au poète qui, inspiré d'une sorte de fureur divine, intercédait entre l'homme et Dieu (voir p. 190). Malherbe ne partage pas cette idée exaltée de son art; la poésie n'est pour lui qu'un métier et le poète, qu'un artisan du vers. Or tout artisan sait qu'un métier *s'apprend*; les poètes doivent s'appliquer à apprendre la technique du vers et se contenter d'être d'« excellents arrangeurs de syllabes ». C'est la méthode, et non l'inspiration, qui leur permettra d'y parvenir. Ainsi s'explique l'importance que Malherbe accorde à la définition des règles de la versification.

Après la mise en règle de la langue et du vers, il restait à réglementer dans le détail les différents genres littéraires. C'est à cette tâche que s'appliquèrent, entre 1630 et 1660, ceux qu'on appelait les « doctes »[2]. Pour la plupart d'entre eux, cette législation littéraire était non seulement nécessaire, mais *suffisante*: on n'avait qu'à s'y plier pour parvenir au but proposé. Jamais le génie naturel n'avait été si dévalorisé par rapport au savoir acquis.

Or il est rare que les écrivains obéissent de bon cœur aux règles qu'on leur impose, et ceux du XVIIᵉ siècle ne font pas exception. Selon une tradition littéraire tenace, Malherbe parut soudain sur la scène, comme une espèce d'Epiphanie, pour sauver les lettres françaises. Cette vue s'est répandue grâce à quelques vers célèbres de l'*Art poétique* de Boileau (1674):

> Enfin Malherbe vint, et, le premier en France,
> Fit sentir dans les vers une juste cadence,
> D'un mot mis en sa place enseigna le pouvoir,
> Et réduisit la Muse aux règles du devoir. […]
> Tout reconnut ses lois; et ce guide fidèle° °à qui on peut se fier
> Aux auteurs de ce temps sert·encor de modèle.

Boileau n'a raison qu'à moitié. Il est vrai qu'« enfin Malherbe vint », mais la Muse fut lente à se soumettre. De son vivant Malherbe fut un isolé. Au lendemain de sa mort, une poignée de disciples continuèrent à porter la bonne parole, mais ses « lois » mirent longtemps à être universellement reconnues. Entre 1610 et 1650, la plupart des écrivains les ignoraient ou s'y opposaient.

Parmi les opposants déclarés figure le poète libertin Théophile de Viau († 1626). « Je veux faire des vers qui ne soient pas contraints, » écrit-il dans sa déclaration d'indépendance poétique (*Elégie à une dame*, 1621):

2. Les érudits (par opposition aux écrivains); ceux qui possédaient des connaissances étendues en littérature.

Imite qui voudra les merveilles d'autrui.
Malherbe a bien fait, mais il a fait pour lui. [...]
J'approuve que chacun écrive à sa façon;
J'aime sa renommé et non pas sa leçon. [...]
Mon âme, imaginant, n'a point la patience
De bien polir les vers et ranger la science°. °ordonner les idées
La règle me déplaît, j'écris confusément:
Jamais un bon esprit ne fait rien qu'aisément. [...]

Théophile demeure, pendant toute la première moitié du siècle, le poète le plus lu et le plus souvent réimprimé (une cinquantaine de fois). Il a conscience pourtant de s'opposer aux tendances profondes de son époque. Majoritaires en 1620, les indépendants qu'il représente nagent contre un courant qui les aura emportés avant 1660.

On a longtemps rangé les indépendants du premier XVIIe siècle dans la catégorie des « attardés » (ceux qui s'accrochent au passé), des « réfractaires » (ceux qui refusent de se soumettre) ou des « irréguliers », (étymologiquement: ceux qui ne se conforment pas aux règles). Soucieux d'éviter les termes purement négatifs, les critiques préfèrent aujourd'hui recourir à la catégorie du *baroque* [3]. Le mot a été emprunté au vocabulaire de l'histoire de l'art où il désigne un style architectural caractérisé par l'accumulation décorative, les lignes courbes et le goût du faste. Une lointaine analogie avec l'architecture a amené la critique littéraire à qualifier de baroque les œuvres où domine le goût du compliqué et même du bizarre, et où l'imagination et la liberté d'expression prédominent sur la raison et la discipline stylistique.

On distingue traditionnellement, parmi les diverses manifestations du goût baroque, deux courants contraires auxquels se rattache une grande partie de la production littéraire des années 1600–1660: la *préciosité* et le *burlesque*.

La Préciosité

L'histoire se compose en grande partie d'une suite de réactions: les mouvements se posent en s'opposant et ne se comprennent qu'à la lumière de ce qui les précède. Ce principe s'applique exemplairement à la préciosité: elle fut essentiellement un refus de l'ambiance qui régnait à la cour royale au début du siècle. Henri IV († 1610) avait rétabli la paix, mais quarante ans de guerres civiles avaient endurci les âmes et dégradé les mœurs. La vie mondaine était lente à s'en remettre. Choqués par l'extrême grossièreté des manières et du langage qui caractérisait le roi et son entourage, quelques mondains prirent le parti de se retirer de la cour pour se réunir entre eux. C'est dans ces premiers salons aristocratiques que naquit la préciosité.

Le souci majeur des précieux est de former une société à part, fermée à tous ceux qui ne méritent pas d'y entrer, d'où l'esprit de caste et d'exclusion qui règne

3. Ont-ils oublié que le terme de *baroque,* dérivé du portugais *barroco:* « de forme irrégulière » (en parlant d'une perle), est lui-même négatif?

chez eux. Ils tiennent avant tout, selon un témoin de l'époque, à « se tirer du prix commun des autres » (l'abbé de Pure, *La Précieuse* [4], 1656), c'est-à-dire: s'élever au-dessus du rang commun. Et comme ils réagissent contre la bassesse et la vulgarité, ils s'en distinguent par *une recherche du raffinement sous toutes ses formes*.

Purement aristocratique au début, le mouvement se répand et s'embourgeoise vers le milieu du siècle. En prenant de l'ampleur, il tombe de plus en plus dans l'affectation. N'était-ce inévitable? Les premiers précieux n'avaient, après tout, qu'à se distinguer des soldats mal dégrossis de la cour. Pour affirmer leur identité, les précieux de la deuxième génération devaient renchérir constamment. A force de raffiner sur le raffinement de leurs prédécesseurs, ils en arrivèrent à se caricaturer. Une recherche de l'élégance se transforme ainsi en élégance recherchée, et ce qui avait été un refus de la grossièreté devient un mépris de la vie du corps en général. La précieuse, dit l'abbé de Pure en 1656, « n'est pas l'ouvrage de la nature sensible et matérielle; elle est un extrait de l'esprit, un précis de la raison. » Ce mépris de la matière implique un refus de l'amour charnel; en principe, les précieux aiment platoniquement.

L'exagération précieuse se manifeste principalement dans les manières et dans le langage.

• **Les manières.** — Dans les premiers salons aristocratiques règne une préoccupation des belles manières qui ne va pourtant pas jusqu'à la hantise. Ce respect du *bon ton* ne suffit plus aux imitateurs bourgeois et provinciaux chez qui les rites se multiplient au point que l'on croit avoir besoin d'un manuel « pour servir à la compréhension des traits d'esprit, tons de voix, mouvements d'yeux et autres aimables grâces de la précieuse ». On dénombre les catégories de sourires précieux (sourire du faux semblant, sourire de la dent blanche...); on distingue douze espèces de soupirs. Les infractions aux règles de la politesse provoquent parfois des évanouissements chez les femmes particulièrement susceptibles.

• **Le langage.** — Pour se distinguer des autres, il faut parler autrement. D'abord, on s'applique à parler un français correct et « pure », exempt de mots populaires et grossiers. Ensuite, il faut orner ses propos, d'où la prédilection des précieux pour le style figuré (comparaisons, métaphores, allégories, etc.). Enfin, pour éviter à tout prix de parler comme tout le monde, on en vient à ne jamais dire simplement et clairement ce qu'on peut dire d'une façon contournée et obscure. Un exemple souvent cité est celui des fameuses périphrases auxquelles on recourait afin d'idéaliser une réalité commune ou d'éviter les mots bas: le balai devient *l'instrument de la propreté;* les dents, *l'ameublement de la bouche;* on *subit le contrecoup des plaisirs légitimes* au lieu de... accoucher! C'est de ce « pompeux galimatias » que La Bruyère se moque dans un passage célèbre de ses *Caractères* (1688):

> L'on a vu, il n'y a pas longtemps, un cercle de personnes des deux sexes, liées ensemble par la conversation et par un commerce d'esprit. Ils laissaient au vulgaire l'art de parler d'une manière intelligible; une chose dite entre eux peu clairement en entraînait une autre encore plus obscure, sur laquelle on enchérissait par de vraies énigmes, toujours

4. Le mot n'existait au début qu'à la forme féminine et ne se disait que des femmes. C'est que les précieuses tenaient et présidaient les réunions mondaines. Plus tard, on appelait *précieux* les hommes qui y assistaient. Nous employons la forme masculine pour désigner les deux sexes.

suivies de longs applaudissements. Par tout ce qu'ils appelaient délicatesse, sentiments, tour et finesse d'expression, ils étaient enfin parvenus à n'être plus entendus et à ne s'entendre pas eux-mêmes.

Les excès du mouvement étaient bien réels et justifiaient largement la campagne qui se déclencha vers 1660 contre « les précieuses ridicules ». Mais — chose curieuse — au moment où elle devenait un objet de polémique, la préciosité avait déjà gagné la partie. Ce qui avait été, au début du siècle, une bouderie de quelques âmes sensibles finit par se généraliser dans tout le public cultivé. On avait beau se moquer alors des exagérations de la préciosité; son message essentiellement civilisateur avait été entendu parce qu'il répondait à un besoin profond de l'époque.

C'est ce même besoin qui faisait le succès de tant de manuels de politesse parus dans la première moitié du siècle: *Le Parfait Gentilhomme, Le Guide du courtisan, L'Honnête Homme ou l'art de plaire à la cour...* Comme l'indique ce dernier titre, *honnête* avait un sens particulier au XVIIe siecle. L'*honnête homme* était avant tout « d'un commerce agréable », c'est-à-dire de bonne compagnie. Il possédait au plus haut degré toutes les qualités aptes à faciliter la réussite dans la haute société: il était poli, élégant, spirituel; il savait parler brillamment de tout sans jamais être pédant ni se mettre en avant. Il excellait « en tout ce qui regarde les agréments et les bienséances de la vie » (Méré, *La Vraie Honnêteté*), l'essentiel étant de plaire aux autres en s'adoptant à leurs goûts. Méré ajoute: « Je ne comprends rien sous le ciel au-dessus de l'honnêteté; c'est la quintessence de toutes les vertus. »

L'idéal de l'honnête homme ne s'imposera que sous Louis XIV, lorsqu'aux salons précieux aura succédé la cour comme centre de la vie sociale. Mais les précieux auront ouvert la voie aux courtisans de Versailles. De la préciosité, le classicisme écartera l'exagération, l'affectation, la « bizarrerie »: bref, les éléments baroques. Mais il en retiendra le parti pris de raffinement — la grande règle des bienséances (voir p. 238) ne sera guère autre chose. S'il y a moins de recherche chez les classiques, si leur raffinement paraît plus naturel, c'est grâce aux premières tentatives des précieux: tout en échouant, elles « donnent le ton » au reste du siècle.

La préciosité se manifeste dans la lettre, dans le roman et dans la poésie. L'inspiration un peu mince des poètes précieux leur fait préférer les petits genres: l'épigramme (voir p. 186), le madrigal (compliment en vers adressé à une femme), le sonnet galant, etc. *L'énigme* est essentiellement une charade en vers: le poète décrit métaphoriquement un objet, une personne ou une idée, et l'auditoire doit deviner de quoi ou de qui il s'agit. Un abbé érudit du nom de COTIN (1604–1682) inventa le genre vers 1637 et le mit à la mode dans les cercles précieux qu'il fréquentait assidûment. Voici la plus connue et l'une des plus réussies de ses énigmes. De quoi s'y agit-il? (*Matière à réflexion* vous offre, à la fin du chapitre, quelques indications supplémentaires.)

Mon corps est sans couleur comme celui des eaux,
Et selon la rencontre il change de figure;
Je fais plus d'un seul trait que toute la peinture,
Et puis mieux qu'un Apelle[5] animer mes tableaux.

5 Je donne des conseils aux esprits les plus beaux,
Et ne leur montre rien que la vérité pure;
J'enseigne sans parler autant que le jour dure,
Et la nuit on me vient consulter aux flambeaux.

Parmi les curieux j'établis mon empire;
10 Je représente aux rois ce qu'on n'ose leur dire,
Et je ne puis flatter ni mentir à la cour.

Comme un autre Pâris[6], je juge les déesses
Qui m'offrent leurs beautés, leurs grâces, leurs richesses,
Et j'augmente souvent les charmes de l'amour.

Œuvres galantes (1663)

Le salon le plus célèbre de la première moitié du siècle était celui de Cathe-rine de Vivonne, marquise de Rambouillet. Gens de lettres et gens du grand monde s'y donnaient rendez-vous tous les mardis pour s'amuser à des divertisse-ments mondains: musique, mascarades, jeux de société, lectures de poèmes et de pièces, conversation. On y parlait peu des choses sérieuses, mais beaucoup et très sérieusement des choses légères; on y était, au dire d'une habituée, « frivole avec application ». L'amuseur attitré de ces mondanités était le poète VINCENT VOITURE (1597–1648). Malgré son origine roturière, sa verve et son talent firent de lui pendant vingt ans la véritable vedette de ces réunions aristocratiques. A cinquante ans, il eut le mauvais goût de s'éprendre de la fille de la marquise, ce qui lui valut d'être expulsé du cercle. Au lendemain de sa mort se déclencha la retentissante « querelle des sonnets »: il s'agissait de savoir lequel était le meilleur de deux poèmes consacrés au thème de la souffrance amoureuse: le *Sonnet d'Uranie* de Voiture et le sonnet sur *Job* d'ISAAC DE BENSERADE.

Très répandu, comme Voiture, dans les salons aristocratiques, Benserade (1613–1691) sut, sa vie durant, se ménager de hauts protecteurs: Richelieu, Mazarin, Louis XIV lui-même. Il fut l'un des poètes les plus estimés de son temps, certainement l'un des plus richement pensionnés (c'est lui qui écrivait les poèmes d'amour que le roi offrait à ses maîtresses). Aujourd'hui son œuvre immense est oubliée — à l'exception du fameux sonnet sur *Job*.

La « querelle » divisa la belle société pendant plusieurs mois en deux camps: les « Uraniens » (ou « Uranistes ») et les « Jobelins » (ou « Jobistes ») se combattirent à coup de lettres, de poèmes et même de dissertations — cela, pen-dant que la France était en pleine guerre civile (« frivole avec application »,

5. Peintre célèbre de l'Antiquité grecque. — 6. Dans la mythologie grecque, les déesses Héra, Aphrodite et Athéna invitèrent Pâris à nommer la plus belle des trois. Son choix causa indirectement la Guerre de Troie.

disions-nous tout à l'heure). Benserade semble avoir remporté la victoire, sans doute parce qu'il était encore vivant et que son étoile montait.

Voici les deux sonnets. N.B.: *Uranie* est un nom de convention emprunté à la mythologie et que le poète prête à la femme qu'il aime. Job est un personnage biblique qui incarne l'homme juste qui souffre longtemps sans désespérer.

Le Sonnet d'Uranie

Il faut finir mes jours en l'amour d'Uranie.
L'absence ni le temps ne m'en sauraient guérir,
Et je ne vois plus rien qui me pût° secourir, °pourrait,
Ni qui sût° rappeler ma liberté bannie. °saurait

5 Dès° longtemps je connais sa rigueur infinie. °depuis
Mais pensant aux beautés pour qui° je dois périr, °pour lesquelles
Je bénis mon martyre et, content de mourir,
Je n'ose murmurer contre sa tyrannie.

Quelquefois ma raison, par de faibles discours,
10 M'incite à la révolte et me promet secours.
Mais lorsqu'à mon besoin° je me veux servir d'elle, °selon mon besoin

Après beaucoup de peine et d'efforts impuissants,
Elle dit qu'Uranie est seule aimable et belle,
Et m'y rengage° plus que ne font tous mes sens. °me rengage à son service

Le Sonnet de Job

Job, de mille tourments atteint,
Vous rendra sa douleur connue,
Et raisonnablement il craint
Que vous n'en soyez point émue.

5 Vous verrez sa misère nue:
Il s'est lui-même ici dépeint.
Accoutumez-vous à la vue
D'un homme qui souffre et se plaint.

Bien qu'il eût d'extrêmes souffrances,
10 On voit aller des patiences
Plus loin que la sienne n'alla.

S'il souffrit des maux incroyables,
Il s'en plaignit, il en parla;
J'en connais de plus misérables.

Paradoxalement, ce mouvement d'inspiration féminine compte peu de poétesses. La raison en est la conception précieuse de l'amour. Dans ce domaine, les précieux ne font guère que ressusciter l'esprit courtois du Moyen Age (voir pp. 71–73). Le rite exige de l'amant une longue patience et une soumission absolue aux volontés de sa dame. Celle-ci peut, si elle est bien disposée envers son soupirant, lui imposer de dures épreuves et lui accorder à la fin une « amitié amoureuse ». Il appartient donc à l'homme de faire les avances, et à la femme de les recevoir plus ou moins froidement.

L'exemple de Marie Desjardins, dite MADAME DE VILLEDIEU (1642–1683), est intéressant à cet égard. Célèbre de son vivant pour ses mœurs émancipées autant que pour ses nombreux ouvrages, cette femme d'exception ne s'inquiétait pas outre mesure des rôles traditionnels. Elle aime éperdument le seigneur de Villedieu et le lui dit. Quoique déjà marié, il promet de l'épouser, puis s'enfuit. Elle le suit, habillée en homme et résolue à se battre en duel contre lui. Ils finissent par se marier — elle l'affirme; il le nie —, et désormais elle se fait appeler Villedieu. La mort de son « mari », tué à la guerre, la désole à tel point qu'elle se renferme dans un couvent. Les bonnes sœurs l'en expulsent en apprenant son passé scandaleux. Elle se (re)marie et continue d'écrire jusqu'à sa mort.

Abstraction faite de sa vie — et c'est beaucoup —, Villedieu est en poésie une pure précieuse. Sa production ne s'élève pas au-dessus de la moyenne du mouvement, mais sa biographie nous permet de trouver çà et là dans ses poèmes cette chose rare chez les précieux: la sincérité. Le sonnet suivant en est-il un exemple?

> Impétueux transports d'une ardeur insensée,
> Douces illusions qui réduisez nos sens,
> Souvenirs qui rendez mes efforts languissants,
> C'est trop longtemps régner dans ma triste pensée.
>
> 5 Malgré tous vos appas vous serez effacée,
> Fatale impression de tant d'attraits puissants;
> Mouvements indiscrets, si doux et si puissants,
> Je vous immole tous à ma gloire offensée.
>
> Mais quel trouble secret s'oppose à mes desseins?
> 10 Quel désordre imprévu rend ces mouvements vains?
> Que me demandes-tu, cœur ingrat et rebelle?
>
> Si l'honneur et la foi ne te peuvent guérir,
> Pour éviter les noms de faible et d'infidèle,
> Lâche, montre du moins que tu sais bien mourir.

Recueil de poésies (1664)

Le Burlesque

Le courant précieux ne pouvait manquer de provoquer une réaction, et elle ne tarda pas à venir: ce fut le *burlesque*. Dérivé de l'italien *burla* (« plaisanterie »), le

mot paraît en France vers 1600. Au début, il signifie tout simplement *bouffon* et s'applique en littérature aux ouvrages dont le comique naît d'une parodie des choses sérieuses.

Comme il convient à une réaction, le burlesque se pose en s'opposant au précieux, si bien qu'on a parlé à ce propos d'une sorte de « préciosité à rebours »:
• Les précieux recherchent l'élégance et la distinction; les burlesques préféreront l'inélégance et la vulgarité.
• Les précieux célèbrent la beauté; les burlesques se plairont à peindre la laideur.
• Les précieux aiment tout ce qu'il y a d'élevé et d'admirable; les burlesques aimeront mieux tout ce qu'il y a d'abject et de dérisoire.
• Les précieux exaltent la femme et l'amour platonique; les burlesques seront misogynes et charnels.

Nous sommes en présence ici, non seulement de deux modes éphémères parues au XVII[e] siècle, mais de deux tendances permanentes de la littérature française: l'idéalisme et le réalisme (voir p. 6). C'est à l'une ou à l'autre de ces deux tendances que se ramènent beaucoup des courants et des contre-courants qui s'opposent tout au long de l'histoire littéraire[7]. Cette opposition s'estompe, sans jamais disparaître, à certaines époques et chez certains écrivains. Elle se manifeste entre 1600 et 1660 avec un relief exceptionnel.

L'exemple de la production romanesque de ces années est particulièrement révélateur. Au début du siècle dominent les romans précieux et sentimentaux. Résolument idéalistes, ils racontent « les actions, non pas telles qu'elles sont », observe un écrivain de l'époque, « mais bien telles qu'elles doivent être ». Les actions et les personnages sont d'ailleurs les mêmes d'un roman à l'autre: le héros (toujours beau et valeureux) et l'héroïne (toujours belle et chaste) s'aiment, sont séparés, se retrouvent et s'épousent (exceptionnellement, ils meurent ou finissent au cloître). Le chef-d'œuvre du genre est l'*Astrée* d'Honoré d'Urfé, roman pastoral[8] qui paraît en plusieurs volumes entre 1607 et 1627 et dont l'énorme succès ne sera pas limité aux salons précieux.

Tant de fadeurs déclenchent bientôt une pluie de parodies qui enlaidissent la vie autant que l'avaient embellie les romans sentimentaux. Typique à cet égard est Charles Sorel, dont *Le Berger extravagant* (1627) tourne en dérision le genre pastoral. Le protagoniste, devenu fou en lisant des romans pastoraux, se prend pour un héros de l'*Astrée* et passe son temps à garder des moutons au bord de la Seine. Sorel écrit dans la préface du *Berger* que son livre sera « le tombeau des romans »; aussi l'appelle-t-il un « anti-roman ».

Le genre précieux devait survivre pourtant: il se réincarne vers 1630 sous la forme du *roman héroïque*. L'amour y tient toujours une grande place, mais l'aventure joue un rôle grandissant. Comme le roman sentimental, le roman héroïque a son stock de clichés qui reviennent avec une régularité déconcertante: déguisements et reconnaissances, tempêtes et naufrages, duels et batailles, folles équipées, lettres perdues, enlèvements... Aux situations communes aux romans du genre

7. Cf. l'opposition, au Moyen Age, entre l'esprit courtois et l'esprit gaulois. Voir pp. 85–86. — 8. Sous-genre du roman sentimental qui raconte les amours de bergers et de bergères dans le décor d'une nature édénique.

correspond un idéal commun aux auteurs; l'historien P. Sage le résume ainsi: « Ils veulent exposer à notre admiration des héros parfaits qui, enflammés d'une passion invincible, passent leur vie à s'illustrer par de hauts exploits. » Les deux chefs-d'œuvre du genre sont de Madeleine de Scudéry: *Le Grand Cyrus* (10 vols., 1649–1653) et *Clélie* (10 vols., 1654–1660).

Or de tout temps il y a ceux qui ont besoin d'idéaux et de héros, et ceux qui sont allergiques à tout ce qui relève de l'idéal et de l'heroïque. La réaction de ces derniers ne se fait pas attendre, et le genre héroïque devient à son tour la cible de leurs moqueries. Vers 1640 le sens du mot *burlesque* se précise: synonyme jusque-là de *comique* ou de *parodique*, il désignera désormais un genre particulier dont le comique naît d'un contraste entre la grandeur du sujet et la bassesse du style. On parle vulgairement des choses sérieuses et les rabaisse ainsi au niveau des choses communes; on prête des niaiseries aux héros légendaires et les rabaisse ainsi au niveau du commun des mortels. Rabaisser et dépoétiser — voilà en deux mots le but des burlesques. Le maître incontesté du genre est Paul Scarron, connu surtout pour son *Roman comique* (1651–1657) et pour ses parodies d'épopées (*Typhon, Virgile travesti*) où il se moque d'à peu près tout, y compris de ses livres et de lui-même.

A force de prendre systématiquement le contre-pied des précieux, les burlesques devaient tomber immanquablement dans les excès contraires. Les classiques auront la tâche, tout en évitant les éléments baroques des deux courants, de frayer un chemin entre l'idéalisme de l'un et le « réalisme » de l'autre.

Type même de l'aristocrate débauché, Charles-Timoléon de Beauxoncle, seigneur de SIGOGNE († 1611) passa une bonne partie de sa vie à la cour d'Henri IV, dont il fut le proxénète. Sa poésie est toujours satirique, souvent licencieuse, parfois ordurière. Le poème suivant — l'un des rares de Sigogne que l'on peut reproduire intégralement —, n'est décidément pas un chef-d'œuvre, mais il illustre bien tous les aspects du burlesque énumérés ci-dessus. La dernière strophe, et surtout la comparaison des vers 23–24, sont d'un baroquisme exacerbé.

Satire contre une dame

Sèche pièce de bois, triste ordonnance d'os,
Ventre maigre et flétri, vieux ratelier du dos,
Portrait vif de la mort, portrait mort de la vie,
Fantôme qui paraît sous un masque trompeur,
5 Qui fait craindre la crainte, et fait peur à la peur,
Et détourne l'envie, à la même une envie;

Maigre défigurée qui n'a rien que la peau,
Encores une peau qui n'est que de drapeau,
Une peau qui se fronce en cent rides altières°, °profondes
10 Une peau dont le teint, tout cuit et tout hâlé,
Ressemble, épouvantable, au parchemin collé
Sur une tête de mort qu'on trouve aux cimetières;

Charogne sans couleurs, dépouille du tombeau,
Carcasse déterrée, atteinte d'un corbeau,
15 Semblable aux visions que nous a fait le somme°: °le sommeil
Tu es quelque vieux corps dans la neige fondu,
Ou un corps de sorcier à un gibet pendu,
Qu'un démon a vêtu pour faire peur à l'homme!

Si quelqu'un, transporté d'un courroux violent,
20 Te mettait dans le ventre un flambeau tout ardent,
Pour faire de ton corps une épreuve nouvelle,
Au travers de ton flanc on verrait la clarté,
Comme dans un falot, parmi l'obscurité,
Au travers d'une corne on voit une chandelle!

Les Délices satyriques (1620)

En passant de Sigogne à SAINT-AMANT (1594–1661), nous passons de la simple versi-fication à la vraie poésie — bien que la pièce suivante n'en soit peut-être pas le meilleur exemple! Aventurier et grand voyageur, diplomate et haut fonctionnaire, ce goinfre, ce pilier de taverne fut aussi un membre de l'Académie française et même, par moments, un grand poète. « J'aime avoir mes coudées franches [garder ma liberté] dans le langage, » disait-il, et c'est sans trop d'exagération qu'on a dit qu'aucun poète du siècle n'est plus éloigné des classiques. Son œuvre se divise en deux parties: la partie sérieuse… et l'autre, à laquelle appartient *L'Enamouré*. La série de métaphores de la deuxième strophe illustre bien la com-plication et la bizarrerie du baroque, et tout le poème présente un contraste par-fait avec les sonnets d'*Uranie* et de *Job*, consacrés plus ou moins au même thème de l'esclavage amoureux.

L'Enamouré

Parbleu! j'en tiens°, c'est tout de bon, °j'aime
Ma libre humeur en a dans l'aile°, °est blessée
Puisque je préfère au jambon
Le visage d'une donzelle°. °jeune fille ou femme
5 Je suis pris dans le doux lien
De l'archerot idalien°. °petit archer du mont Ida: l'Amour
Ce dieutelet°, fils de Cyprine, °petit dieu
Avecque son arc mi-courbé,
A féru° ma rude poitrine °frappé
10 Et m'a fait venir à jubé°. °m'a soumis

Mon esprit a changé d'habit,
Il n'est plus vêtu de revêche°; °grosse étoffe de laine
Il se raffine et se fourbit
Aux yeux de ma belle chevêche°. °espèce de chouette (se dit d'une
 femme laide)

15 Plus aigu, plus clair et plus net
 Qu'une dague de cabinet,
 Il estocade° la tristesse, °frappe d'un coup d'épée
 Et, la chassant autour de soi,
 Se vante que la politesse
20 Ne marche plus qu'avecque moi.

 Je me fais friser tous les jours,
 Ou me relève la moustache;
 Je n'entrecoupe mes discours
 Que de rots d'ambre et de pistache;
25 J'ai fait banqueroute au pétun°; °j'ai cessé de fumer
 L'excès du vin m'est importun;
 Dix pintes° par jour me suffisent; °la pinte de Paris égalait un litre!
 Encore, ô falotte° beauté °grotesque
 Dont les regards me déconfisent° °du verbe *déconfire:* vaincre
30 Est-ce pour boire à ta santé!

 Œuvres, t. I (1629)

Saint-Amant prétendait être l'inventeur du burlesque au sens étroit défini ci-dessus (mélange du noble et du bas), mais c'est PAUL SCARRON (1610–1660) qui en lança la mode en 1643 avec son *Recueil de quelques vers burlesques.* Scarron se destinait au service de l'Eglise lorsqu'à vingt-huit ans il fut frappé d'une maladie atroce qui le laissa difforme et paralysé. Il se recycla dans les lettres où il réussit brillamment, se spécialisant dans la subversion parodique des genres établis. Le poème suivant adopte, pour les miner, les conventions du *sonnet galant* — genre précieux par excellence.

 Assurément, Cloris, vous me voulez séduire:
 Je vous vois depuis peu me faire les yeux doux;
 Vous m'avez pris la main entre vos deux genoux.
 Si vous continuez, vous m'achevez de cuire.

5 Que vous feriez de mal si vous aimiez à nuire!
 Plus de dix mille cœurs sont percés de vos coups;
 Tous les yeux sont ravis et quelques-uns jaloux
 De l'éclat que l'on voit dans les vôtres reluire.

 Vous avez lu des vers, vous en savez par cœur;
10 Vous chantez, ce dit-on, comme un enfant de chœur;
 Et lorsque vous parlez vous charmez les oreilles.

 Dieux! que ne suis-je° né pour être votre époux! °pourquoi ne suis-je pas
 Vous riez, ô Cloris, d'entendre vos merveilles?
 Pleurez, sotte, pleurez: je me moque de vous.

 Recueil de quelques vers burlesques (1643)

Corneille

Décidément, le cas de Corneille est gênant. Les manuels scolaires français nous disent qu'« il a fondé le théâtre classique en France, » que *Le Cid* est « notre première véritable tragédie classique », etc. Ces affirmations justifient la présence de Corneille au programme scolaire, mais elles ont l'inconvénient d'être fausses. (*Le Cid* n'est d'ailleurs ni une tragédie ni une pièce classique). La vérité est que Corneille a peu innové par rapport à ses prédécesseurs; *il a mieux fait qu'eux.* C'est pour cela qu'il gêne les critiques qui s'intéressent plus aux sources et aux influences qu'à la valeur littéraire. Et c'est pour cela que nous le lisons aujourd'hui.

Pierre Corneille est né à Rouen en 1606 d'une famille bourgeoise et aisée. Après de brillantes études au collège des Jésuites, il étudie le droit et prête serment comme avocat stagiaire à l'âge de dix-huit ans. Trop timide pour plaider, il obtient un office de magistrat dont il exercera consciencieusement les fonctions pendant vingt-deux ans. Mais ce jeune homme rangé a des ambitions littéraires. En 1629 il confie sa première pièce à une troupe de comédiens qui est de passage à Rouen et qui la jouera avec succès à Paris. Voilà Corneille presque célèbre dès son premier coup d'essai. D'autres pièces suivront, des comédies pour la plupart. Puis, en 1637, le succès foudroyant du *Cid* vaut à Corneille la gloire à trente ans. C'est le début de la période des grandes tragédies: *Horace* et *Cinna* en 1640, *Polyeucte* en 1642, *Pompée* en 1643.

En 1652, découragé par l'insuccès de ses dernières pièces, il renonce au théâtre. Retiré à Rouen, il se consacre pendant sept ans à la vie de famille — il est marié depuis 1640 et a sept enfants —, aux affaires de sa paroisse et à la traduction d'ouvrages religieux. Il revient à la littérature en 1659 et s'installe peu après à Paris pour veiller à la représentation de ses pièces. Mais il ne retrouvera jamais le succès des belles années et abandonne définitivement le théâtre en 1674. Il meurt dix ans plus tard, après une vieillesse attristée par des difficultés pécuniaires et par l'oubli du public.

253

Les contemporains de Corneille s'étonnait du contraste entre cette existence d'apparence ordinaire et le caractère tout à fait extraordinaire de l'œuvre. Celle-ci se caractérise en effet par une recherche de l'*extra-ordinaire* à tous les niveaux:

• **Les personnages.** — Les héros et les héroïnes cornéliens sont des êtres d'élite qui s'élèvent par leur grandeur d'âme loin au-dessus de l'humanité commune. Chez eux, la raison décide, la volonté exécute et la sensibilité obéit. A ces modèles de force et d'équilibre, maîtres d'eux-mêmes et de leur destinée, s'opposent, non pas les méchants, mais les médiocres, en qui dominent la faiblesse et la mesquinerie. Corneille éprouve et cherche à nous faire éprouver de l'*admiration* pour les héros et du *mépris* pour les médiocres[1].

• **Les situations.** — Corneille n'accepte pas la règle de la vraisemblance (voir p. 238) et croit même que « le sujet d'une belle tragédie doit n'être pas vraisemblable ». Aussi place-t-il ses personnages dans des situations exceptionnelles — « hors de l'ordre commun », dit-il — conçues pour éprouver leur caractère. Parfois le héros s'oppose aux médiocres, parfois à un autre héros, mais presque toujours le vrai conflit est celui qui naît dans l'âme même du héros et qui l'oblige à *choisir entre l'amour et le devoir*[2].

• **Le ton.** — Bien d'autres auteurs ont créé des situations et des personnages exceptionnels. Corneille s'en distingue par une tonalité affective toute particulière dont il semble avoir le secret et qui se résume bien en un mot: *sublime*. Plus qu'aucune autre œuvre, celle de Corneille est un hymne à la grandeur humaine.

Ainsi s'explique la prétendue contradiction qu'on s'est toujours plu à relever chez ce modeste et paisible bourgeois qui vouait au héros un culte si fervent. Typiques à cet égard, Lagarde et Michard écrivent: « Le héros qu'il portait en lui, c'est dans son œuvre seulement qu'il l'a réalisé. » Ceux qui parlent ainsi oublient qu'il y a un héroïsme de la vie quotidienne. Les grands tournants de la vie sont rares. Corneille les privilégie, car il a compris que le genre dramatique exige une certaine concentration. Mais la volonté déployée par ses héros dans les situations critiques trouve suffisamment d'occasions de se manifester dans les choix de tous les jours. C'est d'ailleurs de tels choix que sont faits notre caractère et notre vie. Le philosophe Nietzsche l'a compris deux siècles plus tard: « Qu'est-ce qui fait, chez toi, l'histoire de chaque jour? Considère les habitudes qui la composent. Sont-elles le produit d'une foule de petites lâchetés, d'une foule de petites paresses — ou celui de ton courage et de ton ingénieuse raison? » Ce n'est pas un hasard si l'on a plus d'une fois souligné le côté « nietzschéen » de Corneille.

Le culte du héros explique aussi que Corneille semble polariser son public en deux camps, les réactions tièdes étant rares. Les uns s'essoufflent vite à respirer l'atmosphère raréfiée des hauteurs; les autres y prennent plaisir et, pour avoir entrevu l'idéal réalisé sur la scène, se trouvent plus aptes à leur tâche quotidienne, mieux armés pour la lutte de tous les jours. A chaque âme sa nourriture.

1. Ces remarques s'appliquent aux tragédies de Corneille. Cependant il est intéressant de noter que même dans les comédies des premières années (1629–1636), les personnages ridicules traditionnels — cocus, valets, paysans — sont presque entièrement absents, et que certains des protagonistes révèlent déjà chez leur créateur le goût du sublime. — 2. Ce genre de conflit est si fréquent chez Corneille que l'adjectif *cornélien* est entré dans la langue pour qualifier un choix ou une situation qui opposent le désir et le devoir.

The Bettman Archive

Corneille, par Lebrun

Le Cid est la plus connue des pièces de Corneille et celle que l'on a de tout temps préférée aux autres. Corneille adapte librement une pièce espagnole basée sur les exploits d'une figure mi-historique, mi-légendaire, Rodrigue de Bivar, surnommé *el Cid* (« le chef »). Représentée pour la première fois en janvier 1637, la tragi-comédie[3] de Corneille remporta un succès inouï dont se souvenait quelques années plus tard un témoin de l'époque: « On ne pouvait se lasser de voir *Le Cid*, on n'entendait autre chose dans les compagnies; chacun en savait quelque partie par cœur; on le faisait apprendre aux enfants et, en plusieurs parties de la France, il était passé en proverbe de dire: "Cela est beau comme *Le Cid*" » (Pellisson, 1653).

Cette nouvelle gloire souleva contre Corneille l'hostilité des rivaux jaloux. « La querelle du *Cid* » ainsi déclenchée dura plusieurs mois. On assura que le sujet de la pièce ne valait rien, qu'elle contenait beaucoup de mauvais vers et qu'elle transgressait les « règles » (qui venaient d'être formulées ou retrouvées dans Aristote). Les défenseurs de Corneille répliquèrent qu'il valait mieux satisfaire le public que les règles. A l'instigation de Richelieu, on fit appel à l'arbitrage de l'Académie française qui rendit un verdict plutôt négatif. Etrange controverse! Si la pièce était si mauvaise, pourquoi en parler? C'est Corneille lui-même qui trouva la bonne réponse en même temps qu'il dévoila le vrai mobile des attaques: « De tant d'ouvrages qui ont paru jusqu'à présent, *Le Cid* a été le seul dont l'éclat ait obligé l'envie à prendre la plume. »

Malgré les attaques, le succès de la pièce s'est maintenu et se maintient encore aujourd'hui. On a offert plusieurs explications de cette longue popularité, mais la meilleure et la plus simple est peut-être celle de G. Reynier qui souligne le caractère unique de la pièce, « unique par tout ce qu'il y a de foi, d'ardeur, d'héroïsme chevaleresque, d'exubérance de vie; unique encore par le charme divin de la jeunesse, cette fleur exquise de la jeunesse que les plus admirables génies ne font guère éclore qu'une fois ».

3. *Tragi-comédie:* œuvre dramatique à mi-chemin de la tragédie et du mélodrame et dont la fin est heureuse. Contrairement à ce que le mot pourrait faire penser, une tragi-comédie ne comprend pas forcément d'éléments comiques.

Avant de lire

I. L'influence conservatrice de l'Académie française (voir p. 241) explique en partie que la langue de Corneille soit essentiellement la même que l'on parle aujourd'hui. Toute langue vivante évolue pourtant, et certains glissements de sens risquent d'induire en erreur le lecteur non averti. Voici une liste de quelques mots-clés, suivis du sens qu'ils avaient au XVII^e siècle:

amant: personne qui aime d'amour.

cœur: courage.

généreux: qui a l'âme noble et grande.

générosité: noblesse des sentiments; grandeur d'âme.

gloire (accompagné de l'adjectif possessif): renommée, réputation, considération; « une espèce de joie fondée sur l'amour qu'on a pour soi-même, et qui vient de l'opinion ou de l'espérance qu'on a d'être loué par quelques autres » (Descartes, *Traité des passions*).

vertu: énergie morale; force d'âme; courage.

II. Pendant les trois siècles et demi qui nous séparent de Corneille, la syntaxe a évolué moins que le vocabulaire, ce qui nous facilite la lecture de ses pièces. Voici pourtant quelques différences notables:

- Lorsqu'un verbe conjugué était suivi d'un infinitif, le complément d'objet de l'infinitif se plaçait souvent devant le verbe conjugué (« je le veux punir ») et non pas, comme aujourd'hui, devant l'infinitif (« je veux le punir »). Par ex.:« Apprends-moi de quel espoir j'**en** dois prendre; / Un si charmant discours ne **se** peut trop entendre » (*Le Cid*, vers 9–10).

- Le pronom complément du dernier verbe d'une série d'impératifs se plaçait devant le verbe. Ex.: «... va, cours, vole et **nous** venge » (vers 198).

III. En disant les vers du *Cid* — et il faut les *dire* après les avoir lus (au moins quelques passages) —, veillez à bien prononcer les *e* caducs selon les règles de la versification (voir *Eléments de versification française* dans l'Appendice). Certains metteurs en scène récents ont eu l'idée délirante de supprimer le compte des syllabes, sous prétexte qu'« on ne parle pas comme ça dans la conversation ». Ils oublient (a) qu'on ne converse pas en vers; (b) que l'élément essentiel du vers français, c'est le mètre, bien plus que la rime; et (c) qu'en supprimant le mètre, on détruit le vers... et la pièce.

Note sur le texte: Comme la plupart des metteurs en scène modernes, nous avons supprimé les rôles de l'Infante, de sa gouvernante et de son page. Nous nous autorisons pour cela, non seulement de l'avis de la quasi totalité des spectateurs, des lecteurs et des critiques depuis la parution de la pièce, mais de Corneille lui-même. L'Infante, écrit-il, « est un personnage épisodique... qu'on pourrait retrancher sans rien ôter de l'action principale... Aristote blâme les épisodes détachés. L'Infante est de ce nombre. »

Le Cid

PERSONNAGES

DON FERNAND, premier roi de Castille
DON DIÈGUE, père de don Rodrigue
DON RODRIGUE, amant de Chimène
DON GOMÈS, comte de Gormas, père de Chimène
CHIMÈNE, fille de don Gomès
ELVIRE, confidente de Chimène
DON SANCHE, amoureux de Chimène
DON ARIAS, gentilhomme castillan
DON ALONSE, gentilhomme castillan

La scène est à Séville en Espagne au XI^e siècle

ACTE PREMIER
CHEZ CHIMÈNE

Scène première
[CHIMÈNE, ELVIRE]

CHIMÈNE. — Elvire, m'as-tu fait un rapport bien sincère?
Ne déguises-tu rien de ce qu'a dit mon père?

ELVIRE. — Tous mes sens à moi-même en sont encor charmés:
Il estime Rodrigue autant que vous l'aimez,
5 Et si je ne m'abuse à lire dans son âme,
Il vous commandera de répondre à sa flamme[4].

CHIMÈNE. — Dis-moi donc, je te prie, une seconde fois
Ce qui te fait juger qu'il approuve mon choix:
Apprends-moi de nouveau quel espoir j'en dois prendre;
10 Un si charmant discours ne se peut trop entendre;
Tu ne peux trop promettre aux feux de notre amour
La douce liberté de se montrer au jour.
Que t'a-t-il répondu sur la secrète brigue[5]
Que font auprès de toi don Sanche et don Rodrigue?
15 N'as-tu point trop fait voir quelle inégalité
Entre ces deux amants me penche[6] d'un côté?

ELVIRE. — Non; j'ai peint votre cœur dans une indifférence
Qui n'enfle d'aucun d'eux ni détruit l'espérance,

4. *Flamme:* amour. — 5. *Brigue:* demande. — 6. On dirait aujourd'hui, et l'Académie française fit remarquer à Corneille qu'il fallait dire: « Quelle inégalité… me fait pencher… ».

Et sans les voir d'un œil trop sévère ou trop doux,
20 Attend l'ordre d'un père à choisir un époux.
Ce respect l'a ravi, sa bouche et son visage
M'en ont donné sur l'heure un digne témoignage,
Et puisqu'il nous en faut encor faire un récit,
Voici d'eux et de vous ce qu'en hâte il m'a dit:
25 « Elle est dans le devoir; tous deux sont dignes d'elle,
Tous deux formés d'un sang noble, vaillant, fidèle,
Jeunes, mais qui font lire aisément dans leurs yeux
L'éclatante vertu de leurs braves aïeux.
Don Rodrigue surtout n'a trait en son visage
30 Qui d'un homme de cœur ne soit la haute image,
Et sort d'une maison si féconde en guerriers,
Qu'ils y prennent naissance au milieu des lauriers.
La valeur de son père, en son temps sans pareille,
Tant qu'a duré sa force, a passé pour merveille;
35 Ses rides sur son front ont gravé ses exploits,
Et nous disent encor ce qu'il fut autrefois.
Je me promets du fils ce que j'ai vu du père;
Et ma fille, en un mot, peut l'aimer et me plaire. »
Il allait au conseil, dont l'heure qui pressait
40 A tranché ce discours[7] qu'à peine il commençait;
Mais à ce peu de mots je crois que sa pensée
Entre vos deux amants n'est pas fort balancée.
Le Roi doit à son fils élire[8] un gouverneur[9],
Et c'est lui que regarde un tel degré d'honneur:
45 Ce choix n'est pas douteux, et sa rare vaillance
Ne peut souffrir qu'on craigne aucune concurrence.
Comme ses hauts exploits le rendent sans égal,
Dans un espoir si juste il sera sans rival;
Et puisque don Rodrigue a résolu son père
50 Au sortir du conseil à proposer l'affaire,
Je vous laisse à juger s'il prendra bien son temps,
Et si tous vos désirs seront bientôt contents[10].

CHIMÈNE. — Il semble toutefois que mon âme troublée
Refuse cette joie et s'en trouve accablée:
55 Un moment donne au sort des visages divers,
Et dans ce grand bonheur je crains un grand revers.

ELVIRE. — Vous verrez cette crainte heureusement déçue.

CHIMÈNE. — Allons, quoi qu'il en soit, en attendre l'issue.

7. *Ce discours:* ces paroles. — 8. *Élire:* choisir. — 9. *Gouverneur:* précepteur. — 10. *Contents:* contentés.

Scène II
[LE COMTE, DON DIÈGUE]

Une place publique devant le palais royal

LE COMTE. — Enfin vous l'emportez, et la faveur du Roi
60 Vous élève en un rang qui n'était dû qu'à moi:
 Il vous fait gouverneur du prince de Castille.

DON DIÈGUE. — Cette marque d'honneur qu'il met dans ma famille
 Montre à tous qu'il est juste, et fait connaître assez
 Qu'il sait récompenser les services passés.

LE COMTE. — Pour grands que soient les rois, ils sont ce que nous sommes:
 Ils peuvent se tromper comme les autres hommes;
 Et ce choix sert de preuve à tous les courtisans
 Qu'ils savent mal payer les services présents.

DON DIÈGUE. — Ne parlons plus d'un choix dont votre esprit s'irrite:
70 La faveur l'a pu faire autant que le mérite;
 Mais on doit ce respect au pouvoir absolu
 De n'examiner rien quand un roi l'a voulu.
 A l'honneur qu'il m'a fait ajoutez-en un autre;
 Joignons d'un sacré nœud ma maison et la vôtre:
75 Vous n'avez qu'une fille, et moi je n'ai qu'un fils;
 Leur hymen nous peut rendre à jamais plus qu'amis:
 Faites-nous cette grâce, et l'acceptez pour gendre.

LE COMTE. — A des partis plus hauts ce beau fils doit prétendre;
 Et le nouvel éclat de votre dignité
80 Lui doit enfler le cœur d'une autre vanité.
 Exercez-la, Monsieur, et gouvernez le Prince:
 Montrez-lui comme il faut régir une province,
 Faire trembler partout les peuples sous sa loi,
 Remplir les bons d'amour, et les méchants d'effroi.
85 Joignez à ces vertus celles d'un capitaine:
 Montrez-lui comme il faut s'endurcir à la peine,
 Dans le métier de Mars[11] se rendre sans égal,
 Passer les jours entiers et les nuits à cheval,
 Reposer tout armé, forcer une muraille,
90 Et ne devoir qu'à soi le gain d'une bataille.
 Instruisez-le d'exemple, et rendez-le parfait,
 Expliquant à ses yeux vos leçons par l'effet[12].

11. *Le métier de Mars:* le métier des armes. — 12. *Par l'effet:* en les illustrant (vos leçons).

DON DIÈGUE. — Pour s'instruire d'exemple, en dépit de l'envie,
Il lira seulement l'histoire de ma vie.
95 Là, dans un long tissu de belles actions,
Il verra comme il faut dompter des nations,
Attaquer une place, ordonner une armée,
Et sur de grands exploits bâtir sa renommée.

LE COMTE. — Les exemples vivants sont d'un autre pouvoir;
100 Un prince dans un livre apprend mal son devoir.
Et qu'a fait après tout ce grand nombre d'années,
Que ne puisse égaler une de mes journées?
Si vous fûtes vaillant, je le suis aujourd'hui,
Et ce bras du royaume est le plus ferme appui.
105 Grenade et l'Aragon tremblent quand ce fer brille;
Mon nom sert de rempart à toute la Castille:
Sans moi, vous passeriez bientôt sous d'autres lois,
Et vous auriez bientôt vos ennemis pour rois.
Chaque jour, chaque instant, pour rehausser ma gloire,
110 Met lauriers sur lauriers, victoire sur victoire:
Le Prince à mes côtés ferait dans les combats
L'essai de son courage à l'ombre de mon bras;
Il apprendrait à vaincre en me regardant faire,
Et pour répondre en hâte à son grand caractère,
115 Il verrait…

DON DIÈGUE. — Je le sais, vous servez bien le Roi:
Je vous ai vu combattre et commander sous moi.
Quand l'âge dans mes nerfs a fait couler sa glace,
Votre rare valeur a bien rempli ma place;
Enfin, pour épargner les discours superflus,
120 Vous êtes aujourd'hui ce qu'autrefois je fus.
Vous voyez toutefois qu'en cette concurrence
Un monarque entre nous met quelque différence.

LE COMTE. — Ce que je méritais, vous l'avez emporté.

DON DIÈGUE. — Qui l'a gagné sur vous l'avait mieux mérité.

LE COMTE. — Qui peut mieux l'exercer en est bien le plus digne.

DON DIÈGUE. — En être refusé n'en est pas un bon signe.

LE COMTE. — Vous l'avez eu par brigue[13], étant vieux courtisan.

DON DIÈGUE. — L'éclat de mes hauts faits fut mon seul partisan.

LE COMTE. — Parlons-en mieux: le Roi fait honneur à votre âge.

DON DIÈGUE. — Le Roi, quand il en fait, le mesure au courage.

13. Ici *brigue* a son sens actuel: manœuvre secrète, intrigue.

LE COMTE. — Et par là cet honneur n'était dû qu'à mon bras.

DON DIÈGUE. — Qui n'a pu l'obtenir ne le méritait pas.

LE COMTE. — Ne le méritait pas! moi?

DON DIÈGUE. — Vous.

LE COMTE. — Ton impudence,
Téméraire vieillard, aura sa récompense.

(Il lui donne un soufflet [14]; don Diègue met l'épée à la main.)

DON DIÈGUE. — Achève, et prends ma vie, après un tel affront,
Le premier dont ma race ait vu rougir son front.

LE COMTE. — Et que penses-tu faire avec tant de faiblesse?

DON DIÈGUE. — O Dieu! ma force usée en ce besoin me laisse!

LE COMTE. — Ton épée est à moi[15]; mais tu serais trop vain,
140 Si ce honteux trophée avait chargé ma main.
Adieu: fais lire au prince, en dépit de l'envie,
Pour son instruction, l'histoire de ta vie:
D'un insolent discours ce juste châtiment
Ne lui servira pas d'un petit ornement.

Scène III
[DON DIÈGUE]

145 O rage! ô désespoir! ô vieillesse ennemie!
N'ai-je donc tant vécu que pour cette infamie?
Et ne suis-je blanchi dans les travaux guerriers
Que pour voir en un jour flétrir tant de lauriers?
Mon bras, qu'avec respect toute l'Espagne admire,
150 Mon bras, qui tant de fois a sauvé cet empire,
Tant de fois affermi le trône de son roi,
Trahit donc ma querelle[16], et ne fait rien pour moi?
O cruel souvenir de ma gloire passée!
Œuvre de tant de jours en un jour effacée!
155 Nouvelle dignité, fatale à mon bonheur!
Précipice élevé d'où tombe mon honneur!
Faut-il de votre éclat voir triompher le Comte[17],
Et mourir sans vengeance, ou vivre dans la honte?

14. *Un soufflet:* une gifle. — 15. Il faut imaginer que don Diègue avait laissé tomber son épée au vers précédent. — 16. *Querelle:* cause. — 17. « Précipice élevé » est en apposition à « nouvelle dignité » à laquelle se rapporte « votre éclat ». L'Académie française écrivit dans ses *Sentiments sur le Cid:* « "Triompher de l'éclat d'une dignité", paroles qui ne signifient rien. » Cette fois l'Académie avait raison.

Comte, sois de mon prince à présent gouverneur:
160 Ce haut rang n'admet point un homme sans honneur;
Et ton jaloux orgueil, par cet affront insigne,
Malgré le choix du Roi, m'en a su rendre indigne.
Et toi[18], de mes exploits glorieux instrument,
Mais d'un corps tout de glace inutile ornement,
165 Fer, jadis tant à craindre et qui, dans cette offense,
M'a servi de parade[19] et non pas de défense,
Va, quitte désormais le dernier des humains,
Passe, pour me venger, en de meilleures mains.

Scène IV
[DON DIÈGUE, DON RODRIGUE]

DON DIÈGUE. — Rodrigue, as-tu du cœur?

DON RODRIGUE. — Tout autre que mon père
170 L'éprouverait sur l'heure.

DON DIÈGUE. — Agréable colère!
Digne ressentiment à ma douleur bien doux!
Je reconnais mon sang à ce noble courroux;
Ma jeunesse revit en cette ardeur si prompte.
Viens, mon fils, viens, mon sang, viens réparer ma honte;
175 Viens me venger.

DON RODRIGUE. — De quoi?

DON DIÈGUE. — D'un affront si cruel,
Qu'à l'honneur de tous deux il porte un coup mortel:
D'un soufflet. L'insolent en eût perdu la vie;
Mais mon âge a trompé ma généreuse envie;
Et ce fer que mon bras ne peut plus soutenir,
180 Je le remets au tien pour venger et punir.
Va contre un arrogant éprouver ton courage:
Ce n'est que dans le sang qu'on lave un tel outrage;
Meurs ou tue. Au surplus, pour ne te point flatter[20],
Je te donne à combattre un homme à redouter:
185 Je l'ai vu, tout couvert de sang et de poussière,
Porter partout l'effroi dans une armée entière.
J'ai vu par sa valeur cent escadrons rompus;
Et pour t'en dire encor quelque chose de plus,
Plus que brave soldat, plus que grand capitaine,
190 C'est…

DON RODRIGUE. — De grâce, achevez.

18. Ici et jusqu'à la fin de la scène, don Diègue parle à son épée (« fer »). — 19. *Parade:* parure inutile. — 20. *Flatter:* tromper.

DON DIÈGUE. — Le père de Chimène.

DON RODRIGUE. — Le…

DON DIÈGUE. — Ne réplique point, je connais ton amour;
Mais qui peut vivre infâme est indigne du jour.
Plus l'offenseur est cher, et plus grande est l'offense.
Enfin tu sais l'affront, et tu tiens la vengeance:
195 Je ne te dis plus rien. Venge-moi, venge-toi;
Montre-toi digne fils d'un père tel que moi.
Accablé des malheurs où le destin me range,
Je vais les déplorer[21]: va, cours, vole, et nous venge.

Scène V
[DON RODRIGUE]

Percé jusques au fond du cœur
200 D'une atteinte imprévue aussi bien que mortelle,
Misérable vengeur d'une juste querelle,
Et malheureux objet d'une injuste rigueur,
Je demeure immobile, et mon âme abattue
Cède au coup qui me tue.
205 Si près de voir mon feu[22] récompensé,
O dieu, l'étrange peine!
En cet affront mon père est l'offensé,
Et l'offenseur le père de Chimène!

Que je sens de rudes combats!
210 Contre mon propre honneur mon amour s'intéresse[23]:
Il faut venger un père, et perdre une maîtresse:
L'un m'anime le cœur, l'autre retient mon bras.
Réduit au triste choix ou de trahir ma flamme,
Ou de vivre en infâme,
215 Des deux côtés mon mal est infini.
O Dieu, l'étrange peine!
Faut-il laisser un affront impuni?
Faut-il punir le père de Chimène?

Père, maîtresse, honneur, amour,
220 Noble et dure contrainte, aimable tyrannie,
Tous mes plaisirs sont morts, ou ma gloire ternie.
L'un me rend malheureux, l'autre indigne du jour.
Cher et cruel espoir[24] d'une âme généreuse,
Mais ensemble[25] amoureuse,
225 Digne ennemi de mon plus grand bonheur,
Fer qui causes ma peine,

21. *Déplorer:* pleurer là-dessus. — 22. *Mon feu:* mon amour. — 23. *S'intéresser:* (ici) prendre parti. — 24. Ici et jusqu'à la fin de la strophe, Rodrigue s'adresse à son épée (« fer »). — 25. *Ensemble:* en même temps.

M'es-tu donné pour venger mon honneur?
M'es-tu donné pour perdre ma Chimène?

Il vaut mieux courir au trépas.
230 Je dois à[26] ma maîtresse aussi bien qu'à mon père:
J'attire en me vengeant sa haine et sa colère;
J'attire ses mépris en ne me vengeant pas.
A mon plus doux espoir l'un me rend infidèle,
Et l'autre indigne d'elle.
235 Mon mal augmente à le vouloir guérir;
Tout redouble ma peine.
Allons, mon âme; et puisqu'il faut mourir,
Mourons du moins sans offenser Chimène.

Mourir sans tirer ma raison[27]!
240 Rechercher un trépas si mortel à ma gloire!
Endurer que l'Espagne impute à ma mémoire
D'avoir mal soutenu l'honneur de ma maison!
Respecter un amour dont mon âme égarée
Voit la perte assurée!
245 N'écoutons plus ce penser suborneur[28],
Qui ne sert qu'à ma peine.
Allons, mon bras, sauvons du moins l'honneur,
Puisqu'après tout il faut perdre Chimène.

Oui, mon esprit s'était déçu[29].
250 Je dois tout à mon père avant qu'à ma maîtresse:
Que je meure au combat, ou meure de tristesse,
Je rendrai mon sang pur comme je l'ai reçu.
Je m'accuse déjà de trop de négligence:
Courons à la vengeance;
255 Et tout honteux d'avoir tant balancé[30],
Ne soyons plus en peine,
Puisqu'aujourd'hui mon père est l'offensé,
Si l'offenseur est père de Chimène.

ACTE II
UNE SALLE DU PALAIS

Scène première
[DON ARIAS, LE COMTE]

LE COMTE. — Je l'avoue entre nous, mon sang un peu trop chaud
260 S'est trop ému d'un mot et l'a porté trop haut[31];
Mais puisque c'en est fait, le coup est sans remède.

26. *Je dois à:* (ici) j'ai des devoirs envers. — 27. *Tirer ma raison:* demander réparation. — 28. *Ce penser suborneur:* cette pensée qui me détourne de mon devoir. — 29. *Déçu:* trompé. — 30. *Balancé:* hésité. — 31. *L'a porté trop haut:* m'a fait agir avec trop d'orgueil.

DON ARIAS. —	Qu'aux volontés du roi ce grand courage cède:
	Il y prend grande part[32], et son cœur irrité
	Agira contre vous de pleine autorité.
265	Aussi vous n'avez point de valable défense:
	Le rang de l'offensé, la grandeur de l'offense,
	Demandent des devoirs et des submissions[33]
	Qui passent le commun des satisfactions[34].
LE COMTE. —	Le Roi peut à son gré disposer de ma vie.
DON ARIAS. —	De trop d'emportement votre faute est suivie.
	Le Roi vous aime encore; apaisez son courroux.
	Il a dit: « Je le veux »; désobéirez-vous?
LE COMTE. —	Monsieur, pour conserver tout ce que j'ai d'estime[35],
	Désobéir un peu n'est pas un si grand crime;
275	Et quelque grand qu'il[36] soit, mes services présents
	Pour le faire abolir sont plus que suffisants.
DON ARIAS. —	Quoi qu'on fasse d'illustre et de considérable,
	Jamais à son sujet un roi n'est redevable.
	Vous vous flattez beaucoup, et vous devez savoir
280	Que qui sert bien son roi ne fait que son devoir.
	Vous vous perdrez, Monsieur, sur[37] cette confiance.
LE COMTE. —	Je ne vous en croirai qu'après l'expérience.
DON ARIAS. —	Vous devez redouter la puissance d'un roi.
LE COMTE. —	Un jour seul ne perd pas un homme tel que moi.
285	Que toute sa grandeur s'arme pour mon supplice,
	Tout l'Etat périra, s'il faut que je périsse.
DON ARIAS. —	Quoi! vous craignez si peu le pouvoir souverain…
LE COMTE. —	D'un sceptre qui sans moi tomberait de sa main!
	Il a trop d'intérêt lui-même en ma personne,
290	Et ma tête en tombant ferait choir sa couronne.
DON ARIAS. —	Souffrez que la raison remette vos esprits.
	Prenez un bon conseil[38].
LE COMTE. —	Le conseil en est pris.
DON ARIAS. —	Que lui dirai-je enfin? Je lui dois rendre compte.
LE COMTE. —	Que je ne puis du tout consentir à ma honte.
DON ARIAS. —	Mais songez que les rois veulent être absolus.
LE COMTE. —	Le sort en est jeté, Monsieur, n'en parlons plus.

32. *Il y prend grande part:* le Roi s'intéresse beaucoup à cette affaire. — 33. *Submissions:* soumissions. — 34. *Satisfactions:* réparations. — 35. *Estime:* réputation. — 36. « Il », c'est le crime. — 37. *Sur:* en vous appuyant sur. — 38. *Conseil:* décision.

DON ARIAS. — Adieu donc, puisqu'en vain je tâche à vous résoudre:
Avec tous vos lauriers, craignez encor la foudre[39].

LE COMTE. — Je l'attendrai sans peur.

DON ARIAS. — Mais non pas sans effet.

LE COMTE. — Nous verrons donc par là don Diègue satisfait.

(Don Arias se retire.)

Qui ne craint point la mort ne craint point les menaces.
J'ai le cœur au-dessus des plus fières[40] disgrâces;
Et l'on peut me réduire à vivre sans bonheur,
Mais non pas me résoudre à vivre sans honneur.

Scène II
[LE COMTE, DON RODRIGUE]

La place devant le palais royal

DON RODRIGUE. — A moi, Comte, deux mots.

LE COMTE. — Parle.

DON RODRIGUE. — Ote-moi d'un doute.
Connais-tu bien don Diègue?

LE COMTE. — Oui.

DON RODRIGUE. — Parlons bas; écoute.
Sais-tu que ce vieillard fut la même vertu[41],
La vaillance et l'honneur de son temps? le sais-tu?

LE COMTE. — Peut-être.

DON RODRIQUE. — Cette ardeur que dans les yeux je porte,
310 Sais-tu que c'est son sang? le sais-tu?

LE COMTE. — Que m'importe?

DON RODRIGUE. — A quatre pas d'ici je te le fais savoir.

LE COMTE. — Jeune présomptueux!

DON RODRIGUE. — Parle sans t'émouvoir.
Je suis jeune, il est vrai; mais aux âmes bien nées
La valeur n'attend point le nombre des années.

39. Le laurier était censé protéger de la foudre. — 40. *Fières:* cruelles. — 41. *La même vertu:* la vertu
même (c'est-à-dire: courage).

LE COMTE. — Te mesurer à moi! qui t'a rendu si vain,
 Toi qu'on n'a jamais vu les armes à la main?

DON RODRIGUE. — Mes pareils à deux fois ne se font point connaître,
 Et pour leurs coups d'essai veulent des coups de maître.

LE COMTE. — Sais-tu bien qui je suis?

DON RODRIGUE. — Oui; tout autre que moi
320 Au seul bruit de ton nom pourrait trembler d'effroi.
 Les palmes dont je vois ta tête si couverte
 Semblent porter écrit le destin de ma perte.
 J'attaque en téméraire un bras toujours vainqueur;
 Mais j'aurai trop de force, ayant assez de cœur.
325 A qui venge son père il n'est rien impossible.
 Ton bras est invaincu, mais non pas invincible.

LE COMTE. — Ce grand cœur qui paraît aux discours que tu tiens,
 Par tes yeux, chaque jour, se découvrait aux miens[42];
 Et croyant voir en toi l'honneur de la Castille,
330 Mon âme avec plaisir te destinait ma fille.
 Je sais ta passion, et suis ravi de voir
 Que tous ses mouvements cèdent à ton devoir;
 Qu'ils n'ont point affaibli cette ardeur magnanime;
 Que ta haute vertu répond à mon estime;
335 Et que, voulant pour gendre un cavalier parfait,
 Je ne me trompais point au choix que j'avais fait;
 Mais je sens que pour toi ma pitié s'intéresse;
 J'admire ton courage, et je plains ta jeunesse.
 Ne cherche point à faire un coup d'essai fatal;
340 Dispense ma valeur d'un combat inégal;
 Trop peu d'honneur pour moi suivrait cette victoire:
 A vaincre sans péril, on triomphe sans gloire.
 On te croirait toujours abattu sans effort;
 Et j'aurai seulement le regret de ta mort.

DON RODRIGUE. — D'une indigne pitié ton audace est suivie:
 Qui m'ose ôter l'honneur craint de m'ôter la vie?

LE COMTE. — Retire-toi d'ici.

DON RODRIGUE. — Marchons sans discourir.

LE COMTE. — Es-tu si las de vivre?

DON RODRIGUE. — As-tu peur de mourir?

LE COMTE. — Viens, tu fais ton devoir, et le fils dégénère
350 Qui survit un moment à l'honneur de son père.

42. *Aux miens:* à mes yeux.

Scène III
[DON FERNAND, DON ARIAS, DON SANCHE]

Chez le Roi

DON FERNAND. — Le comte est donc si vain, et si peu raisonnable!
Ose-t-il croire encor son crime pardonnable?

DON ARIAS. — Je l'ai de votre part longtemps entretenu;
J'ai fait mon pouvoir[43], Sire, et n'ai rien obtenu.

DON FERNAND. — Justes cieux! ainsi donc un sujet téméraire
A si peu de respect et de soin de me plaire!
Il offense don Diègue, et méprise son roi!
Au milieu de ma cour il me donne la loi!
Qu'il soit brave guerrier, qu'il soit grand capitaine,
360 Je saurai bien rabattre une humeur[44] si hautaine.
Fût-il la valeur même, et le dieu des combats,
Il verra ce que c'est que de n'obéir pas.
Quoi qu'ait pu mériter une telle insolence,
Je l'ai voulu d'abord traiter sans violence;
365 Mais puisqu'il en abuse, allez dès aujourd'hui,
Soit qu'il résiste ou non, vous assurer de lui[45].

DON SANCHE. — Peut-être un peu de temps le rendrait moins rebelle;
On l'a pris tout bouillant encor de sa querelle;
Sire, dans la chaleur d'un premier mouvement,
370 Un cœur si généreux se rend malaisément.
Il voit bien qu'il a tort, mais une âme si haute
N'est pas sitôt réduite à confesser sa faute.

DON FERNAND. — Don Sanche, taisez-vous, et soyez averti
Qu'on se rend criminel à prendre son parti.

DON SANCHE. — J'obéis, et me tais; mais de grâce encor, Sire,
Deux mots en sa défense.

DON FERNAND. — Et que pourrez-vous dire?

DON SANCHE. — Qu'une âme accoutumée aux grandes actions
Ne se peut abaisser à des submissions:
Elle n'en conçoit point qui s'expliquent sans honte;
380 Et c'est à ce mot seul qu'a résisté le Comte.
Il trouve en son devoir un peu trop de rigueur,
Et vous obéirait, s'il avait moins de cœur.
Commandez que son bras, nourri dans les alarmes,
Répare cette injure à la pointe des armes;
385 Il satisfera[46], Sire; et vienne qui voudra,
Attendant qu'il l'ait su, voici qui répondra[47].

43. *Mon pouvoir:* tout ce que j'ai pu. — 44. *Une humeur:* un caractère. — 45. *Vous assurer de lui:* l'arrêter. — 46. *Il satisfera:* il donnera réparation. — 47. Voici *ce qui* répondra (il parle de son épée).

DON FERNAND. — Vous perdez le respect; mais je pardonne à l'âge[48],
Et j'excuse l'ardeur en un jeune courage.
Un roi dont la prudence a de meilleurs objets
390 Est meilleur ménager[49] du sang de ses sujets:
Je veille pour les miens, mes soucis les conservent,
Comme le chef[50] a soin des membres qui le servent.
Ainsi votre raison n'est pas raison pour moi:
Vous parlez en soldat; je dois agir en roi;
395 Et quoi qu'on veuille dire, et quoi qu'il ose croire,
Le Comte à m'obéir ne peut perdre sa gloire.
D'ailleurs l'affront me touche: il a perdu d'honneur[51]
Celui que de mon fils j'ai fait le gouverneur;
S'attaquer à mon choix, c'est se prendre à moi-même,
400 Et faire un attentat sur le pouvoir suprême.
N'en parlons plus. Au reste, on a vu dix vaisseaux
De nos vieux ennemis arborer les drapeaux;
Vers la bouche du fleuve ils ont osé paraître.

DON ARIAS. — Les Mores ont appris par force à vous connaître,
405 Et tant de fois vaincus, ils ont perdu le cœur
De se plus hasarder[52] contre un si grand vainqueur.

DON FERNAND. — Il ne verront jamais sans quelque jalousie
Mon sceptre, en dépit d'eux, régir l'Andalousie;
Et ce pays si beau, qu'ils ont trop possédé,
410 Avec un œil d'envie est toujours regardé.
C'est l'unique raison qui m'a fait dans Séville
Placer depuis dix ans le trône de Castille,
Pour les voir de plus près, et d'un ordre plus prompt
Renverser aussitôt ce qu'ils entreprendront.

DON ARIAS. — Ils savent aux dépens de leurs plus dignes têtes,
Combien votre présence assure vos conquêtes:
Vous n'avez rien à craindre.

DON FERNAND. — Et rien à négliger:
Le trop de confiance attire le danger;
Et vous n'ignorez pas qu'avec fort peu de peine
420 Un flux de pleine mer jusqu'ici les amène.
Toutefois j'aurai tort de jeter dans les cœurs,
L'avis étant mal sûr[53], de paniques terreurs.
L'effroi que produirait cette alarme inutile,
Dans la nuit qui survient troublerait trop la ville:
425 Faites doubler la garde aux murs et sur le port.
C'est assez pour ce soir.

48. *L'âge:* la jeunesse de don Sanche. — 49. *Meilleur ménager:* plus économe. — 50. *Le chef:* la tête. — 51. *Perdre d'honneur:* déshonorer. — 52. *De se plus hasarder:* de se hasarder davantage. — 53. *Mal sûr:* peu sûr.

Scène IV

[DON FERNAND, DON SANCHE, DON ALONSE]

DON ALONSE. — Sire, le Comte est mort:
Don Diègue, par son fils, a vengé son offense.

DON FERNAND. — Dès que j'ai su l'affront, j'ai prévu la vengeance;
Et j'ai voulu dès lors prévenir ce malheur.

DON ALONSE. — Chimène à vos genoux apporte sa douleur;
Elle vient tout en pleurs vous demander justice.

DON FERNAND. — Bien qu'à ses déplaisirs mon âme compatisse,
Ce que le Comte a fait semble avoir mérité
Ce digne châtiment de sa témérité.
435 Quelque juste pourtant que puisse être sa peine,
Je ne puis sans regret perdre un tel capitaine.
Après un long service à mon Etat rendu,
Après son sang pour moi mille fois répandu,
A quelques sentiments que son orgueil m'oblige,
440 Sa perte m'affaiblit, et son trépas m'afflige.

Scène V

[DON FERNAND, DON DIÈGUE, CHIMÈNE, DON SANCHE, DON ARIAS, DON ALONSE]

CHIMÈNE. — Sire, Sire, justice!

DON DIÈGUE. — Ah! Sire, écoutez-nous.

CHIMÈNE. — Je me jette à vos pieds.

DON DIÈGUE. — J'embrasse vos genoux.

CHIMÈNE. — Je demande justice.

DON DIÈGUE. — Entendez ma défense.

CHIMÈNE. — D'un jeune audacieux punissez l'insolence:
445 Il a de notre sceptre abattu le soutien,
Il a tué mon père.

DON DIÈGUE. — Il a vengé le sien.

CHIMÈNE. — Au sang de ses sujets un roi doit la justice.

DON DIÈGUE. — Pour la juste vengeance il n'est point de supplice.

DON FERNAND. — Levez-vous l'un et l'autre, et parlez à loisir[54].
450 Chimène, je prends part à votre déplaisir;
D'une égale douleur je sens mon âme atteinte. (*Puis à Diègue*)
Vous parlerez après; ne troublez pas sa plainte.

54. *A loisir:* en prenant votre temps.

CHIMÈNE. — Sire, mon père est mort; mes yeux ont vu son sang
 Couler à gros bouillons de son généreux flanc;
455 Ce sang qui tant de fois garantit vos murailles,
 Ce sang qui tant de fois vous gagna des batailles,
 Ce sang qui tout sorti fume encor de courroux
 De se voir répandu pour d'autres que pour vous,
 Qu'au milieu des hasards n'osait verser la guerre,
460 Rodrigue en votre cours vient d'en couvrir la terre.
 J'ai couru sur le lieu, sans force et sans couleur:
 Je l'ai trouvé sans vie. Excusez ma douleur.
 Sire, la voix me manque à ce récit funeste;
 Mes pleurs et mes soupirs vous diront mieux le reste.

DON FERNAND. — Prends courage, ma fille, et sache qu'aujourd'hui
 Ton roi te veut servir de père au lieu de lui.

CHIMÈNE. — Sire, de trop d'honneur ma misère est suivie.
 Je vous l'ai déjà dit, je l'ai trouvé sans vie;
 Son flanc était ouvert; et, pour mieux m'émouvoir,
470 Son sang sur la poussière écrivait mon devoir;
 Ou plutôt sa valeur en cet état réduite
 Me parlait par sa plaie, et hâtait ma poursuite;
 Et, pour se faire entendre au plus juste des rois,
 Par cette triste bouche elle empruntait ma voix.
475 Sire, ne souffrez pas que sous votre puissance
 Règne devant vos yeux une telle licence;
 Que les plus valeureux, avec impunité,
 Soient exposés aux coups de la témérité;
 Qu'un jeune audacieux triomphe de leur gloire,
480 Se baigne dans leur sang, et brave leur mémoire.
 Un si vaillant guerrier qu'on vient de vous ravir
 Eteint, s'il n'est vengé, l'ardeur de vous servir.
 Enfin mon père est mort, j'en demande vengeance,
 Plus pour votre intérêt que pour mon allégeance[55].
485 Vous perdez en la mort d'un homme de son rang:
 Vengez-la par une autre, et le sang par le sang.
 Immolez, non à moi, mais à votre couronne,
 Mais à votre grandeur, mais à votre personne;
 Immolez, dis-je, Sire, au bien de tout l'Etat
490 Tout ce qu'enorgueillit un si haut attentat.

DON FERNAND. — Don Diègue, répondez.

DON DIÈGUE. — Qu'on est digne d'envie
 Lorsqu'en perdant la force on perd aussi la vie,
 Et qu'un long âge apprête aux hommes généreux,
 Au bout de leur carrière, un destin malheureux!

55. *Allégeance:* allégement, c'est-à-dire soulagement.

495 Moi, dont les longs travaux ont acquis tant de gloire,
Moi, que jadis partout a suivi la victoire,
Je me vois aujourd'hui, pour avoir trop vécu,
Recevoir un affront et demeurer vaincu.
Ce que n'a pu jamais combat, siège, embuscade,
500 Ce que n'a pu jamais Aragon ni Grenade,
Ni tous vos ennemis, ni tous mes envieux,
Le Comte en votre cour l'a fait presque à vos yeux,
Jaloux de votre choix, et fier de l'avantage
Que lui donnait sur moi l'impuissance de l'âge.
505 Sire, ainsi ces cheveux blanchis sous le harnois[56],
Ce sang pour vous servir prodigué tant de fois,
Ce bras, jadis l'effroi d'une armée ennemie,
Descendaient[57] au tombeau tout chargés d'infamie,
Si je n'eusse produit un fils digne de moi,
510 Digne de son pays et digne de son roi.
Il m'a prêté sa main, il a tué le Comte;
Il m'a rendu l'honneur, il a lavé ma honte.
Si montrer du courage et du ressentiment,
Si venger un soufflet mérite un châtiment,
515 Sur moi seul doit tomber l'éclat de la tempête:
Quand le bras a failli, l'on en punit la tête.
Qu'on nomme crime, ou non, ce qui fait nos débats,
Sire, j'en suis la tête, il n'en est que le bras.
Si Chimène se plaint qu'il a tué son père,
520 Il ne l'eût jamais fait si je l'eusse pu faire.
Immolez donc ce chef que les ans vont ravir,
Et conservez pour vous le bras qui peut servir.
Aux dépens de mon sang satisfaites Chimène:
Je n'y résiste point, je consens à ma peine;
525 Et loin de murmurer d'un rigoureux décret,
Mourant sans déshonneur, je mourrai sans regret.

DON FERNAND. — L'affaire est d'importance, et, bien considéré,
Mérite en plein conseil d'être délibérée.
Don Sanche, remettez Chimène en sa maison.
530 Don Diègue aura ma cour et sa foi[58] pour prison.
Qu'on me cherche son fils. Je vous ferai justice.

CHIMÈNE. — Il est juste, grand Roi, qu'un meurtrier périsse.

DON FERNAND. — Prends du repos, ma fille, et calme tes douleurs.

CHIMÈNE. — M'ordonner du repos, c'est croître mes malheurs.

56. *Harnois:* armure du soldat. — 57. *Descendaient:* cet imparfait a la valeur d'un passé du conditionnel
(« seraient descendus »). — 58. *Sa foi:* sa parole donnée

ACTE III
Chez Chimène

Scène première
[Don Rodrigue, Elvire]

ELVIRE. — Rodrigue, qu'as-tu fait? où viens-tu, misérable?

DON RODRIGUE. — Suivre le cours de mon sort déplorable.

ELVIRE. — Où prends-tu cette audace et ce nouvel orgueil,
De paraître en des lieux que tu remplis de deuil? *mourning*
Quoi? viens-tu jusqu'ici braver l'ombre du Comte?
540 Ne l'as-tu pas tué?

DON RODRIGUE. — Sa vie était ma honte:
Mon honneur de ma main a voulu cet effort.

ELVIRE. — Mais chercher ton asile en la maison du mort!
Jamais un meurtrier en fit-il son refuge?

DON RODRIGUE. — Et je n'y viens aussi que m'offrir à mon juge.
545 Ne me regarde plus d'un visage étonné;
Je cherche le trépas après l'avoir donné.
Mon juge est mon amour, mon juge est ma Chimène:
Je mérite la mort de mériter sa haine[59],
Et j'en viens recevoir, comme un bien souverain,
550 Et l'arrêt de sa bouche, et le coup de sa main.

ELVIRE. — Fuis plutôt de ses yeux, fuis de sa violence;
A ses premiers transports dérobe ta présence:
Va, ne t'expose point aux premiers mouvements
Que poussera l'ardeur de ses ressentiments.

DON RODRIGUE. — Non, non, ce cher objet à qui j'ai pu déplaire
Ne peut pour mon supplice avoir trop de colère;
Et j'évite cent morts qui me vont accabler,
Si pour mourir plus tôt je puis la[60] redoubler.

ELVIRE. — Chimène est au palais, de pleurs toute baignée,
560 Et n'en reviendra point que bien accompagnée.
Rodrigue, fuis, de grâce: ôte-moi de souci.
Que ne dira-t-on point si l'on te voit ici?
Veux-tu qu'un médisant, pour comble à sa misère,
L'accuse d'y souffrir l'assassin de son père?
565 Elle va revenir; elle vient, je la voi[61]:
Du moins, pour son honneur, Rodrigue, cache-toi.

59. *De mériter sa haine:* puisque je mérite sa haine. — 60. « La », c'est la colère de Chimène. —
61. Cette orthographe sans *s*, admise à l'époque, fut choisie ici à cause de la « rime pour l'œil » avec
toi (comme, plus loin, *reçoi*).

Scène II
[DON SANCHE, CHIMÈNE, ELVIRE]

DON SANCHE. — Oui, Madame, il vous faut de sanglantes victimes:
Votre colère est juste, et vos pleurs légitimes;
Et je n'entreprends pas, à force de parler,
570 Ni de vous adoucir, ni de vous consoler.
Mais si de vous servir je puis être capable,
Employez mon épée à punir le coupable;
Employez mon amour à venger cette mort:
Sous vos commandements mon bras sera trop[62] fort.

CHIMÈNE. — Malheureuse!

DON SANCHE. — De grâce, acceptez mon service.

CHIMÈNE. — J'offenserais le Roi, qui m'a promis justice.

DON SANCHE. — Vous savez qu'elle marche avec tant de langueur,
Qu'assez souvent le crime échappe à sa longueur;
Son cours lent et douteux fait trop perdre de larmes.
580 Souffrez qu'un cavalier[63] vous venge par les armes:
La voie en est plus sûre, et plus prompte à punir.

CHIMÈNE. — C'est le dernier remède; et s'il faut y venir,
Et que de mes malheurs cette pitié vous dure,
Vous serez libre alors de venger mon injure.

DON SANCHE. — C'est l'unique bonheur où mon âme prétend;
Et, pouvant l'espérer, je m'en vais trop content.

Scène III
[CHIMÈNE, ELVIRE]

CHIMÈNE. — Enfin je me vois libre, et je puis sans contrainte
De mes vives douleurs te faire voir l'atteinte;
Je puis donner passage à mes tristes soupirs;
590 Je puis t'ouvrir mon âme et tous mes déplaisirs.
Mon père est mort, Elvire; et la première épée
Dont s'est armé Rodrigue, a sa trame coupée[64].
Pleurez, pleurez, mes yeux, et fondez-vous en eau!
La moitié de ma vie a mis l'autre au tombeau,
595 Et m'oblige à venger, après ce coup funeste,
Celle que je n'ai plus sur celle qui me reste.

ELVIRE. — Reposez-vous, Madame.

62. Ici et ailleurs — comme au dernier vers de cette scène — *trop* est employé au sens de *très* ou de *suffisamment.* — 63. *Cavalier:* gentilhomme. — 64. « La première épée » a coupé *le fil de ses jours* (image classique).

CHIMÈNE. —
 Ah! que mal à propos
Dans un malheur si grand tu parles de repos!
Par où sera jamais ma douleur apaisée,
600 Si je ne puis haïr la main qui l'a causée?
Et que dois-je espérer qu'un[65] tourment éternel,
Si je poursuis un crime, aimant le criminel?

ELVIRE. — Il vous prive d'un père, et vous l'aimez encore!

CHIMÈNE. — C'est peu de dire aimer, Elvire: je l'adore;
605 Ma passion s'oppose à mon ressentiment;
Dedans mon ennemi je trouve mon amant;
Et je sens qu'en dépit de toute ma colère,
Rodrigue dans mon cœur combat encor mon père:
Il l'attaque, il le presse, il cède, il se défend,
610 Tantôt fort, tantôt faible, et tantôt triomphant;
Mais, en ce dur combat de colère et de flamme,
Il déchire mon cœur sans partager mon âme[66];
Et quoi que mon amour ait sur moi de pouvoir,
Je ne consulte point[67] pour suivre mon devoir:
615 Je cours sans balancer où mon honneur m'oblige.
Rodrigue m'est bien cher, son intérêt[68] m'afflige;
Mon cœur prend son parti; mais, malgré son effort,
Je sais ce que je suis, et que mon père est mort.

ELVIRE. — Pensez-vous le poursuivre?

CHIMÈNE. — Ah! cruelle pensée!
620 Et cruelle poursuite où je me vois forcée!
Je demande sa tête, et crains de l'obtenir:
Ma mort suivra la sienne, et je le veux punir!

ELVIRE. — Quittez, quittez, Madame, un dessein si tragique;
Ne vous imposez point de loi si tyrannique.

CHIMÈNE. — Quoi! mon père étant mort, et presque entre mes bras,
Son sang criera vengeance, et je ne l'orrai[69] pas!
Mon cœur, honteusement surpris par d'autres charmes,
Croira ne lui devoir que d'impuissantes larmes!
Et je pourrai souffrir qu'un amour suborneur
630 Sous un lâche silence étouffe mon honneur!

ELVIRE. — Madame, croyez-moi, vous serez excusable
D'avoir moins de chaleur contre un objet aimable,
Contre un amant si cher: vous avez assez fait,
Vous avez vu le Roi; n'en pressez point l'effet,
635 Ne vous obstinez point en cette humeur étrange.

65. *Qu'un:* sinon un. — 66. *Sans partager mon âme:* sans *diviser* mon âme (siège de la volonté). —
67. *Je ne consulte point:* je n'hésite point. — 68. *Son intérêt:* l'intérêt (c'est-à-dire l'amour) que j'ai pour
lui. — 69. *Orrai:* futur de *entendre, écouter.*

CHIMÈNE. — Il y va de ma gloire, il faut que je me venge;
Et de quoi que nous flatte un désir amoureux,
Toute excuse est honteuse aux esprits généreux.

ELVIRE. — Mais vous aimez Rodrigue, il ne vous peut déplaire.

CHIMÈNE. — Je l'avoue.

ELVIRE. — Après tout, que pensez-vous donc faire?

CHIMÈNE. — Pour conserver ma gloire et finir mon ennui[70],
Le poursuivre, le perdre[71], et mourir après lui.

Scène IV
[DON RODRIGUE, CHIMÈNE, ELVIRE]

DON RODRIGUE. — Eh bien! sans vous donner la peine de poursuivre,
Assurez-vous l'honneur de m'empêcher de vivre.

CHIMÈNE. — Elvire, où sommes-nous, et qu'est-ce que je vois?
Rodrigue en ma maison! Rodrigue devant moi!

DON RODRIGUE. — N'épargnez point mon sang: goûtez sans résistance
La douceur de ma perte et de votre vengeance.

CHIMÈNE. — Hélas!

DON RODRIGUE. — Ecoute-moi.

CHIMÈNE. — Je me meurs.

DON RODRIGUE. — Un moment.

CHIMÈNE. — Va, laisse-moi mourir.

DON RODRIGUE. — Quatre mots seulement:
Après, ne me réponds qu'avecque cette épée.

CHIMÈNE. — Quoi! du sang de mon père encor toute trempée!

DON RODRIGUE. — Ma Chimène…

CHIMÈNE. — Ote-moi cet objet odieux,
Qui reproche ton crime et ta vie à mes yeux.

DON RODRIGUE. — Regarde-le plutôt pour exciter ta haine,
Pour croître ta colère et pour hâter ma peine.

CHIMÈNE. — Il est teint de mon sang.

DON RODRIGUE. — Plonge-le dans le mien,
Et fais-lui perdre ainsi la teinture du tien.

70. *Ennui:* tourment. — 71. *Perdre:* détruire.

CHIMÈNE. — Ah! quelle cruauté, qui tout en un jour tue
660 Le père par le fer, la fille par la vue!
 Ote-moi cet objet, je ne le puis souffrir:
 Tu veux que je t'écoute, et tu me fais mourir!

DON RODRIGUE. — Je fais ce que tu veux, mais sans quitter l'envie
 De finir par tes mains ma déplorable vie;
665 Car enfin n'attends pas de mon affection
 Un lâche repentir d'une bonne action.
 L'irréparable effet d'une chaleur trop prompte
 Déshonorait mon père, et me couvrait de honte.
 Tu sais comme un soufflet touche un homme de cœur;
670 J'avais part à l'affront, j'en ai cherché l'auteur:
 Je l'ai vu, j'ai vengé mon honneur et mon père;
 Je le ferais encor, si j'avais à le faire.
 Ce n'est pas qu'en effet contre mon père et moi
 Ma flamme assez longtemps n'ait combattu pour toi;
675 Juge de son pouvoir: dans une telle offense
 J'ai pu délibérer si j'en prendrais vengeance.
 Réduit à te déplaire, ou souffrir un affront,
 J'ai pensé qu'à son tour mon bras était trop prompt;
 Je me suis accusé de trop de violence;
680 Et ta beauté sans doute emportait[72] la balance,
 A moins que d'opposer[73] à tes plus forts appas[74]
 Qu'un homme sans honneur ne te méritait pas;
 Que, malgré cette part que j'avais en ton âme,
 Qui m'aima généreux me haïrait infâme;
685 Qu'écouter ton amour[75], obéir à sa voix,
 C'était m'en rendre indigne et diffamer ton choix.
 Je te le dis encore; et quoique j'en soupire,
 Jusqu'au dernier soupir je veux bien le redire:
 Je t'ai fait une offense, et j'ai dû m'y porter
690 Pour effacer ma honte, et pour te mériter;
 Mais quitte envers l'honneur, et quitte envers mon père,
 C'est maintenant à toi que je viens satisfaire[76]:
 C'est pour t'offrir mon sang qu'en ce lieu tu me vois.
 J'ai fait ce que j'ai dû, je fais ce que je dois.
695 Je sais qu'un père mort t'arme contre mon crime;
 Je ne t'ai pas voulu dérober ta victime:
 Immole avec courage au sang qu'il a perdu
 Celui qui met sa gloire à l'avoir répandu.

CHIMÈNE. — Ah! Rodrigue, il est vrai, quoique ton ennemie,
700 Je ne puis te blâmer d'avoir fui l'infamie;
 Et de quelque façon qu'éclatent mes douleurs,

72. *Emportait:* aurait emporté. — 73. *A moins que d'opposer:* si je n'avais pas opposé. — 74. *A tes plus forts appas:* à tes appas qui auraient été les plus forts. — 75. *Ton amour:* mon amour pour toi. — 76. *Satisfaire:* offrir une réparation.

Je ne t'accuse point, je pleure mes malheurs.
Je sais ce que l'honneur, après un tel outrage,
Demandait à l'ardeur d'un généreux courage:
705 Tu n'as fait le devoir que d'un homme de bien[77];
Mais aussi, le faisant, tu m'as appris le mien.
Ta funeste valeur m'instruit par ta victoire;
Elle a vengé ton père et soutenu ta gloire:
Même soin me regarde, et j'ai, pour m'affliger,
710 Ma gloire à soutenir, et mon père à venger.
Hélas! ton intérêt[78] ici me désespère:
Si quelque autre malheur m'avait ravi mon père,
Mon âme aurait trouvé dans le bien[79] de te voir
L'unique allégement qu'elle eût pu recevoir;
715 Et contre ma douleur j'aurais senti des charmes,
Quand une main si chère eût essuyé mes larmes.
Mais il me faut te perdre après l'avoir perdu;
Cet effort sur ma flamme à mon honneur est dû;
Et cet affreux devoir, dont l'ordre m'assassine,
720 Me force à travailler moi-même à ta ruine.
Car enfin n'attends pas de mon affection
De lâches sentiments pour ta punition.
De quoi qu'en ta faveur notre amour m'entretienne[80],
Ma générosité doit répondre à la tienne:
725 Tu t'es, en m'offensant, montré digne de moi;
Je me dois, par ta mort, montrer digne de toi.

DON RODRIGUE. — Ne diffère donc plus ce que l'honneur t'ordonne:
Il demande ma tête, et je te l'abandonne;
Fais-en un sacrifice à ce noble intérêt:
730 Le coup m'en sera doux, aussi bien que l'arrêt.
Attendre après mon crime une lente justice,
C'est reculer ta gloire autant que mon supplice.
Je mourrai trop heureux, mourant d'un coup si beau.

CHIMÈNE. — Va, je suis ta partie[81], et non pas ton bourreau.
735 Si tu m'offres ta tête, est-ce à moi de la prendre?
Je la dois attaquer, mais tu dois la défendre;
C'est d'un autre que toi qu'il me faut l'obtenir,
Et je dois te poursuivre, et non pas te punir.

DON RODRIGUE. — De quoi qu'en ma faveur notre amour t'entretienne,
740 Ta générosité doit répondre à la mienne;
Et pour venger un père emprunter d'autres bras,
Ma Chimène, crois-moi, c'est n'y répondre pas:

77. Lisez: Tu n'as fait d'autre devoir que celui d'un homme de bien. — 78. *Ton intérêt:* l'intérêt (l'amour) que j'ai pour toi. — 79. *Bien:* bonheur. — 80. Lisez: Quelles que soient les considérations en ta faveur que notre amour fait naître chez moi. — 81. *Ta partie:* ton adversaire en justice.

Ma main seule du mien a su venger l'offense,
Ta main seule du tien doit prendre la vengeance.

CHIMÈNE. — Cruel! à quel propos sur ce point t'obstiner?
Tu t'es vengé sans aide, et tu m'en veux donner!
Je suivrai ton exemple, et j'ai trop de courage
Pour souffrir qu'avec toi ma gloire se partage.
Mon père et mon honneur ne veulent rien devoir
750 Aux traits de ton amour ni de ton désespoir.

DON RODRIGUE. — Rigoureux point d'honneur! hélas! quoi que je fasse,
Ne pourrai-je à la fin obtenir cette grâce?
Au nom d'un père mort, ou de notre amitié,
Punis-moi par vengeance, ou du moins par pitié.
755 Ton malheureux amant aura bien moins de peine
A mourir par ta main qu'à vivre avec ta haine.

CHIMÈNE. — Va, je ne te hais point.

DON RODRIGUE. — Tu le dois.

CHIMÈNE. — Je ne puis.

DON RODRIGUE. — Crains-tu si peu le blâme, et si peu les faux bruits?
Quand on saura mon crime, et que ta flamme dure,
760 Que ne publieront[82] point l'envie et l'imposture!
Force-les au silence, et sans plus discourir,
Sauve ta renommée en me faisant mourir.

CHIMÈNE. — Elle éclate bien mieux en te laissant la vie;
Et je veux que la voix de la plus noire envie
765 Elève au ciel ma gloire et plaigne mes ennuis,
Sachant que je t'adore et que je te poursuis.
Va-t'en, ne montre plus à ma douleur extrême
Ce qu'il faut que je perde, encore que je l'aime.
Dans l'ombre de la nuit cache bien ton départ:
770 Si l'on te voit sortir, mon honneur court hasard.
La seule occasion qu'aura la médisance,
C'est de savoir qu'ici j'ai souffert ta présence:
Ne lui donne point lieu[83] d'attaquer ma vertu.

DON RODRIGUE. — Que je meure!

CHIMÈNE. — Va-t'en.

DON RODRIGUE. — A quoi te résous-tu?

CHIMÈNE. — Malgré des feux si beaux, qui troublent ma colère,
Je ferai mon possible à bien venger mon père;
Mais malgré la rigueur d'un si cruel devoir,
Mon unique souhait est de ne rien pouvoir.

82. *Publier:* (ici) dire publiquement. — 83. *Lieu:* occasion.

DON RODRIGUE. — O miracle d'amour!

CHIMÈNE. — O comble de misères!

DON RODRIGUE. — Que de maux et de pleurs nous coûteront nos pères!

CHIMÈNE. — Rodrigue, qui l'eût cru?

DON RODRIGUE. — Chimène, qui l'eût dit?

CHIMÈNE. — Que notre heur[84] fût si proche et sitôt se perdît?

DON RODRIGUE. — Et que si près du port, contre toute apparence,
Un orage si prompt brisât notre espérance?

CHIMÈNE. — Ah! mortelles douleurs!

DON RODRIGUE. — Ah! regrets superflus!

CHIMÈNE. — Va-t'en, encore un coup, je ne t'écoute plus.

DON RODRIGUE. — Adieu: je vais traîner une mourante vie,
Tant que[85] par ta poursuite elle me soit ravie.

CHIMÈNE. — Si j'en obtiens l'effet, je t'engage ma foi
790 De ne respirer pas un moment après toi.
Adieu: sors, et surtout garde bien qu'on te voie[86].

ELVIRE. — Madame, quelques maux que le ciel nous envoie…

CHIMÈNE. — Ne m'importune plus, laisse-moi soupirer,
Je cherche le silence et la nuit pour pleurer.

Scène V
[DON DIÈGUE]

La place publique

795 Jamais nous ne goûtons de parfaite allégresse:
Nos plus heureux succès sont mêlés de tristesse;
Toujours quelques soucis en ces événements
Troublent la pureté de nos contentements.
Au milieu du bonheur mon âme en sent l'atteinte:
800 Je nage dans la joie, et je tremble de crainte.
J'ai vu mort l'ennemi qui m'avait outragé,
Et je ne saurais voir[87] la main qui m'a vengé.
En vain je m'y travaille[88], et d'un soin inutile,
Tout cassé que je suis, je cours toute la ville:
805 Ce peu que mes vieux ans m'ont laissé de vigueur
Se consume sans fruit à chercher ce vainqueur.

84. *Heur:* bonheur. — 85. *Tant que:* jusqu'à ce que. — 86. *Garde bien qu'on te voie:* prends bien garde qu'on ne te voie. — 87. *Je ne saurais voir:* je n'arrive pas à retrouver. — 88. *Je m'y travaille:* j'essaie (de le retrouver).

A toute heure, en tous lieux, dans une nuit si sombre,
Je pense l'embrasser, et n'embrasse qu'une ombre;
Et mon amour, déçu par cet objet trompeur,
810 Se forme des soupçons qui redoublent ma peur.
Je ne découvre point de marques de sa fuite;
Je crains du Comte mort les amis et la suite;
Leur nombre m'épouvante, et confond ma raison.
Rodrigue ne vit plus, ou respire en prison.
815 Justes cieux! me trompé-je[89] encore à l'apparence,
Ou si je vois[90] enfin mon unique espérance?
C'est lui, n'en doutons plus; mes vœux sont exaucés,
Ma crainte est dissipée, et mes ennuis cessés.

Scène VI
[DON DIÈGUE, DON RODRIGUE]

DON DIÈGUE. — Rodrigue, enfin le ciel permet que je te voie!

DON RODRIGUE. — Hélas!

DON DIÈGUE. — Ne mêle point de soupirs à ma joie;
Laisse-moi prendre haleine afin de te louer.
Ma valeur n'a point lieu de te désavouer:
Tu l'as bien imitée, et ton illustre audace
Fait bien revivre en toi les héros de ma race:
825 C'est d'eux que tu descends, c'est de moi que tu viens.
Ton premier coup d'épée égale tous les miens;
Et d'une belle ardeur ta jeunesse animée
Par cette grande épreuve atteint ma renommée.
Appui de ma vieillesse, et comble de mon heur,
830 Touche ces cheveux blancs à qui tu rends l'honneur,
Viens baiser cette joue, et reconnais la place
Où fut empreint l'affront que ton courage efface.

DON RODRIGUE. — L'honneur vous en est dû: je ne pouvais pas moins,
Etant sorti de vous et nourri par vos soins.
835 Je m'en tiens trop heureux, et mon âme est ravie
Que mon coup d'essai plaise à qui je dois la vie;
Mais parmi vos plaisirs ne soyez point jaloux
Si je m'ose à mon tour satisfaire après vous.
Souffrez qu'en liberté mon désespoir éclate;
840 Assez et trop longtemps votre discours le flatte[91].
Je ne me repens point de vous avoir servi;
Mais rendez-moi le bien que ce coup m'a ravi.

89. *Me trompé-je:* est-ce que je me trompe. — 90. *Ou si je vois:* est-ce que je vois. — 91. *Flatter:* (ici) tromper.

Mon bras, pour vous venger, armé contre ma flamme,
Par ce coup glorieux m'a privé de mon âme;
845 Ne me dites plus rien; pour vous j'ai tout perdu:
Ce que je vous devais, je vous l'ai bien rendu.

DON DIÈGUE. — Porte, porte plus haut le fruit de ta victoire:
Je t'ai donné la vie, et tu me rends ma gloire;
Et d'autant que l'honneur m'est plus cher que le jour,
850 D'autant plus maintenant je te dois de retour.
Mais d'un cœur magnanime éloigne ces faiblesses;
Nous n'avons qu'un honneur, il est tant de maîtresses!
L'amour n'est qu'un plaisir, l'honneur est un devoir.

DON RODRIGUE. — Ah! que me dites-vous?

DON DIÈGUE. — Ce que tu dois savoir.

DON RODRIGUE. — Mon honneur offensé sur moi-même se venge;
Et vous m'osez pousser à la honte du change[92]!
L'infamie est pareille, et suit également
Le guerrier sans courage et le perfide amant.
A ma fidélité ne faites point d'injure;
860 Souffrez-moi généreux sans me rendre parjure:
Mes liens sont trop forts pour être ainsi rompus;
Ma foi m'engage encor si je n'espère plus;
Et ne pouvant quitter ni posséder Chimène,
Le trépas que je cherche est ma plus douce peine.

DON DIÈGUE. — Il n'est pas temps encor de chercher le trépas:
Ton prince et ton pays ont besoin de ton bras.
La flotte qu'on craignait, dans ce grand fleuve entrée,
Croit surprendre la ville et piller la contrée.
Les Mores vont descendre, et le flux et la nuit
870 Dans une heure à nos murs les amènent sans bruit.
La cour est en désordre, et le peuple en alarmes:
On n'entend que des cris, on ne voit que des larmes.
Dans ce malheur public mon bonheur a permis
Que j'ai trouvé chez moi cinq cents de mes amis,
875 Qui sachant mon affront, poussés d'un même zèle,
Se venaient tous offrir à venger ma querelle.
Tu les as prévenus[93]; mais leurs vaillantes mains
Se tremperont bien mieux au sang des Africains.
Va marcher à leur tête où l'honneur te demande:
880 C'est toi que veut pour chef leur généreuse bande.
De ces vieux ennemis va soutenir l'abord[94].
Là, si tu veux mourir, trouve une belle mort;

92. *Change:* échange (d'une amante pour une autre). — 93. *Prevenir:* (ici) devancer. — 94. *Abord:* attaque.

Prends-en l'occasion, puisqu'elle t'est offerte;
Fais devoir à ton roi son salut à ta perte;
885 Mais reviens-en plutôt les palmes sur le front.
Ne borne pas ta gloire à venger un affront;
Porte-la plus avant: force par ta vaillance
Ce monarque au pardon, et Chimène au silence;
Si tu l'aimes, apprends que revenir vainqueur,
890 C'est l'unique moyen de regagner son cœur.
Mais le temps est trop cher pour le perdre en paroles;
Je t'arrête en discours[95], et je veux que tu voles.
Viens, suis-moi, va combattre, et montrer à ton roi
Que ce qu'il perd au Comte[96] il le recouvre en toi.

ACTE IV

Scène première
[CHIMÈNE, ELVIRE]

Chez Chimène

CHIMÈNE. — N'est-ce point un faux bruit? le sais-tu bien, Elvire?

ELVIRE. — Vous ne croiriez jamais comme chacun l'admire,
Et porte jusqu'au ciel, d'une commune voix,
De ce jeune héros les glorieux exploits.
Les Mores devant lui n'ont paru qu'à leur honte;
900 Leur abord fut bien prompt, leur fuite encor plus prompte.
Trois heures de combat laissent à nos guerriers
Une victoire entière et deux rois prisonniers.
La valeur de leur chef ne trouvait point d'obstacles.

CHIMÈNE. — Et la main de Rodrigue a fait tous ces miracles?

ELVIRE. — De ses nobles efforts ces deux rois sont le prix:
Sa main les a vaincus, et sa main les a pris.

CHIMÈNE. — De qui peux-tu savoir ces nouvelles étranges?

ELVIRE. — Du peuple, qui partout fait sonner ses louanges,
Le nomme de sa joie et l'objet et l'auteur,
910 Son ange tutélaire, et son libérateur.

CHIMÈNE. — Et le Roi, de quel œil voit-il tant de vaillance?

ELVIRE. — Rodrigue n'ose encor paraître en sa présence;
Mais don Diègue ravi lui présente enchaînés,

95. *En discours:* avec mes discours. — 96. *Au Comte:* en perdant le Comte.

Au nom de ce vainqueur, ces captifs couronnés,
915 Et demande pour grâce à ce généreux prince
Qu'il daigne voir la main qui sauve la province.

CHIMÈNE. — Mais n'est-il point blessé?

ELVIRE. — Je n'en ai rien appris.
Vous changez de couleur! reprenez vos esprits.

CHIMÈNE. — Reprenons donc aussi ma colère affaiblie:
920 Pour avoir soin de lui faut-il que je m'oublie?
On le vante, on le loue, et mon cœur y consent!
Mon honneur est muet, mon devoir impuissant!
Silence, mon amour, laisse agir ma colère:
S'il a vaincu deux rois, il a tué mon père;
925 Ces tristes vêtements[97], où je lis mon malheur,
Sont les premiers effets qu'ait produits sa valeur;
Et quoi qu'on die[98] ailleurs d'un cœur si magnanime,
Ici tous les objets me parlent de son crime.
Vous qui rendez la force à mes ressentiments,
930 Voile, crêpes, habits, lugubres ornements,
Pompe que me prescrit sa première victoire,
Contre ma passion soutenez bien ma gloire;
Et lorsque mon amour prendra trop de pouvoir,
Parlez à mon esprit de mon triste devoir,
935 Attaquez sans rien craindre une main triomphante.

Scène II
[DON FERNAND, DON DIÈGUE, DON ARIAS, DON RODRIGUE, DON SANCHE]

Chez le Roi

DON FERNAND. — Généreux héritier d'une illustre famille,
Qui fut toujours la gloire et l'appui de Castille,
Race[99] de tant d'aïeux en valeur signalés,
Que l'essai de la tienne a sitôt égalés,
940 Pour te récompenser ma force est trop petite;
Et j'ai moins de pouvoir que tu n'as de mérite.
Le pays délivré d'un si rude ennemi,
Mon sceptre dans ma main par la tienne affermi,
Et les Mores défaits avant qu'en ces alarmes
945 J'eusse pu donner ordre à repousser leurs armes,
Ne sont point des exploits qui laissent à ton roi
Le moyen ni l'espoir de s'acquitter vers toi.
Mais deux rois tes captifs feront ta récompense.

97. Il s'agit de ses vêtements de deuil. — 98. *Die:* dise. — 99. *Race:* descendant.

Ils t'ont nommé tous deux leur Cid en ma présence:
950 Puisque Cid en leur langue est autant que seigneur,
Je ne t'envierai pas ce beau titre d'honneur.
Sois désormais le Cid: qu'à ce grand nom tout cède;
Qu'il comble d'épouvante et Grenade et Tolède,
Et qu'il marque à tous ceux qui vivent sous mes lois
955 Et ce que tu me vaux, et ce que je te dois.

DON RODRIGUE. — Que Votre Majesté, Sire, épargne ma honte:
D'un si faible service elle fait trop de compte,
Et me force à rougir devant un si grand roi
De mériter si peu l'honneur que j'en reçoi.
960 Je sais trop que je dois au bien de votre empire,
Et le sang qui m'anime, et l'air que je respire;
Et quand je les perdrai pour un si digne objet,
Je ferai seulement le devoir d'un sujet.

DON FERNAND. — Tous ceux que ce devoir à mon service engage
965 Ne s'en acquittent pas avec même courage;
Et lorsque la valeur ne va point dans l'excès,
Elle ne produit point de si rares[100] succès.
Souffre donc qu'on te loue, et de cette victoire
Apprends-moi plus au long la véritable histoire.

DON RODRIGUE. — Sire, vous avez su qu'en ce danger pressant,
Qui jeta dans la ville un effroi si puissant,
Une troupe d'amis chez mon père assemblée
Sollicita[101] mon âme encor toute troublée...
Mais, Sire, pardonnez à ma témérité,
975 Si j'osai l'employer sans votre autorité:
Le péril approchait; leur brigade était prête;
Me montrant à la cour, je hasardais ma tête;
Et s'il fallait la perdre, il m'était bien plus doux
De sortir de la vie en combattant pour vous.

DON FERNAND. — J'excuse ta chaleur à venger ton offense;
Et l'Etat défendu me parle en ta défense:
Crois que dorénavant Chimène a beau parler,
Je ne l'écoute plus que pour la consoler.
Mais poursuis.

DON RODRIGUE. — Sous moi[102] donc cette troupe s'avance,
985 Et porte sur le front une mâle assurance.
Nous partîmes cinq cents; mais par un prompt renfort
Nous nous vîmes trois mille en arrivant au port,
Tant, à nous voir marcher avec un tel visage,
Les plus épouvantés reprenaient de courage!

100. *Rares:* (ici) extraordinaires. — 101. *Sollicita:* entraîna. — 102. *Sous moi:* sous mes ordres.

990 J'en cache les deux tiers, aussitôt qu'arrivés,
Dans le fond des vaisseaux qui lors[103] furent trouvés;
Le reste, dont le nombre augmentait à toute heure,
Brûlant d'impatience autour de moi demeure,
Se couche contre terre, et sans faire aucun bruit,
995 Passe une bonne part d'une si belle nuit.
Par mon commandement la garde à fait de même,
Et se tenant cachée, aide à mon stratagème;
Et je feins hardiment d'avoir reçu de vous
L'ordre qu'on me voit suivre et que je donne à tous.
1000　Cette obscure clarté qui tombe des étoiles
Enfin avec le flux nous fait voir trente voiles[104];
L'onde s'enfle dessous, et d'un commun effort
Les Mores et la mer montent jusques au port.
On les laisse passer; tout leur paraît tranquille:
1005 Point de soldats au port, point aux murs de la ville.
Notre profond silence abusant[105] leurs esprits,
Ils n'osent plus douter de nous avoir surpris;
Ils abordent sans peur, ils ancrent, ils descendent,
Et courent se livrer aux mains qui les attendent.
1010 Nous nous levons alors, et tous en même temps
Poussons jusques au ciel mille cris éclatants.
Les nôtres, à ces cris, de nos vaisseaux répondent;
Ils paraissent armés, les Mores se confondent[106],
L'épouvante les prend à demi descendus;
1015 Avant que de combattre, ils s'estiment perdus.
Ils couraient au pillage, et rencontrent la guerre;
Nous les pressons sur l'eau, nous les pressons sur terre,
Et nous faisons courir des ruisseaux de leur sang,
Avant qu'aucun résiste ou reprenne son rang.
1020 Mais bientôt, malgré nous, leurs princes les rallient;
Leur courage renaît, et leurs terreurs s'oublient:
La honte de mourir sans avoir combattu
Arrête leur désordre, et leur rend leur vertu.
Contre nous de pied ferme ils tirent leurs alfanges[107],
1025 De notre sang au leur font d'horribles mélanges;
Et la terre, et le fleuve, et leur flotte, et le port,
Sont des champs de carnage, où triomphe la mort.
　　　O combien d'actions, combien d'exploits célèbres
Sont demeurés sans gloire au milieu des ténèbres,
1030 Où chacun, seul témoin des grands coups qu'il donnait,
Ne pouvait discerner où le sort inclinait!
J'allais de tous côtés encourager les nôtres,

103. *Lors:* alors. — 104. *Voiles:* vaisseaux. — 105. *Abusant:* trompant. — 106. *Se confondent:* tombent dans le désordre. — 107. *Alfanges:* sabres courbes (comme, plus loin, *cimeterre*).

Faire avancer les uns, et soutenir les autres,
Ranger ceux qui venaient, les pousser à leur tour,
1035 Et ne l'ai pu savoir[108] jusques au point du jour.
Mais enfin sa clarté montre notre avantage:
Le More voit sa perte et perd soudain courage;
Et voyant un renfort qui nous vient secourir,
L'ardeur de vaincre cède à la peur de mourir
1040 Ils gagnent leurs vaisseaux, ils en coupent les câbles,
Poussent jusques aux cieux des cris épouvantables,
Font retraite en tumulte, et sans considérer
Si leurs rois avec eux peuvent se retirer.
Pour souffrir ce devoir leur frayeur est trop forte:
1045 Le flux les apporta; le reflux les remporte;
Cependant que leurs rois, engagés parmi nous,
Et quelque peu des leurs, tous percés de nos coups,
Disputent vaillamment et vendent bien leur vie.
A se rendre moi-même en vain je les convie:
1050 Le cimeterre au poing, ils ne m'écoutent pas;
Mais voyant à leurs pieds tomber tous leurs soldats,
Et que seuls désormais en vain ils se défendent,
Ils demandent le chef: je me nomme, ils se rendent.
Je vous les envoyai tous deux en même temps;
1055 Et le combat cessa faute de combattants.
C'est de cette façon que, pour votre service...

Scène III

[DON FERNAND, DON DIÈGUE, DON RODRIGUE, DON ARIAS, DON ALONSE, DON SANCHE]

DON ALONSE. — Sire, Chimène vient vous demander justice.

DON FERNAND. — La fâcheuse nouvelle, et l'importun devoir!
Va, je ne la veux pas obliger à te voir.
1060 Pour tous remerciements il faut que je te chasse;
Mais avant que sortir, viens, que ton roi t'embrasse.

(Don Rodrigue se retire.)

DON DIÈGUE. — Chimène le poursuit, et voudrait le sauver.

DON FERNAND. — On m'a dit qu'elle l'aime, et je vais l'éprouver.
Montrez un œil plus triste.

108. Le pronom a pour antécédent: *où le sort inclinait* (quatre vers plus haut).

Scène IV

[DON FERNAND, DON DIÈGUE, DON ARIAS,
DON SANCHE, DON ALONSE, CHIMÈNE, ELVIRE]

DON FERNAND. — Enfin, soyez contente,
1065 Chimène, le succès[109] répond à votre attente:
Si de nos ennemis Rodrigue a le dessus,
Il est mort à nos yeux des coups qu'il a reçus;
Rendez grâces au ciel qui vous en a vengée. *(Puis à don Diègue)*
Voyez comme déjà sa couleur est changée.

DON DIÈGUE. — Mais voyez qu'elle pâme[110], et d'un amour parfait,
Dans cette pâmoison, Sire, admirez l'effet.
Sa douleur a trahi les secrets de son âme,
Et ne vous permet plus de douter de sa flamme.

CHIMÈNE. — Quoi! Rodrigue est donc mort?

DON FERNAND. — Non, non, il voit le jour,
1075 Et te conserve encore un immuable amour:
Calme cette douleur qui pour lui s'intéresse.

CHIMÈNE. — Sire, on pâme de joie, ainsi que de tristesse:
Un excès de plaisir nous rend tous languissants;
Et quand il surprend l'âme, il accable les sens.

DON FERNAND. — Tu veux qu'en ta faveur nous croyions l'impossible?
Chimène, ta douleur a paru trop visible.

CHIMÈNE. — Eh bien! Sire, ajoutez ce comble à mon malheur,
Nommez ma pâmoison l'effet de ma douleur:
Un juste déplaisir à ce point m'a réduite.
1085 Son trépas dérobait[111] sa tête à ma poursuite;
S'il meurt des coups reçus pour le bien du pays,
Ma vengeance est perdue et mes desseins trahis:
Une si belle fin m'est trop injurieuse.
Je demande sa mort, mais non pas glorieuse,
1090 Non pas dans un éclat qui l'élève si haut,
Non pas au lit d'honneur[112], mais sur un échafaud;
Qu'il meure pour mon père, et non pour la patrie;
Que son nom soit taché, sa mémoire flétrie.
Mourir pour le pays n'est pas un triste sort;
1095 C'est s'immortaliser par une belle mort.
J'aime donc sa victoire, et je le puis sans crime;
Elle assure l'Etat et me rend ma victime,
Mais noble, mais fameuse entre tous les guerriers,
Le chef, au lieu de fleurs, couronné de lauriers;

109. *Succès:* ce qui arrive de bon ou de mauvais (sens vieilli). — 110. *Pâmer:* se pâmer, s'évanouir. *Pâmoison* (vers suivant): évanouissement. — 111. *Dérobait:* aurait dérobé. — 112. On exposait sur le *lit d'honneur* les héros morts à la guerre.

1100 Et pour dire en un mot ce que j'en considère,
Digne d'être immolée aux mânes de mon père...
Hélas! à quel espoir me laissé-je emporter!
Rodrigue de ma part n'a rien à redouter:
Que pourraient contre lui des larmes qu'on méprise?
1105 Pour lui tout votre empire est un lieu de franchise[113];
Là, sous votre pouvoir, tout lui devient permis;
Il triomphe de moi comme des ennemis.
Dans leur sang répandu la justice étouffée
Au crime du vainqueur sert d'un nouveau trophée:
1110 Nous en croissons la pompe, et le mépris des lois
Nous fait suivre son char au milieu de deux rois.

DON FERNAND. — Ma fille, ces transports ont trop de violence.
Quand on rend la justice, on met tout en balance.
On a tué ton père, il était l'agresseur;
1115 Et la même équité[114] m'ordonne la douceur.
Avant que d'accuser ce que j'en fais paraître,
Consulte bien ton cœur: Rodrigue en est le maître,
Et ta flamme en secret rend grâces à ton roi,
Dont la faveur conserve un tel amant pour toi.

CHIMÈNE. — Pour moi! mon ennemi! l'objet de ma colère!
L'auteur de mes malheurs! l'assassin de mon père!
De ma juste poursuite on fait si peu de cas
Qu'on me croit obliger en ne m'écoutant pas!
Puisque vous refusez la justice à mes larmes,
1125 Sire, permettez-moi de recourir aux armes;
C'est par là seulement qu'il a su m'outrager,
Et c'est aussi par là que je me dois venger.
A tous vos cavaliers je demande sa tête:
Oui, qu'un d'eux me l'apporte, et je suis sa conquête;
1130 Qu'ils le combattent, Sire; et le combat fini,
J'épouse le vainqueur, si Rodrigue est puni.
Sous votre autorité souffrez qu'on le publie.

DON FERNAND. — Cette vieille coutume en ces lieux établie,
Sous couleur[115] de punir un injuste attentat,
1135 Des meilleurs combattants affaiblit un Etat;
Souvent de cet abus le succès déplorable
Opprime l'innocent, et soutient le coupable.
J'en dispense Rodrigue: il m'est trop précieux
Pour l'exposer aux coups d'un sort capricieux;
1140 Et quoi qu'ait pu commettre un cœur si magnanime,
Les Mores en fuyant ont emporté son crime.

113. *Lieu de franchise:* asile inviolable où les criminels ne sont pas poursuivis. — 114. *La même équité:* l'équité même. — 115. *Sous couleur:* sous prétexte.

DON DIÈGUE. — Quoi! sire, pour lui seul vous renversez des lois
Qu'a vu toute la cour observer tant de fois!
Que croira votre peuple et que dira l'envie,
1145 Si sous votre défense il ménage sa vie,
Et s'en fait un prétexte à ne paraître pas
Où tous les gens d'honneur cherchent un beau trépas?
De pareilles faveurs terniraient trop sa gloire:
Qu'il goûte sans rougir les fruits de sa victoire.
1150 Le comte eut de l'audace; il l'en a su punir:
Il l'a fait en brave homme, et le doit maintenir.

DON FERNAND. — Puisque vous le voulez, j'accorde qu'il le fasse;
Mais d'un guerrier vaincu mille prendraient la place,
Et le prix que Chimène au vainqueur a promis
1155 De tous mes cavaliers ferait ses ennemis.
L'opposer seul à tous serait trop d'injustice:
Il suffit qu'une fois il entre dans la lice.
Choisis qui tu voudras, Chimène, et choisis bien;
Mais après ce combat ne demande plus rien.

DON DIÈGUE. — N'excusez point par là ceux que son bras étonne[116]:
Laissez un champ ouvert où n'entrera personne.
Après ce que Rodrigue a fait voir aujourd'hui,
Quel courage assez vain s'oserait prendre à lui[117]?
Qui se hasarderait contre un tel adversaire?
1165 Qui serait ce vaillant, ou bien ce téméraire?

DON SANCHE. — Faites ouvrir le champ: vous voyez l'assaillant;
Je suis ce téméraire, ou plutôt ce vaillant.
Accordez cette grâce à l'ardeur qui me presse,
Madame: vous savez quelle est votre promesse.

DON FERNAND. — Chimène, remets-tu ta querelle en sa main?

CHIMÈNE. — Sire, je l'ai promis.

DON FERNAND. — Soyez prêt à demain.

DON DIÈGUE. — Non, sire, il ne faut pas différer davantage:
On est toujours trop prêt quand on a du courage.

DON FERNAND. — Sortir d'une bataille, et combattre à l'instant!

DON DIÈGUE. — Rodrigue a pris haleine en vous la racontant.

DON FERNAND. — Du moins une heure ou deux je veux qu'il se délasse.
Mais de peur qu'en exemple un tel combat ne passe,
Pour témoigner à tous qu'à regret je permets

116. *Etonne:* fait trembler. — 117. *S'oserait prendre à lui:* oserait s'en prendre à lui, c'est-à-dire: l'atta-
quer.

Un sanglant procédé qui ne me plut jamais,
1180 De moi ni de ma cour il n'aura la présence.

(Il parle à don Arias.)

Vous seul des combattants jugerez la vaillance:
Ayez soin que tous deux fassent[118] en gens de cœur,
Et, le combat fini, m'amenez le vainqueur.
Qui qu'il soit, même prix est acquis à sa peine:
1185 Je le veux de ma main présenter à Chimène,
Et que pour récompense il reçoive sa foi.

CHIMÈNE. — Quoi! Sire, m'imposer une si dure loi!

DON FERNAND. — Tu t'en plains; mais ton feu, loin d'avouer[119] ta plainte,
Si Rodrigue est vainqueur, l'accepte sans contrainte.
1190 Cesse de murmurer contre un arrêt si doux:
Qui que ce soit des deux, j'en ferai ton époux.

ACTE V
CHEZ CHIMÈNE

Scène Première
[DON RODRIGUE, CHIMÈNE]

CHIMÈNE. — Quoi! Rodrigue, en plein jour! d'où te vient cette audace?
Va, tu me perds d'honneur; retire-toi, de grâce.

DON RODRIGUE. — Je vais mourir, Madame, et vous viens en ce lieu,
1195 Avant le coup mortel, dire un dernier adieu:
Cet immuable amour qui sous vos lois m'engage
N'ose accepter ma mort sans vous en faire hommage.

CHIMÈNE. — Tu vas mourir!

DON RODRIGUE. — Je cours à ces heureux moments
Qui vont livrer ma vie à vos ressentiments.

CHIMÈNE. — Tu vas mourir! don Sanche est-il si redoutable
Qu'il donne l'épouvante à ce cœur indomptable?
Qui t'a rendu si faible, ou qui le rend si fort?
Rodrigue va combattre, et se croit déjà mort!
Celui qui n'a pas craint les Mores, ni mon père,
1205 Va combattre don Sanche, et déjà désespère!
Ainsi donc au besoin[120] ton courage s'abat!

118. *Fassent:* se comportent. — 119. *Avouer:* reconnaître; approuver. — 120. *Au besoin:* quand tu en as besoin.

DON RODRIGUE. — Je cours à mon supplice, et non pas au combat;
 Et ma fidèle ardeur sait bien m'ôter l'envie,
 Quand vous cherchez ma mort, de défendre ma vie.
1210 J'ai toujours même cœur; mais je n'ai point de bras
 Quand il faut conserver ce qui ne vous plaît pas;
 Et déjà cette nuit m'aurait été mortelle
 Si j'eusse combattu pour ma seule querelle;
 Mais défendant mon Roi, son peuple et mon pays,
1215 A me défendre mal je les aurais trahis.
 Mon esprit généreux ne hait pas tant la vie
 Qu'il en veuille sortir par une perfidie.
 Maintenant qu'il s'agit de mon seul intérêt,
 Vous demandez ma mort, j'en accepte l'arrêt.
1220 Votre ressentiment choisit la main d'un autre
 (Je ne méritais pas de mourir de la vôtre).
 On ne me verra point en repousser les coups;
 Je dois plus de respect à qui combat pour vous;
 Et ravi de penser que c'est de vous qu'ils viennent,
1225 Puisque c'est votre honneur que ses armes soutiennent,
 Je vais lui présenter mon estomac ouvert,
 Adorant de sa main la vôtre qui me perd.

CHIMÈNE. — Si d'un triste devoir la juste violence,
 Qui me fait malgré moi poursuivre ta vaillance,
1230 Prescrit à ton amour une si forte loi
 Qu'il te rend sans défense à qui combat pour moi,
 En cet aveuglement ne perds pas la mémoire
 Qu'ainsi que ta vie il y va de ta gloire,
 Et que dans quelque éclat que Rodrigue ait vécu,
1235 Quand on le saura mort, on le croira vaincu.
 Ton honneur t'est plus cher que je ne te suis chère,
 Puisqu'il trempe tes mains dans le sang de mon père,
 Et te fait renoncer, malgré ta passion,
 A l'espoir le plus doux de ma possession:
1240 Je t'en vois cependant faire si peu de compte,
 Que sans rendre combat tu veux qu'on te surmonte.
 Quelle inégalité ravale ta vertu[121]?
 Pourquoi ne l'as-tu plus, ou pourquoi l'avais-tu?
 Quoi? n'es-tu généreux que pour me faire outrage?
1245 S'il ne faut m'offenser, n'as-tu point de courage?
 Et traites-tu mon père avec tant de rigueur,
 Qu'après l'avoir vaincu, tu souffres un vainqueur?
 Va, sans vouloir mourir, laisse-moi te poursuivre,
 Et défends ton honneur, si tu ne veux plus vivre.

121. Lisez: Quel caprice rabaisse ton courage?

DON RODRIGUE. — Après la mort du Comte, et les Mores défaits,
 Faudrait-il à ma gloire encor d'autres effets[122]?
 Elle peut dédaigner le soin de me défendre:
 On sait que mon courage ose tout entreprendre,
 Que ma valeur peut tout, et que dessous les cieux,
1255 Auprès de mon honneur, rien ne m'est précieux.
 Non, non, en ce combat, quoi que vous veuilliez croire,
 Rodrigue peut mourir sans hasarder sa gloire,
 Sans qu'on l'ose accuser d'avoir manqué de cœur,
 Sans passer pour vaincu, sans souffrir un vainqueur.
1260 On dira seulement: « Il adorait Chimène;
 Il n'a pas voulu vivre et mériter sa haine;
 Il a cédé lui-même à la rigueur du sort
 Qui forçait sa maîtresse à poursuivre sa mort:
 Elle voulait sa tête; et son cœur magnanime,
1265 S'il l'en eût refusée[123], eût pensé faire un crime.
 Pour venger son honneur il perdit son amour,
 Pour venger sa maîtresse il a quitté le jour,
 Préférant, quelque espoir qu'eût son âme asservie,
 Son honneur à Chimène, et Chimène à sa vie. »
1270 Ainsi donc vous verrez ma mort en ce combat,
 Loin d'obscurcir ma gloire, en rehausser l'éclat;
 Et cet honneur suivra mon trépas volontaire,
 Que[124] tout autre que moi n'eût pu vous satisfaire.

CHIMÈNE. — Puisque, pour t'empêcher de courir au trépas,
1275 Ta vie et ton honneur sont de faibles appas,
 Si jamais je t'aimai, cher Rodrigue, en revanche,
 Défends-toi maintenant pour m'ôter à don Sanche;
 Combats pour m'affranchir d'une condition
 Qui me donne à l'objet de mon aversion.
1280 Te dirai-je encor plus? va, songe à ta défense,
 Pour forcer mon devoir, pour m'imposer silence;
 Et si tu sens pour moi ton cœur encore épris,
 Sors vainqueur d'un combat dont Chimène est le prix.
 Adieu: ce mot lâché me fait rougir de honte. *(Chimène se retire.)*

DON RODRIGUE. — Est-il quelque ennemi qu'à présent je ne dompte?
 Paraissez, Navarrais, Mores et Castillans,
 Et tout ce que l'Espagne a nourri de vaillants;
 Unissez-vous ensemble, et faites une armée,
 Pour combattre une main de la sorte animée:
1290 Joignez tous vos efforts contre un espoir si doux;
 Pour en venir à bout, c'est trop peu que de vous.

122. *Effets:* actions. — 123. On disait au XVIIᵉ siècle: *refuser quelqu'un de quelque chose.* — 124. Il faut
lire: *cet honneur... qui consiste en ceci que...*

Scène II
[CHIMÈNE, ELVIRE]

Chez Chimène

CHIMÈNE. — Elvire, que je souffre, et que je suis à plaindre!
Je ne sais qu'espérer, et je vois tout à craindre;
Aucun vœu ne m'échappe où j'ose consentir;
1295 Je ne souhaite rien sans un prompt repentir.
A deux rivaux pour moi je fais prendre les armes:
Le plus heureux succès me coûtera des larmes;
Et quoi qu'en ma faveur en ordonne le sort,
Mon père est sans vengeance, ou mon amant est mort.

ELVIRE. — D'un et d'autre côté je vous vois soulagée:
Ou vous avez Rodrigue, ou vous êtes vengée;
Et quoi que le destin puisse ordonner de vous,
Il soutient votre gloire, et vous donne un époux.

CHIMÈNE. — Quoi! l'objet de ma haine ou de tant de colère!
1305 L'assassin de Rodrigue ou celui de mon père!
De tous les deux côtés on me donne un mari
Encor tout teint du sang que j'ai le plus chéri;
De tous les deux côtés mon âme se rebelle:
Je crains plus que la mort la fin de ma querelle.
1310 Allez, vengeance, amour, qui troublez mes esprits[125],
Vous n'avez point pour moi de douceurs à ce prix;
Et toi, puissant moteur[126] du destin qui m'outrage,
Termine ce combat sans aucun avantage,
Sans faire aucun des deux ni vaincu ni vainqueur.

ELVIRE. — Ce serait vous traiter avec trop de rigueur.
Ce combat pour votre âme est un nouveau supplice,
S'il vous laisse obligée à demander justice,
A témoigner toujours ce haut ressentiment,
Et poursuivre toujours la mort de votre amant.
1320 Madame, il vaut bien mieux que sa rare vaillance,
Lui couronnant le front, vous impose silence;
Que la loi du combat étouffe vos soupirs,
Et que le Roi vous force à suivre vos désirs.

CHIMÈNE. — Quand il sera vainqueur, crois-tu que je me rende?
1325 Mon devoir est trop fort, et ma perte trop grande,
Et ce n'est pas assez, pour leur faire la loi,
Que celle du combat et le vouloir du Roi.

125. *Mes esprits:* ma raison. — 126. *Puissant moteur:* Dieu (que les bienséances interdisaient de nommer).

> Il peut vaincre don Sanche avec fort peu de peine,
> Mais non pas avec lui la gloire de Chimène;
> 1330 Et quoi qu'à sa victoire un monarque ait promis,
> Mon honneur lui fera mille autres ennemis.

ELVIRE. —
> Gardez, pour vous punir de cet orgueil étrange,
> Que le ciel à la fin ne souffre qu'on vous venge.
> Quoi! vous voulez encor refuser le bonheur
> 1335 De pouvoir maintenant vous taire avec honneur?
> Que prétend ce devoir, et qu'est-ce qu'il espère?
> La mort de votre amant vous rendra-t-elle un père?
> Est-ce trop peu pour vous que d'un coup de malheur?
> Faut-il perte sur perte, et douleur sur douleur?
> 1340 Allez, dans le caprice où votre humeur s'obstine,
> Vous ne méritez pas l'amant qu'on vous destine;
> Et nous verrons du ciel l'équitable courroux
> Vous laisser, par sa mort, don Sanche pour époux.

CHIMÈNE. —
> Elvire, c'est assez des peines que j'endure,
> 1345 Ne les redouble point de ce funeste augure.
> Je veux, si je le puis, les éviter tous deux;
> Sinon, en ce combat Rodrigue a tous mes vœux:
> Non qu'une folle ardeur de son côté me penche;
> Mais s'il était vaincu, je serais à don Sanche:
> 1350 Cette appréhension fait naître mon souhait.
> Que vois-je, malheureuse? Elvire, c'en est fait[127].

Scène III
[DON SANCHE, CHIMÈNE, ELVIRE]

DON SANCHE. —
> Obligé d'apporter à vos pieds cette épée…

CHIMÈNE. —
> Quoi! du sang de Rodrigue encor toute trempée?
> Perfide, oses-tu bien te montrer à mes yeux,
> 1355 Après m'avoir ôté ce que j'aimais le mieux?
> Eclate, mon amour, tu n'as plus rien à craindre:
> Mon père est satisfait, cesse de te contraindre.
> Un même coup a mis ma gloire en sûreté,
> Mon âme au désespoir, ma flamme en liberté.

DON SANCHE. —
> D'un esprit plus rassis…

CHIMÈNE. —
> Tu me parles encore,
> Exécrable assassin d'un héros que j'adore?
> Va, tu l'as pris en traître; un guerrier si vaillant
> N'eût jamais succombé sous un tel assaillant.

127. *C'en est fait:* c'est fini (elle voit venir don Sanche).

N'espère rien de moi, tu ne m'as point servie:
1365 En croyant me venger, tu m'as ôté la vie.

DON SANCHE. — Etrange impression, qui, loin de m'écouter...

CHIMÈNE. — Veux-tu que de sa mort je t'écoute vanter,
Que j'entende à loisir avec quelle insolence
Tu peindras son malheur, mon crime et ta vaillance?

Scène IV
[DON FERNAND, DON DIÈGUE, DON ARIAS,
DON SANCHE, DON ALONSE, CHIMÈNE, ELVIRE]

Chez le Roi

CHIMÈNE. — Sire, il n'est plus besoin de vous dissimuler
Ce que tous mes efforts ne vous ont pu celer[128].
J'aimais, vous l'avez su; mais pour venger mon père,
J'ai bien voulu proscrire[129] une tête si chère:
Votre Majesté, Sire, elle-même a pu voir
1375 Comme j'ai fait céder mon amour au devoir.
Enfin Rodrigue est mort, et sa mort m'a changée
D'implacable ennemie en amante affligée.
J'ai dû cette vengeance à qui m'a mise au jour,
Et je dois maintenant ces pleurs à mon amour.
1380 Don Sanche m'a perdue en prenant ma défense,
Et du bras qui me perd je suis la récompense!
Sire, si la pitié peut émouvoir un roi,
De grâce, révoquez une si dure loi;
Pour prix d'une victoire où je perds ce que j'aime,
1385 Je lui laisse mon bien; qu'il me laisse à moi-même;
Qu'en un cloître sacré je pleure incessamment[130],
Jusqu'au dernier soupir, mon père et mon amant.

DON DIÈGUE. — Enfin elle aime, sire, et ne croit plus un crime
D'avouer par sa bouche un amour légitime.

DON FERNAND. — Chimène, sors d'erreur, ton amant n'est pas mort,
Et don Sanche vaincu t'a fait un faux rapport.

DON SANCHE. — Sire, un peu trop d'ardeur malgré moi l'a déçue:
Je venais du combat lui raconter l'issue.
Ce généreux guerrier, dont son cœur est charmé:
1395 « Ne crains rien, m'a-t-il dit, quand il m'a désarmé;
Je laisserais plutôt la victoire incertaine,

128. *Celer:* cacher. — 129. *Proscrire:* mettre à prix. — 130. *Incessamment:* sans cesse.

Que de répandre un sang hasardé pour Chimène;
Mais puisque mon devoir m'appelle auprès du Roi,
Va de notre combat l'entretenir[131] pour moi,
1400 De la part du vainqueur lui porter ton épée. »
Sire, j'y suis venu: cet objet l'a trompée;
Elle m'a cru vainqueur, me voyant de retour,
Et soudain sa colère a trahi son amour
Avec tant de transport et tant d'impatience,
1405 Que je n'ai pu gagner un moment d'audience[132].
Pour moi, bien que vaincu, je me répute heureux;
Et malgré l'intérêt de mon cœur amoureux,
Perdant infiniment, j'aime encor ma défaite,
Qui fait le beau succès d'une amour[133] si parfaite.

DON FERNAND. — Ma fille, il ne faut point rougir d'un si beau feu,
Ni chercher les moyens d'en faire un désaveu.
Une louable honte en vain t'en sollicite:
Ta gloire est dégagée, et ton devoir est quitte;
Ton père est satisfait, et c'était le venger
1415 Que mettre tant de fois ton Rodrigue en danger.
Tu vois comme le Ciel autrement en dispose.
Ayant tant fait pour lui[134], fais pour toi quelque chose,
Et ne sois point rebelle à mon commandement,
Qui te donne un époux aimé si chèrement.

Scène V
[DON FERNAND, DON DIÈGUE, DON ARIAS, DON RODRIGUE, DON ALONSE, DON SANCHE, CHIMÈNE, ELVIRE]

DON RODRIGUE. — Ne vous offensez point, Sire, si devant vous
Un respect amoureux me jette à ses genoux.
Je ne viens point ici demander ma conquête:
Je viens tout de nouveau vous apporter ma tête,
Madame; mon amour n'emploiera point pour moi
1425 Ni la loi du combat[135], ni le vouloir du Roi.
Si tout ce qui s'est fait est trop peu pour un père,
Dites par quels moyens il vous faut satisfaire.
Faut-il combattre encor mille et mille rivaux,
Aux deux bouts de la terre étendre mes travaux,
1430 Forcer moi seul un camp, mettre en fuite une armée,
Des héros fabuleux passer[136] la renommée?

131. *L'* se rapporte à Chimène. — 132. *Audience:* attention. — 133. *Amour* était masculin ou féminin au XVIIe siècle. Aujourd'hui, le mot reste féminin au pluriel. — 134. *Lui* représente le père de Chimène. — 135. Il s'agit de la loi qui oblige Chimène à épouser le vainqueur du duel. — 136. *Passer:* dépasser.

Si mon crime par là se peut enfin laver,
J'ose tout entreprendre, et puis tout achever;
Mais si ce fier honneur, toujours inexorable,
1435 Ne se peut apaiser sans la mort du coupable,
N'armez plus contre moi le pouvoir des humains:
Ma tête est à vos pieds, vengez-vous par vos mains;
Vos mains seules ont droit de vaincre un invincible;
Prenez une vengeance à tout autre impossible.
1440 Mais du moins que ma mort suffise à me punir:
Ne me bannissez point de votre souvenir;
Et puisque mon trépas conserve votre gloire,
Pour vous en revancher[137] conservez ma mémoire,
Et dites quelquefois, en déplorant mon sort:
1445 « S'il ne m'avait aimée, il ne serait pas mort. »

CHIMÈNE. — Relève-toi, Rodrigue. Il faut l'avouer, Sire,
Je vous en ai trop dit pour m'en pouvoir dédire.
Rodrigue a des vertus que je ne puis haïr; — litot
Et quand un roi commande, on lui doit obéir.
1450 Mais à quoi que déjà vous m'ayez condamnée,
Pourrez-vous à vos yeux souffrir cet hyménée? mariage
Et quand de mon devoir vous voulez cet effort,
Toute votre justice en[138] est-elle d'accord?
Si Rodrigue à l'Etat devient si nécessaire,
1455 De ce qu'il fait pour vous dois-je être le salaire,
Et me livrer moi-même au reproche éternel
D'avoir trempé mes mains dans le sang paternel?

DON FERNAND. — Le temps assez souvent a rendu légitime
Ce qui semblait d'abord ne se pouvoir sans crime:
1460 Rodrigue t'a gagnée, et tu dois être à lui.
Mais quoique sa valeur t'ait conquise aujourd'hui,
Il faudrait que je fusse ennemi de ta gloire,
Pour lui donner sitôt le prix de sa victoire.
Cet hymen différé ne rompt point une loi
1465 Qui sans marquer de temps lui destine ta foi.
Prends un an, si tu veux, pour essuyer tes larmes.
Rodrigue, cependant[139], il faut prendre les armes.
Après avoir vaincu les Mores sur nos bords,
Renversé leurs desseins, repoussé leurs efforts,
1470 Va jusqu'en leur pays leur reporter la guerre,
Commander mon armée, et ravager leur terre:
A ce nom seul de Cid ils trembleront d'effroi;
Ils t'ont nommé seigneur, et te voudront pour roi.
Mais parmi tes hauts faits sois-lui toujours fidèle:

137. *Vous en revancher:* prendre votre revanche. — 138. *En:* sur cela. — 139. *Cependant:* pendant ce temps.

298

1475 Reviens-en, s'il se peut, encor plus digne d'elle;
 Et par tes grands exploits fais-toi si bien priser[140]
 Qu'il lui soit glorieux alors de t'épouser.

DON RODRIGUE. — Pour posséder Chimène, et pour votre service,
 Que peut-on m'ordonner que mon bras n'accomplisse?
1480 Quoi qu'absent de ses yeux il me faille endurer,
 Sire, ce m'est trop d'heur de pouvoir espérer.

DON FERNAND. — Espère en ton courage, espère en ma promesse;
 Et possédant déjà le cœur de ta maîtresse,
 Pour vaincre un point d'honneur qui combat contre toi,
1485 Laisse faire le temps, ta vaillance et ton roi.

140. *Priser:* estimer.

Matière à réflexion

1. Pour la plupart des critiques et des spectateurs, *Le Cid* illustre le thème du conflit entre le devoir et l'amour. Mais d'autres y voient un conflit entre deux devoirs. Qu'en pensez-vous?

2. Selon le critique Sainte-Beuve (XIXe siècle), « un jeune homme qui n'admirerait pas *Le Cid* serait bien malheureux; il manquerait à la passion et à la vocation de son âge. » Etes-vous d'accord? Pourquoi « jeune »? Et pourquoi « homme »?

3. La notion d'*honneur* joue un rôle capital dans *Le Cid*. Définissez-la, en vous appuyant particulièrement sur les vers 156, 210, 219, 227, 242, 247, 541, 615, 630, 671, 691, 703, 718, 727, 749, 770, 852, 855, 1249–1275. L'honneur ainsi défini est-il aujourd'hui une valeur périmée?

4. Y a-t-il, à votre avis, des personnages antipathiques dans *Le Cid* ? Lesquels? En quoi le sont-ils? N.B.: Essayez de distinguer entre votre opinion des personnages et celle de Corneille.

Molière

Toujours soucieux de sa gloire personnelle et du rayonnement de la France, Louis XIV, le « Roi-Soleil », demanda un jour à Boileau: « Quel est, suivant vous, l'écrivain qui honore le plus mon règne? » Le grand critique répondit sans hésiter: « Sire, c'est Molière. » Le monarque s'étonna de la réponse, mais il reconnut qu'en la matière Boileau fut meilleur juge que lui. En quoi il n'avait pas tort[1].

Une vocation impérieuse

A sa naissance à Paris dans un milieu bourgeois, rien ne semblait prédestiner Jean-Baptiste Poquelin à la gloire littéraire qu'il devait connaître sous le nom d'emprunt de Molière (1622–1673). Fils d'un riche marchand parisien, Jean-Baptiste fait de solides études secondaires au collège jésuite le plus réputé de la capitale, puis à l'Université d'Orléans où il obtient — moins par la sueur de son front que grâce à l'argent de son père — une licence en droit. Désormais sa situation semble toute faite: il sera avocat et succédera à son père comme « tapissier ordinaire de la maison royale », c'est-à-dire fournisseur du mobilier du roi.

Mais Jean-Baptiste décide autrement. Possédé depuis longtemps par le démon du théâtre, il veut devenir acteur et, une fois la majorité atteinte, informe son père par écrit de sa résolution. Le jeune homme va jusqu'à réclamer sa part de la succession maternelle, afin de fonder, avec ses amis, une troupe de théâtre! Quelle est la réaction du père? Faute de documents, nous sommes réduits aux conjectures, mais ce digne bourgeois devait ne pas déborder d'enthousiasme. A l'époque, le métier d'acteur était réprouvé par les « honnêtes gens », et ceux qui l'exerçaient, excommuniés par l'Eglise. Pire: l'entreprise était hasardeuse et le fils risquait de tout perdre.

1. L'anecdote est rapportée par Louis Racine (fils de Jean) dans ses *Mémoires*.

Jean-Baptiste persévère pourtant, et avec sa modeste succession il se jette dans l'aventure de « l'Illustre Théâtre ». L'expérience durera deux ans: incapable de concurrencer les théâtres établis, la jeune troupe fait moins de recettes que de dettes et finit par se dissoudre. Jean-Baptiste connaîtra même, pendant quelques semaines, l'ignominie de « l'emprisonnement du débiteur insolvable ».

Le père espérait-il, après cette rude épreuve, voir revenir au bercail un fils assagi? Ç'aurait été méconnaître l'irrésistible vocation dramatique de Molière (ainsi se faisait-il appeler depuis un an). Si la fortune et la gloire ne l'attendent pas encore à Paris, c'est ailleurs qu'il faut les chercher. Et le jeune homme, accompagné d'anciens membres du peu Illustre Théâtre, part pour la province. Pendant treize ans, la nouvelle troupe itinérante parcourt le Midi et l'Ouest. Ce long exil est dur, sans doute, mais fructueux: il permet à Molière d'étudier les caractères et les mœurs, d'accumuler une grande expérience du théâtre et de faire ses débuts comme auteur dramatique. Dirigé par Molière, la troupe prospère et acquiert même une grande réputation.

Cependant Molière songe à conquérir Paris, et en 1658 le moment lui semble propice. S'étant assuré la protection de Monsieur, l'unique frère du roi, Molière fait sa rentrée dans la capitale et triomphe, devant Louis XIV et la cour, en jouant une de ses farces. Il devient aussitôt « chef de la troupe de Monsieur » et s'installe définitivement à Paris: sa célébrité ne cessera désormais de grandir. Sa troupe passe sous la protection du roi lui-même, qui le gratifie d'une pension et lui commande de nombreux divertissements de cour. La faveur, l'amitié même du roi sont telles qu'il accepte d'être le parrain du premier-né de cet acteur excommunié.

L'ascension de Molière vers les sommets de la gloire sera coupée pourtant de crises et de scandales. Ses ennemis, nombreux et dangereux, cherchent et réussissent à lui nuire. Il y a, bien entendu, les rivaux envieux, offusqués par l'éclat de son génie et de son succès, mais aussi tous ceux qu'il ridiculise dans ses pièces: médecins, précieuses, petits marquis, faux dévots... Accusé par ses calomniateurs des plus noirs crimes — impiété, libertinage, inceste même —, il doit se défendre, tout en s'acquittant de ses obligations multiples et épuisantes d'auteur, d'acteur, de metteur en scène et de chef de troupe. Aux soucis professionnels s'ajoutent des chagrins d'ordre intime. En particulier, il semble avoir beaucoup souffert de la coquetterie préoccupante et la fidelité douteuse « de son épouse, de vingt ans plus jeune que lui ».

A partir de 1665, sa santé se délabre dangereusement. Affaibli par une maladie d'origine pulmonaire, il tousse constamment et crache du sang. Il a cinquante et un ans lorsqu'au cours d'une représentation du *Malade imaginaire*, il est pris sur la scène d'une convulsion et meurt quelques heures plus tard. N'ayant pas eu le temps de renier devant un prêtre sa vie d'acteur — il avait tenu à finir la représentation —, Molière demeurait excommunié et n'avait pas droit à une sépulture « en terre sainte ». Louis XIV, ce fidèle ami, dut intervenir auprès de l'archevêque pour obtenir des funérailles chrétiennes. Molière fut enterré de nuit, presque clandestinement, dans une partie du cimetière réservée aux enfants non-baptisés.

« La grande règle de toutes les règles »

Au moment où Molière rentra triomphalement à Paris, les règles achevaient de s'imposer dans les genres majeurs (voir pp. 237–238). Accusé d'avoir péché contre les règles de la comédie, Molière doit se défendre, et il le fait avec l'insolence d'un auteur à succès. Au lieu de démontrer la régularité de ses pièces — ce qui eût été difficile —, il affirme la futilité des règles et demande « si la grande règle de toutes les règles n'est pas de plaire ». Son argument semble péremptoire: « Ceux qui parlent le plus des règles, et qui les savent mieux que les autres, font des comédies que personne ne trouve belles. [...] Et c'est ce qui marque [...] comme on doit s'arrêter peu à leurs disputes embarrassées. Car enfin si les pièces qui sont selon les règles ne plaisent pas et que celles qui plaisent ne soient pas selon les règles, il faudrait de nécessité que les règles eussent été mal faites » (*Critique de L'Ecole des femmes*). Une comédie, conclut Molière, doit être jugée uniquement selon « l'effet qu'elle fait sur nous ». Si elle nous a fait rire, elle a rempli son but; peu importe dès lors « si tous ceux qui s'y sont divertis ont ri selon les règles » (Avertissement des *Fâcheux*).

Aux règles des théoriciens, Molière substitue les *procédés* dont il a pu maintes fois observer l'efficacité au cours d'une longue expérience du théâtre et du public. Ces procédés se répartissent traditionnellement en cinq catégories:

• **Le comique de mots** provient du langage lui-même lorsqu'on joue sur le son ou le sens. La forme la plus facile en est le calembour.

• **Le comique de gestes** est visuel. Il naît des *jeux de scène*: grimaces, roulements d'yeux, coups de bâton, soufflets qui se trompent d'adresse — tout ce qu'en anglais on entend par le mot *slapstick.*

• **Le comique de situations**, plus cérébral, dépend de notre façon de concevoir la situation dans laquelle se trouve un personnage. Souvent c'est l'aspect contradictoire d'une situation qui provoque le rire: revirement subit de sentiments, écart entre acte et parole, inversion de rôles (le voleur volé), etc. Parfois une situation présente deux sens différents parce que le public sait ce qu'un personnage ignore. C'est le cas, par exemple, du *quiproquo* (méprise sur l'identité d'un personnage par suite d'un déguisement ou d'une substitution).

• **Le comique de mœurs** relève de la satire: l'auteur se moque de la façon d'agir ou de parler des personnages en raison de leur appartenance à un groupe social (profession, classe, nation, etc.). Puisque les tics d'un groupe varient selon l'époque, ce comique se démode assez vite.

• **Le comique de caractères** va plus loin, et plus profond: il vise le ridicule d'un personnage en tant qu'exemple d'un type humain plus ou moins permanent: le menteur, le jaloux, le misanthrope, etc. Ce comique est de loin le plus difficile à réaliser, mais si l'auteur sait rendre avec art des analyses psychologiques pénétrantes, la peinture des caractères peut réussir l'épreuve du temps.

Il est bien entendu que toutes ces formes du comique ne sont pas représentées au même degré dans toutes les pièces de Molière. Le comique de mœurs et de caractère dominent dans les comédies que l'on qualifie traditionnellement de « hautes »: *Les Femmes savantes*, par exemple, sont essentiellement une satire de

Molière, vu par l'illustrateur Jacques Leman
(XIXᵉ S.), d'après le portrait de Mignard.

Culver Pictures

l'actualité; *Tartuffe*, *L'Avare* et *Le Misanthrope*, des analyses psychologiques. Dans ses farces, aux effets comiques assez grossiers, Molière recourt plus volontiers au comique de mots, de gestes et de situation. Non pas qu'il faille ériger entre ces catégories des cloisons étanches: il y a des éléments de farce dans toutes les hautes comédies, et aucune des farces n'est entièrement exempte d'analyse sociologique ou psychologique.

Le cas du *Médecin malgré lui* illustre bien cette interpénétration des genres chez Molière. Classée traditionnellement parmi les « farces pures », la pièce présente une satire cinglante des pratiques médicales de l'époque, et la simplification caricaturale des personnages ne va pas jusqu'à leur enlever toute vérité humaine.

Le Médecin malgré lui fut représenté pour la première fois en 1666, quelques mois après le demi-échec du *Misanthrope*, comédie aux effets subtiles et raffinés, considérée aujourd'hui comme l'une des plus grandes de Molière. Un critique de l'époque rangeait *Le Misanthrope* parmi les œuvres qui font « rire dans l'âme ». Mais le chef de troupe qu'était Molière, soucieux avant tout de remplir la salle, avait besoin d'une pièce qui fît rire *à gorge déployée*. Est-ce pour cette raison qu'il fit suivre la plus « haute » de ses comédies par une farce des plus pures? Quoi qu'il en soit, *Le Médecin malgré lui* remporta un succès éclatant et durable. Il demeure, aujourd'hui encore, la pièce de Molière le plus souvent jouée.

Comédien génial, Molière interprétait lui-même le rôle principal de Sganarelle, « le médecin malgré lui ». Il avait de longues moustaches tombantes, et son habit mi-vert mi-jaune était le costume traditionel du bouffon. Les témoignages de ses contemporains nous permettent d'imaginer sa mimique exagérée, sa voix suraiguë et nasillarde, ses clins d'œil complices lancés au public — un jeu sans nuances, comme il convenait à la farce.

Avant de lire

L'action de la pièce se passant « à la campagne » (indication de Molière), il n'est pas étonnant que les personnages parlent comme des campagnards. Pour deux personnages importants — la nourrice Jacqueline et son mari Lucas —, il s'agit d'un véritable patois caractérisé principalement par des altérations de la syntaxe et de la prononciation et par des archaïsmes:

- **Syntaxe.** — Au présent de l'indicatif, *je* prend souvent un verbe au pluriel (« J'allons, je venons »). Ailleurs « je vas » est mis pour « je vais », « ils avont » pour « ils ont », etc. Nous avons conservé ces altérations lorsqu'elles ne prêtent pas à la confusion (la quasi-totalité des cas).

- **Prononciation.** — L'orthographe d'une soixantaine de mots transcrit la prononciation des paysans du Nord: *alle* pour *elle*, *an* pour *on*, *biau* pour *beau*, etc. Nous avons supprimé — à regret — ces transcriptions phonétiques parce que (a) certaines peuvent prêter à la confusion (*gnia* pour *n'y a*, *glieu* pour *lieu*, *velait* pour *voulait*...), et (b) le comique du procédé risque d'échapper au public non français.

- **Archaïsmes.** — Deux mots déjà vieillis au temps de Molière sont fréquemment employés: *bailler* (donner) et *bouter* (mettre).

☛ N.B.: Nous avons conservé la dizaine de jurons patois: le contexte et le point d'exclamation permettent de les identifier facilement comme des altérations de jurons en usage: *gueble* pour *diable*, *morguenne* pour *morbleu*, *parguenne* pour *parbleu*, etc.

Le Médecin malgré lui

PERSONNAGES

SGANARELLE, fagotier[2] et mari de Martine
MARTINE, femme de Sganarelle
M. ROBERT, voisin de Sganarelle
VALÈRE, domestique de Géronte
LUCAS, mari de Jacqueline
GÉRONTE, père de Lucinde
JACQUELINE, nourrice[3] chez Géronte et femme de Lucas
LUCINDE, fille de Géronte
LÉANDRE, amant de Lucinde

2. *Fagotier:* ouvrier qui fait et vend des fagots (faisceaux de bois). — 3. *Nourrice:* femme qui allaite un enfant qui n'est pas le sien.

La scène est à la campagne.

ACTE I

Une forêt près de la maison de Sganarelle.

Scène première
[SGNANARELLE, MARTINE, *paraissant sur le théâtre en se querellant.*]

SGANARELLE. Non, je te dis que je n'en veux rien faire, et que c'est à moi de parler et d'être le maître.

MARTINE. Et je te dis, moi, que je veux que tu vives à ma fantaisie, et que je ne me suis point mariée avec toi pour souffrir tes fredaines[4].

SGANARELLE. Oh! la grande fatigue que d'avoir une femme! et qu'Aristote a bien raison, quand il dit qu'une femme est pire qu'un démon!

MARTINE. Voyez un peu l'habile homme, avec son benêt d'Aristote!

SGANARELLE. Oui, habile homme. Trouve-moi un faiseur de fagots qui sache, comme moi, raisonner des choses, qui ait servi six ans un fameux médecin, et qui ait su dans son jeune âge son rudiment[5] par cœur.

MARTINE. Peste du fou fieffé[6]!

SGANARELLE. Peste de la charogne!

MARTINE. Que maudits soient l'heure et le jour où je m'avisai d'aller dire oui!

SGANARELLE. Que maudit soit le bec cornu[7] de notaire qui me fit signer ma ruine!

MARTINE. C'est bien à toi, vraiment, à te plaindre de cette affaire! Devrais-tu être un seul moment sans rendre grâces au ciel de m'avoir pour ta femme? Et méritais-tu d'épouser une femme comme moi?

SGANARELLE. Il est vrai que tu me fis trop d'honneur, et que j'eus lieu de me louer la première nuit de nos noces! Eh! morbleu! ne me fais point parler là-dessus: je dirais de certaines choses…

MARTINE. Quoi! que dirais-tu?

SGANARELLE. Baste[8], laissons-là ce chapitre. Il suffit que nous savons ce que nous savons, et que tu fus bien heureuse de me trouver.

MARTINE. Qu'appelles-tu bien heureuse de te trouver? Un homme qui me réduit à l'hôpital[9], un débauché, un traître, qui me mange tout ce que j'ai?

SGANARELLE. Tu as menti: j'en bois une partie.

MARTINE. Qui me vend, pièce à pièce, tout ce qui est dans le logis.

SGANARELLE. C'est vivre de ménage[10].

MARTINE. Qui m'a ôté jusqu'au lit que j'avais!

SGANARELLE. Tu t'en lèveras plus matin[11].

MARTINE. Enfin qui ne laisse aucun meuble dans toute la maison.

SGANARELLE. On en déménage plus aisément.

MARTINE. Et qui, du matin jusqu'au soir, ne fait que jouer et que boire!

SGANARELLE. C'est pour ne me point ennuyer.

MARTINE. Et que veux-tu, pendant ce temps, que je fasse avec ma famille?

SGANARELLE. Tout ce qu'il te plaira.

MARTINE. J'ai quatre pauvres petits enfants sur les bras.

4. *Fredaines:* caprices, folies. — 5. *Rudiment:* grammaire latine. — 6. *Peste…:* injure outrée (comme la réplique de Sganarelle). — 7. Bouc à cornes. Les cornes étant le symbole du mari trompé, l'expression équivaut à « ce cocu de notaire ». — 8. Assez; ça suffit. — 9. Hospice (de pauvres). — 10. Jeu de mots: l'expression signifie « être économe », mais aussi — pour Sganarelle — « vivre en vendant les biens du ménage ». — 11. Plus tôt le matin.

SGANARELLE. Mets-les à terre.

MARTINE. Qui me demandent à toute heure du pain.

SGANARELLE. Donne-leur le fouet. Quand j'ai bien bu et bien mangé, je veux que tout le monde soit saoul[12] dans ma maison.

MARTINE. Et tu prétends, ivrogne, que les choses aillent toujours de même?

SGANARELLE. Ma femme, allons tout doucement, s'il vous plaît.

MARTINE. Que j'endure éternellement tes insolences et tes débauches?

SGANARELLE. Ne nous emportons point, ma femme.

MARTINE. Et que je ne sache pas trouver le moyen de te ranger à ton devoir?

SGANARELLE. Ma femme, vous savez que je n'ai pas l'âme endurante, et que j'ai le bras assez bon.

MARTINE. Je me moque de tes menaces!

SGANARELLE. Ma petite femme, ma mie[13], votre peau vous démange, à votre ordinaire[14].

MARTINE. Je te montrerai bien que je ne te crains nullement.

SGANARELLE. Ma chère moitié, vous avez envie de me dérober quelque chose[15].

MARTINE. Crois-tu que je m'épouvante de tes paroles?

SGANARELLE. Doux objet de mes vœux, je vous frotterai les oreilles.

MARTINE. Ivrogne que tu es!

SGANARELLE. Je vous battrai.

MARTINE. Sac à vin!

SGANARELLE. Je vous rosserai[16].

MARTINE. Infâme!

SGANARELLE. Je vous étrillerai.

MARTINE. Traître, insolent, trompeur, lâche, coquin, pendard, gueux, bélître, fripon, maraud, voleur!…

SGANARELLE (*Il prend un bâton, et lui en donne*). Ah! vous en voulez donc?

MARTINE, *criant.* Ah! ah! ah! ah!

SGANARELLE. Voilà le vrai moyen de vous apaiser.

Scène II
[MONSIEUR ROBERT, SGANARELLE, MARTINE]

MONSIEUR ROBERT. Holà! holà! holà! Fi! Qu'est ceci? Quelle infamie! Peste soit le coquin de battre ainsi sa femme!

MARTINE, *les mains sur les côtés, lui parle en le faisant reculer, et à la fin lui donne un soufflet.* Et je veux qu'il me batte, moi.

MONSIEUR ROBERT. Ah! j'y consens de tout mon cœur.

MARTINE. De quoi vous mêlez-vous?

MONSIEUR ROBERT. J'ai tort.

MARTINE. Est-ce là votre affaire?

MONSIEUR ROBERT. Vous avez raison.

MARTINE. Voyez un peu cet impertinent, qui veut empêcher les maris de battre leurs femmes!

MONSIEUR ROBERT. Je me rétracte.

MARTINE. Qu'avez-vous à voir là-dessus?

MONSIEUR ROBERT. Rien.

MARTINE. Est-ce à vous d'y mettre le nez?

MONSIEUR ROBERT. Non.

MARTINE. Mêlez-vous de vos affaires.

MONSIEUR ROBERT. Je ne dis plus mot.

MARTINE. Il me plaît d'être battue.

MONSIEUR ROBERT. D'accord.

MARTINE. Ce n'est pas à vos dépens.

12. Repu. — 13. M'amie (forme ancienne de *mon amie*). — 14. Comme d'habitude. — 15. *Me dérober quelque chose:* (ici) recevoir des coups. — 16. *Rosserai,* comme, plus loin, *étrillerai:* battrai.

MONSIEUR ROBERT. Il est vrai.

MARTINE. Et vous êtes un sot de venir vous fourrer où vous n'avez que faire.

MONSIEUR ROBERT. *Il passe ensuite vers le mari, qui pareillement lui parle toujours en le faisant reculer, le frappe avec le même bâton et le met en fuite ; il dit à la fin:* Compère[17], je vous demande pardon de tout mon cœur. Faites, rossez, battez comme il faut votre femme; je vous aiderai si vous le voulez.

SGANARELLE. Il ne me plaît pas, moi.

MONSIEUR ROBERT. Ah! c'est une autre chose.

SGANARELLE. Je la veux battre, si je le veux; et ne la veux pas battre, si je ne le veux pas.

MONSIEUR ROBERT. Fort bien.

SGANARELLE. C'est ma femme, et non pas la vôtre.

MONSIEUR ROBERT. Sans doute.

SGANARELLE. Vous n'avez rien à me commander.

MONSIEUR ROBERT. D'accord.

SGANARELLE. Je n'ai que faire de votre aide.

MONSIEUR ROBERT. Très volontiers.

SGANARELLE. Et vous êtes un impertinent de vous ingérer des affaires d'autrui. Apprenez que Cicéron dit qu'entre l'arbre et le doigt il ne faut point mettre l'écorce[18]. *(Il bat Monsieur Robert et le chasse. Ensuite il revient vers sa femme et lui dit, en lui pressant la main):* Oh çà! faisons la paix nous deux. Touche là[19].

MARTINE. Oui, après m'avoir ainsi battue!

SGANARELLE. Cela n'est rien, touche.

MARTINE. Je ne veux pas.

SGANARELLE. Eh?

MARTINE. Non.

SGANARELLE. Ma petite femme!

MARTINE. Point.

SGANARELLE. Allons, te dis-je.

MARTINE. Je n'en ferai rien.

SGANARELLE. Viens, viens, viens.

MARTINE. Non; je veux être en colère.

SGANARELLE. Fi! c'est une bagatelle. Allons, allons.

MARTINE. Laisse-moi là.

SGANARELLE. Touche, te dis-je.

MARTINE. Tu m'as trop maltraitée.

SGANARELLE. Eh bien, va, je te demande pardon; mets là ta main.

MARTINE. Je te pardonne. *(Elle dit le reste bas.)* Mais tu le payeras.

SGANARELLE. Tu es une folle de prendre garde à cela: ce sont de petites choses qui sont de temps en temps nécessaires dans l'amitié, et cinq ou six coups de bâton, entre gens qui s'aiment, ne font que ragaillardir[20] l'affection. Va, je m'en vais au bois, et je te promets aujourd'hui plus d'un cent de fagots.

Scène III
[MARTINE, *seule*]

Va, quelque mine que je fasse, je n'oublie pas mon ressentiment, et je brûle en moi-même de trouver les moyens de te punir des coups que tu me donnes. Je sais bien qu'une femme a toujours dans les mains de quoi se venger d'un mari; mais c'est une punition trop délicate pour mon pendard. Je veux une vengeance qui se fasse un peu mieux sentir; et ce n'est pas contentement[21] pour l'injure que j'ai reçue.

17. Ami. — 18. Sganarelle cite absurdement. Le proverbe est en réalité: « Entre l'arbre et l'écorce, il ne faut point mettre le doigt, » c'est-à-dire: il ne faut pas s'immiscer dans les disputes familiales. — 19. « Là », c'est *ma main:* serrer la main à son mari signifierait qu'elle lui pardonne. — 20. Raviver. — 21. Ce ne serait pas une punition suffisante.

Scène IV

[VALÈRE, LUCAS, MARTINE]

Quebec
Nour et accent

LUCAS. Parguienne! J'avons pris là tous deux une guèble de commission[22]; et je ne sais pas, moi, ce que je pensons attraper.

VALÈRE. Que veux-tu, mon pauvre nourricier[23]? Il faut bien obéir à notre maître[24]; et puis, nous avons intérêt, l'un et l'autre, à la santé de sa fille, notre maîtresse. Et sans doute son mariage, différé par sa maladie, nous vaudrait quelque récompense. Horace, qui est libéral[25], a bonne part aux prétentions qu'on peut avoir sur sa personne; et, quoiqu'elle ait fait voir de l'amitié[26] pour un certain Léandre, tu sais bien que son père n'a jamais voulu consentir à le recevoir pour son gendre.

MARTINE, *rêvant à part elle.* Ne puis-je point trouver quelque invention pour me venger?

LUCAS. Mais quelle fantaisie s'est-il boutée là dans la tête, puisque les médecins y ont tous perdu leur latin[27]?

VALÈRE. On trouve quelquefois, à force de chercher, ce qu'on ne trouve pas d'abord, et souvent en de simples lieux.

MARTINE. Oui, il faut que je me venge, à quelque prix que ce soit. Ces coups de bâton me reviennent au cœur, je ne les saurais digérer; et... (*Elle dit tout ceci en rêvant, de sorte que, ne prenant pas garde à ces deux hommes, elle les heurte en se retournant, et leur dit:*) Ah! Messieurs, je vous demande pardon; je ne vous voyais pas, et cherchais dans ma tête quelque chose qui m'embarrasse.

VALÈRE. Chacun a ses soins dans le monde, et nous cherchons aussi ce que nous voudrions bien trouver.

MARTINE. Serait-ce quelque chose où je vous puisse aider?

VALÈRE. Cela se pourrait faire; et nous tâchons de rencontrer quelque habile homme, quelque médecin particulier qui pût donner quelque soulagement à la fille de notre maître, attaquée d'une maladie qui lui a ôté tout d'un coup l'usage de la langue. Plusieurs médecins ont déjà épuisé toute leur science après elle; mais on trouve parfois des gens avec des secrets admirables, de certains remèdes particuliers, qui font le plus souvent ce que les autres n'ont su faire. Et c'est là ce que nous cherchons.

MARTINE, *bas.* Ah! que le ciel m'inspire une admirable invention pour me venger de mon pendard. (*Haut.*) Vous ne pouviez jamais vous mieux adresser pour rencontrer ce que vous cherchez; et nous avons ici un homme, le plus merveilleux homme du monde pour les maladies désespérées.

VALÈRE. Et, de grâce, où pouvons-nous le rencontrer?

MARTINE. Vous le trouverez maintenant vers ce petit lieu que voilà, qui s'amuse à couper du bois.

LUCAS. Un médecin qui coupe du bois!

VALÈRE. Qui s'amuse à cueillir des simples[28], voulez-vous dire?

MARTINE. Non; c'est un homme

22. Une diable de commission, c'est-à-dire une tâche difficile. — 23. Lucas est le mari d'une nourrice (Jacqueline). Inversion comique d'une convention qui appliquait à l'épouse la forme féminine du nom de la profession du mari (par ex. Madame la Présidente). — 24. Valère et Lucas travaillent comme domestiques chez Géronte et sa fille Lucinde. — 25. Horace, qui n'apparaît pas sur scène, est celui à qui Géronte aimerait marier sa fille Lucinde. Horace est « libéral », c'est-à-dire généreux, d'où la « récompense » que Valère espère obtenir. — 26. Amour. — 27. Les médecins ont perdu leur *temps*. — 28. Plantes médicinales.

extraordinaire qui se plaît à cela, fantasque, bizarre, quinteux[29], et que vous ne prendriez jamais pour ce qu'il est. Il va vêtu d'une façon extravagante, affecte quelquefois de paraître ignorant, tient sa science renfermée, et ne fuit rien tant tous les jours que d'exercer les merveilleux talents qu'il a eus du Ciel pour la médecine.

VALÈRE. C'est une chose admirable que tous les grands hommes ont toujours du caprice, quelque petit grain de folie mêlé à leur science.

MARTINE. La folie de celui-ci est plus grande qu'on ne peut croire, car elle va parfois jusqu'à vouloir être battu pour demeurer d'accord de sa capacité; et je vous donne avis que vous n'en viendrez pas à bout, qu'il n'avouera jamais qu'il est médecin, s'il se le met en fantaisie[30], à moins que vous ne preniez chacun un bâton, et ne le réduisiez, à force de coups, à vous confesser à la fin ce qu'il vous cachera d'abord. C'est ainsi que nous en usons quand nous avons besoin de lui.

VALÈRE. Voilà une étrange folie!

MARTINE. Il est vrai; mais, après cela, vous verrez qu'il fait des merveilles.

VALÈRE. Comment s'appelle-t-il?

MARTINE. Il s'appelle Sganarelle. Mais il est aisé à reconnaître: c'est un homme qui a une large barbe noire, et qui porte une fraise, avec un habit jaune et vert.

LUCAS. Un habit jaune et vert! C'est donc le médecin des perroquets?

VALÈRE. Mais est-il bien vrai qu'il soit si habile que vous le dites?

MARTINE. Comment! c'est un homme qui fait des miracles. Il y a six mois qu'une femme fut abandonnée de tous les autres médecins; on la tenait morte il y avait déjà six heures[31], et l'on se disposait à l'ensevelir, lorsqu'on y fit venir de force l'homme dont nous parlons. Il lui mit, l'ayant vue, une petite goutte de je ne sais quoi dans la bouche; et, dans le même instant, elle se leva de son lit et se mit aussitôt à se promener dans sa chambre comme si de rien n'eût été.

LUCAS. Ah!

VALÈRE. Il fallait que ce fût quelque goutte d'or potable[32].

MARTINE. Cela pourrait bien être. Il n'y a pas trois semaines encore qu'un jeune enfant de douze ans tomba du haut du clocher en bas, et se brisa sur le pavé la tête, les bras et les jambes. On n'y eut pas plutôt amené notre homme, qu'il le frotta par tout le corps d'un certain onguent qu'il sait faire; et l'enfant aussitôt se leva sur ses pieds et courut jouer à la fossette[33].

LUCAS. Ah!

VALÈRE. Il faut que cet homme-là ait la médecine universelle[34].

MARTINE. Qui en doute?

LUCAS. Testigué! voilà justement l'homme qu'il nous faut. Allons vite le chercher.

VALÈRE. Nous vous remercions du plaisir que vous nous faites.

MARTINE. Mais souvenez-vous bien au moins de l'avertissement que je vous ai donné.

LUCAS. Eh! morguenne! laissez-nous faire. S'il ne tient qu'à battre, la vache est à nous[35].

29. Capricieux. — 30. S'il a le caprice de ne pas l'avouer. — 31. On la considérait comme morte depuis déjà six heures. — 32. Breuvage à base de chlorure d'or, prescrit par les médecins au XVIIᵉ siècle. — 33. Jouer aux billes. — 34. Un remède qui guérit de tout. 35. S'il ne s'agit que de le battre, l'affaire est faite.

VALÈRE, *à Lucas.* Nous sommes bien heureux d'avoir fait cette rencontre; et j'en conçois, pour moi, la meilleure espérance du monde.

Scène V
[SGANARELLE, VALÈRE, LUCAS]

SGANARELLE *entre sur le théâtre en chantant et tenant une bouteille.* La, la, la...

VALÈRE. J'entends quelqu'un qui chante, et qui coupe du bois.

SGANARELLE. La, la, la... Ma foi, c'est assez travaillé pour boire un coup. Prenons un peu d'haleine. (*Il boit et dit après avoir bu:*) Voilà du bois qui est salé comme tous les diables. (*Il chante.*)

Qu'ils sont doux,
Bouteille jolie,
Qu'ils sont doux,
Vos petits glouglous!
Mais mon sort ferait bien des
 jaloux,
Si vous étiez toujours remplie.
Ah! bouteille, ma mie,
Pourquoi vous videz-vous?

Allons, morbleu! il ne faut point engendrer de mélancolie.

VALÈRE, *bas, à Lucas.* Le voilà lui-même.

LUCAS, *bas, à Valère.* Je pense que vous dites vrai, et que j'avons bouté le nez dessus.

VALÈRE. Voyons de près.

SGANARELLE, *les apercevant, les regarde en se tournant vers l'un puis vers l'autre, et abaissant sa voix, dit en embrassant sa bouteille.* Ah! ma petite friponne! que je t'aime, mon petit bouchon[36]!

(*Il chante.*)

Mais mon sort... ferait... bien des
 jaloux,
Si...

Que diable! à qui en veulent ces gens-là?

VALÈRE, *à Lucas.* C'est lui assurément.

LUCAS, *à Valère.* Le voilà tout craché comme on nous l'a défiguré[37].

SGANARELLE *pose sa bouteille à terre et, Valère se baissant pour le saluer, comme il croit que c'est à dessein de la prendre, il la met de l'autre côté; ensuite de quoi, Lucas faisant la même chose, il la reprend et la tient contre son estomac, avec divers gestes qui font un grand jeu de théâtre. Puis, à bas...)* Ils consultent en me regardant. Quel dessein auraient-ils?

VALÈRE. Monsieur, n'est-ce pas vous qui vous appelez Sganarelle?

SGANARELLE. Eh! quoi?

VALÈRE. Je vous demande si ce n'est pas vous qui se nomme Sganarelle.

SGANARELLE, *se tournant vers Valère, puis vers Lucas.* Oui et non, selon ce que vous lui voulez.

VALÈRE. Nous ne voulons que lui faire toutes les civilités que nous pourrons.

SGANARELLE. En ce cas, c'est moi qui se nomme Sganarelle.

VALÈRE. Monsieur, nous sommes ravis de vous voir. On nous a adressés à vous pour ce que nous cherchons; et nous venons implorer votre aide, dont nous avons besoin.

SGANARELLE. Si c'est quelque chose, Messieurs, qui dépende de mon petit négoce[38], je suis tout prêt à vous rendre service.

VALÈRE. Monsieur, c'est trop de grâce que vous nous faites. Mais,

36. Mot d'affection qui désignait un petit enfant. — 37. Lucas veut dire: figuré, c'est-à-dire décrit (confusion plaisante). — 38. Commerce (il pense que ses interlocuteurs ont besoin de fagots).

Monsieur, couvrez-vous[39], s'il vous plaît: le soleil pourrait vous incommoder.

LUCAS. Monsieur, boutez dessus[40].

SGANARELLE, *à part.* Voici des gens bien pleins de cérémonie. (*Il se couvre.*)

VALÈRE. Monsieur, il ne faut pas trouver étrange que nous venions à vous: les habiles gens sont toujours recherchés, et nous sommes instruits de votre capacité.

SGANARELLE. Il est vrai, Messsieurs, que je suis le premier homme du monde pour faire des fagots.

VALÈRE. Ah! Monsieur!

SGANARELLE. Je n'y épargne aucune chose, et les fais d'une façon qu'il n'y a rien à dire.

VALÈRE. Monsieur, ce n'est pas cela dont il est question.

SGANARELLE. Mais aussi je les vends cent dix sous le cent.

VALÈRE. Ne parlons point de cela, s'il vous plaît.

SGANARELLE. Je vous promets que je ne saurais les donner à moins.

VALÈRE. Monsieur, nous savons les choses.

SGANARELLE. Si vous savez les choses, vous savez que je les vends cela.

VALÈRE. Monsieur, c'est se moquer que…

SGANARELLE. Je ne me moque point, je n'en puis rien rabattre.

VALÈRE. Parlons d'autre façon, de grâce.

SGANARELLE. Vous en pourrez trouver autre part à moins: il y a fagots et fagots[41]. Mais pour ceux que je fais…

VALÈRE. Eh! Monsieur, laissons là ce discours.

SGANARELLE. Je vous jure que vous ne les auriez pas, s'il s'en fallait un double[42].

VALÈRE. Eh! fi!

SGANARELLE. Non, en conscience; vous en payerez cela. Je vous parle sincèrement, et ne suis pas homme à surfaire.

VALÈRE. Faut-il, Monsieur, qu'une personne comme vous s'amuse à ces grossières feintes, s'abaisse à parler de la sorte! qu'un homme si savant, un fameux médecin comme vous êtes, veuille se déguiser aux yeux du monde, et tenir enterrés les beaux talents qu'il a!

SGANARELLE, *à part.* Il est fou.

VALÈRE. De grâce, Monsieur, ne dissimulez point avec nous.

SGANARELLE. Comment?

LUCAS. Tout ce tripotage ne sert à rien; je savons ce que je savons.

SGANARELLE. Quoi donc! que me voulez-vous dire? Pour qui me prenez-vous?

VALÈRE. Pour ce que vous êtes, pour un grand médecin.

SGANARELLE. Médecin vous-même; je ne le suis point, et je ne l'ai jamais été.

VALÈRE, *bas.* Voilà sa folie qui le tient. (*Haut.*) Monsieur, ne veuillez point nier les choses davantage; et n'en venons point, s'il vous plaît, à de fâcheuses extrémités.

SGANARELLE. A quoi donc?

VALÈRE. A de certaines choses dont nous serions marris[43].

SGANARELLE. Parbleu! venez-en à tout ce qu'il vous plaira; je ne suis point médecin, et ne sais ce que vous me voulez dire.

39. Remettez votre chapeau. — 40. Mettez dessus, c'est-à-dire: remettez votre chapeau. — 41. La phrase est devenue proverbe: « il peut y avoir de grandes différences de valeur dans une même catégorie d'objets » (*Dict. Robert*). — 42. Si vous me proposiez un double (le sixième d'un sou) de moins que le prix demandé. — 43. Désolés.

VALÈRE, *bas.* Je vois bien qu'il faut se servir du remède. (*Haut.*) Monsieur, encore un coup, je vous prie d'avouer ce que vous êtes.

LUCAS. Eh! testigué! ne lantiponez point davantage[44], et confessez à la franquette[45] que vous êtes médecin.

SGANARELLE, *à part.* J'enrage!

VALÈRE. A quoi bon nier ce qu'on sait?

LUCAS. Pourquoi toutes ces frimes[46]-là? A quoi est-ce que ça vous sert?

SGANARELLE. Messieurs, en un mot autant qu'en deux mille, je vous dis que je ne suis point médecin.

VALÈRE. Vous n'êtes point médecin?

SGANARELLE. Non.

LUCAS. Vous n'êtes pas médecin?

SGANARELLE. Non, vous dis-je!

VALÈRE. Puisque vous le voulez, il faut donc s'y résoudre. (*Ils prennent un bâton et le frappent.*)

SGANARELLE. Ah! Ah! Messieurs! je suis tout ce qu'il vous plaira.

VALÈRE. Pourquoi, Monsieur, nous obligez-vous à cette violence?

LUCAS. A quoi bon nous bailler la peine de vous battre?

VALÈRE. Je vous assure que j'en ai tous les regrets du monde.

LUCAS. Par ma figué! j'en suis fâché franchement.

SGANARELLE. Que diable est ceci, Messieurs? De grâce, est-ce pour rire ou si tous deux vous extravaguez[47], de vouloir que je sois médecin?

VALÈRE. Quoi! vous ne vous rendez pas encore, et vous vous défendez d'être médecin?

SGANARELLE. Diable emporte[48] si je le suis!

LUCAS. Il n'est pas vrai que vous soyez médecin?

SGANARELLE. Non, la peste m'étouffe! (*Là, ils recommencent de le battre.*) Ah! ah! Eh bien, Messieurs, oui, puisque vous le voulez, je suis médecin, je suis médecin; apothicaire encore, si vous le trouvez bon. J'aime mieux consentir à tout que de me faire assommer.

VALÈRE. Ah! voilà qui va bien, Monsieur; je suis ravi de vous voir raisonnable.

LUCAS. Vous me boutez la joie au cœur, quand je vous vois parler comme ça.

VALÈRE. Je vous demande pardon de toute mon âme.

LUCAS. Je vous demandons excuse de la liberté que j'avons prise.

SGANARELLE, *à part.* Ouais! serait-ce bien moi qui me tromperais, et serais-je devenu médecin sans m'en être aperçu?

VALÈRE. Monsieur, vous ne vous repentirez pas de nous montrer ce que vous êtes; et vous verrez assurément que vous en serez satisfait.

SGANARELLE. Mais, Messieurs, dites-moi, ne vous trompez-vous point vous-mêmes? Est-il bien assuré que je sois médecin?

LUCAS. Oui, par ma figué!

SGANARELLE. Tout de bon?

VALÈRE. Sans doute.

SGANARELLE. Diable emporte si je le savais!

VALÈRE. Comment! vous êtes le plus habile médecin du monde.

SGANARELLE. Ah! ah!

LUCAS. Un médecin qui a guéri je ne sais combien de maladies.

SGANARELLE. Tudieu!

44. Ne nous faites plus attendre en disant des bêtises. — 45. Franchement. — 46. Feintes. — 47. Délirez. — 48. Que le diable m'emporte…

VALÈRE. Une femme était tenue pour morte il y avait six heures; elle était prête à ensevelir, lorsque, avec une goutte de quelque chose, vous la fîtes revenir et marcher d'abord[49] par la chambre.

SGANARELLE. Peste!

LUCAS. Un petit enfant de douze ans se laissa choir[50] du haut d'un clocher, de quoi il eut la tête, les jambes et les bras cassés. Et vous, avec je ne sais quel onguent, vous fîtes qu'aussitôt il se releva sur ses pieds, et s'en fut jouer à la fossette.

SGANARELLE. Diantre!

VALÈRE. Enfin, Monsieur, vous aurez contentement avec nous et vous gagnerez ce que vous voudrez, en vous laissant conduire où nous prétendons vous mener.

SGANARELLE. Je gagnerai ce que je voudrai?

VALÈRE. Oui.

SGANARELLE. Ah! je suis médecin, sans contredit. Je l'avais oublié, mais je m'en ressouviens. De quoi est-il question? Où faut-il se transporter?

VALÈRE. Nous vous conduirons. Il est question d'aller voir une fille qui a perdu la parole.

SGANARELLE. Ma foi, je ne l'ai pas trouvée.

VALÈRE, *bas, à Lucas.* Il aime à rire. (*A Sganarelle.*) Allons, Monsieur.

SGANARELLE. Sans une robe de médecin?

VALÈRE. Nous en prendrons une.

SGANARELLE, *présentant sa bouteille à Valère.* Tenez cela, vous: voilà où je mets mes juleps[51]. (*Puis se tournant vers Lucas en crachant.*) Vous, marchez là-dessus, par ordonnance du médecin.

LUCAS. Palsanguenne! voilà un médecin qui me plaît. Je pense qu'il réussira, car il est bouffon.

ACTE II

Une chambre de la maison de Géronte.

Scène I
[GÉRONTE, VALÈRE, LUCAS, JACQUELINE]

VALÈRE. Oui, Monsieur, je crois que vous serez satisfait; et nous vous avons amené le plus grand médecin du monde.

LUCAS. Oh! morguenne! il faut tirer l'échelle après celui-là[52], et tous les autres ne sont pas dignes de lui déchausser ses souliers.

VALÈRE. C'est un homme qui a fait des cures merveilleuses.

LUCAS. Qui a guéri des gens qui étaient morts.

VALÈRE. Il est un peu capricieux, comme je vous ai dit. Et, parfois, il a des moments où son esprit s'échappe, et ne paraît pas ce qu'il est.

LUCAS. Oui, il aime à bouffonner, et l'on dirait parfois, ne vous en déplaise, qu'il a quelque petit coup de hache à la tête.

VALÈRE. Mais, dans le fond, il est tout science; et bien souvent il dit des choses tout à fait relevées[53].

LUCAS. Quand il s'y boute, il parle tout fin drait[54] comme s'il lisait dans un livre.

VALÈRE. Sa réputation s'est déjà répandue ici, et tout le monde vient à lui.

GÉRONTE. Je meurs d'envie de le voir. Faites-le-moi vite venir.

49. Tout de suite. — 50. Tomber. — 51. Potions. — 52. On ne peut faire mieux que lui. — 53. Supérieures. — 54. Exactement.

VALÈRE. Je vais le quérir[55].

JACQUELINE. Par ma foi, Monsieur, celui-là fera justement ce qu'ont fait les autres. Je pense que ce sera queussi queumi[56], et la meilleure médecine que l'on pourrait bailler à votre fille, ce serait, selon moi, un beau et bon mari, pour qui elle eût de l'amitié.

GÉRONTE. Ouais! Nourrice, ma mie, vous vous mêlez de bien des choses!

LUCAS. Taisez-vous, notre ménagère Jacqueline; ce n'est pas à vous à bouter là votre nez.

JACQUELINE. Je vous dis et vous douze[57] que tous ces médecins n'y feront rien que de l'eau claire; que votre fille a besoin d'autre chose que de rhubarbe et de séné[58], et qu'un mari est une emplâtre qui guérit tous les maux des filles.

GÉRONTE. Est-elle en état maintenant qu'on s'en voulût charger[59], avec l'infirmité qu'elle a? Et lorsque j'ai été dans le dessein de la marier, ne s'est-elle pas opposée à mes volontés?

JACQUELINE. Je le crois bien. Vous lui vouliez bailler un homme qu'elle n'aime point. Que ne preniez-vous[60] ce Monsieur Léandre, qui lui touchait au cœur? Elle aurait été fort obéissante; et je m'en vais gager qu'il la prendrait, lui, comme elle est, si vous la lui vouliez donner.

GÉRONTE. Ce Léandre n'est pas ce qu'il lui faut; il n'a pas du bien[61] comme l'autre.

JACQUELINE. Il a un oncle qui est si riche, dont il est héritier.

GÉRONTE. Tous ces biens à venir me semblent autant de chansons. Il n'est rien tel que ce qu'on tient; et l'on court grand risque de s'abuser, lorsque l'on compte sur le bien qu'un autre vous garde. La mort n'a pas toujours les oreilles ouvertes aux vœux et aux prières de Messieurs les héritiers; et l'on a le temps d'avoir les dents longues[62], lorsqu'on attend, pour vivre, le trépas de quelqu'un.

JACQUELINE. Enfin, j'ai toujours ouï[63] dire qu'en mariage, comme ailleurs, contentement passe richesse[64]. Les pères et les mères ont cette maudite coutume de demander toujours: « Qu'a-t-il? » et « Qu'a-t-elle? »; et le compère Pierre a marié sa fille Simonette au gros Thomas pour une parcelle de vigne qu'il avait davantage que le jeune Robin, où elle avait bouté son amitié. Et voilà que la pauvre créature en est devenue jaune comme un coing, et n'a pas profité du tout depuis ce temps-là. C'est un bel exemple pour vous, Monsieur. On n'a que son plaisir en ce monde; et j'aimerais mieux bailler à ma fille un bon mari qui lui fût agréable, que toutes les rentes de la Beauce.

GÉRONTE. Peste! Madame la nourrice, comme vous dégoisez[65]! Taisez-vous, je vous prie; vous prenez trop de soin[66], et vous échauffez votre lait.

LUCAS, *en disant ceci, il frappe sur la poitrine de Géronte.* Morgué! tais-toi, tu n'es qu'une impertinente.

55. Chercher. — 56. Pareil. — 57. Jeu de mots: *dis*, prononcé comme *dix*, amène *douze*. — 58. Plantes médicamenteuses. — 59. Sa condition est-elle telle que l'on voudrait bien s'en charger (en l'épousant)…? — 60. Pourquoi ne preniez-vous pas…? — 61. De fortune. — 62. Convoîter longtemps quelque chose sans pouvoir l'obtenir (allusion aux rongeurs privés de nourriture). — 63. Entendu. — 64. Le bonheur *dépasse* (en importance) la richesse. — 65. Vous parlez trop. — 66. Vous vous faites trop de soucis.

Monsieur n'a que faire de tes discours, et il sait ce qu'il a à faire. Mêle-toi de donner à téter à ton enfant, sans tant faire la raisonneuse. Monsieur est le père de sa fille; et il est bon et sage pour voir ce qu'il lui faut.

GÉRONTE. Tout doux! Oh! tout doux!

LUCAS, *frappant encore sur la poitrine de Géronte.* Monsieur, je veux un peu la mortifier, et lui apprendre le respect qu'elle vous doit.

GÉRONTE. Oui; mais ces gestes ne sont pas nécessaires.

Scène II
[VALÈRE, SGANARELLE, GÉRONTE, LUCAS, JACQUELINE]

VALÈRE. Monsieur, préparez-vous. Voici notre médecin qui entre.

GÉRONTE, *à Sganarelle.* Monsieur, je suis ravi de vous voir chez moi, et nous avons grand besoin de vous.

SGANARELLE, *en robe de médecin, avec un chapeau des plus pointus.* Hippocrate[67] dit… que nous nous couvrions tous deux.

GÉRONTE. Hippocrate dit cela?

SGANARELLE. Oui.

GÉRONTE. Dans quel chapitre, s'il vous plaît?

SGANARELLE. Dans son chapitre… des chapeaux.

GÉRONTE. Puisque Hippocrate le dit, il le faut faire.

SGANARELLE. Monsieur le Médecin, ayant appris les merveilleuses choses…

GÉRONTE. A qui parlez-vous, de grâce?

SGANARELLE. A vous.

GÉRONTE. Je ne suis pas médecin.

SGANARELLE. Vous n'êtes pas médecin?

GÉRONTE. Non, vraiment.

SGANARELLE (*qui prend ici un bâton et le bat comme on l'a battu*). Tout de bon?

GÉRONTE. Tout de bon. Ah! ah! ah!

SGANARELLE. Vous êtes médecin maintenant; je n'ai jamais eu d'autres licences[68].

GÉRONTE, *à Valère.* Quel diable d'homme m'avez-vous là amené?

VALÈRE. Je vous ai bien dit que c'était un médecin goguenard[69].

GÉRONTE. Oui; mais je l'enverrais promener avec ses goguenarderies.

LUCAS. Ne prenez pas garde à ça, Monsieur; ce n'est que pour rire.

GÉRONTE. Cette raillerie ne me plaît pas.

SGANARELLE. Monsieur, je vous demande pardon de la liberté que j'ai prise.

GÉRONTE. Monsieur, je suis votre serviteur.

SGANARELLE. Je suis fâché…

GÉRONTE. Cela n'est rien.

SGANARELLE. Des coups de bâton…

GÉRONTE. Il n'y a pas de mal.

SGANARELLE. …que j'ai eu l'honneur de vous donner.

GÉRONTE. Ne parlons plus de cela, Monsieur, j'ai une fille qui est tombée dans une étrange maladie.

SGANARELLE. Je suis ravi, Monsieur, que votre fille ait besoin de moi; et je souhaiterais de tout mon cœur que vous en eussiez besoin aussi, vous et toute votre famille, pour vous témoigner l'envie que j'ai de vous servir.

GÉRONTE. Je vous suis obligé de ces sentiments.

SGANARELLE. Je vous assure que c'est du meilleur de mon âme que je vous parle.

GÉRONTE. C'est trop d'honneur que vous me faites.

67. Célèbre médecin grec (460–377 av. J.-C.). — 68. Titres, diplômes. — 69. Qui fait rire.

SGANARELLE. Comment s'appelle votre fille?

GÉRONTE. Lucinde.

SGANARELLE. Lucinde! Ah! beau nom à médicamenter! Lucinde!

GÉRONTE. Je m'en vais voir un peu ce qu'elle fait.

SGANARELLE. Qui est cette grande femme-là?

GÉRONTE. C'est la nourrice d'un petit enfant que j'ai.

SGANARELLE, *à part.* Peste! le joli meuble[70] que voilà! (*Haut.*) Ah! nourrice, charmante nourrice, ma médecine est la très humble esclave de votre nourricerie, et je voudrais bien être le petit poupon fortuné qui tétât le lait (*il lui porte la main sur le sein*) de vos bonnes grâces. Tous mes remèdes, toute ma science, toute ma capacité est à votre service, et...

LUCAS. Avec votre permission, Monsieur le Médecin, laissez là ma femme, je vous prie.

SGANARELLE. Quoi! est-elle votre femme?

LUCAS. Oui.

SGANARELLE *fait semblant d'embrasser Lucas et, se tournant du côté de la nourrice, il l'embrasse.* Ah! vraiment, je ne savais pas cela, et je m'en réjouis pour l'amour de l'un et de l'autre.

LUCAS, *en le tirant.* Tout doucement, s'il vous plaît.

SGANARELLE. Je vous assure que je suis ravi que vous soyez unis ensemble. Je la félicite d'avoir (*il fait encore semblant d'embrasser Lucas et, passant dessous ses bras, se jette au cou de sa femme*) un mari comme vous. Et je vous félicite, vous, d'avoir une femme si belle, si sage et si bien faite comme elle est.

LUCAS, *en le tirant encore.* Eh! testigué! point tant de compliments, je vous supplie.

SGANARELLE. Ne voulez-vous pas que je me réjouisse avec vous d'un si bel assemblage?

LUCAS. Avec moi, tant qu'il vous plaira; mais avec ma femme, trêve de cérémonie.

SGANARELLE. Je prends part également au bonheur de tous deux; et (*il continue le même jeu*) si je vous embrasse pour vous témoigner ma joie, je l'embrasse de même pour lui en témoigner aussi.

LUCAS, *en le tirant encore.* Ah! vartigué, Monsieur le Médecin, que de lantiponages[71]!

Scène III
[SGANARELLE, GÉRONTE, LUCAS, JACQUELINE]

GÉRONTE. Monsieur, voici tout à l'heure ma fille qu'on va vous amener.

SGANARELLE. Je l'attends, Monsieur, avec toute la médecine[72].

GÉRONTE. Où est-elle?

SGANARELLE, *se touchant le front.* Là dedans...

GÉRONTE. Fort bien.

SGANARELLE, *en voulant toucher les tétons de la nourrice.* Mais comme je m'intéresse à toute votre famille, il faut que j'essaye un peu le lait de votre nourrice, et que je visite[73] son sein.

LUCAS, *le tirant, en lui faisant faire la pirouette.* Nenni, nenni[74]; je n'avons que faire de ça.

SGANARELLE. C'est l'office[75] du médecin de voir les tétons des nourrices.

70. La jolie femme. — 71. Bavardages inutiles. — 72. Avec toutes les ressources de la médecine. — 73. Que j'examine. — 74. Non, non. — 75. Devoir.

LUCAS. Il n'y a pas office qui tienne, je suis votre serviteur[76].

SGANARELLE. As-tu bien la hardiesse de t'opposer au médecin? Hors de là!

LUCAS. Je me moque de ça.

SGANARELLE, *en le regardant de travers.* Je te donnerai la fièvre.

JACQUELINE, *prenant Lucas par le bras et lui faisant aussi faire la pirouette.* Ote-toi de là aussi. Est-ce que je ne suis pas assez grande pour me défendre moi-même, s'il me fait quelque chose qui ne soit pas à faire?

LUCAS. Je ne veux pas qu'il te tâte, moi.

SGANARELLE. Fi, le vilain, qui est jaloux de sa femme!

GÉRONTE. Voici ma fille.

Scène IV
[LUCINDE, GÉRONTE, SGANARELLE, VALÈRE, LUCAS, JACQUELINE]

SGANARELLE. Est-ce là la malade?

GÉRONTE. Oui. Je n'ai qu'elle de fille; et j'aurais tous les regrets du monde si elle venait à mourir.

SGANARELLE. Qu'elle s'en garde bien! Il ne faut pas qu'elle meure sans l'ordonnance du médecin.

GÉRONTE. Allons, un siège.

SGANARELLE, *assis entre Géronte et Lucinde.* Voilà une malade qui n'est pas tant dégoûtante, et je tiens qu'un homme bien sain s'en accommoderait assez.

GÉRONTE. Vous l'avez fait rire, Monsieur.

SGANARELLE. Tant mieux: lorsque le médecin fait rire le malade, c'est le meilleur signe du monde. (*A Lucinde.*) Eh bien! de quoi est-il question? Qu'avez-vous? quel est le mal que vous sentez?

LUCINDE *répond par signes, en portant sa main à sa bouche, à sa tête, et sous son menton.* Han, hi, hon, han.

SGANARELLE. Eh! que dites-vous?

LUCINDE, *continue les mêmes gestes.* Han, hi, hon, han, han, hi, hon.

SGANARELLE. Quoi?

LUCAS. Han, hi, hon.

SGANARELLE, *la contrefaisant.* Han, hi, hon, han, ha. Je ne vous entends point[77]. Quel diable de langage est-ce là?

GÉRONTE. Monsieur, c'est là sa maladie. Elle est devenue muette, sans que jusques ici on en ait pu savoir la cause; et c'est un accident qui a fait reculer son mariage.

SGANARELLE. Et pourquoi?

GÉRONTE. Celui qu'elle doit épouser veut attendre sa guérison pour conclure les choses.

SGANARELLE. Et qui est ce sot-là, qui ne veut pas que sa femme soit muette? Plût à Dieu que la mienne eût cette maladie! Je me garderais bien de la vouloir guérir.

GÉRONTE. Enfin, Monsieur, nous vous prions d'employer tous vos soins pour la soulager de son mal.

SGANARELLE. Ah! ne vous mettez pas en peine. Dites-moi un peu: ce mal l'oppresse-t-il beaucoup?

GÉRONTE. Oui, Monsieur.

SGANARELLE. Tant mieux. Sent-elle de grandes douleurs?

GÉRONTE. Fort grandes.

SGANARELLE. C'est fort bien fait. Va-t-elle où vous savez?

GÉRONTE. Oui.

SGANARELLE. Copieusement?

GÉRONTE. Je n'entends rien à cela.

SGANARELLE. La matière est-elle louable[78]?

GÉRONTE. Je ne me connais pas à ces choses.

76. Lisez: je me moque de ce « devoir », et je vous défends de continuer. — 77. Je ne vous comprends pas. — 78. Comme il faut.

SGANARELLE, *se tournant vers la malade.* Donnez-moi votre bras. *(A Géronte.)* Voilà un pouls qui marque que votre fille est muette.

GÉRONTE. Eh! oui, Monsieur, c'est là son mal; vous l'avez trouvé tout du premier coup.

SGANARELLE. Ah! ah!

JACQUELINE. Voyez comme il a deviné sa maladie!

SGANARELLE. Nous autres grands médecins, nous connaissons d'abord[79] les choses. Un ignorant aurait été embarrassé, et vous eût été dire: « C'est ceci, c'est cela »; mais moi, je touche au but du premier coup, et je vous apprends que votre fille est muette.

GÉRONTE. Oui; mais je voudrais bien que vous me puissiez dire d'où cela vient.

SGANARELLE. Il n'est rien de plus aisé. Cela vient de ce qu'elle a perdu la parole.

GÉRONTE. Fort bien. Mais la cause, s'il vous plaît, qui fait qu'elle a perdu la parole?

SGANARELLE. Tous nos meilleurs auteurs vous diront que c'est l'empêchement de l'action de sa langue.

GÉRONTE. Mais encore, vos sentiments sur cet empêchement de l'action de sa langue?

SGANARELLE. Aristote, là-dessus, dit... de fort belles choses.

GÉRONTE. Je le crois.

SGANARELLE. Ah! c'était un grand homme!

GÉRONTE. Sans doute.

SGANARELLE. Grand homme tout à fait... *(Levant le bras depuis le coude.)* Un homme qui était plus grand que moi de tout cela. Pour revenir donc à notre raisonnement, je tiens que cet empêchement de l'action de sa langue est causé par de certaines humeurs[80], qu'entre nous autres savants nous appelons humeurs peccantes; peccantes, c'est-à-dire... humeurs peccantes; d'autant que les vapeurs formées par les exhalaisons des influences qui s'élèvent dans la région des maladies, venant... pour ainsi dire... à... Entendez-vous[81] le latin?

GÉRONTE. En aucune façon.

SGANARELLE, *se levant avec étonnement.* Vous n'entendez point le latin?

GÉRONTE. Non.

SGANARELLE, *en faisant diverses plaisantes postures. Cabricias, arci thuram, catalamus, singulariter, nominativo, haec musa* « la Muse », *bonus, bona, bonum. Deus sanctus, estne oratio latinas? Etiam* « oui ». *Quare?* « pourquoi? » *Quia substantivo, et adjectivum, concordat in generi, numerum et casus*[82].

GÉRONTE. Ah! que n'ai-je étudié[83]!

JACQUELINE. L'habile homme que voilà!

LUCAS. Oui, ça est si beau, que je n'y entends goutte[84].

SGANARELLE. Or, ces vapeurs dont je vous parle, venant à passer, du côté gauche où est le foie, au côté droit où est le cœur, il se trouve que le poumon, que nous appelons en latin *armyan*, ayant communication avec le cerveau, que nous nommons en grec *nasmus*, par le moyen de la veine cave, que nous appelons en hébreu *cubile*, rencontre en son chemin lesdites vapeurs qui remplissent les ventricules de

79. Tout de suite. — 80. Selon un dictionnaire de l'époque (Furetière, 1690), « en termes de médecine, on appelle les quatre humeurs les quatre substances liquides qui abreuvent tout le corps des animaux [...]. Il y en a qui s'épaississent et se corrompent... » Ces dernières étaient qualifiées de *pec-cantes* (qui pèchent). — 81. Comprenez-vous. — 82. Ici comme plus loin, il s'agit d'un mélange de latin authentique et de mots inventés. — 83. Pourquoi n'ai-je pas étudié? — 84. Je n'y comprends rien.

l'omoplate. Et parce que lesdites vapeurs comprenez bien ce raisonnement, je vous prie et parce que lesdites vapeurs ont une certaine malignité… Ecoutez bien ceci, je vous conjure.

GÉRONTE. Oui.

SGANARELLE. Ont une certaine malignité qui est causée… Soyez attentif, s'il vous plaît.

GÉRONTE. Je le suis.

SGANARELLE. Qui est causée par l'âcreté des humeurs engendrées dans la concavité du diaphragme, il arrive que ces vapeurs… *ossabandus, nequeis, nequer, potarium, quipsa milus.* Voilà justement ce qui fait que votre fille est muette.

JACQUELINE. Ah que ça est bien dit, notre homme!

LUCAS. Que n'ai-je la langue aussi bien pendue!

GÉRONTE. On ne peut pas mieux raisonner, sans doute. Il n'y a qu'une seule chose qui m'a choqué: c'est l'endroit du foie et du cœur. Il me semble que vous les placez autrement qu'ils ne sont; que le cœur est du côté gauche, et le foie du côté droit.

SGANARELLE. Oui, cela était autrefois ainsi. Mais nous avons changé tout cela, et nous faisons maintenant la médecine d'une méthode toute nouvelle.

GÉRONTE. C'est ce que je ne sais pas, et je vous demande pardon de mon ignorance.

SGANARELLE. Il n'y a point de mal; et vous n'êtes pas obligé d'être aussi habile que nous.

GÉRONTE. Assurément. Mais, Monsieur, que croyez-vous qu'il faille faire à cette maladie?

SGANARELLE. Ce que je crois qu'il faille faire?

GÉRONTE. Oui.

SGANARELLE. Mon avis est qu'on la remette sur son lit, et qu'on lui fasse prendre quantité de pain trempé dans du vin.

GÉRONTE. Pourquoi cela, Monsieur?

SGANARELLE. Parce qu'il y a dans le vin et le pain, mêlés ensemble, une vertu sympathique qui fait parler. Ne voyez-vous pas bien qu'on ne donne autre chose aux perroquets, et qu'ils apprennent à parler en mangeant de cela?

GÉRONTE. Cela est vrai! Ah! le grand homme! Vite, quantité de pain et de vin!

SGANARELLE. Je reviendrai voir sur le soir en quel état elle sera. *(A la nourrice.)* Doucement, vous[85]. *(A Géronte.)* Monsieur, voilà une nourrice à laquelle il faut que je fasse quelques petits remèdes.

JACQUELINE. Qui? moi? je me porte le mieux du monde.

SGANARELLE. Tant pis, nourrice, tant pis. Cette grande santé est à craindre, et il ne sera pas mauvais de vous faire quelque petite saignée amiable, de vous donner quelque petit clystère dulcifiant[86].

GÉRONTE. Mais, Monsieur, voilà une mode que je ne comprends point. Pourquoi s'aller faire saigner quand on n'a point de maladie?

SGANARELLE. Il n'importe, la mode en est salutaire; et comme on boit pour la soif à venir, il faut se faire aussi saigner sur la maladie à venir.

JACQUELINE, *en se retirant.* Ma foi! je me moque de ça, je ne veux point faire de mon corps une boutique d'apothicaire.

85. Attendez. — 86. Lavement adoucissant (remède très courant à l'époque).

SGANARELLE. Vous êtes rétive aux remèdes; mais nous saurons vous soumettre à la raison. *(Parlant à Géronte.)* Je vous donne le bonjour.

GÉRONTE. Attendez un peu, s'il vous plaît.

SGANARELLE. Que voulez-vous faire?

GÉRONTE. Vous donner de l'argent, Monsieur.

SGANARELLE, *tendant sa main derrière, par-dessous sa robe, tandis que Géronte ouvre sa bourse.* Je n'en prendrai pas, Monsieur.

GÉRONTE. Monsieur...

SGANARELLE. Point du tout.

GÉRONTE. Un petit moment.

SGANARELLE. En aucune façon.

GÉRONTE. De grâce!

SGANARELLE. Vous vous moquez.

GÉRONTE. Voilà qui est fait.

SGANARELLE. Je n'en ferai rien.

GÉRONTE. Eh!

SGANARELLE. Ce n'est pas l'argent qui me fait agir.

GÉRONTE. Je le crois.

SGANARELLE, *après avoir pris l'argent.* Cela est-il de poids[87]?

GÉRONTE. Oui, Monsieur.

SGANARELLE. Je ne suis pas un médecin mercenaire.

GÉRONTE. Je le sais bien.

SGANARELLE. L'intérêt ne me gouverne point.

GÉRONTE. Je n'ai pas cette pensée.

Scène V

[SGANARELLE, LÉANDRE, *dans le jardin de la maison de Géronte*]

SGANARELLE, *regardant son argent.* Ma foi, cela ne va pas mal; et pourvu que...

LÉANDRE. Monsieur, il y a longtemps que je vous attends; et je viens implorer votre assistance.

SGANARELLE, *lui prenant le poignet.* Voilà un pouls qui est fort mauvais.

LÉANDRE. Je ne suis point malade, Monsieur; et ce n'est pas pour cela que je viens à vous.

SGANARELLE. Si vous n'êtes pas malade, que diable ne le dites-vous donc?

LÉANDRE. Non. Pour vous dire la chose en deux mots, je m'appelle Léandre, qui suis amoureux de Lucinde, que vous venez de visiter. Et comme, par la mauvaise humeur de son père, toute sorte d'accès m'est fermé auprès d'elle, je me hasarde à vous prier de vouloir servir mon amour, et de me donner lieu d'exécuter un stratagème que j'ai trouvé pour lui pouvoir dire deux mots, d'où dépendent absolument mon bonheur et ma vie.

SGANARELLE, *paraissant en colère.* Pour qui me prenez-vous? Comment! oser vous adresser à moi pour vous servir dans votre amour, et vouloir ravaler la dignité de médecin à des emplois de cette nature!

LÉANDRE. Monsieur, ne faites point de bruit.

SGANARELLE, *en le faisant reculer.* J'en veux faire, moi. Vous êtes un impertinent!

LÉANDRE. Eh! Monsieur, doucement.

SGANARELLE. Un malavisé!

LÉANDRE. De grâce!

SGANARELLE. Je vous apprendrai que je ne suis point homme à cela, et que c'est une insolence extrême...

LÉANDRE, *tirant une bourse qu'il lui donne.* Monsieur...

87. Les pièces pèsent-elles leur poids légal?

SGANARELLE, *tenant la bourse.* De vouloir m'employer... Je ne parle pas pour vous, car vous êtes honnête homme; et je serai ravi de vous rendre service. Mais il y a de certains impertinents au monde qui viennent prendre les gens pour ce qu'ils ne sont pas, et je vous avoue que cela me met en colère.

LÉANDRE. Je vous demande pardon, Monsieur, de la liberté que...

SGANARELLE. Vous vous moquez. De quoi est-il question?

LÉANDRE. Vous saurez donc, Monsieur, que cette maladie que vous voulez guérir est une feinte maladie. Les médecins ont raisonné là-dessus comme il faut; et ils n'ont pas manqué de dire que cela procédait, qui du cerveau, qui des entrailles, qui de la rate, qui du foie[88]. Mais il est certain que l'amour en est la véritable cause, et que Lucinde n'a trouvé cette maladie que pour se délivrer d'un mariage dont elle était importunée. Mais, de crainte qu'on ne nous voie ensemble, retirons-nous d'ici, et je vous dirai en marchant ce que je souhaite de vous.

SGANARELLE. Allons, Monsieur, vous m'avez donné pour votre amour une tendresse qui n'est pas concevable, et j'y perdrai toute ma médecine: ou la malade crèvera, ou bien elle sera à vous.

Acte III

Scène première
[LÉANDRE, SGANARELLE, *dans le jardin de la maison de Géronte*]

LÉANDRE[89]. Il me semble que je ne suis pas mal ainsi pour un apothicaire;

et, comme le père ne m'a guère vu, ce changement d'habit et de perruque est assez capable, je crois, de me déguiser à ses yeux.

SGANARELLE. Sans doute.

LÉANDRE. Tout ce que je souhaiterais serait de savoir cinq ou six grands mots de médecine, pour parer mon discours et me donner l'air d'habile homme.

SGANARELLE. Allez, allez, tout cela n'est pas nécessaire: il suffit de l'habit, et je n'en sais pas plus que vous.

LÉANDRE. Comment?

SGANARELLE. Diable emporte si j'entends rien en médecine! Vous êtes honnête homme, et je veux bien me confier à vous comme vous vous confiez à moi.

LÉANDRE. Quoi! vous n'êtes pas effectivement...

SGANARELLE. Non, vous dis-je; ils m'ont fait médecin malgré mes dents[90]. Je ne m'étais jamais mêlé d'être si savant que cela, et toutes mes études n'ont été que jusqu'en sixième. Je ne sais point sur quoi cette imagination leur est venue; mais, quand j'ai vu qu'à toute force ils voulaient que je fusse médecin, je me suis résolu de l'être aux dépens de qui il appartiendra[91]. Cependant, vous ne sauriez croire comment l'erreur s'est répandue, *widespread* et de quelle façon chacun est endiablé à me croire habile homme. On me vient chercher de tous les côtés, et si les choses vont toujours de même, je suis d'avis de m'en tenir toute ma vie à la médecine. Je trouve que c'est le métier le meilleur de tous; car, soit qu'on fasse bien, ou soit qu'on fasse mal, on est toujours payé de même sorte. La méchante besogne

88. *Qui du cerveau...*, etc.: soit du cerveau..., etc. — 89. Il s'est déguisé en apothicaire depuis la fin de la scène précédente. — 90. Malgré moi. — 91. De ceux qui le voudront.

ne retombe jamais sur notre dos, et nous taillons comme il nous plaît sur l'étoffe où nous travaillons. Un cordonnier, en faisant des souliers, ne saurait gâter un morceau de cuir, qu'il n'en paye les pots cassés[92], mais ici l'on peut gâter un homme sans qu'il en coûte rien. Les bévues ne sont point pour nous, et c'est toujours la faute de celui qui meurt. Enfin le bon de cette profession est qu'il y a parmi les morts une honnêteté, une discrétion la plus grande du monde, et jamais on n'en voit se plaindre du médecin qui l'a tué.

LÉANDRE. Il est vrai que les morts sont fort honnêtes gens sur cette matière.

SGANARELLE, *voyant des hommes qui viennent à lui.* Voilà des gens qui ont la mine de me venir consulter. *(A Léandre.)* Allez toujours m'attendre auprès du logis de votre maîtresse[93].

Scène II
[THIBAUT, PERRIN, SGANARELLE]

THIBAUT. Monsieur, je venons vous chercher, mon fils Perrin et moi.

SGANARELLE. Qu'y a-t-il?

THIBAUT. Sa pauvre mère, qui a nom Perrette, est dans un lit, malade il y a six mois[94].

SGANARELLE, *tendant la main comme pour recevoir de l'argent.* Que voulez-vous que j'y fasse?

THIBAUT. Je voudrions, Monsieur, que vous nous baillassiez quelque petite drôlerie pour la guérir.

SGANARELLE. Il faut voir de quoi est-ce qu'elle est malade.

THIBAUT. Elle est malade d'hypocrisie[95], Monsieur.

SGANARELLE. D'hypocrisie?

THIBAUT. Oui, c'est-à-dire qu'elle est enflée partout; et l'on dit que c'est quantité de sériosités qu'elle a dans le corps, et que son foie, son ventre ou sa rate, comme vous voudrais l'appeler, au lieu de faire du sang, ne fait plus que de l'eau. Elle a, de deux jours l'un, la fièvre quotidienne, avec des lassitudes et des douleurs dans les mufles des jambes[96]. On entend dans sa gorge des fleumes qui sont tout prêts à l'étouffer; et parfois il lui prend des syncoles et des conversions, que je croyons qu'elle est passée[97]. J'avons dans notre village un apothicaire, révérence parler[98], qui lui a donné je ne sais combien d'histoires. Et il m'en coûte plus d'une douzaine de bons écus en lavements, ne vous en déplaise, en apostumes qu'on lui a fait prendre, en infections de jacinthe, et en portions cordiales. Mais tout ça, comme dit l'autre, n'a été que de l'onguent miton-mitaine[99]. Il voulait lui bailler d'une certaine drogue que l'on appelle du vin amétile, mais j'ai eu peur, franchement, que ça l'envoie *a patres*[100]. Et l'on dit que ces gros médecins tuent je ne sais combien de monde avec cette invention-là.

92. Sans qu'il en subisse les conséquences. — 93. *Votre maîtresse:* celle que vous aimez; celle qui s'est rendue *maîtresse* de votre cœur (sens de l'époque). — 94. Depuis six mois. — 95. Confusion avec *hydropisie.* — 96. Dans cette tirade, comme dans le cas d'*hypocrisie,* Thibaut fait rire en déformant de nombreux termes médicaux. En voici la liste: *mufles* (pour *muscles*); *fleumes* (pour *flegmes*); *syncoles* (pour *syncopes*); *conversions* (pour *convulsions*); *apostumes* (pour *apozèmes,* c'est-à-dire décoctions de plantes); *infections* (pour *infusions*); *portions* (pour *potions*); *amétile* (pour *émétique*). — 97. Morte. — 98. Formule d'excuse; Thibaut ne veut pas offenser Sganarelle en lui parlant de lavements (ou peut-être en lui parlant d'un concurrent). — 99. Qui n'a aucun effet. — 100. Il veut dire: *ad patres* (vers les pères), c'est-à-dire dans l'autre monde.

SGANARELLE, *tendant toujours la main, en la secouant, comme pour signe qu'il demande de l'argent.* Venons au fait, mon ami, venons au fait.

THIBAUT. Le fait est, Monsieur, que je venons vous prier de nous dire ce qu'il faut que je fasions.

SGANARELLE. Je ne vous entends[101] point du tout.

PERRIN. Monsieur, ma mère est malade; et voilà deux écus que je vous apportons pour nous bailler quelque remède.

SGANARELLE. Ah! je vous entends, vous. Voilà un garçon qui parle clairement, qui s'explique comme il faut. Vous dites que votre mère est malade d'hydropisie, qu'elle est enflée par tout le corps, qu'elle a la fièvre, avec des douleurs dans les jambes, et qu'il lui prend parfois des syncopes et des convulsions, c'est-à-dire des évanouissements?

PERRIN. Eh! oui, Monsieur, c'est justement ça.

SGANARELLE. J'ai compris d'abord[102] vos paroles. Vous avez un père qui ne sait ce qu'il dit. Maintenant vous me demandez un remède?

PERRIN. Oui, Monsieur.

SGANARELLE. Un remède pour la guérir?

PERRIN. C'est comme je l'entendons.

SGANARELLE. Tenez, voilà un morceau de fromage qu'il faut que vous lui fassiez prendre.

PERRIN. Du fromage, Monsieur?

SGANARELLE. Oui, c'est un fromage préparé, où il entre de l'or, du corail et des perles, et quantité d'autres choses précieuses.

PERRIN. Monsieur, je vous sommes bien obligés, et j'allons lui faire prendre ça tout à l'heure.

SGANARELLE. Allez. Si elle meurt, ne manquez pas de la faire enterrer du mieux que vous pourrez.

Scène III
[JACQUELINE, SGANARELLE, LUCAS, *dans une chambre dans la maison de Géronte*]

SGANARELLE. Voici la belle nourrice. Ah! nourrice de mon cœur, je suis ravi de cette rencontre, et votre vue est la rhubarbe, la casse et le séné[103] qui purgent toute la mélancolie de mon âme.

JACQUELINE. Par ma figué, Monsieur le Médecin, ça est trop bien dit pour moi, et je n'entends rien à tout votre latin.

SGANARELLE. Devenez malade, nourrice, je vous prie; devenez malade pour l'amour de moi. J'aurai toutes les joies du monde de vous guérir.

JACQUELINE. Je suis votre servante[104]; j'aime bien mieux qu'on ne me guérisse pas.

SGANARELLE. Que je vous plains, belle nourrice, d'avoir un mari jaloux et fâcheux[105] comme celui que vous avez!

JACQUELINE. Que voulez-vous, Monsieur, c'est pour la pénitence de mes fautes; et là où la chèvre est liée, il faut bien qu'elle y broute. *graze*

SGANARELLE. Comment? un rustre comme cela! un homme qui vous observe toujours, et ne veut pas que personne vous parle!

JACQUELINE. Hélas! vous n'avez rien vu encore; et ce n'est qu'un petit échantillon de sa mauvaise humeur.

101. Comprends. — 102. Tout de suite. — 103. Plantes médicamenteuses connues pour leurs pouvoirs purgatifs (d'où les mots qui suivent). — 104. Formule de refus. — 105. Désagréable.

SGANARELLE. Est-il possible? et qu'un homme ait l'âme assez basse pour maltraiter une personne comme vous? Ah! que j'en sais, belle nourrice, et qui ne sont pas loin d'ici, qui se tiendraient heureux de baiser seulement les petits bouts de vos petons[106]! Pourquoi faut-il qu'une personne si bien faite soit tombée en de telles mains! et qu'un franc animal, un brutal, un stupide, un sot... Pardonnez-moi, nourrice, si je parle ainsi de votre mari...

JACQUELINE. Eh! Monsieur, je sais bien qu'il mérite tous ces noms-là.

SGANARELLE. Oui, sans doute, nourrice, il les mérite; et il mériterait encore que vous lui missiez quelque chose sur la tête[107], pour le punir des soupçons qu'il a.

JACQUELINE. Il est bien vrai que si je n'avais devant les yeux que son intérêt, il pourrait m'obliger à quelque étrange chose.

SGANARELLE. Ma foi, vous ne feriez pas mal de vous venger de lui avec quelqu'un. C'est un homme, je vous le dis, qui mérite bien cela, et si j'étais assez heureux, belle nourrice, pour être choisi pour... *(En cet endroit, tous deux apercevant Lucas qui était derrière eux et entendait leur dialogue, chacun se retire de son côté, mais le médecin d'une manière fort plaisante.)*

Scène IV
[GÉRONTE, LUCAS]

GÉRONTE. Holà! Lucas, n'as-tu point vu ici notre médecin?

LUCAS. Eh! oui, de par tous les diantres, je l'ai vu, et ma femme aussi.

GÉRONTE. Où est-ce donc qu'il peut être?

LUCAS. Je ne sais; mais je voudrais qu'il fût à tous les guèbles!

GÉRONTE. Va-t'en voir un peu ce que fait ma fille.

Scène V
SGANARELLE, LÉANDRE, GÉRONTE.

GÉRONTE. Ah! Monsieur, je demandais où vous étiez.

SGANARELLE. Je m'étais amusé dans votre cour à expulser le superflu de la boisson. Comment se porte la malade?

GÉRONTE. Un peu plus mal depuis votre remède.

SGANARELLE. Tant mieux: c'est signe qu'il opère.

GÉRONTE. Oui, mais, en opérant, je crains qu'il ne l'étouffe.

SGANARELLE. Ne vous mettez pas en peine: j'ai des remèdes qui se moquent de tout, et je l'attends à l'agonie.

GÉRONTE, *montrant Léandre.* Qui est cet homme-là que vous amenez?

SGANARELLE, *faisant des signes avec la main pour montrer que c'est un apothicaire*[108]. C'est...

GÉRONTE. Quoi?

SGANARELLE. Celui...

GÉRONTE. Eh?

SGANARELLE. Qui...

GÉRONTE. Je vous entends.

SGANARELLE. Votre fille en aura besoin.

Scène VI
[LUCINDE, GÉRONTE, LÉANDRE, JACQUELINE, SGANARELLE]

JACQUELINE. Monsieur, voilà votre fille, qui veut un peu marcher.

106. Pieds. — 107. Allusion aux cornes du cocu. *Porter des cornes* signifie: être trompé. — 108. Les signes dont il est question sont ceux de l'apothicaire qui actionne sa seringue à lavement. Géronte ne comprend pas tout de suite.

SGANARELLE. Cela lui fera du bien. (*A Léandre.*) Allez-vous-en, Monsieur l'Apothicaire, tâter un peu son pouls, afin que je raisonne tantôt avec vous de sa maladie. (*En cet endroit, il tire Géronte à un bout du théâtre, et, lui passant un bras sur les épaules, lui rabat la main sous le menton, avec laquelle il le fait retourner vers lui, lorsqu'il veut regarder ce que sa fille et l'apothicaire font ensemble, lui tenant cependant le discours suivant pour l'amuser.*) Monsieur, c'est une grande et subtile question entre les docteurs, de savoir si les femmes sont plus faciles à guérir que les hommes. Je vous prie d'écouter ceci, s'il vous plaît. Les uns disent que non, les autres disent que oui. Et moi, je dis que oui et non; d'autant que l'incongruité des humeurs opaques qui se rencontrent au tempérament naturel des femmes, étant cause que la partie brutale[109] veut toujours prendre empire sur la sensitive, on voit que l'inégalité de leurs opinions dépend du mouvement oblique du cercle de la lune. Et comme le soleil, qui darde ses rayons sur la concavité de la terre, trouve...

LUCINDE, *à Léandre.* Non, je ne suis point du tout coupable de changer de sentiment.

GÉRONTE. Voilà ma fille qui parle! O grande vertu du remède! O admirable médecin! Que je vous suis obligé, Monsieur, de cette guérison merveilleuse! et que puis-je faire pour vous après un tel service?

SGANARELLE, *se promenant sur le théâtre, et s'essuyant le front.* Voilà une maladie qui m'a bien donné de la peine!

LUCINDE. Oui, mon père, j'ai recouvré la parole. Mais je l'ai recouvrée pour vous dire que je n'aurai jamais d'autre époux que Léandre, et que c'est inutilement que vous voulez me donner Horace.

GÉRONTE. Mais...

LUCINDE. Rien n'est capable d'ébranler la résolution que j'ai prise.

GÉRONTE. Quoi?...

LUCINDE. Vous m'opposerez en vain de belles raisons.

GÉRONTE. Si...

LUCINDE. Tous vos discours ne serviront à rien.

GÉRONTE. Je...

LUCINDE. C'est une chose où je suis déterminée.

GÉRONTE. Mais...

LUCINDE. Il n'est puissance paternelle qui me puisse obliger à me marier malgré moi.

GÉRONTE. J'ai...

LUCINDE. Vous avez beau faire tous vos efforts.

GÉRONTE. Il...

LUCINDE. Mon cœur ne saurait se soumettre à cette tyrannie.

GÉRONTE. La...

LUCINDE. Et je me jetterai plutôt dans un couvent que d'épouser un homme que je n'aime point.

GÉRONTE. Mais...

LUCINDE, *parlant d'un ton de voix à étourdir.* Non. En aucune façon. Point d'affaires[110]. Vous perdez le temps. Je n'en ferai rien. Cela est résolu.

GÉRONTE. Ah! quelle impétuosité de paroles! Il n'y a pas moyen d'y résister. (*A Sganarelle.*) Monsieur, je vous prie de la faire redevenir muette.

SGANARELLE. C'est une chose qui m'est impossible. Tout ce que je puis

109. Instinctive. — 110. (Ne créez) pas de difficultés.

faire pour votre service est de vous rendre sourd, si vous voulez.

GÉRONTE. Je vous remercie. (*A Lucinde.*) Penses-tu donc...

LUCINDE. Non, toutes vos raisons ne gagneront rien sur mon âme.

GÉRONTE. Tu épouseras Horace dès ce soir.

LUCINDE. J'épouserai plutôt la mort.

SGANARELLE, *à Géronte.* Mon Dieu! arrêtez-vous, laissez-moi médicamenter cette affaire. C'est une maladie qui la tient, et je sais le remède qu'il y faut apporter.

GÉRONTE. Serait-il possible, Monsieur, que vous pussiez aussi guérir cette maladie d'esprit?

SGANARELLE. Oui; laissez-moi faire. J'ai des remèdes pour tout, et notre apothicaire nous servira pour cette cure. (*Il appelle l'apothicaire et lui parle.*) Un mot. Vous voyez que l'ardeur qu'elle a pour ce Léandre est tout à fait contraire aux volontés du père, qu'il n'y a point de temps à perdre, que les humeurs sont fort aigries, et qu'il est nécessaire de trouver promptement un remède à ce mal, qui pourrait empirer par le retardement. Pour moi, je n'y en vois qu'un seul, qui est une prise de fuite purgative, que vous mêlerez comme il faut avec deux drachmes de matrimonium[111] en pilules. Peut-être fera-t-elle quelque difficulté à prendre ce remède; mais, comme vous êtes habile homme dans votre métier, c'est à vous de l'y résoudre, et de lui faire avaler la chose du mieux que vous pourrez. Allez-vous-en lui faire faire un petit tour de jardin, afin de préparer les humeurs, tandis que j'entretiendrai ici son père. Mais surtout ne perdez point de temps. Au remède, vite! au remède spécifique[112]!

Scène VII
[GÉRONTE, SGANARELLE]

GÉRONTE. Quelles drogues, Monsieur, sont celles que vous venez de dire? Il me semble que je ne les ai jamais ouï[113] nommer.

SGANARELLE. Ce sont drogues dont on se sert dans les nécessités urgentes.

GÉRONTE. Avez-vous jamais vu une insolence pareille à la sienne?

SGANARELLE. Les filles sont quelquefois un peu têtues.

GÉRONTE. Vous ne sauriez croire comme elle est affolée de ce Léandre.

SGANARELLE. La chaleur du sang fait cela dans les jeunes esprits.

GÉRONTE. Pour moi, dès que j'ai eu découvert la violence de cet amour, j'ai su tenir toujours ma fille renfermée.

SGANARELLE. Vous avez fait sagement.

GÉRONTE. Et j'ai bien empêché qu'ils n'aient eu communication ensemble.

SGANARELLE. Fort bien.

GÉRONTE. Il serait arrivé quelque folie si j'avais souffert qu'ils se fussent vus.

SGANARELLE. Sans doute.

GÉRONTE. Et je crois qu'elle aurait été fille à s'en aller avec lui.

SGANARELLE. C'est prudemment raisonné.

GÉRONTE. On m'avertit qu'il fait tous ses efforts pour lui parler.

SGANARELLE. Quel drôle!

GÉRONTE. Mais il perdra son temps.

111. C'est-à-dire: soixante grammes de mariage. — 112. Le remède qui convient exactement à la maladie. — 113. Entendu.

SGANARELLE. Ah! ah!

GÉRONTE. Et j'empêcherai bien qu'il ne la voie.

SGANARELLE. Il n'a pas affaire à un sot, et vous savez des rubriques qu'il ne sait pas[114]. Plus fin que vous n'est pas bête.

Scène VIII
[LUCAS, GÉRONTE, SGANARELLE]

LUCAS. Ah! palsanguenne, Monsieur, voici bien du tintamarre. Votre fille s'en est enfuie avec son Léandre. C'était lui qui était l'apothicaire; et voilà Monsieur le Médecin qui a fait cette belle opération-là.

GÉRONTE. Comment! m'assassiner de la façon! Allons, un commissaire, et qu'on empêche qu'il ne sorte! Ah! traître! je vous ferai punir par la justice.

LUCAS. Ah! par ma fi! Monsieur le Médecin, vous serez pendu! ne bougez de là seulement.

Scène IX
[MARTINE, SGANARELLE, LUCAS]

MARTINE, à Lucas. Ah! mon Dieu! que j'ai eu de peine à trouver ce logis. Dites-moi un peu des nouvelles du médecin que je vous ai donné.

LUCAS. Le voilà qui va être pendu.

MARTINE. Quoi! mon mari pendu! Hélas! et qu'a-t-il fait pour cela?

LUCAS. Il a fait enlever la fille de notre maître.

MARTINE. Hélas! mon cher mari, est-il bien vrai qu'on va te pendre?

SGANARELLE. Tu vois. Ah!

MARTINE. Faut-il que tu te laisses mourir en présence de tant de gens?

SGANARELLE. Que veux-tu que j'y fasse?

MARTINE. Encore, si tu avais achevé de couper notre bois, je prendrais quelque consolation.

SGANARELLE. Retire-toi de là, tu me fends le cœur.

MARTINE. Non, je veux demeurer pour t'encourager à la mort; et je ne te quitterai point que[115] je ne t'aie vu pendu.

SGANARELLE. Ah!

Scène X
[GÉRONTE, SGANARELLE, MARTINE, LUCAS]

GÉRONTE, à Sganarelle. Le commissaire viendra bientôt, et l'on s'en va vous mettre en lieu où l'on me répondra de vous.

SGANARELLE, le chapeau à la main. Hélas! cela ne se peut-il point changer en quelques coups de bâton?

GÉRONTE. Non, non, la justice en ordonnera. Mais que vois-je?

Scène XI
[LÉANDRE, LUCINDE, JACQUELINE, LUCAS, GÉRONTE, SGANARELLE, MARTINE]

LÉANDRE. Monsieur, je viens faire paraître Léandre à vos yeux et remettre Lucinde en votre pouvoir. Nous avons eu dessein de prendre la fuite nous deux, et de nous aller marier ensemble. Mais cette entreprise a fait place à un procédé

114. Vous êtes plus fin, vous menez mieux vos affaires que lui. — 115. Avant que.

plus honnête. Je ne prétends point vous voler votre fille, et ce n'est que de votre main que je veux la recevoir. Ce que je vous dirai, Monsieur, c'est que je viens tout à l'heure de recevoir des lettres par où j'apprends que mon oncle est mort, et que je suis héritier de tous ses biens.

GÉRONTE. Monsieur, votre vertu m'est tout à fait considérable, et je vous donne ma fille avec la plus grande joie du monde.

SGANARELLE, *à part.* La médecine l'a échappé belle[116] !

MARTINE. Puisque tu ne seras point pendu, rends-moi grâce d'être médecin, car c'est moi qui t'ai procuré cet honneur.

SGANARELLE. Oui ! c'est toi qui m'as procuré je ne sais combien de coups de bâton.

LÉANDRE, *à Sganarelle.* L'effet en est trop beau pour en garder du ressentiment.

SGANARELLE. Soit. *(A Martine.)* Je te pardonne ces coups de bâton en faveur de la dignité où tu m'as élevé. Mais prépare-toi désormais à vivre dans un grand respect avec un homme de ma conséquence[117], et songe que la colère d'un médecin est plus à craindre qu'on ne peut croire.

116. *L'échapper belle* signifie : échapper de justesse à un danger. La médecine, ici, c'est plutôt *le médecin* ! — 117. Importance.

Matière à réflexion

1. Beaucoup de spectateurs, insatisfaits de la fin de la pièce (Acte III, Scène X), la qualifient d'« arbitraire… invraisemblable… illogique… indigne du reste de la pièce, dont l'action est menée avec suite », etc. Dans le théâtre antique, un personnage représentant un dieu descendait parfois sur la scène à l'aide d'un échafaudage pour tout régler à la dernière minute. Par allusion et par extension, on appelle aujourd'hui *deus ex machina* (« dieu de la machine ») un événement peu vraisemblable qui apporte un dénouement inespéré à une situation sans issue. Etes-vous d'accord avec les critiques qui voient un *deus ex machina* dans l'héritage inattendu de Léandre ? S'ils ont raison, est-ce forcément un défaut ? Pouvez-vous imaginer un autre dénouement ? Lequel ?

2. Deux époux se parlent au sortir d'une représentation du *Médecin malgré lui* :

— Quel bon gaillard que ce Sganarelle !

— Ton « bon gaillard » est égoïste, cupide, menteur, paillard, paresseux, goinfre et grossier. Il bat sa femme, voudrait la tromper, néglige ses enfants et, « pour ne se point ennuyer, du matin jusqu'au soir, ne fait que jouer et que boire » (Acte I, Scène 1ère).

— Je t'accorde tout cela, mais tout cela ne l'empêche pas d'être sympathique. D'ailleurs, s'il ne l'était pas, il ne ferait pas rire et la comédie ne marcherait pas.

A qui donnez-vous raison? A tous les deux? Y a-t-il forcément désaccord entre eux? Le critique Sainte-Beuve écrit à ce propos que Sganarelle « est le côté du laid humain personnifié, le côté [...] bas, peureux, tour à tour piètre ou charlatan, bourru et saugrenu, le vilain côté, *et qui fait rire* » (c'est nous qui soulignons). Est-ce, à votre avis, le « vilain côté » de la nature humaine qui fait rire? Pourquoi?

3. Relevez dans la pièce autant d'exemples que possible des différentes formes du comique, telles que nous les avons définies (p. 303). Lesquelles dominent? Y en a-t-il qui ne soient pas représentées? Trouvez-vous dans la pièce des plaisanteries qui ne nous fassent plus rire aujourd'hui? Y en a-t-il qui relèvent d'un comique intemporel?

4. La satire du corps médical tient dans la pièce une place considérable. Commentez-en les différents aspects.

5. Nombreuses sont aujourd'hui les tentatives de faire de Molière un auteur « politiquement correct ». V. Babin écrit, par exemple (*Le Médecin malgré lui*, publié dans la collection des Grands Classiques Nathan, 1989): « Il n'est pas sûr que Molière ait voulu se moquer des paysans, même si l'on devait exploser de rire à la cour en entendant sur la scène leur parler cocasse. En fait, l'auteur les présente, malgré la rudesse de leur langage, comme des êtres humains à part entière, naïfs sans doute mais généreux et bons ». Ce jugement vous paraît-il justifié? En quoi les paysans du *Médecin* sont-ils « généreux et bons »?

6. En distinguant la « haute » comédie et la farce (voir pp. 303–304), nous avons gardé nos distances par rapport au terme de *haute* en l'entourant de guillemets. En effet, il est assez facile de définir la « haute » comédie et celle qui est... moins haute: on n'a qu'à relever, comme nous l'avons fait, les procédés qui les caractérisent. Ce qui est moins facile, c'est de justifier *la hiérarchie* que suppose l'emploi du terme. Qu'est-ce, à votre avis, qui pourrait justifier une telle hiérarchie *et un tel jugement de valeur*? En quel sens la « haute » comédie est-elle *au-dessus* de la farce? Pouvez-vous citer des exemples, dans les domaines du cinéma ou de la télévision, de la « haute » comédie et de celle qui serait l'équivalent contemporain de la farce?

Deux Moralistes

Le XVIIᵉ siècle est la grande époque des *moralistes* français. Un moraliste, au sens le plus répandu du terme, est un écrivain qui traite de la nature et de la condition humaines. C'est Montaigne qui avait donné l'exemple vers la fin du siècle précédent (voir p. 215); il avait su, tout en parlant longuement de soi, atteindre et communiquer son « être universel ». Les écrivains de sa lignée, croyant avec lui que « chaque homme porte la forme entière de l'humaine condition, » s'attachent moins à leur individualité qu'à leur humanité, moins aux hommes d'une nation et d'une époque qu'à « l'homme universel » et à « l'homme intérieur ».

Cette prédilection du XVIIᵉ siècle pour l'analyse psychologique provient de nombreux facteurs, dont voici sans doute les deux principaux:

• **Le renouveau catholique.** — Après les crises de la Renaissance et de la Réforme, l'Eglise traverse une mauvaise passe: le protestantisme, l'incrédulité et l'indifférence gagnent du terrain, et le moral des ecclésiastiques eux-mêmes semble au plus bas. Pour faire face aux défis, l'Eglise doit lancer une véritable campagne de reconquête. Il s'agit avant tout de gagner les esprits en précisant la doctrine, d'où la prolifération d'ouvrages théologiques qui caractérise les années 1600–1650. La subtilité des discussions entraîne une certaine complication de la vie dévote qui favorise à son tour le développement de la *casuistique* (ainsi s'appelle la branche de la théologie qui traite des *cas de conscience*, c'est-à-dire les situations difficiles à juger moralement). Le débat théologique détermine ainsi une tendance de l'époque: pendant longtemps, la grande affaire des penseurs et des écrivains sera d'« approfondir le cœur de l'homme ».

• **L'épanouissement de la vie mondaine.** — A partir de 1620, les salons précieux commencent à se multiplier (voir pp. 243–245). Evitant soigneusement les sujets d'actualité politique, cette société polie préfère s'entretenir des « choses de l'esprit et du cœur ». Sa production littéraire se présente souvent, il est vrai,

comme un jeu d'oisifs qui écrivent pour se désennuyer ensemble. C'est le cas notamment des « petits genres » galants et ingénieux: épigrammes, madrigaux, énigmes (voir p. 245). D'autres genres invitent l'auteur à élever le regard et à pousser la réflexion.

Dans le *portrait*, par exemple — genre en vogue vers 1655 —, il s'agit d'établir le profil psychologique d'un individu (soi-même ou un ami). Le portrait circule ensuite parmi les habitués qui en commentent le style et la ressemblance au modèle. Le genre n'est certes, le plus souvent, qu'un prétexte pour parler de soi ou des autres; mais il offre parfois au portraitiste l'occasion d'atteindre cette « humaine condition » que porte en lui, selon Montaigne, chaque individu. Cette tendance généralisatrice va s'accentuant après 1660, lorsque la mode passe du portrait à la maxime, et donc du particulier à l'universel.

Vie dévote et vie mondaine — telles sont donc les deux causes principales, d'apparence contradictoire, qui concourent ensemble à faire du XVIIᵉ siècle l'âge d'or des moralistes français. A la première se rattachent les *Pensées* de Pascal (1623-1662); à la deuxième, les *Maximes* de La Rochefoucauld (1613–1680).

PASCAL

Fils d'un haut magistrat passionné pour les sciences, Blaise Pascal révèle très tôt de prodigieux dons intellectuels. Ayant pris en charge l'éducation de son enfant prodige, le père l'admet aux discussions de ses amis, parmi lesquels figurent des savants réputés. L'adolescent ne tarde pas à en remontrer à ses maîtres en publiant, à seize ans, un traité de géométrie et en inventant, deux ans plus tard, la machine à calculer. Il semble promis au plus brillant avenir lorsqu'il éprouve les premières atteintes d'une maladie mystérieuse (probablement d'origine tuberculeuse) qui le torturera toute sa vie et dont il mourra jeune.

Catholique de naissance sans être pratiquant fervent, Pascal fait en 1646 la découverte du *jansénisme*. Les jansénistes interprétaient le dogme catholique dans le sens d'une extrême rigueur: renoncement aux attachements terrestres, stricte observance d'une morale sans compromis, solitude, prière, attente de la grâce. S'étant rallié dans un élan d'ardeur à cette doctrine rigoriste, Pascal convertit le reste de la famille — sa sœur finira au couvent —, puis semble se désintéresser quelque peu de la religion.

Il poursuit ses recherches scientifiques, fréquente la haute société, se lie même avec les milieux libertins de Paris. La superficialité de sa vie mondaine commence pourtant à le dégoûter, et en 1654 une illumination subite le convertit définitivement à la vie religieuse. Il fixe le souvenir de cette extase mystique dans un document qui sera trouvé sur lui à sa mort: « Lundi 23 novembre, [...] depuis environ dix heures et demie du soir jusques environ minuit et demi, FEU. [...] Certitude, Certitude, sentiment, joie, paix. Dieu de Jesus-Christ. [...] Oubli du monde et de tout, hormis Dieu. »

Sans abandonner entièrement ses travaux scientifiques, qu'il reprend par intermittence pour vaincre ses insomnies, il vit désormais dans une demi-retraite pour mieux se dévouer à sa nouvelle foi. Aux horribles souffrances que lui cause sa maladie, il ajoute celles qu'il s'inflige lui-même: si nous pouvons en croire sa sœur,

Pascal, gravure d'après le portrait de Philippe de Champagne.

« il prenait dans les occasions une ceinture de fer pleine de pointes, il la mettait à nu sur sa chair; et lorsqu'il lui venait quelque pensée de vanité, ou qu'il prenait quelque plaisir au lieu où il était, ou quelque chose semblable, il se donnait des coups de coude pour redoubler la violence des piqûres et se faisait ainsi souvenir lui-même de son devoir » (*Vie de Pascal*).

Non content de pratiquer sa foi, Pascal s'emploie également à la propager. Ses *Provinciales* (1656–7) sont un ouvrage de polémique dirigé contre ceux qu'il accuse de laxisme en matière de religion. Vers 1657 il forme le projet d'écrire une grande *Apologie de la religion chrétienne*, mais sa santé délabrée l'empêche d'y travailler continûment. Il ne peut que prendre des notes et rédiger quelques morceaux de l'ouvrage avant de mourir en 1662 à l'âge de trente-neuf ans.

Si Pascal n'avait publié que ses *Provinciales* ou ses travaux scientifiques, sa place dans l'histoire serait assurée. Mais sa théologie et sa science, dépassées depuis longtemps, n'intéressent plus guère que les historiens. Pascal reste vivant pour nous parce que nous lisons toujours ses *Pensées*.

Ce titre n'est pas de lui. Ses proches baptisèrent ainsi le millier de notes et de fragments qui devaient servir à la rédaction de l'*Apologie* et qu'ils retrouvèrent dans ses papiers après sa mort. Publiées pour la première fois en 1670, les *Pensées* ont connu jusqu'à nos jours une vingtaine d'éditions; chacune reproduit les fragments dans un ordre différent et présente ainsi de l'auteur une autre image. Trois siècles après leur parution, les *Pensées* continuent à exercer leur fascination troublante. Cette actualité permanente du livre le place au rang des œuvres classiques.

On objectera: « Je m'explique mal cette prétendue "actualité permanente" de Pascal. Ses *Pensées* ne sont ni une "œuvre" ni même un "livre", mais un recueil de notes et de brouillons qu'il a dictés ou jetés sur le papier en vue d'écrire sa défense de la foi. L'idée même d'une telle défense appartient à un autre âge. En quoi tout cela relève-t-il de la littérature, et surtout de la littérature vivante? »

1° Les *Pensées* relèvent de la grande littérature d'abord et peut-être surtout par leur style. Tout le monde — critiques, admirateurs, détracteurs — s'accorde sur ce point: les *Pensées* sont l'œuvre d'un écrivain hors pair. L'état inachevé des fragments rend d'autant plus impressionnante cette unanimité.

2° Lorsqu'on passe de la forme au fond, l'unanimité disparaît. Pour les uns, les *Pensées* nous révèlent à nous-mêmes en présentant une peinture désolante mais vraie de la condition humaine. Pour les autres, Pascal ne parle que pour lui-même et pour la famille d'esprits à laquelle il appartient — celle des grands malades.

3° Quelle que soit la généralité objective de l'analyse pascalienne, on s'accorde pour trouver dans les *Pensées* l'expression définitive d'une certaine *vision*

du monde, d'une certaine *conception globale de l'homme et de l'existence*. Ceux qui partagent la vision de Pascal reconnaissent en lui une âme sœur et un modèle. Pour ceux qui répugnent à ses sombres idées, elles gardent néanmoins une certaine profondeur et une force certaine. Leur force est celle qui naît des convictions intimes; leur profondeur est celle des abîmes.

Avant de lire

Les notes préparatoires que l'on appelle les *Pensées* devaient servir à la rédaction d'une grande apologie — c'est-à-dire défense — du catholicisme. Depuis le XVIᵉ siecle, le genre avait pris une extension considérable pour faire face au double défi du protestantisme et de l'incroyance. Pascal se distingue de ses prédécesseurs par l'originalité de sa stratégie. L'apologétique traditionnelle avait pour objet de *convaincre* le lecteur; celle de Pascal vise à le *persuader*. Convaincre, c'est parler à l'esprit le langage de la raison; c'est fournir des arguments rationnels qui chassent le doute et qui forcent l'acquiescement. Mais, dit Pascal, « le cœur a ses raisons, que la raison ne connaît point. » Au lieu donc de présenter des *preuves* de l'existence de Dieu ou de l'immortalité de l'âme, Pascal s'efforce d'amener son lecteur, par une préparation psychologique, à éprouver *le besoin d'y croire*.

Son projet d'apologie s'adresse aux incroyants et croyants tièdes, mais d'abord et surtout aux indifférents. Ce qui irrite Pascal plus que toute autre chose, c'est la nonchalance souriante des mondains qui passent leur vie au salon, au jeu ou à la chasse, et qui négligent de s'occuper du salut de leur âme. « Cette négligence en une affaire où il s'agit d'eux-mêmes, de leur éternité, de leur tout [...] m'étonne et m'epouvante; c'est un monstre pour moi. » Il faut terrasser le monstre, secouer l'indifférence, éveiller l'inquiétude de ceux qui s'amusent. Car ceux-là se trompent qui se croient heureux, et c'est pour leur apprendre « le malheur naturel de notre condition » que Pascal les invite à « donner à cette lecture quelques-unes de ces heures qu'ils emploient si inutilement ailleurs ».

Ainsi s'explique la division en deux parties que Pascal semble avoir envisagée pour son apologie: montrer d'abord « la misère de l'homme sans Dieu »; peindre ensuite « la félicité de l'homme avec Dieu ». Il s'agit, comme le dit excellemment L. Marin, d'« amener l'homme au désespoir pour lui faire reconnaître dans le christianisme, au prix d'un acte de foi, la seule véritable consolation, la seule planche de salut » (*La Critique du discours : sur la* Logique *de Port-Royal et les* Pensées *de Pascal*).

Il convient de garder présente à l'esprit cette stratégie apologétique: faute d'ouvrage achevé, elle peut servir de contexte aux textes épars que sont les *Pensées* de Pascal.

☛ N.B.: Le chiffre qui précède chaque fragment renvoie à la numérotation de l'édition de Brunschvicg.

Pensées

La condition humaine

Nous reproduisons dans cette première série quelques-uns des fragments les plus célèbres relatifs à l'analyse pascalienne de la condition humaine. Les cinq premiers (693, 206, 72, 199, 210) résument cette angoisse foncière, cet effroi cosmique, ce *vertige sidéral* qui constituent la « vision » proprement pascalienne du monde. Après ce tableau métaphysique, le portrait psychologique: dans les fragments 131, 139 et 143, Pascal examine les activités qui nous servent à oublier notre affligeante condition et qu'il désigne sous le nom de *divertissement*. Pascal joue sur le sens courant du terme tout en l'élargissant pour les besoins de sa thèse. La catégorie du divertissement — du latin *divertere* : détourner — englobe pour lui, non seulement les *distractions* qui nous désennuyent ou qui nous permettent d'oublier nos soucis, mais aussi le travail, l'étude, les affaires, les grands projets. Car ces derniers, aussi bien que le jeu et la chasse, nous *détournent* de nous-mêmes, de notre être, ou plutôt de notre néant. Assimilées ainsi aux simples distractions, les activités « sérieuses » se trouvent dévalorisées, et avec elles, toute la gamme des activités humaines (hors la recherche et l'amour de Dieu).

693. — En voyant l'aveuglement et la misère de l'homme, en regardant tout l'univers muet, et l'homme sans lumière abandonné à lui-même et comme égaré dans ce recoin de l'univers sans savoir qui l'y a mis, ce qu'il y est venu faire, ce qu'il deviendra en mourant, incapable de toute connaissance, j'entre en effroi comme un homme qu'on aurait porté endormi dans une île déserte et effroyable, et qui s'éveillerait sans connaître où il est et sans moyen d'en sortir. Et sur cela[1] j'admire comment[2] on n'entre point en désespoir d'un si misérable état.

206. — Le silence éternel de ces espaces infinis m'effraie.

72. — *Disproportion de l'homme.* Que l'homme contemple donc la nature entière dans sa haute et pleine majesté; qu'il éloigne sa vue des objets bas[3] qui l'environnent. Qu'il regarde cette éclatante lumière, mise comme une lampe éternelle pour éclairer l'univers; que la terre lui paraisse comme un point au prix du[4] vaste tour que cet astre décrit, et qu'il s'étonne de ce que ce vaste tour lui-même n'est qu'une pointe très délicate à l'égard de celui que les astres qui roulent dans le firmament embrassent.

Mais si notre vue s'arrête là, que notre imagination passe outre; elle se lassera plutôt de concevoir, que la nature de fournir. Tout ce monde visible n'est qu'un trait imperceptible dans l'ample sein de la nature. Nulle idée n'en approche. Nous avons beau enfler nos conceptions au-delà des espaces imaginables, nous n'enfantons que des atomes, au prix de la réalité des choses. C'est une sphère infinie dont le centre est partout, la circonférence nulle part. Enfin, c'est

1. En tenant compte de cela. — 2. Je m'étonne et me demande comment. — 3. De ce bas monde. — 4. Comparé au.

le plus grand caractère sensible de la toute-puissance de Dieu, que notre imagination se perde dans cette pensée.

Que l'homme, étant revenu à soi, considère ce qu'il est au prix de ce qui est; qu'il se regarde comme égaré dans ce canton détourné de la nature; et que de ce petit cachot où il se trouve logé — j'entends l'univers[5] —, il apprenne à estimer la terre, les royaumes, les villes et soi-même son juste prix.

Qu'est-ce qu'un homme dans l'infini?

Mais pour lui présenter un autre prodige aussi étonnant, qu'il recherche dans ce qu'il connaît les choses les plus délicates. Qu'un ciron[6] lui offre dans la petitesse de son corps des parties incomparablement plus petites, des jambes avec des jointures, des veines dans ces jambes, du sang dans ces veines, des humeurs[7] dans ce sang, des gouttes dans ses humeurs, des vapeurs dans ces gouttes; que, divisant encore ces dernières choses, il épuise ses forces en ces conceptions, et que le dernier objet où il peut arriver soit maintenant celui de notre discours. Il pensera peut-être que c'est là l'extrême petitesse de la nature.

Je veux lui faire voir là-dedans un abîme nouveau. Je lui veux peindre non seulement l'univers visible, mais l'immensité qu'on peut concevoir de la nature, dans l'enceinte de ce raccourci d'atome. Qu'il y voie une infinité d'univers, dont chacun a son firmament, ses planètes, sa terre, en la même proportion que le monde visible, dans cette terre, des animaux, et enfin des cirons, dans lesquels il retrouvera ce que les premiers ont

donné. Et trouvant encore dans les autres la même chose sans fin et sans repos, qu'il se perde dans ces merveilles, aussi étonnantes dans leur petitesse que les autres par leur étendue. Car qui n'admirera[8] que notre corps, qui tantôt[9] n'était pas perceptible dans l'univers, imperceptible lui-même dans le sein du tout, soit à présent un colosse, un monde, ou plutôt un tout, à l'égard du néant où l'on ne peut arriver?

Qui se considérera de la sorte s'effraiera de soi-même, et, se considérant soutenu dans la masse que la nature lui a donnée, entre ces deux abîmes de l'infini et du néant, il tremblera dans la vue de ces merveilles. Et je crois que, sa curiosité se changeant en admiration, il sera plus disposé à les contempler en silence qu'à les rechercher[10] avec présomption.

Car enfin, qu'est-ce que l'homme dans la nature? Un néant à l'égard de l'infini, un tout à l'égard du néant, un milieu entre rien et tout. Infiniment éloigné de comprendre les extrêmes, la fin des choses et leur principe sont pour lui invinciblement cachés dans un secret inpénétrable, également incapable de voir le néant d'où il est tiré, et l'infini où il est englouti.

Que fera-t-il donc, sinon d'apercevoir quelque apparence du milieu des choses, dans un désespoir éternel de connaître ni leur principe ni leur fin? Toutes choses sont sorties du néant et portées jusqu'à l'infini. Qui suivra ces étonnantes démarches[11]? L'auteur de ces merveilles les comprend. Tout autre ne le peut faire.

199. — Qu'on s'imagine un nombre d'hommes dans les chaînes, et tous condamnés à la mort, dont les

5. L'univers visible. — 6. Petit insecte qui se développe dans le fromage. — 7. Substances fluides. — 8. *Admirer*: considérer avec étonnement (sens vieilli). — 9. Tout à l'heure. — 10. Etudier. — 11. Trajets.

uns étant chaque jour égorgés à la vue des autres, ceux qui restent voient leur propre condition dans celle de leurs semblables, et se regardant les uns et les autres avec douleur et sans espérance, attendent à leur tour. C'est l'image de la condition des hommes.

210. — Le dernier acte est sanglant, quelque[12] belle que soit la comédie en tout le reste: on jette enfin de la terre sur la tête, et en voilà pour jamais.

127. — Condition de l'homme: inconstance, ennui, inquiétude.

131. — *Ennui.* Rien n'est si insupportable à l'homme que d'être dans un plein repos, sans passions, sans affaire, sans divertissement, sans application. Il sent alors son néant, son abandon, son insuffisance, sa dépendance, son impuissance, son vide. Incontinent[13] il sortira du fond de son âme l'ennui[14], la noirceur, la tristesse, le chagrin, le dépit, le désespoir.

139. — *Divertissement.* Quand je m'y[15] suis mis quelquefois à considérer les diverses agitations des hommes et les périls et les peines où ils s'exposent, dans la Cour, dans la guerre, d'où naissent tant de querelles, de passions, d'entreprises hardies et souvent mauvaises, etc., j'ai dit souvent que tout le malheur des hommes vient d'une seule chose, qui est de ne savoir pas demeurer en repos, dans une chambre. Un homme qui a assez de bien pour vivre, s'il savait demeurer chez soi avec plaisir, n'en sortirait pas pour aller sur la mer ou au siège d'une place. On n'achètera une charge à l'armée si cher que parce qu'on trouverait insupportable de ne bouger de la ville; et on ne recherche les conversations et les divertissements des jeux que parce qu'on ne peut demeurer chez soi avec plaisir.

Mais quand j'ai pensé de plus près, et qu'après avoir trouvé la cause de tous nos malheurs, j'ai voulu en découvrir la raison[16], j'ai trouvé qu'il y en a une bien effective, qui consiste dans le malheur naturel de notre condition faible et mortelle, et si misérable que rien ne peut nous consoler lorsque nous y pensons de près.

Quelque condition[17] qu'on se figure, si l'on assemble tous les biens qui peuvent nous appartenir, la royauté est le plus beau poste du monde. Et cependant, qu'on s'en imagine[18], accompagné de toutes les satisfactions qui peuvent le toucher: s'il est sans divertissement et qu'on le laisse considérer et faire réflexion sur ce qu'il est, cette félicité languissante ne le soutiendra point. Il tombera par nécessité dans les vues qui le menacent[19], des révoltes qui peuvent arriver et enfin de la mort et des maladies qui sont inévitables. De sorte que, s'il est sans ce qu'on appelle divertissement, le voilà malheureux, et plus malheureux que le moindre de ses sujets qui joue et qui se divertit.

De là vient que le jeu et la conversation[20] des femmes, la guerre, les grands emplois sont si recherchés. Ce n'est pas qu'il y ait en effet du bonheur, ni qu'on s'imagine que la vraie béatitude soit d'avoir l'argent qu'on peut gagner au jeu, ou dans le lièvre qu'on court: on n'en voudrait pas, s'il était offert. Ce n'est pas cet usage mol

12. Si. — 13. Tout de suite. — 14. Au sens fort courant au XVIIe siècle: affliction, tristesse profondes. — 15. Le pronom est ici pléonastique (grammaticalement superflu). — 16. La raison, non pas de nos malheurs, mais de leur cause. — 17. Condition *sociale*. — 18. Qu'on s'imagine *un roi* (inadvertance de Pascal due à ses nombreuses ratures). — 19. Perspectives des choses qui le menacent. — 20. Fréquentation (latinisme).

et paisible, et qui nous laisse penser à notre malheureuse condition, qu'on recherche, ni les dangers de la guerre, ni la peine des emplois, mais c'est le tracas qui nous détourne d'y penser et nous divertit. Raison pourquoi on aime mieux la chasse que la prise.

De là vient que les hommes aiment tant le bruit et le remuement; de là vient que la prison est un supplice si horrible, de là vient que le plaisir de la solitude est une chose incompréhensible. Et c'est enfin le plus grand sujet de félicité de la condition des rois, de ce qu'on essaie sans cesse à[21] les divertir et à leur procurer toutes sortes de plaisirs. Le roi est environné de gens qui ne pensent qu'à divertir le roi et à l'empêcher de penser à lui. Car il est malheureux, tout roi qu'il est, s'il y pense.

Voilà tout ce que les hommes ont pu inventer pour se rendre heureux. Et ceux qui font sur cela les philosophes[22] et qui croient que le monde est bien peu raisonnable de passer tout le jour à courir après un lièvre qu'ils ne voudraient pas avoir acheté, ne connaissent guère notre nature. Ce lièvre ne nous garantirait pas de la vue de la mort et des misères; mais la chasse, qui nous en détourne, nous en garantit. [...]

Ils [les hommes] ont un instinct secret qui les porte à chercher le divertissement et l'occupation au-dehors, qui vient du ressentiment[23] de leurs misères continuelles. Et ils ont un autre instinct secret qui reste de la grandeur de notre première nature, qui leur fait connaître que le bonheur n'est en effet que dans le repos et non pas dans le tumulte. Et de ces deux instincts contraires il se forme en eux un projet confus qui se cache à leur vue dans le fond de leur âme, qui les porte à tendre au repos par l'agitation et à se figurer toujours que la satisfaction qu'ils n'ont point leur arrivera si, en surmontant quelques difficultés qu'ils envisagent, ils peuvent s'ouvrir par là la porte au repos.

Ainsi s'écoule toute la vie; on cherche le repos en combattant quelques obstacles et si on les a surmontés le repos devient insupportable par l'ennui qu'il engendre. Car, ou l'on pense aux misères qu'on a, ou à celles qui nous menacent. Et quand on se verrait même assez à l'abri de toutes parts, l'ennui de son autorité privée ne laisserait pas[24] de sortir du fond du cœur où il a des racines naturelles, et de remplir l'esprit de son venin.

Ainsi l'homme est si malheureux qu'il s'ennuierait même sans aucune cause d'ennui par l'état propre de sa complexion. Et il est si vain[25] qu'étant plein de mille causes essentielles d'ennui, la moindre chose comme un billard et une balle qu'il pousse, suffisent pour le divertir.

Mais, direz-vous, quel objet a-t-il en tout cela? Celui de se vanter demain entre ses amis de ce qu'il a mieux joué qu'un autre. Ainsi les autres suent dans leur cabinet pour montrer aux savants qu'ils ont résolu une question d'algèbre qu'on n'aurait pu trouver jusqu'ici; et tant d'autres s'exposent aux derniers périls pour se vanter ensuite d'une place qu'ils auront prise aussi sottement à mon gré. Et enfin les autres se tuent pour remarquer toutes ces choses, non pas pour en devenir plus sages, mais seulement pour montrer qu'ils les savent,

21. Le fait qu'on essaie de. — 22. Qui réfléchissent sur cela comme s'ils étaient des philosophes. — 23. Conscience profonde. — 24. Ne manquerait pas. — 25. Frivole.

et ceux-là sont les plus sots de la bande puisqu'ils le sont avec connaissance, au lieu qu'on peut penser des autres qu'ils ne le seraient plus, s'ils avaient cette connaissance.

Tel homme passe sa vie sans ennui en jouant tous les jours peu de chose. Donnez-lui tous les matins l'argent qu'il peut gagner chaque jour, à la charge qu'il ne joue point[26], vous le rendez malheureux. On dira peut-être que c'est qu'il recherche l'amusement du jeu et non pas le gain. Faites-le donc jouer pour rien; il ne s'y échauffera pas et s'y ennuiera. Ce n'est donc pas l'amusement seul qu'il recherche. Un amusement languissant et sans passion l'ennuiera. Il faut qu'il s'y échauffe, et qu'il se pipe[27] lui-même en s'imaginant qu'il serait heureux de gagner ce qu'il ne voudrait pas qu'on lui donnât à condition de ne point jouer, afin qu'il se forme un sujet de passion et qu'il excite sur cela son désir, sa colère, sa crainte pour cet objet qu'il s'est formé comme les enfants qui s'effraient du visage qu'ils ont barbouillé.

D'où vient que cet homme qui a perdu depuis peu de mois son fils unique et qui, accablé de procès et de querelles, était ce matin si troublé, n'y pense plus maintenant? Ne vous en étonnez pas: il est tout occupé à voir par où passera ce sanglier que les chiens poursuivent avec tant d'ardeur depuis six heures. Il n'en faut pas davantage. L'homme, quelque plein de tristesse qu'il soit, si on peut gagner sur lui de le faire entrer en quelque divertissement, le voilà heureux pendant ce temps-là. Et l'homme, quelque heureux qu'il soit, s'il n'est diverti et occupé par quelque

passion ou quelque amusement qui empêche l'ennui de se répandre, sera bientôt chagrin et malheureux. Sans divertissement, il n'y a point de joie; avec le divertissement, il n'y a point de tristesse. Et c'est aussi ce qui forme le bonheur des personnes de grande condition, qu'ils ont un nombre de personnes qui les divertissent et qu'ils ont le pouvoir de se maintenir en cet état.

Prenez-y garde. Qu'est-ce autre chose d'être surintendant, chancelier, premier président, sinon d'être en une condition où l'on a le matin un grand nombre de gens qui viennent de tous les côtés pour ne leur laisser pas une heure en la journée où ils puissent penser à eux-mêmes. Et quand ils sont dans la disgrâce, et qu'on les renvoie à leurs maisons des champs, où ils ne manquent ni de biens ni de domestiques pour les assister dans leur besoin, ils ne laissent pas[28] d'être misérables et abandonnés, parce que personne ne les empêche de songer à eux.

143. — *Divertissement.* On charge les hommes dès l'enfance du soin de leur bonheur, de leur bien, de leurs amis, et encore du bien et de l'honneur de leurs amis. On les accable d'affaires, de l'apprentissage des langues et d'exercices, et on leur fait entendre qu'ils ne sauraient être heureux sans que leur santé, leur honneur, leur fortune et celles de leurs amis soient en bon état, et qu'une seule chose qui manque les rendra malheureux. Ainsi on leur donne des charges et des affaires qui les font tracasser dès la pointe du jour. « Voilà, direz-vous, une étrange manière de les rendre heureux! Que pourrait-on

26. A condition qu'il ne joue pas. — 27. Se dupe. — 28. Ne manquent pas.

faire de mieux pour les rendre malheureux? » Comment! Ce qu'on pourrait faire? Il ne faudrait que leur ôter tous ces soucis, car alors ils se verraient, ils penseraient à ce qu'ils sont, d'où ils viennent, où ils vont; et ainsi on ne peut trop les occuper et les détourner. Et c'est pourquoi, après leur avoir tant préparé d'affaires, s'ils ont quelque temps de relâche, on leur conseille de l'employer à se divertir, et jouer, et s'occuper toujours tout entiers.

Que le cœur de l'homme est creux et plein d'ordure[29]!

Le pari

Voici pour clore le célèbre « argument du pari ». Il n'y a peut-être pas de fragment des *Pensées* qui ait suscité plus de commentaires et de controverses — et pour cause. Pascal s'adresse ici aux milieux mondains où l'incroyance se répand et où *le jeu* devient le passe-temps préféré. Son interlocuteur imaginaire (dont nous avons mis les propos entre guillemets) est sans doute un de ces joueurs impénitents que Pascal a tant fréquentés et dont il connaît si bien la psychologie. C'est sur le terrain de cet adversaire « joueur », habile à calculer son intérêt, que Pascal entend livrer bataille. Son argument sera destiné, non pas à démontrer l'existence de Dieu, mais à montrer que la croyance en Dieu est un pari raisonnable où il n'y a rien à perdre, et tout à gagner.

233. — ... Examinons donc ce point, et disons: Dieu est, ou il n'est pas. Mais de quel côté pencherons-nous? La raison n'y peut rien déterminer: il y a un chaos infini qui nous sépare[30]. Il se joue un jeu, à l'extrémité de cette distance infinie, où il arrivera croix ou pile[31]. Que gagerez-vous? Par raison, vous ne pouvez faire ni l'un ni l'autre; par raison, vous ne pouvez défendre nul des deux. Ne blâmez donc pas de fausseté[32] ceux qui ont pris un choix, car vous n'en[33] savez rien.

« Non, mais je les blâmerai d'avoir fait non ce choix, mais un choix; car encore que celui qui prend croix et l'autre[34] soient en pareille faute, ils sont tous deux en faute. Le juste est de ne point parier. »

Oui, mais il faut parier. Cela n'est pas volontaire: vous êtes embarqué. Lequel prendrez-vous donc? Voyons. Puisqu'il faut choisir, voyons ce qui vous intéresse le moins. [...]

Votre raison n'est pas plus blessée en choisissant l'un que l'autre, puisqu'il faut nécessairement choisir. Voilà un point vidé[35]. Mais votre béatitude[36]? Pesons le gain et la perte en prenant croix[37] que Dieu est. Estimons ces deux cas: si vous gagnez, vous gagnez tout; si vous perdez, vous ne perdez rien. Gagez donc qu'il est[38], sans hésiter.

« Cela est admirable. Oui, il faut gager; mais je gage peut-être trop. »

Voyons. Puisqu'il y a pareil hasard de gain et de perte, si vous n'aviez qu'à gagner deux vies pour une, vous

29. Cette exclamation assez inattendue figure en marge sur le manuscrit. — 30. Qui nous sépare *de Dieu*. — 31. Croix ou pile: *face* ou pile (« heads or tails »). — 32. N'accusez donc pas d'erreur. — 33. Sur le bien-fondé de ce choix. — 34. Celui qui choisit « pile ». — 35. Un point réglé. — 36. Bonheur éternel. — 37. En jouant « croix » (« heads »). — 38. Que Dieu existe.

pourriez encore gager. Mais s'il y en avait trois à gagner, il faudrait jouer — puisque vous êtes dans la nécessité de jouer —, et vous seriez imprudent, lorsque vous êtes forcé à jouer, de ne pas hasarder votre vie pour en gagner trois à un jeu où il y a pareil hasard de perte et de gain. Mais il y a une éternité de vie et de bonheur. Et cela étant, quand il y aurait une infinité de hasards dont un seul serait pour vous, vous auriez encore raison de gager un pour avoir deux, et vous agiriez de mauvais sens[39], étant obligé à jouer, de refuser de jouer une vie contre trois à un jeu où, d'une infinité de hasards, il y en a un pour vous, s'il y avait une infinité de vie infiniment heureuse à gagner. Mais il y a ici une infinité de vie infiniment heureuse à gagner, un hasard de gain contre un nombre fini de hasards de perte, et ce que vous jouez est fini[40]. Cela ôte tout parti[41]. Partout où est l'infini et où il n'y a pas infinité de hasards de perte contre celui de gain, il n'y a point à balancer, il faut tout donner. Et ainsi quand on est forcé à jouer, il faut renoncer à la raison[42] pour garder la vie plutôt que de la hasarder pour le gain infini, aussi prêt à arriver que la perte du néant[43].

Car il ne sert de rien de dire qu'il est incertain si on gagnera, et qu'il est certain qu'on hasarde, et que l'infinie distance qui est entre la *certitude* de ce qu'on expose et l'*incertitude* de ce qu'on gagnera égale[44] le bien fini, qu'on expose certainement, à l'infini, qui est incertain. Cela n'est pas ainsi.

Tout joueur hasarde avec certitude pour gagner avec incertitude, et néanmoins il hasarde certainement le fini pour gagner incertainement le fini, sans pêcher contre la raison. [...] Et ainsi notre proposition[45] est dans une force infinie, quand il y a le fini à hasarder à un jeu où il y a pareils hasards de gain que de perte, et l'infini à gagner.

Cela est démonstratif, et si les hommes sont capables de quelque vérité, celle-là l'est[46].

« Je le confesse, je l'avoue. Mais encore n'y a-t-il point moyen de voir le dessous du jeu[47]? »

Oui, l'Ecriture et le reste, etc.

« Oui, mais j'ai les mains liées et la bouche muette. On me force à parier, et je ne suis pas en liberté. On ne me relâche pas, et je suis fait d'une telle sorte que je ne puis croire. Que voulez-vous donc que je fasse? »

Il est vrai. Mais apprenez au moins que votre impuissance à croire vient de vos passions, puisque la raison vous y porte et que néanmoins vous ne le pouvez. Travaillez donc, non pas à vous convaincre par l'augmentation des preuves de Dieu, mais par la diminution de vos passions. Vous voulez aller à la foi, et vous n'en savez pas le chemin. Vous voulez vous guérir de l'infidélité, et vous en demandez le remède. Apprenez de ceux qui ont été liés comme vous et qui parient maintenant tout leur bien. Ce sont gens qui savent ce chemin que vous voudriez suivre et guéris d'un mal dont vous voulez guérir.

39. Avec un jugement érroné. — 40. Ce que vous risquez — la vie d'ici-bas — est limité. — 41. Cela ôte tout choix à faire. La *règle des partis* signifiait, pour les joueurs contemporains de Pascal, le calcul des probabilités. Ici, aucun calcul ne s'impose; « il n'y a pas à balancer » — c'est-à-dire *hésiter* —, comme il le dit un peu plus loin. — 42. Il faudrait avoir perdu la raison. — 43. La perte de notre vie limitée d'ici-bas, qui ne compte pour rien par rapport à l'infini. — 44. Rend égaux (les deux termes qui suivent: le bien fini et l'infini). — 45. Notre proposition *de parier*. — 46. En est une. — 47. En bon joueur, l'interlocuteur de Pascal demande des renseignements supplémentaires qui pourraient guider son choix.

Suivez la manière par où ils ont commencé: c'est en faisant tout comme s'ils croyaient, en prenant de l'eau bénite, en faisant dire des messes, etc. Naturellement même cela vous fera croire et vous abêtira[48].

« Mais c'est ce que je crains. »

Et pourquoi? Qu'avez-vous à perdre? Mais pour vous montrer que cela y mène[49], c'est que cela diminue les passions qui sont vos grands obstacles.

Fin de ce discours.

48. Abêtir: rendre bête (ou semblable à une bête). Sur ce mot, voir *Matière à réflexion*. — 49. Pour vous montrer que la pratique religieuse (eau bénite, messes, etc.) mène à la croyance.

Matière à réflexion

1. Confrontations. Pascal est de ceux qui provoquent des réactions. En voici deux qui sont particulièrement bien connues. Vous paraissent-elles justifiées?

a) Au XVIIIᵉ siècle, Voltaire: « Il impute à l'essence de notre nature ce qui n'appartient qu'à certains hommes. [...] Pourquoi nous faire horreur de notre être? Notre existence n'est point si malheureuse qu'on veut nous le faire accroire. Regarder l'univers comme un cachot, et tous les hommes comme des criminels qu'on va exécuter, est l'idée d'un fanatique. [...] Pascal parle toujours en malade qui veut que le monde entier souffre » (*Lettres philosophiques*).

b) Au XXᵉ siècle, Aldous Huxley: « All his writings are persuasive invitations to the world to come and commit suicide. [...] The spectacle of so much malignity, so much hatred, is profoundly repulsive. Hate begets hate, and it is difficult not to detest Pascal for his venomous detestation of everything that is beautiful and noble in human existence » (« Pascal », in *Collected Essays*).

2. Confrontations (suite). Sans que Pascal y soit nommément accusé, les propos cités ci-dessous ne sont peut-être pas sans rapport avec ses « pensées » et son programme. En quel sens et dans quelle mesure vous paraissent-ils s'appliquer à Pascal? Appliqués à Pascal ou à un « pascalien » de sa lignée, vous paraissent-ils justifiés?

a) Ayn Rand: « I know not if this earth on which I stand is the core of the universe or if it is but a speck of dust lost in eternity. I know not and I care not. For I know what happiness is possible to me on earth. And my happiness needs no higher aim to vindicate it » (*Anthem*, 1946).

b) Louis Pauwels, sarcastique: « Un hiatus dans un coin prouvera l'abîme universel. Ce qui cloche quelque part nous dira que tout boite. [...] On me parle d'angoisse. Certainement. La réalité est sinistre. Surtout quand elle apporte aux autres des satisfactions. Sur ces satisfactions, jetons un voile noir » (*Ce que je crois*, 1974). Et sans le sarcasme: « Persuader les hommes qu'ils sont malheureux est une action infâme et facile. C'est une tâche sacrée que de répéter à l'homme qu'il est heureux, et qu'il ne s'agit pour lui que de s'en rendre compte » (*Lettre ouverte aux gens heureux*, 1971).

3. Confrontations (suite et fin). Que pensez-vous des réactions suivantes à « l'argument du pari »?

a) Voltaire: « L'intérêt que j'ai à croire une chose n'est pas une preuve de l'existence de cette chose. Je vous donnerai, me dites-vous, l'empire du monde, si je crois que vous ayez raison. Je souhaite alors de tout mon cœur que vous ayez raison. Mais jusqu'à ce que vous me l'ayez prouvé, je ne peux vous croire. Commencez, pourrait-on dire à M. Pascal, par convaincre ma raison » (*Lettres philosophiques*).

b) M. S. Everett: « This sort of argument [...] is a two-edged sword. I once heard Bertrand Russell in a public discussion turn the gambling argument neatly against a questioner by asking him, "What if it turns out that there is a God who values intellectual honesty and scientific suspense of judgment above all things and who will damn to hell all those who believe in him just in order to play safe?" The argument by wager is worthless because it can be used to prove any religion or anti-religion that offers us the biggest bribe and makes the most extravagant, exclusive claim » (*Ideals of Life*, 1954).

4. Le mot *abêtir* signifie, et signifiait au temps de Pascal: rendre bête (ou pareil à une bête). On comprend que le mot ait scandalisé de nombreux lecteurs du pari: « Quoi! Il faut faire comme si l'on croyait, pratiquer mécaniquement les gestes de la foi, pour qu'un jour, étant devenu suffisamment bête, on puisse croire véritablement et sincèrement? Etc. » Aussi certains pascaliens se sont-ils empressés d'expliquer, d'interpréter, de gloser le mot. Selon Brunschvicg, typique à cet égard, « s'abêtir, c'est retourner à l'enfance pour atteindre les vérités supérieures qui sont inaccessibles à la courte sagesse des demi-savants… », etc. A votre avis, pourquoi le mot a-t-il tant scandalisé? Vous choque-t-il? Que pourrait avoir d'*abêtissant* la pratique mécanique de la religion? Plus généralement, les critiques ont-ils le droit de « défendre » un auteur contre l'accusation d'avoir *voulu dire* ce qu'il *a dit*?

LA ROCHEFOUCAULD

François VI, prince de Marcillac et plus tard duc de La Rochefoucauld, pair de France, est né en 1613 d'une illustre famille de très vieille noblesse. Elevé à la campagne par un précepteur, il reçoit une éducation assez négligée. Peu porté aux études, il préfère les romans précieux aux auteurs latins, et excelle surtout dans les exercices du corps. Marié à l'âge de quatorze ans, maître de camp à quinze, il commande un régiment en Italie où il fait preuve d'une grande bravoure. Au retour de cette campagne, âgé tout juste de seize ans, il paraît à la cour.

L'adolescent a l'imprudence de se mesurer avec le redoutable cardinal de Richelieu, occupé alors à consolider le pouvoir royal aux dépens de la noblesse. Il ne tarde pas à se mêler aux intrigues de la reine Anne d'Autriche, menacée par le cardinal dont elle avait repoussé les assiduités. Il nourrit le projet d'enlever la reine et sa demoiselle d'honneur, dont Louis XIII est amoureux, et de les

conduire en sûreté à Bruxelles. Bien plus tard, La Rochefoucauld dira de cette époque dans ses *Mémoires* : « J'étais en un âge où on aime à faire des choses extraordinaires et éclatantes. » Enlever en même temps la femme et la favorite du roi — quel exploit ç'aurait été! Heureusement pour lui, le projet est abandonné, et il écope seulement de huit jours à la Bastille, suivis de deux ans d'exil au château de son père.

Sa peine purgée, il retourne aux armées où sa valeureuse conduite lui vaut l'offre d'une promotion au grade de maréchal. Soucieux de garder sa liberté de comploteur, La Rochefoucauld décline l'honneur. Après la mort de Richelieu et du roi, ceux qui avaient soutenu la cause de la reine comptaient sur sa reconnaissance. Mais, devenue régente, Anne d'Autriche déçoit La Rochefoucauld et préfère à ses conseils ceux du nouveau ministre, le cardinal Mazarin. Quand éclate en 1648 la guerre civile qu'on appelle la Fronde et qui unit le Parlement et les princes contre Mazarin et le pouvoir royal, La Rochefoucauld reste d'abord fidèle à la couronne. Mais outré de ne pas avoir obtenu pour sa femme la « prérogative du tabouret » — c'est-à-dire le droit de s'asseoir en présence du roi et de la reine —, et inspiré surtout par son amour pour une belle Frondeuse, la duchesse de Longueville, La Rochefoucauld se rallie vite aux révoltés et devient lieutenant général de l'armée rebelle. En 1652, il reçoit en plein visage un coup de mousquet qui le laisse valétudinaire et à demi aveugle. Il doit faire alors sa paix avec le pouvoir et renoncer à la vie active. Ayant déposé définitivement les armes, il prendra la plume; celle-ci lui réussira mieux. Il a quarante ans.

Vaincu, amer, désabusé, déçu par les hommes et par les événements, La Rochefoucauld se retire dans ses terres pour travailler au rétablissement de sa santé et de ses affaires. Il occupe ses loisirs à rédiger ses *Mémoires*. Après trois ans de cette demi-retraite, il revient à Paris et se met à fréquenter les salons aristocratiques.

Il se montre particulièrement assidu chez Mme de Sablé, où le grand amusement est de composer des maximes. Il s'agit, selon les règles du jeu, d'exprimer, dans une formule claire, concise et piquante, une vérité générale d'ordre psychologique. La Rochefoucauld s'essaie à ce divertissement de mondains et devient vite le maître incontesté du genre. Publiées en 1665, ses *Maximes* recueillies remportent un vif succès, et quatre nouvelles éditions se succéderont du vivant de l'auteur. A chacune d'elles, La Rochefoucauld apportera de nombreuses modifications, s'appliquant jusqu'à la fin de sa vie à polir l'expression et à préciser la pensée.

Dans les salons, il passe désormais pour un oracle du bon goût et commande le respect des plus grands écrivains de son temps. A partir de 1666, une amitié intime le liera à Mme de La Fayette, avec qui il collabore à la rédaction de *La Princesse de Clèves*. Son amie le consolera d'une vieillesse chargée de deuils familiaux et souffrances physiques. Un violent accès de goutte l'emporte en 1680, à l'âge de soixante-six ans.

Si nous lisons aujourd'hui les *Maximes*, c'est qu'elles n'avaient rien d'un passe-temps pour leur auteur. Les habitués du salon de Mme de Sablé eurent vite fait de s'en apercevoir, et depuis lors on ne s'y est pas trompé. Chez La Rochefoucauld le styliste se doublait d'un moraliste, et l'intérêt de l'œuvre pour nous réside dans ces

La Rochefoucauld (portrait anonyme).

deux aspects. C'est de ce double point de vue qu'il convient d'apprécier la curieuse fortune du livre. Aucun ouvrage n'a été à la fois si admiré et si décrié que les *Maximes* de La Rochefoucauld: admiré pour la pureté harmonieuse de la forme; décrié pour le pessimisme misanthropique du fond. Le livre n'est peut-être pas de ceux qu'on *aime*, mais il force tout de même notre admiration.

L'*expression* atteint, dans nombre de maximes, à une certaine perfection classique faite de relief, de concision et de netteté. L'étonnante simplicité de la construction, les phrases courtes, précises et bien frappées font croire au lecteur qu'il aurait pu exprimer aussi bien la même pensée. La Rochefoucauld avait fait siens les préceptes que Boileau devait formuler dans son *Art poétique:* « Soyez simple avec art... agréable sans fard... D'un mot mis en sa place enseign[ez] le pouvoir. » Un siècle plus tard, Voltaire rendra hommage à cet aspect des *Maximes* en y voyant « un des ouvrages qui contribuèrent le plus à former le goût de la nation et à lui donner un esprit de justesse et de précision. »

Quant au *fond* du livre, les lecteurs ont été moins unanimes. « Voici un portrait du cœur de l'homme, » avait annoncé La Rochefoucauld dans son *Avis au lecteur.* On trouva sa peinture affreusement laide. Sa laideur, répliqua l'auteur, ne l'empêche pas de ressembler au modèle. Il avait voulu scandaliser et il y réussit. Une pluie de critiques et de réfutations accueillit le livre à sa parution: « Diffamation de la nature humaine... destruction de la morale... incitation au libertinage...» Certains disaient: « Ce livre est faux; tous les hommes ne sont pas si méchants que l'auteur ne le croit. » D'autres disaient: « Ce livre est vrai, mais il aurait mieux valu que l'auteur se taise. » On disait que La Rochefoucauld s'était peint lui-même; on mettait sa misanthropie sur le compte de sa goutte ou de ses chagrins d'amour. Se sentant visé, on réagissait d'une façon ou d'une autre — comme nous réagissons aujourd'hui encore. Relisant les *Maximes*, André Gide remarquera: « J'en trouve bien peu qui laissent en repos l'esprit du lecteur. »

Bien entendu, La Rochefoucauld avait prévu les objections, et il y avait répondu par avance dans son *Avis au lecteur*: « Il n'y a rien de plus propre à établir la vérité de ces réflexions que la chaleur et la subtilité que l'on témoignera pour les combattre. » A vous de juger si sa réponse est bonne...

Avant de lire

I. Les *Maximes* sont mal nommées. La première édition s'intitulait *Réflexions, ou sentences et maximes morales*, et l'usage aurait mieux fait, en abrégeant le titre, de retenir le terme de *sentence*. Les deux mots ne sont pas synonymes (ni ne l'étaient au XVIIᵉ siècle). La sentence est *descriptive;* on la confirme ou l'infirme. La maxime est *prescriptive;* on la suit ou refuse de la suivre. Or La Rochefoucauld, soucieux avant tout de peindre « un portrait du cœur de l'homme », se refuse à nous *prescrire* des règles de conduite, et se borne à *décrire* notre conduite telle qu'il l'observe. Il y a une ou deux exceptions dans les « maximes » que nous reproduisons. Lesquelles?

II. La question se pose donc pour chaque « maxime »: Cela est-il vrai? La Rochefoucauld a-t-il bien observé? Une autre question, bien plus épineuse, se pose lorsqu'on considère les *Maximes* dans leur ensemble: le « portrait » est-il vrai? Y reconnaît-on *l'homme*? Peut-on, afin de répondre à la seconde question, dégager de cette suite de sentences disposées sans ordre une idée générale, un système, une thèse? La sentence placée en épigraphe du livre est sans doute significative à cet égard: « Nos vertus ne sont, le plus souvent, que des vices déguisés. » *Ne… que* — formule réductionniste, que La Rochefoucauld applique à la vie morale. (Voir, à ce propos, *Matière à réflexion*, nº 13.)

III. Qu'il y ait ou non une thèse générale, le *fond* du livre est indéniablement pessimiste. Et l'on a prétendu que ce pessimisme provient moins du triste spectacle du monde observé que de la tristesse foncière de l'observateur. « Je suis mélancolique, » écrit La Rochefoucauld dans son autoportrait, « et je le suis à tel point que, depuis trois ou quatre ans, à peine m'a-t-on vu rire trois ou quatre fois. » Les *Maximes* ne seraient-elles, comme le voudraient certains critiques, que la transposition littéraire d'un tempérament? La Rochefoucauld n'auraient-il fait qu'ériger en système ses échecs et ses désillusions? Convenons au moins qu'une œuvre est toujours, d'une façon ou d'une autre, le reflet de la vie de l'auteur. Dans le cas de La Rochefoucauld, ce reflet semble particulièrement visible (ce qui explique la longueur exceptionnelle de l'esquisse biographique). Soyez donc attentif, dans les maximes qui suivent, à ce « reflet de la vie de l'auteur ». Quel rapport pourrait-il y avoir entre la biographie ou la psychologie d'un auteur et le bien-fondé de ce qu'il affirme? (Voir, à ce propos, *Matière à réflexion*, nº 5.)

☛ N.B.: La numérotation des maximes 1–496 est celle de l'édition de 1678, la dernière parue du vivant de l'auteur. Pour les onze maximes numérotées de 497 à 507, « s » indique que la maxime fut supprimée par La Rochefoucauld après la première édition; « p », que la maxime fut publiée posthumément.

Maximes

Nos vertus ne sont, le plus souvent, que des vices déguisés. — Epigraphe.

1. Ce que nous prenons pour des vertus n'est souvent qu'un assemblage de diverses actions et de divers intérêts, que la fortune ou notre industrie savent arranger; et ce n'est pas toujours par valeur et par chasteté que les hommes sont vaillants, et que les femmes sont chastes.

12. Quelque soin que l'on prenne de couvrir ses passions par des apparences de piété et d'honneur, elles paraissent toujours au travers de ces voiles.

19. Nous avons tous assez de force pour supporter les maux d'autrui.

25. Il faut de plus grandes vertus pour soutenir la bonne fortune que la mauvaise[50].

26. Le soleil ni la mort[51] ne se peuvent regarder fixement.

29. Le mal que nous faisons ne nous attire pas tant de persécution et de haine que nos bonnes qualités.

31. Si nous n'avions point de défauts, nous ne prendrions pas tant de plaisir à en remarquer dans les autres.

38. Nous promettons selon nos espérances, et nous tenons[52] selon nos craintes.

39. L'intérêt[53] parle toutes sortes de langues, et joue toutes sortes de personnages, même celui de désintéressé[54].

41. Ceux qui s'appliquent trop aux petites choses deviennent ordinairement incapables des grandes.

43. L'homme croit souvent se conduire lorsqu'il est conduit; et pendant que par son esprit il tend à un but, son cœur l'entraîne insensiblement à un autre.

44. La force et la faiblesse de l'esprit sont mal nommées; elles ne sont en effet[55] que la bonne ou la mauvaise disposition des organes du corps.

52. Quelque différence qui paraisse entre les fortunes, il y a néanmoins une certaine compensation de biens et de maux qui les rend égales.

54. Le mépris des richesses était dans les philosophes[56] un désir caché de venger leur mérite de l'injustice de la fortune par le mépris des mêmes biens dont elle les privait; c'était un secret pour se garantir de l'avilissement de la pauvreté; c'était un chemin détourné pour aller à la considération qu'ils ne pouvaient avoir par les richesses.

62. La sincérité est une ouverture de cœur. On la trouve en fort peu de gens; et celle que l'on voit d'ordinaire n'est qu'une fine dissimulation pour attirer la confiance des autres.

67. La bonne grâce est au corps ce que le bon sens est à l'esprit.

71. Il n'y a guère de gens qui ne soient honteux de s'être aimés quand ils ne s'aiment plus.

75. L'amour aussi bien que le feu ne peut subsister sans un mouvement continuel; et il cesse de vivre dès qu'il cesse d'espérer ou de craindre.

78. L'amour de la justice n'est en la plupart des hommes que la crainte de souffrir l'injustice.

50. *Soutenir (la bonne fortune):* se maintenir à la hauteur de. *Soutenir (la mauvaise fortune):* supporter. — 51. *Ni le soleil ni la mort...* — 52. Nous tenons *nos promesses.* — 53. Intérêt *personnel.* — 54. *Désintéressé:* qui n'agit pas par intérêt personnel. — 55. En réalité. — 56. Les philosophes de l'antiquité, notamment les stoïciens.

81. Nous ne pouvons rien aimer que par rapport à nous, et nous ne faisons que suivre notre goût et notre plaisir quand nous préférons nos amis à nous-mêmes. C'est néanmoins par cette préférence seule que l'amitié peut être vraie et parfaite.

83. Ce que les hommes ont nommé amitié n'est qu'une société[57], qu'un ménagement réciproque d'intérêts, et qu'un échange de bons offices[58]; ce n'est enfin qu'un commerce[59] où l'amour-propre[60] se propose toujours quelque chose à gagner.

90. Nous plaisons plus souvent dans le commerce de la vie[61] par nos défauts que par nos bonnes qualités.

93. Les vieillards aiment à donner de bons préceptes, pour se consoler de n'être plus en état de donner de mauvais exemples.

102. L'esprit est toujours la dupe du cœur.

111. Plus on aime une maîtresse[62], et plus on est près de la haïr.

113. Il y a de bons mariages, mais il n'y en a point de délicieux.

118. L'intention de ne jamais tromper nous expose à être souvent trompés.

119. Nous sommes si accoutumés à nous déguiser aux autres qu'enfin nous nous déguisons à nous-mêmes.

122. Si nous résistons à nos passions, c'est plus par leur faiblesse que par notre force.

130. La faiblesse est le seul défaut que l'on ne saurait corriger.

131. Le moindre défaut des femmes qui se sont abandonnées à faire l'amour, c'est de faire l'amour.

132. Il est plus aisé d'être sage pour les autres que de l'être pour soi-même.

135. On est quelquefois aussi différent de soi-même que des autres.

136. Il y a des gens qui n'auraient jamais été amoureux s'ils n'avaient jamais entendu parler de l'amour.

142. Comme c'est le caractère des grands esprits de faire entendre[63] en peu de paroles beaucoup de choses, les petits esprits au contraire ont le don de beaucoup parler, et de ne rien dire.

146. On ne loue d'ordinaire que pour être loué.

148. Il y a des reproches qui louent, et des louanges qui médisent.

149. Le refus des louanges est un désir d'être loué deux fois.

155. Il y a des gens dégoûtants[64] avec du mérite, et d'autres qui plaisent avec des défauts.

168. L'espérance, toute trompeuse qu'elle est, sert au moins à nous mener à la fin de la vie par un chemin agréable.

171. Les vertus se perdent dans l'intérêt, comme les fleuves se perdent dans la mer.

174. Il vaut mieux employer notre esprit à supporter les infortunes qui nous arrivent qu'à prévoir celles qui nous peuvent arriver.

180. Notre repentir n'est pas tant un regret du mal que nous avons fait, qu'une crainte de celui qui nous en peut arriver.

185. Il y a des héros en mal comme en bien.

195. Ce qui nous empêche souvent de nous abandonner à un seul vice est que nous en avons plusieurs.

57. Association. — 58. Services. — 59. Relation. — 60. Egoïsme (« l'amour de soi-même et de toutes choses pour soi », écrit La Rochefoucauld). — 61. *Commerce de la vie*: fréquentation du monde. — 62. La maîtresse de quelqu'un (sens vieilli), c'est la jeune fille ou la femme qu'il aime. — 63. Comprendre. — 64. Déplaisants.

205. L'honnêteté[65] des femmes est souvent l'amour de leur réputation et de leur repos.

209. Qui vit sans folie n'est pas si sage qu'il croit.

216. La parfaite valeur[66] est de faire sans témoins ce qu'on serait capable de faire devant tout le monde.

218. L'hypocrisie est un hommage que le vice rend à la vertu.

231. C'est une grande folie de vouloir être sage tout seul.

246. Ce qui paraît générosité n'est souvent qu'une ambition déguisée qui méprise de petits intérêts, pour aller à de plus grands.

263. Ce qu'on nomme libéralité[67] n'est le plus souvent que la vanité de donner, que nous aimons mieux que ce que nous donnons.

271. La jeunesse est une ivresse continuelle: c'est la fièvre de la raison.

274. La grâce de la nouveauté est à l'amour ce que la fleur est sur le fruit: elle y donne un lustre qui s'efface aisément, et qui ne revient jamais.

276. L'absence diminue les médiocres[68] passions, et augmente les grandes, comme le vent éteint les bougies et allume le feu.

295. Il s'en faut bien que nous ne connaissions[69] toutes nos volontés.

298. La reconnaissance de la plupart des hommes n'est qu'une secrète envie de recevoir de plus grands bienfaits.

303. Quelque bien qu'on nous dise de nous, on ne nous apprend rien de nouveau.

310. Il arrive quelquefois des accidents[70] dans la vie, d'où il faut être un peu fou pour se bien tirer.

327. Nous n'avouons de petits défauts que pour persuader que nous n'en n'avons pas de grands.

351. On a bien de la peine à rompre, quand on ne s'aime plus.

367. Il y a peu d'honnêtes femmes[71] qui ne soient lasses de leur métier[72].

368. La plupart des honnêtes femmes sont des trésors cachés, qui ne sont en sûreté que parce qu'on ne les cherche pas.

375. Les esprits médiocres condamnent d'ordinaire tout ce qui passe[73] leur portée.

395. On est quelquefois moins malheureux d'être trompé de ce qu'on aime[74], que d'en être détrompé.

409. Nous aurions souvent honte de nos plus belles actions si le monde voyait tous les motifs qui les produisent.

417. En amour celui qui est guéri le premier est toujours le mieux guéri.

423. Peu de gens savent être vieux.

431. Rien n'empêche tant d'être naturel que l'envie de le paraître.

436. Il est plus aisé de connaître l'homme en général que de connaître un homme en particulier.

439. Nous ne désirerions guère de choses avec ardeur, si nous connaissions parfaitement ce que nous désirons.

440. Ce qui fait que la plupart des femmes sont peu touchées de l'amitié, c'est qu'elle est fade quand on a senti de l'amour.

466. De toutes les passions violentes, celle qui sied[75] le moins mal aux femmes, c'est l'amour.

65. Ici, chasteté. — 66. Ici, mérite. — 67. Générosité. — 68. D'intensité moyenne (sens vieilli). — 69. Nous sommes très loin de connaître... — 70. Evénements (sens vieilli). — 71. Femmes vertueuses. — 72. Manière d'être habituelle; comportement. Lisez donc: ... qui ne soient pas lasses d'être vertueuses. — 73. Dépasse. — 74. *Ce qu'on aime:* celle ou celui qu'on aime. — 75. Du verbe *seoir* (vieilli): convenir.

471. Dans les premières passions les femmes aiment l'amant, et dans les autres elles aiment l'amour.

489. Quelques[76] méchants que soient les hommes, ils n'oseraient paraître ennemis de la vertu, et lorsqu'ils la veulent persécuter, ils feignent de croire qu'elle est fausse ou ils lui supposent[77] des crimes.

496. Les querelles ne dureraient pas longtemps, si le tort n'était que d'un côté.

497(s). La justice n'est qu'une vive appréhension qu'on ne nous ôte ce qui nous appartient; de là vient cette considération et ce respect pour tous les intérêts du prochain, et cette scrupuleuse application à ne lui faire aucun préjudice. Cette crainte retient l'homme dans les bornes des biens que la naissance ou la fortune lui ont donné, et sans cette crainte il ferait des courses[78] continuelles sur les autres.

498(s). Dans l'adversité de nos meilleurs amis, nous trouvons toujours quelque chose qui ne nous déplaît pas.

499(s). On ne peut répondre de son courage quand on n'a jamais été dans le péril.

500(s). La confiance de plaire est souvent un moyen de déplaire infailliblement.

501(s). N'aimer guère en amour est un moyen assuré pour être aimé.

502(s). Quand on ne trouve pas son repos en soi-même, il est inutile de le chercher ailleurs.

503(p). La fin du bien est un mal; la fin du mal est un bien.

504(p). Le travail du corps délivre des peines de l'esprit, et c'est ce qui rend les pauvres heureux.

505(p). Les amants ne voient les défauts de leurs maîtresses que lorsque leur enchantement est fini.

506(p). Il est plus nécessaire d'étudier les hommes que les livres.

507(p). L'enfer des femmes, c'est la vieillesse.

76. Si. — 77. Attribuent faussement. — 78. Expédition ayant pour but le pillage.

Matière à réflexion

1. Maxime 102. Si l'esprit était *toujours* la dupe du cœur, La Rochefoucauld aurait-il pu écrire ses maximes?

2. La maxime 504(p) est une des plus critiquées du recueil. Albert Camus va jusqu'à la qualifier d'« impardonnable ». Pourquoi, à votre avis?

3. La reine Christine de Suède, qui annota en 1673 toutes les maximes qui avaient paru jusqu'alors, écrivit en marge de la célèbre maxime 113 un seul mot: « Selon ». Elle voulait dire: cela peut-être vrai ou faux, selon les gens. Donnez-vous raison au duc ou à la reine? Avant de répondre, relisez les maximes 75 et 274.

4. Une lectrice des *Maximes* reprochait à La Rochefoucauld sa misogynie: « Il me semble que nous méritons bien que vous ayez un peu meilleure opinion du sexe

[c'est-à-dire des femmes] en général. » Qu'en pensez-vous? Relisez à ce propos les maximes 205, 367-8, 440, 446, 471 et 507(p).

5. On a accusé La Rochefoucauld de « juger tout le monde par lui-même », d'être « comme les malades de la jaunisse, qui voient tout jaune parce qu'ils le sont eux-mêmes ». Après une première lecture des *Maximes*, Madame de La Fayette s'écria: « Quelle corruption il faut avoir dans l'esprit et dans le cœur pour être capable d'imaginer tout cela! » Certaines maximes, en effet — 498(s), par exemple — semblent justifier une telle réaction. Mais est-ce là une réfutation, ou plutôt un exemple de l'erreur dite *ad hominem*?

6. Dans son autoportrait, La Rochefoucauld écrit: « J'aime mes amis, et je les aime d'une façon que je n'hésiterais pas à sacrifier mes intérêts aux leurs. » Cette affirmation vous paraît-elle compatible avec les maximes 39 et 83?

7. Maxime 500(s). La Rochefoucauld a longtemps hésité entre deux formulations diamétralement opposées: « ...un moyen de *déplaire* infailliblement », et « ...un moyen de *plaire* infailliblement ». A votre avis, a-t-il bien choisi? Commentez son hésitation à la lumière de cette remarque de Paul Léautaud: « Il n'est pas de sentences, de maximes, d'aphorismes dont on ne puisse écrire la contrepartie. »

8. L'étude des variantes révèle non seulement le travail stylistique de La Rochefoucauld, mais aussi une certaine évolution morale. Comparez, du point de vue de la forme et du fond, la maxime 216 avec sa rédaction primitive: « La pure valeur, s'il y en avait, serait de faire sans témoins ce qu'on est capable de faire devant le monde. » Qu'indiquent, en particulier, l'indicatif du verbe dans la rédaction définitive, et la suppression de la proposition « s'il y en avait »? Quelle version vous paraît la moins pessimiste? Pourquoi?

9. La Rochefoucauld préfère presque toujours les comparaisons aux métaphores. Pourtant les maximes 26 et 271, où il recourt à la métaphore, sont parmi les plus célèbres et les plus citées. A votre avis, pourquoi?

10. La maxime 218 est passée en proverbe, ce qui n'empêche pas certains commentateurs de la trouver obscure. Dans quelle mesure s'éclaire-t-elle à la lumière de la maxime 489?

11. Comment entendez-vous la maxime 423? Comparez votre interprétation au commentaire que La Rochefoucauld donne lui-même: « Je sais bien que le bon sens et le bon esprit conviennent à tous les âges, mais les goûts n'y conviennent pas toujours et ce qui sied bien en un temps ne sied pas bien en un autre. C'est ce qui me fait croire que peu de gens savent être vieux. » Aviez-vous compris la maxime de la même façon que l'auteur?

12. Rapprochez la maxime 502(s), supprimée en 1671 peu après la parution des *Pensées*, des fragments de Pascal sur le « divertissement ».

13. Le réductionnisme de La Rochefoucauld. Qu'est-ce qui explique, à votre avis, la fréquence chez La Rochefoucauld de la construction « ne... que »? Relisez à ce propos l'épigraphe, ainsi que les maximes 1, 44, 62, 78, 83, 246–7, 263, 298 et 497(s). Y a-t-il un thème sur lequel ces maximes soient autant de variations?

14. Le freudisme de La Rochefoucauld. En quel sens et dans quelle mesure peut-on dire que La Rochefoucauld a anticipé les doctrines de la psychanalyse, notamment en ce qui concerne l'inconscient? Relisez à ce propos les maximes 43, 54 et 102.

15. Comparez les maximes 78 et 497(s). Cette dernière, vite supprimée par l'auteur, ajoute-t-elle quelque chose à la première, ou bien dit-elle — plus longuement et moins bien — la même chose?

16. Toutes les maximes ne sont pas des chefs-d'œuvre. La platitude, en particulier, est un écueil que La Rochefoucauld n'a pas toujours évité. Commentez de ce point de vue les maximes 499(s), 503(p) et 505(p). Leur banalité pourrait-elle expliquer que l'auteur les ait supprimées ou ne les ait jamais publiées?

17. Une amie de La Rochefoucauld reprochait à certaines maximes de « n'être là que pour faire des maximes ». Et aujourd'hui encore, on lui trouve par endroits du « verbalisme », c'est-à-dire l'utilisation des mots pour eux-mêmes au détriment de l'idée. Y a-t-il, à votre avis, des maximes qui justifient cette critique?

18. Visiblement, La Rochefoucauld a le goût du paradoxe (voir, par exemple, les maximes 25, 29, 90, 135, 148, 155 et 351), à tel point que Gustave Lanson donne la recette suivante pour préparer des maximes: « Prenez le contrepied d'une opinion commune, et affirmez hardiment. » En vous aidant de cette recette, composez vous-mêmes des maximes. Qu'elles expriment, comme l'a dit La Rochefoucauld lui-même (maxime 142), « en peu de paroles, beaucoup de choses »!

Racine

« Il y a dans l'art un point de perfection, comme de maturité dans la nature, » disait La Bruyère vers 1690. Pour une certaine histoire littéraire traditionnelle, ce point de perfection coïncide avec la grande floraison des années 1660–1685: tout ce qui précède ce « moment classique » l'annonce ou le prépare; tout ce qui le suit semble marquer un déclin. Et parmi les gloires dont s'enorgueillit cette brève période, c'est Racine qui fait figure du classique par excellence: à la fois le plus grand et le plus typique. De la doctrine classique, telle que nous l'avons formulée (voir pp. 237–239), l'œuvre racinienne est l'expression la plus heureuse et la plus hautement représentative. Ainsi, dans ce siècle en apparence si « classico-centrique », le classicisme lui-même est-il « racino-centrique ».

Né dans une petite ville de province, orphelin à quatre ans, Jean Racine (1639–1699) est recueilli d'abord par ses grands-parents, puis par les religieux de l'abbaye de Port-Royal. Elevé chez ces derniers selon les principes austères du jansénisme (voir p. 332), il recevra dans leurs écoles une formation exceptionnellement soignée.

Il a dix-neuf ans lorsqu'il se rend à Paris pour terminer ses études. Et c'est alors qu'il s'émancipe, menant joyeuse vie, profitant à fond des plaisirs que lui offre la capitale. Ses anciens maîtres de Port-Royal s'inquiètent, et pour cause, d'autant plus que leur pieux élève semble avoir choisi la carrière réprouvée d'écrivain. Ses débuts littéraires n'étant pas brillants, il se laisse envoyer dans le Midi pour briguer une charge ecclésiastique. N'ayant rien obtenu au bout d'un an, il conclut qu'il n'a pas la vocation religieuse et regagne Paris. Ses deux premières tragédies sont jouées avec quelque succès par la troupe de Molière. Enhardi, il rompt avec Port-Royal et se consacre corps et âme au théâtre.

Entre 1667 et 1677, il donne sept tragédies qui sont autant de chefs-d'œuvre. Sa gloire éclipse peu à peu celle du vieux Corneille. Reconnu comme le premier

auteur dramatique de son temps, il entre à l'Académie française et reçoit du roi une pension généreuse; anobli, il devient un familier de la cour. Il est au sommet de la réussite littéraire et mondaine.

L'année 1677 marque un tournant dans sa vie. Son génie incontestable, son succès éclatant et son mauvais caractère lui ont valu de nombreux ennemis, lesquels montent contre sa *Phèdre* une cabale. L'échec de la pièce ne dure qu'un mois, mais l'hypersensible Racine s'en offusque et renonce au théâtre. L'un de ses anciens maîtres jansénistes avait écrit qu'« un poète de théâtre est un empoisonneur public, non des corps, mais des âmes des fidèles, qui se doit regarder coupable d'une infinité d'homicides spirituels. » Maintenant Racine semble se ranger à cet avis. Pris de dégoût pour la vie qu'il a mené jusqu'àlors, il veut brûler ses œuvres et se faire moine. Ses amis l'en dissuadent, et, suivant leurs conseils, il se marie. Sa femme lui donnera sept enfants et ne lira jamais un vers de ses pièces.

Chargé par Louis XIV d'écrire l'histoire de son règne, Racine partage sa vie désormais entre sa famille et ses devoirs officiels. Il n'a que remords pour son ancienne carrière d'« empoisonneur public », et c'est seulement à la demande de la femme du roi qu'il acceptera d'écrire deux pièces bibliques pour les élèves d'un pensionnat qu'elle a fondé. Réconcilié avec ses anciens maîtres de Port-Royal, il sera inhumé par vœu testamentaire dans le cimetière de l'abbaye lorsqu'il meurt d'une maladie du foie à l'âge de soixante ans.

Comme Corneille, à qui on l'a si souvent comparé, Racine a peu innové par rapport à ses prédécesseurs. Mais, suivant une voie toute tracée, il a dépassé de si loin ses contemporains qu'il avait l'air d'un novateur. Son *Andromaque* triomphait en 1667 des autres pièces du même genre, comme le *Cid* de Corneille avait éclipsé la production théâtrale de 1637. Mais les modes avaient beaucoup évolué dans cet interval de trente ans. La tragi-comédie a fait place à la tragédie « régulière » — c'est-à-dire conforme aux règles —, et les règles dont il s'agit sont celles du classicisme. La doctrine classique, embryonnaire et contestée en 1637, s'est imposée en 1667. Racine ne la discute pas, ni ne la modifie; il s'y soumet, comme le font, avec le génie en moins, la quasi totalité de ses contemporains.

Après la querelle du *Cid* (voir p. 255), Corneille avait fini, lui aussi, par suivre la mode en se pliant aux règles, mais il s'était toujours senti plus ou moins gêné par la discipline qu'elles lui imposaient. Racine, jamais. Aucun autre dramaturge n'a pu s'épanouir si librement dans le cadre étroit des trois unités.

Racine attache une importance particulière à *l'unité d'action*, interprétée au sens le plus strict: l'action d'une tragédie doit être *simple* et *une*, « avec peu d'incidents et peu de matière » (préface d'*Alexandre*). Pour atteindre à la plus grande simplicité, il se borne à raconter la *phase finale* d'un conflit qui couve depuis longtemps. Au début de la pièce, tout est déjà en place; la crise n'attend pour éclater qu'un incident nouveau. Il survient, et voilà déclenché l'engrenage fatal qui amène rapidement le dénouement tragique. Une telle action, réduite au minimum, dépouillée de tout détail superflu, peut se dérouler facilement en un seul lieu et en un seul jour (unité de lieu et de temps), et Racine aime reprocher à Corneille d'avoir encombré ses intrigues d'« une multitude de choses qui pourraient à peine arriver en plusieurs semaines » (préface de *Bérénice*).

A la différence de Corneille, Racine respecte scrupuleusement *la règle de la vraisemblance*, et c'est ici qu'apparaissent les différences fondamentales entre les

deux écrivains. Alors que Corneille place ses héros dans des situations extraordi-
naires pour éprouver leur caractère et faire éclater leur supériorité, les héros de
Racine évoluent dans des situations « ordinaires » propres à révéler leur bassesse.
L'essentiel est de créer *l'illusion du vrai*, car « il n'y a que la vraisemblance qui
touche dans la tragédie » (préface de *Bérénice*).

Vraisemblance des situations. — Le ton noble de la tragédie risque de nous
cacher ce côté peu glorieux, banal même, des intrigues raciniennes. On est allé
jusqu'à les comparer au courrier du cœur et aux faits divers relatés dans les
chroniques judiciaires des journaux. Considérez, par exemple, le scénario suivant.
*Une femme aime son beau-fils et le lui dit. Lorsqu'il la repousse, elle fait dire à son mari,
pour se protéger, que le jeune homme a tenté de la violer. Hors de lui, le père fait tuer son fils,
et sa femme, torturée de remords, se suicide.* Est-ce le récit d'un de ces drames domes-
tiques comme on en voit dans « *A Current Affair* »? C'est l'histoire de *Phèdre*. Sous
le langage élégant des personnages princiers, les tragédies raciniennes sont des
contes de la sordidité ordinaire.

Vraisemblance des caractères. — La vraisemblance des situations n'est chez
Racine qu'un moyen de parvenir à celle des caractères. Rejetant la théorie corné-
lienne selon laquelle une tragédie doit susciter chez le spectateur de l'*admiration*
pour le héros, Racine cherche plutôt à nous faire éprouver de la *compassion* pour
un personnage frappé de malheurs, et de la *crainte* à l'idée qu'il pourrait nous en
arriver de pareils. Or, nous ne saurions compâtir aux malheurs d'un autre s'il ne
nous ressemblait suffisamment pour nous permettre de nous identifier à lui. C'est
pourquoi, estime Racine, les surhommes cornéliens nous restent étrangers. Et
c'est pourquoi il rabaisse ses « héros » au niveau de la moyenne de l'humanité —
et parfois en dessous.

En effet, il semblerait plus juste de qualifier d'*antihéros* les personnages princi-
paux du théâtre de Racine. Historiquement, le mot *héros* s'applique d'abord, con-
formément à son étymologie, aux demi-dieux de la mythologie antique; ensuite,
par extension du sens, aux personnages légendaires qui s'élèvent par leurs
exploits au rang des demi-dieux; enfin, à toute personne qui se distingue par sa
force de caractère et sa grandeur d'âme. C'est au XVIIe siècle qu'apparaît le sens
littéraire du terme: on commence alors d'appeler *héros* le personnage principal
d'une œuvre littéraire lorsqu'il possède les qualités requises (vertu supérieure,
etc.). Racine opère un divorce entre le sens traditionnel et le sens littéraire, ses
« héros » dépourvus d'héroïsme ne gardant que les noms et le rang social élevé
des héros de légende.

Le contraste avec Corneille est ici particulièrement instructif. Le héros
cornélien typique est un fort: chez lui, la raison décide, la volonté exécute et les
passions obéissent. L'antihéros racinien est un faible: chez lui, les passions
l'emportent sur la volonté impuissante, et la raison constate l'échec. Et nulle part
cette faiblesse n'est plus apparente que devant la passion dévorante qu'est
l'amour. Les amoureux de Racine subissent leur passion comme une fatalité
intérieure à laquelle ils tentent en vain de résister et qui les entraîne inéluctable-
ment à leur perte. La force écrasante de cette passion ne semble laisser à ses vic-
times aucune liberté; et pourtant elles se croient libres, puisqu'elles se sentent
responsables et coupables. Imaginez un malheureux qui, poussé du haut d'un
gouffre et entraîné vers le bas par des forces qui le dépassent, se croirait libre dans

Racine, gravure d'après le portrait de son fils, J.-B. Racine.

sa chute — et s'en voudrait de tomber! Voilà une image de la liberté racinienne. Et ce malheureux n'arrive pas plus fatalement à sa fin tragique que l'antihéros de Racine à la sienne.

On nous objectera: « Mais on est toujours plus ou moins le jouet du destin dans la tragédie: ce sont les règles du genre qui veulent qu'on arrive "fatalement à sa fin tragique". » Les règles du genre veulent 1° que l'action soit sérieuse (absence de tout élément comique), et 2° que les personnages soient en lutte contre un « destin » hostile. Mais ce destin n'est pas forcément la fatalité antique, contre laquelle la volonté de l'homme ne peut rien. Il est vrai qu'à l'ordinaire, le dénouement d'une tragédie est triste — c'est de là que vient d'ailleurs le sens moderne du mot *tragique* —, mais il arrive aussi qu'à force de volonté et d'effort, un héros de tragédie l'emporte sur les puissances hostiles. C'est le cas de quelques tragédies de Corneille, et il est significatif que, même vaincu, le héros cornélien remporte en mourant une victoire morale. Chez Racine, la situation initiale entraîne fatalement la défaite, physique ou morale; même s'il échappe à la mort, l'antihéros racinien finit dans le désespoir.

Ici comme ailleurs, l'opposition est totale entre les deux grands tragiques. La tragédie de Corneille est, paradoxalement, « optimiste »; celle de Racine est d'un profond pessimisme. Dans ces œuvres si différentes, il s'agit au fond de deux conceptions diamétralement opposées de la nature humaine. La première conception met l'accent sur la grandeur d'âme à laquelle l'homme peut atteindre par le bon usage de sa liberté; la seconde nie la liberté de l'homme et insiste sur son néant et son abjection foncière.

Les biographes de Racine voient dans cette sombre vision l'empreinte des principes jansénistes qui lui avaient été inculqués dans son enfance. Le jansénisme poussait à l'extrême l'idée chrétienne du péché originel: l'homme, né coupable depuis la chute d'Adam et irrémédiablement indigne du salut (félicité éternelle), ne peut y parvenir que par la grâce (faveur divine et gratuite), laquelle est accordée d'avance à un petit nombre d'élus. Ce n'est pas un hasard si Racine essayait vers 1677 de se réconcilier avec ses anciens maîtres jansénistes de Port-Royal. Car c'est de cette année que date *Phèdre*, la plus pessimiste, la plus janséniste de ses tragédies.

Dans l'œuvre de Racine, *Phèdre* occupe une place privilégiée: la dernière de ses pièces profanes est aussi celle que ses contemporains préféraient. Elle fut la tragédie la plus jouée à la cour de Louis XIV, et la première pièce à l'affiche de la Comédie-Française lors de sa création en 1680. Elle passe aujourd'hui pour le chef-d'œuvre de Racine et de la tragédie classique.

Avant de lire

La légende de Phèdre et d'Hippolyte remonte à l'antiquité gréco-latine. La version la plus ancienne qui nous soit parvenue est l'*Hippolyte couronné* d'Euripide (V^e s. av. J.-C.), et c'est de lui surtout que Racine s'inspire. Son imitation n'est pourtant pas un esclavage, et il n'hésite pas à adapter son modèle aux bienséances du jour. Phèdre devient chez lui le personnage principal, et il prend soin de la rendre « un peu moins odieuse » (*Préface*) que dans l'original.

Au XVII^e siècle avant Racine, la légende avait été déjà adaptée plusieurs fois pour la scène française, et le public de 1677 connaissait déjà l'essentiel de l'histoire. Pour un lecteur d'aujourd'hui, dont le bagage mythologique est peut-être plus léger, le danger est de s'enliser dans les nombreuses allusions. Voici quelques repères (d'autres seront indiquées en cours de route):

- **Phèdre**: seconde femme de Thésée, dont elle aime le fils Hippolyte, issu d'un premier mariage. Son amour est donc *incestueux* (puisqu'elle aime son beau-fils) et *adultère* (puisqu'elle aime un autre que son mari). Elle est « la fille de Minos et de Pasiphaé » (v. 36), et cette généalogie est capitale (voir Vénus). Phèdre sort d'un « sang déplorable » (v. 257) et « rempli d'horreurs » (v. 1152).

 Vénus: déesse de l'amour-passion. S'estimant trahie par le Soleil, elle se vengea en le frappant d'une malédiction héréditaire: toutes ses descendantes sont condamnées à des amours coupables. D'abord, Pasiphaé, fille du Soleil, laquelle aima un taureau (de leur union naquit le Minotaure, monstre à corps d'homme et à tête de taureau); ensuite, Phèdre, que Vénus a frappé d'amour pour Hippolyte.

- **Thésée**: mari de Phèdre et roi d'Athènes. C'est un héros qui a accompli de nombreux exploits guerriers. Pour punir son fils Hippolyte, il invoque l'aide de Neptune.

 Neptune: dieu de la Mer. Pour s'acquitter d'une dette de reconnaissance envers Thésée, il lui a promis d'exaucer le premier de ses vœux (lequel sera la mort de son fils).

Note grammaticale: Au XVII^e siècle, lorsqu'un verbe conjugué était suivi d'un infinitif, le complément d'objet de l'infinitif se plaçait souvent devant le verbe conjugué (« les lieux qui **le** peuvent cacher », v. 7) et non pas, comme aujourd'hui, devant l'infinitif (« les lieux qui peuvent **le** cacher »).

Phèdre

PERSONNAGES

THÉSÉE, fils d'Egée, roi d'Athènes

PHÈDRE, femme de Thésée, fille de Minos et de Pasiphaé

HIPPOLYTE, fils de Thésée et d'Antiope, reine des Amazones

ARICIE, princesse du sang royal d'Athènes

THÉRAMÈNE, gouverneur d'Hippolyte

ŒNONE, nourrice et confidente de Phèdre

·ISMÈNE, confidente d'Aricie

PANOPE, femme de la suite de Phèdre

GARDES

La scène est à Trézène, ville du Péloponnèse située au sud-ouest d'Athènes.

ACTE PREMIER

Scène Première
[HIPPOLYTE, THÉRAMÈNE]

HIPPOLYTE. — 　Le dessein[1] en est pris: je pars, cher Théramène,
　　　　Et quitte le séjour de l'aimable Trézène.
　　　　Dans le doute mortel dont je suis agité,
　　　　Je commence à rougir de mon oisiveté.
5　　　Depuis plus de six mois éloigné de mon père,
　　　　J'ignore le destin d'une tête[2] si chère;
　　　　J'ignore jusqu'aux lieux qui le peuvent cacher.

THÉRAMÈNE. — 　Et dans quels lieux, Seigneur, l'allez-vous donc chercher?
　　　　Déjà, pour satisfaire à votre juste crainte,
10　　　J'ai couru les deux mers[3] que sépare Corinthe;
　　　　J'ai demandé Thésée aux peuples de ces bords
　　　　Où l'on voit l'Achéron se perdre chez les morts[4];
　　　　J'ai visité l'Elide, et laissant le Ténare[5],
　　　　Passé jusqu'à la mer qui vit tomber Icare[6].
15　　　Sur quel espoir nouveau, dans quels heureux climats
　　　　Croyez-vous découvrir la trace de ses pas?
　　　　Qui sait même, qui sait si le Roi votre père
　　　　Veut que de mon absence on sache le mystère?

1. Décision. — 2. Personne. — 3. L'isthme de Corinthe sépare la mer Ionienne et la mer Egée. — 4. Fleuve qui, selon la légende, descendait aux Enfers, domaine souterrain des morts. — 5. Elide et Ténare: respectivement une région et un promontoire du Péloponnèse. — 6. Icare tomba dans la mer au large de l'Asie Mineure lorsqu'après volé trop haut, ses ailes, fixées à ses épaules avec de la cire, fondirent au soleil.

Et si, lorsqu'avec vous nous tremblons pour ses jours,
20 Tranquille, et nous cachant de nouvelles amours,
Ce héros n'attend point qu'une amante abusée...

HIPPOLYTE. — Cher Théramène, arrête, et respecte Thésée.
De ses jeunes erreurs[7] désormais revenu,
Par un indigne obstacle il n'est point retenu;
25 Et fixant de ses vœux l'inconstance fatale,
Phèdre depuis longtemps ne craint plus de rivale[8].
Enfin en le cherchant je suivrai mon devoir,
Et je fuirai ces lieux que je n'ose plus voir.

l'amour fidèle

THÉRAMÈNE. — Hé! depuis quand, Seigneur, craignez-vous la présence
30 De ces paisibles lieux, si chers à votre enfance,
Et dont je vous ai vu préférer le séjour
Au tumulte pompeux d'Athène et de la cour?
Quel péril, ou plutôt quel chagrin vous en chasse?

HIPPOLYTE. — Cet heureux temps n'est plus. Tout a changé de face,
35 Depuis que sur ces bords les dieux ont envoyé
La fille de Minos et de Pasiphaé[9].

THÉRAMÈNE. — J'entends[10]: de vos douleurs la cause m'est connue.
Phèdre ici vous chagrine, et blesse votre vue.
Dangereuse marâtre[11], à peine elle vous vit,
40 Que votre exil d'abord signala son crédit[12].
Mais sa haine, sur vous autrefois attachée,
Ou s'est évanouie, ou s'est bien relâchée.
Et d'ailleurs quels périls vous peut faire courir
Une femme mourante et qui cherche à mourir?
45 Phèdre, atteinte d'un mal qu'elle s'obstine à taire,
Lasse enfin d'elle-même et du jour qui l'éclaire,
Peut-elle contre vous former quelques desseins?

HIPPOLYTE. — Sa vaine inimité n'est pas ce que je crains.
Hippolyte en partant fuit une autre ennemie:
50 Je fuis, je l'avouerai, cette jeune Aricie,
Reste d'un sang fatal conjuré contre nous[13].

THÉRAMÈNE. — Quoi! vous-même, Seigneur, la persécutez-vous?
Jamais l'aimable sœur des cruels Pallantides
Trempa-t-elle aux complots de ses frères perfides?
55 Et devez-vous haïr ses innocents appas[14]?

HIPPOLYTE. — Si je la haïssais, je ne la fuirais pas.

7. Les erreurs de sa jeunesse. — 8. Phèdre ne craint plus d'être trompée parce qu'elle a fixé sur elle les vœux (sentiments) de Thésée, jusqu'alors inconstants. — 9. Voir *Avant de lire*. — 10. Je comprends. — 11. Belle-mère. — 12. Elle eut tout de suite suffisamment d'influence (crédit) sur Thésée pour qu'il accepte de vous exiler. — 13. Dernier membre d'une famille (les Pallantides) qui s'est toujours opposée à nous. — 14. Le mot s'écrit aujourd'hui *appâts* (charmes physiques).

THÉRAMÈNE. — Seigneur, m'est-il permis d'expliquer votre fuite?
Pourriez-vous n'être plus ce superbe[15] Hippolyte,
Implacable ennemi des amoureuses lois[16]
60 Et d'un joug que Thésée a subi tant de fois?
Vénus, par votre orgueil si longtemps méprisée,
Voudrait-elle à la fin justifier Thésée[17]?
Et vous mettant au rang du reste des mortels,
Vous a-t-elle forcé d'encenser ses autels[18]?
65 Aimeriez-vous, Seigneur?

HIPPOLYTE. — Ami, qu'oses-tu dire?
Toi, qui connais mon cœur depuis que je respire,
Des sentiments d'un cœur si fier, si dédaigneux,
Peux-tu me demander le désaveu honteux?
C'est peu qu'avec son lait une mère amazone
70 M'ait fait sucer encor cet orgueil qui t'étonne[19];
Dans un âge plus mûr moi-même parvenu,
Je me suis applaudi quand je me suis connu.
Attaché près de moi par un zèle sincère,
Tu me contais alors l'histoire de mon père.
75 Tu sais combien mon âme, attentive à ta voix,
S'échauffait au récit de ses nobles exploits,
Quand tu me dépeignais ce héros intrépide
Consolant les mortels de l'absence d'Alcide[20],
Les monstres étouffés et les brigands punis,
80 Procuste, Cercyon, et Scirron, et Sinnis,
Et les os dispersés du géant d'Epidaure,
Et la Crète fumant du sang du Minotaure.
Mais quand tu récitais des faits moins glorieux,
Sa foi[21] partout offerte et reçue en cent lieux
85 Hélène à ses parents dans Sparte dérobée;
Salamine témoin des pleurs de Péribée;
Tant d'autres, dont les noms lui sont même échappés,
Trop crédules esprits que sa flamme a trompés:
Ariane aux rochers contant ses injustices,
90 Phèdre enlevée enfin sous de meilleurs auspices[22];
Tu sais comme, à regret écoutant ce discours,
Je te pressais souvent d'en abréger le cours,
Heureux si j'avais pu ravir à[23] la mémoire
Cette indigne moitié d'une si belle histoire!
95 Et moi-même, à mon tour, je me verrais lié[24]?
Et les Dieux jusque-là m'auraient humilié?

[handwritten annotation: gullible girls]

15. Ici, orgueilleux. — 16. Les lois de l'amour. — 17. Justifier Thésée, ce serait lui donner raison, en montrant que même son fils peut être vaincu par l'amour. — 18. Encenser les autels de Vénus, c'est pratiquer son culte (en tombant amoureux). — 19. Antiope, sa mère amazone, lui a appris l'orgueil. — 20. Alcide, c'est Hercule. Profitant de sa captivité, les brigands (vers 80) et les monstres (vers 81–82) ont font des ravages. Thésée les a tués. — 21. Promesses de fidélité en amour. Les vers suivants citent trois exemples de femmes aimées et abandonnées par Thésée: Hélène, Péribée et Ariane. — 22. Parce qu'elle est devenue son épouse légitime. — 23. Effacer de. — 24. Par les liens de l'amour.

Dans mes lâches soupirs d'autant plus méprisable,
Qu'un long amas d'honneurs rend Thésée excusable,
Qu'aucuns monstres par moi domptés jusqu'aujourd'hui
100 Ne m'ont acquis le droit de faillir[25] comme lui.
Quand même ma fierté pourrait s'être adoucie,
Aurais-je pour vainqueur dû choisir Aricie?
Ne souviendrait-il plus à mes sens égarés
De l'obstacle éternel qui nous a séparés?
105 Mon père la réprouve; et par des lois sévères
Il défend de donner des neveux à ses frères:
D'une tige coupable il craint un rejeton;
Il veut avec leur sœur ensevelir leur nom,
Et que jusqu'au tombeau soumise à sa tutelle,
110 Jamais les feux d'hymen[26] ne s'allument pour elle.
Dois-je épouser ses droits contre un père irrité?
Donnerai-je l'exemple à la témérité?
Et dans un fol amour ma jeunesse embarquée...

THÉRAMÈNE. — Ah! Seigneur, si votre heure est une fois marquée,
115 Le Ciel de nos raisons ne sait point s'informer[27].
Thésée ouvre vos yeux en voulant les fermer;
Et sa haine, irritant une flamme rebelle,
Prête à son ennemie une grâce nouvelle[28].
Enfin d'un chaste amour pourquoi vous effrayer?
120 S'il a quelque douceur, n'osez-vous l'essayer?
En croirez-vous toujours un farouche scrupule?
Craint-on de s'égarer sur les traces d'Hercule[29]?
Quels courages[30] Vénus n'a-t-elle pas domptés?
Vous-même, où seriez-vous, vous qui la combattez,
125 Si toujours Antiope à ses lois opposée[31],
D'une pudique ardeur n'eût brûlé pour Thésée?
Mais que sert d'affecter un superbe discours?
Avouez-le, tout change; et depuis quelques jours
On vous voit moins souvent, orgueilleux et sauvage,
130 Tantôt faire voler un char sur le rivage,
Tantôt, savant dans l'art par Neptune inventé[32],
Rendre docile au frein un coursier indompté.
Les forêts de nos cris moins souvent retentissent;
Chargés d'un feu secret, vos yeux s'appesantissent.
135 Il n'en faut point douter: vous aimez, vous brûlez;
Vous périssez d'un mal que vous dissimulez.
La charmante Aricie a-t-elle su vous plaire?

25. Commettre des erreurs. Hippolyte estime ne pas avoir l'excuse de son père, dont les erreurs (inconstance amoureuse) sont compensées par des exploits héroïques. — 26. Mariage. — 27. Lorsque le Ciel a décidé de notre destin, il ne se soucie plus de nos raisons. — 28. En interdisant leur mariage, Thésée a renforcé l'amour de son fils pour Aricie. — 29. En tombant amoureux, Hercule se serait abaissé et humilié. — 30. Cœurs. — 31. Les amazones se vouaient au célibat. — 32. Le dressage de chevaux (préfiguration de la mort d'Hippolyte).

HIPPOLYTE. — Théramène, je pars, et vais chercher mon père.

THÉRAMÈNE. — Ne verrez-vous point Phèdre avant que de partir,
140 Seigneur?

HIPPOLYTE. — C'est mon dessein: tu peux l'en avertir.
Voyons-la, puisqu'ainsi mon devoir me l'ordonne.
Mais quel nouveau malheur trouble sa chère Œnone?

Scène II
[HIPPOLYTE, THÉRAMÈNE, ŒNONE]

ŒNONE. — Hélas! Seigneur, quel trouble au mien peut être égal?
La Reine touche presque à son terme fatal.
145 En vain à l'observer jour et nuit je m'attache:
Elle meurt dans ses bras d'un mal qu'elle me cache.
Un désordre éternel règne dans son esprit.
Son chagrin inquiet l'arrache de son lit.
Elle veut voir le jour; et sa douleur profonde
150 M'ordonne toutefois d'écarter tout le monde...
Elle vient.

HIPPOLYTE. — Il suffit: je la laisse en ces lieux,
Et ne lui montre point un visage odieux.

Scène III
[PHÈDRE, ŒNONE]

PHÈDRE. — N'allons point plus avant. Demeurons, chère Œnone.
Je ne me soutiens plus: ma force m'abandonne.
155 Mes yeux sont éblouis du jour que je revoi,
Et mes genoux tremblants se dérobent sous moi.
Hélas! *(Elle s'assied.)*

ŒNONE. — Dieux tout-puissants, que nos pleurs vous apaisent!

PHÈDRE. — Que ces vains ornements, que ces voiles me pèsent!
Quelle importune main, en formant tous ces nœuds,
160 A pris soin sur mon front d'assembler mes cheveux?
Tout m'afflige et me nuit, et conspire à me nuire.

ŒNONE. — Comme on voit tous ses vœux l'un l'autre se détruire!
Vous-même, condamnant vos injustes desseins,
Tantôt à vous parer vous excitiez nos mains;
165 Vous-même, rappelant votre force première,
Vous vouliez vous montrer et revoir la lumière.

362

> Vous la voyez, Madame; et prête à vous cacher,
> Vous haïssez le jour que vous veniez chercher?

PHÈDRE. — Noble et brillant auteur d'une triste famille,
170 Toi, dont ma mère osait se vanter d'être fille[33],
 Qui peut-être rougis du trouble où tu me vois,
 Soleil, je te viens voir pour la dernière fois.

ŒNONE. — Quoi! vous ne perdrez point cette cruelle envie?
 Vous verrai-je toujours, renonçant à la vie,
175 Faire de votre mort les funestes apprêts?

PHÈDRE. — Dieux! que ne suis-je assise[34] à l'ombre des forêts!
 Quand pourrai-je, au travers d'une noble poussière,
 Suivre de l'œil un char fuyant dans la carrière[35]?

ŒNONE. — Quoi, Madame?

PHÈDRE. — Insensée, où suis-je? et qu'ai-je dit?
180 Où laissé-je égarer mes vœux et mon esprit?
 Je l'ai perdu: les Dieux m'en ont ravi l'usage.
 Œnone, la rougeur me couvre le visage:
 Je te laisse trop voir mes honteuses douleurs;
 Et mes yeux, malgré moi, se remplissent de pleurs.

ŒNONE. — Ah! s'il vous faut rougir, rougissez d'un silence
 Qui de vos maux encore aigrit la violence.
 Rebelle à tous nos soins, sourde à tous nos discours,
 Voulez-vous sans pitié laisser finir vos jours?
 Quelle fureur les borne au milieu de leur course?
190 Quel charme ou quel poison en a tari la source?
 Les ombres par trois fois ont obscurci les cieux
 Depuis que le sommeil n'est entré dans vos yeux,
 Et le jour a trois fois chassé la nuit obscure
 Depuis que votre corps languit sans nourriture.
195 A quel affreux dessein vous laissez-vous tenter?
 De quel droit sur vous-même osez-vous attenter?
 Vous offensez les Dieux auteurs de votre vie;
 Vous trahissez l'époux à qui la foi vous lie;
 Vous trahissez enfin vos enfants malheureux,
200 Que vous précipitez sous un joug rigoureux.
 Songez qu'un même jour leur ravira leur mère,
 Et rendra l'espérance au fils de l'étrangère,
 A ce fier ennemi de vous, de votre sang,
 Ce fils qu'une Amazone a porté dans son flanc,
205 Cet Hippolyte...

PHÈDRE. — Ah, Dieux!

33. Phèdre s'adresse au dieu Hélios (le Soleil), qui était le père de sa mère Pasiphaé. — 34. Pourquoi ne suis-je pas assise. — 35. Champ de courses de chevaux.

ŒNONE. — Ce reproche vous touche.

PHÈDRE. — Malheureuse, quel nom est sorti de ta bouche?

ŒNONE. — Hé bien! votre colère éclate avec raison:
J'aime à vous voir frémir à ce funeste nom.
Vivez donc. Que l'amour, le devoir vous excite.
210 Vivez, ne souffrez pas que le fils d'une Scythe[36],
Accablant vos enfants d'un empire[37] odieux,
Commande au plus beau sang de la Grèce et des Dieux.
Mais ne différez point: chaque moment vous tue.
Réparez promptement votre force abattue,
215 Tandis que de vos jours, prêts à se consumer,
Le flambeau dure encore, et peut se rallumer.

PHÈDRE. — J'en ai trop prolongé la coupable durée.

ŒNONE. — Quoi? de quelques remords êtes-vous déchirée?
Quel crime a pu produire un trouble si pressant?
220 Vos mains n'ont point trempé dans le sang innocent?

PHÈDRE. — Grâces au Ciel, mes mains ne sont point criminelles.
Plût aux Dieux que mon cœur fût innocent comme elles!

ŒNONE. — Et quel affreux projet avez-vous enfanté
Dont votre cœur encor doive être épouvanté?

PHÈDRE. — Je t'en ai dit assez. Epargne-moi le reste.
Je meurs, pour ne point faire un aveu si funeste.

ŒNONE. — Mourez donc, et gardez un silence inhumain;
Mais pour fermer vos yeux cherchez une autre main.
Quoiqu'il vous reste à peine une faible lumière,
230 Mon âme chez les morts descendra la première.
Mille chemins ouverts y conduisent toujours,
Et ma juste douleur choisira les plus courts.
Cruelle, quand ma foi vous a-t-elle déçue?
Songez-vous qu'en naissant mes bras vous ont reçue?
235 Mon pays, mes enfants, pour vous j'ai tout quitté.
Réserviez-vous ce prix à ma fidélité?

PHÈDRE. — Quel fruit espères-tu de tant de violence?
Tu frémiras d'horreur si je romps le silence.

ŒNONE. — Et que me direz-vous qui ne cède, grands Dieux!
240 A l'horreur de vous voir expirer à mes yeux?

PHÈDRE. — Quand tu sauras mon crime, et le sort qui m'accable,
Je n'en mourrai pas moins, j'en mourrai plus coupable.

36. Les Amazones étaient originaires de la Scythie. — 37. Autorité.

ŒNONE. — Madame, au nom des pleurs que pour vous j'ai versés,
Par vos faibles genoux que je tiens embrassés,
245 Délivrez mon esprit de ce funeste doute.

PHÈDRE. — Tu le veux. Lève-toi.

ŒNONE. — Parlez, je vous écoute.

PHÈDRE. — Ciel! que lui vais-je dire, et par où commencer?

ŒNONE. — Par de vaines frayeurs cessez de m'offenser.

PHÈDRE. — O haine de Vénus! O fatale colère!
250 Dans quels égarements l'amour jeta ma mère[38]!

ŒNONE. — Oublions-les, Madame; et qu'à tout l'avenir
Un silence éternel cache ce souvenir.

PHÈDRE. — Ariane, ma sœur, de quel amour blessée,
Vous mourûtes aux bords où vous fûtes laissée[39]!

ŒNONE. — Que faites-vous, Madame? et quel mortel ennui[40]
Contre tout votre sang vous anime aujourd'hui?

PHÈDRE. — Puisque Vénus le veut, de ce sang déplorable
Je péris la dernière et la plus misérable.

ŒNONE. — Aimez-vous?

PHÈDRE. — De l'amour j'ai toutes les fureurs.

ŒNONE. — Pour qui?

PHÈDRE. — Tu vas ouïr le comble des horreurs.
J'aime… A ce nom fatal, je tremble, je frissonne,
J'aime…

ŒNONE. — Qui?

PHÈDRE. — Tu connais ce fils de l'Amazone,
Ce prince si longtemps par moi-même opprimé?

ŒNONE. — Hippolyte? Grands Dieux!

PHÈDRE. — C'est toi qui l'as nommé.

ŒNONE. — Juste Ciel! tout mon sang dans mes veines se glace.
O désespoir! ô crime! ô déplorable race!
Voyage infortuné! Rivage malheureux,
Fallait-il approcher de tes bords dangereux?

PHÈDRE. — Mon mal vient de plus loin. A peine au fils d'Egée
270 Sous les lois de l'hymen je m'étais engagée,
Mon repos, mon bonheur semblait être affermi;

38. Voir *Avant de lire*, « Vénus ». — 39. Thésée, préférant Phèdre à sa sœur, abandonna celle-ci dans l'île de Naxos. — 40. Tourment.

Athènes me montra mon superbe ennemi.
Je le vis, je rougis, je pâlis à sa vue;
Un trouble s'éleva dans mon âme éperdue;
275 Mes yeux ne voyaient plus, je ne pouvais parler;
Je sentis tout mon corps et transir[41] et brûler.
Je reconnus Vénus et ses feux redoutables,
D'un sang qu'elle poursuit tourments inévitables.
Par des vœux assidus je crus les détourner:
280 Je lui bâtis un temple, et pris soin de l'orner.
De victimes moi-même à toute heure entourée,
Je cherchais dans leurs flancs ma raison égarée[42].
D'un incurable amour remèdes impuissants!
En vain sur les autels ma main brûlait l'encens:
285 Quand ma bouche implorait le nom de la Déesse,
J'adorais Hippolyte; et le voyant sans cesse,
Même au pied des autels que je faisais fumer,
J'offrais tout à ce Dieu que je n'osais nommer.
Je l'évitais partout. O comble de misère!
290 Mes yeux le retrouvaient dans les traits de mon père.
Contre moi-même enfin j'osai me révolter:
J'excitai mon courage à le persécuter.
Pour bannir l'ennemi dont j'étais idolâtre,
J'affectai les chagrins[43] d'une injuste marâtre;
295 Je pressai son exil, et mes cris éternels
L'arrachèrent du sein et des bras paternels.
Je respirais, Œnone; et depuis son absence,
Mes jours moins agités coulaient dans l'innocence.
Soumise à mon époux, et cachant mes ennuis,
300 De son fatal hymen je cultivais les fruits[44].
Vaines précautions! Cruelle destinée!
Par mon époux lui-même à Trézène amenée,
J'ai revu l'ennemi que j'avais éloigné:
Ma blessure trop vive aussitôt a saigné.
305 Ce n'est plus une ardeur dans mes veines cachée:
C'est Vénus toute entière à sa proie attachée.
J'ai conçu pour mon crime une juste terreur;
J'ai pris la vie en haine, et ma flamme en horreur.
Je voulais en mourant prendre soin de ma gloire,
310 Et dérober au jour une flamme si noire:
Je n'ai pu soutenir tes larmes, tes combats;
Je t'ai tout avoué; je ne m'en repens pas,
Pourvu que de ma mort respectant les approches,
Tu ne m'affliges plus par d'injustes reproches,

41. Etre saisi de froid. — 42. Les victimes dont il s'agit sont les animaux que Phèdre faisait sacrifier. Dans les religions antiques, on pouvait lire dans leurs entrails (« flancs ») les intentions des dieux. — 43. L'hostilité. — 44. J'élevais les enfants.

315 Et que tes vains secours cessent de rappeler
Un reste de chaleur tout prêt à s'exhaler.

Scène IV
[PHÈDRE, ŒNONE, PANOPE]

PANOPE. — Je voudrais vous cacher une triste nouvelle,
Madame; mais il faut que je vous la révèle.
La mort vous a ravi votre invincible époux;
320 Et ce malheur n'est plus ignoré que de vous.

ŒNONE. — Panope, que dis-tu?

PANOPE. — Que la Reine abusée[45]
En vain demande au Ciel le retour de Thésée;
Et que par des vaisseaux arrivés dans le port
Hippolyte son fils vient d'apprendre sa mort.

PHÈDRE. — Ciel!

PANOPE. — Pour le choix d'un maître Athènes se partage.
Au Prince votre fils l'un donne son suffrage,
Madame; et de l'Etat l'autre oubliant les lois,
Au fils de l'étrangère[46] ose donner sa voix.
On dit même qu'au trône une brigue[47] insolente
330 Veut placer Aricie et le sang de Pallante.
J'ai cru de ce péril vous devoir avertir.
Déjà même Hippolyte est tout prêt à partir;
Et l'on craint, s'il paraît dans ce nouvel orage,
Qu'il n'entraîne après lui tout un peuple volage.

ŒNONE. — Panope, c'est assez. La Reine, qui t'entend,
Ne négligera point cet avis important.

Scène V
[PHÈDRE, ŒNONE]

ŒNONE. — Madame, je cessais de vous presser de vivre;
Déjà même au tombeau je songeais à vous suivre;
Pour vous en détourner je n'avais plus de voix;
340 Mais ce nouveau malheur vous prescrit d'autres lois.
Votre fortune change et prend une autre face:
Le Roi n'est plus, Madame; il faut prendre sa place.
Sa mort vous laisse un fils à qui vous vous devez,
Esclave s'il vous perd, et roi si vous vivez.

45. Qui se trompe. — 46. Hippolyte. — 47. Manœuvre secrète.

345 Sur qui, dans son malheur, voulez-vous qu'il s'appuie?
Ses larmes n'auront plus de main qui les essuie;
Et ses cris innocents, portés jusques aux Dieux,
Iront contre sa mère irriter ses aïeux.
Vivez, vous n'avez plus de reproche à vous faire:
350 Votre flamme devient une flamme ordinaire.
Thésée en expirant vient de rompre les nœuds
Qui faisaient tout le crime et l'horreur de vos feux.
Hippolyte pour vous devient moins redoutable,
Et vous pouvez le voir sans vous rendre coupable.
355 Peut-être convaincu de votre aversion,
Il va donner un chef à la sédition.
Détrompez son erreur, fléchissez son courage.
Roi de ces bords heureux, Trézène est son partage;
Mais il sait que les lois donnent à votre fils
360 Les superbes remparts que Minerve a bâtis[48].
Vous avez l'un et l'autre une juste ennemie[49]:
Unissez-vous tous deux pour combattre Aricie.

PHÈDRE. — Hé bien! à tes conseils je me laisse entraîner.
Vivons, si vers la vie on peut me ramener,
365 Et si l'amour d'un fils en ce moment funeste
De mes faibles esprits peut ranimer le reste.

ACTE II

Scène Première
[ARICIE, ISMÈNE]

ARICIE. — Hippolyte demande à me voir en ce lieu?
Hippolyte me cherche, et veut me dire adieu?
Ismène, dis-tu vrai? N'es-tu point abusée?

ISMÈNE. — C'est le premier effet de la mort de Thésée.
Préparez-vous, Madame, à voir de tous côtés
Voler vers vous les cœurs par Thésée écartés.
Aricie à la fin de son sort est maîtresse,
Et bientôt à ses pieds verra toute la Grèce.

ARICIE. — Ce n'est donc point, Ismène, un bruit mal affermi?
Je cesse d'être esclave, et n'ai plus d'ennemi?

ISMÈNE. — Non, Madame, les Dieux ne vous sont plus contraires;
Et Thésée a rejoint les mânes de vos frères.

48. Athènes. — 49. Il est *juste* que vous la considériez comme une ennemie.

ARICIE. — Dit-on quelle aventure a terminé ses jours?

ISMÈNE. — On sème de sa mort d'incroyables discours.
On dit que, ravisseur d'une amante nouvelle,
Les flots ont englouti cet époux infidèle.
On dit même, et ce bruit est partout répandu,
Qu'avec Pirithoüs[50] aux enfers descendu,
385 Il a vu le Cocyte[51] et les rivages sombres,
Et s'est montré vivant aux infernales ombres;
Mais qu'il n'a pu sortir de ce triste séjour,
Et repasser les bords qu'on passe sans retour.

ARICIE. — Croirai-je qu'un mortel, avant sa dernière heure,
390 Peut pénétrer des morts la profonde demeure?
Quel charme l'attirait sur ces bords redoutés?

ISMÈNE. — Thésée est mort, Madame, et vous seule en doutez:
Athènes en gémit, Trézène en est instruite,
Et déjà pour son roi reconnaît Hippolyte.
395 Phèdre, dans ce palais, tremblante pour son fils,
De ses amis troublés demande les avis.

ARICIE. — Et tu crois que pour moi plus humain que son père,
Hippolyte rendra ma chaîne plus légère?
Qu'il plaindra mes malheurs?

ISMÈNE. — Madame, je le crois.

ARICIE. — L'insensible Hippolyte est-il connu de toi?
Sur quel frivole espoir penses-tu qu'il me plaigne,
Et respecte en moi seule un sexe qu'il dédaigne?
Tu vois depuis quel temps il évite nos pas,
Et cherche tous les lieux où nous sommes pas.

ISMÈNE. — Je sais de ses froideurs tout ce que l'on récite;
Mais j'ai vu près de vous ce superbe Hippolyte;
Et même, en le voyant, le bruit de sa fierté[52]
A redoublé pour lui ma curiosité.
Sa présence à ce bruit n'a point paru répondre[53]:
410 Dès vos premiers regards je l'ai vu se confondre[54].
Ses yeux, qui vainement voulaient vous éviter,
Déjà pleins de langueur, ne pouvaient vous quitter.
Le nom d'amant peut-être offense son courage;
Mais il en a les yeux, s'il n'en a le langage.

ARICIE. — Que son cœur, chère Ismène, écoute avidement
Un discours qui peut-être a peu de fondement!

50. Compagnon de Thésée. — 51. L'un des quatre fleuves des Enfers. — 52. Sa réputation d'insensibilité (à l'amour). — 53. Son attitude n'a pas paru correspondre à cette réputation. — 54. Se troubler (rougir, etc.).

O toi qui me connais, te semblait-il croyable
Que le triste jouet d'un sort impitoyable,
Un cœur toujours nourri d'amertume et de pleurs,
420 Dût connaître l'amour et ses folles douleurs?
Reste du sang d'un roi, noble fils de la Terre[55],
Je suis seule échappée aux fureurs de la guerre.
J'ai perdu, dans la fleur de leur jeune saison,
Six frères, quel espoir d'une illustre maison!
425 Le fer moissonna tout; et la terre humectée
But à regret le sang des neveux[56] d'Erechtée.
Tu sais, depuis leur mort, quelle sévère loi
Défend à tous les Grecs de soupirer pour moi:
On craint que de la sœur les flammes téméraires
430 Ne raniment un jour la cendre de ses frères.
Mais tu sais bien aussi de quel œil dédaigneux
Je regardais ce soin d'un vainqueur soupçonneux.
Tu sais que de tout temps à l'amour opposée,
Je rendais souvent grâce à l'injuste Thésée
435 Dont l'heureuse rigueur secondait mes mépris.
Mes yeux alors, mes yeux n'avaient pas vu son fils.
Non que par les yeux seuls lâchement enchantée
J'aime en lui sa beauté, sa grâce tant vantée,
Présents dont la nature a voulu l'honorer,
440 Qu'il méprise lui-même, et qu'il semble ignorer.
J'aime, je prise en lui de plus nobles richesses,
Les vertus de son père, et non point les faiblesses.
J'aime, je l'avouerai, cet orgueil généreux[57]
Qui jamais n'a fléchi sous le joug amoureux.
445 Phèdre en vain s'honorait des soupirs de Thésée:
Pour moi, je suis plus fière, et fuis la gloire aisée
D'arracher un hommage à mille autres offert,
Et d'entrer dans un cœur de toutes parts ouvert.
Mais de faire fléchir un courage[58] inflexible,
450 De porter la douleur dans une âme insensible,
D'enchaîner un captif de ses fers étonné,
Contre un joug qui lui plaît vainement mutiné:
C'est là ce que je veux, c'est là ce qui m'irrite[59].
Hercule à désarmer coûtait moins qu'Hippolyte,
455 Et vaincu plus souvent, et plus tôt surmonté,
Préparait moins de gloire aux yeux qui l'ont dompté.
Mais, chère Ismène, hélas! quelle est mon imprudence!
On ne m'opposera que trop de résistance.
Tu m'entendras peut-être, humble dans mon ennui,
460 Gémir du même orgueil que j'admire aujourd'hui.

55. Aricie descend d'Erechtée, l'un des premiers rois légendaires d'Athènes et fils de la Terre. —
56. Descendants. — 57. Noble (au sens moral du terme). — 58. Cœur. — 59. M'excite.

Hippolyte aimerait? Par quel bonheur extrême
Aurais-je pu fléchir…

ISMÈNE. — Vous l'entendrez lui-même:
Il vient à vous.

Scène II
[HIPPOLYTE, ARICIE, ISMÈNE]

HIPPOLYTE. — Madame, avant que de partir,
J'ai cru de votre sort vous devoir avertir.
465 Mon père ne vit plus. Ma juste défiance
Présageait les raisons de sa trop longue absence:
La mort seule, bornant ses travaux[60] éclatants,
Pouvait à l'univers le cacher si longtemps.
Les Dieux livrent enfin à la Parque[61] homicide
470 L'ami, le compagnon, le successeur d'Alcide[62].
Je crois que votre haine, épargnant ses vertus,
Ecoute sans regret ces noms qui lui sont dus.
Un espoir adoucit ma tristesse mortelle:
Je puis vous affranchir d'une austère tutelle.
475 Je révoque les lois dont j'ai plaint la rigueur:
Vous pouvez disposer de vous, de votre cœur;
Et dans cette Trézène, aujourd'hui mon partage,
De mon aïeul Pitthée[63] autrefois l'héritage,
Qui m'a, sans balancer[64], reconnu pour son roi,
480 Je vous laisse aussi libre, et plus libre que moi.

ARICIE. — Modérez des bontés dont l'excès m'embrasse.
D'un soin si généreux honorer ma disgrâce,
Seigneur, c'est me ranger, plus que vous ne pensez,
Sous ces austères lois dont vous me dispensez[65].

HIPPOLYTE. — Du choix d'un successeur Athènes incertaine
Parle de vous, me nomme, et le fils de la Reine.

ARICIE. — De moi, Seigneur?

HIPPOLYTE. — Je sais, sans vouloir me flatter,
Qu'une superbe loi semble me rejeter.
La Grèce me reproche une mère étrangère.
490 Mais si pour concurrent je n'avais que mon frère,

60. Exploits. — 61. Divinité de la mort. — 62. Hercule. — 63. Grand-père de Thésée et fondateur de Trézènes. — 64. Hésiter. — 65. Les vers 482–484. ont été diversement interprétés. Il s'agit, à notre avis, d'une déclaration d'amour (voilée, bien entendu). Puisqu' Hippolyte vient de la déclarer libre de sa personne *mais aussi de son cœur* (vers 476), il nous semble qu'Aricie veut dire, à peu près, ceci: « En me disant que je peux épouser l'homme de mon choix, vous reprenez, sans vous en douter, la liberté que vous venez de me rendre. Je reste votre prisonnière (puisque c'est vous que j'aime). »

Madame, j'ai sur lui de véritables droits
Que je saurais sauver du caprice des lois.
Un frein plus légitime arrête mon audace:
Je vous cède, ou plutôt je vous rends une place,
495 Un sceptre que jadis vos aïeux ont reçu
De ce fameux mortel que la Terre a conçu[66].
L'adoption le mit entre les mains d'Egée[67].
Athènes, par mon père accrue et protégée,
Reconnut avec joie un roi si généreux,
500 Et laissa dans l'oubli vos frères malheureux.
Athènes dans ses murs maintenant vous rappelle.
Assez elle a gémi d'une longue querelle;
Assez dans ses sillons votre sang englouti
A fait fumer le champ dont il était sorti.
505 Trézène m'obéit. Les campagnes de Crète
Offrent au fils de Phèdre une riche retraite.
L'Attique[68] est votre bien. Je pars, et vais pour vous
Réunir tous les vœux partagés entre nous.

ARICIE. — De tout ce que j'entends étonnée et confuse,
510 Je crains presque, je crains qu'un songe ne m'abuse.
Veillé-je? Puis-je croire un semblable dessein?
Quel Dieu, Seigneur, quel Dieu l'a mis dans votre sein?
Qu'à bon droit votre gloire en tous lieux est semée!
Et que la vérité passe[69] la renommée!
515 Vous-même, en ma faveur, vous voulez vous trahir[70]?
N'était-ce pas assez de ne me point haïr,
Et d'avoir si longtemps pu défendre votre âme
De cette inimité...

HIPPOLYTE. — Moi, vous haïr, Madame?
Avec quelques couleurs qu'on ait peint ma fierté,
520 Croit-on que dans ses flancs un monstre m'ait porté?
Quelles sauvages mœurs, quelle haine endurcie
Pourrait, en vous voyant, n'être point adoucie?
Ai-je pu résister au charme décevant[71] ...

ARICIE. — Quoi? Seigneur.

HIPPOLYTE. — Je me suis engagé trop avant.
525 Je vois que la raison cède à la violence[72].
Puisque j'ai commencé de rompre le silence,
Madame, il faut poursuivre: il faut vous informer
D'un secret que mon cœur ne peut plus renfermer.
Vous voyez devant vous un prince déplorable,

66. Voir le vers 421. et la note 55. — 67. Selon la généalogie mythologique, Egée, père de Thésée, n'était que le fils adoptif de l'héritier du trône d'Athènes, alors que le père d'Aricie était son fils légitime. C'est donc à elle qu'appartenait en tout droit le trône. — 68. Région dont Athènes était la capitale. — 69. Dépasse. — 70. Trahir vos intérêts. — 71. Trompeur. — 72. Celle des sentiments.

530 D'un téméraire orgueil exemple mémorable.
 Moi qui, contre l'amour fièrement révolté,
 Aux fers de ses captifs ai longtemps insulté;
 Qui des faibles mortels déplorant les naufrages,
 Pensais toujours du bord contempler les orages;
535 Asservi maintenant sous la commune loi,
 Par quel trouble me vois-je emporté loin de moi?
 Un moment a vaincu mon audace imprudente:
 Cette âme si superbe est enfin dépendante.
 Depuis près de six mois, honteux, désespéré,
540 Portant partout le trait dont je suis déchiré,
 Contre vous, contre moi, vainement je m'éprouve[73]:
 Présente, je vous fuis; absente, je vous trouve;
 Dans le fond des forêts votre image me suit;
 La lumière du jour, les ombres de la nuit,
545 Tout retrace à mes yeux les charmes que j'évite:
 Tout vous livre à l'envi[74] le rebelle Hippolyte.
 Moi-même, pour tout fruit de mes soins superflus,
 Maintenant je me cherche, et ne me trouve plus.
 Mon arc, mes javelots, mon char, tout m'importune;
550 Je ne me souviens plus des leçons de Neptune[75];
 Mes seuls gémissements font retentir les bois,
 Et mes coursiers oisifs ont oublié ma voix.
 Peut-être le récit d'un amour si sauvage
 Vous fait, en m'écoutant, rougir de votre ouvrage.
555 D'un cœur qui s'offre à vous quel farouche entretien!
 Quel étrange captif pour un si beau lien!
 Mais l'offrande à vos yeux en doit être plus chère.
 Songez que je vous parle une langue étrangère[76],
 Et ne rejetez pas des vœux mal exprimés,
560 Qu'Hippolyte sans vous n'aurait jamais formés.

Scène III
[HIPPOLYTE, ARICIE, THÉRAMÈNE, ISMÈNE]

THÉRAMÈNE. — Seigneur, la Reine vient, et je l'ai devancée.
 Elle vous cherche.

HIPPOLYTE. — Moi?

THÉRAMÈNE. — J'ignore sa pensée.
 Mais on vous est venu demander de sa part.
 Phèdre veut vous parler avant votre départ.

73. Lutte. — 74. *A l'envi:* les uns (le jour, par exemple) rivalisant avec les autres (la nuit, par exemple) pour... (vous livrer le rebelle...). — 75. J'ai oublié l'art de monter à cheval. — 76. N'ayant jamais aimé auparavant, il n'a jamais eu l'occasion de parler d'amour.

HIPPOLYTE. — Phèdre? Que lui dirai-je? Et que peut-elle attendre…

ARICIE. — Seigneur, vous ne pouvez refuser de l'entendre.
Quoique trop convaincu de son inimitié,
Vous devez à ses pleurs quelque ombre de pitié.

HIPPOLYTE. — Cependant[77] vous sortez. Et je pars. Et j'ignore
570 Si je n'offense point les charmes que j'adore.
J'ignore si ce cœur que je laisse en vos mains…

ARICIE. — Partez, Prince, et suivez vos généreux desseins.
Rendez de mon pouvoir Athènes tributaire.
J'accepte tous les dons que vous me voulez faire.
575 Mais cet Empire enfin si grand, si glorieux,
N'est pas de vos présents le plus cher à mes yeux.

Scène IV
[HIPPOLYTE, THÉRAMÈNE]

HIPPOLYTE. — Ami, tout est-il prêt? Mais la Reine s'avance.
Va, que pour le départ tout s'arme en diligence.
Fais donner le signal, cours, ordonne, et revien
580 Me délivrer bientôt d'un fâcheux entretien.

Scène V
[PHÈDRE, HIPPOLYTE, ŒNONE]

nerveus — PHÈDRE. — Le voici. Vers mon cœur tout mon sang se retire.
(à Œnone) J'oublie, en le voyant, ce que je viens lui dire.

La voix de la raison — ŒNONE. — Souvenez-vous d'un fils qui n'espère qu'en vous.

PHÈDRE. — On dit qu'un prompt départ vous éloigne de nous,
585 Seigneur. A vos douleurs je viens joindre mes larmes.
Je vous viens pour un fils expliquer mes alarmes.
Mon fils n'a plus de père; et le jour n'est pas loin
Qui de ma mort encor doit le rendre témoin.
Déjà mille ennemis attaquent son enfance;
590 Vous seul pouvez contre eux embrasser sa défense.
Mais un secret remords agite mes esprits.
Je crains d'avoir fermé votre oreille à ses cris.
Je tremble que sur lui votre juste colère
Ne poursuive bientôt une odicuse mère.

HIPPOLYTE. — Madame, je n'ai point des sentiments si bas.

77. Pendant ce temps.

PHÈDRE. —
Quand vous me haïriez, je ne m'en plaindrais pas,
Seigneur. Vous m'avez vue attachée à vous nuire;
Dans le fond de mon cœur vous ne pouviez pas lire.
A votre inimitié j'ai pris soin de m'offrir.
600 Aux bords que j'habitais je n'ai pu vous souffrir[78].
En public, en secret contre vous déclarée,
J'ai voulu par des mers en être séparée;
J'ai même défendu, par une expresse loi,
Qu'on osât prononcer votre nom devant moi.
605 Si pourtant à l'offense on mesure la peine,
Si la haine peut seule attirer votre haine,
Jamais femme ne fut plus digne de pitié,
Et moins digne, Seigneur, de votre inimitié.

HIPPOLYTE. —
Du droit de ses enfants une mère jalouse
610 Pardonne rarement au fils d'une autre épouse.
Madame, je le sais. Les soupçons importuns
Sont d'un second hymen les fruits les plus communs.
Toute autre aurait pour moi pris les mêmes ombrages[79],
Et j'en aurais peut-être essuyé plus d'outrages.

PHÈDRE. —
Ah! Seigneur, que le Ciel, j'ose ici l'attester,
De cette loi commune a voulu m'excepter!
Qu'un soin bien différent me trouble et me dévore!

HIPPOLYTE. —
Madame, il n'est pas temps de vous troubler encore.
Peut-être votre époux voit encore le jour;
620 Le Ciel peut à nos pleurs accorder son retour.
Neptune le protège, et ce dieu tutélaire
Ne sera pas en vain imploré par mon père.

PHÈDRE. —
On ne voit point deux fois le rivage des morts,
Seigneur. Puisque Thésée a vu les sombres bords,
625 En vain vous espérez qu'un Dieu vous le renvoie;
Et l'avare Achéron ne lâche point sa proie.
Que dis-je? Il n'est point mort, puisqu'il respire en vous.
Toujours devant mes yeux je crois voir mon époux.
Je le vois, je lui parle, et mon cœur… Je m'égare,
630 Seigneur; ma folle ardeur malgré moi se déclare.

HIPPOLYTE. —
Je vois de votre amour l'effet prodigieux.
Tout mort qu'il est, Thésée est présent à vos yeux;
Toujours de son amour votre âme est embrasée.

PHÈDRE. —
Oui, Prince, je languis, je brûle pour Thésée.
635 Je l'aime, non point tel que l'ont vu les enfers,
Volage adorateur de mille objets[80] divers,

78. Lisez: Je n'ai pas pu supporter votre présence à Athènes. — 79. La même hostilité. — 80. Personnes aimées.

Qui va du dieu des morts déshonorer la couche[81];
Mais fidèle, mais fier, et même un peu farouche,
Charmant, jeune, traînant tous les cœurs après soi,
640 Tel qu'on dépeint nos Dieux, ou tel que je vous voi.
Il avait votre port, vos yeux, votre langage,
Cette noble pudeur colorait son visage
Lorsque de notre crète il traversa les flots,
Digne sujet des vœux des filles de Minos.
645 Que faisiez-vous alors? Pourquoi, sans Hippolyte,
Des héros de la Grèce assembla-t-il l'élite?
Pourquoi, trop jeune encor, ne pûtes-vous alors
Entrer dans le vaisseau qui le mit sur nos bords?
Par vous aurait péri le monstre de la Crète,
650 Malgré tous les détours de sa vaste retraite.
Pour en développer l'embarras incertain,
Ma sœur du fil fatal eût armé votre main[82].
Mais non, dans ce dessein je l'aurais devancée:
L'amour m'en eût d'abord inspiré la pensée.
655 C'est moi, Prince, c'est moi dont l'utile secours
Vous eût du Labyrinthe enseigné les détours.
Que de soins m'eût coûtés cette tête charmante!
Un fil n'eût point assez rassuré votre amante.
Compagne du péril qu'il vous fallait chercher,
660 Moi-même devant vous j'aurais voulu marcher;
Et Phèdre au Labyrinthe avec vous descendue
Se serait avec vous retrouvée, ou perdue.

HIPPOLYTE. — Dieux! qu'est-ce que j'entends? Madame, oubliez-vous
Que Thésée est mon père, et qu'il est votre époux?

PHÈDRE. — Et sur quoi jugez-vous que j'en perds la mémoire,
Prince? Aurais-je perdu tout le soin de ma gloire[83]?

HIPPOLYTE. — Madame, pardonnez. J'avoue, en rougissant,
Que j'accusais à tort un discours innocent.
Ma honte ne peut plus soutenir votre vue;
670 Et je vais…

PHÈDRE. — Ah! cruel, tu m'as trop entendue.
Je t'en ai dit assez pour te tirer d'erreur.
Hé bien! connais donc Phèdre et toute sa fureur.
J'aime! Ne pense pas qu'au moment que je t'aime,
Innocente à mes yeux, je m'approuve moi-même;

81. Selon la légende, Thésée était descendu aux Enfers pour enlever la femme (« déshonorer la couche [conjugale] » du dieu des morts (Hadès). — 82. Vers 649–652: Le Minotaure (« monstre de la Crète ») habitait le Labyrinthe (« les détours de sa vaste retraite »), où il fut tué par Thésée. Pour aider Thésée à en sortir (« pour développer [= débrouiller] l'embarras incertain »), Ariane (« ma sœur ») lui donna un fil, « fatal » parce que déterminé par le destin. — 83. Toute pensée de ma réputation.

malédiction

675 Ni que du fol amour qui trouble ma raison
Ma lâche complaisance ait nourri le poison.
Objet infortuné des vengeances célestes,
Je m'abhorre encor plus que tu ne me détestes.
Les Dieux m'en sont témoins, ces Dieux qui dans mon flanc
680 Ont allumé le feu fatal à tout mon sang;
Ces Dieux qui se sont fait une gloire cruelle
De séduire le cœur d'une faible mortelle.
Toi-même en ton esprit rappelle le passé.
C'est peu de t'avoir fui, cruel, je t'ai chassé.
685 J'ai voulu te paraître odieuse, inhumaine;
Pour mieux te résister, j'ai recherché ta haine.
De quoi m'ont profité mes inutiles soins?
Tu me haïssais plus, je ne t'aimais pas moins.
Tes malheurs te prêtaient encor de nouveaux charmes.
690 J'ai langui, j'ai séché, dans les feux, dans les larmes.
Il suffit de tes yeux pour t'en persuader,
Si tes yeux un moment pouvaient me regarder.
Que dis-je? Cet aveu que je te viens de faire,
Cet aveu si honteux, le crois-tu volontaire?
695 Tremblante pour un fils que je n'osais trahir,
Je te venais prier de ne le point haïr.
Faibles projets d'un cœur trop plein de ce qu'il aime!
Hélas! je ne t'ai pu parler que de toi-même.
Venge-toi, punis-moi d'un odieux amour.
700 Digne fils du héros qui t'a donné le jour,
Délivre l'univers d'un monstre qui t'irrite.
La veuve de Thésée ose aimer Hippolyte!
Crois-moi, ce monstre affreux ne doit point t'échapper.
Voilà mon cœur. C'est là que ta main doit frapper.
705 Impatient déjà d'expier son offense,
Au devant de ton bras je le sens qui s'avance.
Frappe. Ou si tu le crois indigne de tes coups,
Si ta haine m'envie[84] un supplice si doux,
Ou si d'un sang trop vil ta main serait trempée,
710 Au défaut de ton bras prête-moi ton épée.
Donne[85].

ŒNONE. — Que faites-vous, Madame? Justes Dieux!
Mais on vient. Evitez des témoins odieux;
Venez, rentrez, fuyez une honte certaine.

84. Me refuse. — 85. Ici, Hippolyte étant resté immobile, Phèdre lui arrache son épée et tente de se poignarder.

Scène VI
[HIPPOLYTE, THÉRAMÈNE]

THÉRAMÈNE. — Est-ce Phèdre qui fuit, ou plutôt qu'on entraîne?
715 Pourquoi, Seigneur, pourquoi ces marques de douleur?
 Je vous vois sans épée, interdit, sans couleur.

HIPPOLYTE. — Théramène, fuyons. Ma surprise est extrême.
 Je ne puis sans horreur me regarder moi-même.
 Phèdre... Mais non, grands Dieux, qu'en un profond oubli
720 Cet horrible secret demeure enseveli.

THÉRAMÈNE. — Si vous voulez partir, la voile est préparée.
 Mais Athènes, Seigneur, s'est déjà déclarée.
 Ses chefs ont pris les voix de toutes les tribus.
 Votre frère[86] l'emporte, et Phèdre a le dessus.

HIPPOLYTE. — Phèdre?

THÉRAMÈNE. — Un héraut chargé des volontés d'Athènes
 De l'Etat en ses mains vient mettre les rênes.
 Son fils est roi Seigneur.

HIPPOLYTE. — Dieux, qui la connaissez,
 Est-ce donc sa vertu que vous récompensez?

THÉRAMÈNE. — Cependant un bruit sourd veut que le Roi respire.
730 On prétend que Thésée a paru dans l'Epire.
 Mais moi qui l'y cherchai, Seigneur, je sais trop bien...

HIPPOLYTE. — N'importe, écoutons tout, et ne négligeons rien.
 Examinons ce bruit, remontons à sa source.
 S'il ne mérite pas d'interrompre ma course[87],
735 Partons; et quelque prix qu'il en puisse coûter,
 Mettons le sceptre aux mains dignes de le porter.

ACTE III

Scène Première
[PHÈDRE, ŒNONE]

PHÈDRE. — Ah! que l'on porte ailleurs les honneurs qu'on m'envoie.
 Importune, peux-tu souhaiter qu'on me voie[88]?
 De quoi viens-tu flatter mon esprit désolé?
740 Cache-moi bien plutôt: je n'ai que trop parlé.

86. Votre demi-frère, le fils de Phèdre. — 87. Empêcher mon départ. — 88. Le fils de Phèdre est devenu roi d'Athènes; le héraut mentionné au vers 725 cherche sans doute à la voir pour l'en féliciter.

Mes fureurs au-dehors ont osé se répandre.
J'ai dit ce que jamais on ne devait entendre.
Ciel! comme il m'écoutait! Par combien de détours
L'insensible a longtemps éludé mes discours!
745 Comme il ne respirait[89] qu'une retraite prompte!
Et combien sa rougeur a redoublé ma honte!
Pourquoi détournais-tu mon funeste dessein?
Hélas! quand son épée allait chercher mon sein,
A-t-il pâli pour moi? me l'a-t-il arrachée?
750 Il suffit que ma main l'ait une fois touchée,
Je l'ai rendue horrible à ses yeux inhumains;
Et ce fer malheureux profanerait ses mains.

ŒNONE. — Ainsi, dans vos malheurs ne songeant qu'à vous plaindre,
Vous nourrissez un feu qu'il vous faudrait éteindre.
755 Ne vaudrait-il pas mieux, digne sang de Minos,
Dans de plus nobles soins chercher votre repos,
Contre un ingrat qui plaît recourir à la fuite,
Régner, et de l'Etat embrasser la conduite?

PHÈDRE. — Moi, régner! Moi, ranger un Etat sous ma loi,
760 Quand ma faible raison ne règne plus sur moi!
Lorsque j'ai de mes sens abandonné l'empire!
Quand sous un joug honteux à peine je respire!
Quand je me meurs!

ŒNONE. — Fuyez.

PHÈDRE. — Je ne le puis quitter

ŒNONE. — Vous l'osâtes bannir, vous n'osez l'éviter?

PHÈDRE. — Il n'est plus temps. Il sait mes ardeurs insensées.
De l'austère pudeur les bornes sont passées.
J'ai déclaré ma honte aux yeux de mon vainqueur,
Et l'espoir, malgré moi, s'est glissé dans mon cœur.
Toi-même, rappelant ma force défaillante,
770 Et mon âme déjà sur mes lèvres errante,
Par tes conseils flatteurs tu m'as su ranimer.
Tu m'as fait entrevoir que je pouvais l'aimer.

ŒNONE. — Hélas! de vos malheurs innocente ou coupable,
De quoi pour vous sauver n'étais-je point capable?
775 Mais si jamais l'offense irrita vos esprits,
Pouvez-vous d'un superbe oublier les mépris?
Avec quels yeux cruels sa rigueur obstinée
Vous laissait à ses pieds peu s'en faut[90] prosternée!
Que son farouche orgueil le rendait odieux!
780 Que Phèdre en ce moment n'avait-elle[91] mes yeux?

89. Souhaitait. — 90. Il s'en faut de peu (c'est-à-dire: presque).

PHÈDRE. — Œnone, il peut quitter cet orgueil qui te blesse.
 Nourri dans les forêtes, il en a la rudesse.
 Hippolyte, endurci par de sauvages lois,
 Entend parler d'amour pour la première fois.
785 Peut-être sa surprise a causé son silence;
 Et nos plaintes peut-être ont trop de violence.

ŒNONE. — Songez qu'une barbare en son sein l'a formé.

PHÈDRE. — Quoique Scythe et barbare, elle a pourtant aimé.

ŒNONE. — Il a pour tout le sexe[92] une haine fatale.

PHÈDRE. — Je ne me verrai point préférer de rivale.
 Enfin, tous tes conseils ne sont plus de saison.
 Sers ma fureur, Œnone, et non point ma raison.
 Il oppose à l'amour un cœur inaccessible:
 Cherchons pour l'attaquer quelque endroit plus sensible.
795 Les charmes d'un empire ont paru le toucher;
 Athènes l'attirait, il n'a pu s'en cacher;
 Déjà de ses vaisseaux la pointe était tournée,
 Et la voile flottait aux vents abandonnée.
 Va trouver de ma part ce jeune ambitieux,
800 Œnone; fais briller la couronne à ses yeux.
 Qu'il mette sur son front le sacré diadème;
 Je ne veux que l'honneur de l'attacher moi-même.
 Cédons-lui ce pouvoir que je ne puis garder.
 Il instruira mon fils dans l'art de commander;
805 Peut-être il voudra bien lui tenir lieu de père.
 Je mets sous son pouvoir et le fils et la mère.
 Pour le fléchir enfin tente tous les moyens:
 Tes discours trouveront plus d'accès que les miens.
 Presse, pleure, gémis; peins-lui Phèdre mourante;
810 Ne rougis point de prendre une voix suppliante.
 Je t'avouerai de tout[93]; je n'espère qu'en toi.
 Va: j'attends ton retour pour disposer de moi.

Scène II
[PHÈDRE, SEULE]

 O toi, qui vois la honte où je suis descendue,
 Implacable Vénus, suis-je assez confondue[94]?
815 Tu ne saurais plus loin pousser ta cruauté.
 Ton triomphe est parfait; tous tes traits ont porté.
 Cruelle, si tu veux une gloire nouvelle,

91. Pourquoi Phèdre en ce moment n'avait-elle pas... — 92. Pour toutes les femmes. — 93.
J'assumerai la responsabilité de tout ce que tu feras. — 94. Humiliée.

Attaque un ennemi qui te soit plus rebelle.
Hippolyte te fuit, et bravant ton courroux,
820 Jamais à tes autels n'a fléchi les genoux.
Ton nom semble offenser ses superbes oreilles.
Déesse, venge-toi: nos causes sont pareilles.
Qu'il aime… Mais déjà tu reviens sur tes pas,
Œnone! On me déteste, on ne t'écoute pas.

Scène III
[PHÈDRE, ŒNONE]

ŒNONE. — Il faut d'un vain amour étouffer la pensée,
Madame. Rappelez votre vertu passée.
Le Roi, qu'on a cru mort, va paraître à vos yeux;
Thésée est arrivé, Thésée est en ces lieux.
Le peuple, pour le voir, court et se précipite.
830 Je sortais par votre ordre, et cherchais Hippolyte,
Lorsque jusques au ciel mille cris élancés…

PHÈDRE. — Mon époux est vivant, Œnone: c'est assez.
J'ai fait l'indigne aveu d'un amour qui l'outrage;
Il vit: je ne veux pas en savoir davantage.

ŒNONE. — Quoi?

PHÈDRE. — Je te l'ai prédit, mais tu n'as pas voulu.
Sur mes justes remords tes pleurs ont prévalu.
Je mourais ce matin digne d'être pleurée;
J'ai suivi tes conseils, je meurs déshonorée.

ŒNONE. — Vous mourez?

PHÈDRE. — Juste Ciel! qu'ai-je fait aujourd'hui?
840 Mon époux va paraître, et son fils avec lui.
Je verrai le témoin de ma flamme adultère
Observer de quel front j'ose aborder son père,
Le cœur gros de soupirs qu'il n'a point écoutés,
L'œil humide de pleurs, par l'ingrat rebutés.
845 Penses-tu que, sensible à l'amour de Thésée,
Il lui cache l'ardeur dont je suis embrasée?
Laissera-t-il trahir et son père et son roi?
Pourra-t-il contenir l'horreur qu'il a pour moi?
Il se tairait en vain. Je sais mes perfidies,
850 Œnone, et ne suis point de ces femmes hardies
Qui, goûtant dans le crime une tranquille paix,
Ont su se faire un front qui ne rougit jamais.
Je connais mes fureurs, je les rappelle toutes.

Il me semble déjà que ces murs, que ces voûtes
855 Vont prendre la parole, et prêts à m'accuser,
Attendent mon époux pour le désabuser.
Mourons. De tant d'horreurs qu'un trépas me délivre.
Est-ce un malheur si grand que de cesser de vivre?
La mort aux malheureux ne cause point d'effroi.
860 Je ne crains que le nom que je laisse après moi.
Pour mes tristes enfants quel affreux héritage!
Le sang de Jupiter doit enfler leur courage;
Mais quelque juste orgueil qu'inspire un sang si beau,
Le crime d'une mère est un pesant fardeau.
865 Je tremble qu'un discours, hélas! trop véritable,
Un jour ne leur reproche une mère coupable.
Je tremble qu'opprimés de ce poids odieux
L'un ni l'autre jamais n'ose lever les yeux.

ŒNONE. — Il n'en faut point douter, je les plains l'un et l'autre;
870 Jamais crainte ne fut plus juste que la vôtre.
Mais à de tels affronts pourquoi les exposer?
Pourquoi contre vous-même allez-vous déposer?
C'en est fait: on dira que Phèdre, trop coupable,
De son époux trahi fuit l'aspect redoutable.
875 Hippolyte est heureux qu'aux dépens de vos jours
Vous-même en expirant appuyez ses discours.
A votre accusateur que pourrai-je répondre?
Je serai devant lui trop facile à confondre.
De son triomphe affreux je le verrai jouir,
880 Et conter votre honte à qui voudra l'ouïr.
Ah! que plutôt du Ciel la flamme me dévore!
Mais ne me trompez point, vous est-il cher encore?
De quel œil voyez-vous ce prince audacieux?

PHÈDRE. — Je le vois comme un monstre effroyable à mes yeux.

ŒNONE. — Pourquoi donc lui céder une victoire entière?
Vous le craignez… Osez l'accuser la première
Du crime dont il peut vous charger aujourd'hui.
Qui vous démentira? Tout parle contre lui:
Son épée en vos mains heureusement laissée.
890 Votre trouble présent, votre douleur passée,
Son père par vos cris dès longtemps prévenu,
Et déjà son exil par vous-même obtenu.

PHÈDRE. — Moi, que j'ose opprimer et noircir l'innocence?

ŒNONE. — Mon zèle n'a besoin que de votre silence.
895 Tremblante comme vous, j'en sens quelques remords.
Vous me verriez plus prompte affronter mille morts.
Mais puisque je vous perds sans ce triste remède,

Votre vie est pour moi d'un prix à qui tout cède.
Je parlerai. Thésée, aigri par mes avis,
900 Bornera sa vengeance à l'exil de son fils.
Un père en punissant, Madame, est toujours père:
Un supplice léger suffit à sa colère.
Mais le sang innocent dût-il être versé[95],
Que ne demande point votre honneur menacé?
905 C'est un trésor trop cher pour oser le commettre[96].
Quelque loi qu'il vous dicte, il faut vous y soumettre,
Madame; et pour sauver votre honneur combattu,
Il faut immoler tout, et même la vertu.
On vient; je vois Thésée.

PHÈDRE. — Ah! je vois Hippolyte;
910 Dans ses yeux insolents je vois ma perte écrite.
Fais ce que tu voudras, je m'abandonne à toi.
Dans le trouble où je suis, je ne puis rien pour moi.

Scène IV
[THÉSÉE, PHÈDRE, HIPPOLYTE, THÉRAMÈNE, ŒNONE]

THÉSÉE. — La fortune à mes yeux cesse d'être opposée,
Madame, et dans vos bras met…

PHÈDRE. — Arrêtez, Thésée,
915 Et ne profanez point des transports si charmants.
Je ne mérite plus ces doux empressements[97].
Vous êtes offensé. La fortune jalouse
N'a pas en votre absence épargné votre épouse.
Indigne de vous plaire et de vous approcher,
920 Je ne dois désormais songer qu'à me cacher.

Scène V
[THÉSÉE, HIPPOLYTE, THÉRAMÈNE]

THÉSÉE. — Quel est l'étrange accueil qu'on fait à votre père,
Mon fils?

HIPPOLYTE. — Phèdre peut seule expliquer ce mystère.
Mais si mes vœux ardents vous peuvent émouvoir,
Permettez-moi, Seigneur, de ne la plus revoir.
925 Souffrez que pour jamais le tremblant Hippolyte
Disparaisse des lieux que votre épouse habite.

95. Même si le sang innocent devait être versé. — 96. Compromettre. — 97. Témoignages d'affection.

THÉSÉE. — Vous, mon fils, me quitter?

HIPPOLYTE. —
 Je ne la cherchais pas:
C'est vous qui sur ces bords conduisîtes ses pas.
Vous daignâtes, Seigneur, aux rives de Trézène
930 Confier en partant Aricie et la Reine.
Je fus même chargé du soin de les garder.
Mais quels soins désormais peuvent me retarder[98]?
Assez dans les forêts mon oisive jeunesse
Sur de vils ennemis a montré son adresse.
935 Ne pourrai-je, en fuyant un indigne repos,
D'un sang plus glorieux teindre mes javelots?
Vous n'aviez pas encore atteint l'âge où je touche,
Déjà plus d'un tyran, plus d'un monstre farouche
Avait de votre bras senti la pesanteur;
940 Déjà, de l'insolence heureux persécuteur,
Vous aviez des deux mers assuré[99] les rivages.
Le libre[100] voyageur ne craignait plus d'outrages;
Hercule, respirant sur le bruit de vos coups[101],
Déjà de son travail se reposait sur vous.
945 Et moi, fils inconnu d'un si glorieux père,
Je suis même encor loin des traces de ma mère.
Souffrez que mon courage ose enfin s'occuper.
Souffrez, si quelque monstre a pu vous échapper,
Que j'apporte à vos pieds sa dépouille honorable,
950 Ou que d'un beau trépas la mémoire durable,
Eternisant des jours si noblement finis,
Prouve à tout l'univers que j'étais votre fils.

THÉSÉE. — Que vois-je? Quelle horreur dans ces lieux répandue
Fait fuir devant mes yeux ma famille éperdue?
955 Si je reviens si craint et si peu désiré,
O Ciel, de ma prison pourquoi m'as-tu tiré?
Je n'avais qu'un ami[102]. Son imprudente flamme
Du tyran de l'Epire allait ravir la femme;
Je servais à regret ses desseins amoureux;
960 Mais le sort irrité nous aveuglait tout deux.
Le tyran m'a surpris sans défense et sans armes.
J'ai vu Pirithoüs, triste objet de mes larmes,
Livré par ce barbare à des monstres cruels
Qu'il nourrissait du sang des malheureux mortels.
965 Moi-même, il m'enferma dans des cavernes sombres,

98. Retenir. — 99. Rendu sûrs. — 100. Libéré (des dangers). — 101. Rassuré par la nouvelle de vos exploits. — 102. Pirithoüs (nommé cinq vers plus loin), avec qui Thésée partagea de nombreuses aventures, dont la dernière est racontée ici.

Lieux profonds et voisins de l'empire des ombres.
Les dieux, après six mois, enfin m'ont regardé:
J'ai su tromper les yeux de qui j'étais gardé.
D'un perfide ennemi j'ai purgé la nature;
970 A ses monstres lui-même a servi de pâture;
Et lorsqu'avec transport je pense m'approcher
De tout ce que les dieux m'ont laissé de plus cher;
Que dis-je? quand mon âme, à soi-même rendue,
Vient se rassasier d'une si chère vue,
975 Je n'ai pour tout accueil que des frémissements:
Tout fuit, tout se refuse à mes embrassements.
Et moi-même, éprouvant la terreur que j'inspire,
Je voudrais être encor dans les prisons d'Epire.
Parlez. Phèdre se plaint que je suis outragé.
980 Qui m'a trahi? Pourquoi ne suis-je pas vengé?
La Grèce, à qui mon bras fut tant de fois utile,
A-t-elle au criminel accordé quelque asile?
Vous ne répondez point. Mon fils, mon propre fils
Est-il d'intelligence avec mes ennemis?
985 Entrons. C'est trop garder un doute qui m'accable.
Connaissons à la fois le crime et le coupable.
Que Phèdre explique enfin le trouble où je la voi.

Scène VI
[HIPPOLYTE, THÉRAMÈNE]

HIPPOLYTE. — Où tendait ce discours qui m'a glacé d'effroi?
Phèdre, toujours en proie à sa fureur extrême,
990 Veut-elle s'accuser et se perdre elle-même?
Dieux! que dira le Roi? Quel funeste poison
L'amour a répandu sur toute sa maison!
Moi-même, plein d'un feu que sa haine réprouve,
Quel[103] il m'a vu jadis, et quel il me retrouve!
995 De noirs pressentiments viennent m'épouvanter.
Mais l'innocence enfin n'a rien à redouter.
Allons, cherchons ailleurs par quelle heureuse adresse
Je pourrai de mon père émouvoir la tendresse,
Et lui dire un amour qu'il peut vouloir troubler,
1000 Mais que tout son pouvoir ne saurait ébranler.

103. Dans quel état.

ACTE IV

Scène première
[THÉSÉE, ŒNONE]

THÉSÉE. — Ah! qu'est-ce que j'entends? Un traître, un téméraire
 Préparait cet outrage à l'honneur de son père?
 Avec quelle rigueur, Destin, tu me poursuis!
 Je ne sais où je vais, je ne sais où je suis.
1005 O tendresse! ô bonté trop mal récompensée!
 Projets audacieux! détestable pensée!
 Pour parvenir au but de ses noires amours,
 L'insolent de la force empruntait le secours.
 J'ai reconnu le fer, instrument de sa rage,
1010 Ce fer dont je l'armai pour un plus noble usage[104].
 Tous les liens du sang n'ont pu le retenir?
 Et Phèdre différait à le faire punir?
 Le silence de Phèdre épargnait le coupable?

ŒNONE. — Phèdre épargnait plutôt un père déplorable[105].
1015 Honteuse du dessein d'un amant furieux
 Et du feu criminel qu'il a pris dans ses yeux,
 Phèdre mourait, Seigneur, et sa main meurtrière
 Eteignait de ses yeux l'innocente lumière.
 J'ai vu lever le bras, j'ai couru la sauver.
1020 Moi seule à votre amour j'ai su la conserver;
 Et plaignant à la fois son trouble et vos alarmes,
 J'ai servi, malgré moi, d'interprète à ses larmes.

THÉSÉE. — Le perfide! il n'a pu s'empêcher de pâlir.
 De crainte, en m'abordant, je l'ai vu tressaillir.
1025 Je me suis étonné de son peu d'allégresse;
 Ses froids embrassements ont glacé ma tendresse.
 Mais ce coupable amour dont il est dévoré
 Dans Athènes déjà s'était-il déclaré?

ŒNONE. — Seigneur, souvenez-vous des plaintes de la Reine.
1030 Un amour criminel causa toute sa haine.

THÉSÉE. — Et ce feu dans Trézène a donc recommencé?

ŒNONE. — Je vous ai dit, Seigneur, tout ce qui s'est passé.
 C'est trop laisser la Reine à sa douleur mortelle;
 Souffrez que je vous quitte et me range auprès d'elle.

104. Il s'agit de l'épée d'Hippolyte, gardée par Phèdre et dont Œnone se sert comme preuve. —
105. Digne de pitié.

386

Scène II
[THÉSÉE, HIPPOLYTE]

THÉSÉE. — Ah! le voici. Grands Dieux! à ce noble maintien
 Quel œil ne serait pas trompé comme le mien?
 Faut-il que sur le front d'un profane adultère
 Brille de la vertu le sacré caractère?
 Et ne devrait-on pas à des signes certains
1040 Reconnaître le cœur des perfides humains?

HIPPOLYTE. — Puis-je vous demander quel funeste nuage,
 Seigneur, a pu troubler votre auguste visage?
 N'osez-vous confier ce secret à ma foi[106]?

THÉSÉE. — Perfide, oses-tu bien te montrer devant moi?
1045 Monstre, qu'a trop longtemps épargné le tonnerre,
 Reste impur des brigands dont j'ai purgé la terre.
 Après que le transport d'un amour plein d'horreur
 Jusqu'au lit de ton père a porté ta fureur,
 Tu m'oses présenter une tête ennemie,
1050 Tu parais dans des lieux pleins de ton infamie,
 Et ne vas pas chercher, sous un ciel inconnu,
 Des pays où mon nom ne soit point parvenu.
 Fuis, traître. Ne viens point braver ici ma haine,
 Et tenter un courroux que je retiens à peine.
1055 C'est bien assez pour moi de l'opprobre éternel
 D'avoir pu mettre au jour un fils si criminel,
 Sans que ta mort encor, honteuse à ma mémoire,
 De mes nobles travaux vienne souiller la gloire.
 Fuis; et si tu veux qu'un châtiment soudain
1060 T'ajoute aux scélérats qu'a punis cette main,
 Prends garde que jamais l'astre qui nous éclaire
 Ne te voie en ces lieux mettre un pied téméraire.
 Fuis, dis-je; et sans retour précipitant tes pas,
 De ton horrible aspect purge tout mes Etats.
1065 Et toi, Neptune, et toi, si jadis mon courage
 D'infâmes assassins nettoya ton rivage,
 Souviens-toi que, pour prix de mes efforts heureux,
 Tu promis d'exaucer le premier de mes vœux.
 Dans les longues rigueurs d'une prison cruelle
1070 Je n'ai point imploré ta puissance immortelle.
 Avare du secours que j'attends de tes soins,
 Mes vœux t'ont réservé pour de plus grands besoins:
 Je t'implore aujourd'hui. Venge un malheureux père.

106. A la foi que vous avez en moi.

J'abandonne ce traître à toute ta colère;
1075 Etouffe dans son sang ses désirs effrontés:
Thésée à tes fureurs connaîtra tes bontés.

HIPPOLYTE. — D'un amour criminel Phèdre accuse Hippolyte!
Un tel excès d'horreur rend mon âme interdite[107];
Tant de coups imprévus m'accablent à la fois,
1080 Qu'ils m'ôtent la parole et m'étouffent la voix.

THÉSÉE. — Traître, tu prétendais qu'en un lâche silence
Phèdre ensevelirait ta brutale insolence.
Il fallait, en fuyant, ne pas abandonner
Le fer qui dans ses mains aide à te condamner;
1085 Ou plutôt il fallait, comblant ta perfidie[108],
Lui ravir tout d'un coup la parole et la vie.

HIPPOLYTE. — D'un mensonge si noir justement irrité,
Je devrais faire ici parler la vérité,
Seigneur; mais je supprime un secret qui vous touche.
1090 Approuvez le respect qui me ferme la bouche;
Et sans vouloir vous-même augmenter vos ennuis,
Examinez ma vie, et songez qui je suis.
Quelques crimes toujours précèdent les grands crimes.
Quiconque a pu franchir les bornes légitimes
1095 Peut violer enfin les droits les plus sacrés;
Ainsi que la vertu, le crime a ses degrés;
Et jamais on n'a vu la timide innocence
Passer subitement à l'extrême licence.
Un jour seul ne fait point d'un mortel vertueux
1100 Un perfide assassin, un lâche incestueux.
Elevé dans le sein d'une chaste héroïne,
Je n'ai point de son sang démenti l'origine.
Pitthée, estimé sage entre tous les humains,
Daigna m'instruire encore au sortir de ses mains.
1105 Je ne veux point me peindre avec trop d'avantage;
Mais si quelque vertu m'est tombée en partage,
Seigneur, je crois surtout avoir fait éclater
La haine des forfaits qu'on ose m'imputer.
C'est par là qu'Hippolyte est connu dans la Grèce.
1110 J'ai poussé la vertu jusques à la rudesse.
On sait de mes chagrins[109] l'inflexible rigueur.
Le jour n'est pas plus pur que le fond de mon cœur.
Et l'on veut qu'Hippolyte, épris d'un feu profane...

THÉSÉE. — Oui, c'est ce même orgueil, lâche! qui te condamne.
1115 Je vois de tes froideurs le principe[110] odieux:

107. Stupéfaite au point que je suis incapable de me défendre. — 108. Il aurait fallu, mettant le comble à ta perfidie... — 109. Tempérament farouche. — 110. La raison.

Phèdre seule charmait tes impudiques yeux;
Et pour tout autre objet ton âme indifférente
Dédaignait de brûler d'une flamme innocente.

HIPPOLYTE. — Non, mon père, ce cœur, c'est trop vous le celer,
1120 N'a point d'un chaste amour dédaigné de brûler.
Je confesse à vos pieds ma véritable offense:
J'aime, j'aime, il est vrai, malgré votre défense.
Aricie à ses lois tient mes vœux asservis[111];
La fille de Pallante a vaincu votre fils.
1125 Je l'adore, et mon âme, à vos ordres rebelle,
Ne peut ni soupirer ni brûler que pour elle.

THÉSÉE. — Tu l'aimes? Ciel! Mais non, l'artifice est grossier.
Tu te feins criminel pour te justifier.

HIPPOLYTE. — Seigneur, depuis six mois je l'évite et je l'aime.
1130 Je venais en tremblant vous le dire à vous-même.
Eh quoi! de votre erreur rien ne vous peut tirer?
Par quel affreux serment faut-il vous rassurer?
Que la terre, le ciel, que toute la nature…

THÉSÉE. — Toujours les scélérats ont recours au parjure.
1135 Cesse, cesse, et m'épargne un importun discours,
Si ta fausse vertu n'a point d'autre secours.

HIPPOLYTE. — Elle vous paraît fausse et pleine d'artifice.
Phèdre au fond de son cœur me rend plus de justice.

THÉSÉE. — Ah! que ton impudence excite mon courroux!

HIPPOLYTE. — Quel temps à mon exil, quel lieu prescrivez-vous?

THÉSÉE. — Fusses-tu par-delà les colonnes d'Alcide[112],
Je me croirais encor trop voisin d'un perfide.

HIPPOLYTE. — Chargé du crime affreux dont vous me soupçonnez,
Quels amis me plaindront, quand vous m'abandonnez?

THÉSÉE. — Va chercher des amis dont l'estime funeste
Honore l'adultère, applaudisse à l'inceste,
Des traîtres, des ingrats, sans honneur et sans loi,
Dignes de protéger un méchant tel que toi.

HIPPOLYTE. — Vous me parlez toujours d'inceste et d'adultère!
1150 Je me tais. Cependant Phèdre sort d'une mère,
Phèdre est d'un sang, Seigneur, vous le savez trop bien,
De toutes ces horreurs plus rempli que le mien.

THÉSÉE. — Quoi! ta rage à mes yeux perd toute retenue?

111. Aricie s'est rendue maîtresse de mon cœur. — 112. Les colonnes d'Hercule (détroit de Gibraltar), qui passaient chez les Anciens pour les limites du monde connu.

Pour la dernière fois, ôte-toi de ma vue:
1155 Sors, traître. N'attends pas qu'un père furieux
Te fasse avec opprobre arracher de ces lieux.

Scène III
[THÉSÉE, SEUL]

Misérable, tu cours à ta perte infaillible.
Neptune, par le fleuve aux Dieux mêmes terrible,
M'a donné sa parole[113], et va l'exécuter.
1160 Un Dieu vengeur te suit[114], tu ne peux l'éviter.
Je t'aimais; et je sens que malgré ton offense,
Mes entrailles pour toi se troublent par avance.
Mais à te condamner tu m'as trop engagé.
Jamais père en effet fut-il plus outragé?
1165 Justes Dieux, qui voyez la douleur qui m'accable,
Ai-je pu mettre au jour un enfant si coupable?

Scène IV
[THÉSÉE, PHÈDRE]

PHÈDRE. — Seigneur, je viens à vous, pleine d'un juste effroi.
Votre voix redoutable a passé jusqu'à moi.
Je crains qu'un prompt effet n'ait suivi la menace.
1170 S'il en est temps encore, épargnez votre race[115],
Respectez votre sang; j'ose vous en prier.
Sauvez-moi de l'horreur de l'entendre crier;
Ne me préparez point la douleur éternelle
De l'avoir fait répandre à[116] la main paternelle.

THÉSÉE. — Non, Madame, en mon sang ma main n'a point trempé;
Mais l'ingrat toutefois ne m'est point échappé.
Une immortelle main de sa perte est chargée.
Neptune me la doit, et vous serez vengée.

PHÈDRE. — Neptune vous la doit! Quoi? vos vœux irrités...

THÉSÉE. — Quoi! craignez-vous déjà qu'ils ne soient écoutés?
Joignez-vous bien plutôt à mes vœux légitimes.
Dans toute leur noirceur retracez-moi ses crimes;
Echauffez mes transports trop lents, trop retenus.
Tous ses crimes encor ne vous sont point connus;
1185 Sa fureur contre vous se répand en injures:
Votre bouche, dit-il, est pleine d'impostures;

113. Neptune a juré par le Styx, fleuve des Enfers. — 114. Poursuit. — 115. Votre fils. — 116. Par.

Il soutient qu'Aricie a son cœur, a sa foi,
Qu'il l'aime.

PHÈDRE. — Quoi, Seigneur?

THÉSÉE. — Il l'a dit devant moi.
Mais je sais rejeter un frivole artifice.
1190 Espérons de Neptune une prompte justice.
Je vais moi-même encore, au pied de ses autels,
Le presser d'accomplir ses serments immortels.

Scène V
[PHÈDRE, *SEULE*]

Il sort. Quelle nouvelle a frappé mon oreille!
Quel feu mal étouffé dans mon cœur se réveille!
1195 Quel coup de foudre, ô Ciel! et quel funeste avis[117]!
Je volais tout entière au secours de son fils;
Et m'arrachant des bras d'Œnone épouvantée,
Je cédais au remords dont j'étais tourmentée.
Qui sait même où m'allait porter ce repentir?
1200 Peut-être à m'accuser j'aurais pu consentir;
Peut-être, si la voix ne m'eût été coupée,
L'affreuse vérité me serait échappée.
Hippolyte est sensible[118], et ne sent rien pour moi!
Aricie a son cœur! Aricie a sa foi!
1205 Ah! Dieux! Lorsqu'à mes vœux l'ingrat inexorable
S'armait d'un œil si fier, d'un front si redoutable,
Je pensais qu'à l'amour son cœur toujours fermé
Fût contre tout mon sexe également armé.
Une autre cependant a fléchi son audace;
1210 Devant ses yeux cruels une autre a trouvé grâce.
Peut-être a-t-il un cœur facile à s'attendrir;
Je suis le seul objet qu'il ne saurait souffrir;
Et je me chargerais du soin de le défendre?

Scène VI
[PHÈDRE, ŒNONE]

PHÈDRE. — Chère Œnone, sais-tu ce que je viens d'apprendre?

ŒNONE. — Non; mais je viens tremblante, à ne vous point mentir.
J'ai pâli du dessein qui vous a fait sortir:
J'ai craint une fureur à vous-même fatale.

117. Nouvelle. — 118. Ici, capable d'aimer.

PHÈDRE. — Œnone, qui l'eût cru? j'avais une rivale!

ŒNONE. — Comment?

PHÈDRE. — Hippolyte aime, et je n'en puis douter.
1220 Ce farouche ennemi qu'on ne pouvait dompter,
Qu'offensait le respect, qu'importunait la plainte,
Ce tigre, que jamais je n'abordai sans crainte,
Soumis, apprivoisé, reconnaît un vainqueur:
Aricie a trouvé le chemin de son cœur.

ŒNONE. — Aricie?

PHÈDRE. — Ah! douleur non encore éprouvée!
A quel nouveau tourment je me suis réservée!
Tout ce que j'ai souffert, mes craintes, mes transports,
La fureur de mes feux, l'horreur de mes remords,
Et d'un refus cruel l'insupportable injure
1230 N'était qu'un faible essai du tourment que j'endure.
Ils s'aiment! Par quel charme ont-ils trompé mes yeux?
Comment se sont-ils vus? depuis quand? dans quels lieux?
Tu le savais. Pourquoi me laissais-tu séduire?
De leur furtive ardeur ne pouvais-tu m'instruire?
1235 Les a-t-on vus souvent se parler, se chercher?
Dans le fond des forêts allaient-ils se cacher?
Hélas! ils se voyaient avec pleine licence[119].
Le Ciel de leurs soupirs approuvait l'innocence;
Ils suivaient sans remords leur penchant amoureux;
1240 Tous les jours se levaient clairs et sereins pour eux.
Et moi, triste rebut de la nature entière,
Je me cachais au jour, je fuyais la lumière;
La mort est le seul dieu que j'osais implorer.
J'attendais le moment où j'allais expirer;
1245 Me nourrissant de fiel[120], de larmes abreuvée,
Encor, dans mon malheur de trop près observée,
Je n'osais dans mes pleurs me noyer à loisir:
Je goûtais en tremblant ce funeste plaisir;
Et sous un front serein déguisant mes alarmes[121] ,
1250 Il fallait bien souvent me priver de mes larmes.

ŒNONE. — Quel fruit recevront-ils de leurs vaines amours?
Ils ne se verront plus.

PHÈDRE. — Ils s'aimeront toujours.
Au moment que je parle, ah! mortelle pensée!
Ils bravent la fureur d'une amante insensée.
1255 Malgré ce même exil qui va les écarter[122],

119. Liberté. — 120. Amertume. — 121. Mon angoisse. — 122. Séparer.

Ils font mille serments de ne se point quitter.
Non, je ne puis souffrir un bonheur qui m'outrage,
Œnene. Prends pitié de ma jalouse rage.
Il faut perdre[123] Aricie. Il faut de mon époux
Contre un sang odieux réveiller le courroux.
1260 Qu'il ne se borne pas à des peines légères:
Le crime de la sœur passe[124] celui des frères.
Dans mes jaloux transports je le veux implorer.
Que fais-je? Où ma raison se va-t-elle égarer?
1265 Moi jalouse! Et Thésée est celui que j'implore!
Mon époux est vivant, et moi je brûle encore!
Pour qui? Quel est le cœur où prétendent mes vœux[125]?
Chaque mot sur mon front fait dresser mes cheveux.
Mes crimes désormais ont comblé la mesure.
1270 Je respire à la fois l'inceste et l'imposture.
Mes homicides mains, promptes à me venger,
Dans le sang innocent brûlent de se plonger.
Misérable! et je vis! et je soutiens la vue
De ce sacré Soleil dont je suis descendue!
1275 J'ai pour aïeul le père et le maître des Dieux;
Le ciel, tout l'univers est plein de mes aïeux.
Où me cacher? Fuyons dans la nuit infernale.
Mais que dis-je? mon père y tient l'urne fatale[126];
Le Sort, dit-on, l'a mise en ses sévères mains:
1280 Minos juge aux enfers tous les pâles humains.
Ah! combien frémira son ombre épouvantée,
Lorsqu'il verra sa fille à ses yeux présentée,
Contrainte d'avouer tant de forfaits divers,
Et des crimes peut-être inconnus aux enfers!
1285 Que diras-tu, mon père, à ce spectacle horrible?
Je crois voir de ta main tomber l'urne terrible;
Je crois te voir, cherchant un supplice nouveau,
Toi-même de ton sang devenir le bourreau.
Pardonne. Un Dieu cruel a perdu ta famille;
1290 Reconnais sa vengeance aux fureurs de ta fille.
Hélas! du crime affreux dont la honte me suit
Jamais mon triste cœur n'a recueilli le fruit.
Jusqu'au dernier soupir de malheurs poursuivie,
Je rends dans les tourments une pénible vie.

ŒNONE. — Eh! repoussez, Madame, une injuste terreur.
Regardez d'un autre œil une excusable erreur.
Vous aimez. On ne peut vaincre sa destinée.

123. Faire périr. — 124. Dépasse. — 125. Qui est-ce que j'aime? — 126. Juge des morts aux Enfers
(voir deux vers plus loin), Minos agite l'urne qui contient les noms et les punitions.

Par un charme fatal vous fûtes entraînée.
Est-ce donc un prodige inouï parmi nous?
1300 L'amour n'a-t-il encor triomphé que de vous?
La faiblesse aux humains n'est que trop naturelle.
Mortelle, subissez le sort d'une mortelle.
Vous vous plaigniez d'un joug imposé dès longtemps:
Les Dieux mêmes, les Dieux de l'Olympe habitants,
1305 Qui d'un bruit si terrible épouvantent les crimes[127],
Ont brûlé quelquefois de feux illégitimes.

PHÈDRE. — Qu'entends-je! Quels conseils ose-t-on me donner?
Ainsi donc jusqu'au bout tu veux m'empoisonner,
Malheureuse? Voilà comme tu m'as perdue[128].
1310 Au jour que je fuyais c'est toi qui m'as rendue.
Tes prières m'ont fait oublier mon devoir.
J'évitais Hippolyte, et tu me l'as fait voir.
De quoi te chargeais-tu? Pourquoi ta bouche impie
A-t-elle, en l'accusant, osé noircir sa vie?
1315 Il en mourra peut-être, et d'un père insensé
Le sacrilège vœu peut-être est exaucé.
Je ne t'écoute plus. Va-t'en, monstre exécrable.
Va, laisse-moi le soin de mon sort déplorable.
Puisse le juste Ciel dignement te payer!
1320 Et puisse ton supplice à jamais effrayer
Tous ceux qui, comme toi, par de lâches adresses,
Des princes malheureux nourrissent les faiblesses,
Les poussent au penchant où leur cœur est enclin,
Et leur osent du crime aplanir le chemin!
1325 Détestables flatteurs, présent le plus funeste
Que puisse faire aux rois la colère céleste!

ŒNONE, *seule*. — Ah! Dieux! pour la servir j'ai tout fait, tout quitté;
Et j'en reçois ce prix? Je l'ai bien mérité.

ACTE V

Scène première
[HIPPOLYTE, ARICIE, ISMÈNE]

ARICIE. — Quoi! vous pouvez vous taire en ce péril extrême?
1330 Vous laissez dans l'erreur un père qui vous aime?
Cruel, si de mes pleurs méprisant le pouvoir,
Vous consentez sans peine à ne me plus revoir,

127. Le vers, mal construit, a été diversement interprété. Il faut lire, sans doute: Qui, par leur réputation de sévérité, épouvantent les criminels . — 128. Causé ma perte.

Partez; séparez-vous de la triste Aricie;
Mais du moins en partant assurez votre vie.
1335 Défendez votre honneur d'un reproche honteux,
Et forcez votre père à révoquer ses vœux.
Il en est temps encor. Pouquoi, par quel caprice,
Laissez-vous le champ libre à votre accusatrice?
Eclaircissez Thésée.

HIPPOLYTE. — Eh! que n'ai-je point dit!
1340 Ai-je dû mettre au jour l'opprobre de son lit?
Devais-je, en lui faisant un récit trop sincère,
D'une indigne rougeur couvrir le front d'un père?
Vous seule avez percé ce mystère odieux.
Mon cœur pour s'épancher n'a que vous et les dieux.
1345 Je n'ai pu vous cacher, jugez si je vous aime,
Tout ce que je voulais me cacher à moi-même.
Mais songez sous quel sceau[129] je vous l'ai révélé.
Oubliez, s'il se peut, que je vous ai parlé,
Madame; et que jamais une bouche si pure
1350 Ne s'ouvre pour conter cette horrible aventure.
Sur l'équité des Dieux osons nous confier[130]:
Ils ont trop d'intérêt à me justifier;
Et Phèdre, tôt ou tard de son crime punie,
N'en saurait éviter la juste ignominie.
1355 C'est l'unique respect que j'exige de vous.
Je permets tout le reste à mon libre courroux.
Sortez de l'esclavage où vous êtes réduite:
Osez me suivre, osez accompagner ma fuite;
Arrachez-vous d'un lieu funeste et profané,
1360 Où la vertu respire un air empoisonné;
Profitez, pour cacher votre prompte retraite,
De la confusion que ma disgrâce y jette.
Je vous puis de la fuite assurer les moyens.
Vous n'avez jusqu'ici de gardes que les miens;
1365 De puissants défenseurs prendront notre querelle[131];
Argos nous tend les bras, et Sparte nous appelle.
A nos amis communs portons nos justes cris;
Ne souffrons pas que Phèdre, assemblant nos débris,
Du trône paternel nous chasse l'un et l'autre,
1370 Et promette à son fils ma dépouille et la vôtre[132].
L'occasion est belle, il la faut embrasser.
Quelle peur vous retient? Vous semblez balancer[133].
Votre seul intérêt m'inspire cette audace.
Quand je suis tout de feu, d'où vous vient cette glace?
1375 Sur les pas d'un banni craignez-vous de marcher?

129. Le sceau du secret. — 130. Osons avoir confiance en l'équité des Dieux. — 131. La défense de notre cause. — 132. On dirait aujourd'hui: *mes dépouilles et les vôtres* (ce qui nous appartient en droit).

ARICIE. — Hélas! qu'un tel exil, Seigneur, me serait cher!
Dans quels ravissements, à votre sort liée[134],
Du reste des mortels je vivrais oubliée!
Mais, n'étant point unis par un lien si doux,
1380 Me puis-je avec honneur dérober[135] avec vous?
Je sais que, sans blesser l'honneur le plus sévère,
Je me puis affranchir des mains de votre père:
Ce n'est point m'arracher du sein de mes parents;
Et la fuite est permise à qui fuit ses tyrans.
1385 Mais vous m'aimez, Seigneur; et ma gloire[136] alarmée...

HIPPOLYTE. — Non, non, j'ai trop de soin de votre renommée[137].
Un plus noble dessein m'amène devant vous:
Fuyez vos ennemis, et suivez votre époux[138].
Libres dans nos malheurs, puisque le Ciel l'ordonne,
1390 Le don de notre foi[139] ne dépend de personne.
L'hymen n'est point toujours entouré de flambeaux[140].
Aux portes de Trézène, et parmi ces tombeaux,
Des princes de ma race, antiques sépultures,
Est un temple sacré, formidable aux parjures[141].
1395 C'est là que les mortels n'osent jurer en vain:
Le perfide y reçoit un châtiment soudain;
Et craignant d'y trouver la mort inévitable,
Le mensonge n'a point de frein plus redoutable.
Là, si vous m'en croyez, d'un amour éternel
1400 Nous irons confirmer le serment solennel;
Nous prendrons à témoin le Dieu qu'on y révère;
Nous le prierons tous deux de nous servir de père[142].
Des Dieux les plus sacrés j'attesterai[143] le nom.
Et la chaste Diane, et l'auguste Junon,
1405 Et tous les Dieux enfin, témoins de mes tendresses,
Garantiront la foi de mes saintes promesses.

ARICIE. — Le Roi vient. Fuyez, Prince, et partez promptement.
Pour cacher mon départ, je demeure un moment.
Allez; et laissez-moi quelque fidèle guide,
1410 Qui conduise vers vous ma démarche timide.

133. Hésiter. — 134. Comme deux vers plus loin, Aricie parle ici, sans le nommer, du *mariage*. — 135. Puis-je m'enfuir. — 136. Honneur. — 137. Réputation. — 138. Celui que vous pourrez considérer comme votre époux. Dans les vers suivants, Hippolyte va en effet lui proposer une sorte de « mariage ». — 139. La promesse de notre fidélité. — 140. Lisez: le mariage n'est pas toujours public. Dans la Grèce antique, le mariage officiel devait toujours être accompagné de flambeaux. — 141. Objet de crainte pour ceux qui manquent à leur parole jurée. — 142. De tenir lieu de Thésée, dont le consentement serait normalement indispensable. — 143. Je prendrai à témoin.

Scène II
[Thésée, Aricie, Ismène]

THÉSÉE. — Dieux! éclairez mon trouble, et daignez à mes yeux
 Montrer la vérité, que je cherche en ces lieux.

ARICIE. — Songe à tout, chère Ismène, et sois prête à la fuite.

Scène III
[Thésée, Aricie]

THÉSÉE. — Vous changez de couleur, et semblez interdite,
1415 Madame. Que faisait Hippolyte en ce lieu?

ARICIE. — Seigneur, il me disait un éternel adieu.

THÉSÉE. — Vos yeux ont su dompter ce rebelle courage;
 Et ses premiers soupirs sont votre heureux ouvrage.

ARICIE. — Seigneur, je ne vous puis nier la vérité:
1420 De votre injuste haine il n'a pas hérité;
 Il ne me traitait point comme une criminelle.

THÉSÉE. — J'entends: il vous jurait une amour éternelle.
 Ne vous assurez point sur[144] ce cœur inconstant;
 Car à d'autres que vous il en jurait autant.

ARICIE. — Lui, Seigneur?

THÉSÉE. — Vous deviez le rendre moins volage:
 Comment souffriez-vous cet horrible partage[145]?

ARICIE. — Et comment souffrez-vous que d'horribles discours
 D'une si belle vie osent noircir le cours?
 Avez-vous de son cœur si peu de connaissance?
1430 Discernez-vous si mal le crime et l'innocence?
 Faut-il qu'à vos yeux seuls un nuage odieux
 Dérobe sa vertue qui brille à tous les yeux?
 Ah! c'est trop le livrer à des langues perfides.
 Cessez. Repentez-vous de vos vœux homicides;
1435 Craignez, Seigneur, craignez que le Ciel rigoureux
 Ne vous haïsse assez pour exaucer vos vœux.
 Souvent dans sa colère il reçoit nos victimes;
 Ses présents sont souvent la peine de nos crimes.

THÉSÉE. — Non, vous voulez en vain couvrir son attentat:
1440 Votre amour vous aveugle en faveur de l'ingrat.

144. Ne vous fiez pas à. — 145. De son amour (entre Phèdre et vous).

 Mais j'en crois des témoins certains, irréprochables:
 J'ai vu, j'ai vu couler des larmes véritables.

ARICIE. — Prenez garde, Seigneur. Vos invincibles mains
 Ont de monstres sans nombre affranchi les humains;
1445 Mais tout n'est pas détruit, et vous en laissez vivre
 Un... Votre fils, Seigneur, me défend de poursuivre.
 Instruite du respect qu'il veut vous conserver,
 Je l'affligerais trop si j'osais achever.
 J'imite sa pudeur, et fuis votre présence
1450 Pour n'être pas forcée à rompre le silence.

Scène IV

[THÉSÉE, SEUL]

 Quelle est donc sa pensée? et que cache un discours
 Commencé tant de fois, interrompu toujours?
 Veulent-ils m'éblouir par une feinte vaine?
 Sont-ils d'accord tous deux pour me mettre à la gêne[146]?
1455 Mais moi-même, malgré ma sévère rigueur,
 Quelle plaintive voix crie au fond de mon cœur?
 Une pitié secrète et m'afflige et m'étonne.
 Une seconde fois interrogeons Œnone.
 Je veux de tout le crime être mieux éclairci.
1460 Gardes, qu'Œnone sorte, et vienne seule ici.

Scène V

[THÉSÉE, PANOPE]

PANOPE. — J'ignore le projet que la Reine médite,
 Seigneur, mais je crains tout du transport qui l'agite.
 Un mortel désespoir sur son visage est peint;
 La pâleur de la mort est déjà sur son teint.
1465 Déjà, de sa présence avec honte chassée,
 Dans la profonde mer Œnone s'est lancée.
 On ne sait point d'où part ce dessein furieux;
 Et les flots pour jamais l'ont ravie à nos yeux.

THÉSÉE. — Qu'entends-je?

PANOPE. — Son trépas n'a point calmé la Reine:
1470 Le trouble semble croître en son âme incertaine.
 Quelquefois, pour flatter[147] ses secrètes douleurs,
 Elle prend ses enfants et les baigne de pleurs;

146. A la torture. — 147. Adoucir.

Et soudain, renonçant à l'amour maternelle,
Sa main avec horreur les repousse loin d'elle.
1475 Elle porte au hasard ses pas irrésolus;
Son œil tout égaré ne nous reconnaît plus.
Elle a trois fois écrit; et changeant de pensée,
Trois fois elle a rompu sa lettre commencée.
Daignez la voir, Seigneur; daignez la secourir.

THÉSÉE. — O Ciel! Œnone est morte, et Phèdre veut mourir!
Qu'on rappelle mon fils, qu'il vienne se défendre!
Qu'il vienne me parler, je suis prêt de l'entendre.
Ne précipite point tes funestes bienfaits,
Neptune; j'aime mieux n'être exaucé jamais.
1485 J'ai peu-être trop cru des témoins peu fidèles,
Et j'ai trop tôt vers toi levé mes mains cruelles.
Ah! de quel désespoir mes vœux seraient suivis!

Scène VI
[THÉSÉE, THÉRAMÈNE]

THÉSÉE. — Théramène, est-ce toi? Qu'as-tu fait de mon fils?
Je te l'ai confié dès l'âge le plus tendre.
1490 Mais d'où naissent les pleurs que je te vois répandre?
Que fait mon fils?

THÉRAMÈNE. — O soins tardifs et superflus!
Inutile tendresse! Hippolyte n'est plus.

THÉSÉE. — Dieux!

THÉRAMÈNE. — J'ai vu des mortels périr le plus aimable,
Et j'ose dire encor, Seigneur, le moins coupable.

THÉSÉE. — Mon fils n'est plus? Eh quoi! quand je lui tends les bras,
Les Dieux impatients ont hâté son trépas!
Quel coup me l'a ravi? quelle foudre soudaine?

THÉRAMÈNE. — A peine nous sortions des portes de Trézène,
Il était sur son char; ses gardes affligés
1500 Imitaient son silence, autour de lui rangés;
Il suivait tout pensif le chemin de Mycènes;
Sa main sur ses chevaux laissait flotter les rênes.
Ses superbes coursiers, qu'on voyait autrefois
Pleins d'une ardeur si noble obéir à sa voix,
1505 L'œil morne maintenant, et la tête baissée,
Semblaient se conformer à sa triste pensée.
Un effroyable cri, sorti du fond des flots,
Des airs en ce moment a troublé le repos;

399

Et du sein de la terre une voix formidable

1510 Répond en gémissant à ce cri redoutable.

Jusqu'au fond de nos cœurs notre sang s'est glacé;

Des coursiers attentifs le crin s'est hérissé.

Cependant, sur le dos de la plaine liquide,

S'élève à gros bouillons une montagne humide;

1515 L'onde approche, se brise, et vomit à nos yeux,

Parmi des flots d'écume, un monstre furieux.

Son front large est armé de cornes menaçantes;

Tout son corps est couvert d'écailles jaunissantes;

Indomptable taureau, dragon impétueux,

1520 Sa croupe se recourbe en replis tortueux;

Ses longs mugissements font trembler le rivage.

Le ciel avec horreur voit ce monstre sauvage;

La terre s'en émeut, l'air en est infecté;

Le flot qui l'apporta recule épouvanté.

1525 Tout fuit; et sans s'armer d'un courage inutile,

Dans le temple voisin chacun cherche un asile.

Hippolyte lui seul, digne fils d'un héros,

Arrête ses coursiers, saisit ses javelots,

Pousse au[148] monstre, et d'un dard lancé d'une main sûre,

1530 Il lui fait dans le flanc une large blessure.

De rage et de douleur le monstre bondissant

Vient aux pieds des chevaux tomber en mugissant,

Se roule, et leur présente une gueule enflammée

Qui les couvre de feu, de sang et de fumée.

1535 La frayeur les emporte; et sourds à cette fois,

Ils ne connaissent plus ni le frein ni la voix.

En efforts impuissants leur maître se consume;

Ils rougissent le mors d'une sanglante écume.

On dit qu'on a vu même, en ce désordre affreux,

1540 Un dieu qui d'aiguillons pressait leur flanc poudreux.

A travers les rochers la peur les précipite;

L'essieu crie et se rompt; l'intrépide Hippolyte

Voit voler en éclats tout son char fracassé;

Dans les rênes lui-même, il tombe embarrassé[149].

1545 Excusez ma douleur. Cette image cruelle

Sera pour moi de pleurs une source éternelle.

J'ai vu, Seigneur, j'ai vu votre malheureux fils

Traîné par les chevaux que sa main a nourris.

Il veut les rappeler, et sa voix les effraie;

1550 Ils courent. Tout son corps n'est bientôt qu'une plaie.

De nos cris douloureux la plaine retentit.

Leur fougue impétueuse enfin se ralentit:

148. S'élance jusqu'au. — 149. Entravé (les rênes le retiennent).

Ils s'arrêtent non loin de ces tombeaux antiques
Où des rois ses aïeux sont les froides reliques[150].
1555 J'y cours en soupirant, et sa garde me suit.
De son généreux sang la trace nous conduit;
Les rochers en sont teints; les ronces dégouttantes[151]
Portent de ses cheveux les dépouilles sanglantes.
J'arrive, je l'appelle; et me tendant la main,
1560 Il ouvre un œil mourant qu'il referme soudain.
« Le Ciel, dit-il, m'arrache une innocente vie.
Prends soin après ma mort de la triste Aricie.
Cher ami, si mon père un jour désabusé[152]
Plaint le malheur d'un fils faussement accusé,
1565 Pour apaiser mon sang et mon ombre plaintive,
Dis-lui qu'avec douceur il traite sa captive;
Qu'il lui rende... » A ce mot, ce héros expiré
N'a laissé dans mes bras qu'un corps défiguré,
Triste objet, où des dieux triomphe la colère,
1570 Et que méconnaîtrait[153] l'œil même de son père.

THÉSÉE. — O mon fils! cher espoir que je me suis ravi!
Inexorables dieux, qui m'avez trop servi!
A quels mortels regrets ma vie est réservée!

THÉRAMÈNE. — La timide Aricie est alors arrivée:
1575 Elle venait, Seigneur, fuyant votre courroux,
A la face des Dieux l'accepter pour époux.
Elle approche; elle voit l'herbe rouge et fumante;
Elle voit — quel objet pour les yeux d'une amante! —
Hippolyte étendu, sans forme et sans couleur.
1580 Elle veut quelque temps douter de son malheur;
Et ne connaissant[154] plus ce héros qu'elle adore,
Elle voit Hippolyte et le demande encore.
Mais trop sûre à la fin qu'il est devant ses yeux,
Par un triste regard elle accuse les dieux;
1585 Et froide, gémissante, et presque inanimée,
Aux pieds de son amant elle tombe pâmée[155].
Ismène est auprès d'elle; Ismène, tout en pleurs,
La rappelle à la vie, ou plutôt aux douleurs.
Et moi, je suis venu, détestant la lumière,
1590 Vous dire d'un héros la volonté dernière,
Et m'acquitter, Seigneur, du malheureux emploi
Dont son cœur expirant s'est reposé sur moi[156].
Mais j'aperçois venir sa mortelle ennemie.

150. Restes. — 151. D'où dégoutte (couler goutte à goutte) son sang. — 152. Détrompé. — 153. Ne reconnaîtrait pas. — 154. Reconnaissant. — 155. Evanouie. — 156. Dont il m'a chargé en mourant.

Scène VII
[THÉSÉE, PHÈDRE, THÉRAMÈNE, PANOPE, GARDE].

THÉSÉE. — Eh bien! vous triomphez, et mon fils est sans vie.
1595 Ah! que j'ai lieu de craindre! et qu'un cruel soupçon,
L'excusant dans mon cœur, m'alarme avec raison!
Mais, Madame, il est mort, prenez votre victime;
Jouissez de sa perte, injuste ou légitime.
Je consens que mes yeux soient toujours abusés[157].
1600 Je le crois criminel, puisque vous l'accusez.
Son trépas à mes pleurs offre assez de matières
Sans que j'aille chercher d'odieuses lumières[158],
Qui, ne pouvant le rendre à ma juste douleur,
Peut-être ne feraient qu'accroître mon malheur.
1605 Laissez-moi, loin de vous et loin de ce rivage,
De mon fils déchiré fuir la sanglante image.
Confus[159], persécuté d'un mortel souvenir,
De l'univers entier je voudrais me bannir.
Tout semble s'élever contre mon injustice;
1610 L'éclat de mon nom même augmente mon supplice.
Moins connu des mortels, je me cacherais mieux.
Je hais jusques aux soins dont m'honorent les dieux;
Et je m'en vais pleurer leurs faveurs meurtrières,
Sans plus les fatiguer d'inutiles prières.
1615 Quoi qu'ils fissent pour moi, leur funeste bonté
Ne me saurait payer de ce qu'ils m'ont ôté.

PHÈDRE. — Non, Thésée, il faut rompre un injuste silence;
Il faut à votre fils rendre son innocence.
Il n'était point coupable.

THÉSÉE. — Ah! père infortuné!
1620 Et c'est sur votre foi que je l'ai condamné!
Cruelle! pensez-vous être assez excusée…

PHÈDRE. — Les moments me sont chers[160]; écoutez-moi, Thésée.
C'est moi qui sur ce fils chaste et respectueux
Osai jeter un œil profane, incestueux.
1625 Le Ciel mit dans mon sein une flamme funeste;
La détestable Œnone a conduit tout le reste.
Elle a craint qu'Hippolyte, instruit de ma fureur,
Ne découvrît[161] un feu qui lui faisait horreur.
La perfide, abusant de ma faiblesse extrême,
1630 S'est hâtée à vos yeux de l'accuser lui-même.
Elle s'en est punie, et fuyant mon courroux,
A cherché dans les flots un supplice trop doux.
Le fer aurait déjà tranché ma destinée,

157. Dans l'erreur. — 158. Eclaircissements. — 159. Bouleversé. — 160. Précieux (puisqu'elle se meurt). — 161. Révélât.

Mais je laissais gémir la vertu soupçonnée.
1635 J'ai voulu, devant vous exposant mes remords,
Par un chemin plus lent descendre chez les morts.
J'ai pris, j'ai fait couler dans mes brûlantes veines
Un poison que Médée[162] apporta dans Athènes.
Déjà jusqu'à mon cœur le venin parvenu
1640 Dans ce cœur expirant jette un froid inconnu;
Déjà je ne vois plus qu'à travers un nuage
Et le ciel et l'époux que ma présence outrage;
Et la mort, à mes yeux dérobant la clarté,
Rend au jour qu'ils souillaient toute sa pureté.

PANOPE. — Elle expire, Seigneur!

THÉSÉE. — D'une action si noire
Que ne peut avec elle expirer la mémoire!
Allons, de mon erreur, hélas! trop éclaircis[163],
Mêler nos pleurs au sang de mon malheureux fils.
Allons de ce cher fils embrasser ce qui reste,
1650 Expier la fureur d'un vœu que je déteste.
Rendons-lui les honneurs qu'il a trop mérités;
Et pour mieux apaiser ses mânes irrités,
Que, malgré les complots d'une injuste famille,
Son amante aujourd'hui me tienne lieu de fille.

162. Magicienne célèbre. — 163. Détrompés.

Matière à réflexion

1. Sur la culpabilité de Phèdre:

a) « Phèdre n'est ni tout à fait coupable, ni tout à fait innocente, » écrit Racine dans sa préface. Que pensez-vous de ce jugement? N.B.: Il s'agit d'un personnage et non d'une personne. C'est dire que, dans l'univers de la pièce, les dieux existent, Phèdre est bien « la fille de Minos et de Pasiphaé », petite-fille du Soleil, etc.

b) Relevez les vers où Phèdre rejette la responsabilité de sa « faute » (i) sur Vénus (ou les dieux, ou le Ciel), (ii) sur son « sang », et (iii) sur Œnone. Si elle est vraiment irresponsable, comment se fait-il qu'elle ne cesse de se dire et semble se croire coupable?

2. Quel âge a Phèdre? Faute d'indications précises, les réponses divergent sur ce point. Voici l'opinion de trois directeurs de théâtre:

- Patrick Dréhan: « Isabelle Adjani, dans dix ans, ferait une excellente Phèdre. [Ecrit en 1983 — (note de la rédaction)] Si l'actrice est vieille et laide, ça ne fonctionnera forcément pas. Il faut qu'elle puisse exprimer quelque chose, comme une femme de 35–40 ans dans la plénitude de son expression féminine et charnelle. »

- Pour J.-L. Martin-Barbaz, Phèdre doit être assez âgée pour pouvoir être mère d'Hippolyte: « Il faut une femme d'un certain âge, sinon on n'y comprendrait rien. »
- Selon J.-C. Grinevald, « l'essentiel, les traits caractéristiques de Phèdre, c'est son extrême jeunesse. Phèdre a seize ans, comme Hippolyte. [...] Phèdre désire Hippolyte parce qu'elle est jeune et belle et reine; mais Hippolyte, lui aussi, désire Phèdre: dans un prologue, j'ai mis en scène Phèdre nue enlacée par Hippolyte nu » (Voir *Analyses et réflexions sur* Phèdre *de Racine: la passion*, P.-L. Assoun et al.).

Marie Champmeslé avait trente-cinq ans lorsqu'elle créa le rôle en 1677. La célèbre Sarah Bernhardt (†1923) joua le rôle jusqu'au-delà de la soixantaine. Quel âge donnez-vous au personnage? Pourquoi?

3. Le parallèle (ou comparaison suivie) de Corneille et de Racine était un jeu de salon du vivant des deux auteurs, et depuis lors un exercice scolaire. Les deux parallèles suivants comptent parmi les plus célèbres. Le premier est de La Bruyère, qui préférait Racine; le second est de Fontenelle, qui avait une nette préférence pour Corneille (son oncle):

- La Bruyère: « Corneille nous assujettit à ses caractères et à ses idées, Racine se conforme aux notres. Celui-là peint les hommes comme ils devraient être, celui-ci les peint tels qu'ils sont. Il y a plus dans le premier de ce que l'on admire, et de ce que l'on doit même imiter; il y a plus dans le second de ce que l'on reconnaît dans les autres, ou de ce que l'on éprouve dans soi-même. L'un élève, étonne, maîtrise, instruit; l'autre plaît, remue, touche, pénètre. Ce qu'il y a de plus beau, de plus noble, de plus impérieux dans la raison, est manié par le premier; et par l'autre, ce qu'il y a de plus flatteur et de plus délicat dans la passion. Ce sont dans celui-là des maximes, des règles, des préceptes; et dans celui-ci, du goût et des sentiments. [...] Corneille est plus moral, Racine plus naturel » (*Les Caractères*, 1688).
- Fontenelle: « Les caractères de Corneille sont vrais, quoiqu'ils ne soient pas communs. Les caractères de Racine ne sont vrais que parce qu'ils sont communs. Quelquefois les caractères de Corneille ont quelque chose de faux à force d'être nobles et singuliers. Souvent ceux de Racine ont quelque chose de bas, à force d'être naturels. Quand on a le cœur noble, on voudrait ressembler aux héros de Corneille; et quand on a le cœur petit, on est bien aise que les héros de Racine nous ressemblent. On rapporte des pièces de l'un, le désir d'être vertueux, et des pièces de l'autre, le plaisir d'avoir des semblables dans ses faiblesses » (*Parallèle de Corneille et de Racine*, 1693).

Pour ce qui est des seuls exemples du *Cid* et de *Phèdre* — échantillon très restreint, certes —, ces parallèles vous paraissent-ils justifiés? Dans quelle mesure correspondent-ils, à votre avis, à notre distinction (voir *Entrée en matière*, p. 6) entre l'idéalisme et le réalisme en littérature? Etablissez à votre tour un parallèle entre Corneille et Racine.

La Fontaine

Demandez à un Français s'il peut réciter quelque passage de sa littérature nationale, et c'est une des fables de La Fontaine qui lui reviendra infailliblement à la mémoire. La Fontaine est sans doute le plus *populaire* des poètes français, dans tous les sens du terme: aucun autre ne semble, en effet, être à la fois si aimé, si connu et si accessible au profane. Chose rare: à peine fut-il mort qu'il devint « classique ». Déjà au début du XVIIIᵉ siècle paraissaient les premières éditions annotées et scolaires des *Fables*, et depuis lors les enfants les apprennent par cœur à l'école dès l'âge de six ou sept ans. Les écoliers goûtent chez La Fontaine les « histoires d'animaux »; les adultes distinguent parmi elles d'incomparables chefs-d'œuvre.

Jean de la Fontaine (1621–1696) naît à Château-Thierry en Champagne où son père est chargé de l'administration des eaux et forêts. Après les années de collège, il se croit une vocation religieuse et entre au séminaire avec l'intention de devenir prédicateur. Il y découvre qu'il préfère les romans précieux à Saint-Augustin, et décide, au bout d'un an, de chercher ailleurs sa voie. A vingt-quatre ans, il commence des études de droit et se fait recevoir avocat quelques années plus tard. Il se laisse marier alors par complaisance et par intérêt à une jeune fille de quatorze ans dont il aura un fils. Son père lui ayant cédé sa charge en 1653, tout semble l'inviter à s'installer confortablement dans sa vie de bourgeois de province.

Mais sa voie est toujours ailleurs. Malheureux en ménage, il n'aime guère le rôle du père, et ses fonctions administratives lui sont complètement indifférentes. Ce qui l'intéresse, c'est la littérature. Il sera écrivain. Mais pour ce faire, il faut vivre à Paris; aussi s'y installe-t-il en 1658, laissant derrière lui femme, fils et fonctions.

A partir de cette date, et jusqu'à la fin de sa vie, il sera pensionné, nourri et logé par de riches protecteurs. Débarrassé ainsi des soucis matériels, il pourra

s'adonner à son œuvre littéraire. Il cultive presque tous les genres: contes, romans, comédies, tragédies, épîtres, livrets d'opéra, poèmes de toutes sortes. Il est déjà bien connu lorsqu'en 1668 paraissent ses *Fables choisies, mises en vers*. Le livre remporte l'un des plus grands succès de librairie du siècle, et deux nouveaux recueils suivront en 1678 et en 1693.

Son activité littéraire ne l'empêche pas de profiter des plaisirs de la capitale. Il hante les cercles mondains, fréquente les salons de Mesdames de Sévigné et de La Fayette, se lie d'amitié avec Molière, Racine et Boileau. Au grand scandale de ses biographes bien-pensants, il semble avoir acquis, vers la fin de sa vie, un goût prononcé pour la débauche. Frappé en 1692 d'une grave maladie, il décide que le moment est venu de se repentir. Il revient publiquement à la religion et meurt très chrétiennement deux ans plus tard.

Se doutait-il, en mourant, de l'immortalité que devaient lui valoir ses *Fables choisies, mises en vers*? Avec ce titre humble et trompeur, La Fontaine se donne pour le simple versificateur de fables choisies parmi celles des anciens. Il écrit dans la préface du premier recueil: « Ce n'est pas tant par la forme que j'ai donné à cet ouvrage qu'on en doit mesurer le prix, que par son utilité et par sa matière » — ce qui prouve qu'il faut se méfier de ce que les auteurs disent dans leurs préfaces. En effet, c'est l'inverse qu'il fallait affirmer: c'est précisément, c'est presque uniquement par la forme qu'il a donné à son ouvrage « qu'on en doit mesurer le prix ».

Quant à la « matière » des *Fables* — c'est-à-dire leurs sujets —, elle est presque entièrement empruntée aux prédécesseurs: le Grec Esope (VIᵉ siècle av. J.-C.) et le Latin Phèdre (Iᵉʳ siècle ap. J.-C.), notamment, mais aussi les fabulistes[1] orientaux et français du Moyen Age et du XVIᵉ siècle. Les personnages de La Fontaine, comme ceux de ses prédécesseurs, sont le plus souvent des animaux, mais parfois aussi des êtres humains, des plantes, des éléments naturels et même des objets.

La fable, telle que les anciens l'avaient conçue, est un court récit destiné à illustrer un précepte. Là aussi, La Fontaine suit la tradition. Ses moralités, énoncées au début ou à la fin du récit, sont souvent d'une affligeante banalité: « Aidetoi, le ciel t'aidera... La méfiance est mère de la sûreté... Il faut, autant qu'on peut, obliger tout le monde... Plus fait douceur que violence... Rien ne sert de courir; il faut partir à point... Un Tiens vaut mieux que deux Tu l'auras... Il ne faut pas juger des gens sur les apparences...» L'historien littéraire A. Adam a excellemment résumé la morale de La Fontaine, telle qu'elle se dégage d'une lecture globale des *Fables*: « Ne point se nourrir de chimères, ne point viser au-delà du possible, se contenter de son sort. Dans ce monde si parfaitement dépourvu de bonté, considérer à première vue tout homme comme un ennemi probable, rester sur ses gardes, ne jamais faire de concessions aux méchants et, quand on le peut, tromper soi-même le trompeur: une des rares joies qui restent à ces malheureux éternellement exploités » (*Histoire de la littérature française au XVIIᵉ siècle*).

Il n'y a, certes, rien de très exaltant dans cette conception de la vie. (« Qu'estce qui vous fait penser que la vérité soit exaltante? » demanderait La Fontaine.) C'est la morale d'un homme mûr et sans illusions qui se méfie de ce qu'on appelle — surtout lorsqu'on est incapable de les éprouver — les *grands sentiments*.

1. *Fabuliste:* auteur de fables (le mot fut peut-être inventé par La Fontaine).

La Fontaine, gravure d'après le portrait de Charles Lebrun.

Brown Brothers

La Fontaine insiste néanmoins sur « l'utilité » de ses fables. Aux enfants qui seraient sourds aux froides abstractions d'un sermon, ces histoires d'animaux peuvent inculquer « la sagesse et la vertu »; c'est là même, à en croire l'auteur, leur principale raison d'être.

Quoi qu'en dise La Fontaine — avec, sans doute, une pointe d'ironie malicieuse —, l'originalité et l'intérêt des *Fables* sont évidemment ailleurs: non pas dans la « matière », mais dans la manière. La fable ésopique traditionnelle était un genre purement didactique, le récit court et sec ne servant qu'à démontrer, de façon presque géométrique, la moralité finale: « Cette fable montre que... » (voir, ci-dessous, notre traduction du *Vieillard et la Mort* d'Esope, modèle de *La Mort et le Bûcheron*). Reléguant l'enseignement moral au second plan, La Fontaine allonge et enrichit le récit en vue d'« égayer » l'ensemble. Le mot est de La Fontaine qui s'explique là-dessus: « Je n'appelle pas gaieté ce qui excite le rire mais un certain charme, un air agréable qu'on peut donner à toutes sortes de sujets, même les plus sérieux » (*Préface*). Il prête à ses personnages les gestes et les paroles qui leur conviennent et saisit d'un trait le détail expressif qui résume leur physionomie et leur psychologie. Individualisés de la sorte, ils vivent devant nous et dans les mémoires.

Son procédé sera différent lorsqu'ayant épuisé le meilleur du fond ésopique, il se tourne dans le deuxième recueil vers les conteurs français et orientaux. Loin d'être trop laconiques, ces nouveaux modèles pèchent plutôt par une verbosité diffuse qui embrouille le récit et cache le message. La tâche de La Fontaine sera donc de supprimer les détails superflus et d'abréger les trop longs développements. Mais si la méthode est différente, le principe est ici le même qu'ailleurs: quelles que soient les modifications qu'il apporte au modèle, La Fontaine vise toujours la plus grande *unité* de la fable. Pour lui comme pour la plupart de ses contemporains, il faut que les parties de l'œuvre forment un tout, et que tous les éléments — action, style, personnages — convergent vers le même but[2]. Par son application scrupuleuse du principe d'unité, La Fontaine figure parmi les plus « classiques » des grands écrivains français.

2. Pour une discussion de ce principe dans ses rapports avec le classicisme, voir p. 237.

Cependant ce classique reste inclassable. Il est, on l'a souvent dit, « unique en son genre ». Son mérite insigne est d'avoir conféré un statut pleinement littéraire au genre de la fable et de l'avoir en même temps porté à la perfection. Son génie éclipse tous ceux qui se sont aventurés sur son terrain. Le genre qu'il a cultivé lui appartient désormais. De combien d'auteurs peut-on en dire autant?

Fables
La Cigale et la Fourmi (I, 1)

Cette fable est sans doute la mieux connue de toutes, puisqu'elle est la première que les enfants apprennent à l'école. Selon J.-J. Rousseau (XVIIIe siècle), c'est à tort qu'on la leur enseigne: « Vous croyez leur donner la Cigale pour exemple [à imiter]; et point du tout, c'est la Fourmi qu'ils choisiront. On n'aime point à s'humilier; ils prendront toujours le beau rôle [...]. Or, quelle horrible leçon pour l'enfance! Le plus odieux de tous les monstres serait un enfant avare et dur, qui saurait ce qu'on lui demande et ce qu'il refuse. La Fourmi fait plus encore, elle lui apprend à railler dans ses refus » (*Emile*, II). Rousseau a-t-il bien compris? La Fontaine voulait-il donner la Cigale pour exemple? Il s'inspire d'une fable d'Esope qui se termine ainsi: « ... Cette fable montre qu'il faut être prévoyant en tout, si l'on veut éviter les ennuis. »

> La Cigale, ayant chanté
> Tout l'été,
> Se trouva fort dépourvue
> Quand la bise[3] fut venue:
> 5 Pas un seul petit morceau
> De mouche ou de vermisseau.
> Elle alla crier famine
> Chez la Fourmi sa voisine,
> La priant de lui prêter
> 10 Quelque grain pour subsister
> Jusqu'à la saison nouvelle.
> « Je vous paierai, lui dit-elle,
> Avant l'août, foi d'animal[4],
> Intérêt et principal. »
> 15 La Fourmi n'est pas prêteuse;
> C'est là son moindre défaut[5].
> « Que faisiez-vous au temps chaud? »
> Dit-elle à cette emprunteuse.
> « Nuit et jour à tout venant[6]
> 20 Je chantais, ne vous déplaise[7].
> — Vous chantiez? j'en suis fort aise[8]
> Eh bien! dansez maintenant. »

3. Le vent du nord, et par extension, l'hiver. — 4. La Fontaine joue sur l'expression: *foi de gentilhomme* (c'est-à-dire: je l'affirme sur ma parole de gentilhomme). — 5. Son tout petit défaut (sens vieilli de *moindre*). — 6. A quiconque voulait m'écouter. — 7. Elliptique pour: qu'il ne vous en déplaise (que cela vous plaise ou non). — 8. Content.

Le Corbeau et le Renard (I, 2)

Selon J.-J. Rousseau, cette fable enseigne « une leçon de la plus basse flatterie ». Les défenseurs de La Fontaine ripostent qu'encore une fois, Rousseau n'a rien compris. La vraie leçon, selon eux, c'est qu'il faut se défier des flatteurs. Quelle est, à votre avis, la leçon de cette fable?

<div style="text-align:center">

Maître[9] Corbeau, sur un arbre perché,
 Tenait en son bec un fromage.
Maître Renard, par l'odeur alléché,
 Lui tint à peu près ce langage:
5 « Hé! bonjour, Monsieur du Corbeau[10].
Que vous êtes joli! que vous me semblez beau!
 Sans mentir, si votre ramage[11]
 Se rapporte à[12] votre plumage,
Vous êtes le phénix[13] des hôtes de ce bois. »
10 A ces mots le Corbeau ne se sent pas de joie[14];
 Et pour montrer sa belle voix,
Il ouvre un large bec, laisse tomber sa proie.
Le Renard s'en saisit, et dit: « Mon bon Monsieur,
 Apprenez que tout flatteur
15 Vit aux dépens de celui qui l'écoute.
Cette leçon vaut bien un fromage, sans doute. »
 Le Corbeau, honteux et confus[15],
Jura, mais un peu tard, qu'on ne l'y prendrait plus.

</div>

Le Loup et le Chien (I, 5)

Cet éloge de l'indépendance vaut pour toutes les époques, mais en 1668 il est particulièrement chargé d'actualité. Pour briser le pouvoir des nobles, Louis XIV essaie de les attirer à Paris — et plus tard, à Versailles — en vue de les « domestiquer ». Certains, trop fiers de tourner autour du Roi-Soleil, préféreront rester « loups » sur leur terres, au prix de leur fortune et de leur réputation, plutôt que d'être « chiens » de la Cour.

<div style="text-align:center">

Un Loup n'avait que les os et la peau,
 Tant les chiens faisaient bonne garde.
Ce Loup rencontre un Dogue aussi puissant que beau,
Gras, poli[16], qui s'était fourvoyé[17] par mégarde.
5 L'attaquer, le mettre en quartiers[18],
 Sire Loup l'eût fait volontiers;

</div>

9. Titre de respect, employé ironiquement. — 10. Emploi flatteur de la particule de noblesse (*du*). — 11. Chant. — 12. Correspond à. — 13. Oiseau mythologique qui mourait par le feu pour renaître aussitôt de ses cendres; ici, le plus remarquable des oiseaux. — 14. Est transporté de joie. — 15. *Confus*, faux ami de l'anglais *confused*, est ici un synonyme de *honteux*. — 16. Au poil lustré. — 17. Egaré. — 18. Morceaux.

Mais il fallait livrer bataille,
Et le mâtin était de taille
A se défendre hardiment.
10 Le Loup donc l'aborde humblement,
Entre en propos[19], et lui fait compliment
Sur son embonpoint, qu'il admire.
« Il ne tiendra qu'à vous, beau sire,
D'être aussi gras que moi, lui repartit le Chien.
15 Quittez les bois, vous ferez bien:
Vos pareils y sont misérables,
Cancres, hères[20], et pauvres diables,
Dont la condition est de mourir de faim.
Car quoi? rien d'assuré; point de franche lippée[21];
20 Tout à la pointe de l'épée.
Suivez-moi: vous aurez un bien meilleur destin. »
Le Loup reprit: « Que me faudra-t-il faire?
— Presque rien, dit le Chien: donner la chasse aux gens
Portants bâtons, et mendiants[22];
25 Flatter ceux du logis, à son maître complaire;
Moyennant quoi votre salaire
Sera force reliefs[23] de toutes les façons:
Os de poulets, os de pigeons;
Sans parler de mainte caresse. »
30 Le Loup déjà se forge[24] une félicité
Qui le fait pleurer de tendresse[25].
Chemin faisant, il vit le col[26] du Chien pelé.
« Qu'est-ce là? lui dit-il. — Rien. — Quoi! rien? — Peu de chose.
— Mais encor? — Le collier dont je suis attaché
35 De ce que vous voyez est peut-être la cause.
— Attaché? dit le Loup: vous ne courez donc pas
Où vous voulez? — Pas toujours, mais qu'importe?
— Il importe si bien que de tous vos repas
Je ne veux en aucune sorte,
40 Et ne voudrais pas même à ce prix un trésor. »
Cela dit, maître Loup s'enfuit, et court encor.

La Besace[27] **(I, 7)**

La Fontaine emprunte le sujet de cette fable à une petite allégorie en vers latins de Phèdre, intitulée *Les Défauts des hommes.* En voici la traduction complète: « Jupiter nous a donné deux sacs: celui qu'il nous a mis sur le dos contient nos défauts, et

19. En conversation. — 20. *Cancres, hères:* êtres misérables (synonymes de *pauvres diables*). — 21. Bon repas gratuit. — 22. Au XVII^e siècle, les participes présents s'accordent avec le nom, comme les adjectifs. — 23. Beaucoup de restes. — 24. S'imagine. — 25. Attendrissement. — 26. Cou. — 27. Dérivé de *bissac* (double sac); un sac à deux poches que l'on porte sur l'épaule.

celui qu'il nous a mis sur la poitrine est plein des défauts d'autrui. Ainsi nous est-il impossible de voir ce qui est mal en nous. Mais si les autres font une faute, nous nous en apercevons tout de suite. »

<div style="margin-left: 2em;">

Jupiter dit un jour: « Que tout ce qui respire
S'en vienne comparaître aux pieds de ma grandeur.
Si dans son composé[28] quelqu'un trouve à redire,
 Il peut le déclarer sans peur;
5 Je mettrai remède à la chose.
Venez, Singe: parlez le premier, et pour cause[29].
Voyez ces animaux, faites comparaison
 De leurs beautés avec les vôtres.
Etes-vous satisfait? — Moi? dit-il; pourquoi non?
10 N'ai-je pas quatre pieds aussi bien que les autres?
Mon portrait jusqu'ici ne m'a rien reproché;
Mais pour mon frère l'Ours, on ne l'a qu'ébauché;
Jamais, s'il me veut croire, il ne se fera peindre. »
L'Ours venant là-dessus, on crut qu'il s'allait plaindre.
15 Tant s'en faut: de sa forme il se loua très fort,
Glosa[30] sur l'Eléphant, dit qu'on pourrait encor
Ajouter à sa queue, ôter à ses oreilles;
Que c'était une masse informe et sans beauté.
 L'Eléphant étant écouté,
20 Tout sage qu'il était, dit des choses pareilles:
 Il jugea qu'à son appétit[31],
 Dame Baleine était trop grosse.
Dame Fourmi trouva le Ciron[32] trop petit,
 Se croyant, pour elle, une colosse.
25 Jupin[33] les renvoya s'étant censurés tous[34],
Du reste, contents d'eux. Mais parmi les plus fous,
Notre espèce excella; car tout ce que nous sommes[35],
Lynx envers nos pareils et taupes envers nous[36],
Nous nous pardonnons tout, et rien aux autres hommes.
30 On se voit d'un autre œil qu'on ne voit son prochain.
 Le fabricateur souverain
Nous créa besaciers[37] tous de même manière,
Tant ceux du temps passé que du temps d'aujourd'hui:
Il fit pour nos défauts la poche de derrière,
35 Et celle de devant pour les défauts d'autrui.

</div>

28. La manière dont un objet ou un être est composé. — 29. Pour une bonne raison. Jupiter suppose qu'étant le plus laid, le singe va se plaindre. — 30. Fit des critiques. — 31. A son goût. — 32. Animal minuscule. — 33. Nom familier de Jupiter. — 34. Tous s'étant critiqués les uns les autres. — 35. Tous, tant que nous sommes (tournure vieillie). — 36. On attribue au lynx une vue perçante, au contraire de la taupe qui passe pour aveugle. — 37. Porteurs de besaces.

Le Loup et l'Agneau (I, 10)

La fable suivante a fait couler beaucoup d'encre, en raison de la moralité formulée au premier vers: « Quelle cynisme! Est-ce aux enfants de six ans qu'il faut apprendre une telle leçon de brutalité, etc? » Et depuis deux siècles, les annotateurs de manuels scolaires se hâtent d'assurer aux jeunes lecteurs qu'il s'agit, non d'un conseil, mais d'une triste observation: « La Fontaine ne cherche nullement à glorifier le triomphe de la force, etc. » Faible consolation pour l'Agneau, mais la morale est sauve.

La raison du plus fort est toujours la meilleure[38]:
Nous l'allons montrer tout à l'heure[39].
Un Agneau se désaltérait
Dans le courant d'une onde pure.
5 Un Loup survient à jeun, qui cherchait aventure[40],
Et que la faim en ces lieux attirait.
« Qui[41] te rend si hardi de troubler mon breuvage?
Dit cet animal plein de rage:
Tu seras châtié de ta témérité.
10 — Sire, répond l'Agneau, que Votre Majesté
Ne se mette pas en colère;
Mais plutôt qu'Elle considère
Que je me vas désaltérant[42]
Dans le courant,
15 Plus de vingt pas au-dessous d'Elle;
Et que par conséquent, en aucune façon,
Je ne puis troubler sa boisson.
— Tu la troubles, reprit cette bête cruelle;
Et je sais que de moi tu médis l'an passé.
20 — Comment l'aurais-je fait, si je n'étais pas né?
Reprit l'Agneau; je tète encor ma mère.
— Si ce n'est toi, c'est donc ton frère.
— Je n'en ai point. — C'est donc quelqu'un des tiens;
Car vous ne m'épargnez guère,
25 Vous, vos bergers et vos chiens.
On me l'a dit: il faut que je me venge. »
Là-dessus, au fond des forêts
Le Loup l'emporte, et puis le mange,
Sans autre forme de procès[43].

38. Meilleure *en fait*, et non *en droit*. Lisez donc: la force l'emporte toujours sur les bonnes raisons du plus faible. (Nous respectons la tradition.) — 39. A l'instant même. — 40. Une rencontre heureuse, c'est-à-dire une proie facile. — 41. Qu'est-ce qui. — 42. Je vais me désaltérant, c'est-à-dire: je suis en train de me désaltérer (construction courante au XVII^e siècle). — 43. Sans s'arrêter plus longtemps aux formalités exigées par la justice pour le règlement des procès.

La Mort et le Bûcheron (I, 16)

Nous disions tout à l'heure que la valeur des *Fables* réside dans la manière, et non dans la matière. C'est ce qu'illustre bien la fable suivante, inspirée du *Vieillard et la Mort* d'Esope. Voici une traduction du modèle: « Un jour, un vieillard, chargé du bois qu'il avait coupé, faisait un long chemin. A bout de forces, il déposa son fardeau et appela la Mort. La Mort arriva et lui demanda pourquoi il l'avait appelée. Epouvanté, le vieillard lui répondit: "Pour que tu soulèves mon fardeau". Cette fable montre que tout homme s'accroche à la vie, même s'il est malheureux. » Une comparaison des deux versions montre bien, parmi d'autres choses, la différence entre la sécheresse et la densité.

> Un pauvre Bûcheron, tout couvert de ramée[44],
> Sous le faix du fagot aussi bien que des ans
> Gémissant et courbé, marchait à pas pesants,
> Et tâchait de gagner sa chaumine[45] enfumée.
> 5 Enfin, n'en pouvant plus d'effort et de douleur,
> Il met bas son fagot, il songe à son malheur.
> Quel plaisir a-t-il eu depuis qu'il est au monde?
> En est-il un plus pauvre en la machine ronde[46]?
> Point de pain quelquefois, et jamais de repos.
> 10 Sa femme, ses enfants, les soldats[47], les impôts,
> Le créancier, et la corvée[48]
> Lui font d'un malheureux la peinture achevée.
> Il appelle la Mort. Elle vient sans tarder,
> Lui demande ce qu'il faut faire.
> 15 « C'est, dit-il, afin de m'aider
> A recharger ce bois; tu ne tarderas guère[49]. »
>
> Le trépas vient tout guérir;
> Mais ne bougeons d'où nous sommes.
> Plutôt souffrir que mourir,
> 20 C'est la devise des hommes.

Le Chêne et le Roseau (I, 22)

Il paraît que La Fontaine préférait cette fable à toutes les autres; elle passe aujourd'hui pour son chef-d'œuvre. On y a vu des allusions à l'actualité politique — le chêne déraciné serait le noble qui résiste en vain à la volonté du roi —, mais ce n'est pas sûr. Cet éloge de la souplesse partage les lecteurs, selon leur interprétation et leur caractère. Les uns disent: « Etre souple, c'est savoir s'adapter aux circonstances. *Après tout, il faut vivre.* » Et les autres disent: « Etre souple, c'est être faible et lâche. *Avant tout, il faut vivre avec soi-même.* »

44. Branches coupées. — 45. Chaumière (cabane couverte de chaume; archaïsme). — 46. Sur la terre. — 47. Allusion à l'obligation de loger chez soi les soldats qui passaient par le pays. — 48. Journée de travail gratuit due au seigneur. — 49. Cela ne te retiendra pas longtemps.

Le Chêne un jour dit au Roseau:
« Vous avez bien sujet[50] d'accuser la nature,
Un roitelet[51] pour vous est un pesant fardeau;
 Le moindre vent qui d'aventure[52]
5 Fait rider la face de l'eau
 Vous oblige à baisser la tête;
Cependant que[53] mon front, au Caucase[54] pareil,
Non content d'arrêter les rayons du soleil,
 Brave l'effort de la tempête.
10 Tout vous est aquilon, tout me semble zéphyr.
Encor si vous naissiez à l'abri du feuillage
 Dont je couvre le voisinage,
 Vous n'auriez pas tant à souffrir:
 Je vous défendrais de l'orage;
15 Mais vous naissez le plus souvent
Sur les humides bords des royaumes du vent.
La nature envers vous me semble bien injuste.
— Votre compassion, lui répondit l'arbuste,
Part d'un bon naturel[55]; mais quittez[56] ce souci:
20 Les vents me sont moins qu'à vous redoutables;
Je plie, et ne romps pas. Vous avez jusqu'ici
 Contre leurs coups épouvantables
 Résisté sans courber le dos;
Mais attendons la fin. » Comme il disait ces mots,
25 Du bout de l'horizon accourt avec furie
 Le plus terrible des enfants
Que le Nord eût portés jusque-là dans ses flancs[57].
 L'arbre tient bon; le Roseau plie.
 Le vent redouble ses efforts,
30 Et fait si bien qu'il déracine
Celui de qui la tête au ciel était voisine,
Et dont les pieds touchaient à l'empire des morts.

Le Laboureur et ses Enfants (V, 9)

Voici une fable très édifiante — un peu moralisatrice, diraient certains. Si elle n'est peut-être pas une des meilleures, elle est de celles que l'on aime et que l'on cite le plus.

Travaillez, prenez de la peine:
C'est le fonds qui manque le moins[58].

50. Motif. — 51. Un petit oiseau. — 52. Par hasard. — 53. Tandis qu'au contraire. — 54. Une chaîne de montagnes. — 55. Nature; tempérament. — 56. Oubliez. — 57. Le plus terrible des vents du Nord. — 58. Vers difficile. « C' » se rapporte au vers précédent: le fait de travailler, de prendre de la peine. *Fonds* désigne un capital ou une propriété foncière, et par extension, toute source de richesse. *Manquer* (à celui qui possède le fond), c'est ici: échouer, tromper, décevoir. Lisez donc: le travail est généralement la richesse la plus productive, qui rapporte le plus.

Un riche Laboureur, sentant sa mort prochaine,
Fit venir ses Enfants, leur parla sans témoins.
5 « Gardez-vous, leur dit-il, de vendre l'héritage
Que nous ont laissé nos parents:
Un trésor est caché dedans.
Je ne sais pas l'endroit, mais un peu de courage
Vous le fera trouver; vous en viendrez à bout.
10 Remuez votre champ dès qu'on aura fait l'oût[59].
Creusez, fouillez, bêchez; ne laissez nulle place
Où la main ne passe et repasse. »
Le père mort, les fils vous[60] retournent le champ,
Deçà, delà, partout; si bien qu'au bout de l'an
15 Il en rapporta davantage[61].
D'argent, point de caché. Mais le père fut sage
De leur montrer, avant sa mort,
Que le travail est un trésor.

Les Animaux malades de la peste (VII, 1)

Voici une fable « à clefs », dont les allusions à la société du XVII[e] siècle sont plus
ou moins transparentes. Le Lion, c'est évidemment le roi; le Renard, c'est l'adroit
courtisan qui flatte le monarque par ses adulations empressées; le Tigre et l'Ours
représentent la haute aristocratie; le Loup est un symbole peu flatteur de la magis-
trature; et le pauvre Ane, c'est le peuple. Ce n'est sans doute pas avec beaucoup de
plaisir qu'on lisait cette fable à Versailles, et il n'est guère étonnant que Louis XIV
se méfiât de La Fontaine!

Un mal qui répand la terreur,
Mal que le Ciel en sa fureur
Inventa pour punir les crimes de la terre,
La peste (puisqu'il faut l'appeler par son nom),
5 Capable d'enrichir en un jour l'Achéron[62],
Faisait aux animaux la guerre.
Ils ne mouraient pas tous, mais tous étaient frappés:
On n'en voyait point d'occupés
A chercher le soutien d'une mourante vie[63];
10 Nul mets n'excitait leur envie;
Ni loups ni renards n'épiaient
La douce et l'innocente proie.
Les tourterelles se fuyaient:
Plus d'amour, partant[64] plus de joie.

59. La moisson (qui se fait au mois d'août). — 60. Pronom que l'on qualifie d'*explétif:* il remplit le
vers sans être essentiel au sens. Il *vous* invite à participer, en quelque sorte, à l'action. — 61. Le champ
(il) rapporta davantage du fait (en) d'avoir été creusé, fouillé, etc. (et aussi, sans doute, ensemencé).
— 62. L'un des fleuves des Enfers; *l'enrichir en un jour*, c'est envoyer sur ses rives de nombreux morts.
— 63. La nourriture. — 64. Par conséquent.

15 Le Lion tint conseil, et dit: « Mes chers amis,
 Je crois que le Ciel a permis
 Pour nos péchés cette infortune.
 Que le plus coupable de nous
 Se sacrifie aux traits du céleste courroux[65];
20 Peut-être il obtiendra la guérison commune.
L'histoire nous apprend qu'en de tels accidents[66]
 On fait de pareils dévouements[67].
Ne nous flattons donc point; voyons sans indulgence
 L'état de notre conscience.
25 Pour moi, satisfaisant mes appétits gloutons,
 J'ai dévoré force[68] moutons.
 Que m'avaient-ils fait? Nulle offense.
Même il m'est arrivé quelquefois de manger
 Le berger.
30 Je me dévouerai donc[69], s'il le faut; mais je pense
Qu'il est bon que chacun s'accuse ainsi que moi:
Car on doit souhaiter, selon toute justice,
 Que le plus coupable périsse.
 — Sire, dit le Renard, vous êtes trop bon roi;
35 Vos scrupules font voir trop de délicatesse.
Eh bien! manger moutons, canaille, sotte espèce,
Est-ce un péché? Non, non. Vous leur fîtes, Seigneur,
 En les croquant, beaucoup d'honneur;
 Et quant au berger, l'on peut dire
40 Qu'il était digne de tous maux,
Etant de ces gens-là qui sur les animaux
 Se font un chimérique empire[70]. »
Ainsi dit le Renard, et flatteurs d'applaudir[71].
 On n'osa trop approfondir
45 Du Tigre, ni de l'Ours, ni des autres puissances,
 Les moins pardonnables offenses.
Tous les gens querelleurs, jusqu'aux simples mâtins,
Au dire de chacun étaient de petits saints.
L'Ane vint à son tour, et dit: « J'ai souvenance[72]
50 Qu'en un pré de moines passant,
La faim, l'occasion, l'herbe tendre, et, je pense,
 Quelque diable aussi me poussant,
Je tondis de ce pré la largeur de ma langue.
Je n'en avais nul droit, puisqu'il faut parler net. »
55 A ces mots on cria haro sur le Baudet[73].
 Un Loup, quelque peu clerc, prouva par sa harangue

65. Il cherche un volontaire qui accepte de se sacrifier pour apaiser la colère de Dieu. — 66. Malheurs imprévus. — 67. Sacrifices. — 68. Beaucoup de. — 69. Je me sacrifierai pour le bien commun. — 70. Une autorité imaginaire. — 71. Infinitif dit « de narration ». Lisez: Les flatteurs applaudirent. — 72. Souvenir. — 73. On dénonça l'âne à la justice.

Qu'il fallait dévouer[74] ce maudit animal,
Ce pelé, ce galeux, d'où venait tout leur mal.
Sa peccadille fut jugée un cas pendable.
60 Manger l'herbe d'autrui! quel crime abominable!
 Rien que la mort n'était capable
D'expier son forfait: on le lui fit bien voir.

Selon que vous serez puissant ou misérable,
Les jugements de cour[75] vous rendront blanc ou noir[76].

Les Deux Pigeons (IX, 2)

La fable suivante est exceptionnelle pour deux raisons. 1° Il s'y agit d'un sujet qui est presque entièrement absent des *Fables*: l'amour. 2° Après l'exposition (vers 1–30), le récit d'aventures (vers 31–64) et la moralité (vers 65-69), le poète se laisse aller à des *confidences personnelles* (vers 70–83).

 Deux Pigeons s'aimaient d'amour tendre:
 L'un deux, s'ennuyant au logis,
 Fut assez fou pour entreprendre
 Un voyage en lointain pays.
5 L'autre lui dit: « Qu'allez-vous faire?
 Voulez-vous quitter votre frère?
 L'absence est le plus grand des maux:
Non pas pour vous, cruel! Au moins, que les travaux[77],
 Les dangers, les soins du voyage,
10 Changent un peu votre courage.
Encor, si la saison[78] s'avançait davantage!
Attendez les zéphyrs. Qui[79] vous presse? Un corbeau
Tout à l'heure annonçait malheur à quelque oiseau.
Je ne songerai[80] plus que rencontre funeste,
15 Que faucons, que réseaux[81]. Hélas! dirai-je, il pleut:
 Mon frère a-t-il tout ce qu'il veut,
 Bon souper, bon gîte, et le reste? »
 Ce discours ébranla le cœur
 De notre imprudent voyageur;
20 Mais le désir de voir et l'humeur inquiète[82]
L'emportèrent enfin. Il dit: « Ne pleurez point;
Trois jours au plus rendront mon âme satisfaite;
Je reviendrai dans peu conter de point en point
 Mes aventures à mon frère;

74. Sacrifier. — 75. Jugements de la cour de justice, mais aussi, sans doute, de la cour du roi, c'est-à-dire des courtisans. — 76. Innocent ou coupable. — 77. Fatigues. — 78. La belle saison. — 79. Qu'est-ce qui. — 80. Verrai en rêve. — 81. Filets pour capturer les oiseaux. — 82. Caractère de quelqu'un qui n'aime pas rester en repos.

25 Je le désennuierai. Quiconque ne voit guère
 N'a guère à dire aussi[83]. Mon voyage dépeint[84]
 Vous sera d'un plaisir extrême.
 Je dirai: J'étais là; telle chose m'advint;
 Vous y croirez être vous-même. »
30 A ces mots, en pleurant, ils se dirent adieu.
 Le voyageur s'éloigne; et voilà qu'un nuage
 L'oblige de chercher retraite en quelque lieu.
 Un seul arbre s'offrit, tel encor que l'orage
 Maltraita le Pigeon en dépit du feuillage.
35 L'air devenu serein, il part tout morfondu[85],
 Sèche du mieux qu'il peut son corps chargé de pluie,
 Dans un champ à l'écart voit du blé répandu,
 Voit un pigeon auprès: cela lui donne envie;
 Il y vole, il est pris: ce blé couvrait d'un lacs[86]
40 Les menteurs et traîtres appâts.
 Le lacs était usé; si bien que, de son aile,
 De ses pieds, de son bec, l'oiseau le rompt enfin.
 Quelque plume y périt; et le pis du destin
 Fut qu'un certain vautour, à la serre[87] cruelle,
45 Vit notre malheureux qui, traînant la ficelle
 Et les morceaux du lacs qui l'avait attrapé,
 Semblait un forçat échappé.
 Le vautour s'en allait le lier[88], quand des nues
 Fond à son tour un aigle aux ailes étendues.
50 Le Pigeon profita du conflit des voleurs,
 S'envola, s'abattit auprès d'une masure,
 Crut, pour ce coup[89], que ses malheurs
 Finiraient par cette aventure;
 Mais un fripon d'enfant (cet âge est sans pitié)
55 Prit sa fronde et, du coup, tua plus d'à moitié
 La volatile[90] malheureuse,
 Qui, maudissant sa curiosité,
 Traînant l'aile et tirant le pied,
 Demi-morte et demi-boiteuse,
60 Droit au logis s'en retourna.
 Que bien, que mal[91], elle arriva
 Sans autre aventure fâcheuse.
 Voilà nos gens rejoints; et je laisse à juger
 De combien de plaisirs ils payèrent leurs peines.

65 Amants, heureux amants, voulez-vous voyager?
 Que ce soit aux rives prochaines.

83. Non plus. — 84. Mon voyage, quand je vous l'aurai *dépeint...* — 85. Glacé de froid. — 86. Piège formé d'un nœud coulant; le mot se prononce [la] et rime avec *appâts*. — 87. La griffe. — 88. Saisir (terme de fauconnerie). — 89. Cette fois. — 90. Oiseau. — 91. De son mieux, et avec difficulté; on dit aujourd'hui: tant bien que mal.

Soyez-vous l'un à l'autre un monde toujours beau,
 Toujours divers, toujours nouveau;
 Tenez-vous lieu de tout, comptez pour rien le reste.
70 J'ai quelquefois[92] aimé; je n'aurais pas alors
 Contre le Louvre et ses trésors,
 Contre le firmament et sa voûte céleste,
 Changé les bois, changé les lieux
 Honorés par les pas, éclairés par les yeux
75 De l'aimable et jeune bergère
 Pour qui, sous le fils de Cythère[93],
 Je servis, engagé par mes premiers serments.
 Hélas! quand reviendront de semblables moments?
 Faut-il que tant d'objets[94] si doux et si charmants
80 Me laissent vivre au gré de mon âme inquiète?
 Ah! si mon cœur osait encor se renflammer!
 Ne sentirai-je plus de charme qui m'arrête[95]?
 Ai-je passé le temps d'aimer?

Matière à réflexion

1. Dans la préface du premier recueil des *Fables*, La Fontaine écrit que les anciens fabulistes n'omettaient jamais d'exprimer la morale. Il ajoute: « S'il m'est arrivé de le faire, ce n'a été que dans les endroits où elle n'a pu entrer avec grâce, et où il est aisé au lecteur de la suppléer. » C'est le cas de *La Cigale et la Fourmi*, du *Loup et le Chien* du *Chêne et le Roseau*. Vous êtes-il « aisé de suppléer » les morales de ces fables? Essayez de les formuler avec autant de précision que possible. Une même fable peut-elle, à votre avis, donner lieu à des interprétations différentes?

2. Donnez-vous raison à J.-J. Rousseau, qui tire du *Corbeau et le Renard* « une leçon de la plus basse flatterie » (voir la présentation de la fable)? « Je demande, écrit-il, si c'est à des enfants de six ans qu'il faut apprendre qu'il y a des hommes qui flattent et mentent pour leur profit » (*Emile*, II). Qu'en pensez-vous?

3. « *La Besace* peut être considérée comme la dramatisation des maximes 31, 303 et 327 de La Rochefoucauld. » Cette affirmation vous paraît-elle justifiée? (Grand admirateur de La Rochefoucauld, La Fontaine lui a dédié une fable [I, 11] qui fait l'éloge des *Maximes*.)

4. « La fable du *Loup et l'Agneau* n'enseigne pas de leçon morale; elle ne nous enjoint pas d'agir d'une certaine manière. Elle nous apprend à connaître le monde comme il va et les hommes comme ils sont. » Cette interprétation vous paraît-elle justifiée?

92. Autrefois. — 93. Cythère est Vénus; son fils est l'Amour. — 94. Objets *aimés*, c'est-à-dire femmes. — 95. *Charme qui m'arrête:* enchantement qui me fixe, qui me retient.

5. Tous les commentateurs sont d'accord sur l'immense supériorité de *La Mort et le Bûcheron* sur son modèle ésopique (voir la présentation de la fable). En quoi consiste, à votre avis, cette supériorité? Le critique Boileau n'aimait pas la fable de son ami et donna lui-même la version suivante: *Le Bûcheron et La Mort.*

> Le dos chargé de bois et le corps en eau,
> Un pauvre bûcheron, dans l'extrême vieillesse,
> Marchait en haletant de peine et de détresse;
> Enfin, las de souffrir, jetant là son fardeau,
> Plutôt que de s'en voir accablé de nouveau,
> Il souhaite la Mort et cent fois il l'appelle.
> La Mort vient à la fin: « Que veux-tu? lui crie-t-elle.
> — Qui, moi? dit-il alors, prompt à se corriger;
> Que tu m'aides à me charger. »

Comparez les deux versions. Laquelle préférez-vous? Laquelle est la meilleure? Boileau avait-il raison de suivre Esope en supprimant la moralité?

6. Ceux qui donnent *Le Chêne et le Roseau* pour le chef-d'œuvre de La Fontaine (voir la présentation de la fable) portent un jugement de *valeur littéraire*. Qu'est-ce qui pourrait justifier un tel jugement? Autrement dit: étant donné qu'il y a de bons et de mauvais poèmes (et non pas seulement des poèmes que l'on préfère plus ou moins), en vertu de quoi les bons sont-ils meilleurs que les autres? Appliquez vos critères — si vous réussissez à en formuler — au *Chêne et le Roseau*. C'est par litote que nous avons écrit que la fable du *Laboureur et ses Enfants* « n'est peut-être pas une des meilleures » (voir la présentation); nous voulions dire qu'elle est une des *moins réussies* du point de vue littéraire. Etes-vous d'accord? Justifiez votre réponse.

7. L'inconvénient de la satire, c'est qu'elle se démode vite. Pour être efficace, elle doit se coller à l'actualité dont elle prétend faire la critique, et devient de ce fait inintelligible ou indifférente aux générations suivantes. Est-ce le cas, à votre avis, des *Animaux malades de la peste*? Quel message intemporel, quel intérêt universel pourrait-il y avoir dans cette satire transparente de la cour de Louis XIV? Comparez, de ce point de vue, *Les Animaux malades de la peste* aux *Deux Pigeons*. La poésie lyrique vieillit-elle mieux, à votre avis, que la poésie satirique?

8. Rousseau le disait déjà au XVIIIᵉ siècle, et c'est encore plus vrai aujourd'hui: les enfants ne comprennent pas grand'chose aux *Fables* de La Fontaine. Les allusions mythologiques et historiques, la syntaxe vieillie, les expressions d'origine provinciale, les mots archaïques, techniques ou populaires — tout concourt à rendre les *Fables* plus ou moins inintelligibles aux écoliers qui doivent pourtant, depuis plus de deux siècles, les apprendre par cœur. Qu'est-ce qui pourrait expliquer ou justifier cet entêtement séculaire à maintenir les *Fables* au programme scolaire?

9. « Ce doit être par euphémisme que vous avez dit dans votre introduction (voir p. 406): "C'est la morale d'un homme mûr et sans illusions…" Je serais plutôt d'accord avec le poète Lamartine qui, lui, appelle un chat un chat: "Ces histoires d'animaux qui parlent, qui se font des leçons, qui se moquent les uns des autres, qui sont égoïstes, railleurs, avares, sans pitié, sans amitié, plus méchants que nous, me soulèvent le cœur. Les fables de La Fontaine sont plutôt la philosophie dure, froide et égoïste d'un vieillard que la philosophie aimante, généreuse, naïve et bonne d'un enfant" » (*Cours familier de littérature*). Ce jugement vous paraît-il justifié?

Madame de Sévigné

Vers le milieu du XVII^e siècle s'ouvre la grande époque de la littérature épistolaire[1]. Plusieurs facteurs expliquent cette naissance d'un genre:

1° — Vers 1620, l'Etat décida d'organiser le service des postes, lesquelles ne fonctionnaient jusque-là que sporadiquement. Le service s'améliora peu à peu grâce au développement du réseau, de sorte qu'en 1660 l'acheminement du courrier était devenu rapide et régulier. Ajoutons qu'avec la réglementation des tarifs, le prix d'expédition d'une lettre, bien qu'assez élevé, n'étaient plus exorbitant.

2° — Les journaux faisaient une timide apparition au XVII^e siècle — *La Gazette de France*, hebdomadaire, en 1631; *Le Mercure galant*, mensuel, en 1672 —, mais ils étaient rares et peu diffusés en dehors de Paris. La correspondance devint donc le principal moyen de communiquer les nouvelles qui s'étaient transmises jusqu'alors de bouche à oreille. C'est en écrivant que les Parisiens pouvaient désormais tenir leurs cousins provinciaux au courant de « tout ce qui se passait » dans la capitale et à la cour: modes vestimentaires et littéraires, événements politiques et mondains.

3° — Cette fonction informative explique le caractère *social* de la plupart des correspondances « privées » de l'époque. Le destinataire d'une lettre, fût-elle « intime », la partageait souvent avec bien d'autres. Il pouvait la faire circuler de main en main, ou même en *donner lecture* devant un cercle d'amis (dans ce dernier cas, il « sautait les tendresses »). L'expéditeur, de son côté, connaissait bien les règles du jeu. Pour intéresser son « public », il s'appliquait à bien écrire, d'autant plus qu'au nombre de ses lecteurs figuraient souvent des écrivains et des « gens de goût ». C'est ainsi que l'épistolier devint lui-même écrivain. Et c'est ainsi que naquit un genre littéraire.

1. C'est-à-dire: par lettres. Un(e) épistolier(-ière) est un écrivain qui excelle dans le genre épistolaire.

S'appliquer à bien écrire, ce n'est pas forcément y réussir. Il nous est parvenu de cette époque des centaines de milliers de lettres; la plupart ne sont que des documents d'archives. Parmi les lettres qui appartiennent à la littérature, on accorde aujourd'hui la première place à celles de Madame de Sévigné (1626–1696).

Née Marie de Rabutin-Chantal, la future marquise de Sévigné appartient à une famille riche et noble. A la mort de ses parents, ses oncles se chargent de l'élever et s'acquittent dignement de la tâche. Elle reçoit par leurs soins une très solide instruction. A dix-huit ans elle épouse un noble breton, le marquis de Sévigné, bel homme et charmant, paraît-il, mais coureur, viveur, joueur. Après sept ans de mariage, il se fait tuer en duel (pour la dernière d'une longue suite de maîtresses), laissant à sa veuve de mauvais souvenirs, un château en Bretagne, une fortune compromise et deux enfants. Mme de Sévigné ne se remariera pas, préférant s'en tenir désormais aux deux rôles de mondaine et de mère.

Pour son fils, elle éprouve une affection tranquille; pour sa fille, un amour idolâtre, envahissant et passionné. En 1669 celle-ci se marie et part peu après rejoindre son mari en Provence. Cette séparation est en même temps un affreux déchirement pour la mère et l'occasion de la plus grande partie de sa correspondance.

Le reste de sa vie, dépourvue d'événements marquants, se partagera entre Paris et la province. Dans la capitale, elle se répand dans les cercles mondains; en Bretagne, elle lit beaucoup et se promène dans le parc du château. Mais où qu'elle se trouve, son occupation principale est d'écrire à la chère absente. Le courrier bihebdomadaire rythme désormais son existence. De loin en loin, elle peut se rendre dans le Midi auprès de sa fille, et c'est là qu'elle meurt en 1696 à l'âge de soixante-dix ans.

De son vivant même, la réputation d'épistolière de Mme de Sévigné était considérable. Souvent ses destinataires conservaient ses lettres, les faisaient copier ou circuler parmi leurs amis. Certaines, fort connues, avaient des *titres* : « la lettre aux épithètes », par exemple (reproduite ci-dessous). Il n'est donc pas étonnant qu'une partie de la correspondance fût publiée l'année même de sa mort. D'autres éditions, de plus en plus complètes, se succédèrent au long des XVIIIe et XIXe siècles, et les érudits continuent encore de nos jours à retrouver et à publier de nouvelles lettres. La dernière édition de la correspondance complète (1972–1978) — édition « définitive », en attendant la prochaine — comprend environ douze cents lettres.

En quoi consiste, pour un lecteur d'aujourd'hui, l'intérêt de cette correspondance?

1° — Nombreux sont les lecteurs qui, tout simplement, prennent plaisir à connaître dans ses lettres une femme extrêmement sympathique. Douée d'une gaieté naturelle, amoureuse de la vie, robustement saine d'âme et d'esprit, Mme de Sévigné était manifestement et profondément *bien dans sa peau*. Son amie Mme de La Fayette lui écrivit que « la joie est l'état véritable de votre âme, et le chagrin vous est plus contraire qu'à qui que ce soit. » Les mêmes qualités qui plaisaient tant à ceux qui la fréquentaient brillent dans sa correspondance; la lire, c'est donc passer quelque temps en bonne compagnie. Ce n'est pas un mince plaisir.

Marie de Rabutin-Chantal,
marquise de Sévigné
(portrait anonyme).

The Bettman Archive

2° — Ces lettres constituent un précieux document historique. Certes, il ne faut pas y chercher une meilleure compréhension des causes ou de la signification des événements marquants de l'époque. (Pour cela, nous avons d'autres correspondances: celles de Richelieu, de Louis XIV, de Colbert, de Saint-Simon...) Quand Mme de Sévigné parle de l'actualité, c'est l'aspect *anecdotique* des événements qui l'intéresse: elle raconte et elle réagit; jamais elle n'approfondit. Mais si Mme de Sévigné n'est pas elle-même historienne — et pourquoi l'épistolier le serait-il? —, ses lettres sont indispensables à l'historien qui cherche à restituer le climat moral et intellectuel de l'époque. Elles nous apprennent comment on vivait à Paris et en province, ce que l'on pensait des faits divers du jour, de quoi on parlait dans les salons — bref, tout ce qui constituait la vie quotidienne dans les milieux aristocratiques au temps de Louis XIV.

3° — Bien d'autres épistoliers ont raconté leur vie au jour le jour; il nous est parvenu des centaines de correspondances qui restituent le climat d'une époque. Si nous préférons les lettres de Mme de Sévigné, c'est en grande partie parce qu'elles sont infiniment mieux écrites. C'est par leur *style* qu'elles appartiennent à la littérature et qu'elles se rangent parmi les chefs-d'œuvre du siècle.

Là-dessus, il y a deux points de vue. Selon les uns, le style de Mme de Sévigné est d'abord et surtout *naturel, spontané, primesautier.* Mme de Sévigné elle-même

répète dans sa correspondance qu'elle ne se surveille pas, qu'elle « laisse trotter sa plume », etc. Et sa petite-fille, en éditant les lettres, affirme que jamais Mme de Sévigné ne croyait écrire pour un « public ». D'autres nous rappellent ce que Mme de Sévigné savait très bien: souvent ses lettres circulaient parmi les amis du destinataire. Ce serait donc à force d'effort, d'art, d'artifice même, qu'elle put donner dans ses lettres *l'impression* de naturel et de spontanéité.

Futile dispute! Peu importent, en effet, la facilité ou l'effort avec lesquels on écrit: c'est le résultat qui compte. Parfois Mme de Sévigné soigne ses lettres et parfois elle les improvise, mais (presque) toujours elle leur donne l'allure d'un *style parlé*. Ses contemporains disaient — et on l'a répété depuis lors — qu'elle écrivait comme elle parlait. Son éditeur anonyme écrivit en 1726: « Lorsque vous voyez ses lettres, vous croyez qu'elle parle; vous ne la lisez point, vous l'entendez. » Mais c'est une illusion: jamais personne n'a parlé comme elle écrit. Son style *semble* être celui de la conversation, mais il est exempt des redites et des négligences qui déparent inévitablement l'expression spontanée. On a l'impression de lire la transcription d'une conversation, mais d'une conversation corrigée, épurée... *stylisée.* C'est là le secret de son art.

Lettres

Le style de certaines lettres nous rappelle que Mme de Sévigné avait été dans sa jeunesse une habituée de l'Hôtel de Rambouillet (voir p. 246). D'habitude il s'agit de quelques traces d'une préciosité de bon goût, mais par moments elle retombe dans les pires excès du style précieux. La lettre suivante en est un exemple. Déjà baptisée, du vivant même de Mme de Sévigné, « la lettre aux épithètes », elle est en même temps la plus connue de toute sa correspondance et la moins typique de son style. Adressée à son cousin qui se trouvait alors à Lyon, la lettre annonce une nouvelle stupéfiante: le mariage prochain d'un comte avec « Mademoiselle » (ou « la Grande Mademoiselle »), cousine germaine de Louis XIV. Cette union d'une princesse et d'un simple gentilhomme représentait une mésalliance énorme: on avait songé à Mademoiselle pour le frère du roi et pour le roi lui-même! En écrivant cette lettre, Mme de Sévigné pensait sans doute aux énigmes poétiques qui avaient été en vogue dans les salons précieux trente ans auparavant (voir p. 245).

A Monsieur de Coulanges

A Paris, lundi le 15 décembre 1670

Je m'en vais vous mander[2] la chose la plus étonnante, la plus surprenante, la plus merveilleuse, la plus miraculeuse, la plus triomphante, la plus étourdissante, la plus inouïe, la plus singulière, la plus extraordinaire, la plus incroyable, la plus imprévue, la plus

2. Informer par lettre.

grande, la plus petite, la plus rare, la plus commune, la plus éclatante, la plus secrète jusqu'aujourd'hui, la plus brillante, la plus digne d'envie: enfin une chose dont on ne trouve qu'un exemple dans les siècles passés, encore cet exemple n'est-il pas juste[3]; une chose que l'on ne peut pas croire à Paris (comment la pourrait-on croire à Lyon?); une chose qui fait crier miséricorde à tout le monde; une chose qui comble de joie Mme de Rohan et Mme d'Hauterive[4]; une chose qui se fera dimanche, où ceux qui la verront croiront avoir la berlue[5]; une chose qui se fera dimanche, et qui ne sera peut-être pas faite lundi[6]. Je ne puis me résoudre à la dire; devinez-la: je vous la donne en trois. Jetez-vous votre langue aux chiens[7]? Eh bien! il faut donc vous la dire: M. de Lauzun épouse dimanche au Louvre, devinez qui? Je vous le donne en quatre, je vous le donne en dix; je vous le donne en cent. Mme de Coulanges[8] dit: Voilà qui est bien difficile à deviner[9]; c'est Mme de la Vallière. — Point du tout, Madame. — C'est donc Mlle de Retz? — Point du tout, vous êtes bien provinciale. — Vraiment nous sommes bêtes, dites-vous, c'est Mlle Colbert? — Encore moins. — C'est assurément Mlle de Créquy? — Vous n'y êtes pas. Il faut donc à la fin vous le dire: il épouse dimanche, au Louvre, avec la permission du Roi, Mademoiselle, Mademoiselle de… Mademoiselle… devinez le nom: il épouse Mademoiselle, ma foi! par ma foi! ma foi jurée! Mademoiselle, la Grande Mademoiselle; Mademoiselle, fille de feu Monsieur[10]; Mademoiselle, petite-fille de Henri IV; mademoiselle d'Eu, mademoiselle de Dombes, mademoiselle de Montpensier, mademoiselle d'Orléans[11]; Mademoiselle, cousine germaine du Roi; Mademoiselle, destinée au trône; Mademoiselle, le seul parti[12] de France qui fût digne de Monsieur[13]. Voilà un beau sujet de discourir. Si vous criez, si vous êtes hors de vous-même, si vous dites que nous avons menti, que cela est faux, qu'on se moque de vous, que voilà une belle raillerie, que cela est bien fade[14] à imaginer; si enfin vous nous dites des injures: nous trouverons que vous avez raison; nous en avons fait autant que vous.

Adieu; les lettres qui seront portées par cet ordinaire[15] vous feront voir si nous disons vrai ou non.

3. L'allusion n'est pas claire. Il s'agit peut-être de Marie d'Angleterre, veuve de Louis XII, qui épousa en secondes noces un duc. — 4. Deux grandes dames qui s'étaient — *elles aussi* — mésalliées en épousant de simples gentilshommes. Premier indice important. — 5. La *berlue* était, au sens propre, une maladie des yeux; les témoins n'en croiront pas leurs yeux. — 6. Mme de Sévigné avait raison de rester sceptique: le roi changea d'avis quelques jours plus tard et retira sa permission. Le mariage eut lieu en secret une vingtaine d'années plus tard. — 7. On dit aujourd'hui: « … au chat? » L'expression signifie: Renoncez-vous à deviner? Reconnaissez-vous confondu? — 8. Femme du destinataire; Mme de Sévigné imagine qu'elle lit la lettre en même temps que son mari. — 9. Mme de Coulanges, dans ce dialogue fictif, va énumérer quatre jeunes filles à marier, dont la condition est loin au-dessus de celle de Lauzun. — 10. Frère de Louis XIII. *Feu:* récemment décédé (« the late »). — 11. Mademoiselle d'Eu, de Dombes, de Montpensier, d'Orléans: titres de Mademoiselle. — 12. *Parti:* personne à marier, considérée du point de vue de sa situation sociale (*Dict. Robert*). — 13. Frère de Louis XIV. — 14. Peu spirituel. — 15. Courrier ordinaire, qui partait deux fois par semaine.

En 1669, la fille de Mme de Sévigné épouse le comte de Grignan, lequel est nommé quelques mois plus tard à une charge importante en Provence. Pendant un an, Mme de Sévigné réussit à garder sa fille auprès d'elle à Paris. Puis, le 5 février 1671, malgré tous les efforts de sa mère, Mme de Grignan part enfin rejoindre son mari. C'est le début d'une longue série de lettres qui compose les deux tiers de la correspondance. Mme de Sévigné écrit celle-ci quatre jours après le départ de sa fille, qui n'est pas encore arrivée au château de Grignan. N.B.: Le vouvoiement entre parents et enfants était d'usage dans les milieux aristocratiques.

A Madame de Grignan

A Paris, le 9 février 1671

Je reçois vos lettres, ma bonne[16], comme vous avez reçu ma bague; je fonds en larmes en les lisant; il me semble que mon cœur veuille se fendre par la moitié; il semble que vous m'écriviez des injures ou que vous soyez malade ou qu'il vous soit arrivé quelque accident, et c'est tout le contraire: vous m'aimez, ma chère enfant, et vous me le dites d'une manière que je ne puis soutenir sans des pleurs en abondance. Vous continuez votre voyage sans aucune aventure fâcheuse; et lorsque j'apprends tout cela, qui est justement tout ce qui me peut être le plus agréable, voilà l'état où je suis. Vous vous avisez donc de penser à moi, vous en parlez, et vous aimez mieux écrire vos sentiments que vous n'aimez à me les dire. De quelque façon qu'ils me viennent, ils sont reçus avec une tendresse et une sensibilité qui ne sont comprises que de ceux qui savent aimer comme je fais. Vous me faites sentir pour vous tout ce qu'il est possible de sentir de tendresse: mais si vous songez à moi, ma pauvre bonne, soyez assurée aussi que je pense continuellement à vous; c'est ce que les dévôts appellent une pensée habituelle; c'est ce qu'il faudrait avoir pour Dieu, si l'on faisait son devoir. Rien ne me donne de distraction[17]; je suis toujours avec vous; je vois ce carosse qui avance toujours et qui n'approchera jamais de moi: je suis toujours dans les grands chemins; il me semble même que j'ai quelquefois peur qu'il ne verse; les pluies qu'il fait depuis trois jours me mettent au désespoir; le Rhône me fait une peur étrange. J'ai une carte devant les yeux; je sais tous les lieux où vous couchez: vous êtes ce soir à Nevers, et vous serez dimanche à Lyon, où vous recevrez cette lettre. Je n'ai pu vous écrire qu'à Moulins par Mme de Guénégaud. Je n'ai reçu que deux de vos lettres; peut-être que la troisième viendra; c'est la seule consolation que je souhaite; pour d'autres, je n'en cherche pas. [...]

Six semaines se sont écoulées depuis le départ de sa fille. Mme de Sévigné passe la semaine sainte chez son oncle, l'abbé de Livry, près de Paris.

16. Ma bonne *fille*. — 17. Rien ne me détourne (de vous).

A Madame de Grignan

A Livry, le mardi saint 24 mars 1671

Voici une terrible causerie, ma pauvre bonne. Il y a trois heures que je suis ici, ma chère bonne. Je suis partie de Paris avec l'abbé, Hélène, Hébert et Marphise[18], dans le dessin de me retirer pour jusqu'à jeudi au soir du monde et du bruit. Je prétends être en solitude; je fais de ceci une petite Trappe[19]; je veux y prier Dieu, y faire mille réflexions. J'ai dessin d'y jeûner beaucoup par toutes sortes de raisons; marcher pour[20] tout le temps que j'ai été dans ma chambre, et sur le tout[21] m'ennuyer pour l'amour de Dieu. Mais, ma pauvre bonne, ce que je ferai beaucoup mieux que tout cela, c'est de penser à vous. Je n'ai pas encore cessé depuis que je suis arrivée, et ne pouvant tenir[22] tous mes sentiments, je me suis mise à vous écrire au bout de cette petite allée sombre que vous aimez, assise sur ce siège de mousse où je vous ai vue quelquefois couchée. Mais, mon Dieu, où ne vous ai-je point vue ici? et de quelle façon toutes ces pensées me traversent-elles le cœur? Il n'y a point d'endroit, point de lieu, ni dans la maison, ni dans l'église, ni dans le pays, ni dans le jardin, où je ne vous aie vue; il n'y en a point qui ne me fasse souvenir de quelque chose de quelque manière que ce soit; et de quelque façon que ce soit aussi, cela me perce le cœur. Je vous vois, vous m'êtes présente; je pense et repense à tout; ma tête et mon esprit se creusent: mais j'ai beau tourner, j'ai beau chercher; cette chère enfant que j'aime avec tant de passion est à deux cents lieues de moi; je ne l'ai plus. Sur cela je pleure sans pouvoir m'en empêcher; je n'en puis plus, ma chère bonne: voilà qui est bien faible, mais je ne sais point être forte contre une tendresse si juste et si naturelle. Je ne sais en quelle disposition vous serez en lisant cette lettre. Le hasard peut faire qu'elle viendra mal à propos, et qu'elle ne sera peut-être pas lue de la manière qu'elle est écrite. A cela je ne sais point de remède; elle sert toujours à me soulager présentement; c'est tout ce que je lui demande. L'état où ce lieu ici m'a mise est une chose incroyable. Je vous prie de ne me point parler de mes faiblesses; mais vous devez les aimer et respecter mes larmes, qui viennent d'un cœur tout à vous.

La lettre suivante est écrite sous le coup d'une nouvelle séparation. Mme de Sévigné vient de passer quatorze mois chez sa fille au château de Grignan. Ayant quitté Grignan le matin même, elle écrit de Montélimar, première étape du retour à Paris. Comme c'est souvent le cas des lettres adressées à sa fille, on constate dans celle-ci une ferveur étrange qui frappe la plupart des lecteurs et que de nombreux critiques ont essayé d'expliquer. « Cette fille! Elle l'aimait à la folie et presque

18. Sa femme de chambre, son domestique et sa chienne. — 19. Une retraite (comme si elle appartenait à l'ordre monastique de la Trappe, célèbre pour l'austérité de ses règles). — 20. En compensation de. — 21. De plus. — 22. Contenir.

jusqu'au scandale, » écrit A. Adam. Sans qu'on puisse parler de scandale, les amis de Mme de Sévigné essayaient de lui faire comprendre que ses effusions faisaient parler autour d'elle et irritaient sa fille. Lorsqu'en 1737 sa petite-fille publia une partie de la correspondance, elle crut bon, pour protéger la réputation de la famille, de supprimer les passages qu'elle trouvait inconvenants.

A Madame de Grignan

A Montélimar, le jeudi 5 octobre 1673

Voici un terrible jour, ma chère fille; je vous avoue que je n'en puis plus. Je vous ai quittée dans un état qui augmente ma douleur. Je songe à tous les pas que vous faites et à tous ceux que je fais, et combien il s'en faut qu'en marchant toujours de cette sorte, nous puissions jamais nous rencontrer. Mon cœur est en repos quand il est auprès de vous: c'est son état naturel, et le seul qui peut lui plaire. Ce qui s'est passé ce matin me donne une douleur sensible, et me fait un déchirement dont votre philosophie sait les raisons[23]: je les ai senties et les sentirai longtemps. J'ai le cœur et l'imagination tout remplis de vous; je n'y puis penser sans pleurer, et j'y pense toujours, de sorte que l'état où je suis n'est pas une chose soutenable; comme il est extrême, j'espère qu'il ne durera pas dans cette violence. Je vous cherche toujours, et je trouve que tout me manque, parce que vous me manquez. Mes yeux qui vous ont tant rencontrée depuis quatorze mois ne vous trouvent plus. Le temps agréable qui est passé rend celui-ci douloureux, jusqu'à ce que j'y sois un peu accoutumée; mais ce ne sera jamais assez pour ne pas souhaiter ardemment de vous revoir et de vous embrasser. Je ne dois pas espérer mieux de l'avenir que du passé. Je sais ce que votre absence m'a fait souffrir; je serai encore plus à plaindre, parce que je me suis fait imprudemment une habitude nécessaire de vous voir. Il me semble que je ne vous ai point assez embrassée en partant: qu'avais-je à ménager? Je ne vous ai point assez dit combien je suis contente de votre tendresse; je ne vous ai point assez recommandée à M. de Grignan; je ne l'ai point assez remercié de toutes ses politesses et de toute l'amitié qu'il a pour moi; j'en attendrai les effets sur tous les chapitres: il y en a où il a plus d'intérêt que moi, quoique j'en sois plus touchée que lui[24]. Je suis déjà dévorée de curiosité; je n'espère de consolation que de vos lettres, qui me feront encore bien soupirer. En un mot, ma fille, je ne vis que pour vous. Dieu me fasse la grâce de l'aimer quelque jour comme je vous aime. Je songe aux *pichons*[25]: je suis toute pétrie de

23. Mme de Grignan est adepte de la philosophie de Descartes, laquelle prétend expliquer les passions. — 24. Reproche détourné à l'adresse de son gendre. Dans d'autres lettres elle lui reproche plus directement les nombreuses grossesses de Mme de Grignan, et c'est bien de cela qu'il s'agit ici. Lisons (entre les lignes): Je compte sur l'affection qu'il a pour moi. Il y a des domaines (« chapitres ») où il a plus d'intérêt que moi (puisqu'il désire un héritier mâle), mais je suis plus touchée que lui (par le danger que vous font courir ces grossesses répétées). — 25. Mot provençal qui signifie *petit;* il s'agit des deux enfants de Mme de Grignan.

Grignans; je tiens partout[26]. Jamais un voyage n'a été si triste que la nôtre; nous ne disons pas un mot.

Adieu, ma chère enfant, aimez-moi toujours: hélas! nous revoilà dans les lettres. [...] Nous avons encore dîné à vos dépens[27]. Voilà M. de Saint-Geniez qui vient me consoler. Ma fille, plaignez-moi de vous avoir quittée.

Sa douleur s'apaisant avec le temps, les effusions du cœur font place peu à peu au bavardage et au commérage. C'est à cette Mme de Sévigné moins éplorée que pensait Voltaire lorsqu'il l'appela « la première personne de son siècle pour conter des bagatelles avec grâce » (*Le Siècle de Louis XIV*). Typique à cet égard parmi tant d'autres, la lettre suivante est aussi un important document historique: nous y apprenons de nombreux détails sur la routine et les mœurs à Versailles.

A Madame de Grignan

A Paris, mercredi le 29 juillet 1676

Voici un changement de scène qui vous paraîtra aussi agréable qu'à tout le monde. Je fus samedi à Versailles avec les Villars: voici comme cela va.

Vous connaissez la toilette de la reine, la messe, le dîner; mais il n'est plus besoin de se faire étouffer pendant que Leurs Majestés sont à table; car à trois heures le roi, le reine, Monsieur, Madame, Mademoiselle[28], tout ce qu'il y a de princes et de princesses, Mme de Montespan[29], toute sa suite, tous les courtisans, toutes les dames, enfin ce qui s'appelle la cour de France se trouve dans ce bel appartement du roi que vous connaissez. Tout est meublé divinement, tout est magnifique. On ne sait ce que c'est que d'y avoir chaud; on passe d'un lieu à l'autre sans faire la presse[30] en nul lieu. Un jeu de reversi[31] donne la forme, et fixe tout. Le roi est auprès de Mme de Montespan, qui tient la carte; Monsieur, la reine et Mme de Soubise[32]; Dangeau et compagnie; Langlée[33] et compagnie. Mille louis sont répandus sur le tapis[34]; il n'y a point d'autres jetons.

Je voyais jouer Dangeau, et j'admirais combien nous sommes sots au jeu auprès de[35] lui. Il ne songe qu'à son affaire, et gagne où les autres perdent; il ne néglige rien, il profite de tout, il n'est point distrait; en un mot, sa bonne conduite[36] défie la fortune: aussi les deux cent mille francs en dix jours, les cent mille écus en un mois, tout cela se met sur le livre de sa recette. Il dit que je prenais part à

26. Je suis attachée par tout le corps (aux *pichons*). — 27. En mangeant les provisions de route fournies par Mme de Grignan. — 28. Monsieur, Madame, Mademoiselle: le frère du roi, la femme et la fille de Monsieur. — 29. La maîtresse « favorite » du roi. — 30. Sans se bousculer. — 31. Jeu de cartes qui se joue à quatre. — 32. Autre maîtresse du roi. — 33. Dangeau et Langlée: familiers de la cour et joueurs invétérés. — 34. Le tapis vert de la table de jeu. — 35. Comparés à. — 36. Méthode.

son jeu; de sorte que je fus assise très agréablement et très commodément[37].

Je saluai le roi, comme vous me l'avez appris; il me rendit mon salut, comme si j'avais été jeune et belle. La reine me parla aussi longtemps de ma maladie que si c'eût été une couche[38]. [...] Madame de Montespan me parla de Bourbon[39], et me pria de lui conter Vichy, et comment je m'en étais trouvée; elle me dit que Bourbon, au lieu de lui guérir un genou, lui a fait mal aux deux. Je lui trouvai le dos bien plat, comme disait la maréchale de la Meilleraye; mais sérieusement, c'est une chose surprenante que sa beauté, et sa taille qui n'est pas la moitié si grosse qu'elle était, sans que son teint, ni ses yeux, ni ses lèvres en soient moins bien. Elle était tout habillée de point de France[40]; coiffée de mille boucles; les deux des tempes lui tombaient fort bas sur les joues; des rubans noirs sur sa tête, des perles de la maréchale de l'Hospital[41], embellies de boucles et de pendeloques de diamants de la dernière beauté, trois ou quatre poinçons[42], point de coiffe; en un mot, une triomphante beauté à faire admirer à tous les ambassadeurs. Elle a su qu'on se plaignait qu'elle empêchait toute le France de voir le roi; elle l'a redonné, comme vous voyez; et vous ne sauriez croire la joie que tout le monde en a, ni de quelle beauté cela rend la cour.

Cette agréable confusion, sans confusion, de tout ce qu'il y a de plus choisi, dure depuis trois heures jusqu'à six. S'il vient des courriers, le roi se retire un moment pour lire ses lettres, puis revient. Il y a toujours quelque musique qu'il écoute, et qui fait un très bon effet. Il cause avec les dames qui ont accoutumé[43] d'avoir cet honneur. Enfin on quitte le jeu à six heures; on n'a point du tout de peine à faire les comptes. [...] On parle sans cesse, et rien ne demeure sur le cœur. « Combien avez-vous de cœurs? — J'en ai deux, j'en ai trois, j'en ai un, j'en ai quatre. — Il n'en a donc que trois, que quatre... » Et de tout ce caquet Dangeau est ravi: il découvre le jeu, il tire ses conséquences, il voit ce qu'il y a à faire; enfin j'étais fort aise de voir cet excès d'habileté. Vraiment c'est bien lui qui sait le dessous des cartes, car il sait toutes les autres couleurs.

A six heures donc on monte donc en calèche, le roi, Mme de Montespan, Monsieur, Mme de Thianges et la bonne d'Heudicourt[44] sur le strapontin [...]. Vous savez comme ces calèches sont faites: on ne se regarde point, on est tourné du même côté. La reine était dans une autre avec les princesses, et ensuite tout le monde attroupé selon sa fantaisie. On va sur le canal dans des gondoles, on trouve de la

37. Lisez: il dit aux autres que je jouais avec lui; on fit donc de la place pour moi. — 38. Accouchement. — 39. Bourbon-l'Archambault, station thermale où l'on « prenait les eaux », comme à Vichy où Mme de Sévigné venait de se faire soigner pour ses rhumatismes. — 40. Tissu de fils mêlés d'or ou d'argent. — 41. Il faut lire, sans doute: des perles aussi grosses que celles de la maréchale de l'Hospital qui, ayant épousé un ancien roi polonais fort riche, était célèbre pour ses pierreries. — 42. Epingles à cheveux ornées de bijoux. — 43. Celles qui ont coutume. — 44. Mauvais calembour? Elle s'appelait Bonne de Pons, marquise d'Heudicourt.

musique; on revient à dix heures, on trouve la comédie; minuit sonne, on fait médianoche[45]. Voilà comme se passa le samedi.

De vous dire[46] combien de fois on me parla de vous, combien on me demanda de vos nouvelles, combien on me fit de questions sans attendre la réponse, combien j'en épargnai[47], combien on s'en souciait peu, combien je m'en souciais encore moins, vous reconnaîtriez au naturel l'*iniqua corte*[48]. Cependant elle ne fut jamais si agréable, et l'on souhaite fort que cela continue. Mme de Nevers est fort jolie, fort modeste, fort naïve; sa beauté fait souvenir de vous. M. de Nevers est toujours le même; sa femme l'aime de passion. Mlle de Thianges est plus régulièrement belle que sa sœur, et beaucoup moins charmante. M. du Maine est incomparable; son esprit étonne, et les choses qu'il dit ne se peuvent imaginer[49]. Mme de Maintenon, Mme de Thianges, Guelfes et Gibelins[50], songez que tout est rassemblé. Madame me fit mille honnêtetés, à cause de la bonne princesse de Tarente. Mme de Monaco était à Paris. [...]

Adieu, ma très aimable et très aimée; vous me priez de vous aimer: ah! vraiment je le veux bien; il ne sera pas dit que je vous refuse quelque chose.

Au début de 1675, les bas Bretons, écrasés sous le poids des impôts, se révoltèrent contre le pouvoir royal. Les bureaux du fisc furent pillés à Rennes; le gouverneur et sa femme (la « gouvernante » dans le passage qui suit) furent menacés. On alla jusqu'à jeter des pierres dans leur jardin. Quand Mme de Sévigné y arriva en septembre passer six mois au château familial des Rochers (près de Rennes), la révolte était presque matée, mais la répression, extrêmement brutale, continuait encore. Dans sa correspondance écrite aux Rochers en septembre–octobre 1675, Mme de Sévigné semble défendre les mesures prises par les troupes du roi. Ces lettres gênent considérablement les admirateurs de notre épistolière, mais on a trouvé moyen de les expliquer, de les interpréter, de les justifier convenablement. (Voir *Matière à réflexion.*)

A Madame de Grignan

Aux Rochers, le mercredi 30 octobre 1675

Voulez-vous savoir des nouvelles de Rennes? Il y a toujours cinq mille hommes, car il en est venu encore de Nantes[51]. On a fait une taxe de cent mille écus sur le bourgeois; si on ne les trouve dans vingt-quatre heures, elle sera doublée et exigible par les soldats. On a chassé et banni toute une grande rue, et défendu de les recueillir sur peine de la vie, de sorte qu'on voyait tous ces misérables, vieillards,

45. Repas qui se prend immédiatement après minuit. — 46. Si je vous disais... — 47. Evitai. — 48. La cour inique (ital.); allusion à *La Jérusalem délivrée* du Tasse. — 49. Il s'agit du fils du roi et de Mme de Montespan, âgé de six ans. — 50. Allusion historique à deux célèbres factions ennemies. Il s'agit ici de factions rivales à la cour, ou peut-être tout simplement d'une façon de dire *tout le monde*. — 51. Il s'agit des troupes du roi, envoyées pour réprimer la révolte.

femmes accouchées, enfants, errer en pleurs au sortir de cette ville, sans savoir où aller, sans avoir de nourriture, ni de quoi se coucher. On roua avant-hier un violon qui avait commencé la danse et la pillerie du papier timbré[52]; il a été écartelé après sa mort, et ses quatre quartiers exposés aux quatre coins de la ville comme ceux de Josseran[53] à Aix. Il dit en mourant que c'étaient des fermiers[54] du papier timbré qui lui avait donné vingt-cinq écus pour commencer la sédition, et jamais on n'en a pu tirer autre chose. On a prix soixante bourgeois; on commence demain à pendre. Cette province est un bel exemple pour les autres, et surtout de respecter les gouverneurs et les gouvernantes, de ne leur point dire des injures, et ne point jeter des pierres dans leur jardin.

Mme de Sévigné ne se borne pas — nous l'avons déjà vu — à « conter des bagatelles avec grâce ». Il lui arrive, comme dans les deux lettres qui suivent, de réfléchir sur les « grandes questions »: la vie et la mort, le salut, le sens de l'existence. Ses idées là-dessus sont celles d'une chrétienne sincère de son époque et de son milieu: elles n'ont rien d'original, mais comme les potins et les effusions, elles sont toujours exprimées « avec grâce ». Et l'on trouve, de loin en loin, surtout dans les lettres d'après 1670, des lueurs de lucidité sur la futilité de son existence. Son désœuvrement total, ses loisirs interminables semblent lui peser par moments. Visites et voyages, causeries et correspondance — telle est sa vie. *Elle s'occupe à s'occuper, parce qu'au fond elle n'a rien à faire.*

A Madame de Grignan

A Paris, le 16 mars 1672

Vous me demandez, ma chère enfant, si j'aime toujours bien la vie. Je vous avoue que j'y trouve des chagrins cuisants; mais je suis encore plus dégoûtée de la mort: je me trouve si malheureuse d'avoir à finir tout ceci par elle, que si je pouvais retourner en arrière, je ne demanderais pas mieux. Je me trouve dans un engagement qui m'embarrasse[55]: je suis embarquée dans la vie sans mon consentement; il faut que j'en sorte, cela m'assomme. Et comment en sortirai-je? Par où? Par quelle porte? Quand sera-ce? En quelle disposition? Souffrirai-je mille et mille douleurs, qui me feront mourir désespérée? Aurai-je un transport au cerveau? Mourrai-je d'un accident? Comment serai-je avec Dieu? Qu'aurai-je à lui présenter? La crainte, la nécessité feront-elles mon retour vers lui? N'aurai-je aucun autre sentiment que celui de la peur? Que puis-je espérer? Suis-je digne du paradis? Suis-je digne de l'enfer? Quelle alternative! Quel embarras! Rien n'est si fou que de mettre son salut dans l'incertitude; mais rien n'est si naturel,

52. Lisez: on exécuta (sur la roue) un violoniste qui avait joué pendant le pillage du bureau du fisc. — 53. Domestique qui avait été exécuté de la même façon après avoir tué son maître. — 54. Les fermiers *généraux*, chargés de la perception des impôts, se réservaient comme salaire une partie des sommes perçues. — 55. Un engagement auquel je ne peux pas échapper.

et la sotte vie que je mène est la chose du monde la plus aisée à comprendre. Je m'abîme[56] dans ces pensées, et je trouve la mort si terrible, que je hais plus la vie parce qu'elle m'y mène, que par les épines qui s'y rencontrent. Vous me direz que je veux vivre éternellement. Point du tout; mais si on m'avait demandé mon avis, j'aurais bien aimé à mourir entre les bras de ma nourrice: cela m'aurait ôté bien des ennuis et m'aurait donné le ciel bien sûrement et bien aisément; mais parlons d'autre chose...

Au comte de Bussy-Rabutin[57]

A Paris, le 6 août 1675

Je ne vous parle plus du départ de ma fille, quoique j'y pense toujours et que je ne puisse jamais bien m'accoutumer à vivre sans elle; mais ce chagrin ne doit être que pour moi. Vous me demandez où je suis, comment je me porte, et à quoi je m'amuse. Je suis à Paris, je me porte bien, et je m'amuse à des bagatelles. Mais ce style est un peu laconique; je veux l'étendre. Je serais en Bretagne, où j'ai mille affaires, sans les mouvements[58] de cette province, qui la rendent peu sûre. Il y a mille hommes commandés par M. de Forbin. La question est de savoir l'effet de cette punition. Je l'attends, et si le repentir prend à ces mutins et qu'ils rentrent dans leur devoir, je reprendrai le fil de mon voyage, et j'y passerai une partie de l'hiver.

J'ai bien eu des vapeurs[59]; et cette belle santé, que vous m'avez vue si triomphante, a reçu quelques attaques dont je me suis trouvée humiliée comme si j'avais reçu un affront.

Pour ma vie, vous la connaissez aussi. On la passe avec cinq ou six amies dont la société plaît, et à mille devoirs à quoi on est obligé, et ce n'est pas une petite affaire. Mais ce qui me fâche, c'est qu'en ne faisant rien, les jours se passent, et notre pauvre vie est composée de ces jours, et l'on vieillit, et l'on meurt. Je trouve cela bien mauvais. La vie est trop courte: à peine avons-nous passé la jeunesse, que nous nous trouvons dans la vieillesse. Je voudrais qu'on eût cent ans d'assurés, et le reste dans l'incertitude. Ne le voulez-vous pas aussi, mon cousin? Mais comment pourrions-nous faire?

Eté 1675. Mme de Sévigné s'apprête à partir pour la Bretagne, mais elle doit attendre que la révolte soit suffisamment domptée. Elle vient de passer quelques jours à Pomponne, belle demeure du marquis de Pomponne, secrétaire d'Etat aux affaires étrangères. Ils y ont « fort causé, » écrit-elle à sa fille, et pour passer le temps, ils ont inventé le jeu des « dessous de cartes ». La face inférieure des cartes devient une métaphore pour l'âpre vérité qui se cache derrière les belles apparences. C'est à l'évidence un jeu à jouer entre amis sûrs: comme le dit Mme de Sévigné, il peut mener loin...

56. Je me plonge profondément. — 57. Le cousin de Mme de Sévigné. — 58. Les troubles civiles. — 59. Malaises que l'on attribuait aux exhalaisons des humeurs du corps.

A Madame de Grignan

A Paris, le mercredi 24 juillet 1675

Il fait bien chaud aujourd'hui, ma très chère belle; et, au lieu de m'inquiéter dans mon lit, la fantaisie m'a pris de me lever, quoiqu'il ne soit que cinq heures du matin, pour causer un peu avec vous.

Le roi arriva dimanche matin à Versailles; la reine, Mme de Montespan et toute les dames étaient allées dès le samedi reprendre tous leurs appartements ordinaires. Un moment après être arrivé, le roi alla faire ses visites. La seule différence, c'est qu'on joue dans ces grands appartements que vous connaissez. J'en saurai davantage ce soir avant que de fermer ma lettre. Ce qui fait que je suis si mal instruite de Versailles, c'est que je revins hier au soir de Pomponne, où Mme de Pomponne nous avait engagés d'aller, d'Hacqueville[60] et moi, avec tant d'empressement, que nous n'avons pu ni voulu y manquer. M. de Pomponne en vérité fut aise de nous voir: vous avez été célébrée dans ce peu de temps avec toute l'estime et l'amitié imaginables.

Nous avons fort causé; une de nos folies a été de souhaiter de découvrir tous les dessous de cartes de toutes les choses que nous croyons voir et que nous ne voyons point, tout ce qui se passe dans les familles, où nous trouverions de la haine, de la jalousie, de la rage, du mépris, au lieu de toutes les belles choses qu'on met au-dessus du panier, et qui passent pour des vérités. Je souhaitais un cabinet tout tapissé de dessous de cartes au lieu de tableaux; cette folie nous mena bien loin, et nous divertit fort. Nous voulions casser la tête à d'Hac-queville pour en avoir, et nous trouvions plaisant d'imaginer que, de la plupart des choses que nous croyions voir, on nous détromperait. Vous pensez donc que cela est ainsi dans une telle maison; vous pensez que l'on s'adore en cet endroit-là: tenez, voyez: on s'y hait jusqu'à la fureur; et ainsi de tout le reste. Vous pensez que la cause d'un tel événement, c'est une telle chose: c'est le contraire. En un mot, le petit démon qui nous tirerait les rideaux nous divertirait extrêmement. Vous voyez bien, ma très belle, qu'il faut avoir bien du loisir pour s'amuser à vous dire de telles bagatelles; voilà ce que c'est que de s'éveiller matin. [...]

Mme de Montlouet a la petite vérole; les regrets de sa fille sont infinis, et la mère est au désespoir de ce que la fille ne veut point la quitter pour aller prendre l'air, comme on lui ordonne. Pour de l'esprit, je pense qu'elles n'en ont pas du plus fin; mais pour des sentiments, ma belle, c'est tout comme chez nous, et aussi tendres, et aussi naturels. Vous me dites des choses si extrêmement bonnes sur votre amitié pour moi, et à quel rang vous la mettez, qu'en vérité je n'ose entreprendre de vous dire combien j'en suis touchée, et de joie,

60. Conseiller du roi et ami de Mme de Sévigné.

et de tendresse, et de reconnaissance; mais vous le comprenez aisément, puisque vous croyez savoir à quel point je vous aime: le dessous de vos cartes est agréable pour moi. M. de Pomponne disait, en demeurant d'accord que rien n'est général: « Il parait que Mme de Sévigné aime passionnément Mme de Grignan: savez-vous le dessous des cartes? Voulez-vous que je vous le dise? C'est qu'elle l'aime passionnément. » Il pourrait y ajouter, à mon éternelle gloire, et qu'elle en est aimée.

J'ai le paquet de vos soies, je voudrais bien trouver quelqu'un qui vous le portât; il est trop petit pour les voitures, et trop gros pour la poste. Je crois que j'en pourrais dire autant de cette lettre. Adieu, ma très aimable et très chère enfant; je ne puis jamais vous trop aimer; quelques peines qui soient attachées à cette tendresse, celle que vous avez pour moi mériterait encore plus, s'il était possible.

Voici l'histoire d'un « dessous de cartes » particulièrement amusant, adressée au même Pomponne une dizaine d'années auparavant.

A Monsieur de Pomponne

A Paris, le 1^{er} décembre 1664

Il faut que je vous conte une petite historiette, qui est très vraie, et qui vous divertira. Le roi se mêle depuis peu de faire des vers; MM. de Saint-Aignan et Dangeau lui apprennent comment il faut s'y prendre. Il fit l'autre jour un petit madrigal que lui-même ne trouva pas trop joli. Un matin, il dit au maréchal de Gramont: « M. le maréchal, lisez, je vous prie, ce petit madrigal, et voyez si vous en avez jamais vu un si impertinent: parce qu'on sait que depuis peu j'aime les vers, on m'en apporte de toutes les façons. » Le maréchal, après avoir lu, dit au roi: « Sire, Votre Majesté juge divinement bien de toutes choses; il est vrai que voilà le plus sot et le plus ridicule madrigal que j'aie jamais lu. » Le roi se mit à rire et lui dit: « N'est-il pas vrai que celui qui l'a fait est bien fat? — Sire, il n'y a pas moyen de lui donner un autre nom. — Oh bien! dit le roi, je suis ravi que vous m'en ayez parlé si bonnement; c'est moi qui l'ai fait. — Ah! Sire, quelle trahison! que Votre Majesté me le rende; je l'ai lu brusquement. — Non, M. le maréchal; les premiers sentiments sont toujours les plus naturels. » Le roi a fort ri de cette folie, et tout le monde trouve que voilà la plus cruelle petite chose que l'on puisse faire à un vieux courtisan. Pour moi, qui aime toujours à faire des réflexions, je voudrais que le roi en fît là-dessus, et qu'il jugeât par là combien il est loin de connaître jamais la vérité.

Dans une lettre en date du 22 novembre 1679, Mme de Sévigné apprend à sa fille une fâcheuse nouvelle: le marquis de Pomponne, un de leurs plus fidèles amis et

secrétaire d'Etat, a été disgrâcié et révoqué de ses fonctions. La raison: son « inapplication au travail », trop de séjours à Pomponne. C'est le ministre Louvois qui a obtenu sa disgrâce, ce qui n'empêche pas Mme de Sévigné d'aller à « cette noce de Mlle de Louvois », la fille du traître — car sans doute fallait-il y aller voir, et être vue —, mais ce qui explique peut-être son rapport plutôt négatif de l'événement (voir la fin de la lettre suivante). Mme de Sévigné fait bien de citer l'*Ecclésiaste* : « O vanité des vanités ». En effet.

A Madame de Grignan

A Paris, le 29 novembre 1679

Vous nous parlerez longtemps du malheur de M. de Pomponne avant que nous vous trouvions à la vieille mode[61], ma très chère: cette disgrâce est encore bien vive dans nos têtes; il est extrêmement regretté. Un ministre de cette humeur, avec une facilité d'esprit et une bonté comme la sienne, est une chose si rare qu'il faut souffrir qu'on sente un peu une telle perte.

Je les vois souvent: je fus l'autre jour touchée de le voir entrer avec cette mine aimable, sans tristesse, sans abattement. Mme de Coulanges m'avait priée de l'y amener; il la loua de s'être souvenue d'un malheureux; il ne s'arrêta point longtemps sur ce chapitre; il passa à ceux qui pouvaient former une conversation; il la rendit agréable comme autrefois, sans affectation pourtant d'être gai, et d'une manière si noble, si naturelle, et si précisément mêlée et composée de tout ce qu'il fallait pour attirer notre admiration, qu'il n'eut pas de peine à l'attirer, et même nos soupirs. Enfin nous l'allons revoir, ce M. de Pomponne, si parfait, comme nous l'avons vu autrefois.

Le premier jour nous toucha: il était désoccupé[62], et commençait à sentir la vie et la véritable longueur des jours; car de la manière dont les siens étaient pleins, c'était un torrent précipité que sa vie; il ne la sentait pas; elle courait rapidement, sans qu'il pût la retenir. Nous le disions encore à Pomponne la dernière fois qu'il est sorti secrétaire d'Etat; car vous savez que ce soir même il fut disgrâcié et déplacé. […] Enfin il ne sera plus que le plus honnête homme du monde. Vous souvenez-vous de Voiture, en parlant de monsieur le Prince:

Il n'avait pas un si haut rang.
Il n'était que prince de sang[63].

Voilà justement l'affaire. Lisez la fable des *Animaux*.

Sa peccadille fut *trouvée* un cas pendable,

61. Avant que nous ne nous en lassions. — 62. Inoccupé. — 63. Elle cite approximativement des vers de Voiture, poète précieux (voir p. 246).

et le reste[64]. Vous entendez fort bien tout ce que je dis et ne dis point. Enfin il en faut revenir à la Providence, dont M. de Pomponne est adorateur et disciple; et le moyen de vivre sans cette divine doctrine? Il faudrait se pendre vingt fois par jour; et encore avec tout cela on a bien de la peine à s'en empêcher. [...]

J'ai été à cette noce de Mlle de Louvois: que vous dira-je? Magnificence, illustration, toute la France[65], habits rabattus et rebrodés d'or, pierreries, brasiers de feu et de fleurs, embarras de carrosses, cris dans la rue, flambeaux allumés, reculements et gens roués[66]; enfin le tourbillon, la dissipation, les demandes sans réponses, les compliments sans savoir ce que l'on dit, les civilités sans savoir à qui l'on parle, le pieds entortillés dans les queues[67]; du milieux de tout cela, il sortit quelques questions sur votre santé, où ne m'étant pas assez pressée pour répondre, ceux qui les faisaient sont demeurés dans l'ignorance et dans l'indifférence de ce qui en est. « O vanités des vanités! »

64. *Les Animaux malades de la peste* de La Fontaine (voir pp. 415–417); c'est Mme de Sévigné qui souligne *trouvée*. — 65. Des gens illustres, toute la France noble. — 66. Blessés par les roues des carrosses. — 67. Les queues des robes.

Matière à réflexion

1. La « lettre aux épithètes » (du 15 décembre 1671).

a) R. Horville écrit, à propos de cette lettre — sans doute pour justifier Mme de Sévigné de l'avoir écrite — qu'elle y « démystifie les mondains, raille leur légèreté, leur attirance de désœuvrés pour le sensationnel.... Elle sait ainsi subtilement se démarquer du milieu dont elle fait elle-même partie » (*XVIIᵉ Siècle*, collection « Itinéraires Littéraires », 1988). D'autres ne trouvent dans cette lettre aucun effort de démystification. Pour eux, Mme de Sévigné est aussi légère, aussi attirée par le sensationnel, certainement aussi désœuvrée que ceux auxquels elle s'adresse. Si vous êtes d'accord avec Horville, qu'est-ce, *dans la lettre*, qui permet de conclure que Mme de Sévigné cherche à « se démarquer » de son milieu (c'est-à-dire: prendre ses distances)?

b) Cette lettre circula beaucoup dans les cercles mondains. En la relisant, on se rendit compte qu'avant de révéler ouvertement la clé de l'énigme, Mme de Sévigné l'avait indiquée subrepticement... trois fois! Expliquez.

2. Lettres du 9 février 1671, du 24 mars 1671 et du 5 octobre 1673. Sur les centaines de lettres auxquelles ces trois ressemblent, voici le jugement « officiel » que l'on trouve dans les manuels scolaires: « Rien ne fatigue ni ne rebute dans ces perpétuelles redites d'un amour si sincère et si spirituellement exploité » (Ch.-M. Des Granges, *Histoire illustrée de la littérature française*, 16ᵉ éd., 1947). Et voici le jugement d'un célèbre critique, connu pour son franc-parler: « Ce qui est irritant chez

elle, c'est son amour affolé pour sa fille, la jolie et froide Mme de Grignan. Chaque fois qu'elle écrit à la "pauvre bonne," la marquise entre dans les gémissements et sa douleur n'est pas entièrement dégagée du style cher à l'Hôtel de Rambouillet. Elle se donne pourtant des allures de fantôme romantique qui ne lui vont pas du tout: elle frissonne, elle va "toujours pleurant, toujours mourant" comme l'Eurydice de Corneille, prête à se jeter par la fenêtre, prête à la folie, prête à tout. "Toute votre chambre me tue," dit-elle. C'est très galant » (Kléber Haedens, *Une Histoire de la littérature française*, 1945). Laquelle des deux jugements est plus proche du vôtre? Pourquoi? Des Granges parle de la *sincérité* de Mme de Sévigné, alors que Haedens semble l'accuser d'*insincérité*. Comment trancher une telle dispute, en s'appuyant uniquement sur le texte des lettres?

3. Lettre du 29 juillet 1676. Bussy-Rabutin, cousin, ami et correspondant de Mme de Sévigné, estime qu'« elle se laisse un peu trop éblouir aux grandeurs de la Cour. Le jour où la reine lui aura parlé, et peut-être demandé seulement avec qui elle sera venue, elle sera transportée de joie » (*Histoire amoureuse des Gaules*). La lettre du 29 juillet vous paraît-elle confirmer ou infirmer ce jugement? En serrant de près le texte de la lettre, essayez de dégager l'attitude de Mme de Sévigné envers les gens qu'elle fréquente et les événements auxquels elle assiste. Peut-on discerner chez elle une certaine ambivalence?

4. Lettre du 30 octobre 1675. Voici trois réactions à l'attitude de Mme de Sévigné lors de la révolte en Bretagne:

a) Sainte-Beuve: « Il est une seule circonstance […] où l'on se refuse absolument à entrer dans son badinage, et où, après avoir cherché toutes les raisons atténuantes, on a peine encore à lui pardonner: c'est lorsqu'elle raconte si gaiement à sa fille la révolte des paysans bas-bretons et les horribles sévérités qui la réprimèrent. […] Au milieu de ces horreurs exercées contre des innocents ou de pauvres égarés, on souffre de voir Mme de Sévigné se jouer presque comme à l'ordinaire. On lui voudrait une indignation brûlante, amère, généreuse; surtout on voudrait effacer de ses lettres des lignes comme celles-ci: "Les mutins de Rennes se sont sauvés, il y a longtemps; ainsi les bons pâtiront pour les méchants; mais je trouve tout fort bon, pourvu que les quatre mille hommes de guerre […] ne m'empêchent point de me promener dans mes bois, qui sont d'une hauteur et d'une beauté merveilleuses…" » (*Portraits de femmes*).

b) E. Trolliet: « Non! [Son cœur] n'est pas dur. […] Il est captif des préjugés de race, d'éducation et de milieu. […] Elle n'est qu'un réceptacle, le réceptacle des impressions et des idées de sa caste et de son temps. Là où elle étonne ou risquerait de nous affliger, il faut accuser ce temps… » (« La Littérature épistolaire au XVIIᵉ siècle » dans *Histoire de la langue et de la littérature française*).

c) A. Adam: « Ceux qui ont vu dans ses lettres les marques d'une âme insensible ne semblent pas soupçonner que la police était en possession d'ouvrir les correspondances. Quand elle parle de la répression, des gens roués et pendus, d'une rue entière de Rennes vidée de ses habitants, ne sent-on pas l'horreur que lui inspire cette froide cruauté du pouvoir? Et peut-on ne pas voir sa vraie pensée quand elle met en balance ces sanctions inhumaines et les gestes sans gravité

qu'elles prétendent châtier, quelques bureaux saccagés, quelques pierres lancées dans le jardin du gouverneur? » (*Histoire de la littérature française au XVII^e siècle*).

Laquelle des trois réactions est la plus proche de la vôtre? Sainte-Beuve et Trolliet sont d'accord sur la question *herméneutique:* c'est dire qu'ils *interprètent* le texte de la même façon, leur désaccord étant limité aux conditions de la responsabilité morale. Adam n'accepte pas leur lecture du texte. Pour lui, il y a un « sous-texte », une intention ironique, un sens caché. Qu'en pensez-vous?

5. Lettres du 16 mars 1672 et du 6 août 1675. Analysez ces deux lettres à la lumière de la notion pascalienne du *divertissement* (voir pp. 335–340).

6. Lettres du 24 juillet 1675, du 1^{er} décembre 1664 et du 29 octobre 1679.

a) Analysez le thème du « dessous des cartes » dans ces trois lettres.

b) Les allusions à la Bretagne dans la lettre du 24 juillet 1675 modifient-elles votre lecture de la lettre du 30 octobre (voir la question 4, ci-dessus)? Vous aident-elles à y trouver « un sous-texte, une intention ironique, un sens caché »?

c) « Gramont, dans la lettre du 1^{er} décembre 1664, c'est le Renard dans *Les Animaux malades de la peste* de La Fontaine. » Expliquez.

d) Expliquez l'allusion à La Fontaine dans la dernière lettre.

Le XVIIIᵉ Siècle

Survol

L'histoire littéraire se compose en grande partie d'une suite de réactions: les mouvements se posent en s'opposant et ne se comprennent qu'à la lumière de ce qui les précède : tel est le principe que nous avons formulé à propos de la préciosité et du burlesque (voir p. 243). Indispensable à la compréhension des phénomènes relativement circonscrits — modes, courants, écoles —, il peut s'appliquer aussi, avec bien plus de réserves, à ces abstractions commodes que sont *les siècles littéraires*.

C'est ainsi que nous avons procédé pour caractériser dans ses grandes lignes le XVII^e siècle, et nous constaterons au XVIII^e une oscillation pareille. Les mêmes principes sont toujours en présence, mais leur rapport évolue en sens inverse: les forces victorieuses de la *discipline* reculent à leur tour devant celles de la *liberté*. En 1600, la France, ravagée par les guerres religieuses et craignant de retomber dans l'anarchie, aspirait avant tout à l'ordre. Au début du siècle suivant, ce n'est plus contre le *désordre* que l'on réagissait, mais contre l'*ordre* hérité de l'époque précédente.

Dans le domaine politique. — Le XVII^e siècle avait vu l'établissement et l'apogée de la monarchie absolue; le XVIII^e verra sa décadence et sa chute. Le déclin commence déjà sous Louis XIV, dont la fin de règne est marquée par des échecs militaires, la ruine financière, la misère et la famine. A sa mort en 1715, la France pousse un soupir collectif de soulagement. La situation économique s'améliore aussitôt, mais la monarchie ne pourra se relever de son discrédit. Le jeune héritier du trône, Louis XV, est moins dépensier et moins guerrier que son prédécesseur, mais complètement indifférent à tout ce qui concerne son métier de roi. « J'ai mal gouverné, » convient-il dans son testament; il serait plus juste de dire qu'il n'a pas gouverné du tout, préférant laisser ce soin à ses maîtresses. Les innombrables scandales de sa vie privée achèvent de discréditer la monarchie, et lorsqu'il mourra en 1774, on devra l'enterrer clandestinement, de nuit, par crainte d'émeutes anti-royalistes. La légende lui prête le fameux « Après moi, le

déluge ». Il vint en effet, ce déluge; pour l'éviter, il eût fallu un autre monarche que son successeur Louis XVI, homme honnête mais inintelligent et trop faible pour faire passer les réformes nécessaires.

Dans le domaine religieux. — Le bilan en matière de religion n'est guère meilleur. Le déclin de l'Eglise, comme celui de la monarchie, commence sous le règne de Louis XIV. Sous l'influence d'une épouse extrêmement dévote, le vieux roi pousse à l'extrême sa propre dévotion. Son nouveau rôle de défenseur de la foi (catholique, orthodoxe) le rend intolérant envers ceux de ses sujets qui ne partagent pas ses croyances. Il obtient du pape une condamnation des catholiques hétérodoxes; ceux qui résistent sont exilés ou emprisonnés. En révoquant l'Edit de Nantes en 1685, il prive les protestants de la liberté de conscience et de culte dont ils avaient bénéficié depuis 1598. Privée en 1715 de son champion, l'Eglise tente d'endiguer le flot des attaques. Mais c'est en vain qu'elle fait brûler les livres « dangereux » ou emprisonner leurs auteurs: sa tentative de répression ne fait qu'alimenter les critiques en les justifiant.

Ainsi le Trône et l'Autel, ces alliés de toujours, assistent-ils à l'effondrement de leur autorité. Solidaires jusqu'à la fin, ils tombent ensemble dans le discrédit.

Dans le domaine littéraire. — Quant à la littérature, elle joue un rôle de premier plan dans la grande mise en cause qui caractérise l'époque. La plupart des écrivains se font un devoir de participer au débat d'idées. Moins sûrs, depuis la Querelle des Anciens et des Modernes (voir pp. 239–240), qu'il existe un type éternel du beau, ils ont tendance à subordonner l'art à l'action. Sans négliger complètement les considérations esthétiques, ils attachent plus d'importance aux améliorations sociales. On veut désormais « être de son temps », exercer une influence sur ses contemporains, changer les institutions. Engagée au service d'une cause, la littérature devient pratique, militante, revendicatrice.

Cet aspect *engagé* marque une différence fondamentale entre la littérature du XVIIIᵉ siecle et celle du XVIIᵉ. Il a amené certains historiens traditionalistes à considérer le XVIIIᵉ comme « le moins littéraire de tous les siècles »; certains vont jusqu'à proclamer qu'au XVIIIᵉ siècle « il n'y plus à proprement parler de littérature. » C'est concevoir d'une façon un peu étroite « la littérature à proprement parler ». Il serait plus juste de dire qu'un nouveau rapport de l'écrivain à la société modifie profondément l'activité et la production littéraires.

Sous Louis XIV, Versailles était le centre de la vie littéraire et intellectuelle. L'homme de lettres fréquentait assidûment la Cour où son souci majeur était d'obtenir ou de garder la faveur du roi. L'état de domesticité où il vivait du fait de sa pension royale l'empêchait de s'exprimer en toute liberté. Cette situation va changer après 1715. Les successeurs du Roi-Soleil n'auront ni le prestige ni les moyens de rassembler autour d'eux une élite intellectuelle. Les écrivains les plus talentueux désertent la Cour, et ceux qui restent comptent de moins en moins.

Privé de sa pension, l'homme de lettres doit désormais vivre de sa plume, ce qu'il parviendra difficilement à faire (la propriété littéraire ne sera reconnue qu'en 1777). En revanche, il est maintenant libre de critiquer le pouvoir, et il ne s'en privera pas. Ce sont les *salons* et les *cafés*, nouveaux foyers de la vie intellectuelle, qui lui en donneront l'occasion.

Les salons parisiens étaient tombés en désuétude après leur grande vogue des années 1620–1660 (voir pp. 245–246). Le déclin de Versailles les remet à la mode.

Les salons des premières décennies du siècle tiennent de leurs ancêtres précieux: ce sont pour la plupart des réunions mondaines et littéraires tenues par de riches maîtresses de maison. Mais « l'esprit salonnier », évoluant avec le siècle, deviendra de plus en plus critique et philosophique. Signes des temps: chez la marquise de Lambert, entre 1710 et 1733, on cause spirituellement de littérature dans une atmosphère qui rappelle celle de l'Hôtel de Rambouillet (voir pp. 246). Chez Madame Geoffrin, de 1749 à 1777, on aborde, quoiqu'avec une certaine réserve, des sujets politiques et religieuses. Chez le baron d'Holbach, à partir de 1759, les esprits les plus hardis refont carrément la société. Les discussions se prolongent, « entre hommes » et sans les contraintes de la politesse mondaine, dans les cafés qui se multiplient à l'époque. On y boit et joue, certes, mais on y agite aussi les questions du jour, et bien plus librement que dans les salons.

L'influence des salons et des cafés sera énorme. Ils permettront aux écrivains de se retrouver, d'échanger des œuvres, *d'essayer des idées*. De plus, les salons du XVIII siècle présentent une nouveauté importante par rapport à ceux du siècle précédent: désormais les gens de lettres se rapprochent intimement des « gens de qualité » (les nobles). Dans ce brassage de classes, les vieilles distinctions sociales, fondées sur la seule naissance, tendent à s'effacer. Une idée nouvelle commence à faire son chemin: celle de *l'aristocratie de l'esprit et du mérite*. C'est ainsi que les gens de lettres commencent à prendre conscience de leur supériorité. Loin de s'en offenser, les aristocrates *en titre* — certains d'entre eux, de toute façon —, se laissent gagner à l'idée nouvelle. Ayant compris en quoi consiste la véritable « qualité » humaine, les « gens de qualité » prennent la défense d'une cause dont ils ne peuvent prévoir les conséquences révolutionnaires.

Il faudra du temps pour que ces conséquences se réalisent. En attendant, les circonstances astreindront à la prudence les tenants du changement. Ils ont beau être portés par le courant des idées; le pouvoir est encore détenu par ceux qui bénéficient du système en place. Ce système repose sur deux piliers: l'Eglise et la monarchie. Aussi une loi de 1728 prévoit-elle de lourdes sanctions — allant jusqu'à la peine de mort — pour les auteurs et les éditeurs d'ouvrages « portant atteinte à la religion et à l'autorité du roi ». Nombreux sont les écrivains à qui une trop grande audace vaudra la prison ou l'exil.

Leur expérience commune des persécutions et de la censure va favoriser chez les contestataires un nouvel esprit de corps: ils ont désormais le sentiment d'appartenir à une « République des Lettres » dont les citoyens ont en commun une opposition au *statu quo*. Ils commencent à former un groupe que leurs adversaires appellent et qu'ils apellent eux-mêmes « le parti des philosophes ». Ce mot de *philosophe* a un sens particulier au XVIII siècle: il sert à désigner les écrivains qui, malgré leurs différences, partagent certaines convictions fondamentales. En voici les principales:

Progrès. — L'homme serait plus heureux si l'on améliorait les institutions, et il est possible d'y parvenir.

Devoirs sociaux. — Puisque le progrès est possible, l'homme a pour devoir d'y travailler.

Raison. — Mais pour y travailler avec succès, on doit pouvoir distinguer le vrai et le faux; pour bien vivre, il faut bien penser. Ainsi les philosophes ont-ils, par-dessus tout, *le culte de la raison*. Il s'agit pour eux, non de la faculté abstraite chère

aux métaphysiciens, mais du *raisonnement appliqué aux faits de l'expérience*. Guidé par la seule raison, le philosophe n'accepte rien sans preuves, et la force des preuves détermine toujours la force de sa conviction. La raison, ainsi conçue, s'oppose à la foi. Car, disent les philosophes, « la foi ne consiste-t-elle pas à croire *sans preuves* ce qu'on *veut* croire? Là où les preuves sont concluantes, on croit avec certitude; là où elles manquent, on doute rationnellement... ou bien on croit irrationnellement. Et c'est justement de ce besoin de croire, en l'absence de preuves, que naît la religion. » Ce refus de la religion révélée assure la cohésion du « parti des philosophes » et l'oppose tout au long du siècle au « parti des dévots ».

L'esprit philosophique exercera une influence grandissante au XVIIIᵉ siècle. La mission des philosophes, telle qu'ils la conçoivent, consiste à *éclairer* leur époque: la raison qu'ils défendent s'oppose à la foi comme la lumière aux ténèbres. Cette image sert leur cause et ils y recourront souvent. Ils donnent ainsi à leur siècle un nom qui sera retenu par l'histoire: l'Age des Lumières[1].

Il s'agit, bien entendu, d'une *tendance de fond*. Il ne faudrait pas croire que « l'Age des Lumières » appartienne tout entier aux réformateurs. Ils n'étaient au début qu'une poignée de dissidents qui, face au nombre supérieur des adversaires, durent se contenter pendant longtemps de la supériorité écrasante de leur talent. Leur victoire fut décisive, mais elle fut lente à venir. En voici les étapes principales:

1685–1715. — C'est « l'avant-siècle ». Les institutions sclérosées, comme le vieux monarche, se perpétuent; aucune critique radicale et ouverte n'est possible. On a parlé, avec quelque exagération, d'une « crise de la conscience européenne » qui aurait eu lieu à cette époque (Paul Hazard), mais elle ne toucha en France qu'une infime minorité. Deux esprits perspicaces font figure d'exception et de grands précurseurs: Fontenelle (1657–1757) et Pierre Bayle (1647–1706).

L'ouvrage le plus important de Fontenelle est son *Histoire des oracles* (1687). Il y montra qu'en accréditant les oracles[2], les anciens prenaient leurs désirs pour des réalités et dérogeaient ainsi au principe de la raison (selon lequel la seule force des preuves doit déterminer nos convictions). Cette critique de la crédulité des païens n'avait en apparence rien de dangereux. Cependant, certains esprits avisés, dont quelques ecclésiastiques, remarquèrent que l'argument pouvait s'appliquer également au christianisme. Fontenelle protesta de ses bonnes intentions, mais personne ne s'y trompa.

Bayle alla plus loin dans son *Dictionnaire historique et critique* (1697). Imitant la méthode indirecte de Fontenelle, il attacha aux articles brefs et anodins des notes vingt fois plus longues et dévastatrices; c'est là qu'il « cachait » les hardiesses de sa pensée. Chez lui, à la différence de Fontenelle, le parallèle entre les superstitions et le christianisme est parfois explicite. Examinant impitoyablement les preuves que l'on alléguait en faveur de certains points de doctrine, il les prononça nulles et conclut à l'incompatibilité entre la raison et la foi. Il n'alla certes pas jusqu'à choisir la raison; son intention *affichée* était, au contraire, de montrer l'impuissance de nos « lumières naturelles » et la nécessité de la foi. Etait-ce sa faute si les esprits malintentionnés s'entêtaient à tirer la leçon contraire?

1. D'autres pays recourent, dès le XVIIIᵉ siècle, à la même métaphore: en Angleterre, « the Age of Enlightenment »; en Italie, « l'età dell' illuminismo »; en Allemagne, « Aufklärungzeit ». — 2. Oracle: réponse qu'une divinité donnaient à ceux qui la consultaient (*Dict. Robert*).

1715–1750. — L'esprit philosophique commence à se préciser mais s'exprime encore avec modération et prudence. Il y a quelques escarmouches, mais en général on évite d'attaquer de front. Les réformateurs se contentent, pour la plupart, de rassembler leurs forces pour le combat à venir.

1750–1770. — La bataille s'engage à propos de l'*Encyclopédie*. Cet immense ouvrage collectif comprend vingt-huit volumes parus entre 1751 et 1772. La publication, suspendue plusieurs fois par ordre du pouvoir, sera menée à son terme heureux, après d'innombrables difficultés, grâce aux efforts héroïques de Denis Diderot (1713–1784). C'est lui qui dirige le travail, fait appel à une foule de collaborateurs — Voltaire, Montesquieu et Rousseau sont du nombre — et rédige lui-même plus de mille articles. L'*Encyclopédie* poursuit un double but. Elle est d'abord, comme l'indique le sous-titre, un « dictionnaire raisonné des sciences, des arts et des métiers ». Mais il s'agit aussi, comme l'écrit Diderot, de « changer la façon commune de penser. [...] Il faut tout examiner, tout remuer, sans exception et sans ménagement » (article « Encyclopédie »). Il exagère quelque peu: les encyclopédistes sont bien obligés de « ménager » la censure en cachant leurs hardiesses par un système compliqué de ruses textuels. Les deux premiers volumes ont déjà paru quand le Conseil d'Etat remarque qu'« on a affecté d'y insérer plusieurs maximes tendant à détruire l'autorité royale, à établir l'esprit d'indépendance et de révolte, et sous des termes obscurs et équivoques, à élever les fondements de l'erreur, de la corruption des mœurs, de l'irreligion et de l'incrédulité. » Le pouvoir a raison de s'inquiéter, mais son opposition ne sert qu'à coaliser les philosophes en leur donnant un point de ralliement et une cause commune. Leur ouvrage deviendra l'un des *best-sellers* du siècle, et c'est enhardis et victorieux qu'ils sortiront de la lutte.

1770–1789. — Malgré les victoires des philosophes — et peut-être à cause d'elles —, les défenseurs de l'ordre ne désarment pas. Se sachant toujours majoritaires, ils redoublent leurs efforts, réfutant dix fois chaque ouvrage sorti du camp ennemi. Mais le talent a complètement déserté leur camp, et leur combat d'arrière-garde est perdue d'avance. Ils seront emportés par le courant philosophique, comme les philosophes eux-mêmes par la tourmente de 1789.

L'impression qui se dégage de cette chronologie est d'un effondrement progressif des valeurs traditionnelles. Or, paradoxalement, cette mise en question — à laquelle participent, comme nous l'avons dit, bien des littérateurs — n'atteint pas les valeurs littéraires elle-mêmes. Tout au long de ce siècle si indépendant en matière politique et religieuse, et jusqu'aux environs de 1820, la doctrine littéraire en vigueur sera celle des classiques; on se permettra d'en modifier quelques détails, mais dans l'ensemble elle restera le code officiel.

L'immense prestige des auteurs du XVIIe siècle oblige ceux du XVIIIe à choisir entre l'imitation et l'innovation. 1° Certains s'attachent à suivre les gloires classiques dans des genres qu'elles ont déjà portés à la perfection. De ce choix proviendra cette littérature mort-née, presque illisible, que l'on appellera « post- » ou « pseudo-classique ». 2° D'autres, renonçant à rivaliser avec des modèles réputés insurpassables, préfèrent tenter des voies nouvelles dans des genres qu'ils tiennent eux-mêmes pour « mineurs » ou « inférieurs ». Le roman et le conte, par exemple, moins pratiqués et donc moins encombrés de règles esthétiques, se mettent plus docilement au service d'une cause philosophique. Montesquieu en fera

la preuve dans les *Lettres persanes*, et Voltaire dans *Candide*. Ces ouvrages « à thèse » comptent parmi les chefs-d'œuvre du siècle; leurs auteurs ne se seraient pas douté qu'en les écrivant pour les besoins de l'actualité, ils nous léguaient de nouvelles œuvres « classiques ».

Tel est donc le choix qui semblait s'imposer aux écrivains au début du siècle: soumettre la littérature aux règles d'un âge révolu, ou la subordonner aux causes des temps nouveaux. Et il était inévitable qu'avec les années, un nombre grandissant de lecteurs et d'écrivains trouvât insuffisante cette triste alternative. Ce nouveau public reproche aux deux écoles un défaut commun. En effet, cette production, qu'elle soit classique ou philosophique, imitative ou combative, sclérosée ou engagée, s'inscrit toute entière *sous le signe de la raison*. La raison des classiques n'est certes pas tout à fait celle de philosophes, mais elles ont en commun une tendance à dévaloriser les besoins du cœur qui commencent à se faire sentir. Ainsi est née *la littérature du sentiment* qui deviendra dans la deuxième moitié du siècle un courant majeur. J.-J. Rousseau en est le représentant le plus important; chez lui se réunissent, en plein siècle des lumières, tous les éléments d'un véritable *préromantisme*.

Mais tous ces courants qui se croisent et se mêlent seront eux-mêmes emportés par l'Histoire; c'est elle qui, au XVIIIᵉ siècle, aura le dernier mot. La Révolution qui éclate en 1789 ne sera pas propice à la création littéraire. Non pas que l'on cesse d'écrire — bien au contraire: sous le coup des événements, l'activité littéraire s'accélère prodigieusement. Mais cette production immense semble perdre en qualité ce qu'elle gagne en quantité. Son affligeante médiocrité tient sans doute à l'exacerbation d'une tendance du siècle: jusqu'alors l'art avait servi l'action; maintenant il s'y perd. Les rares exceptions confirment la règle: André Chénier, le seul poète authentique de l'époque, sera une victime de la Révolution dont il a salué les débuts. Paradoxe de l'histoire: il écrira ses plus beaux vers en prison sous la Terreur en attendant d'être exécuté comme « ennemi du peuple »...

Montesquieu

Le sort de l'innovateur est de se voir dépasser par ceux qui le suivent, et il en fut ainsi de Montesquieu. Ceux qui lui reprochaient d'avoir été trop modéré dans ses critiques du *statu quo* étaient néanmoins conscients d'accuser leur père spirituel et de suivre la voie qu'il leur avait frayée.

Charles-Louis de Secondat, futur baron de Montesquieu, naît au château familial de La Brède, près de Bordeaux. Destiné par sa famille à la magistrature, il fait de solides études de droit à Bordeaux et à Paris. Son ascension professionnelle sera rapide. En 1716 il hérite la présidence du Parlement de Bordeaux: le voilà parvenu, à vingt-sept ans, au sommet de la magistrature de province.

Seulement, ses devoirs de juge l'ennuient, et c'est consciencieusement mais sans enthousiasme qu'il les accomplit. Il se distrait en rédigeant secrètement un curieux petit roman qui paraît en 1721, à l'étranger et sans nom d'auteur: les *Lettres persanes*. Leur succès est foudroyant, et Montesquieu ne peut pas cacher longtemps qu'il en est l'auteur. Suspect désormais au pouvoir mais fêté dans les milieux intellectuels, il commence à passer maintenant plus de temps à Paris qu'à La Brède, fréquentant les salons, jouissant de sa nouvelle célébrité… et cherchant toujours sa voie.

Ses fonctions officielles lui étant devenues insupportables, Montesquieu vend sa charge de magistrat et entreprend peu après un long voyage d'enquête à travers l'Europe. A son retour trois ans plus tard, il se fixe à La Brède et se met au travail. Il dirige l'exploitation de ses vignobles — dont le produit lui apporte un revenu considérable —, mais la plupart de son temps est consacrée au travail intellectuel.

A partir de 1734, il s'attèle au projet dont la première idée est née pendant son voyage: un grand ouvrage sur *L'Esprit des lois*. Le livre ne paraît qu'en 1748 et remporte un succès énorme: vingt-deux éditions en vingt mois, traductions en plusieurs langues. Cette œuvre capitale, l'une des plus importantes du siècle, exercera une influence considérable, à l'étranger aussi bien qu'en France. Elle inspirera la première constitution française (1791), et les pères fondateurs américains seront imprégnés de ses principes (notamment en ce qui concerne la séparation des pouvoirs).

Sa vue affaiblie oblige Montesquieu à ralentir son activité vers la fin de sa vie. Il travaille à se reposer — car cela ne lui est pas facile —, sortant d'une demi-retraite pour défendre brillamment *L'Esprit des Lois* contre l'Eglise qui en a interdit la lecture. Il a soixante-six ans lorsqu'il meurt en 1755.

Les *Lettres persanes* (1721)

Les *Lettres persanes* sont un roman épistolaire (par lettres). Dans sa préface, Montesquieu se donne pour le traducteur d'une série de lettres écrites ou reçues par deux Persans, le grand seigneur Usbek et son jeune ami Rica, au cours de leur séjour en France. Les eunuques à qui Usbek a confié la garde de son harem lui envoient des nouvelles de plus en plus alarmantes: en l'absence du maître, l'indiscipline règne, ses femmes révoltées le trompent, sa favorite se suicide. Usbek décide de rentrer en Perse.

Les trois quarts des lettres n'ont, à vrai dire, aucun rapport avec cette histoire de harem. Elle passait pour licencieuse à l'époque et faisait vendre le livre, mais elle sert surtout un autre dessein, dont Montesquieu nous fournit un indice dans une note de ses cahiers posthumes: « Je n'ai pas été fâché de passer pour distrait: cela m'a fait hasarder bien des négligences qui m'auraient embarrassé. » Montesquieu semble en effet avoir employé la même astuce dans les *Lettres persanes*: hasarder, dans une œuvre d'apparence frivole, des critiques hardies que la censure n'aurait pas tolérées dans une œuvre « sérieuse ». Du reste, la fiction de deux étrangers écrivant à des compatriotes leurs impressions de voyage permet à Montesquieu de prendre ses distances par rapport au contenu des lettres. Il peut ainsi feindre de ne pas assumer les jugements, parfois très audacieux, qu'Usbek et Rica portent sur les mœurs et les institutions françaises.

En transplantant des Persans en France, Montesquieu emploie une méthode promise au plus brillant avenir. Elle consiste à nous faire voir notre société (ou notre monde) du point de vue d'un étranger (ou d'un extraterrestre). Ce qui nous est familier l'étonne ou l'indigne; ce qu'il trouve normal nous paraît bizarre ou absurde. En déplaçant ainsi nos repères intellectuelles, le procédé a pour objet d'ébranler nos certitudes et de nous amener à examiner le bien-fondé de nos usages et de nos convictions — quitte à découvrir leur vacuité. Dans son introduction aux *Lettres persanes*, Paul Valéry définit brillamment cette méthode du « regard étranger »: « Entrer chez les gens pour déconcerter leurs idées, leur faire la surprise d'être surpris de ce qu'ils font, de ce qu'ils pensent, et qu'ils n'ont jamais conçu différent, c'est, au moyen de l'ingénuité feinte ou réelle, donner à ressentir toute la relativité d'une civilisation, d'une confiance habituelle dans l'Ordre établi. »

« L'Ordre établi » n'apprécia pas la leçon de relativité et le fit savoir à l'auteur. Montesquieu prolongea la comédie, niant jusqu'à la fin avoir eu une telle intention. Dans ses *Réflexions sur les « Lettres persanes »*, publiées un an avant sa mort, il s'étonne de la prétendue impiété qu'on a pu y trouver: « Il y a quelques traits que bien des gens ont trouvés trop hardis; mais ils sont priés de faire attention à la nature de cet ouvrage. [...] Ces traits se trouvent toujours liés avec le sentiment de surprise et d'étonnement, et point avec l'idée d'examen, et encore moins avec

Montesquieu, d'après l'estampe de Henriquez.

The Granger Collection, New York

celle de critique. En parlant de notre religion, ces Persans ne devaient pas paraître plus instruits que lorsqu'ils parlaient de nos coutumes. »

Personne ne s'y trompa, et ce sont précisément les idées d'« examen » et de « critique » que le lecteur devait retenir et l'ouvrage propager. Tel fut le service insigne rendu par Montesquieu à ses fils spirituels: avec les *Lettres persanes*, il inaugura leur mouvement et servit leur cause. Il s'agissait pour lui comme pour eux, selon la formule de Diderot (voir *Survol*, p. 449), de « changer la façon commune de penser ».

Lettres persanes

Voici la première lettre écrite par Rica après son arrivée à Paris. Considérée en 1721 comme l'une des plus hardies, elle figure parmi celles qui outragèrent « l'Ordre établi » (politique et religieux). Pourtant, elle commence innocemment. Rica s'étonne naïvement des hautes maisons parisiennes, des encombrements de la rue, etc. — satire plus amusante qu'audacieuse, et qui ne choquait personne. Il prend soin d'ailleurs de nous informer de son ignorance (§ 4): voilà la censure désarmée. Puis il passe ingénument, comme s'il s'agissait de remarques du même ordre, à une cinglante critique du roi et du pape; il va même jusqu'à ridiculiser la doctrine catholique. Mais qu'importent de telles « audaces » dans la bouche d'un étranger fraîchement débarqué…?

Lettre 24. — Rica à Ibben, à Smyrne

Nous sommes à Paris depuis un mois, et nous avons toujours été dans un mouvement continuel. Il faut bien des affaires avant qu'on soit logé, qu'on ait trouvé les gens à qui on est adressé, et qu'on se soit pourvu des choses nécessaires, qui manquent toutes à la fois.

Paris est aussi grand qu'Ispahan. Les maisons y sont si hautes qu'on jugerait qu'elles ne sont habitées que par des astrologues. Tu juges bien qu'une ville bâtie en l'air, qui a six ou sept maisons les unes sur les autres, est extrêmement peuplée, et que, quand tout le monde est descendu dans la rue, il s'y fait un bel embarras.

Tu ne le croirais pas peut-être: depuis un mois que je suis ici, je n'y ai encore vu marcher personne. Il n'y a point de gens au monde qui tirent mieux parti de leur machine[1] que les Français: ils courent; il volent. Les voitures lentes d'Asie, le pas réglé de nos chameaux, les feraient tomber en syncope. Pour moi, qui ne suis point fait à ce train[2], et qui vais souvent à pied sans changer d'allure, j'enrage quelquefois comme un chrétien[3]: car encore passe qu'on m'éclabousse depuis les pieds jusqu'à la tête, mais je ne puis pardonner les coups de coude que je reçois régulièrement et périodiquement. Un homme qui vient après moi, et qui me passe, me fait faire un demi-tour, et un autre, qui me croise de l'autre côté, me remet soudain où le premier m'avait pris; et je n'ai pas fait cent pas, que je suis plus brisé que si j'avais fait dix lieues.

Ne crois pas que je puisse, quant à présent, te parler à fond des mœurs et des coutumes européennes: je n'en ai moi-même qu'une légère idée, et je n'ai eu à peine que le temps de m'étonner.

Le Roi de France est le plus puissant prince de l'Europe. Il n'a point de mines d'or comme le roi d'Espagne, son voisin; mais il a plus de richesses que lui, parce qu'il les tire de la vanité de ses sujets, plus inépuisable que les mines. On lui a vu entreprendre ou soutenir de grandes guerres, n'ayant d'autres fonds que des titres d'honneur à vendre[4], et par un prodige de l'orgueil humain, ses troupes se trouvaient payées, ses places munies, et ses flottes équipées.

D'ailleurs ce roi est un grand magicien: il exerce son empire sur l'esprit même de ses sujets; il les fait penser comme il veut. S'il n'a qu'un million d'écus dans son trésor, et qu'il en ait besoin de deux, il n'a qu'à leur persuader qu'un écu en vaut deux, et ils le croient[5]. S'il a une guerre difficile à soutenir, et qu'il n'ait point d'argent, il n'a qu'à leur mettre dans la tête qu'un morceau de papier est de l'argent[6], et ils en sont aussitôt convaincus. Il va même jusqu'à leur faire croire qu'il les guérit de toutes sortes de maux en les touchant[7], tant est grande la force et la puissance qu'il a sur les esprits.

Ce que je te dis de ce prince ne doit pas t'étonner: il y a un autre magicien, plus fort que lui, qui n'est pas moins maître de son esprit qu'il l'est lui-même de celui des autres. Ce magicien s'appelle *le Pape*. Tantôt il lui fait croire que trois ne sont qu'un[8], que le pain qu'on mange n'est pas du pain, ou que le vin qu'on boit n'est pas du vin[9], et mille autres choses de cette espèce.

1. Corps. — 2. Qui ne suis pas habitué à cette démarche. — 3. Montesquieu s'amuse à imaginer une version persane de l'expression « enrager comme un païen ». — 4. Vers la fin de son règne, Louis XIV recourait souvent à la vente de charges inutiles ou de titres de noblesse pour combler le déficit du Trésor de l'Etat. — 5. Allusion aux très nombreuses dévaluations et réévaluations de l'écu entre 1689 et 1715. — 6. La première émission de papier-monnaie en France date de 1701. — 7. Une vieille tradition prêtait aux rois de France le pouvoir miraculeux de guérir les écrouelles (inflammation des ganglions du cou) en les touchant. — 8. Allusion au dogme de la Trinité (Dieu unique en trois personnes). — 9. Allusion au dogme de l'Eucharistie, selon lequel le pain et le vin consacrés contiennent la substance du corps et du sang de Jésus-Christ.

Et pour le tenir toujours en haleine et ne point lui laisser perdre l'habitude de croire, il lui donne de temps en temps, pour l'exercer, de certains articles de croyance. Il y a deux ans qu'il lui envoya un grand écrit, qu'il appela Constitution[10], et voulut obliger, sous de grandes peines, ce prince et ses sujets de croire tout ce qui y était contenu. Il réussit à l'égard du Prince, qui se soumit aussitôt et donna l'exemple à ses sujets. Mais quelques-uns d'entre eux se révoltèrent et dirent qu'ils ne voulaient rien croire de tout ce qui était dans cet écrit[11]. Ce sont les femmes qui ont été les motrices de toute cette révolte, qui divise toute la Cour, tout le royaume et toutes les familles. Cette Constitution leur défend de lire un livre que tous les chrétiens disent avoir été apporté du Ciel[12]: c'est proprement leur Alcoran[13]. Les femmes, indignées de l'outrage fait à leur sexe, soulèvent tout contre la Constitution; elles ont mis les hommes de leur parti, qui, dans cette occasion, ne veulent point avoir de privilège. On doit pourtant avouer que ce moufti[14] ne raisonne pas mal, et, par le grand Hali[15], il faut qu'il ait été instruit des principes de notre sainte Loi. Car, puisque les femmes sont d'une création inférieure à la nôtre, et que nos prophètes nous disent qu'elles n'entreront point dans le Paradis, pourquoi faut-il qu'elles se mêlent de lire un livre qui n'est fait que pour apprendre le chemin du Paradis?

J'ai ouï raconter du Roi des choses qui tiennent du prodige, et je ne doute pas que tu ne balances[16] à les croire.

On dit que, pendant qu'il faisait la guerre à ses voisins, qui s'étaient tous ligués contre lui, il avait dans son royaume un nombre innombrable d'ennemis invisibles qui l'entouraient[17]. On ajoute qu'il les a cherchés pendant plus de trente ans, et que, malgré les soins infatigables de certains dervis[18] qui ont sa confiance, il n'en a pu trouver un seul. Ils vivent avec lui: ils sont à sa cour, dans sa capitale, dans ses troupes, dans ses tribunaux; et cependant on dit qu'il aura le chagrin de mourir sans les avoir trouvés. On dirait qu'ils existent en général, et qu'ils ne sont plus rien en particulier: c'est un corps, mais point de membres. Sans doute que le Ciel veut punir ce prince de n'avoir pas été assez modéré envers les ennemis qu'il a vaincus, puisqu'il lui en donne d'invisibles, et dont le génie et le destin sont au-dessus du sien.

Je continuerai à t'écrire, et je t'apprendrai des choses bien éloignées du caractère et du génie persan. C'est bien la même Terre qui nous porte tous deux; mais les hommes du pays où je vis, et ceux du pays où tu es, sont des hommes bien différents.

De Paris, le 4 de la lune de Rebiab-2, 1712

10. Il s'agit de la bulle (lettre officielle du pape) appelée *Unigenitus*, promulguée par Clément XI. — 11. Les jansénistes étaient partisans du jansénisme (voir p. 332), doctrine jugée hétérodoxe; ils furent condamnés par la bulle. — 12. Il s'agit de la Bible, dont la lecture fut en effet interdite aux femmes par la bulle. — 13. Le Coran, que Montesquieu préfixe d'un redondant Al (*le* en arabe), est le livre sacré des musulmans. — 14. Grand prêtre musulman; il remplit des fonctions religieuses et civiles. Il s'agit ici du pape. — 15. Gendre de Mahomet. — 16. Hésites. — 17. Les jansénistes, que Louis XIV expulsa du royaume. — 18. Religieux musulmans; il s'agit ici des confesseurs du roi. Encore une fois, Montesquieu emploie le terme *persan* pour désigner un ecclésiastique catholique. Pourquoi?

Malgré l'extrême irrévérence de la lettre suivante (voir surtout la deuxième phrase), Montesquieu s'y montre moins hardi que dans la précédente. Là, il osait s'attaquer au *dogme*, alors qu'ici il se contente de critiquer le catholicisme en tant qu'*institution*. Les abus qu'il dénonce sont des lieux communs de la littérature anticléricale de l'époque: les richesses et le pouvoir temporel de l'Eglise (§ 1); la casuistique (§ 2); la logomachie des disputes théologiques (§ 3–4); l'Inquisition (§ 5–6). N.B.: (a) La casuistique est la branche de la théologie qui s'occupe des *cas de conscience* (situations difficiles à juger moralement). On accusait certains casuistes, poussés par une indulgence jugée excessive, d'excuser les péchés au moyen de subtilités et de sophismes, et de permettre ainsi aux pénitents de « ruser avec Dieu » tout en gardant leur bonne conscience. (b) L'Inquisition était un organisme judiciaire de l'Eglise chargé de réprimer l'hérésie.

Lettre 29. — Rica à Ibben, à Smyrne

Le pape est le chef des chrétiens. C'est une vieille idole qu'on encense par habitude. Il était autrefois redoutable aux princes même: car il les déposait aussi facilement que nos magnifiques sultans déposent les rois d'Imirette et de Géorgie[19]. Mais on ne le craint plus. Il se dit successeur d'un des premiers chrétiens, qu'on appelle Saint Pierre, et c'est certainement une riche succession: car il a des trésors immenses et un grand pays sous sa domination[20].

Les évêques sont des gens de loi qui lui sont subordonnés et ont, sous son autorité, deux fonctions bien différentes: quand ils sont assemblés, ils font, comme lui, des articles de foi; quand ils sont en particulier, ils n'ont guère d'autre fonction que de dispenser d'accomplir la loi[21]. Car tu sauras que la religion chrétienne est chargée d'une infinité de pratiques très difficiles, et, comme on a jugé qu'il est moins aisé de remplir ces devoirs que d'avoir des évêques qui en dispensent, on a pris ce dernier parti pour l'utilité publique. De sorte que, si l'on ne veut pas faire le Ramadan[22]; si on ne veut pas s'assujettir aux formalités des mariages; si on veut rompre ses vœux; si on veut se marier contre les défenses de la Loi; quelquefois même, si on veut revenir contre son serment: on va à l'évêque ou au pape, qui donne aussitôt la dispense.

Les évêques ne font pas des articles de foi de leur propre mouvement[23]. Il y a un nombre infini de docteurs, la plupart dervis[24], qui soulèvent entre eux mille questions nouvelles sur la religion. On les laisse disputer longtemps, et la guerre dure jusqu'à ce qu'une décision vienne la terminer. Aussi puis-je t'assurer qu'il n'y a jamais eu de royaume où il y ait eu tant de guerres civiles que dans celui du Christ.

19. Ces royaumes étaient tributaires du shah de Perse. — 20. L'Etat du pape s'étendait sur la plus grande partie de l'Italie centrale. — 21. Lorsqu'ils agissent individuellement, ils s'occupent à dispenser d'obéir les lois qu'ils formulent eux-mêmes dans les conciles. — 22. Mois pendant lequel les musulmans jeûnent entre le lever et le coucher du soleil; il s'agit ici du Carême. — 23. Initiative. — 24. Docteurs en théologie, dont la plupart sont des prêtres.

Ceux qui mettent au jour quelque proposition nouvelle sont d'abord appelés *hérétiques*. Chaque hérésie a son nom, qui est, pour ceux qui y sont engagés, comme le nom de ralliement. Mais n'est hérétique qui ne veut[25]: il n'y a qu'à partager le différend par la moitié[26] et donner une distinction à ceux qui accusent d'hérésie, et, quelle que soit la distinction, intelligible ou non, elle rend un homme blanc comme de la neige, et il peut se faire appeler *orthodoxe*.

Ce que je te dis est bon pour la France et l'Allemagne: car j'ai ouï dire qu'en Espagne et en Portugal il y a de certains dervis qui n'entendent point raillerie, et qui font brûler un homme comme de la paille. Quand on tombe entre les mains de ces gens-là, heureux celui qui a toujours prié Dieu avec de petits grains de bois à la main, qui a porté sur lui deux morceaux de drap attachés à deux rubans[27], et qui a été quelquefois dans une province qu'on appelle *la Galice*[28]! Sans cela un pauvre diable est bien embarrassé. Quand il jugerait comme un païen qu'il est orthodoxe, on pourrait bien ne pas demeurer d'accord des qualités et le brûler comme hérétique. Il aurait beau donner sa distinction, point de distinction! Il serait en cendres avant que l'on eût seulement pensé à l'écouter.

Les autres juges présument qu'un accusé est innocent; ceux-ci le présument toujours coupable. Dans le doute, ils tiennent pour règle de se déterminer du côté de la rigueur, apparemment parce qu'ils croient les hommes mauvais. Mais, d'un autre côté, ils en ont si bonne opinion, qu'ils ne les jugent jamais capables de mentir. Car ils reçoivent le témoignage des ennemis capitaux, des femmes de mauvaise vie, de ceux qui exercent une profession infâme. Ils font dans leur sentence un petit compliment à ceux qui sont revêtus d'une chemise de soufre[29], et leur disent qu'ils sont bien fâchés de les voir si mal habillés, qu'ils sont doux, qu'ils abhorrent le sang[30] et sont au désespoir de les avoir condamnés. Mais, pour se consoler, ils confisquent tous les biens de ces malheureux à leur profit.

Heureuse la terre qui est habitée par les enfants des Prophètes[31]! Ces tristes spectacles y sont inconnus. La sainte religion que les Anges y ont apportée se défend par sa vérité même: elle n'a point besoin de ces moyens violents pour se maintenir.

De Paris, le 4 de la lune de Chalval, 1712

La lettre suivante se prête à plusieurs lectures. Parmi les thèmes abordés — d'actualité et d'intérêt très inégaux —, citons les suivants. 1° *L'étranger*. Montesquieu

25. Ceux qui ne veulent pas être hérétiques ne le sont pas. — 26. Diviser la dipute en deux. — 27. Il s'agit du rosaire (« petits grains... ») et du scapulaire (« deux morceaux... »), objets de dévotion. — 28. Saint-Jacques-de-Compostelle, célèbre lieu de pèlerinage en Galice. — 29. Couleur d'un jaune claire semblable à celle du soufre (d'où l'expression *sentir le soufre* qui se dit des écrits ou propos d'une orthodoxie douteuse). — 30. En effet, une loi de l'Inquisition interdisait « l'effusion de sang » dans les exécutions; on estimait ne pas faire couler le sang en brûlant les condamnés. — 31. *La terre...*: les pays musulmans.

raille la fascination qu'exercent sur les Parisiens les étrangers en costume national. 2° *L'altérité* (ainsi désigne-t-on, en jargon philosophique, le caractère de ce qui est autre, le fait d'être différent). Montesquieu veut-il déplorer une tendance à méconnaître ce qui ne nous ressemble pas? 3° *L'être et le paraître*. De ce point de vue, la lettre se présente comme une illustration (ou un commentaire) du proverbe bien connu: « L'habit ne fait pas le moine » (c'est-à-dire: on ne doit pas juger des gens sur les apparences).

Lettre 30. — Rica à Ibben, à Smyrne

Les habitants de Paris sont d'une curiosité qui va jusqu'à l'extravagance. Lorsque j'arrivai, je fus regardé comme si j'avais été envoyé du Ciel: vieillards, hommes, femmes, enfants, tous voulaient me voir. Si je sortais, tout le monde se mettait aux fenêtres; si j'étais aux Tuileries[32], je voyais aussitôt un cercle se former autour de moi: les femmes mêmes faisaient un arc-en-ciel, nuancé de mille couleurs, qui m'entourait. Si j'étais aux spectacles, je trouvais d'abord cent lorgnettes dressées contre ma figure; enfin jamais homme n'a tant été vu que moi. Je souriais quelquefois d'entendre des gens qui n'étaient presque jamais sortis de leur chambre, qui disaient entre eux: « Il faut avouer qu'il a l'air bien persan. » Chose admirable[33]! je trouvais de mes portraits partout; je me voyais multiplié dans toutes les boutiques, sur toutes les cheminées, tant on craignait de ne m'avoir pas assez vu.

Tant d'honneurs ne laissent pas d'être à charge[34]: je ne me croyais pas un homme si curieux et si rare; et, quoique j'aie très bonne opinion de moi, je ne me serais jamais imaginé que je dusse troubler le repos d'une grande ville où je n'étais point connu. Cela me fit résoudre à quitter l'habit persan et à en endosser un à l'européenne, pour voir s'il resterait encore dans ma physionomie quelque chose d'admirable. Cet essai me fit connaître ce que je valais réellement. Libre de tous les ornements étrangers, je me vis apprécié au plus juste[35]. J'eus sujet de me plaindre de mon tailleur, qui m'avait fait perdre en un instant l'attention et l'estime publique; car j'entrai tout à coup dans un néant affreux. Je demeurais quelquefois une heure dans une compagnie sans qu'on m'eût regardé et qu'on m'eût mis en occasion d'ouvrir la bouche. Mais, si quelqu'un, par hasard, apprenait à la compagnie que j'étais Persan, j'entendais aussitôt autour de moi un bourdonnement : « Ah! ah! Monsieur est Persan? C'est une chose bien extraordinaire! Comment peut-on être Persan? »

De Paris, le 6 de la lune de Chalval, 1712

Voici un éloge de la raison (voir *Survol*, p. 447–448), par opposition à la foi (feinte ou réelle). Pour désarmer la censure, Montesquieu commence par reprocher aux

32. Le jardin des Tuileries, lieu de promenades. — 33. Etonnante. — 34. Tant d'honneurs ne manquent pas de déranger. — 35. A ma juste valeur.

incroyants (ou aux croyants tièdes) de ne pas croire (ou de croire tièdement) pour les mauvaises raisons. Mais il reproche la même irrationnalité aux chrétiens qui croient, non pas en fonction des preuves, mais parce qu'il ont besoin de croire, parce qu'ils ont intérêt à croire, ou tout simplement parce qu'ils *veulent* croire. Tenu par un musulman, le propos semblait moins hardi, d'où la mise en garde d'un certain abbé Gaultier: « Si le Persan avance quelque impiété, on dit: "c'est un Persan qui raisonne selon ses principes," [...] à quoi un chrétien paraît ne pas prendre beaucoup d'intérêt. Mais ceux qui savent sous combien de formes l'impiété s'est masquée, depuis trente ans, pour pulluler et s'étendre, n'ont pas besoin qu'on leur dise que le Persan qui parle est un Français très connu qui met dans la bouche du Persan ce qu'il pense, lui Français, en matière de religion » (*Les* Lettres persanes *convaincues d'impiété*, 1751).

Lettre 75. — Usbek à Rhédi, à Venise

Il faut que te l'avoue: je n'ai point remarqué chez les chrétiens cette persuasion vive de leur religion qui se trouve parmi les musulmans. Il y a bien loin chez eux de la profession à la croyance, de la croyance à la conviction, de la conviction à la pratique. La religion est moins un sujet de sanctification qu'un sujet de disputes qui appartient à tout le monde: les gens de cour, les gens de guerre, les femmes même, s'élèvent contre les ecclésiastiques et leur demande de leur prouver ce qu'ils sont résolus de ne pas croire. Ce n'est pas qu'ils se soient déterminés par raison, et qu'ils aient pris la peine d'examiner la vérité ou la fausseté de cette religion qu'ils rejettent. Ce sont des rebelles qui ont senti le joug et l'ont secoué avant de l'avoir connu. Aussi ne sont-ils pas plus fermes dans leur incrédulité que dans leur foi. Ils vivent dans un flux et reflux qui les porte sans cesse de l'une à l'autre.

Un d'eux me disait un jour: « Je crois à l'immortalité de l'âme par semestre. Mes opinions dépendent absolument de la constitution de mon corps: selon que j'ai plus ou moins d'esprits animaux, que mon estomac digère bien ou mal, que l'air que je respire est subtil ou grossier, que les viandes dont je me nourris sont légères ou solides, je suis spinoziste[36], socinien[37], catholique, impie ou dévôt. Quand le médecin est auprès de mon lit, le confesseur me trouve à son avantage[38]. Je sais bien empêcher la religion de m'affliger quand je me porte bien. Mais je lui permets de me consoler quand je suis malade: lorsque je n'ai plus rien à espérer d'un côté, la religion se présente et me gagne par ses promesses. Je veux bien m'y livrer et mourir du côté de l'espérance. »

Il y a longtemps que les princes chrétiens affranchirent les esclaves de leurs états, parce que, disaient-ils, le christianisme rend les hommes égaux. Il est vrai que cet acte de religion leur était très utile:

36. Disciple du philosophe Spinoza, qu'on prenait pour athée ou panthéiste. — 37. L'hérésie socinienne rejetait la doctrine de la Trinité. — 38. Bien disposé envers lui.

ils abaissaient par là les seigneurs, de la puissance desquels ils retiraient le bas peuple. Ils ont ensuite fait des conquêtes dans des pays où ils ont vu qu'il leur était avantageux d'avoir des esclaves. Ils ont permis d'en acheter et d'en vendre, oubliant ce principe de religion qui les touchait tant. Que veux-tu que je te dise? Vérité dans un temps, erreur dans un autre.

Que ne faisons-nous[39] comme les chrétiens! Nous sommes bien simples de refuser des établissements et des conquêtes faciles dans des climats heureux, parce que l'eau n'y est pas assez pure pour nous laver selon les principes du saint Alcoran!

Je rends grâces au Dieu tout-puissant, qui a envoyé Hali, son grand prophète, de ce que je professe une religion qui se fait préférer à tous les intérêts humains, et qui est pure comme le Ciel dont elle est descendue.

De Paris le 13 de la lune de Saphar, 1715

Le Texte et le sous-texte, ou comment lire entre les lignes — tel pourrait être le titre de la lettre suivante. Alors qu'Usbek y fait l'éloge de la science, Montesquieu songe plutôt à ce qui la rend possible: la raison. Et faire en 1721 l'éloge de la raison, c'était rabaisser la foi. L'abbé Gaultier (voir la présentation de la Lettre 75) se montra bon lecteur à ce propos lorsqu'il résuma ainsi la pensée de Montesquieu: « C'est-à-dire que [...] les philosophes modernes ont raisonné mieux que Moïse sur la structure de l'univers, d'où l'auteur laisse à penser que la raison humaine est un guide plus sûr que la Révélation ». De la même façon, Montesquieu « laisse à penser », sans le dire, que les critiques du Coran et de l'islam (deux derniers paragraphes) s'appliquent à la Bible et au christianisme. Ecoutons encore l'abbé Gaultier: « L'auteur feint d'en vouloir à Hali, à Mahomet et à l'Alcoran; c'est saint Paul, les prophètes et les livres saints qu'il attaque. [...] Mahomet et Hali ne sont ici que des hommes de paille. »

Lettre 97. — Usbek à Hassein, dervis[40] de la montagne de Jaron

O toi, sage Dervis, dont l'esprit curieux brille de tant de connaissance, écoute ce que je vais te dire.

Il y a ici des philosophes qui, à la vérité, n'ont point atteint jusqu'au faîte de la sagesse orientale; ils n'ont point été ravis[41] jusqu'au trône lumineux; ils n'ont ni entendu les paroles ineffables dont les concerts des anges retentissent, ni senti les formidables accès d'une fureur divine. Mais, laissés à eux-mêmes, privés des saintes merveilles, ils suivent dans le silence les traces de la raison humaine.

Tu ne saurais croire jusqu'où ce guide les a conduits. Ils ont débrouillé le Chaos et ont expliqué, par une mécanique simple, l'ordre de l'architecture divine. L'auteur de la nature a donné du

39. Pourquoi ne faisons-nous pas. — 40. Religieux musulman. — 41. Transportés.

mouvement à la matière: il n'en a pas fallu davantage pour produire cette prodigieuse variété d'effets que nous voyons dans l'Univers.

Que les législateurs ordinaires nous proposent des lois pour régler les sociétés des hommes; des lois aussi sujettes au changement que l'esprit de ceux qui les proposent, et des peuples qui les observent! Ceux-ci[42] ne nous parlent que des lois générales, immuables, éternelles, qui s'observent sans aucune exception avec un ordre, une régularité et une promptitude infinie, dans l'immensité des espaces.

Et que crois-tu, Homme divin, que soient ces lois? Tu t'imagines peut-être qu'entrant dans le conseil de l'Eternel, tu vas être étonné par la sublimité des mystères. Tu renonces par avance à comprendre; tu ne te proposes que d'admirer.

Mais tu changeras bientôt de pensée. Elles n'éblouissent point par un faux respect; leur simplicité les a fait longtemps méconnaître, et ce n'est qu'après bien des réflexions qu'on en a vu toute la fécondité et toute l'étendue.

La première est que tout corps tend à décrire une ligne droite, à moins qu'il ne rencontre quelque obstacle qui l'en détourne; et la seconde, qui n'en est qu'une suite, c'est que tout corps qui tourne autour d'un centre tend à s'en éloigner, parce que, plus il en est loin, plus la ligne qu'il décrit approche de la ligne droite[43].

Voilà, sublime Dervis, la clef de la nature; voilà des principes féconds, dont on tire des conséquences à perte de vue.

La connaissance de cinq ou six vérités a rendu leur philosophie pleine de miracles et leur a fait faire presque autant de prodiges et de merveilles que tout ce qu'on nous raconte de nos saints prophètes.

Car enfin, je suis persuadé qu'il n'y a aucun de nos docteurs[44] qui n'eût été embarrassé si on lui eût dit de peser dans une balance tout l'air qui est autour de la Terre, ou de mesurer toute l'eau qui tombe chaque année sur sa surface; et qui n'eût pensé plus de quatre fois avant de dire combien de lieues le son fait dans une heure, quel temps un rayon de lumière emploie à venir du Soleil à nous; combien de toises il y a d'ici à Saturne; quelle est la courbe selon laquelle un vaisseau doit être taillé pour être le meilleur voilier qu'il soit possible.

Peut-être que, si quelque homme divin avait orné les ouvrages de ces philosophes de paroles hautes et sublimes; s'il y avait mêlé des figures[45] hardies et des allégories mystérieuses, il aurait fait un bel ouvrage qui n'aurait cédé qu'au saint Alcoran[46].

Cependant, s'il faut te dire ce que je pense, je ne m'accommode guère du style figuré. Il y a dans notre Alcoran un grand nombre de petites choses qui me paraissent toujours telles, quoiqu'elles soient

42. *Ceux-ci* renvoie aux philosophes du deuxième paragraphe et s'oppose aux législateurs. Cet emploi du pronom est exceptionnel. — 43. Il s'agit des principes de l'inertie et de la force centrifuge, avancés dans les *Principes de la philosophie* de Descartes. — 44. L'expression *nos docteurs* désigne ici les savants persans, mais Montesquieu vise en réalité ceux qu'on appelaient *docteurs de l'Eglise* (les théologiens catholiques). Les expériences et mesures énumérées dans ce paragraphe avaient été faites récemment.— 45. Figures de style (métaphores, etc.). — 46. Le Coran, livre sacré des musulmans.

relevées par la force et la vie de l'expression[47]. Il semble d'abord que les livres inspirés ne sont que les idées divines rendues en langage humain[48]. Au contraire, dans notre Alcoran, on trouve souvent le langage de Dieu et les idées des hommes, comme si, par un admirable[49] caprice, Dieu y avait dicté les paroles, et que l'homme eût fourni les pensées.

Tu diras peut-être que je parle trop librement de ce qu'il y a de plus saint parmi nous. Tu croiras que c'est le fruit de l'indépendance où l'on vit dans ce pays. Non, grâce au Ciel, l'esprit n'a pas corrompu le cœur, et, tandis que je vivrai, Hali[50] sera mon prophète.

De Paris, le 10 de la lune de Chahban, 1716

Voici, pour clore, une lettre un peu moins « sérieuse ». Dans ce tableau caricatural, Rica semble s'amuser, sans arrière-pensées, des bizarreries de la mode. Ce n'est qu'au dernier paragraphe que Montesquieu se dévoile. Cette lettre pourrait s'intituler *Variations sur le thème de l'imitation servile*.

Lettre 99. — Rica à Rhédi, à Venise

Je trouve les caprices de la mode, chez les Français, étonnants. Ils ont oublié comment ils étaient habillés cet été; ils ignorent encore plus comment ils le seront cet hiver. Mais, surtout, on ne saurait croire combien il en coûte à un mari pour mettre sa femme à la mode.

Que me servirait de te faire une description exacte de leur habillement et de leurs parures? Une mode nouvelle viendrait détruire tout mon ouvrage, comme celui de leurs ouvriers[51], et, avant que tu eusses reçu ma lettre, tout serait changé.

Une femme qui quitte Paris pour aller passer six mois à la campagne en revient aussi antique que si elle s'y était oubliée trente ans. Le fils méconnaît[52] le portrait de sa mère, tant l'habit avec lequel elle est peinte lui paraît étranger; il s'imagine que c'est quelque Américaine[53] qui y est représentée, ou que le peintre a voulu exprimer quelqu'une de ses fantaisies.

Quelquefois, les coiffures montent insensiblement, et une révolution les fait descendre tout à coup. Il a été un temps que leur hauteur immense mettait le visage d'une femme au milieu d'elle-même. Dans un autre, c'étaient les pieds qui occupaient cette place:

47. Qui me paraissent toujours *petites*, c'est-à-dire médiocres du point de vue de leur contenu, malgré les qualités du style. 48. Montesquieu développe le contraste, commencé dans la phrase précédente, entre les richesses de la forme et la pauvreté du fond. Lisez: On croirait à première vue que les livres sacrés (Coran, Bible) sont — ou plutôt: devraient être — l'expression en langage humain des idées divines (d'Allah ou de Dieu). — 49. Etonnant. — 50. Gendre de Mahomet. — 51. Ceux qui fabriquent les vêtements, bijoux, etc. — 52. Ne reconnaît pas. — 53. Le fard rouge des femmes fait penser aux peaux-rouges d'Amérique.

les talons faisaient un piédestal qui les tenait en l'air. Qui pourrait le croire? Les architectes ont été souvent obligés de hausser, de baisser et d'élargir leurs portes, selon que les parures des femmes exigeaient d'eux ce changement, et les règles de leur art ont été asservies à ces caprices. On voit quelquefois sur un visage une quantité prodigieuse de mouches[54], et elles disparaissent toutes le lendemain. Autrefois, les femmes avaient de la taille et des dents[55]; aujourd'hui, il n'en est pas question. Dans cette changeante nation, quoi qu'en disent les mauvais plaisants, les filles se trouvent autrement faites que leurs mères.

Il en est des manières et de la façon de vivre comme des modes: les Français changent de mœurs selon l'âge de leur roi[56]. Le monarque pourrait même parvenir à rendre la nation grave, s'il l'avait entrepris. Le Prince imprime le caractère de son esprit à la Cour; la Cour, à la Ville, la Ville, aux provinces. L'âme du Souverain est un moule qui donne la forme à toutes les autres.

<div align="right">De Paris, le 8 de la lune de Saphar, 1717</div>

Matière à réflexion

1. Lettre 24. — (a) « Paris est aussi grand qu'Ispahan... J'enrage quelquefois comme un chrétien... C'est proprement leur Alcoran, » dit Rica. En quoi consiste l'humour de ces remarques? (b) Pourquoi Montesquieu emploie-t-il des termes propres à l'islam pour désigner les ecclésiastiques catholiques? (c) Analysez les critiques dont le roi et le pape sont l'objet. S'agit-il, dans les deux cas, de critiques du même genre?

2. Lettres 29 et 75. Etudiez le procédé du « regard étranger » (voir l'introduction) tel que Montesquieu l'emploie dans ces lettres. En quoi le « regard » de Rica (Lettre 29) est-il différent de celui d'Usbek (Lettre 75)?

3. Lettre 30.

a) Etudiez les thèmes de *l'étranger*, de *l'altérité* et du *paraître* (voir la présentation), tels qu'ils sont traités dans la lettre.

b) L'interrogation finale, « Comment peut-on être Persan? », est devenue proverbiale, mais elle pose problème. Bon nombre de lecteurs « profanes » ne la comprennent pas, et les commentateurs professionnels l'ont très diversement interprétée. Pour la plupart d'entre eux, la question renvoie à une autre, implicite, que Rica se pose, ou que Montesquieu pose au lecteur. Mais laquelle? « Comment peut-on être Français? », disent les uns; « ... différent? »,

54. Petites rondelles de tissu noir que les femmes collaient sur leur visage pour faire ressortir la blancheur du teint. — 55. Elles voulaient avoir la taille fine, et souriaient beaucoup pour montrer leurs belles dents. — 56. Allusion aux courtisans qui imitaient la dévotion morose du vieux Louis XIV.

« ... humain? » ou même « ... ce que l'on est », proposent d'autres. A votre avis, que signfie la question *dans son contexte?* N.B.: Le pronom *on* peut être mis tout simplement pour *il;* cet usage était courant au XVIIIᵉ siècle.

4. Lettre 97. *Le Texte et le sous-texte, ou comment lire entre les lignes* — tel est le titre que nous avons proposé pour cette lettre (voir la présentation). En quel sens et dans quelle mesure convient-il? Comment savons-nous que Montesquieu ne *dit* pas tout ce qu'il *veut* dire, qu'il y a une distinction entre *ce qu'il prétend penser* et *ce qu'il pense en réalité?*

5. Lettre 99. Cette lettre établit une comparaison. Quels en sont les deux termes (les deux choses comparées)? Qu'ont-ils en commun? Quelle phrase marque la transition de l'un à l'autre? Le changement de sujet au dernier paragraphe s'accompagne-t-il d'un changement de ton? Lequel? A votre avis, le titre que nous avons proposé (voir notre présentation) convient-il? En quel sens?

Voltaire

Voltaire est sans doute, de tous les écrivains français, celui qui a exercé le plus d'influence sur ses contemporains. Ses admirateurs parlaient dès son vivant de « l'Age de Voltaire », et les historiens leur ont donné raison.

Voltaire était conscient de son pouvoir et travaillait à l'affermir: « Moi, j'écris pour agir » (lettre du 25 avril 1767). Il définit ainsi l'attitude de *l'écrivain engagé*, dont il est lui-même le type et le plus éminent exemple. Un écrivain *s'engage* lorsqu'il renonce à l'attitude du spectateur pour mettre sciemment son art au service d'une cause. Et c'est en grande partie à son *engagement* que Voltaire devait la suprématie qu'il exerçait sur la vie intellectuelle de son temps[1].

Cette suprématie fut pourtant lente à se réaliser: « l'Age de Voltaire », proprement dit, ne comprend que les deux dernières décennies d'une longue vie agitée.

François-Marie Arouet (dit Voltaire à partir de 1718) est né à Paris en 1694 dans un milieu bourgeois et cultivé. De 1704 à 1711 il fait des études brillantissimes chez les jésuites; ils lui trouvent d'extraordinaires dons intellectuels et une très grande impertinence. Inquiet, son père l'inscrit à l'Ecole de Droit dans l'espoir de l'assagir. Préférant les lettres aux litiges et les plaisirs aux procès, l'adolescent ne tarde pas à abandonner ses études. Ses écrits satiriques lui valent deux courts exils en province; lorsqu'il récidive, le Régent le fait enfermer pour un an à la Bastille (prison d'Etat).

Voltaire profite de ce repos forcé pour achever sa tragédie d'*Œdipe*. Sorti de prison en 1718, il fait jouer la pièce: le voilà célèbre. Le Régent qui l'avait fait emprisonner lui accorde maintenant une pension. Il reprend de plus belle sa double vie de littérateur et de mondain et remporte de grands succès dans les deux domaines. Cet écrivain bon vivant a aussi le génie des affaires: vers cette époque il

1. Nous disons bien: « en grande partie ». Evidemment, il ne suffit pas de s'engager pour exercer une influence — et pour être lu deux siècles plus tard. Voltaire se distingue d'une foule de contemporains tout aussi engagés en ceci: il défendait ses causes avec génie, et mettait à leur service un art sans pareil.

commence d'amasser, par d'habiles spéculations financières, une fortune immense. (A sa mort, il sera l'un des vingt hommes les plus riches de France.) Il est en passe de devenir poète officiel lorsqu'une altercation avec un noble le conduit de nouveau à la Bastille. On le libère deux semaines plus tard à condition qu'il accepte de s'exiler en Angleterre (mai 1726).

Pendant deux ans et demi, il fréquentera à Londres les milieux aristocratiques et intellectucls; ce sera pour lui une révélation. De retour en France, il rédige les *Lettres sur les Anglais* (ou *Lettres philosophiques*). En y faisant l'éloge de la liberté politique, intellectuelle et religieuse qu'il a découverte en Angleterre, il critique indirectement la France. Paru en 1734, le livre est condamné — « contraire à la religion, aux bonnes mœurs et au respect dû aux puissances » —, saisi et brûlé. Voltaire est lui-même menacé d'arrestation et doit se réfugier chez sa maîtresse à Cirey, tout près de la frontière lorraine (la Lorraine n'est pas encore rattachée à la France et il peut s'y enfuir à la moindre alerte).

Après une retraite studieuse de dix ans à Cirey (1734–1744), Voltaire reprend sa vie de courtisan (1744–1753): à Versailles d'abord, où il connaît des succès, puis la disgrâce; en Lorraine ensuite, auprès du roi Stanislas, où il s'ennuie; à Berlin enfin, chez Frédéric II, roi de Prusse, avec qui il finit par se brouiller. Ayant quitté précipitamment la Prusse en 1753, il erre pendant deux ans de gîte en gîte en Alsace. Puis le sans-abri richissime prend, à soixante ans, une décision importante: jusqu'alors il a vécu chez d'autres; désormais il vivra chez lui. Aussi achète-t-il des propriétés en Suisse, près de Genève, et à Ferney, en France mais à deux pas de la frontière suisse (même système de défense qu'à Cirey). C'est à Ferney qu'en 1760 il s'établit définitivement.

Hors d'atteinte enfin, Voltaire s'engage à fond et sans réserve dans la bataille d'idées et devient vite le chef de file du mouvement philosophique. Il défend les encyclopédistes, participe à leur entreprise, flétrit l'Eglise, mène de nombreuses campagnes en faveur de victimes de persécutions et d'erreurs judiciaires. Ses pamphlets et ses lettres inondent l'Europe, alors que d'innombrables visiteurs viennent « en pèlerinage » à Ferney. Entouré de sa « cour » d'admirateurs, il devient « le roi Voltaire », souverain éclairé de la République des Lettres. Sa prodigieuse activité philosophique ne l'empêche pas de prendre très au sérieux son rôle de « seigneur de village »: il transforme le petit bourg qui dépend de son château, fait prospérer toute la région en y développant industrie et agriculture, se substitue même peu à peu à l'administration locale. Cette bienfaisance intelligente contribue à polir sa légende, et « le patriarche de Ferney » devient de son vivant une figure quasi mythique.

Il a l'occasion de s'en apercevoir en 1778 lorsqu'à l'âge de quatre-vingt-quatre ans, il fait un retour triomphal à Paris. Il y meurt trois mois plus tard, épuisé de gloire.

Voltaire continuera, longtemps après sa mort, à susciter les mêmes réactions opposées dont il a fait l'objet de son vivant. Il sera admiré par les uns, abhorré par les autres, en raison, bien entendu, de ses prises de position. Elles sont pourtant bien plus conservatrices, bien moins radicales que celles de certains de ses contemporains. Deux exemples:

1° En religion, il est *déiste:* il admet l'existence d'une divinité, tout en refusant les dogmes de la religion révélée. Il estime que Dieu est une hypothèse nécessaire

pour expliquer l'ordre du monde: « L'univers m'embarrasse, et je ne puis songer / Que cette horloge existe et n'ait point d'horloger » (*Les Cabales*). Il pense en outre que la croyance en Dieu est nécessaire pour punir le vice et récompenser la vertu: « C'est le sacré lien de la société, [...] Le frein du scélérat, l'espérence du juste. [...] Si Dieu n'existait pas, il faudrait l'inventer. » (*Epître CIV à l'auteur du Livre des trois imposteurs*). Ces idées furent ridiculisées par les athées du mouvement philosophique.

Voltaire rejette en revanche toutes les pratiques, tous les aspects « extérieurs » de la religion: culte, cérémonies, sacrements, prières... *églises*. Il avait pour slogan: « Ecrasez l'infâme ». Les manuels scolaires français ont longtemps expliqué pudiquement que « l'infâme, c'est la superstition et le fanatisme ». Sans doute. Mais c'est aussi et surtout le catholicisme et l'Eglise.

2° En politique, Voltaire n'a rien d'un démocrate ni d'un révolutionnaire. Il veut *réformer la monarchie*, soit en mettant sur le trône un « despote éclairé », soit en limitant constitutionnellement le pouvoir du roi.

Ses prises de position suffisent-elles à expliquer la sympathie et l'antipathie que Voltaire a toujours eu le don de provoquer chez de nombreux lecteurs? Ces réactions semblent parfois plus viscérales que réfléchies. Tiendraient-elles moins au fond de ses idées qu'à sa manière habituelle de les exprimer? Cette manière inimitable et souvent imitée, faite d'irrespect railleur et de dédain souriant, a été baptisée le *voltairianisme*.

L'œuvre de Voltaire est vaste et variée. Elle comprend: une trentaine de pièces (dont vingt-sept tragédies en vers); d'innombrables poèmes représentant tous les genres (épique, lyrique, didactique, satirique...); des ouvrages en prose de critique littéraire, d'histoire et de « philosophie » (au sens que le XVIIIᵉ siècle donnait à ce mot); plusieurs centaines de pamphlets; une vingtaine de contes; environ vingt mille lettres.

Voltaire excelle dans presque tous les genres qu'il pratique. Il éclipse ses contemporains dans la tragédie et dans la poésie légère; son œuvre d'historien est la plus importante et la plus innovatrice du siècle; sa correspondance le range parmi les plus grands épistoliers de la littérature française; comme conteur et comme polémiste, il est tout simplement inégalable.

Et cependant, il faut en convenir: l'œuvre voltairienne dans l'ensemble a mal vieilli. Quelles qu'en soient les raisons — et elles sont nombreuses —, cette masse de volumes ressemble à un continent englouti dont seuls surnagent quelques sommets. On ne lit plus guère aujourd'hui que la correspondance et les contes. Et le meilleur des contes est *Candide*.

Candide

A la différence du roman et de la nouvelle, le conte ne cherche pas à donner l'illusion du réel: la *schématisation* des événements et la *stylisation* des personnages nous empêchent de les prendre au sérieux. Aux nombreux sous-genres en vogue à l'époque — conte oriental, conte populaire, conte de fée, etc. —, Voltaire ajouta celui du *conte philosophique*. Celui-ci se distingue des autres par son objet, lequel consiste, non pas à distraire le lecteur, mais à *illustrer une idée ou une thèse*. Les

personnages du conte philosophique ne sont guère plus que des abstractions ambulantes, privées de vie intérieure et d'épaisseur humaine. Comme le dit Y. Bélaval, « on y part d'une convention: l'idée s'habille en personnage, et les péripéties de l'aventure offriront autant de moyens de mettre l'idée à l'épreuve. Ainsi le conte est un discours, sous forme narrative, dans lequel l'argument se fait événement » (*Histoire des littératures*).

Quelle idée, dans *Candide*, « s'habille en personnage »? Elle est indiquée dans le sous-titre: Candide... *ou l'optimisme*. Le sens du mot a considérablement évolué depuis l'époque de Voltaire, et il faut prendre bien garde, en lisant *Candide*, de ne pas penser au sens qui nous est familier. Nous qualifions d'*optimiste* celui qui a l'impression que les choses vont tourner favorablement (en général, ou dans une circonstance particulière). Pour Voltaire, le terme désigne, non pas cette confiance dans l'avenir, mais une doctrine philosophique, exposée en 1710 par l'Allemand Leibniz dans sa *Théodicée*. Il s'agissait pour Leibniz de trouver la solution d'une enigme épineuse et ancienne: comment concilier la prétendue perfection de Dieu avec l'évidente imperfection du monde? Ce *problème du mal* — ainsi l'appellent les philosophes — peut se résumer schématiquement ainsi:

1° Si Dieu existe, son pouvoir et sa bonté sont illimités.

2° Or, Dieu (ainsi conçu) ne permettrait pas l'existence du mal (souffrances imméritées, désastres naturels, crimes, guerres, péchés, etc.). Car...

 a) s'il n'a pas pu l'empêcher, il n'est pas tout-puissant; et

 b) s'il n'a pas voulu l'empêcher, il n'est pas souverainement bon.

3° Mais le mal existe.

4° Donc... quoi donc? Faut-il, pour résoudre la contradiction, nier l'existence d'un Dieu tout bon et tout puissant (ce qui semble inacceptable) ou celle du mal (ce qui semble inconcevable)?

Non, répond Leibniz, Dieu et le mal coexistent sans contradiction. Le monde est nécessairement imparfait tout simplement parce qu'il n'est pas Dieu. Mais de tous les mondes qu'il aurait pu créer, Dieu, dans sa bonté, a choisi le meilleur possible. S'il y a des ombres au tableau, elles sont là pour rehausser la beauté de l'ensemble: *le mal particulier est nécessaire au bien général*. Le terme d'*optimisme* (du latin *optimus*: le meilleur) fut forgé vers 1735 pour baptiser la doctrine. Il entra au dictionnaire en 1752: « C'est le nom qu'on donne au système de ceux qui prétendent que tout est bien, que le monde est le meilleur que Dieu ait pu créer ». Le poète anglais Pope vulgarisa la doctrine dans son *Essay on Man* (1733); il y proclame que, malgré les apparences, « one truth is clear: *whatever is, is right* ». On traduisit en France: « Tout est bien ». La formule devint célèbre[2].

C'est pour réfuter cette doctrine que Voltaire a écrit *Candide*. La forme de sa réfutation est simple: dans le meilleur des mondes possibles, il n'y aurait pas tant de mal; ce monde n'est donc pas le meilleur. Fort heureusement, Voltaire ne fournit pas d'argument: il préfère « habiller l'idée » afin de la soumettre à l'épreuve des faits. Ainsi l'optimisme s'incarne-t-il en deux personnages: le philosophe

2. Leibniz lui-même n'a jamais écrit que « tout est bien » (ce qui aurait nié le mal); il a écrit que « tout est pour le mieux » dans le meilleur des mondes *possibles* (ce qui dit beaucoup moins). Mais les deux formules étaient souvent prises pour synonymes. Voltaire semble croire que la deuxième dit *plus* que la première (voir *Candide*, Chapitre premier).

Pangloss, qui représente la métaphysique allemande en général et Leibniz en particulier; et le héros Candide, qui croit naïvement tout ce que Pangloss lui dit. Les noms résument les personnages: *Pangloss* vient de mots grecs signifiant « tout en langue »; Candide est pur, innocent... et trop crédule.

La « réfutation » de la doctrine consistera donc à multiplier les malheurs des personnages: pour montrer, en effet, que *tout n'est pas bien*, Voltaire n'est pas loin de soutenir que *tout va mal*. De ce parti-pris « pessimiste », certains critiques ont cherché les causes dans les circonstances de sa vie: sa disgrâce à Versailles, la mort de sa maîtresse, la grande mésaventure de Berlin, etc.

A ces malheurs personnels vint s'ajouter le spectacle des souffrances d'autrui. En novembre 1755, un tremblement de terre, suivi d'un incendie et d'un raz-de-marée, fit trente mille victimes à Lisbonne. Voltaire en fut bouleversé, comme en témoigne sa correspondance de l'époque: « Si Pope avait été à Lisbonne, aurait-il osé dire "Tout est bien"? [...] Quel terrible argument contre l'optimisme! » (lettre du 28 novembre 1756). Dans son *Poème sur le désastre de Lisbonne, ou examen de cet axiome: « Tout est bien »* (1756) — œuvre qu'il appelait « mon "Tout n'est pas bien" » —, Voltaire flétrit la tranquillité béate de ceux qui, au nom d'un plus grand bien, chercheraient à *justifier* de telles catastrophes:

> Tout est bien, dites-vous, et tout est nécessaire.
> Quoi! l'univers entier, sans ce gouffre infernal,
> Sans engloutir Lisbonne, eût été plus mal? [...]
> Leibniz ne m'apprend point par quels nœuds invisibles,
> Dans le mieux ordonné des univers possibles,
> Un désordre éternel, un chaos de malheurs,
> Mêle à nos vains plaisirs de réelles douleurs,
> Ni pourquoi l'innocent, ainsi que le coupable,
> Subit également ce mal inévitable. (v. 42–44, 169–174)

Voilà Voltaire aux prises, trois ans avant *Candide*, avec le problème du mal. Et voilà un premier refus de la solution « optimiste ».

Il faut pourtant se garder d'interpréter *Candide* comme l'expression de quelque mélancolie constitutionnelle. Les besoins de sa thèse ayant amené Voltaire à exagérer l'importance du mal dans le monde, le « pessimisme » du conte est bien plus philosophique que personnel. Doué d'une rare aptitude au bonheur — dont certains de ses contemporains lui en voulaient —, Voltaire ne se laissait pas abattre par les coups du sort et des hommes. Déjà en 1756, quelques mois après le *Poème sur Lisbonne*, il écrivait: « Quand j'ai parlé en vers des malheurs des humains mes confrères, c'est par pure générosité, car, à la faiblesse de ma santé près, je suis si heureux que j'en ai honte » (27 mai). Et en 1758, au moment précis où il rédigeait *Candide* : « On est presque dégoûté de la félicité paisible qu'on y goûte [chez lui]; nous sommes trop heureux » (lettre du 16 juin 1758). Ces affirmations sont-elles en contradiction avec ce que J. Orieux appelle, dans une biographie célèbre, le « désespoir presque insondable » de *Candide*? Oui, sans doute, si l'on cherche l'explication d'une œuvre dans la vie de l'auteur...

Candide parut sans nom d'auteur en 1759. Son succès immédiat et prodigieux inquiéta les pouvoirs. Jugé « contraire à la religion et aux bonnes mœurs », le livre

fut saisi par la police et condamné par l'Eglise. C'était la meilleure publicité que Voltaire pût espérer: de son vivant, *Candide* fut réimprimé une quarantaine de fois.

Par prudence — et aussi, sans doute, un peu par jeu —, Voltaire niait énergiquement l'avoir écrit: « Il faut avoir perdu le sens pour m'attribuer cette coïonnerie » (c'est-à-dire *connerie* ; lettre du 15 mars 1759). La « coïonnerie » est devenue néanmoins le livre le plus lu et le mieux connu de Voltaire et de son siècle. De nos jours, *Candide* a été adapté au théâtre, au cinéma, à la télévision et même à l'opéra (en 1957, avec une musique de Leonard Bernstein). Le héros du conte a connu la consécration suprême en devenant un type: un Candide, c'est désormais un jeune homme simple et naïf qui fait aveuglément confiance aux hommes et au monde. Réputation imméritée, car il faut lire jusqu'à la fin du conte...

Avant de lire

Voltaire passe pour l'un des plus grands ironistes de la littérature française, et *Candide* prouve amplement que cette réputation n'est pas usurpée. *L'ironie* consiste à se moquer de quelqu'un ou de quelque chose en disant le contraire de ce qu'on pense ou de ce qu'on veut faire penser. On donne pour vrai ce qui est manifestement faux; on fait semblant de prendre au sérieux ce qui est évidemment absurde; on feint de louer ce qu'on veut blâmer, ou de blâmer ce qu'on veut louer.

La forme la plus élémentaire de l'ironie est l'*antiphrase.* Elle consiste à employer *un mot* dans un sens contraire au sens véritable: « Quel *beau* temps! », s'exclame-t-on, alors qu'il pleut à torrents. Nous sommes tous, à l'occasion, ironistes par antiphrase.

Le procédé devient plus difficile en se prolongeant. L'ironiste s'exprime indirectement, par détours, en opposant ce qu'il « dit » à ce qu'il

Voltaire, « patriarche de Ferney ».

Stock Montage

« veut dire » — d'où d'éventuels problèmes de compréhension. Là où il y a décalage entre expression et pensée, la communication devient problématique. Il faut donc établir une certaine connivence entre lecteur et auteur, faute de quoi, le « message » risque de ne pas être reçu. L'ironiste veillera à fournir suffisamment d'indices de son véritable intention. Moins il fait de ces « clins d'œil » complices, plus son ironie est fine, légère, intelligente. S'ils se font trop nombreux, ou trop appuyés, l'ironie, en s'alourdissant, se transforme en *sarcasme* : « Bon appétit, Messieurs, ô ministres intègres, / Serviteurs dévoués qui pillez la maison! » (V. Hugo, *Ruy Blas*).

Mais pourquoi dire le contraire de ce qu'on pense? La réponse dépend de la situation. Le polémiste sait qu'il est parfois plus efficace d'attaquer de biais que de front; sa stratégie consiste alors à entrer dans le camp de l'adversaire en feignant d'être du même avis. Il cherche ainsi à démasquer celui dont il expose « naïvement » la pensée et les mobiles. Imaginez, par exemple, qu'un ironiste, indigné du charlatanisme d'une certaine critique littéraire, adresse « Aux jeunes écrivains » les conseils suivants:

La plus indéracinable et la plus préjudiciable des idées reçues est celle qui vous obligerait à « écrire avec clarté ». On vous répète que « la clarté, c'est la politesse de l'écrivain. » Mais on oublie d'ajouter que les écrivains les plus « polis » se démodent presque instantanément. Pourquoi? Parce qu'ayant *compris* leur message, nous pouvons juger de sa valeur... et passer outre. On vous dit que « la clarté orne les pensées profondes » (Chamfort). Bien sûr. Mais on ne vous dit pas que, pour le lecteur moyen, *profondeur* et *obscurité* sont presque synonymes. Comparez la fortune de Kant et de Husserl à celle de Hume et de Russell. Le style ensoleillé de ces derniers les a relégués aux notules de l'histoire, alors que la pensée ombreuse des deux Allemands est toujours vivante parce qu'on ne l'a toujours pas comprise.

Voulez-vous être critique? Débarrassez-vous du vieux préjugé selon lequel on écrit pour « dire quelque chose ». Donnez-vous pour modèle des phrases comme celle-ci: « A ce niveau d'approximation, on peut dire que la transitivité textuelle énonce un rapport homme-monde, et, en médiatisant le référent, le transforme en espace-temps piégé, en dehors de toute idée d'un être-là, c'est-à-dire d'une absence. » Cultivez le jargon, multipliez les néologismes, n'écrivez qu'en métaphores. Méditez bien le sage précepte de Machiavel, qui s'y connaissait: « On attrape plus d'hommes avec un verre d'obscurité qu'avec un tonneau de clarté » (conseil à retenir surtout si vous n'avez pas grand-chose à dire). Et rappelez-vous toujours cet avertissement d'Oscar Wilde: « Nowadays, to be intelligible is to be found out. »

Quels indices indiquent dans ce passage une intention ironique? L'intention ironique est-elle claire? Seriez-vous plus porté à suivre les conseils de notre ironiste imaginaire s'il les avait formulés sans détours, dans le style, par exemple, d'un (vieux) manuel scolaire: « On ne parle,

on ne devrait écrire que pour rencontrer l'intelligence ou la sensibilité d'autrui. Et on ne peut y réussir sans être clair... C'est le premier devoir de l'écrivain... Mettez-vous à la place de vos lecteurs... L'obscurité du style provient presque toujours de celle de la pensée... Méfiez-vous du galimatias à la mode..., etc. »?

L'ironie est une arme efficace, mais difficile à bien manier. L'ironiste doit savoir en user sans en abuser: s'il y recourt constamment ou longuement, il risque de paraître, comme Voltaire à beaucoup de lecteurs, « léger, sec, froid, insolent ». Au reste, il doit bien connaître ses lecteurs, car le procédé suppose autant de finesse chez eux qu'il n'en exige chez lui.

Candide ou l'optimisme

Traduit de l'allemand de M. le docteur Ralph, avec les additions qu'on a trouvées dans la poche du docteur, lorsqu'il mourut à Minden, l'an de grâce 1759

Le Baron voyant cette cause & cet effet, chassa Candide du Château à grands coups de pied dans le derrière;
Candide Chap-1ᵉʳ

Chapitre premier

Comment Candide fut élevé dans un beau château, et comment il fut chassé d'icelui[3]

Il y avait en Westphalie, dans le château de monsieur le baron de Thunder-ten-tronckh, un jeune garçon à qui la nature avait donné les mœurs les plus douces. Sa physionomie annonçait son âme. Il avait le jugement assez droit, avec l'esprit le plus simple; c'est, je crois, pour cette raison qu'on le nommait Candide. Les anciens domestiques de la maison soupçonnaient qu'il était fils de la sœur de monsieur le baron, et d'un bon et honnête gentilhomme du voisinage, que cette demoiselle ne voulut jamais épouser parce qu'il n'avait pu prouver que soixante et onze

3. De celui-ci; cet archaïsme, ainsi que le titre du chapitre, annoncent une intention d'imiter (ou de parodier) les vieux romans d'aventures.

472

quartiers[4], et que le reste de son arbre généalogique avait été perdu par l'injure du temps.

Monsieur le baron était un des plus puissants seigneurs de la Westphalie, car son château avait une porte et des fenêtres. Sa grande salle même était ornée d'une tapisserie. Tous les chiens de ses basses-cours composaient une meute dans le besoin; ses palefreniers étaient ses piqueurs; le vicaire du village était son grand aumônier. Ils l'appelaient tous Monseigneur, et ils riaient quand il faisait des contes.

Madame la baronne, qui pesait environ trois cent cinquante livres, s'attirait par là une très grande considération, et faisait les honneurs de la maison avec une dignité qui la rendait encore plus respectable. Sa fille Cunégonde, âgée de dix-sept ans, était haute en couleur, fraîche, grasse, appétissante. Le fils du baron paraissait en tout digne de son père. Le précepteur Pangloss était l'oracle de la maison, et le petit Candide écoutait ses leçons avec toute la bonne foi de son âge et de son caractère.

Pangloss enseignait la métaphysico-théologo-cosmolonigologie. Il prouvait admirablement qu'il n'y a point d'effet sans cause, et que, dans ce meilleur des mondes possibles, le château de monseigneur le baron était le plus beau des châteaux, et madame la meilleure des baronnes possibles.

« Il est démontré, disait-il, que les choses ne peuvent être autrement: car tout étant fait pour une fin, tout est nécessairement pour la meilleure fin. Remarquez bien que les nez ont été faits pour porter des lunettes; aussi avons-nous des lunettes. Les jambes sont visiblement instituées pour être chaussées[5], et nous avons des chausses. Les pierres ont été formées pour être taillées et pour en faire des châteaux; aussi monseigneur a un très beau château: le plus grand baron de la province doit être le mieux logé; et les cochons étant faits pour être mangés, nous mangeons du porc toute l'année. Par conséquent, ceux qui ont avancé que tout est bien ont dit une sottise: il fallait dire que tout est au mieux. »

Candide écoutait attentivement, et croyait innocemment: car il trouvait mademoiselle Cunégonde extrêmement belle, quoiqu'il ne prît jamais la hardiesse de le lui dire. Il concluait qu'après le bonheur d'être né baron de Thunder-ten-tronckh, le second degré de bonheur était d'être mademoiselle Cunégonde; le troisième, de la voir tous les jours; et le quatrième, d'entendre maître Pangloss, le plus grand philosophe de la province, et par conséquent de toute la terre.

Un jour, Cunégonde, en se promenant auprès du château, dans le petit bois qu'on appelait parc, vit entre des broussailles le docteur Pangloss qui donnait une leçon de physique expérimentale à la femme de chambre de sa mère, petite brune très jolie et très docile. Comme mademoiselle Cunégonde avait beaucoup de disposition pour les sciences, elle observa, sans souffler, les expériences réitérées dont elle fut témoin; elle vit clairement la raison suffisante du docteur, les effets et les causes, et s'en retourna tout agitée, toute pensive, toute remplie du désir d'être savante, songeant qu'elle pourrait bien être la raison suffisante du jeune Candide, qui pouvait aussi être la sienne.

4. Quartiers de noblesse (ascendants nobles). — 5. Vêtues de chausses (sorte de culotte).

Elle rencontra Candide en revenant au château, et rougit; Candide rougit aussi; elle lui dit bonjour d'une voix entrecoupée, et Candide lui parla sans savoir ce qu'il disait. Le lendemain, après le dîner, comme on sortait de table, Cunégonde et Candide se trouvèrent derrière un paravent; Cunégonde laissa tomber son mouchoir, Candide le ramassa; elle lui prit innocemment la main; le jeune homme baisa innocemment la main de la jeune demoiselle avec une vivacité, une sensibilité, une grâce toute particulière; leurs bouches se rencontrèrent, leurs yeux s'enflammèrent, leurs genoux tremblèrent, leurs mains s'égarèrent. Monsieur le baron de Thunder-ten-tronckh passa auprès du paravent, et, voyant cette cause et cet effet, chassa Candide du château à grands coups de pied dans le derrière; Cunégonde s'évanouit: elle fut souffletée[6] par madame la baronne dès qu'elle fut revenue à elle-même; et tout fut consterné dans le plus beau et le plus agréable des châteaux possibles.

Chapitre deuxième

Ce que devint Candide parmi les Bulgares

Candide, chassé du paradis terrestre, marcha longtemps sans savoir où, pleurant, levant les yeux au ciel, les tournant souvent vers le plus beau des châteaux, qui renfermait la plus belle des baronnettes; il se coucha sans souper au milieu des champs entre deux sillons; la neige tombait à gros flocons. Candide, tout transi, se traîna le lendemain vers la ville voisine, qui s'appelle Valdberghoff-trarbk-dikdorff, n'ayant point d'argent, mourant de faim et de lassitude. Il s'arrêta tristement à la porte d'un cabaret.

Deux hommes habillés de bleu[7] le remarquèrent: « Camarade, dit l'un, voilà un jeune homme très bien fait, et qui a la taille requise. » Ils s'avancèrent vers Candide, et le prièrent à dîner très civilement. « Messieurs, leur dit Candide avec une modestie charmante, vous me faites beaucoup d'honneur, mais je n'ai pas de quoi payer mon écot[8]. — Ah! monsieur, lui dit un des bleus, les personnes de votre figure et de votre mérite ne payent jamais rien: n'avez-vous pas cinq pieds cinq pouces de haut? — Oui, messieurs, c'est ma taille, dit-il en faisant la révérence. — Ah! monsieur, mettez-vous à table; non seulement nous vous défrayerons, mais nous ne souffrirons jamais qu'un homme comme vous manque d'argent; les hommes ne sont faits que pour se secourir les uns les autres. — Vous avez raison, dit Candide; c'est ce que monsieur Pangloss m'a toujours dit, et je vois bien que tout est au mieux. » On le prie d'accepter quelques écus, il les prend et veut faire son billet[9]; on n'en veut point, on se met à table. « N'aimez-vous pas tendrement...? — Oh! oui, répond-il, j'aime tendrement mademoiselle Cunégonde. — Non, dit l'un de ces messieurs, nous vous demandons si vous n'aimez pas tendrement le roi des Bulgares[10]? — Point du tout, dit-il, car je ne l'ai jamais vu. — Comment! c'est le plus charmant des rois, et il faut boire à sa santé. — Oh! très volontiers, messieurs. » Et il boit. « C'en est assez,

6. Giflée. — 7. L'uniforme des sergents recruteurs. — 8. Ma part. — 9. Reçu. — 10. Il n'y avait à l'époque ni Bulgarie ni roi des Bulgares; Voltaire pense aux Prussiens et à son « ami » Frédéric II, roi de Prusse.

lui dit-on, vous voilà l'appui, le soutien, le défenseur, le héros des Bulgares; votre fortune est faite, et votre gloire est assurée. » On lui met sur-le-champ les fers aux pieds, et on le mène au régiment. On le fait tourner à droite, à gauche, hausser la baguette[11], remettre la baguette, coucher en joue[12], tirer, doubler le pas, et on lui donne trente coups de bâton; le lendemain, il fait l'exercice un peu moins mal, et il ne reçoit que vingt coups; le surlendemain, on ne lui en donne que dix, et il est regardé par ses camarades comme un prodige.

Candide, tout stupéfait, ne démêlait pas encore trop bien comment il était un héros. Il s'avisa un beau jour de printemps de s'aller promener, marchant tout droit devant lui, croyant que c'était un privilège de l'espèce humaine, comme de l'espèce animale, de se servir de ses jambes à son plaisir. Il n'eut pas fait deux lieues que voilà quatre autres héros de six pieds qui l'atteignent, qui le lient, qui le mènent dans un cachot. On lui demanda juridiquement ce qu'il aimait le mieux d'être fustigé trente-six fois par tout le régiment, ou de recevoir à la fois douze balles de plomb dans la cervelle[13]. Il eut beau dire que les volontés sont libres, et qu'il ne voulait ni l'un ni l'autre, il fallut faire un choix: il se détermina, en vertu du don de Dieu qu'on nomme *liberté*, à passer trente-six fois par les baguettes; il essuya[14] deux promenades. Le régiment était composé de deux mille hommes. Cela lui composa quatre mille coups de baguettes, qui, depuis la nuque du cou jusqu'au cul,

lui découvrirent les muscles et les nerfs[15]. Comme on allait procéder à la troisième course, Candide, n'en pouvant plus, demanda en grâce qu'on voulût bien avoir la bonté de lui casser la tête: il obtint cette faveur; on lui bande les yeux; on le fait mettre à genoux. Le roi des Bulgares passe dans ce moment, s'informe du crime du patient[16], et comme ce roi avait un grand génie, il comprit, par tout ce qu'il apprit de Candide, que c'était un jeune métaphysicien fort ignorant des choses de ce monde, et il lui accorda sa grâce avec une clémence qui sera louée dans tous les journaux et dans tous les siècles. Un brave chirurgien guérit Candide en trois semaines avec les émollients enseignés par Dioscoride[17]. Il avait déjà un peu de peau, et pouvait marcher, quand le roi des Bulgares livra bataille au roi des Abares[18].

Chapitre troisième

Comment Candide se sauva d'entre les Bulgares, et ce qu'il devint

Rien n'était si beau, si leste, si brillant, si bien ordonné que les deux armées. Les trompettes, les fifres, les haut-bois, les tambours, les canons, formaient une harmonie telle qu'il n'y en eut jamais en enfer. Les canons renversèrent d'abord à peu près six mille hommes de chaque côté; ensuite la mousqueterie ôta du meilleur des mondes environ neuf à dix mille coquins qui en infectaient la surface.

11. Tige servant à enfoncer la charge dans le canon du fusil. — 12. Viser une cible (comme pour tirer). — 13. Les deux peines prévues pour le crime de désertion. — 14. Il subit. — 15. Voltaire avait vu de telles punitions pendant son séjour en Prusse. — 16. Condamné à mort qu'on exécute. — 17. Médecin grec du 1er siècle après J.-C. — 18. Allusion au roi de France; la Guerre de Sept Ans avait commencé deux ans avant la rédaction de *Candide*.

La baïonnette fut aussi la raison suffisante de la mort de quelques milliers d'hommes. Le tout pouvait bien se monter à une trentaine de mille âmes. Candide, qui tremblait comme un philosophe[19], se cacha du mieux qu'il put pendant cette boucherie héroïque.

Enfin, tandis que les deux rois faisaient chanter des *Te Deum*[20], chacun dans son camp, il prit le parti d'aller raisonner ailleurs des effets et des causes. Il passa par-dessus des tas de morts et de mourants, et gagna d'abord un village voisin; il était en cendres: c'était un village abare que les Bulgares avaient brûlé, selon les lois du droit public. Ici des vieillards criblés de coups regardaient mourir leurs femmes égorgées, qui tenaient leurs enfants à leurs mamelles sanglantes; là des filles, éventrées après avoir assouvi les besoins naturels de quelques héros, rendaient les derniers soupirs; d'autres, à demi brûlées, criaient qu'on achevât de leur donner la mort. Des cervelles étaient répandues sur la terre à côté de bras et de jambes coupés.

Candide s'enfuit au plus vite dans un autre village: il appartenait à des Bulgares, et les héros abares l'avaient traité de même. Candide, toujours marchant sur des membres palpitants, ou à travers des ruines, arriva enfin hors du théâtre de la guerre, portant quelques petites provisions dans son bissac, et n'oubliant jamais mademoiselle Cunégonde. Ses provisions lui manquèrent quand il fut[21] en Hollande; mais ayant entendu dire que tout le monde était riche dans ce pays-là et qu'on y était chrétien, il ne douta pas qu'on ne le traitât aussi bien qu'il l'avait été dans le château de monsieur le baron, avant qu'il en eût été chassé pour les beaux yeux de mademoiselle Cunégonde.

Il demanda l'aumône à plusieurs graves personnages, qui lui répondirent tous que, s'il continuait à faire ce métier, on l'enfermerait dans une maison de correction pour lui apprendre à vivre.

Il s'adressa ensuite à un homme qui venait de parler tout seul une heure de suite sur la charité dans une grande assemblée. Cet orateur[22], le regardant de travers, lui dit: « Que venez-vous faire ici? y êtes-vous pour la bonne cause? — Il n'y a point d'effet sans cause, répondit modestement Candide; tout est enchaîné nécessairement, et arrangé pour le mieux. Il a fallu que je fusse chassé d'auprès de mademoiselle Cunégonde, que j'aie passé par les baguettes, et il faut que je demande mon pain, jusqu'à ce que je puisse en gagner; tout cela ne pouvait être autrement. — Mon ami, lui dit l'orateur, croyez-vous que le pape soit l'Antéchrist? — Je ne l'avais pas encore entendu dire, répondit Candide; mais qu'il le soit ou qu'il ne le soit pas, je manque de pain. — Tu ne mérites pas d'en manger, dit l'autre; va, coquin; va, misérable, ne m'approche de ta vie. » La femme de l'orateur ayant mis la tête à la fenêtre et avisant un homme qui doutait que le pape fût Antéchrist, lui répandit sur le chef un plein...[23] O ciel! à quel excès se porte le zèle de la religion dans les dames!

19. Voltaire joue sur le sens ancien du terme. Le philosophe était *stoïque:* il se résignait à son sort avec constance et courage (d'où l'expression *accepter philosophiquement*). — 20. *Te Deum laudamus* (« nous te louons, Dieu), chanté pour célébrer une victoire. — 21. Arriva. — 22. Il s'agit d'un prédicateur protestant. — 23. Sur la tête un seau plein de déchets ménagers (ou un pot de chambre...).

Un homme qui n'avait point été baptisé, un bon anabaptiste[24], nommé Jacques, vit la manière cruelle et ignominieuse dont on traitait ainsi un de ses frères, un être à deux pieds sans plumes, qui avait une âme; il l'emmena chez lui, le nettoya, lui donna du pain et de la bière, lui fit présent de deux florins[25], et voulut même lui apprendre à travailler dans ses manufactures aux étoffes de Perse, qu'on fabrique en Hollande. Candide, se prosternant presque devant lui, s'écriait: « Maître Pangloss me l'avait bien dit que tout est au mieux dans ce monde, car je suis infiniment plus touché de votre extrême générosité que de la dureté de ce monsieur à manteau noir, et de madame son épouse. »

Le lendemain, en se promenant, il rencontra un gueux tout couvert de pustules, les yeux morts, le bout du nez rongé, la bouche de travers, les dents noires, et parlant de la gorge, tourmenté d'une toux violente, et crachant une dent à chaque effort.

Chapitre quatrième

Comment Candide rencontra son ancien maître de philosophie, le docteur Pangloss, et ce qui en advint

Candide, plus ému encore de compassion que d'horreur, donna à cet épouvantable gueux les deux florins qu'il avait reçus de son honnête anabaptiste Jacques. Le fantôme le regarda fixement, versa des larmes, et sauta à son cou. Candide, effrayé, recule. « Hélas! dit le misérable à l'autre misérable, ne reconnaissez-vous plus votre cher Pangloss? — Qu'entends-je? Vous, mon cher maître! vous, dans cet état horrible! Quel malheur vous est-il donc arrivé? Pourquoi n'êtes-vous plus dans le plus beau des châteaux? Qu'est devenue mademoiselle Cunégonde, la perle des filles, le chef-d'œuvre de la nature? — Je n'en peux plus, dit Pangloss. » Aussitôt Candide le mena dans l'étable de l'anabaptiste, où il lui fit manger un peu de pain; et quand Pangloss fut refait: « Eh bien! lui dit-il, Cunégonde? — Elle est morte, reprit l'autre. » Candide s'évanouit à ce mot; son ami rappela ses sens avec un peu de mauvais vinaigre qui se trouva par hasard dans l'étable. Candide rouvre les yeux. « Cunégonde est morte! Ah! meilleur des mondes, où êtes-vous? Mais de quelle maladie est-elle morte? Ne serait-ce point de m'avoir vu chasser du beau château de monsieur son père à grands coups de pied? — Non, dit Pangloss, elle a été éventrée par des soldats bulgares, après avoir été violée autant qu'on peut l'être; ils ont cassé la tête à monsieur le baron, qui voulait la défendre; madame la baronne a été coupée en morceaux; mon pauvre pupille, traité précisément comme sa sœur; et quant au château, il n'est pas resté pierre sur pierre, pas une grange, pas un mouton, pas un canard, pas un arbre; mais nous avons été bien vengés, car les Abares en ont fait autant dans une baronnie voisine qui appartenait à un seigneur bulgare. »

A ce discours, Candide s'évanouit encore; mais, revenu à soi et ayant dit tout ce qu'il devait dire, il s'enquit de la cause et de l'effet, et de la raison

24. Membre d'une secte protestante qui n'admet pas la validité du baptême des enfants et soumet ses adeptes à un second baptême à l'âge de raison (*Dict. Robert*).

suffisante qui avait mis Pangloss dans un si piteux état. « Hélas! dit l'autre, c'est l'amour: l'amour, le consolateur du genre humain, le conservateur de l'univers, l'âme de tous les êtres sensibles, le tendre amour. — Hélas! dit Candide, je l'ai connu, cet amour, ce souverain des cœurs, cette âme de notre âme; il ne m'a jamais valu qu'un baiser et vingt coups de pied au cul. Comment cette belle cause a-t-elle pu produire en vous un effet si abominable? »

Pangloss répondit en ces termes: « O mon cher Candide! vous avez connu Paquette, cette jolie suivante de notre auguste baronne; j'ai goûté dans ses bras les délices du paradis, qui ont produit ces tourments d'enfer dont vous me voyez dévoré[26]; elle en était infectée, elle en est peut-être morte. Paquette tenait ce présent d'un cordelier[27] très savant qui avait remonté à la source, car il l'avait eu d'une vieille comtesse, qui l'avait reçu d'un capitaine de cavalerie, qui le devait à une marquise, qui le tenait d'un page, qui l'avait reçu d'un jésuite qui, étant novice, l'avait eu en droite ligne d'un des compagnons de Christophe Colomb. Pour moi, je ne le donnerai à personne, car je me meurs.

— O Pangloss! s'écria Candide, voilà une étrange généalogie! n'est-ce pas le diable qui en fut la souche[28]? — Point du tout, répliqua ce grand homme; c'était une chose indispensable dans le meilleur des mondes, un ingrédient nécessaire: car si Colomb n'avait pas attrapé dans une île de l'Amérique cette maladie qui empoisonne la source de la génération[29], qui souvent même empêche la généra-tion, et qui est évidemment l'opposé du grand but de la nature, nous n'aurions ni le chocolat ni la cochenille[30]; il faut encore observer que jusqu'aujourd'hui, dans notre continent, cette maladie nous est particulière, comme la controverse[31]. Les Turcs, les Indiens, les Persans, les Chinois, les Siamois, les Japonais, ne la connaissent pas encore; mais il y a une raison suffisante pour qu'ils la connaissent à leur tour dans quelques siècles. En attendant, elle a fait un merveilleux progrès parmi nous, et surtout dans ces grandes armées composées d'honnêtes stipendiaires[32] bien élevés, qui décident du destin des Etats; on peut assurer que, quand trente mille hommes combattent en bataille rangée contre des troupes égales en nombres, il y a environ vingt mille vérolés[33] de chaque côté.

— Voilà qui est admirable, dit Candide; mais il faut vous faire guérir. — Et comment le puis-je? dit Pangloss; je n'ai pas le sou, mon ami, et dans toute l'étendue de ce globe on ne peut ni se faire saigner, ni prendre un lavement sans payer, ou sans qu'il y ait quelqu'un qui paye pour nous. »

Ce dernier discours détermina Candide; il alla se jeter aux pieds de son charitable anabaptiste Jacques, et lui fit une peinture si touchante de l'état où son ami était réduit, que le bon homme n'hésita pas à recueillir le docteur Pangloss; il le fit guérir à ses dépens. Pangloss, dans la cure, ne perdit qu'un œil et une oreille. Il écrivait bien, et savait parfaitement l'arithmétique. L'anabaptiste Jacques en fit son teneur de livres[34]. Au bout de deux mois, étant obligé d'aller à

25. Pièces de monnaie. — 26. Il s'agit des ravages de la syphilis. — 27. Moine franciscain. — 28. L'origine. — 29. Procréation. — 30. Le chocolat et la cochenille (insecte dont on tirait une teinture rouge) étaient importés d'Amérique. — 31. Les disputes théologiques. — 32. Soldats mercenaires. — 33. Syphilitiques. — 34. Son comptable.

Lisbonne pour les affaires de son commerce, il mena dans son vaisseau ses deux philosophes. Pangloss lui expliqua comment tout était on ne peut mieux. Jacques n'était pas de cet avis. « Il faut bien, disait-il, que les hommes aient un peu corrompu la nature, car ils ne sont point nés loups, et ils sont devenus loups. Dieu ne leur a donné ni canons de vingt-quatre[35], ni baïonnettes; et ils se sont fait des baïonnettes et des canons pour se détruire. Je pourrais mettre en ligne de compte les banqueroutes, et la justice, qui s'empare des biens des banqueroutiers pour en frustrer les créanciers. — Tout cela était indispensable, répliquait le docteur borgne, et les malheurs particuliers font le bien général; de sorte que plus il y a de malheurs particuliers, et plus tout est bien. » Tandis qu'il raisonnait, l'air s'obscurcit, les vents soufflèrent des quatre coins du monde, et le vaisseau fut assailli de la plus horrible tempête, à la vue du port de Lisbonne.

Chapitre cinquième

Tempête, naufrage, tremblement de terre et ce qui advint du docteur Pangloss, de Candide, et de l'anabaptiste Jacques

La moitié des passagers affaiblis, expirants de ces angoisses inconcevables que le roulis d'un vaisseau porte dans les nerfs et dans toutes les humeurs[36] du corps agitées en sens contraires, n'avait pas même la force de s'inquiéter du danger. L'autre moitié jetait des cris et faisait des prières; les voiles étaient déchirées, les mâts brisés, le vaisseau entr'ouvert. Travaillait qui pouvait, personne ne s'entendait, personne ne commandait. L'anabaptiste aidait un peu à la manœuvre; il était sur le tillac; un matelot furieux le frappe rudement et l'étend sur les planches; mais du coup qu'il lui donna, il eut lui-même une si violente secousse qu'il tomba hors du vaisseau, la tête la première. Il restait suspendu et accroché à une partie de mât rompue. Le bon Jacques court à son secours, l'aide à remonter, et de l'effort qu'il fait il est précipité dans la mer à la vue du matelot, qui le laissa périr sans daigner seulement le regarder. Candide approche, voit son bienfaiteur qui reparaît un moment, et qui est englouti pour jamais. Il veut se jeter après lui dans la mer: le philosophe Pangloss l'en empêche, en lui prouvant que la rade de Lisbonne avait été formée exprès pour que cet anabaptiste s'y noyât. Tandis qu'il le prouvait *a priori*[37], le vaisseau s'entr'ouvre; tout périt, à la réserve de[38] Pangloss, de Candide, et de ce brutal de matelot qui avait noyé le vertueux anabaptiste: le coquin nagea heureusement[39] jusqu'au rivage, où Pangloss et Candide furent portés sur une planche.

Quand ils furent revenus un peu à eux, ils marchèrent vers Lisbonne; il leur restait quelque argent, avec lequel ils espéraient se sauver de la faim après avoir échappé à la tempête.

A peine ont-ils mis le pied dans la ville, en pleurant la mort de leur bienfaiteur, qu'ils sentent la terre trembler sous leurs pas, la mer s'élève en bouillonnant dans le port, et brise les vaisseaux qui sont à l'ancre. Des

35. Canons qui tiraient des boulets de 24 livres. — 36. Selon l'ancienne médecine, les liquides du corps (sang, flegme, bile, etc.). — 37. En partant de principes antérieurs à l'expérience et aux faits. — 38. Sauf. — 39. Il parvint à nager.

tourbillons de flammes et de cendres couvrent les rues et les places publiques; les maisons s'écroulent, les toits sont renversés sur les fondements, et les fondements se dispersent; trente mille habitants de tout âge et de tout sexe sont écrasés sous des ruines. Le matelot disait en sifflant et en jurant: « Il y aura quelque chose à gagner ici. — Quelle peut être la raison suffisante de ce phénomème? disait Pangloss. — Voici le dernier jour du monde! s'écriait Candide. » Le matelot court incontinent[40] au milieu des débris, affronte la mort pour trouver de l'argent, en trouve, s'en empare, s'enivre, et, ayant cuvé son vin[41], achète les faveurs de la première fille de bonne volonté qu'il rencontre sur les ruines des maisons détruites, et au milieu des mourants et des morts. Pangloss le tirait cependant par la manche: « Mon ami, lui disait-il, cela n'est pas bien, vous manquez à la raison universelle, vous prenez mal votre temps. — Tête et sang, répondit l'autre, je suis matelot et né à Batavia[42]; j'ai marché quatre fois sur le crucifix dans quatre voyages au Japon[43]; tu as bien trouvé ton homme avec ta raison universelle! »

Quelques éclats de pierre avaient blessé Candide; il était étendu dans la rue et couvert de débris. Il disait à Pangloss: « Hélas! procure-moi un peu de vin et d'huile; je me meurs. — Ce tremblement de terre n'est pas une chose nouvelle, répondit Pangloss; la ville de Lima éprouva les mêmes secousses en Amérique l'année passée; mêmes causes, mêmes effets: il y a certainement une traînée de soufre sous terre[44] depuis Lima jusqu'à Lisbonne. — Rien n'est plus probable, dit Candide; mais, pour Dieu, un peu d'huile et de vin. — Comment, probable? répliqua le philosophe, je soutiens que la chose est démontrée. » Candide perdit connaissance, et Pangloss lui apporta un peu d'eau d'une fontaine voisine.

Le lendemain, ayant trouvé quelques provisions de bouche en se glissant à travers des décombres, ils réparèrent un peu leurs forces. Ensuite ils travaillèrent comme les autres à soulager les habitants échappés à la mort. Quelques citoyens, secourus par eux, leur donnèrent un aussi bon dîner qu'on le pouvait dans un tel désastre: il est vrai que le repas était triste; les convives arrosaient leur pain de leurs larmes; mais Pangloss les consola, en les assurant que les choses ne pouvaient être autrement: « Car, dit-il, tout ceci est ce qu'il y a de mieux, car s'il y a un volcan[45] à Lisbonne, il ne pouvait être ailleurs; car il est impossible que les choses ne soient pas où elles sont; car tout est bien. »

Un petit homme noir, familier[46] de l'Inquisition, lequel était à côté de lui, prit poliment la parole et dit: « Apparemment que monsieur ne croit pas au péché originel; car si tout est au mieux, il n'y a donc eu ni chute ni punition.

— Je demande très humblement pardon à Votre Excellence, répondit Pangloss encore plus poliment, car la chute de l'homme et la malédiction entraient nécessairement dans le meilleur des mondes possibles. —

40. Immédiatement. — 41. *Cuver son vin:* dormir après avoir trop bu. — 42. Capitale de Java (aujourd'hui Djakarta). — 43. Pour entrer au Japon, les étrangers étaient obligés de renoncer publiquement au christianisme (ou à toute tentative de le prêcher) en marchant sur la croix. — 44. Allusion à une théorie avancée à l'époque sur la cause des tremblements de terre. — 45. Volcan souterrain, cause du désastre. — 46. Officier.

Monsieur ne croit donc pas à la liberté? dit le familier. — Votre Excellence m'excusera, dit Pangloss; la liberté peut subsister avec la nécessité absolue: car il était nécessaire que nous fussions libres; car enfin la volonté déterminée... » Pangloss était au milieu de sa phrase, quand le familier fit un signe de tête à son estafier[47] qui lui servait à boire du vin de Porto ou d'Oporto.

Chapitre sixième

Comment on fit un bel auto-da-fé pour empêcher les tremblements de terre, et comment Candide fut fessé

Après le tremblement de terre qui avait détruit les trois quarts de Lisbonne, les sages du pays n'avaient pas trouvé un moyen plus efficace pour prévenir une ruine totale que de donner au peuple un bel auto-da-fé[48]; il était décidé par l'université de Coïmbre[49] que le spectacle de quelques personnes brûlées à petit feu, en grande cérémonie, est un secret infaillible pour empêcher la terre de trembler.

On avait en conséquence saisi un Biscayen[50] convaincu d'avoir épousé sa commère[51], et deux Portugais qui en mangeant un poulet en avaient arraché le lard[52]; on vint lier après le dîner le docteur Pangloss et son disciple Candide, l'un pour avoir parlé, et l'autre pour avoir écouté avec un air d'approbation: tout deux furent menés séparément dans des appartements d'une extrême fraîcheur, dans lesquels on n'était jamais incommodé du soleil: huit jours après ils furent tous deux revêtus d'un *san-benito*[53], et on orna leurs têtes de mitres de papier: la mitre et le san-benito de Candide étaient peints de flammes renversées, et de diables qui n'avaient ni queues ni griffes; mais les diables de Pangloss portaient griffes et queues, et les flammes étaient droites[54]. Ils marchèrent en procession ainsi vêtus, et entendirent un sermon très pathétique, suivi d'une belle musique en faux-bourdon[55]. Candide fut fessé en cadence, pendant qu'on chantait; le Biscayen et les deux hommes qui n'avaient point voulu manger de lard furent brûlés, et Pangloss fut pendu, quoique ce ne soit pas la coutume. Le même jour, la terre trembla de nouveau avec un fracas épouvantable.

Candide, épouvanté, interdit, éperdu, tout sanglant, tout palpitant, se disait à lui-même: « Si c'est ici le meilleur des mondes possibles, que sont donc les autres? Passe encore[56] si je n'étais que fessé, je l'ai été chez les Bulgares; mais, ô mon cher Pangloss! le plus grand des philosophes, faut-il

47. Laquais armé; homme de main. — 48. « Acte de foi » en portugais (le mot s'écrit aujourd'hui sans traits d'union; il s'agit d'une « cérémonie au cours de laquelle les hérétiques condamnés au supplice du feu par l'Inquisition étaient conviés à faire *acte de foi* pour mériter leur rachat dans l'autre monde » (*Dict. Robert*). Voltaire emploie l'expression comme synonyme d'exécution publique d'hérétiques condamnés par l'Inquisition. — 49. Ville du Portugal au nord de Lisbonne; un des quatre sièges de l'Inquisition. — 50. Originaire de la province basque de Biscaye. — 51. Il a épousé la marraine de l'enfant dont il est lui-même le parrain. L'Eglise interdit de tels mariages, même en l'absence de tout lien de parenté entre le parrain et sa « commère ». — 52. Ayant observé une interdiction du judaïsme, ils étaient soupçonnés d'être juifs. L'Inquisition obligeait les catholiques à dénoncer ceux qui avaient « judaïsé » en enlevant la graisse d'un animal avant de le manger. — 53. Vêtement rituel dont les Inquisiteurs revêtaient les condamnés. — 54. Ces détails annoncent des peines différentes, selon le dégré de culpabilité. Pangloss est condamné à mort « pour avoir parlé » (flammes droites); Candide, qui a « écouté avec un air d'approbation », sera fouetté (flammes renversées). — 55. Plain-chant d'Eglise à plusieurs voix. — 56. Ce serait acceptable.

vous avoir vu pendre, sans que je sache pourquoi! O mon cher anabaptiste! le meilleur des hommes, faut-il que vous ayez été noyé dans le port! ô mademoiselle Cunégonde! la perle des filles, faut-il qu'on vous ait fendu le ventre! »

Il s'en retournait, se soutenant à peine, prêché, fessé, absous et béni[57], lorsqu'une vieille l'aborda, et lui dit: « Mon fils, prenez courage, suivez-moi. »

Chapitre septième

Comment une vieille prit soin de Candide,
et comment il retrouva ce qu'il aimait

Candide ne prit point courage, mais il suivit la vieille dans une masure: elle lui donna un pot de pommade pour se frotter, lui laissa à manger et à boire; elle lui montra un petit lit assez propre; il y avait auprès du lit un habit complet. « Mangez, buvez, dormez, lui dit-elle, et que Notre-Dame d'Atocha, monsigneur St-Antoine de Padoue, et monseigneur St-Jacques de Compostelle prennent soin de vous! je reviendrai demain. » Candide, toujours étonné de tout ce qu'il avait vu, de tout ce qu'il avait souffert, et encore plus de la charité de la vieille, voulut lui baiser la main. « Ce n'est pas ma main qu'il faut baiser, dit la vieille; je reviendrai demain. Frottez-vous de pommade, mangez et dormez. »

Candide, malgré tant de malheurs, mangea et dormit. Le lendemain, la vieille lui apporte à déjeuner, visite son dos, le frotte elle-même d'une autre pommade; elle lui apporte ensuite à dîner; elle revient sur le soir, et apporte à souper. Le surlendemain, elle fit encore les mêmes cérémonies. « Qui êtes-vous? lui disait toujours Candide; qui vous a inspiré tant de bonté? quelles grâces puis-je vous rendre? » La bonne femme ne répondait jamias rien; elle revint sur le soir, et n'apporta point à souper: « Venez avec moi, dit-elle, et ne dites mot. » Elle le prend sous le bras, et marche avec lui dans la campagne environ un quart de mille: ils arrivent à une maison isolée, entourée de jardins et de canaux. La vieille frappe à une petite porte. On ouvre; elle mène Candide, par un escalier dérobé, dans un cabinet doré, le laisse sur un canapé de brocart, referme la porte, et s'en va. Candide croyait rêver, et regardait toute sa vie comme un songe funeste, et le moment présent comme un songe agréable.

La vieille reparut bientôt; elle soutenait avec peine une femme tremblante, d'une taille majestueuse, brillante de pierreries, et couverte d'un voile. « Otez ce voile, » dit la vieille à Candide. Le jeune homme approche; il lève le voile d'une main timide. Quel moment! quelle surprise! il croit voir mademoiselle Cunégonde; il la voyait en effet, c'était elle-même. La force lui manque, il ne peut proférer une parole, il tombe à ses pieds. Cunégonde tombe sur le canapé. La vieille les accable d'eaux spiritueuses[58], ils reprennent leurs sens, ils se parlent; ce sont d'abord des mots entrecoupés, des demandes et des réponses qui se croisent, des soupirs, des larmes, des cris. La vieille leur recommande de faire moins de bruit, et les laisse en liberté. « Quoi! c'est vous, lui dit

57. Une fois leur peine subie, l'Inquisiteur donnait l'absolution et la bénédiction aux repentants. —
58. Liqueurs fortes en alcool.

Candide; vous vivez! je vous retrouve en Portugal! On ne vous a donc pas violée? On ne vous a point fendu le ventre, comme le philosophe Pangloss me l'avait assuré? — Si fait[59], dit la belle Cunégonde; mais on ne meurt pas toujours de ces deux accidents. — Mais votre père et votre mère ont-ils été tués? — Il n'est que trop vrai, dit Cunégonde en pleurant. — Et votre frère? — Mon frère a été tué aussi. — Et pourquoi êtes-vous en Portugal? et comment avez-vous su que j'y étais et par quelle étrange aventure[60] m'avez-vous fait conduire dans cette maison? — Je vous dirai tout cela, répliqua la dame; mais il faut auparavant que vous m'appreniez tout ce qui vous est arrivé depuis le baiser innocent que vous me donnâtes, et les coups de pied que vous reçûtes. »

Candide lui obéit avec un profond respect; et quoiqu'il fût interdit[61], quoique sa voix fût faible et tremblante, quoique l'échine lui fît encore un peu mal, il lui raconta de la manière la plus naïve tout ce qu'il avait éprouvé depuis le moment de leur séparation. Cunégonde levait les yeux au ciel: elle donna des larmes à la mort[62] du bon anabaptiste et de Pangloss; après quoi elle parla en ces termes à Candide, qui ne perdait pas une parole, et qui la dévorait des yeux.

Chapitre huitième

Histoire de Cunégonde

« J'étais dans mon lit et je dormais profondément, quand il plut au Ciel d'envoyer les Bulgares dans notre beau château de Thunder-ten-tronckh; ils égorgèrent mon père et mon frère, et coupèrent ma mère par morceaux. Un grand Bulgare, haut de six pieds, voyant qu'à ce spectacle j'avais perdu connaissance, se mit à me violer; cela me fit revenir, je repris mes sens, je criai, je me débattis, je mordis, j'égratignai, je voulais arracher les yeux à ce grand Bulgare, ne sachant pas que tout ce qui arrivait dans le château de mon père était une chose d'usage: le brutal me donna un coup de couteau dans le flanc gauche dont je porte encore la marque. — Hélas! j'espère bien la voir, dit le naïf Candide. — Vous la verrez, dit Cunégonde; mais continuons. — Continuez », dit Candide.

Elle reprit ainsi le fil de son histoire: « Un capitaine bulgare entra, il me vit toute sanglante, et le soldat ne se dérangeait pas. Le capitaine se mit en colère du peu de respect que lui témoignait ce brutal, et le tua sur mon corps. Ensuite il me fit panser, et m'emmena prisonnière de guerre dans son quartier[63]. Je blanchissais le peu de chemises qu'il avait, je faisais sa cuisine; il me trouvait fort jolie, il faut l'avouer; et je ne nierai pas qu'il ne fût très bien fait, et qu'il n'eût la peau blanche et douce; d'ailleurs peu d'esprit, peu de philosophie: on voyait bien qu'il n'avait pas été élevé par le docteur Pangloss. Au bout de trois mois, ayant perdu tout son argent, et s'étant dégoûté de moi, il me vendit à un juif nommé don Issachar, qui trafiquait en Hollande et en Portugal, et qui aimait passionnément les femmes. Ce juif s'attacha beaucoup à ma personne, mais il ne pouvait en triompher; je lui ai mieux résisté qu'au soldat bulgare: une personne d'honneur peut être violée une fois, mais sa

59. Mais si. — 60. Hasard. — 61. Ahuri. — 62. Ellipse: au moment du récit de la mort. — 63. Caserne.

vertu s'en affermit. Le juif, pour m'apprivoiser, me mena dans cette maison de campagne que vous voyez. J'avais cru jusque-là qu'il n'y avait rien sur la terre de si beau que le château de Thunder-ten-tronckh; j'ai été détrompée.

« Le grand inquisiteur m'aperçut un jour à la messe; il me lorgna beaucoup et me fit dire qu'il avait à me parler pour des affaires secrètes. Je fus conduite à son palais; je lui appris ma naissance; il me représenta[64] combien il était au-dessous de mon rang d'appartenir à un israélite. On proposa de sa part à don Issachar de me céder à Monseigneur. Don Issachar, qui est le banquier de la cour, et homme de crédit, n'en voulut rien faire. L'inquisiteur le menaça d'un auto-da-fé. Enfin mon juif, intimidé, conclut un marché par lequel la maison et moi leur appartiendraient à tous deux en commun; que le juif aurait pour lui les lundis, mercredis et le jour du sabbat, et que l'inquisiteur aurait les autres jours de la semaine. Il y a six mois que cette convention subsiste. Ce n'a pas été sans querelles; car souvent il a été indécis si la nuit du samedi au dimanche appartenait à l'ancienne loi ou à la nouvelle[65]. Pour moi, j'ai résisté jusqu'à présent à toutes les deux; et je crois que c'est pour cette raison que j'ai toujours été aimée.

« Enfin, pour détourner le fléau des tremblements de terre, et pour intimider don Issachar, il plut à monseigneur l'inquisiteur de célébrer un auto-da-fé. Il me fit l'honneur de m'y inviter. Je fus très bien placée; on servit aux dames des rafraîchissements entre la messe et l'exécution. Je fus, à la vérité, saisie d'horreur en voyant brûler ces deux juifs et cet honnête Biscayen qui avait épousé sa commère; mais quelle fut ma surprise, mon effroi, mon trouble, quand je vis, dans un san-benito et sous une mitre, une figure qui ressemblait à celle de Pangloss! Je me frottai les yeux, je regardai attentivement, je le vis pendre; je tombai en faiblesse. A peine reprenais-je mes sens que je vous vis dépouillé tout nu; ce fut là le comble de l'horreur, de la consternation, de la douleur, du désespoir. Je vous dirai, avec vérité, que votre peau est encore plus blanche, et d'un incarnat plus parfait que celle de mon capitaine des Bulgares. Cette vue redoubla tous les sentiments qui m'accablaient, qui me dévoraient. Je m'écriai, je voulus dire: « Arrêtez, barbares! » Mais la voix me manqua, et mes cris auraient été inutiles. Quand vous eûtes été bien fessé: « Comment se peut-il faire, disais-je, que l'aimable Candide et le sage Pangloss se trouvent à Lisbonne, l'un pour recevoir cent coups de fouet, et l'autre pour être pendu par l'ordre de monseigneur l'inquisiteur, dont je suis la bien-aimée? Pangloss m'a donc bien cruellement trompée, quand il me disait que tout va le mieux du monde. »

« Agitée, éperdue, tantôt hors de moi-même, et tantôt prête de mourir de faiblesse, j'avais la tête remplie du massacre de mon père, de ma mère, de mon frère, de l'insolence de mon vilain soldat bulgare, du coup de couteau qu'il me donna, de ma servitude, de mon métier de cuisinière, de mon capitaine bulgare, de mon vilain

64. M'expliqua. — 65. Il s'agit de savoir si Cunégonde doit passer la nuit en question avec le juif (loi de l'Ancien Testament, donc judaïque) ou le chrétien (loi du Nouveau Testament, donc chrétienne).

don Issachar, de mon abominable inquisiteur, de la pendaison du docteur Pangloss, de ce grand *miserere* [66] en faux-bourdon pendant lequel on vous fessait, et surtout du baiser que je vous avais donné derrière un paravent, le jour que je vous avais vu pour la dernière fois. Je louai Dieu, qui vous ramenait à moi par tant d'épreuves. Je recommandai à ma vieille d'avoir soin de vous, et de vous amener ici dès qu'elle le pourrait. Elle a très bien exécuté ma commission; j'ai goûté le plaisir inexprimable de vous revoir, de vous entendre, de vous parler. Vous devez avoir une faim dévorante; j'ai grand appétit; commençons par souper. »

Les voilà qui se mettent tous deux à table; et, après le souper, ils se replacent sur ce beau canapé dont on a déjà parlé; ils y étaient quand le signor don Issachar, l'un des maîtres de la maison, arriva. C'était le jour du sabbat. Il venait jouir de ses droits, et expliquer son tendre amour.

Chapitre neuvième

Ce qui advint de Cunégonde, de Candide,
du grand inquisiteur, et d'un juif.

Cet Issachar était le plus colérique Hébreu qu'on eût vu dans Israël, depuis la captivité en Babylone. « Quoi! dit-il, chienne de Galiléenne [67], ce n'est pas assez de monsieur l'inquisiteur? Il faut que ce coquin partage aussi avec moi? » En disant cela il tire un long poignard dont il était toujours pourvu, et, ne croyant pas que son adverse partie eût des

armes, il se jette sur Candide; mais notre bon Westphalien avait reçu une belle épée de la vieille avec l'habit complet. Il tire son épée, quoiqu'il eût les mœurs fort douces, et vous étend l'israélite roide mort sur le carreau, aux pieds de la belle Cunégonde.

« Sainte Vierge! s'écria-t-elle, qu'allons-nous devenir? Un homme tué chez moi! si la justice vient, nous sommes perdus. — Si Pangloss n'avait pas été pendu, dit Candide, il nous donnerait un bon conseil dans cette extrémité, car c'était un grand philosophe. A son défaut, consultons la vieille. » Elle était fort prudente, et commençait à dire son avis quand une autre petite porte s'ouvrit. Il était une heure après minuit, c'était le commencement du dimanche. Ce jour appartenait à monseigneur l'inquisiteur. Il entre et voit le fessé Candide, l'épée à la main, un mort étendu par terre, Cunégonde effarée, et la vieille donnant des conseils.

Voici dans ce moment ce qui se passa dans l'âme de Candide, et comment il raisonna: « Si ce saint homme appelle du secours, il me fera infailliblement brûler, il pourra en faire autant de Cunégonde; il m'a fait fouetter impitoyablement; il est mon rival; je suis en train de tuer; il n'y a pas à balancer [68]. » Ce raisonnement fut net et rapide; et, sans donner le temps à l'inquisiteur de revenir de sa surprise, il le perce d'outre en outre [69], et le jette à côté du juif. « En voici bien d'une autre [70], dit Cunégonde; il n'y a plus de rémission; nous sommes excommuniés, notre dernière heure est venue! Comment avez-vous fait, vous qui êtes né si doux, pour tuer en

66. Chant d'Eglise (du latin: « aie pitié ») qui commence « Miserere mei, Deus ». — 67. Chrétienne. — 68. Hésiter. — 69. D'un côté à l'autre. — 70. Voici encore une (mauvaise) affaire (qui s'ajoute aux autres).

deux minutes un juif et un prélat? — Ma belle demoiselle, répondit Candide, quand on est amoureux, jaloux, et fouetté par l'Inquisition, on ne se connaît plus. »

La vieille prit alors la parole, et dit: « Il y a trois chevaux andalous dans l'écurie, avec leurs selles et leurs brides: que le brave Candide les prépare; madame a des moyadors[71] et des diamants, montons vite à cheval, quoique je ne puisse me tenir que sur une fesse, et allons à Cadix; il fait le plus beau temps du monde, et c'est un grand plaisir de voyager pendant la fraîcheur de la nuit. »

Aussitôt Candide selle les trois chevaux. Cunégonde, la vieille, et lui, font trente milles d'une traite. Pendant qu'ils s'éloignaient, la Sainte Hermandad[72] arrive dans la maison, on enterre monseigneur dans une belle église et on jette Issachar à la voirie[73].

Candide, Cunégonde, et la vieille, étaient déjà dans la petite ville d'Avacéna, au milieu des montagnes de la Sierra-Morena; et ils parlaient ainsi dans un cabaret.

Chapitre dixième

Dans quelle détresse Candide, Cunégonde et la vieille arrivent à Cadix, et de leur embarquement

« Qui a donc pu me voler mes pistoles[74] et mes diamants? disait en pleurant Cunégonde; de quoi vivrons-nous? comment ferons-nous? où trouver des inquisiteurs et des juifs qui m'en donnent d'autres? — Hélas! dit la vieille, je soupçonne fort un révérend père cordelier qui coucha hier dans la même auberge que nous à Badajos; Dieu me garde de faire un jugement téméraire! mais il entra deux fois dans notre chambre, et il partit longtemps avant nous. — Hélas! dit Candide, le bon Pangloss m'avait souvent prouvé que les biens de la terre sont communs à tous les hommes, que chacun y a un droit égal. Ce cordelier devait bien, suivant ces principes, nous laisser de quoi achever notre voyage. Il ne vous reste donc rien du tout, ma belle Cunégonde? — Pas un maravédis[75], dit-elle. — Quel parti prendre? dit Candide. — Vendons un des chevaux, dit la vieille; je monterai en croupe derrière mademoiselle, quoique je ne puisse me tenir que sur une fesse, et nous arriverons à Cadix. »

Il y avait dans la même hôtellerie un prieur de bénédictins; il acheta le cheval bon marché. Candide, Cunégonde et la vieille passèrent par Lucena, par Chillas, par Lebrixa, et arrivèrent enfin à Cadix. On y équipait une flotte, et on y assemblait des troupes pour mettre à la raison[76] les révérends pères jésuites du Paraguay, qu'on accusait d'avoir fait révolter une de leurs hordes contre les rois d'Espagne et de Portugal, auprès de la ville du Saint Sacrement[77]. Candide, ayant servi chez les Bulgares, fit l'exercice bulgarien devant le général de la petite armée avec tant de grâce, de célérité, d'adresse, de fierté,

71. Pièces d'or. — 72. La police. — 73. Lieu où l'on déposait les ordures de la ville. On y jette son corps parce qu'étant juif, il n'a pas le droit de reposer en terre chrétienne. — 74. Pièces d'or (appelées *moyadors* au chapitre précédent). — 75. Monnaie de cuivre, de peu de valeur. — 76. Soumettre. — 77. La ville du Saint-Sacrement était située sur le territoire des jésuites au Paraguay. Quand les Espagnols la cédèrent au Portugal, les jésuites, s'estimant lésés, poussèrent les Indiens indigènes à la révolte. L'expédition punitive dont parle Voltaire eut lieu en 1755–1756.

d'agilité, qu'on lui donna une compagnie d'infanterie à commander. Le voilà capitaine; il s'embarque avec mademoiselle Cunégonde, la vieille, deux valets, et les deux chevaux andalous qui avaient appartenu à monsieur le grand inquisiteur de Portugal.

Pendant toute la traversée ils raisonnèrent beaucoup sur la philosophie du pauvre Pangloss. « Nous allons dans un autre univers, disait Candide; c'est dans celui-là, sans doute, que tout est bien. Car il faut avouer qu'on pourrait gémir un peu de ce qui se passe dans le nôtre en physique et en morale[78]. — Je vous aime de tout mon cœur, disait Cunégonde; mais j'ai encore l'âme tout effarouchée de ce que j'ai vu, de ce que j'ai éprouvé. — Tout ira bien, répliquait Candide; la mer de ce nouveau monde vaut déjà mieux que les mers de notre Europe; elle est plus calme, les vents plus constants. C'est certainement le nouveau monde qui est le meilleur des univers possibles. — Dieu le veuille! disait Cunégonde; mais j'ai été si horriblement malheureuse dans le mien que mon cœur est presque fermé à l'espérance. — Vous vous plaignez, leur dit la vieille; hélas! vous n'avez pas éprouvé des infortunes telles que les miennes. » Cunégonde se mit presque à rire, et trouva cette bonne femme fort plaisante de prétendre être plus malheureuse qu'elle. « Hélas! lui dit-elle, ma bonne, à moins que vous n'ayez été violée par deux Bulgares, que vous n'ayez reçu deux coups de couteau dans le ventre, qu'on n'ait démoli deux de vos châteaux, qu'on n'ait égorgé à vos yeux deux mères et

deux pères, et que vous n'ayez vu deux de vos amants fouettés dans un auto-da-fé, je ne vois pas que vous puissiez l'emporter sur moi; ajoutez que je suis née baronne avec soixante et douze quartiers, et que j'ai été cuisinière. — Mademoiselle, répondit la vieille, vous ne savez pas quelle est ma naissance; et si je vous montrais mon derrière, vous ne parleriez pas comme vous faites, et vous suspendriez votre jugement. » Ce discours fit naître une extrême curiosité dans l'esprit de Cunégonde et de Candide. La vieille leur parla en ces termes.

Chapitre onzième

Histoire de la vieille

« Je n'ai pas eu toujours les yeux éraillés et bordés d'écarlate; mon nez n'a pas toujours touché à mon menton, et je n'ai pas toujours été servante. Je suis la fille du pape Urbain X et de la princesse de Palestrine[79]. On m'éleva jusqu'à quatorze ans dans un palais auquel tous les châteaux de vos barons allemands n'auraient pas servi d'écurie; et une de mes robes valait mieux que toutes les magnificences de la Westphalie. Je croissais en beauté, en grâce, en talents, au milieu des plaisirs, des respects, et des espérances. J'inspirais déjà de l'amour; ma gorge[80] se formait; et quelle gorge! blanche, ferme, taillée comme celle de la Vénus de Médicis; et quels yeux! quelles paupières! quels sourcils noirs! quelles flammes brillaient dans mes deux prunelles, et

78. L'optimisme leibnizien distinguait le mal physique (la douleur et la souffrance) et le mal moral (le péché, les crimes, etc.). — 79. Petite principauté italienne. — 80. Ici, poitrine.

effaçaient la scintillation des étoiles, comme me disaient les poètes du quartier. Les femmes qui m'habillaient et qui me déshabillaient tombaient en extase en me regardant par-devant et par-derrière; et tous les hommes auraient voulu être à leur place.

« Je fus fiancée à un prince souverain de Massa-Carrara[81]. Quel prince! aussi beau que moi, pétri de douceur et d'agréments, brillant d'esprit et brûlant d'amour. Je l'aimais comme on aime pour la première fois, avec idolâtrie, avec emportement. Les noces furent préparées. C'était une pompe, une magnificence inouïe; c'étaient des fêtes, des carrousels[82], des opéra-buffa continuels; et toute l'Italie fit pour moi des sonnets dont il n'y eut pas un seul de passable. Je touchais au moment de mon bonheur, quand une vieille marquise qui avait été maîtresse de mon prince l'invita à prendre du chocolat chez elle. Il mourut en moins de deux heures avec des convulsions épouvantables. Mais ce n'est qu'une bagatelle. Ma mère, au désespoir, et bien moins affligée que moi, voulut s'arracher pour quelque temps à un séjour si funeste. Elle avait une très belle terre auprès de Gaïète[83]. Nous nous embarquâmes sur une galère du pays, dorée comme l'autel de Saint-Pierre de Rome. Voilà qu'un corsaire de Salé[84] fond sur nous et nous aborde; nos soldats se défendirent comme des soldats du pape[85]: ils se mirent tous à genoux en jetant leurs armes et en demandant au corsaire une absolution *in articulo mortis*[86].

« Aussitôt on les dépouilla nus comme des singes et ma mère aussi, nos filles d'honneur aussi et moi aussi. C'est une chose admirable que la diligence avec laquelle ces messieurs déshabillent le monde. Mais ce qui me surprit davantage, c'est qu'ils nous mirent à tous le doigt dans un endroit où nous autres femmes nous ne nous laissons mettre d'ordinaire que des canules[87]. Cette cérémonie me paraissait bien étrange: voilà comme on juge de tout quand on n'est pas sorti de son pays. J'appris bientôt que c'était pour voir si nous n'avions pas caché là quelques diamants: c'est un usage établi de temps immémorial parmi les nations policées qui courent sur mer. J'ai su que messieurs les religieux chevaliers de Malte[88] n'y manquent jamais quand ils prennent des Turcs et des Turques; c'est une loi du droit des gens à laquelle on n'a jamais dérogé.

« Je ne vous dirai point combien il est dur pour une jeune princesse d'être menée esclave au Maroc avec sa mère. Vous concevez assez tout ce que nous eûmes à souffrir dans le vaisseau corsaire. Ma mère était encore très belle; nos filles d'honneur, nos simples femmes de chambre, avaient plus de charmes qu'on n'en peut trouver dans toute l'Afrique. Pour moi, j'étais ravissante, j'étais la beauté, la grâce même, et j'étais pucelle. Je ne le fus pas longtemps: cette fleur, qui avait été réservée pour le beau prince de Massa-Carrara, me fut ravie par le capitaine corsaire; c'était un nègre abominable, qui croyait encore me faire beaucoup d'honneur. Certes il

81. Petit duché italien. — 82. Parades à cheval. — 83. Ville portuaire au sud de Rome. — 84. Ville portuaire du Maroc, bases des pirates barbaresques. — 85. Locution de l'époque, signifiant: ne pas se défendre du tout. — 86. « A l'article de la mort », c'est-à-dire: sur le point de mourir. — 87. Petit tuyau d'une seringue à lavement. — 88. Ordre religieux et militaire consacré à la défense de la chrétienté contre l'Islam.

fallait que madame la princesse de Palestrine et moi fussions bien fortes pour résister à tout ce que nous éprouvâmes jusqu'à notre arrivée au Maroc. Mais passons; ce sont des choses si communes qu'elles ne valent pas la peine qu'on en parle.

« Le Maroc nageait dans le sang quand nous arrivâmes. Cinquante fils de l'empereur Mulei-Ismaël[89] avaient chacun leur parti: ce qui produisait en effet cinquante guerres civiles, de noirs contre noirs, de noirs contre basanés, de basanés contre basanés, de mulâtres contre mulâtres: c'était un carnage continuel dans toute l'étendue de l'empire.

« A peine fûmes-nous débarquées que des noirs d'une faction ennemie de celle de mon corsaire se présentèrent pour lui enlever son butin. Nous étions, après les diamants et l'or, ce qu'il avait de plus précieux. Je fus témoin d'un combat tel que vous n'en voyez jamais dans vos climats d'Europe. Les peuples septentrionaux n'ont pas le sang assez ardent. Ils n'ont pas la rage des femmes au point où elle est commune en Afrique. Il semble que vos Européens aient du lait dans les veines; c'est du vitriol, c'est du feu qui coule dans celles des habitants du mont Atlas et des pays voisins. On combattit avec la fureur des lions, des tigres et des serpents de la contrée, pour savoir à qui nous aurait. Un Maure saisit ma mère par le bras droit, le lieutenant de mon capitaine la retint par le bras gauche; un soldat maure la prit par une jambe, un de nos pirates la tenait par l'autre. Nos filles se trouvèrent presque toutes en un moment tirées ainsi à quatre soldats. Mon capitaine me tenait

cachée derrière lui. Il avait le cimeterre au poing, et tuait tout ce qui s'opposait à sa rage. Enfin je vis toutes nos Italiennes et ma mère déchirées, coupées, massacrées par les monstres qui se les disputaient. Les captifs, mes compagnons, ceux qui les avaient pris, soldats, matelots, noirs, basanés, blancs, mulâtres, et enfin mon capitaine, tout fut tué, et je demeurai mourante sur un tas de morts. Des scènes pareilles se passaient, comme on sait, dans l'étendue de plus de trois cents lieues, sans qu'on manquât aux cinq prières par jour ordonnées par Mahomet.

« Je me débarrassai avec beaucoup de peine de la foule de tant de cadavres sanglants entassés, et je me traînai sous un grand oranger au bord d'un ruisseau voisin; j'y tombai d'effroi, de lassitude, d'horreur, de désespoir et de faim. Bientôt après, mes sens accablés se livrèrent à un sommeil qui tenait plus de l'évanouissement que du repos. J'étais dans cet état de faiblesse et d'insensibilité, entre la mort et la vie, quand je me sentis pressée de quelque chose qui s'agitait sur mon corps; j'ouvris les yeux, je vis un homme blanc et de bonne mine qui soupirait, et qui disait entre ses dents: *O che sciagura d'essere senza c...*[90]!

Chapitre douzième

Suite des malheurs de la vieille

« Etonnée et ravie d'entendre la langue de ma patrie, et non moins surprise des paroles que proférait cet

89. Sultan qui régna de 1672 à 1727; il eut beaucoup d'enfants, mais pas cinquante. — 90. « Oh! quel malheur d'être sans c... ». Le mot que Voltaire supprima à partir des premières éditions est *coglioni* (mot vulgaire signifiant *testicules*).

homme, je lui répondis qu'il y avait de plus grands malheurs que celui dont il se plaignait. Je l'instruisis en peu de mots des horreurs que j'avais essuyées, et je retombai en faiblesse. Il m'emporta dans une maison voisine, me fit mettre au lit, me fit donner à manger, me servit, me consola, me flatta, me dit qu'il n'avait rien vu de si beau que moi, et que jamais il n'avait tant regretté ce que personne ne pouvait lui rendre. « Je suis né à Naples, me dit-il; on y chaponne[91] deux ou trois mille enfants tous les ans; les uns en meurent, les autres acquièrent une voix plus belle que celle des femmes, les autres vont gouverner des Etats. On me fit cette opération avec un très grand succès, et j'ai été musicien[92] de la chapelle de madame la princesse de Palestrine. — De ma mère! m'écriai-je. — De votre mère! s'écria-t-il en pleurant; quoi! vous seriez cette jeune princesse que j'ai élevée jusqu'à l'âge de six ans, et qui promettait déjà d'être aussi belle que vous êtes? — C'est moi-même; ma mère est à quatre cents pas d'ici, coupée en quartiers sous un tas de morts... »

« Je lui contai tout ce qui m'était arrivé; il me conta aussi ses aventures, et m'apprit comment il avait été envoyé chez le roi de Maroc par une puissance chrétienne, pour conclure avec ce monarque un traité par lequel on lui fournirait de la poudre, des canons, et des vaisseaux, pour l'aider à exterminer le commerce des autres chrétiens. "Ma mission est faite, dit cet honnête eunuque; je vais m'embarquer à Ceuta, et je vous ramènerai en Italie. *Ma che sciagura d'essere senza coglioni!*"

« Je le remerciai avec des larmes d'attendrissement; et au lieu de me mener en Italie, il me conduisit à Alger, et me vendit au dey[93] de cette province. A peine fus-je vendue que cette peste qui a fait le tour de l'Afrique, de l'Asie et de l'Europe, se déclara dans Alger avec fureur. Vous avez vu des tremblements de terre; mais, mademoiselle, avez-vous jamais eu la peste?— Jamais, répondit la baronne.

« Si vous l'aviez eue, reprit la vieille, vous avoueriez qu'elle est bien au-dessus d'un tremblement de terre. Elle est fort commune en Afrique; j'en fus attaquée. Figurez-vous quelle situation pour la fille d'un pape, âgée de quinze ans, qui en trois mois de temps avait éprouvé la pauvreté, l'esclavage, avait été violée presque tous les jours, avait vu couper sa mère en quatre, avait essuyé la faim et la guerre, et mourait pestiférée dans Alger. Je n'en mourus pourtant pas; mais mon eunuque et le dey, et presque tout le sérail[94] d'Alger périrent.

« Quand les premiers ravages de cette épouvantable peste furent passés, on vendit les esclaves du dey. Un marchand m'acheta, et me mena à Tunis; il me vendit à un autre marchand, qui me revendit à Tripoli; de Tripoli je fus revendu à Alexandrie, d'Alexandrie revendue à Smyrne, de Smyrne à Constantinople. J'appartins enfin à un aga des janissaires[95], qui fut bientôt commandé pour aller défendre Azof contre les Russes, qui l'assiégeaient[96].

« L'aga, qui était un très galant homme, mena avec lui tout son sérail,

91. *Chaponner* (castrer) se dit du jeune coq. Voltaire évite le mot juste pour montrer son indignation. Il exagère le chiffre pour le besoins de la polémique. — 92. Chanteur. — 93. Chef du gouvernement. — 94. Ici, harem. — 95. Commandant des soldats d'élite de l'infanterie turque. — 96. Azof est un port de la mer Noire; le siège eut lieu en 1695–1696.

et nous logea dans un petit fort sur les Palus-Méotides[97], gardé par deux eunuques noirs et vingt soldats. On tua prodigieusement de Russes, mais ils nous le rendirent bien. Azof fut mis à feu et à sang, et on ne pardonna ni au sexe, ni à l'âge; il ne resta que notre petit fort; les ennemis voulurent nous prendre par famine. Les vingt janissaires avaient juré de ne se jamais rendre. Les extrémités de la faim où ils furent réduits les contraignirent à manger nos deux eunuques, de peur de violer leur serment. Au bout de quelques jours ils résolurent de manger les femmes.

« Nous avions un iman[98] très pieux et très compatissant, qui leur fit un beau sermon par lequel il leur persuada de ne nous pas tuer tout à fait. « Coupez, dit-il, seulement une fesse à chacune de ces dames, vous ferez très bonne chère; s'il faut y revenir, vous en aurez encore autant dans quelques jours; le ciel vous saura gré d'une action si charitable, et vous serez secourus. »

« Il avait beaucoup d'éloquence; il les persuada. On nous fit cette horrible opération. L'iman nous appliqua le même baume qu'on met aux enfants qu'on vient de circoncire. Nous étions toutes à la mort.

« A peine les janissaires eurent-ils fait le repas que nous leur avions fourni, que les Russes arrivent sur des bateaux plats: il ne réchappa pas un janissaire. Les Russes ne firent aucune attention à l'état où nous étions. Il y a partout des chirurgiens français, un d'eux, qui était fort adroit, prit soin de nous; il nous guérit, et je me souviendrai toute ma vie que, quand mes plaies furent bien fermées, il me fit

des propositions. Au reste, il nous dit à toutes de nous consoler; il nous assura que dans plusieurs sièges pareille chose était arrivée, et que c'était la loi de la guerre.

« Dès que mes compagnes purent marcher, on les fit aller à Moscou. J'échus en partage à un boyard qui me fit sa jardinière, et qui me donnait vingt coups de fouet par jour; mais ce seigneur ayant été roué au bout de deux ans avec une trentaine de boyards pour quelque tracasserie de cour, je profitai de cette aventure: je m'enfuis; je traversai toute la Russie; je fus longtemps servante de cabaret à Riga, puis à Rostock, à Vismar, à Leipsick, à Cassel, à Utrecht, à Leyde, à La Haye, à Rotterdam; j'ai vieilli dans la misère et dans l'opprobre, n'ayant que la moitié d'un derrière, me souvenant toujours que j'étais fille d'un pape; je voulus cent fois me tuer, mais j'aimais encore la vie. Cette faiblesse ridicule est peut-être un de nos penchants les plus funestes: car y a-t-il rien de plus sot que de vouloir porter continuellement un fardeau qu'on veut toujours jeter par terre? d'avoir son être en horreur, et de tenir à son être? Enfin de caresser le serpent qui nous dévore, jusqu'à ce qu'il nous ait mangé le cœur?

« J'ai vu dans les pays que le sort m'a fait parcourir, et dans les cabarets où j'ai servi, un nombre prodigieux de personnes qui avaient leur existence en exécration; mais je n'en ai vu que douze qui aient mis volontairement fin à leur misère: trois nègres, quatre Anglais, quatre Genevois, et un professeur Allemand nommé Robeck[99]. J'ai fini par être servante chez le juif don Issachar; il me mit auprès de

97. La mer d'Azof. — 98. Prêtre. — 99. Fait historique: Robeck avait écrit une défense du suicide; puis, joignant l'exemple au précepte, se suicida 1739. La question du suicide était d'actualité.

vous, ma belle demoiselle; je me suis attachée à votre destinée, et j'ai été plus occupée de vos aventures que des miennes. Je ne vous aurais même jamais parlé de mes malheurs si vous ne m'aviez pas un peu piquée, et s'il n'était d'usage, dans un vaisseau, de conter des histoires pour se désennuyer. Enfin, mademoiselle, j'ai de l'expérience, je connais le monde; donnez-vous un plaisir, engagez chaque passager à vous conter son histoire, et s'il s'en trouve un seul qui n'ait souvent maudit sa vie, qui ne soit souvent dit à lui-même qu'il était le plus malheureux des hommes, jetez-moi dans la mer la tête la première. »

Chapitre treizième

Comment Candide fut obligé de se séparer de la belle Cunégonde et de la vieille

La belle Cunégonde, ayant entendu l'histoire de la vieille, lui fit toutes les politesses qu'on devait à une personne de son rang et de son mérite. Elle accepta la proposition; elle engagea tous les passagers, l'un après l'autre, à lui conter leurs aventures. Candide et elle avouèrent que la vieille avait raison. « C'est bien dommage, disait Candide, que le sage Pangloss ait été pendu contre la coutume dans un auto-da-fé; il nous dirait des choses admirables sur le mal physique et sur le mal moral qui couvrent la terre et la mer, et je me sentirais assez de force pour oser lui faire respectueusement quelques objections. »

A mesure que chacun racontait son histoire, le vaisseau avançait. On

aborda dans Buenos-Aires. Cunégonde, le capitaine Candide et la vieille allèrent chez le gouverneur don Fernando d'Ibaraa, y Figueora, y Mascarenes, y Lampourdos, y Souza. Ce seigneur avait une fierté convenable à un homme qui portait tant de noms. Il parlait aux hommes avec le dédain le plus noble, portant le nez si haut, élevant si impitoyablement la voix, prenant un ton si imposant, affectant une démarche si altière, que tous ceux qui le saluaient étaient tentés de le battre. Il aimait les femmes à la fureur. Cunégonde lui parut ce qu'il avait jamais vu de plus beau. La première chose qu'il fit fut de demander si elle n'était point la femme du capitaine. L'air dont il fit cette question alarma Candide: il n'osa pas dire qu'elle était sa femme, parce qu'en effet elle ne l'était point; il n'osait pas dire que c'était sa sœur, parce qu'elle ne l'était pas non plus; et quoique ce mensonge officieux eût été autrefois très à la mode chez les anciens[100], et qu'il pût être utile aux modernes, son âme était trop pure pour trahir la vérité. « Mademoiselle Cunégonde, dit-il, doit me faire l'honneur de m'épouser et nous supplions Votre Excellence de daigner faire notre noce. »

Don Fernando d'Ibaraa, y Figueora, y Mascarenes, y Lampourdos, y Souza, relevant sa moustache, sourit amèrement, et ordonna au capitaine Candide d'aller faire la revue da sa compagnie. Candide obéit; le gouverneur demeura avec mademoiselle Cunégonde. Il lui déclara sa passion, lui protesta que le lendemain il l'épouserait à la face de l'Eglise, ou autrement, ainsi qu'il plairait à ses

100. Le « mensonge officieux » (fait pour rendre service, et par extension, sans gravité) auquel Voltaire fait allusion est celui d'Abraham, qui fit passer sa femme Sara pour sa sœur (*Genèse*, XI, 11–20).

charmes. Cunégonde lui demanda un quart d'heure pour se recueillir, pour consulter la vieille, et pour se déterminer.

La vieille dit à Cunégonde: « Mademoiselle, vous avez soixante et douze quartiers et pas une obole[101]; il ne tient qu'à vous d'être la femme du plus grand seigneur de l'Amérique méridionale, qui a une très belle moustache; est-ce à vous de vous piquer d'une fidélité à toute épreuve? Vous avez été violée par les bulgares; un juif et un inquisiteur ont eu vos bonnes grâces: les malheurs donnent des droits. J'avoue que, si j'étais à votre place, je ne ferais aucun scrupule d'épouser monsieur le gouverneur, et de faire la fortune de monsieur le capitaine Candide. » Tandis que la vieille parlait avec toute la prudence que l'âge et l'expérience donnent, on vit entrer dans le port un petit vaisseau; il portait un alcade et des alguazils[102], et voici ce qui était arrivé.

La vieille avait très bien deviné que ce fut un cordelier à la grande manche[103] qui vola l'argent et les bijoux de Cunégonde dans la ville de Badajos, lorsqu'elle fuyait en hâte avec Candide. Ce moine voulut vendre quelques-unes des pierreries à un joaillier. Le marchand les reconnut pour celles du grand inquisiteur. Le cordelier, avant d'être pendu, avoua qu'il les avait volées: il indiqua les personnes, et la route qu'elles prenaient. La fuite de Cunégonde et de Candide était déjà connue. On les suivit à Cadix: on envoya sans perdre temps un vaisseau à leur poursuite. Le vaisseau était déjà dans le port de Buenos-Aires. Le bruit se répandit qu'un alcade allait débarquer, et qu'on poursuivait les meurtriers de monseigneur le grand inquisiteur. La prudente vieille vit dans l'instant tout ce qui était à faire. « Vous ne pouvez fuir, dit-elle à Cunégonde, et vous n'avez rien à craindre: ce n'est pas vous qui avez tué monseigneur, et d'ailleurs le gouverneur, qui vous aime, ne souffrira pas qu'on vous maltraite; demeurez. » Elle court sur-le-champ à Candide: « Fuyez, dit-elle, ou dans une heure vous allez être brûlé. » Il n'y avait pas un moment à perdre; mais comment se séparer de Cunégonde, et où se réfugier?

Chapitre quatorzième

Comment Candide et Cacambo furent reçus chez les jésuites du Paraguay

Candide avait amené de Cadix un valet tel qu'on en trouve beaucoup sur les côtes d'Espagne et dans les colonies. C'était un quart d'Espagnol, né d'un métis dans le Tucuman[104]; il avait été enfant de chœur, sacristain, matelot, moine, facteur[105], soldat, laquais. Il s'appelait Cacambo, et aimait fort son maître, parce que son maître était un fort bon homme. Il sella au plus vite les deux chevaux andalous. « Allons, mon maître, suivons le conseil de la vieille; partons, et courons sans regarder derrière nous. » Candide versa des larmes: « O ma chère Cunégonde! Faut-il vous abandonner dans le temps que monsieur le gouverneur va faire nos noces! Cunégonde amenée de si loin, que deviendrez-vous? — Elle deviendra ce qu'elle

101. Sou. — 102. Un haut magistrat et des gendarmes. — 103. Un moine franciscain. — 104. Province d'Argentine. — 105. Agent commercial.

pourra, dit Cacambo; les femmes ne sont jamais embarrassées d'elles; Dieu y pourvoit; courons. — Où me mènes-tu? où allons-nous? que ferons-nous sans Cunégonde? disait Candide. — Par St. Jacques de Compostelle, dit Cacambo, vous alliez faire la guerre aux jésuites; allons la faire pour eux: je sais assez les chemins, je vous mè-nerai dans leur royaume, ils seront charmés d'avoir un capitaine qui fasse l'exercice à la bulgare; vous ferez une fortune prodigieuse: quand on n'a pas son compte dans un monde, on le trouve dans un autre. C'est un très grand plaisir de voir et de faire des choses nouvelles.

— Tu as donc été déjà dans le Paraguay? dit Candide. — Eh vrai-ment oui! dit Cacambo; j'ai été cuistre[106] dans le collège de l'Assomp-tion, et je connais le gouvernement de Los Padres[107], comme je connais les rues de Cadix. C'est une chose admirable que ce gouvernement. Le royaume a déjà plus de trois cents lieues de diamètre; il est divisé en trente provinces. Los Padres y ont tout, et les peuples rien; c'est le chef-d'œuvre de la raison et de la justice. Pour moi, je ne vois rien de si divin que Los Padres, qui font ici la guerre au roi d'Espagne et au roi de Portu-gal, et qui en Europe confessent ces rois; qui tuent ici des Espagnols, et qui à Madrid les envoient au ciel: cela me ravit; avançons: vous allez être le plus heureux de tous les hommes. Quel plaisir auront Los Padres quand ils sauront qu'il leur vient un capitaine qui sait l'exercice bulgare! »

Dès qu'ils furent arrivés à la première barrière, Cacambo dit à la garde avancée qu'un capitaine demandait à parler à monseigneur le commandant. On alla avertir la grande garde. Un officier paraguain courut aux pieds du commandant lui donner part de la nouvelle. Candide et Cacambo furent d'abord désarmés; on se saisit de leurs deux chevaux andalous. Les deux étrangers sont introduits au milieu de deux files de soldats; le commandant était au bout, le bonnet à trois cornes en tête, la robe retroussée, l'épée au côté, l'esponton[108] à la main. Il fit un signe; aussitôt vingt-quatre soldats entourent les deux nouveaux venus. Un sergent leur dit qu'il faut attendre, que le commandant ne peut leur parler, que le révérend père provincial ne permet pas qu'aucun Espagnol ouvre la bouche qu'en sa présence, et de-meure plus de trois heures dans le pays. « Et où est le révérend père provincial? dit Cacambo. — Il est à la parade après avoir dit sa messe, répon-dit le sergent, et vous ne pourrez baiser ses éperons que dans trois heures. — Mais, dit Cacambo, mon-sieur le capitaine, qui meurt de faim comme moi, n'est point Espagnol, il est Allemand; ne pourrions-nous point déjeuner en attendant Sa Révérence? »

Le sergent alla sur-le-champ ren-dre compte de ce discours au com-mandant. « Dieu soit béni! dit ce seigneur, puisqu'il est Allemand, je peux lui parler; qu'on le mène dans ma feuillée[109]. » Aussitôt on conduit Candide dans un cabinet de verdure, orné d'une très jolie colonnade de marbre vert et or, et de treillages qui renfermaient des perroquets, des coli-bris, des oiseaux-mouches, des pin-tades, et tous les oiseaux les plus rares.

106. Domestique. — 107. Les Pères (jésuites), et par extension, l'Etat qu'ils gouvernaient au Paraguay. — 108. Demi-pique, arme en usage dans l'infanterie française. — 109. Abri fait de bran-chages et de feuillages.

Un excellent déjeuner était préparé dans des vases d'or; et tandis que les Paraguains mangèrent du maïs dans des écuelles de bois, en plein champ, à l'ardeur du soleil, le révérend père commandant entra dans la feuillée.

C'était un très beau jeune homme, le visage plein, assez blanc, haut en couleur, le sourcil relevé, l'œil vif, l'oreille rouge, les lèvres vermeilles, l'air fier, mais d'une fierté qui n'était ni celle d'un Espagnol ni celle d'un jésuite. On rendit à Candide et à Cacambo leurs armes, qu'on leur avait saisies, ainsi que les deux chevaux andalous; Cacambo leur fit manger l'avoine auprès de la feuillée, ayant toujours l'œil sur eux, crainte de surprise.

Candide baisa d'abord le bas de la robe du commandant, ensuite ils se mirent à table. « Vous êtes donc Allemand? lui dit le jésuite en cette langue. — Oui, mon révérend père », dit Candide. L'un et l'autre, en prononçant ces paroles, se regardaient avec une extrême surprise, et une émotion dont ils n'étaient pas les maîtres. « Et de quel pays d'Allemagne êtes-vous? dit le jésuite. — De la sale province de Westphalie, dit Candide; je suis né dans le château de Thunder-ten-tronckh. — O ciel! est-il possible! s'écria le commandant. — Quel miracle! s'écria Candide. — Serait-ce vous? dit le commandant. — Cela n'est pas possible », dit Candide. Ils se laissent tomber tous deux à la renverse, ils s'embrassent, ils versent des ruisseaux de larmes. « Quoi! serait-ce vous, mon révérend père? vous, le frère de la belle Cunégonde! vous, qui fûtes tué par les Bulgares! vous, le fils de monsieur le baron! vous, jésuite au Paraguay! Il faut avouer que ce monde est une étrange chose, O Pangloss! Pangloss! que vous seriez aise[110] si vous n'aviez pas été pendu! »

Le commandant fit retirer les esclaves nègres et les Paraguains qui servaient à boire dans des gobelets de cristal de roche. Il remercia Dieu et saint Ignace[111] mille fois; il serrait Candide entre ses bras, leurs visages étaient baignés de pleurs. « Vous seriez bien plus étonné, plus attendri, plus hors de vous-même, dit Candide, si je vous disais que mademoiselle Cunégonde, votre sœur, que vous avez crue éventrée, est pleine de santé. — Où? — Dans votre voisinage, chez Monsieur le gouverneur de Buenos-Aires; et je venais pour vous faire la guerre. » Chaque mot qu'ils prononcèrent dans cette longue conversation accumulait prodige sur prodige. Leur âme tout entière volait sur leur langue, était attentive dans leurs oreilles, et étincelante dans leurs yeux. Comme ils étaient Allemands, ils tinrent table longtemps, en attendant le révérend père provincial; et le commandant parla ainsi à son cher Candide.

Chapitre quinzième

Comment Candide tua le frère de sa chère Cunégonde

« J'aurai toute ma vie présent à la mémoire le jour horrible où je vis tuer mon père et ma mère, et violer ma sœur. Quand les Bulgares furent retirés, on ne trouva point cette sœur adorable, et on mit dans une charrette ma mère, mon père, et moi, deux servantes et trois petits garçons égorgés, pour nous aller enterrer dans une

110. Content. — 111. Saint Ignace de Loyola, fondateur en 1534 de l'ordre des Jésuites.

chapelle de jésuites, à deux lieues du château de mes pères. Un jésuite nous jeta de l'eau bénite; elle était horriblement salée; il en entra quelques gouttes dans mes yeux: le père s'aperçut que ma paupière faisait un petit mouvement: il mit la main sur mon cœur, et le sentit palpiter; je fus secouru, et au bout de trois semaines il n'y paraissait pas. Vous savez, mon cher Candide, que j'étais fort joli; je le devins encore davantage; aussi le révérend père Croust[112], supérieur de la maison, prit pour moi la plus tendre amitié: il me donna l'habit de novice; quelque temps après je fus envoyé à Rome. Le père général avait besoin d'une recrue de jeunes jésuites allemands. Les souverains du Paraguay reçoivent le moins qu'ils peuvent de jésuites espagnols; ils aiment mieux les étrangers, dont ils se croient plus maîtres. Je fus jugé propre par le révérend père général pour aller travailler dans cette vigne[113]. Nous partîmes, un Polonais, un Tyrolien, et moi. Je fus honoré, en arrivant, du sous-diaconat et d'une lieutenance; je suis aujourd'hui colonel et prêtre. Nous recevons vigoureusement les troupes du roi d'Espagne; je vous réponds qu'elles seront excommuniées et battues. La Providence vous envoie ici pour nous seconder. Mais est-il bien vrai que ma chère sœur Cunégonde soit dans le voisinage, chez le gouverneur de Buenos-Aires? » Candide l'assura par serment que rien n'était plus vrai. Leurs larmes recommencèrent à couler.

Le baron ne pouvait se lasser d'embrasser Candide; il l'appelait son frère, son sauveur. « Ah! peut-être, lui dit-il, nous pourrons ensemble, mon cher Candide, entrer en vainqueurs dans la ville, et reprendre ma sœur Cunégonde. — C'est tout ce que je souhaite, dit Candide; car je comptais l'épouser, et je l'espère encore. — Vous, insolent! répondit le baron, vous auriez l'impudence d'épouser ma sœur, qui a soixante et douze quartiers! Je vous trouve bien effronté d'oser me parler d'un dessein si téméraire! » Candide, pétrifié d'un tel discours, lui répndit: « Mon révérend père, tous les quartiers du monde n'y font rien; j'ai tiré votre sœur des bras d'un juif et d'un inquisiteur; elle m'a assez d'obligations, elle veut m'épouser. Maître Pangloss m'a toujours dit que les hommes sont égaux, et assurément je l'épouserai. — C'est ce que nous verrons, coquin! » dit le jésuite baron de Thunder-ten-tronckh; et en même temps il lui donna un grand coup du plat de son épée sur le visage. Candide dans l'instant tire la sienne, et l'enfonce jusqu'à la garde dans le ventre du baron jésuite; mais en la retirant toute fumante, il se mit à pleurer: « Hélas! mon Dieu, dit-il, j'ai tué mon ancien maître, mon ami, mon beau-frère; je suis le meilleur homme du monde, et voilà déjà trois hommes que je tue; et dans ces trois il y a deux prêtres. »

Cacambo, qui faisait sentinelle à la porte de la feuillée, accourut. « Il ne nous reste qu'à vendre cher notre vie, lui dit son maître; on va, sans doute, entrer dans la feuillée; il faut mourir les armes à la main. » Cacambo, qui en avait vu bien d'autres[114], ne perdit point la tête; il prit la robe de jésuite que portait le baron, la mit sur le corps de Candide, lui donna le bonnet carré du mort, et

112. Jésuite allemand qui avait cherché, cinq ans avant la rédaction de *Candide*, à faire expulser Voltaire d'Alsace (ce qui explique peut-être l'allusion à l'homosexualité). — 113. Métaphore biblique (Mathieu, XX, 17). — 114. Qui s'était déjà trouvé dans des situations tout aussi difficiles.

le fit monter à cheval. Tout cela se fit en un clin d'œil. « Galopons, mon maître; tout le monde vous prendra pour un jésuite qui va donner des ordres; et nous aurons passé les frontières avant qu'on puisse courir après nous. » Il volait déjà en prononçant ces paroles, et en criant en espagnol: « Place, place pour le révérend père colonel! »

Chapitre seizième

Ce qui advint aux deux voyageurs avec deux filles, deux singes, et les sauvages nommés Oreillons

Candide et son valet furent au-delà des barrières, et personne ne savait encore dans le camp la mort du jésuite allemand. Le vigilant Cacambo avait eu soin de remplir sa valise de pain, de chocolat, de jambon, de fruits et de quelques mesures de vin. Ils s'enfoncèrent avec leurs chevaux andalous dans un pays inconnu où ils ne découvrirent aucune route. Enfin une belle prairie entrecoupée de ruisseaux se présenta devant eux. Nos deux voyageurs font repaître leurs montures. Cacambo propose à son maître de manger, et lui en donne l'exemple. « Comment veux-tu, disait Candide, que je mange du jambon, quand j'ai tué le fils de monsieur le baron, et que je me vois condamné à ne revoir la belle Cunégonde de ma vie? A quoi me servira de prolonger mes misérables jours, puisque je dois les traîner loin d'elle dans les remords et dans le désespoir? Et que dira le *Journal de Trévoux* [115]? »

En parlant ainsi, il ne laissa pas [116] de manger. Le soleil se couchait. Les deux égarés entendirent quelques petits cris qui paraissaient poussés par des femmes. Ils ne savaient si ces cris étaient de douleur ou de joie; mais ils se levèrent précipitamment avec cette inquiétude et cette alarme que tout inspire dans un pays inconnu. Ces clameurs partaient de deux filles toutes nues qui couraient légèrement au bord de la prairie, tandis que deux singes les suivaient en leur mordant les fesses. Candide fut touché de pitié; il avait appris à tirer chez les Bulgares, et il aurait abattu une noisette dans un buisson sans toucher aux feuilles. Il prend son fusil espagnol à deux coups, tire, et tue les deux singes. « Dieu soit loué, mon cher Cacambo! j'ai délivré d'un grand péril ces deux pauvres créatures: si j'ai commis un péché en tuant un inquisiteur et un jésuite, je l'ai bien réparé en sauvant la vie à deux filles. Ce sont peut-être deux demoiselles de condition [117], et cette aventure nous peut procurer de très grands avantages dans le pays. »

Il allait continuer, mais sa langue devint percluse quand il vit ces deux filles embrasser tendrement les deux singes, fondre en larmes sur leurs corps, et remplir l'air des cris les plus douloureux. « Je ne m'attendais pas à tant de bonté d'âme », dit-il enfin à Cacambo; lequel lui répliqua: « Vous avez fait là un beau chef-d'œuvre, mon maître; vous avez tué les deux amants de ces demoiselles. — Leurs amants! serait-il possible? Vous vous moquez de moi, Cacambo; le moyen de vous croire? — Mon cher maître, repartit Cacambo, vous êtes toujours

115. Le journal des jésuites; il mena une longue campagne contre « le parti des philosophes ». C'est dans le *Journal de Trévoux* qu'en 1737 parut pour la première fois le terme *optimisme*. — 116. Il ne manqua pas. — 117. De naissance noble.

étonné de tout; pourquoi trouvez-vous si étrange que dans quelques pays il y ait des singes qui obtiennent les bonnes grâces des dames? Ils sont des quarts d'homme, comme je suis un quart d'Espagnol. — Hélas! reprit Candide, je me souviens d'avoir entendu dire à maître Pangloss, qu'autrefois pareils accidents étaient arrivés, et que ces mélanges avaient produit des égipans[118], des faunes, des satyres; que plusieurs grands personnages de l'antiquité en avaient vu; mais je prenais cela pour des fables. — Vous devez être convaincu à présent, dit Cacambo, que c'est une vérité, et vous voyez comment en usent les personnes qui n'ont pas reçu une certaine éducation; tout ce que je crains, c'est que ces dames ne nous fassent quelque méchante affaire. »

Ces réflexions solides engagèrent Candide à quitter la prairie, et à s'enfoncer dans un bois. Il y soupa avec Cacambo; et tous deux, après avoir maudit l'inquisiteur de Portugal, le gouverneur de Buenos-Aires, et le baron, s'endormirent sur de la mousse. A leur réveil, ils sentirent qu'ils ne pouvaient remuer; la raison en était que pendant la nuit les Oreillons[119], habitants du pays, à qui les deux dames les avaient dénoncés, les avaient garrotés avec des cordes d'écorces d'arbres. Ils étaient entourés d'une cinquantaine d'Oreillons tout nus, armés de flèches, de massues, et de haches de caillou: les uns faisaient bouillir une grande chaudière; les autres préparaient des broches, et tous criaient: « C'est un jésuite, c'est un jésuite! nous serons vengés, et nous ferons bonne chère; mangeons du jésuite, mangeons du jésuite! »

« Je vous l'avais bien dit, mon chere maître, s'écria tristement Cacambo, que ces deux filles nous joueraient d'un mauvais tour. » Candide, apercevant la chaudière et les broches, s'écria: « Nous allons certainement être rôtis ou bouillis. Ah! que dirait maître Pangloss, s'il voyait comme la pure nature est faite[120]? Tout est bien; soit, mais j'avoue qu'il est bien cruel d'avoir perdu mademoiselle Cunégonde et d'être mis à la broche par des Oreillons. » Cacambo ne perdait jamais la tête. « Ne désespérez de rien, dit-il au désolé Candide; j'entends un peu le jargon de ces peuples, je vais leur parler. — Ne manquez pas, dit Candide, de leur représenter quelle est l'inhumanité affreuse de faire cuire des hommes, et combien cela est peu chrétien. »

« Messieurs, dit Cacambo, vous comptez donc manger aujourd'hui un jésuite? C'est très bien fait; rien n'est plus juste que de traiter ainsi ses ennemis. En effet le droit naturel nous enseigne à tuer notre prochain, et c'est ainsi qu'on en agit dans toute la terre. Si nous n'usons pas du droit de le manger, c'est que nous avons d'ailleurs de quoi faire bonne chère; mais vous n'avez pas les mêmes ressources que nous: certainement il vaut mieux manger ses ennemis que d'abandonner aux corbeaux et aux corneilles le fruit de sa victoire. Mais, messieurs, vous ne voudriez pas manger vos amis. Vous croyez aller mettre un jésuite en broche, et c'est

118. Comme le faune et le satyre, l'égipan était une divinité mythologique, mi-humaine, mi-animale. — 119. Peuplade d'Indiens du Haut-Paraguay; ils avaient été nommés *Orejones* par les Espagnols parce qu'ils avaient les oreilles déformées par de lourds ornements. — 120. Voltaire se moque ici du mythe du bon sauvage, associé au nom de Rousseau. Dans son *Discours sur l'inégalité* (1755), Rousseau avait dénoncé la corruption de la civilisation et exalté « l'état de nature » où l'homme vivait « libre, sains, bons et heureux ».

votre défenseur, c'est l'ennemi de vos ennemis que vous allez rôtir. Pour moi, je suis né dans votre pays; monsieur que vous voyez est mon maître, et bien loin d'être jésuite, il vient de tuer un jésuite, il en porte les dépouilles; voilà le sujet de votre méprise. Pour vérifier ce que je vous dis, prenez sa robe, portez-la à la première barrière du royaume de Los Padres; informez-vous si mon maître n'a pas tué un officier jésuite. Il vous faudra peu de temps; vous pourrez toujours nous manger, si vous trouvez que je vous ai menti. Mais, si je vous ai dit la vérité, vous connaissez trop les principes du droit public, les mœurs et les lois, pour ne nous pas faire grâce. »

Les Oreillons trouvèrent ce discours très raisonnable; ils députèrent deux notables pour aller en diligence s'informer de la vérité; les deux députés s'acquittèrent de leur commission en gens d'esprit, et revinrent bientôt apporter de bonnes nouvelles. Les Oreillons délièrent leurs deux prisonniers, leur firent toutes sortes de civilités, leur offrirent des filles, leur donnèrent des rafraîchissements, et les reconduisirent jusqu'aux confins de leurs Etats, en criant avec allégresse: « Il n'est point jésuite, il n'est point jésuite! »

Candide ne se lassait point d'admirer le sujet[121] de sa délivrance. « Quel peuple! disait-il, quels hommes! quelles mœurs! si je n'avais pas eu le bonheur de donner un grand coup d'épée au travers du corps du frère de mademoiselle Cunégonde, j'étais mangé[122] sans rémission. Mais, après tout, la pure nature

est bonne, puisque ces gens-ci, au lieu de me manger, m'ont fait mille honnêtetés dès qu'ils ont su que je n'étais pas jésuite. »

Chapitre dix-septième

Arrivée de Candide et de son valet au pays d'Eldorado[123], et ce qu'ils y virent

Quand ils furent aux frontières des Oreillons: « Vous voyez, dit Cacambo à Candide, que cet hémisphère-ci ne vaut pas mieux que l'autre; croyez-moi, retournons en Europe par le plus court. — Comment y retourner, dit Candide; et où aller? Si je vais dans mon pays, les Bulgares et les Abares y égorgent tout; si je retourne au Portugal, j'y suis brûlé; si nous restons dans ce pays-ci, nous risquons à tout moment d'être mis en broche. Mais comment se résoudre à quitter la partie du monde que mademoiselle Cunégonde habite?

— Tournons vers la Cayenne[124], dit Cacambo, nous y trouverons des Français, qui vont par tout le monde; ils pourront nous aider. Dieu aura peut-être pitié de nous. »

Il n'était pas facile d'aller à la Cayenne; ils savaient bien à peu près de quel côté il fallait marcher; mais des montagnes, des fleuves, des précipices, des brigands, des sauvages, étaient partout de terribles obstacles. Leurs chevaux moururent de fatigue; leurs provisions furent consumées; ils se nourrirent un mois entier de fruits sauvages, et se trouvèrent enfin auprès d'une petite rivière bordée de

121. S'étonner de la raison — 122. J'aurais été mangé. — 123. « Le pays d'or », pays fabuleux et utopique où habitaient, selon la legende, les survivants des Incas. Les conquistadores et les explorateurs des XVI[e] et XVII[e] siècles l'avaient cherché en vain. — 124. Possession française située dans l'actuelle Guyane.

cocotiers, qui soutinrent leur vie et leurs espérances.

Cacambo, qui donnait toujours d'aussi bons conseils que la vieille, dit à Candide: « Nous n'en pouvons plus, nous avons assez marché; j'aperçois un canot vide sur le rivage, emplissons-le de cocos, jetons-nous dans cette petite barque, laissons-nous aller au courant; une rivière mène toujours à quelque endroit habité. Si nous ne trouvons pas des choses agréables, nous trouverons du moins des choses nouvelles. — Allons, dit Candide, recommandons-nous à la Providence.»

Ils voguèrent quelques lieues entre des bords tantôt fleuris, tantôt arides, tantôt unis, tantôt escarpés. La rivière s'élargissait toujours; enfin elle se perdait sous une voûte de rochers épouvantables qui s'élevaient jusqu'au ciel. Les deux voyageurs eurent la hardiesse de s'abandonner aux flots sous cette voûte. Le fleuve, resserré en cet endroit, les porta avec une rapidité et un bruit horribles. Au bout de vingt-quatre heures il revirent le jour; mais leur canot se fracassa contre les écueils; il fallut se traîner de rocher en rocher pendant une lieue entière; enfin ils découvrirent un horizon immense, bordé de montagnes inaccessibles. Le pays était cultivé pour le plaisir comme pour le besoin; partout l'utile était agréable. Les chemins étaient couverts ou plutôt ornés de voitures d'une forme et d'une matière brillantes, portant des hommes et des femmes d'une beauté singulière, traînés rapidement par de gros moutons rouges[125] qui surpassaient en vitesse les plus beaux chevaux d'Andalousie, de Tétuan et de Méquinez.

« Voilà pourtant, dit Candide, un pays qui vaut mieux que la West-phalie. » Il mit pied à terre avec Cacambo auprès du premier village qu'il rencontra. Quelques enfants du village, couverts de brocarts d'or tout déchirés, jouaient au palet à l'entrée du bourg; nos deux hommes de l'autre monde s'amusèrent à les regarder: leurs palets étaient d'assez larges pièces rondes, jaunes, rouges, vertes, qui jetaient un éclat singulier. Il prit envie aux voyageurs d'en ramasser quelques-uns; c'étaient de l'or, c'était des émeraudes, des rubis, dont le moindre aurait été le plus grand ornement du trône du Mogol. « Sans doute, dit Cacambo, ces enfants sont les fils du roi du pays, qui jouent au petit palet[126]. » Le magister du village parut dans ce moment pour les faire rentrer à l'école. « Voilà, dit Candide, le précepteur de la famille royale. »

Les petits gueux quittèrent aussitôt le jeu, en laissant à terre leurs palets, et tout ce qui avait servi à leurs divertissements. Candide les ramasse, court au précepteur, et les lui présente humblement, lui faisant entendre par signes que Leurs Altesses royales avaient oublié leur or et leur pierreries. Le magister du village, en souriant, les jeta par terre, regarda un moment la figure de Candide avec beaucoup de surprise, et continua son chemin.

Les voyageurs ne manquèrent pas de ramasser l'or, les rubis, et les émeraudes. « Où sommes-nous? s'écria Candide. Il faut que les enfants des rois de ce pays soient bien élevés, puisqu'on leur apprend à mépriser l'or et les pierreries. » Cacambo était aussi surpris que Candide. Ils approchèrent enfin de la première maison du village; elle était bâtie comme un palais d'Europe. Une foule de monde

125. Ce sont des lamas. — 126. Jeu qui consiste à viser un but avec une plaque de métal (palet).

s'empressait à la porte, et encore plus dans le logis; une musique très agréable se faisait entendre, et une odeur délicieuse de cuisine se faisait sentir. Cacambo s'approcha de la porte, et entendit qu'on parlait péruvien; c'était sa langue maternelle; car tout le monde sait que Cacambo était né au Tucuman, dans un village où l'on ne connaissait que cette langue. « Je vous servirai d'interprète, dit-il à Candide; entrons, c'est ici un cabaret. »

Aussitôt deux garçons et deux filles de l'hôtellerie, vêtus de drap d'or, et les cheveux renoués avec des rubans, les invitent à se mettre à la table de l'hôte. On servit quatre potages garnis chacun de deux perroquets, un contour[127] bouilli qui pesait deux cents livres, deux singes rôtis d'un goût excellent, trois cents colibris dans un plat, et six cents oiseaux-mouches dans un autre; des ragoûts exquis, des pâtisseries délicieuses; le tout dans des plats d'une espèce de cristal de roche. Les garçons et les filles de l'hôtellerie versaient plusieurs liqueurs faites de canne de sucre.

Les convives étaient pour la plupart des marchands et des voituriers, tous d'une politesse extrême, qui firent quelques questions à Cacambo avec la discrétion la plus circonspecte, et qui répondirent aux siennes d'une manière à le satisfaire.

Quand le repas fut fini, Cacambo crut, ainsi que Candide, bien payer son écot en jetant sur la table de l'hôte deux de ces larges pièces d'or qu'il avait ramassés; l'hôte et l'hôtesse éclatèrent de rire, et se tinrent longtemps les côtés. Enfin ils se remirent. « Messieurs, dit l'hôte, nous voyons bien que vous êtes des étrangers; nous ne sommes pas accoutumés à en voir. Pardonnez-nous si nous nous sommes mis à rire quand vous nous avez offert en paiement les cailloux de nos grands chemins. Vous n'avez pas sans doute de la monnaie du pays, mais il n'est pas nécessaire d'en avoir pour dîner ici. Toutes les hôtelleries établies pour la commodité du commerce sont payées par le gouvernement. Vous avez fait mauvaise chère ici, parce que c'est un pauvre village; mais partout ailleurs vous serez reçus comme vous méritez de l'être. » Cacambo expliquait à Candide tous les discours de l'hôte, et Candide les écoutait avec la même admiration et le même égarement que son ami Cacambo les rendait[128]. « Quel est donc ce pays, disaient-ils l'un et l'autre, inconnu à tout le reste de la terre, et où toute la nature est d'une espèce si différente de la nôtre? C'est probablement le pays où tout va bien: car il faut absolument qu'il y en ait un de cette espèce. Et, quoi qu'en dît Pangloss, je me suis souvent aperçu que tout allait mal en Westphalie. »

Chapitre dix-huitième

Ce qu'ils virent dans le pays d'Eldorado

Cacambo témoigna à son hôte toute sa curiosité; l'hôte lui dit: « Je suis fort ignorant, et je m'en trouve bien; mais nous avons ici un vieillard retiré de la cour qui est le plus savant homme du royaume, et le plus communicatif. » Aussitôt il mène Cacambo chez le vieillard. Candide ne jouait plus que le second personnage, et accompagnait son valet. Ils entrèrent dans une

127. Condor. — 128. Traduisait.

maison fort simple, car la porte n'était que d'argent, et les lambris des appartements n'étaient que d'or, mais travaillés avec tant de goût que les plus riches lambris ne l'effaçaient pas. L'antichambre n'était à la vérité incrustée que de rubis et d'émeraudes; mais l'ordre dans lequel tout était arrangé réparait bien cette extrême simplicité.

Le vieillard reçut les deux étrangers sur un sofa matelassé de plumes de colibri, et leur fit présenter des liqueurs dans des vases de diamant; après quoi il satisfit à leur curiosité en ces termes:

« Je suis âgé de cent soixante et douze ans, et j'ai appris de feu mon père, écuyer du roi, les étonnantes révolutions du Pérou dont il avait été témoin. Le royaume où nous sommes est l'ancienne patrie des Incas, qui en sortirent très imprudemment pour aller subjuguer une partie de monde et qui furent enfin détruits par les Espagnols. Les princes de leur famille qui restèrent dans leur pays natal furent plus sages; ils ordonnèrent, du consentement de la nation, qu'aucun habitant ne sortirait jamais de notre petit royaume; et c'est ce qui nous a conservé notre innocence et notre félicité. Les Espagnols ont eu une connaissance confuse de ce pays, ils l'ont appelé *El Dorado*; et un Anglais, nommé le chevalier Raleigh[129], en a même approché il y a environ cent années; mais, comme nous sommes entourés de rochers inabordables et de précipices, nous avons toujours été jusqu'à présent à l'abri de la rapacité des nations de l'Europe, qui ont une fureur inconcevable pour les cailloux et pour la fange de notre terre, et qui,

pour en avoir, nous tueraient tous jusqu'au dernier. »

La conversation fut longue; elle roula sur la forme du gouvernement, sur les mœurs, sur les femmes, sur les spectacles publics, sur les arts. Enfin Candide, qui avait toujours du goût pour la métaphysique, fit demander par Cacambo si dans le pays il y avait une religion.

Le vieillard rougit un peu. « Comment donc! dit-il; en pouvez-vous douter? Est-ce que vous nous prenez pour des ingrats? » Cacambo demanda humblement quelle était la religion d'Eldorado. Le vieillard rougit encore: « Est-ce qu'il peut y avoir deux religions? dit-il. Nous avons, je crois, la religion de tout le monde; nous adorons Dieu du soir jusqu'au matin[130]. — N'adorez-vous qu'un seul Dieu? dit Cacambo, qui servait toujours d'interprète aux doutes de Candide. — Apparemment, dit le vieillard, qu'il n'y en a ni deux, ni trois, ni quatre. Je vous avoue que les gens de votre monde font des questions bien singulières. » Candide ne se lassait pas de faire interroger ce bon vieillard; il voulut savoir comment on priait Dieu dans l'Eldorado. « Nous ne le prions point, dit le bon et respectable sage; nous n'avons rien à lui demander, il nous a donné tout ce qu'il nous faut; nous le remercions sans cesse. » Candide eut la curiosité de voir des prêtres; il fit demander où ils étaient. Le bon vieillard sourit. « Mes amis, dit-il, nous sommes tous prêtres; le roi et tous les chefs de famille chantent des cantiques d'actions de grâces[131] solennellement tous les matins, et cinq ou six mille musiciens les accompagnent. — Quoi!

129. Sir Walter Raleigh explora l'Amazonie en 1595 à la recherche d'Eldorado. — 130. On disait à l'époque, comme on dit aujourd'hui, « du matin jusqu'au soir ». Pourquoi Voltaire a-t-il interverti les termes? — 131. Remerciements adressés à Dieu.

Vous n'avez point de moines qui enseignent, qui disputent, qui gouvernent, qui cabalent[132], et qui font brûler les gens qui ne sont pas de leur avis? — Il faudrait que nous fussions fous, dit le vieillard; nous sommes tous ici du même avis, et nous n'entendons pas ce que vous voulez dire avec vos moines. » Candide à tous ces discours demeurait en extase, et disait en lui-même: « Ceci est bien différent de la Westphalie et du château de monsieur le baron: si notre ami Pangloss avait vu Eldorado, il n'aurait plus dit que le château de Thunder-ten-tronckh était ce qu'il y avait de mieux sur la terre; il est certain qu'il faut voyager. »

Après cette longue conversation, le bon vieillard fit atteler un carrosse à six moutons, et donna douze de ses domestiques aux deux voyageurs pour les conduire à la cour. « Excusez-moi, leur dit-il, si mon âge me prive de l'honneur de vous accompagner. Le roi vous recevra d'une manière dont vous ne serez pas mécontents, et vous pardonnerez sans doute aux usages du pays, s'il y en a quelques-uns qui vous déplaisent. »

Candide et Cacambo montent en carrosse; les six moutons volaient, et en moins de quatre heures on arriva au palais du roi, situé à un bout de la capitale. Le portail était de deux cent vingt pieds de haut, et de cent de large; il est impossible d'exprimer quelle en était la matière. On voit assez quelle supériorité prodigieuse elle devait avoir sur ces cailloux et sur ce sable que nous nommons or et pierreries.

Vingt belles filles de la garde reçurent Candide et Cacambo à la descente du carrosse, les conduisirent aux bains, les vêtirent de robes d'un tissu de duvet de colibri; après quoi les grands officiers et les grandes officières de la couronne les menèrent à l'appartement de Sa Majesté au milieu de deux files, chacune de mille musiciens, selon l'usage ordinaire. Quand ils approchèrent de la salle du trône, Cacambo demanda à un grand officier comment il fallait s'y prendre pour saluer Sa Majesté: si on se jetait à genoux ou ventre à terre; si on mettait les mains sur la tête ou sur le derrière; si on léchait la poussière de la salle; en un mot, quelle était la cérémonie. « L'usage, dit le grand officier, est d'embrasser le roi et de le baiser des deux côtés. » Candide et Cacambo sautèrent au cou de Sa Majesté, qui les reçut avec toute la grâce imaginable, et qui les pria poliment à souper.

En attendant, on leur fit voir la ville, les édifices publics élevés jusqu'aux nues, les marchés ornés de mille colonnes, les fontaines d'eau pure, les fontaines d'eau rose, celles de liqueurs de canne de sucre qui coulaient continuellement dans de grandes places pavées d'une espèce de pierreries qui répandaient une odeur semblable à celle du girofle et de la cannelle. Candide demanda à voir la cour de justice, le parlement; on lui dit qu'il n'y en avait point, et qu'on ne plaidait jamais. Il s'informa s'il y avait des prisons, et on lui dit que non. Ce qui le surprit davantage, et qui lui fit le plus de plaisir, ce fut le palais des sciences, dans lequel il vit une galerie de deux mille pas, toute pleine d'instruments de mathématique et de physique.

Après avoir parcouru toute l'après-dînée à peu près la millième partie de la ville, on les ramena chez le roi. Candide se mit à table entre Sa

132. Complotent.

Majesté, son valet Cacambo, et plusieurs dames. Jamais on ne fit meilleure chère, et jamais on n'eut plus d'esprit à souper qu'en eut Sa Majesté. Cacambo expliquait les bons mots[133] du roi à Candide, et quoique traduits, ils paraissaient toujours des bons mots. De tout ce qui étonnait Candide, ce n'était pas ce qui l'étonna le moins.

Ils passèrent un mois dans cet hospice. Candide ne cessait de dire à Cacambo: « Il est vrai mon ami, encore une fois, que le château où je suis né ne vaut pas le pays où nous sommes; mais enfin mademoiselle Cunégonde n'y est pas, et vous avez sans doute quelque maîtresse en Europe. Si nous restons ici, nous n'y serons que comme les autres; au lieu que si nous retournons dans notre monde, seulement avec douze moutons chargés de cailloux d'Eldorado, nous serons plus riches que tous les rois ensemble, nous n'aurons plus d'inquisiteurs à craindre, et nous pourrons aisément reprendre mademoiselle Cunégonde. »

Ce discours plut à Cacambo; on aime tant à courir, à se faire valoir chez les siens, à faire parade de ce qu'on a vu dans ses voyages, que les deux heureux résolurent de ne plus l'être, et de demander leur congé à Sa Majesté.

« Vous faites une sottise, leur dit le roi; je sais bien que mon pays est peu de chose; mais, quand on est passablement quelque part, il faut y rester. Je n'ai pas assurément le droit de retenir des étrangers; c'est une tyrannie qui n'est ni dans nos mœurs ni dans nos lois: tous les hommes sont libres; partez quand vous voudrez, mais la sortie est bien difficile. Il est impossible de remonter la rivière rapide sur laquelle vous êtes arrivés par miracle, et qui court sous des voûtes de rochers. Les montagnes qui entourent tout mon royaume ont dix mille pieds de hauteur, et sont droites comme des murailles: elles occupent chacune en largeur un espace de plus de dix lieues; on ne peut en descendre que par des précipices. Cependant, puisque vous voulez absolument partir, je vais donner ordre aux intendants des machines d'en faire une qui puisse vous transporter commodément. Quand on vous aura conduits au revers des montagnes, personne ne pourra vous accompagner: car mes sujets ont fait vœu de ne jamais sortir de leur enceinte, et ils sont trop sages pour rompre leur vœu. Demandez-moi d'ailleurs[134] tout ce qu'il vous plaira. — Nous ne demandons à Votre Majesté, dit Cacambo, que quelques moutons chargés de vivres, de cailloux, et de la boue du pays. » Le roi rit: « Je ne conçois pas, dit-il, quel goût vos gens d'Europe ont pour notre boue jaune; mais emportez-en tant que vous voudrez, et grand bien vous fasse[135]. »

Il donna l'ordre sur-le-champ à ses ingénieurs de faire une machine pour guinder[136] ces deux hommes extraordinaires hors du royaume. Trois mille bons physiciens y travaillèrent; elle fut prête au bout de quinze jours, et ne coûta pas plus de vingt millions de livres sterling, monnaie du pays. On mit sur la machine Candide et Cacambo; il y avait deux grands moutons rouges sellés et bridés pour leur servir de monture quand ils auraient franchi les montagnes, vingt

133. Traits d'esprit; plaisanteries. — 134. A l'exception de cela. — 135. Lisez: que cela vous fasse beaucoup de bien (ironique). — 136. Hisser.

moutons de bât chargés de vivres, trente qui portaient des présents de ce que le pays a de plus curieux et cinquante chargés d'or, de pierreries et de diamants. Le roi embrassa tendrement les deux vagabonds.

Ce fut un beau spectacle que leur départ, et la manière ingénieuse dont ils furent hissés, eux et leurs moutons, au haut des montagnes. Les physiciens prirent congé d'eux après les avoir mis en sûreté, et Candide n'eut plus d'autre désire et d'autre objet que d'aller présenter ses moutons à mademoiselle Cunégonde. « Nous avons, dit-il, de quoi payer le gouverneur de Buenos-Aires, si mademoiselle Cunégonde peut être mise à prix. Marchons vers la Cayenne, embarquons-nous, et nous verrons ensuite quel royaume nous pourrons acheter. »

Chapitre dix-neuvième

Ce qui leur arriva à Surinam, et comment Candide fit connaissance avec Martin

La première journée de nos deux voyageurs fut assez agréable. Ils étaient encouragés par l'idée de se voir possesseurs de plus de trésors que l'Asie, l'Europe et l'Afrique n'en pouvaient rassembler. Candide, transporté, écrivit le nom de Cunégonde sur les arbres. A la seconde journée, deux de leurs moutons s'enfoncèrent dans les marais, et y furent abîmés avec leurs charges; deux autres moutons moururent de fatigue quelques jours après; sept ou huit périrent ensuite de faim dans un désert; d'autres tombèrent au bout de quelques jours dans des précipices.

Enfin, après cent jours de marche, il ne leur resta que deux moutons. Candide dit à Cacambo: « Mon ami, vous voyez comme les richesses de ce monde sont périssables; il n'y a rien de solide que la vertu et le bonheur de revoir mademoiselle Cunégonde. — Je l'avoue, dit Cacambo; mais il nous reste encore deux moutons avec plus de trésors que n'en aura jamais le roi d'Espagne; et je vois de loin une ville que je soupçonne être Surinam[137], appartenant aux Hollandais. Nous sommes au bout de nos peines et au commencement de notre félicité. »

En approchant de la ville, ils rencontrèrent un nègre étendu par terre, n'ayant plus que la moitié de son habit, c'est-à-dire d'un caleçon de toile bleue; il manquait à ce pauvre homme la jambe gauche et la main droite. « Eh! mon Dieu! lui dit Candide en hollandais, que fais-tu là, mon ami, dans l'état horrible où je te vois? — J'attends mon maître, M. Vanderdendur, le fameux négociant, répondit le nègre. — Est-ce M. Vanderdendur, dit Candide, qui t'a traité ainsi? — Oui, monsieur, dit le nègre, c'est l'usage. On nous donne un caleçon de toile pour tout vêtement deux fois l'année. Quand nous travaillons aux sucreries, et que la meule nous attrape le doigt, on nous coupe la main; quand nous voulons nous enfuir, on nous coupe la jambe: je me suis trouvé dans les deux cas. C'est à ce prix que vous mangez du sucre en Europe. Cependant, lorsque ma mère me vendit dix écus patagons[138] sur la côte de Guinée, elle me disait: « Mon cher enfant, bénis nos fétiches[139], adore-les toujours, ils te feront vivre heureux; tu as l'honneur d'être

137. Capitale de la Guyane hollandaise (appelée, elle aussi, Surinam). — 138. Monnaie espagnole. — 139. Objets sacrés.

esclave de nos seigneurs les blancs, et tu fais par là la fortune de ton père et de ta mère. » Hélas! je ne sais pas si j'ai fait leur fortune, mais ils n'ont pas fait la mienne. Les chiens, les singes et les perroquets sont mille fois moins malheureux que nous; les fétiches[140] hollandais qui m'ont converti me disent tous les dimanches que nous sommes tous enfants d'Adam, blancs et noirs. Je ne suis pas généalogiste; mais si ces prêcheurs disent vrai, nous sommes tous cousins issus de germain[141]. Or vous m'avouerez qu'on ne peut pas en user avec ses parents d'une manière plus horrible.

— O Pangloss! s'écria Candide, tu n'avais pas deviné cette abomination; c'en est fait, il faudra qu'à la fin je renonce à ton optimisme.

— Qu'est-ce qu'optimisme? disait Cacambo. — Hélas! dit Candide, c'est la rage de soutenir que tout est bien quand on est mal »; et il versait des larmes en regardant son nègre; et en pleurant, il entra dans Surinam.

La première chose dont ils s'informent, c'est s'il n'y a point au port quelque vaisseau qu'on pût envoyer à Buenos-Aires. Celui à qui ils s'adressèrent était justement un patron[142] espagnol qui s'offrit à faire avec eux un marché honnête. Il leur donna rendez-vous dans un cabaret. Candide et le fidèle Cacambo allèrent l'y attendre avec leurs deux moutons.

Candide, qui avait le cœur sur les lèvres, conta à l'Espagnol toutes ses aventures, et lui avoua qu'il voulait enlever mademoiselle Cunégonde. « Je me garderai bien de vous passer à Buenos-Aires, dit le patron; je serais pendu, et vous aussi; la belle Cunégonde est la maîtresse favorite de monseigneur. » Ce fut un coup de foudre pour Candide, il pleura longtemps; enfin il tira à part Cacambo. « Voici, mon cher ami, lui dit-il, ce qu'il faut que tu fasses. Nous avons chacun dans nos poches pour cinq ou six millions de diamants[143]; tu es plus habile que moi; va prendre mademoiselle Cunégonde à Buenos-Aires. Si le gouverneur fait quelque difficulté, donne-lui un million; s'il ne se rend pas, donne-lui-en deux; tu n'as point tué d'inquisiteur, on ne se défiera point de toi. J'équiperai un autre vaisseau, j'irai t'attendre à Venise: c'est un pays libre où l'on n'a rien à craindre ni des Bulgares, ni des Abares, ni des Juifs, ni des inquisiteurs. » Cacambo applaudit à cette sage résolution. Il était au désespoir de se séparer d'un bon maître devenu son ami intime; mais le plaisir de lui être utile l'emporta sur la douleur de le quitter. Ils s'embrassèrent en versant des larmes: Candide lui recommanda de ne point oublier la bonne vieille. Cacambo partit dès le jour même: c'était un très bon homme que ce Cacambo.

Candide resta encore quelque temps à Surinam, et attendit qu'un autre patron voulût le mener en Italie, lui et les deux moutons qui lui restaient. Il prit des domestiques, et acheta tout ce qui lui était nécessaire pour un long voyage; enfin monsieur Vanderdendur, maître d'un gros vaisseau, vint se présenter à lui. « Combien voulez-vous, demanda-t-il à cet homme, pour me mener en droiture à Venise, moi, mes gens, mon bagage, et les deux moutons que voilà? » Le patron s'accorda à dix mille piastres[144]; Candide n'hésita pas.

140. Pasteurs. — 141. Cousins au cinquième ou sixième degré de parenté (donc éloignés). — 142. Maître de vaisseau. — 143. Des diamants qui valaient cinq ou six millions de livres. — 144. Monnaie espagnole.

« Oh! oh! dit à part soi[145] le prudent Vanderdendur, cet étranger donne dix mille piastres tout d'un coup! il faut qu'il soit bien riche. » Puis, revenant un moment après, il signifia qu'il ne pouvait partir à moins de vingt mille. « Eh bien, vous les aurez, dit Candide.

— Ouais, se dit tout bas le marchand, cet homme donne vingt mille piastres aussi aisément que dix mille. » Il revint encore, et dit qu'il ne pouvait le conduire à Venise à moins de trente mille piastres. « Vous en aurez donc trente mille, répondit Candide.

— Oh! oh! se dit encore le marchand hollandais, trente mille piastres ne coûtent rien à cet homme-ci; sans doute les deux moutons portent des trésors immenses: n'insistons pas davantage; faisons-nous d'abord payer les trente mille piastres, et puis nous verrons. » Candide vendit deux petits diamants, dont le moindre valait plus que tout l'argent que demandait le patron. Il le paya d'avance. Les deux moutons furent embarqués. Candide suivait dans un petit bateau pour joindre le vaisseau à la rade; le patron prend son temps, met à la voile, démarre; le vent le favorise. Candide, éperdu et stupéfait, le perd bientôt de vue. « Hélas! cria-t-il, voilà un tour digne de l'ancien monde. » Il retourne au rivage, abîmé dans la douleur: car enfin il avait perdu de quoi faire la fortune de vingt monarques.

Il se transporte chez le juge hollandais; et, comme il était un peu troublé, il frappe rudement à la porte; il entre, expose son aventure, et crie un peu plus haut qu'il ne convenait. Le juge commença par lui faire payer dix mille piastres pour le bruit qu'il avait fait; ensuite il l'écouta patiemment, lui promit d'examiner son affaire sitôt que le marchand serait revenu, et se fit payer dix mille autres piastres pour les frais de l'audience.

Ce procédé acheva de désespérer Candide; il avait à la vérité essuyé des malheurs mille fois plus douloureux; mais le sang-froid du juge, et celui du patron dont il était volé, alluma sa bile, et le plongea dans une noire mélancolie. La méchanceté des hommes se présentait à son esprit dans toute sa laideur, il ne se nourrissait que d'idées tristes. Enfin un vaisseau français étant sur le point de partir pour Bordeaux, comme il n'avait plus de moutons chargés de diamants à embarquer, il loua une chambre du vaisseau à juste prix, et fit signifier dans la ville qu'il payerait le passage, la nourriture, et donnerait deux mille piastres à un honnête homme qui voudrait faire le voyage avec lui, à condition que cet homme serait le plus dégoûté de son état et le plus malheureux de la province.

Il se présenta une foule de prétendants qu'une flotte n'aurait pu contenir. Candide voulant choisir entre les plus apparents, il distingua une vingtaine de personnes qui lui paraissaient assez sociables, et qui toutes prétendaient mériter la préférence. Il les assembla dans son cabaret, et leur donna à souper, à condition que chacun ferait serment de raconter fidèlement son histoire, promettant de choisir celui qui lui paraîtrait le plus à plaindre et le plus mécontent de son état à plus juste titre, et de donner aux autres quelques gratifications.

La séance dura jusqu'à quatre heures du matin. Candide, en écoutant toutes leurs aventures, se

145. Intérieurement.

ressouvenait de ce que lui avait dit la vieille en allant à Buenos-Aires, et de la gageure qu'elle avait faite, qu'il n'y avait personne sur le vaisseau à qui il ne fût arrivé de très grands malheurs. Il songeait à Pangloss à chaque aventure qu'on lui contait. « Ce Pangloss, disait-il, serait bien embarrassé à démontrer son système. Je voudrais qu'il fût ici. Certainement si tout va bien, c'est dans Eldorado, et non pas dans le reste de la terre. » Enfin il se détermina en faveur d'un pauvre savant qui avait travaillé dix ans pour les libraires à Amsterdam. Il jugea qu'il n'y avait point de métier au monde dont on dût être plus dégoûté.

Ce savant, qui était d'ailleurs un bon homme, avait été volé par sa femme, battu par son fils, et abandonné de sa fille, qui s'était fait enlever par un Portugais. Il venait d'être privé d'un petit empli duquel il subsistait; et les prédicants de Surinam le persécutaient parce qu'ils le prenaient pour un socinien[146]. Il faut avouer que les autres étaient pour le moins aussi malheureux que lui; mais Candide espérait que le savant le désennuierait dans le voyage. Tous ses autres rivaux trouvèrent que Candide leur faisait une grande injustice; mais il les apaisa en leur donnant à chacun cent piastres.

Chapitre vingtième

Ce qui arriva sur mer à Candide et à Martin

Le vieux savant, qui s'appelait Martin, s'embarqua donc pour Bordeaux avec Candide. L'un et l'autre avaient beau-coup vu et beaucoup souffert; et quand le vaisseau aurait dû faire voile de Surinam au Japon par le cap de Bonne-Espérance, ils auraient eu de quoi s'entretenir du mal moral et du mal physique pendant tout le voyage.

Cependant Candide avait un grand avantage sur Martin, c'est qu'il espérait toujours revoir mademoiselle Cunégonde, et que Martin n'avait rien à espérer; de plus il avait de l'or et des diamants; et quoiqu'il eût perdu cent gros moutons rouges chargés des plus grands trésors de la terre, quoiqu'il eût toujours sur le cœur la friponnerie du patron hollandais, cependant, quand il songeait à ce qui lui restait dans ses poches, et quand il parlait de Cunégonde, surtout à la fin du repas, il penchait alors pour le système de Pangloss.

« Mais vous, monsieur Martin, dit-il au savant, que pensez-vous de tout cela? Quelle est votre idée sur le mal moral et le mal physique? — Monsieur, répondit Martin, mes prêtres m'ont accusé d'être socinien; mais la vérité du fait est que je suis manichéen[147]. — Vous vous moquez de moi, dit Candide; il n'y a plus de manichéens dans le monde. — Il y a moi, dit Martin; je ne sais qu'y faire, mais je ne peux penser autrement. — Il faut que vous ayez le diable au corps, dit Candide. — Il se mêle si fort des affaires de ce monde, dit Martin, qu'il pourrait bien être dans mon corps, comme partout ailleurs; mais je vous avoue qu'en jetant la vue sur ce globe, ou plutôt sur ce globule, je pense que Dieu l'a abandonné à quelque être malfaisant; j'en excepte toujours Eldorado. Je n'ai guère vu de ville qui ne désirât la ruine de la ville

146. Disciple de Socin (XVIᵉ siècle). Le socinianisme niait la Trinité et la divinité du Christ comme contraires à la raison. L'unitarisme en dérive. — 147. Sur le manichéisme, voir « Avant de lire », *La Littérature épique*, p. 11.

voisine, point de famille qui ne voulût exterminer quelque autre famille. Partout les faibles ont en exécration les puissants devant lesquels ils rampent, et les puissants les traitent comme des troupeaux dont on vend la laine et la chair. Un million d'assassins enrégimentés, courant d'un bout de l'Europe à l'autre, exerce le meurtre et le brigandage avec discipline pour gagner son pain, parce qu'il n'a pas de métier plus honnête; et dans les villes qui paraissent jouir de la paix, et où les arts fleurissent, les hommes sont dévorés de plus d'envie, de soins et d'inquiétudes qu'une ville assiégée n'éprouve de fléaux. Les chagrins secrets sont encore plus cruels que les misères publiques. En un mot, j'en ai tant vu et tant éprouvé que je suis manichéen.

— Il y a pourtant du bon, répliquait Candide. — Cela peut être, disait Martin; mais je ne le connais pas. »

Au milieu de cette dispute, on entendit un bruit de canon. Le bruit redouble de moment en moment. Chacun prend sa lunette. On aperçoit deux vaisseaux qui combattaient à la distance d'environ trois milles: le vent les amena l'un et l'autre si près du vaisseau français qu'on eut le plaisir de voir le combat tout à son aise. Enfin l'un des deux vaisseaux lâcha à l'autre une bordée si bas et si juste, qu'il le coula à fond. Candide et Martin aperçurent distinctement une centaine d'hommes sur le tillac du vaisseau qui s'enfonçait; ils levaient tous les mains au ciel, et jetaient des clameurs effroyables: en un moment tout fut englouti.

« Eh bien! dit Martin, voilà comme les hommes se traitent les uns les autres. — Il est vrai, dit Candide, qu'il y a quelque chose de diabolique

dans cette affaire. » En parlant ainsi, il aperçut je ne sais quoi d'un rouge éclatant, qui nageait auprès de son vaisseau. On détacha la chaloupe pour voir ce que ce pouvait être: c'était un de ses moutons. Candide eut plus de joie de retrouver ce mouton qu'il n'avait été affligé d'en perdre cent tous chargés de gros diamants d'Eldorado.

Le capitaine français aperçut bientôt que le capitaine du vaisseau submergeant était espagnol, et que celui du vaisseau submergé était un pirate hollandais; c'était celui-là même qui avait volé Candide. Les richesses immenses dont ce scélérat s'était emparé furent ensevelies avec lui dans la mer, et il n'y eut qu'un mouton de sauvé. « Vous voyez, dit Candide à Martin, que le crime est puni quelquefois; ce coquin de patron hollandais a eu le sort qu'il méritait. — Oui, dit Martin; mais fallait-il que les passagers qui étaient sur son vaisseau périssent aussi? Dieu a puni ce fripon, le diable a noyé les autres. »

Cependant le vaisseau français et l'espagnol continuèrent leur route, et Candide continua ses conversations avec Martin. Ils disputèrent quinze jours de suite, et au bout de quinze jours ils étaient aussi avancés que le premier. Mais enfin ils parlaient, ils se communiquaient des idées, ils se consolaient. Candide caressait son mouton. « Puisque je t'ai retrouvé, dit-il, je pourrai bien retrouver Cunégonde. »

Chapitre vingt-unième

Candide et Martin approchent des côtes de France, et raisonnent

On aperçut enfin les côtes de France. « Avez-vous jamais été en France,

monsieur Martin? dit Candide.
— Oui, dit Martin, j'ai parcouru plusieurs provinces. Il y en a où la moitié des habitants est folle, quelques-uns où l'on est trop rusé, d'autres où l'on est communément assez doux et assez bête, d'autres où l'on fait le bel esprit[148]; et, dans toutes, la principale occupation est l'amour; la seconde, de médire; et la troisième, de dire des sottises. — Mais, monsieur Martin, avez-vous vu Paris? — Oui, j'ai vu Paris; il tient de toutes ces espèces-là; c'est un chaos, c'est une presse[149] dans laquelle tout le monde cherche le plaisir, et où presque personne ne le trouve, du moins à ce qu'il m'a paru. J'y ai séjourné peu; j'y fus volé, en arrivant, de tout ce que j'avais, par des filous, à la foire Saint Germain; on me prit moi-même pour un voleur, et je fus huit jours en prison; après quoi je me fis correcteur d'imprimerie pour gagner de quoi retourner à pied en Hollande. Je connus la canaille écrivante, la canaille cabalante[150], et la canaille convulsionnaire[151]. On dit qu'il y a des gens fort polis dans cette ville-là: je le veux croire.

— Pour moi, je n'ai nulle curiosité de voir la France, dit Candide; vous devinez aisément que quand on a passé un mois dans Eldorado, on ne se soucie plus de rien voir sur la terre que mademoiselle Cunégonde: je vais l'attendre à Venise; nous traverserons la France pour aller en Italie; ne m'accompagnerez-vous pas? — Très volontiers, dit Martin; on dit que Venise n'est bonne que pour les nobles vénitiens, mais que cependant on y reçoit très bien les étrangers quand ils ont beaucoup d'argent: je n'en ai point; vous en avez, je vous suivrai partout. — A propos, dit Candide, pensez-vous que la terre ait été originairement une mer, comme on l'assure dans ce gros livre qui appartient au capitaine du vaisseau[152]? — Je n'en crois rien du tout, dit Martin, non plus que de toutes les rêveries qu'on nous débite depuis quelque temps. — Mais à quelle fin ce monde a-t-il donc été formé? dit Candide. — Pour nous faire enrager, répondit Martin. N'êtes-vous pas bien étonné, continua Candide, de l'amour que ces deux filles du pays des Oreillons avaient pour ces deux singes, et dont je vous ai conté l'aventure? — Point du tout, dit Martin; je ne vois pas ce que cette passion a d'étrange: j'ai tant vu de choses extraordinaires qu'il n'y a plus rien d'extraordinaire. — Croyez-vous, dit Candide, que les hommes se soient toujours mutuellement massacrés comme ils font aujourd'hui? qu'ils aient toujours été menteurs, fourbes, perfides, ingrats, brigands, faibles, volages, lâches, envieux, gourmands, ivrognes, avares, ambitieux, sanguinaires, calomniateurs, débauchés, fanatiques, hypocrites et sots? — Croyez-vous, dit Martin, que les éperviers aient toujours mangé des pigeons quand ils en ont trouvé? — Oui, sans doute, dit Candide. — Eh bien! dit Martin, si les éperviers ont toujours eu le même caractère, pourquoi voulez-vous que les hommes aient changé le leur? — Oh! dit Candide, il y a bien de la différence, car le libre arbitre... » En raisonnant ainsi, ils arrivèrent à Bordeaux.

148. Où l'on affecte d'être cultivé et sprituel. — 149. Une multitude agitée. — 150. Qui complotent. — 151. La populace fanatisée: allusion au groupe de jansénistes qui se livraient à des « convulsions » sur la tombe d'un célèbre ecclésiastique à Paris. — 152. Il s'agit sans doute de *La Théorie de la terre* de Buffon (1749); Voltaire n'aime pas qu'un livre savant ait l'air de corroborer le récit biblique du déluge.

Chapitre vingt-deuxième

Ce qui arriva en France à Candide et à Martin

Candide ne s'arrêta dans Bordeaux qu'autant de temps qu'il en fallait pour vendre quelques cailloux du Dorado, et pour s'accommoder d'une bonne chaise à deux places[153]; car il ne pouvait plus se passer de son philosophe Martin; il fut seulement très fâché de se séparer de son mouton, qu'il laissa à l'Académie des sciences de Bordeaux, laquelle proposa pour le sujet du prix de cette année de trouver pourquoi la laine de ce mouton était rouge; et le prix fut adjugé à un savant du Nord, qui démontra par A, plus B, moins C divisé par Z, que le mouton devait être rouge, et mourir de la clavelée[154].

Cependant tous les voyageurs que Candide rencontra dans les cabarets de la route lui disaient: « Nous allons à Paris. » Cet empressement général lui donna enfin l'envie de voir cette capitale; ce n'était pas beaucoup se détourner du chemin de Venise.

Il entra par le faubourg Saint-Marceau et crut être dans le plus vilain village de la Westphalie.

A peine Candide fut-il dans son auberge, qu'il fut attaqué d'une maladie légère, causée par ses fatigues. Comme il avait au doigt un diamant énorme, et qu'on avait aperçu dans son équipage une cassette[155] prodigieusement pesante, il eut aussitôt auprès de lui deux médecins qu'il n'avait pas mandés[156], quelques amis intimes qui ne le quittèrent pas, et deux dévotes qui faisaient chauffer ses bouillons. Martin disait: « Je me souviens d'avoir été malade aussi à Paris dans mon premier voyage; j'étais fort pauvre: aussi n'eus-je ni amis, ni dévotes, ni médecins, et je guéris. »

Cependant, à force de médecines et de saignées, la maladie de Candide devint sérieuse. Un habitué[157] du quartier vint avec douceur lui demander un billet payable au porteur pour l'autre monde[158]: Candide n'en voulut rien faire. Les dévotes l'assurèrent que c'était une nouvelle mode. Candide répondit qu'il n'était point homme à la mode. Martin voulut jeter l'habitué par les fenêtres. Le clerc jura qu'on n'enterrerait point Candide. Martin jura qu'il enterrerait le clerc s'il continuait à les importuner. La querelle s'échauffa: Martin le prit par les épaules, et le chassa rudement; ce qui causa un grand scandale, dont on fit un procès-verbal[159].

Candide guérit; et pendant sa convalescence il eut très bonne compagnie à souper chez lui. On jouait gros jeu. Candide était tout étonné que jamais les as ne lui vinssent; et Martin ne s'en étonnait pas.

Parmi ceux qui lui faisaient les honneurs de la ville, il y avait un petit abbé périgourdin, l'un de ces gens empressés, toujours alertes, toujours serviables, effrontés, caressants, accommodants, qui guettent les étrangers à leur passage, leur content l'histoire scandaleuse de la ville, et leur offrent des plaisirs à tout prix. Celui-ci mena d'abord Candide et Martin à la comédie[160]. On y jouait une tragédie nouvelle. Candide se

153. Pour louer une voiture à deux places. — 154. Variole du mouton. — 155. Coffre. — 156. Appelés. — 157. Ecclésiastique qui aidait le prêtre dans l'exercice de ses fonctions (sens de l'époque). — 158. Jeu de mots sur « billet au porteur ». Il s'agit ici d'un « billet de confession » que les mourants étaient tenus à signer pour prouver l'orthodoxie de leur croyance. En cas de refus, l'Eglise leur refusait l'extrême-onction et l'inhumation en terre sainte. — 159. Rapport officiel. — 160. Au théâtre.

trouva placé auprès de quelques beaux esprits. Cela ne l'empêcha pas de pleurer à des scènes jouées parfaitement. Un des raisonneurs qui étaient à ses côtés lui dit dans un entr'acte: « Vous avez grand tort de pleurer, cette actrice est fort mauvaise; l'acteur qui joue avec elle est plus mauvais acteur encore; la pièce est encore plus mauvaise que les acteurs; l'auteur ne sait pas un mot d'arabe, et cependant la scène est en Arabie; et, de plus, c'est un homme qui ne croit pas aux idées innées[161], je vous apporterai demain vingt brochures contre lui. — Monsieur, combien avez-vous de pièces de théâtre en France? » dit Candide à l'abbé; lequel répondit: « Cinq ou six mille. — C'est beaucoup, dit Candide; combien y en a-t-il de bonnes? — Quinze ou seize, répliqua l'autre. — C'est beaucoup », dit Martin.

Candide fut très content d'une actrice qui faisait la reine Elisabeth, dans une assez plate tragédie que l'on joue quelquefois. « Cette actrice, dit-il à Martin, me plaît beaucoup; elle a un faux air de mademoiselle Cunégonde; je serais bien aise de la saluer. » L'abbé périgourdin s'offrit à l'introduire chez elle. Candide, élevé en Allemagne, demanda quelle était l'étiquette, et comment on traitait en France les reines d'Angleterre. « Il faut distinguer, dit l'abbé; en province, on les mène au cabaret; à Paris, on les respecte quand elles sont belles, et on les jette à la voirie quand elles sont mortes[162]. — Des reines à la voirie! dit Candide. — Oui vraiment, dit Martin; monsieur l'abbé a raison: j'étais à Paris quand mademoiselle Monime passa, comme on dit, de cette vie à l'autre; on lui refusa ce que ces gens-ci appellent *les honneurs de la sépulture*, c'est-à-dire de pourrir avec tous les gueux du quartier dans un vilain cimetière; elle fut enterrée toute seule de sa bande au coin de la rue de Bourgogne[163]; ce qui dut lui faire une peine extrême, car elle pensait très noblement. — Cela est bien impoli, dit Candide. — Que voulez-vous? dit Martin; ces gens-ci sont ainsi faits. Imaginez toutes les contradictions, toutes les incompatibilités possibles, vous les verrez dans le gouvernement, dans les tribunaux, dans les églises, dans les spectacles de cette drôle de nation. — Est-il vrai qu'on rit toujours à Paris? dit Candide. — Oui, dit l'abbé; mais c'est en enrageant: car on s'y plaint de tout avec de grands éclats de rire; même on y fait en riant les actions les plus détestables.

— Quel est, dit Candide, ce gros cochon qui me disait tant de mal de la pièce où j'ai tant pleuré, et des acteurs qui m'ont fait tant de plaisir? — C'est un mal vivant, répondit l'abbé, qui gagne sa vie à dire du mal de toutes les pièces et de tous les livres; il hait quiconque réussit, comme les eunuques haïssent les jouissants; c'est un de ces serpents de la littérature qui se nourrissent de fange et de venin; c'est un folliculaire.

161. La théorie des idées innées était associée au nom de Descartes, mais aussi à l'orthodoxie catholique. L'objection n'a évidemment aucun rapport avec le mérite de la pièce (sans doute *Mahomet* de Voltaire). — 162. *Voirie:* lieu où l'on déposait les ordures et les immondices de la ville. Voltaire n'exagère pas ici: l'Eglise excommuniait tous les acteurs et leur refusait la sépulture chrétienne. — 163. Mlle Monime, c'est l'actice Adrienne Lecouvreur (que le rôle de Monime dans une pièce de Racine avait rendue célèbre), morte en 1730. Ses amis récupérèrent son corps et l'enterrèrent de nuit et en secret. Voltaire participa peut-être à l'enterrement.

— Qu'appelez-vous folliculaire? dit Candide. — C'est, dit l'abbé, un faiseur de feuilles, un F...[164] »

C'est ainsi que Candide, Martin, et le Périgourdin, raisonnaient sur l'escalier, en voyant défiler le monde au sortir de la pièce. « Quoique je sois très empressé de revoir mademoiselle Cunégonde, dit Candide, je voudrais pourtant souper avec mademoiselle Clairon[165], car elle m'a paru admirable. »

L'abbé n'était pas homme à approcher de mademoiselle Clairon, qui ne voyait que bonne compagnie. « Elle est engagée pour ce soir, dit-il; mais j'aurai l'honneur de vous mener chez une dame de qualité, et là vous connaîtrez Paris comme si vous y aviez été quatre ans.

Candide, qui était naturellement curieux, se laissa mener chez la dame, au fond du faubourg St. Honoré; on y était occupé d'un pharaon[166]; douze tristes pontes tenaient chacun en main un petit livre de cartes, registre cornu de leurs infortunes. Un profond silence régnait, la pâleur était sur le front des pontes, l'inquiétude sur celui du banquier; et la dame du logis, assise auprès de ce banquier impitoyable, remarquait avec des yeux de lynx tous les parolis, tous les sept-et-le-va de campagne, dont chaque joueur cornait ses cartes; elle les faisait décorner avec une attention sévère, mais polie, et ne se fâchait point, de peur de perdre ses pratiques. La dame se faisait appeler la marquise de Parolignac[167]. Sa fille, âgée de quinze ans, était au nombre des pontes, et avertissait d'un clin d'œil des friponneries de ces pauvres gens qui tâchaient de réparer les cruautés du sort. L'abbé périgourdin, Candide et Martin entrèrent; personne ne se leva, ni les salua, ni les regarda; tous étaient profondément occupés de leurs cartes. « Madame la baronne de Thunder-ten-tronckh était plus civile », dit Candide.

Cependant l'abbé s'approcha de l'oreille de la marquise, qui se leva à moitié, honora Candide d'un sourire gracieux, et Martin d'un air de tête tout à fait noble; elle fit donner un siège et un jeu de cartes à Candide, qui perdit cinquante mille francs en deux tailles: après quoi on soupa très gaiement; et tout le monde était étonné que Candide ne fût pas ému de sa perte; les laquais disaient entre eux, dans leur langage de laquais: « Il faut que ce soit quelque milord anglais. »

Le souper fut comme la plupart des soupers de Paris: d'abord du silence, ensuite un bruit de paroles qu'on ne distingue point, puis des plaisanteries dont la plupart sont insipides, de fausses nouvelles, de mauvais raisonnements, un peu de politique, et beaucoup de médisance; on parla même de livres nouveaux. « Avez-vous vu, dit l'abbé périgourdin, le roman du sieur Gauchat[168], docteur en théologie? — Oui, répondit un des convives; mais je n'ai pu

164. Il s'agit de Fréron, défenseur de l'orthodoxie, adversaire des philosophes en général et de Voltaire en particulier. *Folliculaire* — formé sur *follicule* (petit sac), ou bien, plus vraisemblablement, sur le latin *folium* (feuille) — est un néologisme de Voltaire; le mot désigne aujourd'hui encore un journaliste sans talent ni scrupule. — 165. Actrice célèbre qui avait joué dans plusieurs pièces de Voltaire. — 166. Jeu de cartes semblable au baccara et très populaire à l'époque. On appelait *pontes* ceux qui jouaient contre le banquier. *Paroli, sept-et-le-va de campagne, tailles*, etc. sont des termes de jeu. — 167. Ce nom périgourdin suggère une complicité entre elle et l'abbé, son « rabbateur de dupes »; hypothèse confirmée au début du paragraphe suivant. — 168. Gauchat et (quelques lignes plus loin) Trublet étaient des défenseurs de la religion contre Voltaire et les Encyclopédistes.

l'achever. Nous avons une foule d'écrits impertinents; mais tous ensemble n'approch-ent pas de l'impertinence de Gauchat, docteur en théologie; je suis si rassasié de cette immensité de détestables livres qui nous inondent que je me suis mis à ponter[169] au pharaon. — Et les *Mélanges* de l'archidiacre Trublet, qu'en dites-vous? dit l'abbé. — Ah! dit madame de Parolignac, l'ennuyeux mortel! comme il vous dit curieusement ce que tout le monde sait! comme il discute pesamment ce qui ne vaut pas la peine d'être remarqué légèrement! comme il s'approprie, sans esprit, l'esprit des autres! comme il gâte ce qu'il pille! comme il me dégoûte! mais il ne me dégoûtera plus; c'est assez d'avoir lu quelques pages de l'archidiacre. »

Il y avait à table un homme savant et de goût qui appuya ce que disait la marquise. On parla ensuite de tragédies[170]; la dame demanda pourquoi il y avait des tragédies qu'on jouait quelquefois, et qu'on ne pouvait lire. L'homme de goût expliqua très bien comment une pièce pouvait avoir quelque intérêt, et n'avoir presque aucun mérite; il prouva en peu de mots que ce n'était pas assez d'amener une ou deux de ces situations qu'on trouve dans tous les romans, et qui séduisent toujours les spectateurs, mais qu'il faut être neuf sans être bizarre, souvent sublime et toujours naturel; connaître le cœur humain et le faire parler; être grand poète sans que jamais aucun personnage de la pièce paraisse poète; savoir parfaitement sa langue, la parler avec pureté, avec une harmonie continue, sans que jamais la rime coûte rien

au sens. « Quiconque, ajouta-t-il, n'observe pas toutes ces règles peut faire une ou deux tragédies applaudies au théâtre, mais il ne sera jamais compté au rang des bons écrivains; il y a très peu de bonnes tragédies: les unes sont des idylles en dialogues bien écrits et bien rimés; les autres, des raisonnements politiques qui endorment, ou des amplifications qui rebutent; les autres, des rêves d'énergumène, en style barbare, des propos interrompus, de longues apostrophes aux dieux, parce qu'on ne sait point parler aux hommes, des maximes fausses, des lieux communs ampoulés. »

Candide écouta ce propos avec attention, et conçut une grande idée du discoureur; et, comme la marquise avait eu soin de le placer à côté d'elle, il s'approcha de son oreille, et prit la liberté de lui demander qui était cet homme qui parlait si bien. « C'est un savant, dit la dame, qui ne ponte point, et que l'abbé m'amène quelquefois à souper: il se connaît parfaitement en tragédies et en livres, et il a fait une tragédie sifflée, et un livre dont on n'a jamais vu hors de la boutique de son libraire qu'un exemplaire, qu'il m'a dédié. — Le grand homme! dit Candide, c'est un autre Pangloss. »

Alors, se tournant vers lui, il lui dit: « Monsieur, vous pensez, sans doute, que tout est au mieux dans le monde physique et dans le moral, et que rien ne pouvait être autrement? — Moi, monsieur, lui répondit le savant, je ne pense rien de tout cela: je trouve que tout va de travers chez nous; que personne ne sait ni quel est son rang, ni quelle est sa charge, ni ce

169. Ici, jouer. — 170. Dans ce paragraphe Voltaire expose quelques-unes de ses idées sur le théâtre et en même temps défend sa tragédie *Tancrède* contre les critiques dont elle avait fait l'objet.

qu'il fait, ni ce qu'il doit faire, et qu'excepté le souper, qui est assez gai, et où il paraît assez d'union, tout le reste du temps se passe en querelles impertinentes: jansénistes contre molinistes[171], gens du parlement contre gens d'église, gens de lettres contre gens de lettres, courtisans contre courtisans, financiers contre le peuple, femmes contre maris, parents contre parents; c'est une guerre éternelle. »

Candide lui répliqua: « J'ai vu pis: mais un sage, qui depuis a eu le malheur d'être pendu, m'apprit que tout cela est à merveille: ce sont des ombres à un beau tableau. — Votre pendu se moquait du monde, dit Martin; vos ombres sont des taches horribles. — Ce sont les hommes qui font les taches, dit Candide, et ils ne peuvent pas s'en dispenser. — Ce n'est donc pas leur faute, dit Martin. » La plupart des pontes, qui n'entendaient rien à ce langage, buvaient; et Martin raisonna avec le savant, et Candide raconta une partie de ses aventures à la dame du logis.

Après souper, la marquise mena Candide dans son cabinet, et le fit asseoir sur un canapé. « Eh bien! lui dit-elle, vous aimez donc toujours éperdument mademoiselle Cunégonde de Thunder-ten-tronckh? — Oui, madame », répondit Candide. La marquise lui répliqua avec un sourire tendre: « Vous me répondez comme un jeune homme de Westphalie; un Français m'aurait dit : "Il est vrai que j'ai aimé mademoiselle Cunégonde; mais, en vous voyant, madame, je crains de ne la plus aimer." — Hélas! madame, dit Candide, je répondrai comme vous voudrez. — Votre passion pour elle, dit la marquise, a commencé en ramassant son mouchoir; je veux que vous ramassiez ma jarretière. — De tout mon cœur », dit Candide; et il la ramassa. « Mais je veux que vous me la remettiez », dit la dame; et Candide la lui remit. « Voyez-vous, dit la dame, vous êtes étranger; je fais quelquefois languir mes amants de Paris quinze jours, mais je me rends à vous dès la première nuit, parce qu'il faut faire les honneurs de son pays à un jeune homme de Westphalie. » La belle, ayant aperçu deux énormes diamants aux deux mains de son jeune étranger, les loua de si bonne foi que des doigts de Candide ils passèrent aux doigts de la marquise.

Candide, en s'en retournant avec son abbé périgourdin, sentit quelques remords d'avoir fait une infidélité à mademoiselle Cunégonde; monsieur l'abbé entra dans sa peine; il n'avait qu'une légère part aux cinquante mille livres perdues au jeu par Candide, et à la valeur des deux brillants moitié donnés, moitié extorqués. Son dessein était de profiter, autant qu'il le pourrait, des avantages que la connaissance de Candide pouvait lui procurer. Il lui parla beaucoup de Cunégonde, et Candide lui dit qu'il demanderait bien pardon à cette belle de son infidélité, quand il la verrait à Venise.

Le Périgourdin redoublait de politesses et d'attentions, et prenait un intérêt tendre à tout ce que Candide disait, à tout ce qu'il faisait, à tout ce qu'il voulait faire. « Vous avez donc, monsieur, lui dit-il, un rendez-vous à Venise? — Oui, monsieur l'abbé, dit Candide; il faut absolument que j'aille trouver mademoiselle Cunégonde. » Alors, engagé par le

171. Jésuites.

plaisir de parler de ce qu'il aimait, il conta, selon son usage, une partie de ses aventures avec cette illustre Westphalienne.

« Je crois, dit l'abbé, que mademoiselle Cunégonde a bien de l'esprit, et qu'elle écrit des lettres charmantes. — Je n'en ai jamais reçu, dit Candide; car, figurez-vous qu'ayant été chassé du château pour l'amour d'elle, je ne pus lui écrire; que bientôt après j'appris qu'elle était morte, qu'ensuite je la retrouvai, et que je la perdis, et que je lui ai envoyé à deux mille cinq cents lieues d'ici un exprès[172] dont j'attends la réponse. »

L'abbé écoutait attentivement, et paraissait un peu rêveur. Il prit bientôt congé des deux étrangers, après les avoir tendrement embrassés. Le lendemain Candide reçut à son réveil une lettre conçue en ces termes: « Monsieur mon très cher amant, il y a huit jours que je suis malade en cette ville; j'apprends que vous y êtes. Je volerais dans vos bras si je pouvais remuer. J'ai su votre passage à Bordeaux; j'y ai laissé le fidèle Cacambo et la vieille, qui doivent bientôt me suivre. Le gouverneur de Buenos-Aires a tout pris, mais il me reste votre cœur. Venez; votre présence me rendra la vie ou me fera mourir de plaisir. »

Cette lettre charmante, cette lettre inespérée, transporta Candide d'une joie inexprimable; et la maladie de sa chère Cunégonde l'accabla de douleur. Partagé entre ces deux sentiments, il prend son or et ses diamants, et se fait conduire avec Martin à l'hôtel où mademoiselle Cunégonde demeurait. Il entre en tremblant d'émotion, son cœur palpite, sa voix sanglote; il veut ouvrir les rideaux du lit; il veut faire apporter de la lumière. « Gardez-vous-en bien, lui dit la suivante; la lumière la tue »; et soudain elle referme le rideau. « Ma chère Cunégonde, dit Candide, en pleurant, comment vous portez-vous? si vous ne pouvez me voir, parlez-moi du moins. — Elle ne peut parler », dit la suivante. La dame alors tire du lit une main potelée que Candide arrose longtemps de ses larmes, et qu'il remplit ensuite de diamants, en laissant un sac plein d'or sur le fauteuil.

Au milieu de ses transports arrive un exempt[173], suivi de l'abbé périgourdin et d'une escouade. « Voilà donc, dit-il, ces deux étrangers suspects? » Il les fait incontinent saisir, et ordonne à ses braves de les traîner en prison. « Ce n'est pas ainsi qu'on traite les voyageurs dans le Dorado, dit Candide. — Je suis plus manichéen que jamais, dit Martin. — Mais, monsieur, où nous menez-vous? dit Candide. — Dans un cul-de-basse-fosse[174] », dit l'exempt.

Martin, ayant repris son sang-froid, jugea que la dame qui se prétendait Cunégonde était une friponne, monsieur l'abbé périgourdin un fripon qui avait abusé au plus vite de l'innocence de Candide, et l'exempt un autre fripon dont on pouvait aisément se débarrasser.

Plutôt que de s'exposer aux procédures de la justice, Candide, éclairé par son conseil, et d'ailleurs toujours impatient de revoir la véritable Cunégonde, propose à l'exempt trois petits diamants d'environ trois mille pistoles chacun. « Ah! monsieur, lui dit l'homme au bâton d'ivoire, eussiez-vous commis tous les crimes imaginables, vous êtes le plus honnête homme du monde. Trois

172. Messager. — 173. Policier chargé des arrestations. — 174. Cachot souterrain.

diamants! chacun de trois mille pistoles! Monsieur! je me ferais tuer pour vous, au lieu de vous mener dans un cachot. On arrête tous les étrangers, mais laissez-moi faire; j'ai un frère à Dieppe en Normandie; je vais vous y mener; et si vous avez quelque diamant à lui donner, il aura soin de vous comme moi-même. — Et pourquoi arrête-t-on tous les étrangers? » dit Candide. L'abbé périgourdin prit alors la parole, et dit: « C'est parce qu'un gueux du pays d'Atrébatie a entendu dire des sottises: cela seul lui a fait commettre un parricide, non pas tel que celui de 1610 au mois de mai, mais tel que celui de 1594 au mois de décembre[175], et tel que plusieurs autres commis dans d'autres années et dans d'autres mois par d'autres gueux qui avaient entendu dire des sottises. »

L'exempt alors expliqua de quoi il s'agissait. « Ah, les monstres! s'écria Candide; quoi! de telles horreurs chez un peuple qui danse et qui chante! Ne pourrai-je sortir au plus vite de ce pays où des singes agacent des tigres? J'ai vu des ours dans mon pays; je n'ai vu des hommes que dans le Dorado. Au nom de Dieu, monsieur l'exempt, menez-moi à Venise, où je dois attendre mademoiselle Cunégonde. — Je ne peux vous mener qu'en Basse-Normandie », dit le barigel[176]. Aussitôt il lui fait ôter ses fers, dit qu'il s'est mépris, renvoie ses gens, et emmène à Dieppe Candide et Martin, et les laisse entre les mains de son frère. Il y avait un petit vaisseau hollandais à la rade. Le Normand, à l'aide de trois autres diamants devenu le plus serviable des hommes, embarque Candide et ses gens dans le vaisseau qui allait faire voile pour Portsmouth en Angleterre. Ce n'était pas le chemin de Venise; mais Candide croyait être délivré de l'enfer, et il comptait bien reprendre la route de Venise à la première occasion.

Chapitre vingt-troisième

Candide et Martin vont sur les côtes d'Angleterre; ce qu'ils y voient

« Ah! Pangloss! Pangloss! Ah! Martin! Martin! Ah! ma chère Cunégonde! qu'est-ce que ce monde-ci? disait Candide sur le vaisseau hollandais. — Quelque chose de bien fou et de bien abominable, répondait Martin. — Vous connaissez l'Angleterre; y est-on aussi fou qu'en France? — C'est une autre espèce de folie, dit Martin. Vous savez que ces deux nations sont en guerre pour quelques arpents de neige vers le Canada[177], et qu'elles dépensent pour cette belle guerre beaucoup plus que tout le Canada ne vaut. De vous dire précisément s'il y a plus de gens à lier[178] dans un pays que dans un autre, c'est ce que mes faibles lumières ne me permettent pas; je sais seulement qu'en général les gens que nous allons voir sont fort atrabilaires. »

En causant ainsi ils abordèrent à Portsmouth; une multitude de peuple couvrait le rivage, et regardait attentivement un assez gros homme qui était à genoux, les yeux bandés, sur le tillac d'un des vaisseaux de la

175. Le pays d'Atrébatie, c'est l'Artois, province natale de Damiens qui avait tenté d'assassiner Louis XV en 1757; son attentat provoqua de nombreuses arrestations. Parricide (manqué), parce que le roi était le « père » du peuple. 1610: assassinat de Henri IV; 1594: tentative d'assassinat de Henri IV. Les deux assassins manqués avaient allégué des motifs religieux (ils avaient écouté des « sottises »). — 176. Policier. — 177. Il s'agit, non de tout le Canada, mais d'une zone frontalière que se disputaient colons anglais et français. Ce ne fut pas la cause principale de la guerre franco-anglaise qui éclata en 1756. — 178. Fous à lier.

flotte; quatre soldats, postés vis-à-vis de cet homme, lui tirèrent chacun trois balles dans le crâne, le plus paisiblement du monde; et toute l'assemblée s'en retourna extrêmement satisfaite. « Qu'est-ce donc que tout ceci? dit Candide; et quel démon excerce partout son empire? » Il demanda qui était ce gros homme qu'on venait de tuer en cérémonie. « C'est un amiral, lui répondit-on. — Et pourquoi tuer cet amiral? — C'est, lui dit-on, parce qu'il n'a pas fait tuer assez de monde; il a livré un combat à un amiral français, et on a trouvé qu'il n'était pas assez près de lui. — Mais, dit Candide, l'amiral français était aussi loin de l'amiral anglais que celui-ci l'était de l'autre! — Cela est incontestable, lui répliqua-t-on; mais dans ce pays-ci il est bon de tuer de temps en temps un amiral pour encourager les autres[179]. »

Candide fut si étourdi et si choqué de ce qu'il voyait et de ce qu'il entendait qu'il ne voulut pas seulement mettre pied à terre, et qu'il fit son marché avec le patron hollandais (dût-il le voler comme celui de Surinam), pour le conduire sans délai à Venise.

Le patron fut prêt au bout de deux jours. On côtoya la France; on passa à la vue de Lisbonne, et Candide frémit. On entra dans le détroit et dans la Méditerranée; enfin on aborda à Venise. « Dieu soit loué! dit Candide, en embrassant Martin; c'est ici que je reverrai la belle Cunégonde. Je compte sur Cacambo comme sur moi-même. Tout est bien, tout va bien, tout ve le mieux qu'il soit possible. »

Chapitre vingt-quatrième

De Paquette, et de frère Giroflée

Dès qu'il fut à Venise, il fit chercher Cacambo dans tous les cabarets, dans tous les cafés, chez toutes les filles de joie, et ne le trouva point. Il envoyait tous les jours à la découverte de tous les vaisseaux et de toutes les barques: nulles nouvelles de Cacambo. « Quoi! disait-il à Martin, j'ai eu le temps de passer de Surinam à Bordeaux, d'aller de Bordeaux à Paris, de Paris à Dieppe, de Dieppe à Portsmouth, de côtoyer le Portugal et l'Espagne, de traverser toute la Méditerranée, de passer quelques mois à Venise, et la belle Cunégonde n'est point venue! Je n'ai rencontré au lieu d'elle qu'une drôlesse[180] et un abbé périgourdin! Cunégonde est morte, sans doute; je n'ai plus qu'à mourir. Ah! il valait mieux rester dans le paradis du Dorado que de revenir dans cette maudite Europe. Que vous avez raison, mon cher Martin! tout n'est qu'illusion et calamité. »

Il tomba dans une mélancolie noire, et ne prit aucune part à l'opéra *alla moda*, ni aux autres divertissements du carnaval; pas une dame ne lui donna la moindre tentation. Martin lui dit: « Vous êtes bien simple, en vérité, de vous figurer qu'un valet métis qui a cinq ou six millions dans ses poches ira chercher votre maîtresse au bout du monde et vous l'amènera à Venise. Il la prendra pour lui, s'il la trouve. S'il ne la trouve pas, il en prendra une autre: je vous conseille d'oublier votre valet Cacambo et

179. Ici Voltaire n'invente rien. Battu par les Français en 1756, l'amiral Byng fut relevé de son commandement et rappelé à Londres. On lui reprocha d'avoir tenu son escadre trop éloignée de la bataille; il n'y eut « ni tués ni blessés » à bord du vaisseau de Byng, qui n'avait pas fait, trouva-t-on, « tout son possible pour prendre et tuer l'ennemi ». Byng fut exécuté en 1757. Voltaire, parmi beaucoup d'autres, avaient tenté de le sauver. — 180. Femme méprisable.

votre maîtresse Cunégonde. » Martin n'était pas consolant. La mélancolie de Candide augmenta, et Martin ne cessait de lui prouver qu'il y avait peu de vertu et peu de bonheur sur la terre, excepté peut-être dans Eldorado, où personne ne pouvait aller.

En disputant sur cette matière importante, et en attendant Cunégonde, Candide aperçut un jeune théatin[181] dans la place Saint-Marc, qui tenait sous le bras une fille. Le théatin paraissait frais, potelé, vigoureux; ses yeux étaient brillants, son air assuré, sa mine haute, sa démarche fière. La fille était très jolie, et chantait; elle regardait amoureusement son théatin, et de temps en temps lui pinçait ses grosses joues. « Vous m'avouerez du moins, dit Candide à Martin, que ces gens-ci sont heureux. Je n'ai trouvé jusqu'à présent dans toute la terre habitable, excepté dans Eldorado, que des infortunés; mais pour cette fille et ce théatin, je gage que ce sont des créatures très heureuses. — Je gage que non, dit Martin. — Il n'y a qu'à les prier à diner, dit Candide, et vous verrez si je me trompe. »

Aussitôt il les aborde, il leur fait son compliment, et les invite à venir à son hôtellerie manger des macaronis, des perdrix de Lombardie, des œufs d'esturgeon, et à boire du vin de Montepulciano, du lacryma-christi, du chypre, et du samos[182]. La demoiselle rougit, le théatin accepta la partie, et la fille le suivit en regardant Candide avec des yeux de surprise et de confusion, qui furent obscurcis de quelques larmes. A peine fut-elle entrée dans la chambre de Candide, qu'elle lui dit: « Eh quoi! monsieur Candide ne reconnaît plus Paquette! » A ces mots, Candide, qui ne l'avait pas considérée jusque-là avec attention, parce qu'il n'était occupé que de Cunégonde, lui dit: « Hélas! ma pauvre enfant, c'est donc vous qui avez mis le docteur Pangloss dans le bel état où je l'ai vu?

— Hélas! monsieur, c'est moi-même, dit Paquette; je vois que vous êtes instruit de tout. J'ai su les malheurs épouvantables arrivés à toute la maison de madame la baronne et à la belle Cunégonde. Je vous jure que ma destinée n'a guère été moins triste. J'étais fort innocente quand vous m'avez vue. Un cordelier, qui était mon confesseur, me séduisit aisément. Les suites en furent affreuses; je fus obligée de sortir du château quelque temps après que monsieur le baron vous eut renvoyé à grands coups de pied dans le derrière. Si un fameux médecin n'avait pas pris pitié de moi, j'étais morte. Je fus quelque temps par reconnaissance la maîtresse de ce médecin. Sa femme, qui était jalouse à la rage, me battait tous les jours impitoyablement; c'était une furie. Ce médecin était le plus laid de tous les hommes, et moi la plus malheureuse de toutes les créatures d'être battue continuellement pour un homme que je n'aimais pas. Vous savez, monsieur, combien il est dangereux pour une femme acariâtre d'être l'épouse d'un médecin. Celui-ci, outré des procédés de sa femme, lui donna un jour, pour la guérir d'un petit rhume, une médecine si efficace qu'elle en mourut en deux heures de temps dans des convulsions horribles. Les parents de madame intentèrent à monsieur un procès criminel; il prit la fuite, et moi, je fus mise en prison. Mon innocence

181. Moine de l'ordre des Théatins, fondé en Italie au XVIe siècle. — 182. Vins méditerranéens.

ne m'aurait pas sauvée si je n'avais été un peu jolie. Le juge m'élargit[183], à condition qu'il succéderait au médecin. Je fus bientôt supplantée par une rivale, chassée sans récompense, et obligée de continuer ce métier abominable qui vous paraît si plaisant à vous autres hommes, et qui n'est pour nous qu'un abîme de misère. J'allai exercer la profession à Venise. Ah! monsieur, si vous pouviez vous imaginer ce que c'est que d'être obligée de caresser indifféremment un vieux marchand, un avocat, un moine, un gondolier, un abbé; d'être exposée à toutes les insultes, à toutes les avanies; d'être souvent réduite à emprunter une jupe pour aller se la faire lever par un homme dégoûtant; d'être volée par l'un de ce qu'on a gagné avec l'autre; d'être rançonnée par les officiers de justice, et de n'avoir en perspective qu'une vieillesse affreuse, un hôpital et un fumier, vous concluriez que je suis une des plus malheureuses créatures du monde. »

Paquette ouvrait ainsi son cœur au bon Candide, dans un cabinet, en présence de Martin, qui disait à Candide: « Vous voyez que j'ai déjà gagné la moitié de la gageure. »

Frère Giroflée était resté dans la salle à manger, et buvait un coup en attendant le dîner. « Mais, dit Candide à Paquette, vous aviez l'air si gai, si content, quand je vous ai rencontrée; vous chantiez, vous caressiez le théatin avec une complaisance naturelle; vous m'avez paru aussi heureuse que vous prétendez être infortunée. — Ah! monsieur, répondit Paquette, c'est encore là une des misères du métier. J'ai été hier volée et battue par un officier, et il faut aujourd'hui que je

paraisse de bonne humeur pour plaire à un moine. »

Candide n'en voulut pas davantage; il avoua que Martin avait raison. On se mit à table avec Paquette et le théatin; le repas fut assez amusant, et sur la fin on se parla avec quelque confiance. « Mon père, dit Candide au moine, vous me paraissez jouir d'une destinée que tout le monde doit envier; la fleur de la santé brille sur votre visage, votre physionomie annonce le bonheur, vous avez une très jolie fille pour votre récréation, et vous paraissez très content de votre état de théatin.

— Ma foi, monsieur, dit frère Giroflée, je voudrais que tous les théatins fussent au fond de la mer. J'ai été tenté cent fois de mettre le feu au couvent, et d'aller me faire turc. Mes parents me forcèrent, à l'âge de quinze ans, d'endosser cette détestable robe, pour laisser plus de fortune à un maudit frère aîné que Dieu confonde! La jalousie, la discorde, la rage, habitent dans le couvent. Il est vrai que j'ai prêché quelques mauvais sermons qui m'ont valu un peu d'argent dont le prieur me vole la moitié: le reste me sert à entretenir des filles; mais quand je rentre le soir dans le monastère, je suis prêt de me casser la tête contre les murs du dortoir; et tous mes confères sont dans le même cas. »

Martin se tournant vers Candide avec son sang-froid ordinaire: « Eh bien! lui dit-il, n'ai-je pas gagné la gageure tout entière? » Candide donna deux mille piastres à Paquette et mille piastres à frère Giroflée. « Je vous réponds, dit-il, qu'avec cela ils seront heureux. — Je n'en crois rien du tout, dit Martin; vous les rendrez

183. Me libéra.

peut-être avec ces piastres beaucoup plus malheureux encore. — Il en sera ce qui pourra, dit Candide; mais une chose me console, je vois qu'on retoue souvent les gens qu'on ne croyait jamais retouver: il se pourra bien faire qu'ayant rencontré mon mouton rouge et Paquette, je rencontre aussi Cunégonde. — Je souhaite, dit Martin, qu'elle fasse un jour votre bonheur; mais c'est de quoi je doute fort. — Vous êtes bien dur, dit Candide. — C'est que j'ai vécu, dit Martin.

— Mais regardez ces gondoliers, dit Candide; ne chantent-ils pas sans cesse? — Vous ne les voyez pas dans leur ménage, avec leurs femmes et leurs marmots d'enfants, dit Martin. Le doge[184] a ses chagrins, les gondoliers ont les leurs. Il est vrai qu'à tout prendre le sort d'un gondolier est préférable à celui d'un doge; mais je crois la différence si médiocre que cela ne vaut pas la peine d'être examiné.

— On parle, dit Candide, du sénateur Pococuranté[185], qui demeure dans ce beau palais sur la Brenta, et qui reçoit assez bien les étrangers. On prétend que c'est un homme qui n'a jamais eu de chagrin. — Je voudrais voir une espèce si rare », dit Martin. Candide aussitôt fit demander au seigneur Pococuranté la permission de venir le voir le lendemain.

Chapitre vingt-cinquième

Visite chez le sénateur Pococuranté, noble Vénitien

Candide et Martin allèrent en gondole sur la Brenta, et arrivèrent au palais du noble Pococuranté. Les jardins étaient bien entendus[186], et ornés de belles statues de marbre, le palais d'une belle architecture. Le maître du logis, homme de soixante ans, fort riche, reçut très poliment les deux curieux, mais avec très peu d'empressement, ce qui déconcerta Candide et ne déplut point à Martin.

D'abord deux filles jolies et proprement[187] mises servirent du chocolat, qu'elles firent très bien mousser. Candide ne put s'empêcher de les louer sur leur beauté, sur leur bonne grâce, et sur leur adresse. « Ce sont d'assez bonnes créatures, dit le sénateur Pococuranté; je les fais quelquefois coucher dans mon lit: car je suis bien las des dames de la ville, de leurs coquetteries, de leurs jalousies, de leurs querelles, de leurs humeurs, de leurs petitesses, de leur orgueil, de leurs sottises, et des sonnets qu'il faut faire ou commander pour elles; mais, après tout, ces deux filles commencent fort à m'ennuyer. »

Candide, après le déjeuner, se promenant dans une longue galerie, fut surpris de la beauté des tableaux. Il demanda de quel maître étaient les deux premiers. « Ils sont de Raphaël, dit le sénateur; je les achetai fort cher par vanité, il y a quelques années; on dit que c'est ce qu'il y a de plus beau en Italie, mais ils ne me plaisent point du tout: la couleur en est très rembrunie, les figures ne sont pas assez arrondies, et ne sortent[188] point assez; les draperies ne ressemblent en rien à une étoffe: en un mot, quoi qu'on en dise, je ne trouve point là une imitation vraie de la nature. Je n'aimerai un tableau que quand je croirai voir la nature elle-même: il n'y en a point de cette espèce. J'ai beaucoup de tableaux, mais je ne les regarde plus. »

184. Chef de la République de Venise. Cette phrase est passée en proverbe. — 185. Le nom signifie en italien: qui se soucie de peu de chose. — 186. Conçus. — 187. Elégamment. — 188. Ressortent.

Pococuranté, en attendant le dîner, se fit donner un concerto. Candide trouva la musique délicieuse. « Ce bruit, dit Pococuranté, peut amuser une demi-heure; mais s'il dure plus longtemps, il fatigue tout le monde, quoique personne n'ose l'avouer. La musique aujourd'hui n'est plus que l'art d'exécuter des choses difficiles, et ce qui n'est que difficile ne plaît point à la longue[189].

« J'aimerais peut-être mieux l'opéra, si on n'avait pas trouvé le secret d'en faire un monstre qui me révolte. Ira voir qui voudra de mauvaises tragédies en musique, où les scènes ne sont faites que pour amener très mal à propos deux ou trois chansons ridicules, qui font valoir le gosier d'une actrice; se pâmera de plaisir qui voudra ou qui pourra en voyant un châtré fredonner le rôle de César et de Caton, et se promener d'un air gauche sur des planches; pour moi, il y a longtemps que j'ai renoncé à ces pauvretés, qui font aujourd'hui la gloire de l'Italie, et que des souverains payent si chèrement. » Candide disputa un peu, mais avec discrétion. Martin fut entièrement de l'avis du sénateur.

On se mit à table; et, après un excellent dîner, on entra dans la bibliothèque[190]. Candide, en voyant un Homère magnifiquement relié, loua l'illustrissime sur son bon goût. « Voilà, dit-il, un livre qui faisait les délices du grand Pangloss, le meilleur philosophe de l'Allemagne. — Il ne fait pas les miennes, dit froidement Pococuranté; on me fit accroire autrefois que j'avais du plaisir en le lisant; mais cette répétition continuelle de combats qui se ressemblent tous, ces dieux qui agissent toujours pour ne rien faire de décisif, cette Hélène qui est le sujet de la guerre, et qui à peine est une actrice de la pièce; cette Troie qu'on assiège, et qu'on ne prend point: tout cela me causait le plus mortel ennui. J'ai demandé quelquefois à des savants s'ils s'ennuyaient autant que moi à cette lecture: tous les gens sincères m'ont avoué que le livre leur tombait des mains, mais qu'il fallait toujours l'avoir dans sa bibliothèque, comme un monument de l'antiquité, et comme ces médailles rouillées qui ne peuvent être de commerce.

— Votre Excellence ne pense pas ainsi de Virgile? dit Candide. Je conviens, dit Pococuranté, que le second, le quatrième et le sixième livre de son *Enéide*, sont excellents; mais pour son pieux Enée, et le fort Cloanthe, et l'ami Achates, et le petit Ascanius, et l'imbécile roi Latinus, et la bourgeoise Amata, et l'insipide Lavinia, je ne crois pas qu'il y ait rien de si froid et de plus désagréable. J'aime mieux le Tasse et les contes à dormir debout de l'Arioste[191].

— Oserais-je vous demander, monsieur, dit Candide, si vous n'avez pas un grand plaisir à lire Horace[192]? — Il y a des maximes, dit Pococuranté, dont un homme du monde peut faire son profit, et qui, étant resserrées dans des vers énergiques, se

189. Allusion aux querelles de l'époque sur les mérites respectifs de la musique italienne et française; Voltaire préfère la musique italienne, moins compliquée et plus mélodieuse, à la francaise (Rameau et ses imitateurs). — 190. Les jugements que Pococuranté va exprimer sont en général ceux de Voltaire lui-même. — 191. Le Tasse et l'Arioste sont des poètes italiens du XVIᵉ siècle. Ce dernier est l'auteur d'un interminable poème héroï-comique intitulé *Roland furieux*, dont les nombreux chants sont qualifiés ici de « contes à dormir debout », c'est-à-dire extravagants, invraisemblables (Voltaire lui-même les admirait beaucoup). — 192. Poète latin (65–6 av. J.-C.), auteur d'*Odes*, d'*Epîtres* et de *Satires* auxquelles il est fait allusion dans ce paragraphe.

gravent plus aisément dans la mémoire; mais je me soucie fort peu de son voyage à Brindes, et de sa description d'un mauvais dîner, et de la querelle de crocheteurs entre je ne sais quel Pupilus dont les paroles, dit-il, étaient « pleines de pus », et un autre dont les paroles étaient « du vinaigre ». Je n'ai lu qu'avec un extrême dégoût ses vers grossiers contre des vieilles et contre des sorcières; et je ne vois pas quel mérite il peut y avoir à dire à son ami Mecenas, que, s'il est mis par lui au rang des poètes lyriques, il frappera les astres de son front sublime. Les sots admirent tout dans un auteur estimé. Je ne lis que pour moi; je n'aime que ce qui est à mon usage. » Candide, qui avait été élevé à ne jamais juger de rien par lui-même, était fort étonné de ce qu'il entendait; et Martin trouvait la façon de penser de Pococuranté assez raisonnable.

« Oh! voici un Cicéron[193], dit Candide; pour ce grand homme-là, je pense que vous ne vous lassez point de le lire? — Je ne le lis jamais, répondit le Vénitien. Que m'importe qu'il ait plaidé pour Rabirius ou pour Cluentius? J'ai bien assez des procès que je juge; je me serais mieux accommodé de ses œuvres philosophiques; mais quand j'ai vu qu'il doutait de tout, j'ai conclu que j'en savais autant que lui, et que je n'avais besoin de personne pour être ignorant.

— Ah! voilà quatre-vingts volumes de recueils d'une académie des sciences, s'écria Martin; il se peut qu'il y ait là du bon. — Il y en aurait, dit Pococuranté, si un seul des auteurs de ces fatras avait inventé seulement l'art de faire des épingles; mais il n'y a dans tous ces livres que de vains systèmes, et pas une seule chose utile.

— Que de pièces de théâtre je vois là, dit Candide, en italien, en espagnol, en français! — Oui, dit le sénateur, il y en a trois mille, et pas trois douzaines de bonnes. Pour ces recueils de sermons, qui tous ensemble ne valent pas une page de Sénèque[194], et tous ces gros volumes de théologie, vous pensez bien que je ne les ouvre jamais, ni moi, ni personne. »

Martin aperçut des rayons chargés de livres anglais. « Je crois, dit-il, qu'un républicain doit se plaire à la plupart de ces ouvrages écrits si librement. — Oui, répondit Pococuranté; il est beau d'écrire ce qu'on pense: c'est le privilège de l'homme. Dans toute notre Italie, on n'écrit que ce qu'on ne pense pas; ceux qui habitent la patrie des Césars et des Antonins n'osent avoir une idée sans la permission d'un jacobin[195]. Je serais content de la liberté qui inspire les génies anglais si la passion et l'esprit de parti ne corrompaient pas tout ce que cette précieuse liberté a d'estimable. »

Candide, apercevant un Milton[196], lui demanda s'il ne regardait pas cet auteur comme un grand homme. « Qui? dit Pococuranté, ce barbare qui fait un long commentaire du premier chapitre de la *Genèse* en dix livres de vers durs? ce grossier imitateur des Grecs, qui défigure la création, et qui, tandis que Moïse représente l'Etre éternel produisant le monde par la parole, fait prendre un grand compas

193. Un livre de Cicéron, avocat et homme politique romain (105–43 av. J.-C.). — 194. Philosophe romain, mort en 65 apr. J.-C. — 195. Moine de l'ordre dominicain, dont les membres s'occupaient de la censure dans le cadre de l'Inquisition. — 196. Poète anglais du XVIIe siècle. L'œuvre que Pococuranté critique dans ce paragraphe est l'épopée biblique en douze chants (pas dix) intitulée *Le Paradis perdu*.

par le Messiah dans une armoire du ciel pour tracer son ouvrage? Moi, j'estimerais celui qui a gâté l'enfer et le diable du Tasse; qui déguise Lucifer tantôt en crapaud, tantôt en pygmée; qui lui fait rebattre cent fois les mêmes discours; qui le fait disputer sur la théologie; qui, en imitant sérieusement l'invention comique des armes à feu de l'Arioste, fait tirer le canon dans le ciel par les diables? Ni moi, ni personne en Italie n'a pu se plaire à toutes ces tristes extravagances. Le mariage du péché et de la mort, et les couleuvres dont le péché accouche, font vomir tout homme qui a le goût un peu délicat; et sa longue description d'un hôpital n'est bonne que pour un fossoyeur. Ce poème obscur, bizarre et dégoûtant, fut méprisé à sa naissance; je le traite aujourd'hui comme il fut traité dans sa patrie par les contemporains. Au reste, je dis ce que je pense, et je me souci fort peu que les autres pensent comme moi. » Candide était affligé de ces disours; il respectait Homère, il aimait un peu Milton. « Hélas! dit-il tout bas à Martin, j'ai bien peur que cet homme-ci n'ait un souverain mépris pour nos poètes allemands. — Il n'y aurait pas grand mal à cela, dit Martin. — Oh! quel homme supérieur! disait encore Candide entre ses dents, quel grand génie que ce Pococuranté! rien ne peut lui plaire. »

Après avoir fait ainsi la revue de tous les livres, ils descendirent dans le jardin. Candide en loua toutes les beautés. « Je ne sais rien de si mauvais goût, dit le maître: nous n'avons ici que des colifichets, mais je vais dès demain en faire planter un d'un dessin plus noble. »

Quand les deux curieux eurent pris congé de son Excellence: « Or ça, dit Candide à Martin, vous conviendrez que voilà le plus heureux de tous les hommes, car il est au-dessus de tout ce qu'il possède. — Ne voyez-vous pas, dit Martin, qu'il est dégoûté de tout ce qu'il possède? Platon a dit, il y a longtemps, que les meilleurs estomacs ne sont pas ceux qui rebutent tous les aliments. — Mais, dit Candide, n'y a-t-il pas du plaisir à tout critiquer, à sentir des défauts où les autres hommes croient voir des beautés? — C'est-à-dire, reprit Martin, qu'il y a du plaisir à n'avoir pas de plaisir? — Oh bien! dit Candide, il n'y a donc d'heureux que moi, quand je reverrai mademoiselle Cunégonde. — C'est toujours bien fait d'espérer », dit Martin.

Cependant les jours, les semaines s'écoulaient; Cacambo ne revenait point, et Candide était si abîmé dans sa douleur qu'il ne fit pas même réflexion que Paquette et frère Giroflée n'étaient pas venus seulement le remercier.

Chapitre vingt-sixième

D'un souper que Candide et Martin firent avec six étrangers, et qui ils étaient

Un soir que Candide, suivi de Martin, allait se mettre à table avec les étrangers qui logeaient dans la même hôtellerie, un homme à visage couleur de suie l'aborda par-derrière, et, le prenant par le bras, lui dit: « Soyez prêt à partir avec nous, n'y manquez pas. » Il se retourne, et voit Cacambo. Il n'y avait que la vue de Cunégonde qui pût l'étonner et lui plaire davantage. Il fut sur le point de devenir fou de joie. Il embrasse son cher ami. « Cunégonde est ici, sans doute? Où est-elle? Mène-moi vers elle, que je

meure de joie avec elle. — Cuné-
gonde n'est point ici, dit Cacambo,
elle est à Constantinople. — Ah ciel! à
Constantinople! mais fût-elle à la
Chine, j'y vole, partons. — Nous par-
tirons après souper, reprit Cacambo;
je ne peux vous en dire davantage; je
suis esclave, mon maître m'attend; il
faut que j'aille le servir à table: ne
dites mot; soupez, et tenez-vous prêt. »

Candide, partagé entre la joie et
la douleur, charmé d'avoir revu son
agent fidèle, étonné de le voir esclave,
plein de l'idée de retrouver sa
maîtresse, le cœur agité, l'esprit
bouleversé, se mit à table avec Martin,
qui voyait de sang-froid toutes ces
aventures, et avec six étrangers qui
étaient venus passer le carnaval à
Venise.

Cacambo, qui versait à boire à
l'un de ces étrangers, s'approcha de
l'oreille de son maître, sur la fin du
repas, et lui dit: « Sire, Votre Majesté
partira quand elle voudra, le vaisseau
est prêt. » Ayant dit ces mots, il sortit.
Les convives, étonnés, se regardaient
sans proférer une seule parole,
lorsqu'un autre domestique, s'appro-
chant de son maître lui dit: « Sire, la
chaise de Votre Majesté est à Padoue,
et la barque est prête[197]. » Le maître
fit un signe, et le domestique partit.
Tous les convives se regardèrent
encore, et la surprise commune
redoubla. Un troisième valet, s'appro-
chant aussi d'un troisième étranger,
lui dit: « Sire, croyez-moi, Votre
Majesté ne doit pas rester ici plus
longtemps: je vais tout préparer »; et
aussitôt il disparut.

Candide et Martin ne doutèrent
pas alors que ce ne fût une mascarade

du carnaval. Un quatrième domes-
tique dit au quatrième maître: « Votre
Majesté partira quand elle voudra », et
sortit comme les autres. Le cinquième
valet en dit autant au cinquième
maître. Mais le sixième valet parla dif-
féremment au sixième étranger, qui
était auprès de Candide; il lui dit:
« Ma foi, sire, on ne veut plus faire
crédit à Votre Majesté, ni à moi non
plus, et nous pourrions bien être cof-
frés[198] cette nuit, vous et moi; je vais
pourvoir à mes affaires, adieu. »

Tous les domestiques ayant dis-
paru, les six étrangers, Candide et
Martin, demeurèrent dans un profond
silence. Enfin Candide le rompit:
« Messieurs, dit-il, voilà une singulière
plaisanterie. Pourquoi êtes-vous tous
rois? Pour moi, je vous avoue que ni
moi ni Martin nous ne le sommes. »

Le maître de Cacambo prit alors
gravement la parole, et dit en italien:
« Je ne suis point plaisant[199]; je
m'appelle Achmet III[200]; j'ai été grand
sultan plusieurs années; je détrônai
mon frère; mon neveu m'a détrôné;
on a coupé le cou à mes vizirs;
j'achève ma vie dans le vieux sérail;
mon neveu le grand sultan Mahmoud
me permet de voyager quelquefois
pour ma santé; et je suis venu passer le
carnaval à Venise. »

Un jeune homme qui était auprès
d'Achmet parla après lui, et dit: « Je
m'appelle Ivan[201]; j'ai été empereur
de toutes les Russies; j'ai été détrôné
au berceau; mon père et ma mère ont
été enfermés; on m'a élevé en prison;
j'ai quelquefois la permission de
voyager, accompagné de ceux qui me
gardent; et je suis venu passer le car-
naval à Venise. »

197. La barque est prête à partir pour Padoue, près de Venise, où la « chaise » (voiture) de Sa Majesté a
été laissée. — 198. Emprisonnés. — 199. Je ne suis pas homme à plaisanter. — 200. Sultan turc détrôné
en 1730, mort en 1736. *Vizirs:* ministres; *sérail:* palais. — 201. Ivan VI, proclamé tzar en 1740, l'année de
sa naissance, déposé l'année suivante. Il grandit prisonnier, et fut exécuté en 1764.

Le troisième dit: « Je suis Charles-Edouard, roi d'Angleterre[202]; mon père m'a cédé ses droits au royaume; j'ai combattu pour les soutenir; on a arraché le cœur à huit cents de mes partisans, et on leur en a battu les joues; j'ai été mis en prison; je vais à Rome faire une visite au roi mon père, détrôné ainsi que moi et mon grand-père; et je suis venu passer le carnaval à Venise. »

Le quatrième prit alors la parole et dit: « Je suis roi des Polaques[203]; le sort de la guerre m'a privé de mes Etats héréditaires; mon père a éprouvé les mêmes revers; je me résigne à la providence comme le sultan Achmet, l'empereur Ivan, et le roi Charles-Edouard, à qui Dieu donne une longue vie; et je suis venu passer le carnaval à Venise. »

Le cinquième dit: « Je suis aussi roi des Polaques[204]; j'ai perdu mon royaume deux fois; mais la Providence m'a donné un autre Etat dans lequel j'ai fait plus de bien que tous les rois des Sarmates ensemble n'en ont jamais pu faire sur les bords de la Vistule. Je me résigne aussi à la Providence; et je suis venu passer le carnaval à Venise. »

Il restait au sixième monarque à parler. « Messieurs, dit-il, je ne suis pas si grand seigneur que vous, mais enfin j'ai été roi tout comme un autre; je suis Théodore; on m'a élu roi en Corse[205]; on m'a appelé Votre Majesté, et à présent à peine m'appelle-t-on

Monsieur; j'ai fait frapper de la monnaie, et je ne possède pas un denier; j'ai eu deux secrétaires d'Etat, et j'ai à peine un valet; je me suis vu sur un trône, at j'ai longtemps été à Londres en prison sur la paille; j'ai bien peur d'être traité de même ici, quoique je sois venu, comme Vos Majestés, passer le carnaval à Venise. »

Les cinq autres rois écoutèrent ce discours avec une noble compassion. Chacun d'eux donna vingt sequins[206] au roi Théodore pour avoir des habits et des chemises; Candide lui fit présent d'un diamant de deux mille sequins. « Quel est donc, disaient les cinq rois, ce simple particulier qui est en état de donner cent fois autant que chacun de nous, et qui le donne? »

Dans l'instant qu'on sortait de table, il arriva dans la même hôtellerie quatre altesses sérénissimes qui avaient aussi perdu leurs Etats par le sort de la guerre, et qui venaient passer le reste du carnaval à Venise. Mais Candide ne prit pas seulement garde à ces nouveaux venus. Il n'était occupé que d'aller trouver sa chère Cunégonde à Constantinople.

Chapitre vingt-septième

Voyage de Candide à Constantinople

Le fidèle Cacambo avait déjà obtenu du patron turc qui allait reconduire le sultan Achmet à Constantinople qu'il

202. Prétendant au trône. Son grand-père avait régné trois ans sous le nom de James II; son père, qui ne régna jamais, vivait à Rome. Charles-Edouard tenta en vain de reprendre le trône par la force en 1746, d'où l'allusion à ses partisans. Il mourut en Italie en 1788. — 203. Des Polonais. Auguste II (1696–1763), électeur de Saxe, fut aussi roi de Pologne (poste honorifique) de 1733 à sa mort; il fut chassé de la Saxe par les Prussiens en 1756. — 204. Il s'agit de Stanislas Leszczynski, élus deux fois roi de Pologne et détrôné deux fois. Devenu duc de Lorraine grâce à son gendre Louis XV, roi de France, il régna à Nancy en souverain éclairé et bienfaisant. (Il y reçut plusieurs fois Voltaire lui-même.) *Les Sarmates:* les Polonais; *la Vistule:* fleuve qui traverse la capitale polonaise. — 205. Théodore, baron de Neuhoff (1690-1756), aventurier allemand, fut proclamé roi de Corse en 1736; quelques mois plus tard il s'enfuit en Angleterre où il fut emprisonné pour dettes. — 206. Monnaie vénitiennes.

recevrait Candide et Martin sur son bord[207]. L'un et l'autre s'y rendirent après s'être prosternés devant Sa misérable Hautesse. Candide, chemin faisant, disait à Martin: « Voilà pourtant six rois détrônés avec qui nous avons soupé! et encore dans ces six rois il y en a un à qui j'ai fait l'aumône. Peut-être y a-t-il beaucoup d'autres princes plus infortunés. Pour moi, je n'ai perdu que cent moutons, et je vole dans les bras de Cunégonde. Mon cher Martin, encore une fois, Pangloss avait raison, tout est bien. — Je le souhaite, dit Martin. — Mais, dit Candide, voilà une aventure bien peu vraisemblable que nous avons eue à Venise. On n'avait jamais vu ni ouï conter que six rois détrônés soupassent ensemble au cabaret. — Cela n'est pas plus extraordinaire, dit Martin, que la plupart des choses qui nous sont arrivées. Il est très commun que des rois soient détrônés; et à l'égard de l'honneur que nous avons eu de souper avec eux, c'est une bagatelle qui ne mérite pas notre attention. »

A peine Candide fut-il dans le vaisseau qu'il sauta au cou de son ancien valet, de son ami Cacambo. « Eh bien! lui dit-il, que fait Cunégonde? Est-elle toujours un prodige de beauté? M'aime-t-elle toujours? Comment se porte-t-elle? Tu lui as sans doute acheté un palais à Constantinople?

— Mon cher maître, répondit Cacambo, Cunégonde lave les écuelles sur le bord de la Propontide[208], chez un prince qui a très peu d'écuelles; elle est esclave dans la maison d'un ancien souverain, nommé Ragotski[209],

à qui le Grand Turc donne trois écus par jour dans son asile; mais, ce qui est bien plus triste, c'est qu'elle a perdu sa beauté, et qu'elle est devenue horriblement laide. — Ah! belle ou laide, dit Candide, je suis honnête homme, et mon devoir est de l'aimer toujours. Mais comment peut-elle être réduite à un état si abject avec les cinq ou six millions que tu avais apportés? — Bon, dit Cacambo, ne m'en a-t-il pas fallu donner deux millions au señor don Fernando d'Ibaraa, y Figueora, y Mascarenes, y Lampourdos, y Souza, gouverneur de Buenos-Aires, pour avoir la permission de reprendre mademoiselle Cunégonde? Et un pirate ne nous a-t-il pas bravement dépouillés de tout le reste? Ce pirate ne nous a-t-il pas menés au cap de Matapan, à Milo, à Nicarie, à Samos, à Petra, aux Dardanelles, à Marmora, à Scutari[210]? Cunégonde et la vieille servent chez ce prince dont je vous ai parlé, et moi, je suis esclave du sultan détrôné. — Que d'épouvantables calamités enchaînées les unes aux autres! dit Candide. Mais, après tout, j'ai encore quelques diamants; je délivrerai aisément Cunégonde. C'est bien dommage qu'elle soit devenue si laide. »

Ensuite, se tournant vers Martin: « Que pensez-vous, dit-il, qui soit le plus à plaindre, de l'empereur Achmet, de l'empereur Ivan, du roi Charles-Edouard, ou de moi? — Je n'en sais rien, dit Martin; il faudrait que je fusse dans vos cœurs pour le savoir. — Ah! dit Candide, si Pangloss était ici, il le saurait, et nous l'apprendrait. — Je ne sais, dit Martin,

207. A bord de son vaisseau. — 208. La mer de Marmara. — 209. Comme les six rois détrônés du chapitre précédent, il s'agit d'un personnage historique: Ferenc Ragòczy (1676–1735), roi de Transylvanie qui, vaincu par les Autrichiens et détrôné, se retira en Turquie. — 210. Ports d'escale en Méditerranée orientale. — 211. L'ensemble des galériens.

avec quelles balances votre Pangloss aurait pu peser les infortunes des hommes, et apprécier leurs douleurs. Tout ce que je présume, c'est qu'il y a des millions d'hommes sur la terre cent fois plus à plaindre que le roi Charles-Edouard, l'empereur Ivan, et le sultan Achmet. — Cela pourrait bien être, dit Candide. »

On arriva en peu de jours sur le canal de la mer Noire. Candide commença par racheter Cacambo fort cher; et, sans perdre de temps, il se jeta dans une galère, avec ses compagnons, pour aller sur le rivage de la Propontide chercher Cunégonde, quelque laide qu'elle pût être.

Il y avait dans la chiourme[211] deux forçats qui ramaient fort mal, et à qui le levanti patron[212] appliquait de temps en temps quelques coups de nerf de bœuf[213] sur leurs épaules nues; Candide, par un mouvement naturel, les regarda plus attentivement que les autres galériens, et s'approcha d'eux avec pitié. Quelques traits de leurs visages défigurés lui parurent avoir un peu de ressemblance avec Pangloss et avec ce malheureux jésuite, ce baron, ce frère de mademoiselle Cunégonde. Cette idée l'émut et l'attrista. Il les considéra encore plus attentivement. « En vérité, dit-il à Cacambo, si je n'avais pas vu pendre maître Pangloss, et si je n'avais pas eu le malheur de tuer le baron, je croirais que ce sont eux qui rament dans cette galère. »

Au nom du baron et de Pangloss les deux forçats poussèrent un grand cri, s'arrêtèrent sur leur banc, et laissèrent tomber leurs rames. Le levanti patron accourait sur eux, et les coups de nerf de bœuf redoublaient.

« Arrêtez! arrêtez! seigneur, s'écria Candide; je vous donnerai tant d'argent que vous voudrez. — Quoi! c'est Candide! disait l'un des forçats. — Quoi! c'est Candide! disait l'autre. — Est-ce un songe? dit Candide; veillé-je?[214] suis-je dans cette galère? Est-ce là monsieur le baron, que j'ai tué? Est-ce là maître Pangloss, que j'ai vu pendre? — C'est nous-mêmes, c'est nous mêmes, répondaient-ils. — Quoi! c'est là ce grand philosophe? disait Martin. — Eh! monsieur le levanti patron, dit Candide, combien voulez-vous d'argent pour la rançon de monsieur de Thunder-ten-tronchk, un des permiers barons de l'empire, et de monsieur Pangloss, le plus profond métaphysicien d'Allemagne? — Chien de chrétien, répondit le levanti patron, puisque ces deux chiens de forçats chrétiens sont des barons et des métaphysiciens, ce qui est sans doute une grande dignité dans leur pays, tu m'en donneras cinquante mille sequins. — Vous les aurez, monsieur; remenez-moi comme un éclair à Constantinople, et vous serez payé sur-le-champ. Mais non, menez-moi chez mademoiselle Cunégonde. » Le levanti patron, sur la première offre de Candide, avait déjà tourné la proue, vers la ville, et il faisait ramer plus vite qu'un oiseau ne fend les airs.

Candide embrassa cent fois le baron et Pangloss. « Et comment ne vous ai-je pas tué, mon cher baron? et mon cher Pangloss, comment êtes-vous en vie après avoir été pendu? et pourquoi êtes-vous tous deux aux galères en Turquie? — Est-il bien vrai que ma chère sœur soit dans ce pays? disait le baron. — Oui, répondait

212. Le commandant des gardiens de la chiourme. — 213. *Nerf de bœuf:* fouet. — 214. Est-ce que je veille?

Cacambo. — Je revois donc mon cher Candide », s'écriait Pangloss. Candide leur présentait Martin et Cacambo. Ils s'embrassaient tous; ils parlaient tous à la fois. La galère volait, ils étaient déjà dans le port. On fit venir un juif, à qui Candide vendit pour cinquante mille sequins un diamant de la valeur de cent mille, et qui lui jura par Abraham qu'il n'en pouvait donner davantage. Il paya incontinent la rançon du baron et de Pangloss. Celui-ci se jeta aux pieds de son libérateur, et les baigna de larmes; l'autre le remercia par un signe de tête, et lui promit de lui rendre cet argent à la première occasion. « Mais est-il bien possible qu'ma sœur soit en Turquie? disait-il. — Rien n'est si possible, reprit Cacambo, puisqu'elle écure la vaisselle chez un prince de Transylvanie. » On fit aussitôt venir deux juifs: Candide vendit encore des diamants; et ils repartirent tous dans une autre galère pour aller délivrer Cunégonde.

Chapitre vingt-huitième

Ce qui arriva à Candide, à Cunégonde, à Pangloss, à Martin, etc.

« Pardon, encore une fois, dit Candide au baron; pardon, mon révérend père, de vous avoir donné un grand coup d'épée au travers du corps. — N'en parlons plus, dit le baron; je fus un peu trop vif, je l'avoue; mais puisque vous voulez savoir par quel hasard vous m'avez vu aux galères, je vous dirai qu'après avoir été guéri de ma blessure par le frère apothicaire du collège, je fus attaqué et enlevé par un parti[215] espagnol; on me mit en prison à Buenos-Aires dans le temps que ma sœur venait d'en partir. Je demandai à retourner à Rome auprès du père général. Je fus nommé pour aller servir d'aumônier à Constantinople auprès de monsieur l'ambassadeur de France. Il n'y avait pas huit jours que j'étais entré en fonction, quand je trouvai sur le soir un jeune icoglan[216] très bien fait. Il faisait fort chaud: le jeune homme voulut se baigner; je pris cette occasion de me baigner aussi. Je ne savais pas que ce fût un crime capital pour un chrétien d'être trouvé tout nu avec un jeune musulman. Un cadi[217] me fit donner cent coups de bâton sous la plante des pieds, et me condamna aux galères. Je ne crois pas qu'on ait fait une plus horrible injustice. Mais je voudrais bien savoir pourquoi ma sœur est dans la cuisine d'un souverain de Transylvanie réfugié chez les Turcs.

— Mais vous, mon cher Pangloss, dit Candide, comment se peut-il que je vous revoie? — Il est vrai, dit Pangloss, que vous m'avez vu pendre; je devais naturellement être brûlé: mais vous vous souvenez qu'il plut à verse lorqu'on allait me cuire: l'orage fut si violent qu'on désespéra d'allumer le feu; je fus pendu, parce qu'on ne put mieux faire: un chirurgien acheta mon corps, m'emporta chez lui, et me disséqua. Il me fit d'abord une incision cruciale[218] depuis le nombril jusqu'à la clavicule. On ne pouvait pas avoir été plus mal pendu que je l'avais été. L'exécuteur des hautes œuvres[219] de la sainte Inquisition, lequel était sous-diacre, brûlait à la vérité les gens à merveille, mais il n'était pas accoutumé à pendre: la corde était mouillée et glissa mal, elle fut nouée; enfin je

215. Détachement de soldats. — 216. Page du sultan. — 217. Juge. — 218. En forme de croix. — 219. Le bourreau.

respirais encore: l'incision cruciale me fit jeter un si grand cri que mon chirurgien tomba à la renverse; et, croyant qu'il disséquait le diable, il s'enfuit en mourant de peur, et tomba encore sur l'escalier en fuyant. Sa femme accourut au bruit, d'un cabinet voisin: elle me vit sur la table étendu avec mon incision cruciale; elle eut encore plus de peur que son mari, s'enfuit, et tomba sur lui. Quand ils furent un peu revenus à eux, j'entendis la chirurgienne qui disait au chirurgien: « Mon bon, de quoi vous avisez-vous de disséquer un hérétique? Ne savez-vous pas que le diable est toujours dans le corps de ces gens-là? Je vais vite chercher un prêtre pour l'exorciser. » Je frémis à ce propos, et je ramassai le peu de forces qui me restaient pour crier: « Ayez pitié de moi! » Enfin le barbier portugais s'enhardit: il recousit ma peau; sa femme même eut soin de moi; je fus sur pied au bout de quinze jours. Le barbier me trouva une condition[220], et me fit laquais d'un chevalier de Malte qui allait à Venise; mais mon maître n'ayant pas de quoi me payer, je me mis au service d'un marchand vénitien, et je le suivis à Constantinople.

« Un jour il me prit fantaisie d'entrer dans une mosquée; il n'y avait qu'un vieux iman[221] et une jeune dévote très jolie qui disait ses patenôtres; sa gorge était toute découverte: elle avait entre ses deux tétons un beau bouquet de tulipes, de roses, d'anémones, de renoncules, d'hyacinthes et d'oreilles d'ours; elle laissa tomber son bouquet; je le ramassai, et je le lui remis avec un empressement très respectueux. Je fus si longtemps à le lui remettre que l'iman se mit en colère, et, voyant que j'étais chrétien, il cria à l'aide. On me mena chez le cadi, qui me fit donner cent coups de latte sur la plante des pieds, et m'envoya aux galères. Je fus enchaîné précisément dans la même galère et au même banc que monsieur le baron. Il y avait dans cette galère quatre jeunes gens de Marseille, cinq prêtres napolitains, et deux moines de Corfou, qui nous dirent que de pareilles aventures arrivaient tous les jours. Monsieur le baron prétendait qu'il avait essuyé une plus grande injustice que moi; je prétendais, moi, qu'il était beaucoup plus permis de remettre un bouquet sur la gorge d'une femme que d'être tout nu avec un icoglan. Nous disputions sans cesse, et nous recevions vingt coups de nerf de bœuf par jour, lorsque l'enchaînement des événements de cet univers vous a conduit dans notre galère, et que vous nous avez rachetés.

— Eh bien! mon cher Pangloss, lui dit Candide, quand vous avez été pendu, disséqué, roué de coups, et que vous avez ramé aux galères, avez-vous toujours pensé que tout allait le mieux du monde? — Je suis toujours de mon premier sentiment, répondit Pangloss; car enfin je suis philosophe: il ne me convient pas de me dédire, Leibnitz ne pouvant pas avoir tort, et l'harmonie préétablie étant d'ailleurs la plus belle chose du monde, aussi bien que le plein et la matière subtile[222]. »

220. Emploi. — 221. Chef de prières dans une mosquée. — 222. L'harmonie préétablie est une thèse fondamentale du système leibnizien; le plein et la matière subtile relèvent de la physique de Descartes.

Chapitre vingt-neuvième

*Comment Candide retrouva Cunégonde et
la vieille*

Pendant que Candide, le baron, Pangloss, Martin et Cacambo, contaient leurs aventures, qu'ils raisonnaient sur les événements contingents ou non contingents[223] de cet univers, qu'ils disputaient sur les effets et les causes, sur le mal moral et sur le mal physique, sur la liberté et la nécessité, sur les consolations que l'on peut éprouver lorsqu'on est aux galères en Turquie, ils abordèrent sur le rivage de la Propontide, à la maison du prince de Transylvanie. Les premiers objets qui se présentèrent furent Cunégonde et la vieille, qui étendaient des serviettes sur des ficelles pour les faire sécher.

Le baron pâlit à cette vue. Le tendre amant Candide, en voyant sa belle Cunégonde rembrunie, les yeux éraillés, la gorge sèche, les joues ridées, les bras rouges et écaillés, recula trois pas, saisi d'horreur, et avança ensuite par bon procédé[224]. Elle embrassa Candide et son frère; on embrassa la vieille: Candide les racheta toutes deux.

Il y avait une petite métairie[225] dans le voisinage; la vieille proposa à Candide de s'en accommoder, en attendant que toute la troupe eût une meilleure destinée. Cunégonde ne savait pas qu'elle était enlaidie, personne ne l'en avait avertie: elle fit souvenir Candide de ses promesses avec un ton si absolu que le bon Candide n'osa pas la refuser. Il signifia donc au baron qu'il allait se marier avec sa sœur. « Je ne souffrirai jamais, dit le baron, une telle bassesse de sa part, et une telle insolence de la vôtre; cette infamie ne me sera jamais reprochée: les enfants de ma sœur ne pourraient entrer dans les chapitres[226] d'Allemagne. Non, jamais ma sœur n'épousera qu'un baron de l'Empire. » Cunégonde se jeta à ses pieds, et les baigna de larmes; il fut inflexible. « Maître fou, lui dit Candide, je t'ai réchappé des galères, j'ai payé ta rançon, j'ai payé celle de ta sœur; elle lavait ici des écuelles, elle est laide, j'ai la bonté d'en faire ma femme; et tu prétends encore t'y opposer! Je te retuerais si j'en croyais ma colère. — Tu peux me tuer encore, dit le baron, mais tu n'épouseras pas ma sœur de mon vivant. »

Chapitre trentième

Conclusion

Candide, dans le fond de son cœur, n'avait aucune envie d'épouser Cunégonde; mais l'impertinence extrême du baron le déterminait à conclure le mariage, et Cunégonde le pressait si vivement qu'il ne pouvait s'en dédire. Il consulta Pangloss, Martin, et le fidèle Cacambo. Pangloss fit un beau mémoire par lequel il prouvait que le baron n'avait nul droit sur sa sœur, et qu'elle pouvait, selon toutes les lois de l'Empire, épouser Candide de la main gauche[227]. Martin conclut à jeter le baron dans la mer; Cacambo décida qu'il fallait le rendre au levanti patron, et le remettre aux galères, après quoi on l'enverrait à Rome au

223. *Contingent:* le contraire de nécessaire. — 224. Par politesse. — 225. Ferme. — 226. Assemblées de la noblesse. — 227. En donnant sa main gauche à son/sa futur(e) conjoint(e) pendant la cérémonie, on n'engageait ni ses biens ni son titre.

père général par le premier vaisseau. L'avis fut trouvé fort bon; la vieille l'approuva; on n'en dit rien à sa sœur; la chose fut exécutée pour quelque argent, et on eut le plaisir d'attraper un jésuite, et de punir l'orgueil d'un baron allemand.

Il était tout naturel d'imaginer qu'après tant de désastres Candide, marié avec sa maîtresse et vivant avec le philosophe Pangloss, le philosophe Martin, le prudent Cacambo, et la vieille, ayant d'ailleurs rapporté tant de diamants de la patrie des anciens Incas, mènerait la vie du monde la plus agréable; mais il fut tant friponné par les juifs qu'il ne lui resta plus rien que sa petite métairie; sa femme, devenant tous les jours plus laide, devint acariâtre et insupportable; la vieille était infirme, et fut encore de plus mauvaise humeur que Cunégonde. Cacambo, qui travaillait au jardin, et qui allait vendre des légumes à Constantinople, était excédé de travail, et maudissait sa destinée. Pangloss était au désespoir de ne pas briller dans quelque université d'Allemagne. Pour Martin, il était fermement persuadé qu'on est également mal partout; il prenait les choses en patience. Candide, Martin et Pangloss disputaient quelquefois de métaphysique et de morale. On voyait souvent passer sous les fenêtres de la métairie des bateaux chargés d'effendis, de bachas, de cadis[228], qu'on envoyait en exil à Lemnos, à Mytilène, à Erzeroum. On voyait venir d'autres cadis, d'autres bachas, d'autres effendis, qui prenaient la place des expulsés, et qui étaient expulsés à leur tour. On voyait des têtes proprement empaillées qu'on allait présenter à la Sublime-Porte[229]

Ces spectacles faisaient redoubler les dissertations; et quand on ne disputait pas, l'ennui était si excessif que la vieille osa un jour leur dire: « Je voudrais savoir lequel est le pire, ou d'être violée cent fois par des pirates nègres, d'avoir une fesse coupée, de passer par les baguettes chez les Bulgares, d'être fouetté et pendu dans un auto-da-fé, d'être disséqué, de ramer en galère, d'éprouver enfin toutes les misères par lesquelles nous avons tous passé, ou bien de rester ici à ne rien faire? — C'est une grande question », dit Candide.

Ce discours fit naître de nouvelles réflexions, et Martin surtout conclut que l'homme était né pour vivre dans les convulsions de l'inquiétude, ou dans la léthargie de l'ennui. Candide n'en convenait pas, mais il n'assurait rien. Pangloss avouait qu'il avait toujours horriblement souffert; mais ayant soutenu une fois que tout allait à merveille, il le soutenait toujours, et n'en croyait rien.

Une chose acheva de confirmer Martin dans ses détestables principes, de faire hésiter plus que jamais Candide, et d'embarrasser Pangloss. C'est qu'ils virent un jour aborder dans leur métairie Paquette et le frère Giroflée, qui étaient dans la plus extrême misère; ils avaient bien vite mangé leurs trois mille piastres, s'étaient quittés, s'étaient raccommodés, s'étaient brouillés, avaient été mis en prison, s'étaient enfuis, et enfin frère Giroflée s'était fait turc. Paquette continuait son métier partout, et n'y gagnait plus rien. « Je l'avais bien prévu, dit Martin à Candide, que vos présents seraient bientôt dissipés et ne les rendraient que plus misérables. Vous avez regorgé de millions de piastres, vous

228. *Effendi, bacha, cadi:* titres de hauts fonctionnaires en Turquie. — 229. Au sérail du sultan.

et Cacambo, et vous n'êtes pas plus heureux que frère Giroflée et Paquette. — Ah! ah! dit Pangloss à Paquette, le Ciel vous ramène donc ici parmi nous, ma pauvre enfant! savez-vous bien que vous m'avez coûté le bout du nez, un œil, et une oreille? Comme vous voilà faite! eh! qu'est-ce que ce monde! » Cette nouvelle aventure les engagea à philosopher plus que jamais.

Il y avait dans le voisinage un derviche[230] très fameux qui passait pour le meilleur philosophe de la Turquie; ils allèrent le consulter; Pangloss porta la parole, et lui dit: « Maître, nous venons vous prier de nous dire pourquoi un aussi étrange animal que l'homme a été formé. — De quoi te mêles-tu? lui dit le derviche; est-ce là ton affaire? — Mais, mon révérend père, dit Candide, il y a horriblement de mal sur la terre. — Qu'importe, dit le derviche, qu'il y ait du mal ou du bien? Quand Sa Hautesse[231] envoie un vaisseau en Egypte, s'embarrasse-t-elle si les souris qui sont dans le vaisseau sont à leur aise ou non? — Que faut-il donc faire? dit Pangloss. — Te taire, dit le derviche. — Je me flattais, dit Pangloss, de raisonner un peu avec vous des effets et des causes, du meilleur des mondes possibles, de l'origine du mal, de la nature de l'âme, et de l'harmonie préétablie. » Le derviche, à ces mots, leur ferma la porte au nez.

Pendant cette conversation, la nouvelle s'était répandue qu'on venait d'étrangler à Constantinople deux vizirs du banc et le muphti[232] et qu'on avait empalé plusieurs de leurs amis. Cette catastrophe faisait partout un grand bruit pendant quelques heures. Pangloss, Candide et Martin, en retournant à la petite métairie, rencontrèrent un bon vieillard qui prenait le frais à sa porte sous un berceau d'orangers. Pangloss qui était aussi curieux que raisonneur, lui demanda comment se nommait le muphti qu'on venait d'étrangler. « Je n'en sais rien, répondit le bonhomme; et je n'ai jamais su le nom d'aucun muphti ni d'aucun vizir. J'ignore absolument l'aventure dont vous me parlez; je présume qu'en général ceux qui se mêlent des affaires publiques périssent quelquefois misérablement, et qu'ils le méritent; mais je ne m'informe jamais de ce qu'on fait à Constantinople; je me contente d'y envoyer vendre les fruits du jardin que je cultive. » Ayant dit ces mots, il fit entrer les étrangers dans sa maison; ses deux filles et ses deux fils leur présentèrent plusieurs sortes de sorbets qu'ils faisaient eux-mêmes, du kaïmak piqué d'écorces de cédrat confit, des oranges, des citrons, des limons[233], des ananas, des pistaches, du café de Moka qui n'était point mêlé avec le mauvais café de Batavia et des îles[234]. Après quoi les deux filles de ce bon musulman parfumèrent les barbes de Candide, de Pangloss et de Martin.

« Vous devez avoir, dit Candide au Turc, une vaste et magnifique terre? — Je n'ai que vingt arpents, répondit le Turc; je les cultive avec mes enfants; le travail éloigne de nous trois grands maux, l'ennui, le vice, et le besoin. »

Candide, en retournant dans sa métairie, fit de profondes réflexions sur le discours du Turc. Il dit à

230. Religieux musulman. — 231. Le grand sultan. — 232. Deux ministres du conseil du sultan et le chef religieux. — 233. *Kaïmac* semble être synonyme de sorbet; le cédrat et le limon sont des variétés de citron. — 234. Voltaire lui-même était connaisseur en cafés et caféinomane (il buvait, paraît-il, une cinquantaine de tasses par jour).

Pangloss et à Martin: « Ce bon vieillard me paraît s'être fait un sort bien préférable à celui des six rois avec qui nous avons eu l'honneur de souper. — Les grandeurs, dit Pangloss, sont fort dangereuses, selon le rapport de tous les philosophes: car enfin Eglon, roi des Moabites, fut assassiné par Aod; Absalon fut pendu par les cheveux et percé de trois dards; le roi Nadab, fils de Jéroboam, fut tué par Baasa; le roi Ela, par Zambri; Ochosias, par Jéhu; Athalia, par Joïada; les rois Joachim, Jéchonias, Sédécias, furent esclaves[235]. Vous savez comment périrent Crésus, Astyage, Darius, Denys de Syracuse, Pyrrhus, Persée, Annibal, Jugurtha, Arioviste, César, Pompée, Néron, Othon, Vitellius, Domitien[236], Richard II d'Angleterre, Edouard II, Henri VI, Richard III, Marie Stuart, Charles Iᵉʳ, les trois Henri de France, l'empereur Henri IV[237]? Vous savez... — Je sais aussi, dit Candide, qu'il faut cultiver notre jardin. — Vous avez raison, dit Pangloss; car quand l'homme fut mis dans le jardin d'Eden, il y fut mis *ut operaretur eum*, pour qu'il travaillât[238]: ce qui prouve que l'homme n'est pas né pour le repos. — Travaillons sans raisonner, dit Martin; c'est le seul moyen de rendre la vie supportable. »

Toute la petite société entra dans ce louable dessein; chacun se mit à exercer ses talents. La petite terre rapporta beaucoup. Cunégonde était, à la vérité, bien laide; mais elle devint une excellente pâtissière; Paquette broda; la vieille eut soin du linge. Il n'y eut pas jusqu'à frère Giroflée qui ne rendît service; il fut un très bon menuisier, et même devint honnête homme; et Pangloss disait quelquefois à Candide: « Tous les événements sont enchaînés dans le meilleur des mondes possibles: car enfin si vous n'aviez pas été chassé d'un beau château à grands coups de pied dans le derrière pour l'amour de mademoiselle Cunégonde, si vous n'aviez pas été mis à l'Inquisition, si vous n'aviez pas couru l'Amérique à pied, si vous n'aviez pas donné un bon coup d'épée au baron, si vous n'aviez pas perdu tous vos moutons du bon pays d'Eldorado, vous ne mangeriez pas ici des cédrats confits et des pistaches. — Cela est bien dit, répondit Candide, mais il faut cultiver notre jardin. »

235. Exemples tirés de l'*Ancien Testament*. — 236. Exemples tirés de l'antiquité. — 237. Exemples tirés de l'histoire moderne. — 238. *Genèse*, II, 15: « ...pour *le* travailler [le jardin]. »

Matière à réflexion

1. L'ironie dans *Candide* (voir *Avant de lire*):

a) A quoi se reconnaît-elle? Quels indices, quels « clins d'œil » complices annoncent sa présence?

b) En quoi consiste-t-elle (feint éloge, faux blâme, l'absurde pris au sérieux, etc.)?

c) Dans quels chapitres Voltaire y recourt-il le plus souvent?

d) Quelles en sont les cibles?

e) « Faim, vol, viol, sévices, anthropophagie, carnages, tremblements de terre, esclavage, galères, prisons et bûchers, ravages de l'âge et naufrages du désir... » — tel est l'inventaire partiel que J. Goldzink dresse des maux physiques et moraux du temps de Voltaire (*Candide*, Classiques Larousse). Et sur tout cela, Voltaire plaisante et ironise! Certains commentateurs — dont R. Barthes (« Le Dernier des écrivains heureux », *Essais critiques*) — estiment qu'après l'invention de la bombe atomique et des chambres à gaz, un Voltaire du XXᵉ siècle ne saurait employer les mêmes procédés, ni — surtout — prendre le même ton badin. D'où le conseil de Goldzink: « Lisons donc *Candide* pour retrouver un temps où, même dans la plus violente dénonciation du mal concevable au siècle des Lumières, les larmes n'étranglent pas le rire dans la gorge. » Commentez les jugements de Barthes et de Goldzink.

2. On a souvent comparé *Candide* à un dessin animé. Cette comparaison vous paraît-elle justifiée? Considérez, dans votre réponse, l'action, les personnages et l'atmosphère du conte.

3. Le texte et le hors-texte. « Il faut cultiver notre jardin »: cette formule finale, devenue proverbiale, a été très diversement interprétée. Deux tendances se dégagent parmi les commentateurs: 1° Certains — la plupart — y voient une morale de *désengagement*, de *repliement*. Typiques de ce groupe, R. P. L. et D. M. Ledésert « traduisent » ainsi: « Il faut travailler pour soi, sans s'occuper de ce qui se passe ailleurs » (*Histoire de la littérature française*, t. II). 2° Mais d'autres refusent d'admettre une morale de *désengagement* chez le plus *engagé* des philosophes. A. Magnard ironise à leur propos: « On l'a tournée [la conclusion] en tous sens, pour lui trouver un sens plus large, plus haut, plus grand, plus digne et généreux, comme s'il fallait sauver Voltaire de la mesquinerie » (*Candide*, Collection « Univers des lettres », Bordas). Typiques à cet égard, Lagarde et Michard ont « sauvé Voltaire » pour des générations d'étudiants dans leur célèbre manuel: « La formule est à interpréter non dans le sens d'un repliement sur soi-même, mais dans le sens le plus largement social et humain: *le jardin qu'il nous invite à fertiliser, c'est le monde* » (*Les Grands Auteurs du programme: XVIIIᵉ siècle*).

a) Que signifie, à votre avis, la formule finale *dans le contexte du paragraphe, du chapitre et du livre qu'elle termine* ?

b) Pour justifier l'interprétation « généreuse », on cite l'engagement de Voltaire lui-même à l'époque où il écrivait *Candide*, ses innombrables campagnes, etc. Ecoutons à ce propos A. Séailles: « On peut aller plus loin et, se fondant sinon sur le contexte du chapitre, du moins sur la vie de Voltaire, donner un sens largement symbolique aux derniers mots du conte. Ceux-ci n'invitent pas seulement à l'ardeur créatrice, sur les terres de Ferney — ou dans l'activité quotidienne de chacun d'entre nous. Ils symbolisent la foi active et conquérante de Voltaire dans l'avenir de l'humanité, par le progrès des lumières aussi bien que par le progrès social. [...] La sagesse de Candide devient l'ardeur généreuse d'un guide et d'un apôtre de la civilisation » (*Candide*, Nouveaux Classiques Larousse). Est-il légitime, à votre avis, d'interpréter le jardin de Candide à la lumière de la vie de Voltaire?

c) S'il est légitime d'interpréter *Candide* à la lumière de la vie de Voltaire, rien ne nous empêche, semble-t-il, de tenir compte également de sa correspondance —

là surtout où il semble commenter lui-même le sens de sa formule. Or Voltaire écrit, à l'époque précise de la rédaction de *Candide* : « Je sais seulement que la terre tremble et que les hommes ensanglantent sa surface depuis longtemps. Je plante en paix des jardins » (11 novembre 1758). Et plus tard: « Paris est une ville assiégée où la nourriture de l'âme n'entre plus. Je finis comme Candide, en cultivant mon jardin: c'est le seul parti qu'il y ait à prendre » (19 octobre 1771). Et encore: « Si j'ai encore quelque temps à vivre, je le passerai à cultiver mon jardin comme Candide: j'ai assez vécu comme lui » (27 mars 1773). S'agit-il dans ces extraits d'*engagement* ou de *désengagement*? Modifient-ils votre interprétation de la formule finale? En quel sens?

Rousseau

Comme Corneille et Racine au XVII^e siècle, Voltaire et Rousseau ont fait l'objet de nombreux « parallèles », et nous nous y essayons à notre tour:

• Voltaire a ramassé des idées qui germaient partout, et il les a exprimées avec génie. Rousseau avait le génie des idées neuves et hardies, et il en a semé à tout vent.

• Voltaire est sans doute, de tous les écrivains français, celui qui a agi le plus puissamment sur son temps. Aucun écrivain de langue française n'a exercé plus d'influence après sa mort que Rousseau après la sienne.

• Voltaire était de son temps; il en incarne au plus haut point l'esprit et les tendances profondes. Aussi nous sentons-nous souvent assez loin de lui. Rousseau était en avance sur « l'Age de Voltaire ». Il est bien plus près de nous; il est presque notre contemporain.

Quel contraste entre le prodigieux succès des idées de Rousseau et l'« insuccès » de sa vie! Jean-Jacques Rousseau (1712–1778) est né à Genève dans une famille protestante de la petite bourgeoisie. Orphelin de mère dès sa naissance, abandonné par son père à dix ans, il est mis en pension chez un pasteur, ensuite chez un greffier qui le renvoie, enfin chez un graveur qui le bat. N'en pouvant plus, Rousseau s'enfuit de Genève et part à l'aventure. Il a seize ans.

Il a la chance d'être recueilli par un curé de village qui lui donne à manger. Comme les repas sont bons, Rousseau trouve bons aussi les arguments avancés par le curé en faveur du catholicisme. Il se laisse envoyer à Annecy, en Savoie, chez Mme de Warens, une femme qui s'occupe alors à aider les protestants désireux de se convertir. Rousseau la trouve jolie et se convertit. Alors commence une période de treize ans pendant laquelle de longs séjours chez Mme de Warens alternent avec des vagabondages en Italie, en Suisse et en France. Tout en s'instruisant en autodidacte, il essaie sans succès de nombreux métiers: laquais, séminariste, interprète, arpenteur, montreur, précepteur, professeur de musique...

En 1742 il quitte définitivement sa protectrice et la Savoie pour faire fortune à Paris avec un nouveau système de notation musicale. Déçu, il repart pour Venise comme secrétaire de l'ambassadeur de France. Renvoyé de son poste un an plus tard, il revient à Paris pour y retenter sa chance.

Dans la capitale Rousseau se lie avec les philosophes et collabore à *L'Encyclopédie*. Il se pousse même dans les salons, mais son extrême gaucherie l'empêche de s'y sentir à l'aise. A cette époque il se met en ménage avec Thérèse Levasseur, une lingère illéttrée qu'il épousera vingt-trois ans plus tard. Cette liaison est mal vue dans le grand monde où Rousseau cherche à s'imposer et va contribuer à l'en exclure. De leur union naîtront cinq enfants; tous seront abandonnés à l'Hospice des Enfants Trouvés (l'actuelle Assistance publique).

En 1749 l'Académie de Dijon met au concours le sujet suivant: « Si le progrès des arts et les sciences a contribué à corrompre ou à épurer les mœurs ». Rousseau décide de répondre et, à l'encontre des tendances profondes de son siècle, il défend la thèse de la corruption (*Discours sur les sciences et les arts*, 1750). Il remporte le premier prix: le voilà célèbre du jour au lendemain. Il consolide et accroît sa célébrité cinq ans plus tard lorsque la même Académie propose le sujet suivant: « Quelle est l'origine de l'inégalité des conditions parmi les hommes; et si elle est autorisée par la loi naturelle? », questions auxquelles Rousseau répond respectivement: *la propriété*; et *non* (*Discours sur l'origine de l'inégalité*, 1755). Le voilà ennemi déclaré de l'ordre social.

En 1756 Rousseau quitte la capitale, où la vie lui est devenue encombrante, pour vivre pendant six ans près de la forêt de Montmorency, au nord de Paris, dans des résidences mises à sa disposition par de riches particuliers. Malgré une rupture bruyante avec les philosophes, contre qui il prendra position désormais, ces années sont relativement calmes et fécondes. Il travaille simultanément à trois grandes œuvres: en 1761 paraît *La Nouvelle Héloïse;* en 1762, *Du Contrat social* et l'*Emile*. Ce dernier ouvrage est condamné par le Parlement de Paris qui lance contre l'auteur un mandat d'arrestation. Rousseau doit s'enfuir.

Alors commence une longue série de déplacements plus ou moins forcés: en Suisse, d'où il est chassé; en Angleterre, où sa névrose tourne à la psychose (« manie de la persécution », disent les biographes); en France enfin où, sous de faux noms, il erre de gîte en gîte. En 1770 le mandat d'arrestation est levé: on le croit fou maintenant et donc hors d'état de nuire. Rousseau rentre à Paris où il passe dans une demi-obscurité les huit années qui lui restent à vivre.

La doctrine de Rousseau, telle qu'il la formule dans les deux *Discours*, repose sur un principe fondamental: tout est bien dans l'état de nature (antérieur à l'institution de la société), et tout dégénère entre les mains de l'homme. En particulier, la nature a fait l'homme bon, libre et heureux; la société le déprave, l'asservit et le rend misérable. Faut-il donc retourner à la vie primitive? C'est la conclusion plus ou moins explicite des *Discours*. Mais comme ses contemporains se sont beaucoup moqué de ce « retour à l'état sauvage »[1], Rousseau prend soin par

1. En réponse à Rousseau qui lui avait adressé un exemplaire de son *Discours sur l'inégalité*, Voltaire écrit: « Il prend envie de marcher à quatre pattes quand on lit votre ouvrage. Cependant, comme il y a plus de soixante ans que j'en ai perdu l'habitude, je sens malheureusement qu'il m'est impossible de la reprendre... » (30 août 1755). Dans une comédie de Palissot intitulée *Les Philosophes*, Rousseau est représenté par un valet qui entre en scène à quatre pattes avec une laitue dans la bouche.

la suite de préciser que « la nature humaine ne rétrograde pas » (*Dialogues*). Puisque l'évolution est irréversible, tâchons donc, dit Rousseau, de trouver un compromis qui rende à l'homme civilisé quelque chose de sa bonté, de sa liberté et de son bonheur originels.

La doctrine générale trouve une application concrète dans le traité pédagogique intitulé *Emile ou De l'éducation*. « Si l'homme est bon par nature, écrit Rousseau, il s'ensuit qu'il demeure tel tant que rien d'étranger à lui ne l'altère. Fermez donc l'enfance au vice, et le cœur humain sera toujours bon » (résumé de l'*Emile* dans une lettre à Christophe de Beaumont). Essentiellement négative, l'éducation idéale aura pour but de préserver l'innocence originelle de l'enfant en le soustrayant à l'influence corruptrice de la société. Il faut aider son développement sans le contraindre ni exiger de lui aucun effort. Cette pédagogie a eu un énorme retentissement à court et à long terme. Elle est à la source de toutes les méthodes modernes fondées sur l'idée qu'il vaut mieux supprimer la discipline pour « laisser agir la nature »[2].

Dans son traité *Du Contrat social*, Rousseau définit les conditions idéales de la vie sociale. Ce livre étrange, exceptionnel à plusieurs égards dans l'œuvre de Rousseau, gêne considérablement ses admirateurs, et pour cause: les tendances libertaires des *Discours* et de l'*Emile* font place à une défense du collectivisme le plus absolu. Les clauses du contrat fondateur de la société civile se réduisent, selon Rousseau, à une seule: « l'aliénation totale de chaque associé avec tous ses droits à toute la communauté ». Autrement dit, chaque individu doit se mettre entièrement « sous la suprême direction de la volonté générale ». Cette dernière n'est pas, contrairement à ce que l'on pourrait penser, la volonté de tous ni même celle de la majorité: il s'agit de la volonté d'une nouvelle « personne publique », d'un nouveau « corps moral et collectif » ayant un « *moi* commun » supérieur au *moi* de chaque individu, de même qu'un organisme est supérieur aux cellules qui le composent. L'individu est relégué ainsi au statut d'un instrument: il n'existe plus que pour servir le corps dont il fait partie. Du reste, Rousseau proclame la nécessité de la censure et d'une religion d'Etat, alors que son *Emile* sera condamné la même année par la censure, et au nom de la religion d'Etat! Peu lu du vivant de Rousseau, *Du Contrat social* devait exercer une influence décisive pendant la Révolution — en particulier sur les guillotineurs de 1793 —, et depuis lors il a inspiré profondément, à droite comme à gauche, les théoriciens de l'Etat totalitaire et « organique ».

Dans le domaine *littéraire*, l'influence de Rousseau s'est exercée surtout par son unique roman, *La Nouvelle Héloïse*, et par ses écrits autobiographiques.

La Nouvelle Héloïse parut en 1761 avec le sous-titre significatif: *Lettres de deux amants, habitants d'une petite ville au pied des Alpes*. Rousseau y annonce déjà les deux thèmes principaux: son roman est un hymne à la *nature* et à l'*amour-passion*. Rousseau n'a pas créé la littérature du sentiment au XVIII^e siècle, mais c'est lui qui l'a mise à la mode. Il présente dans *La Nouvelle Héloïse* un type littéraire nouveau:

2. Ce n'est pas cette pédagogie, si révolutionnaire fût-elle à l'époque, qui fit condamner *Emile*, mais plutôt une critique de la religion révélée formulée vers la fin dans une longue digression intitulée *Profession de foi du vicaire savoyard*.

celui de *l'âme sensible*. Du reste, ses descriptions de la Suisse alpestre et champêtre ont mis du vert dans une littérature d'où cette couleur avait été singulièrement absente. Aucun roman n'eut plus de lecteurs au XVIII^e siècle (soixante-douze éditions avant 1800); aucun ne devait exercer plus d'influence au siècle suivant.

Les *Confessions*, rédigées par Rousseau entre 1765 et 1770, ne parurent qu'après sa mort. Elles représentent sa tentative de faire face aux attaques de ses contemporains en se justifiant devant la postérité. Le titre est emprunté (à saint Augustin), mais l'œuvre elle-même est des plus originales: il s'agit, en effet, de la première autobiographie de la littérature française. Rousseau annonce dès le début: « Je veux montrer à mes semblables un homme dans toute la vérité de la nature; et cet homme, ce sera moi. Moi seul. » En mettant ainsi sa propre individualité — son *moi* — au centre d'une œuvre, Rousseau ouvre la voie à la littérature personnelle qui prendra au siècle suivant le nom de *romantisme*.

Résumons. Rousseau est le *préromantique* par excellence parce que ses ouvrages présentent dès le XVIII^e siècle de nombreux thèmes annonciateurs du romantisme du siècle suivant: 1° le goût de la nature; 2° l'exaltation du sentiment; 3° l'étalage du moi. Ces thèmes se retrouvent dans l'ouvrage que Rousseau présente comme « la suite » de son autobiographie: *Les Rêveries du promeneur solitaire*.

Les Rêveries du promeneur solitaire

Ecrites entre 1776 et 1778, *Les Rêveries du promeneur solitaire* sont le dernier ouvrage de Rousseau. Elles se composent de dix chapitres que Rousseau appelle *promenades* et dont le dernier reste inachevé. Elles furent publiées avec les *Confessions* quatre ans après la mort de l'auteur.

Lorsqu'à l'automne de 1776 Rousseau commence d'écrire ses *Rêveries*, il a soixante-quatre ans et sent déjà « le froid des premières glaces ». Il vient de traverser, quelques mois auparavant, une véritable crise de folie, la plus grave de sa vie, mais il semble s'en être remis en grande partie. Dans une phrase célèbre qui ouvre la *Première Promenade*, il résume sa situation telle qu'il l'imagine: « Me voici donc seul sur la terre, n'ayant plus de frère, de prochain, d'ami, de société que moi-même. » Malgré son isolement et en dépit de ses ennemis qui s'acharnent toujours contre lui, il est désormais, dit-il, hors d'atteinte, résigné et serein: « Tout est fini pour moi sur la terre. On ne peut plus m'y faire ni bien ni mal. Il ne me reste plus rien à espérer ou à craindre en ce monde, et m'y voilà tranquille au fond de l'abîme, pauvre mortel infortuné, mais impassible comme Dieu même. »

C'est dans cet état de calme relatif qu'il entreprend d'écrire ses *Rêveries*. Il s'explique sur ses intentions dans la *Première Promenade:*

> Je consacre mes derniers jours à m'étudier moi-même et à préparer d'avance le compte que je ne tarderai pas à rendre de moi. Livrons-nous tout entier à la douceur de converser avec mon âme, puisqu'elle est la seule que les hommes ne puissent m'ôter. [...] Les loisirs de mes promenades journalières ont souvent été remplis de contemplations charmantes dont j'ai regret d'avoir

perdu le souvenir. Je fixerai par l'écriture celles qui pourront me venir encore; chaque fois que je les relirai m'en rendra la jouissance. J'oublierai mes malheurs, mes persécuteurs, mes opprobres, en songeant au prix qu'avait mérité mon cœur.

Ces feuilles ne seront proprement qu'un informe journal de mes rêveries. Il y sera beaucoup question de moi parce qu'un solitaire qui réfléchit s'occupe nécessairement beaucoup de lui-même. Du reste, toutes les idées étrangères qui me passent par la tête en me promenant y trouveront également leur place. Je dirai ce que j'ai pensé tout comme il m'est venu et avec aussi peu de liaison que les idées de la veille en ont d'ordinaire avec celles du lendemain.

Rousseau ajoute que ces pages peuvent être regardées comme un appendice de ses *Confessions*, achevées six ans auparavant, mais qu'elles s'en distinguent en ceci: l'auteur ne cherche plus à se justifier et n'a plus rien à confesser. Il préfère les intituler *rêveries*, terme qui avait déjà pris au XVIII^e siècle le sens qu'il garde aujourd'hui. La rêverie est essentiellement passive: elle suppose un certain laisser-aller mental, un abandon au fil des associations. Elle s'oppose donc à toute activité mentale que l'on dirige consciemment: pensée, réflexion, méditation (voir la *Septième Promenade*). Dans ce sens, comme le fait remarquer J. Bornecque, « il n'y a que trois *Rêveries* qui décrivent des "rêveries", la 2°, la 5° et la 7° » (*Les* Rêveries *de Rousseau*), les autres étant composées d'anecdotes, d'analyses psychologiques ou de réflexions morales.

Les Rêveries ont vécu une curieuse histoire. Elles n'ont suscité, à leur parution en 1782, presque aucun écho; le seul commentateur à en parler les traite de « rabâchage » (Bauchaumont, *Mémoires secrètes*, 1782). L'indifférence dédaigneuse de la plupart des critiques s'est prolongée jusqu'au début du XX^e siècle. En 1907, le critique Jules Lemaître y a regardé de plus près (*J.-J. Rousseau*); là où ses contemporains voyaient toujours l'ouvrage d'un « fou » (Brunetière), d'un « halluciné » (Faguet), il trouvait « le plus beau, le plus original, le plus immortellement jeune » des livres de Rousseau. (Son jugement, il est vrai, n'exclut pas celui de Brunetière et de Faguet.)

Quant aux écrivains, ils n'avaient pas attendu l'aval des critiques pour découvrir *Les Rêveries*. Elles ont inspiré en particulier les romantiques, lesquels y ont puisé à pleines mains. On retrouve chez eux, par exemple, en plus des thèmes énumérés plus haut, le goût de Rousseau pour la solitude, ainsi que sa conscience pénible d'une destinée hors du commun.

Aujourd'hui, *Les Rêveries* sont considérées comme le chef-d'œuvre littéraire de Rousseau, et elles semblent être devenues le livre préféré de ses lecteurs. Dans une préface récente (1983), B. Gagnebin cherche les causes de cette nouvelle actualité de l'œuvre. Parmi les points communs à Rousseau et au lecteur d'aujourd'hui, il cite les suivants: l'importance accordée à la sphère du *privé*; la recherche prioritaire de l'autonomie individuelle; le mouvement de retour à la nature. « Aujourd'hui, conclut Gagnebin, l'auteur des *Rêveries* est plus proche de nous que jamais il ne l'a été. »

Rousseau herborisant, gravure d'après un dessin de N. Monsiau (1798).

Stock Montage

Avant de lire

La *Cinquième* et la *Septième Promenades*, reproduites ci-dessous, se distinguent nettement des autres par leur forme, leur complémentarité thématique et leur importance historique.

La *Cinquième Promenade*, de loin la plus célèbre, est une rêverie-réminiscence où Rousseau évoque, à douze ans de distance, la période la plus heureuse de sa vie. Il vivait à Môtiers (principauté de Neuchâtel, en Suisse) depuis trois ans lorsqu'une foule de villageois, ameutés par le pasteur, jetèrent des pierres contre sa maison (nuit du 6 septembre 1765; c'est la « lapidation de Môtiers » dont il est question au §4). Ayant quitté précipitamment le village, Rousseau se réfugia à l'Ile de Saint-Pierre, sur le lac de Bienne, en Suisse. Il y passa six semaines avant d'en être expulsé par les autorités et « entraîné » en Angleterre (§4). C'est le charme de ce trop bref séjour que Rousseau ressuscite avec tant de nostalgie. Cette *Promenade* est la plus originale de toutes, et celle qui a exercé la plus grande influence. Le genre (rêverie-réminiscence) et le langage (prose poétique), nouveaux en 1780, ont été souvent imités depuis lors. Parmi les thèmes principaux, gros d'avenir, figurent les suivants:

1° La nature. Ce n'est pas en peintre que Rousseau s'y intéresse (on a souvent remarqué que ses descriptions manquent de pittoresque); ce qui lui importe dans la nature, c'est plutôt l'écho qu'elle éveille en lui. Chez Rousseau, la nature se fait état d'âme, et l'âme devient un paysage choisi.

2° Le bonheur — le vrai, celui qui est « suffisant, parfait et plein ». Cette « suprême félicité » est assimilée à un état quasi mystique que Rousseau appelle le *sentiment de l'existence*.

Dans la *Septième Promenade*, qui fait pendant à la *Cinquième*, Rousseau reprend, en la précisant, la question de ses rapports avec la nature. Rousseau avait abandonné la botanique quelques années auparavant; mais voilà qu'à l'âge de soixante-cinq ans, il s'est remis à *herboriser* avec passion. Rousseau cherche longuement à s'expliquer la raison de cette « folie », afin, dit-il, de mieux *se connaître*.

Petit lexique herboristique:

Herboriser: c'est, selon le *Dictionnaire de l'Académie* de 1762, « aller dans les champs, dans les bois ou dans les jardins recueillir des herbes et des plantes par pure curiosité ». Le sens a donc changé depuis le XVIIIᵉ siècle, puisqu'on lit dans la dernière édition du *Dictionnaire Robert* — et l'on verra l'importance de la nuance — : « Recueillir des plantes [...] soit pour les étudier, en faire un herbier, *soit pour utiliser leurs vertus médicinales* » (c'est nous qui soulignons).

Herbier: « collection de plantes mises entre deux feuilles de papier » (*Dict. de l'Acad.*, 1762).

Herborisé: gardé dans un herbier.

Herborisation: excursion au cours de laquelle on herborise.

Les Rêveries du promeneur solitaire

Cinquième Promenade

De toutes les habitations où j'ai demeuré (et j'en ai eu de charmantes), aucune ne m'a rendu si véritablement heureux et ne m'a laissé de si tendres regrets que l'île de Saint-Pierre, au milieu du lac de Bienne. Cette petite île, qu'on appelle à Neuchâtel l'île de La Motte, est bien peu connue, même en Suisse. Aucun voyageur, que je sache, n'en fait mention. Cependant elle est très agréable et singulièrement située pour le bonheur d'un homme qui aime à se circonscrire[3]; car, quoique je sois peut-être le seul au monde à qui sa destinée en ait fait une loi, je ne puis

happiness about the island

3. S'isoler.

croire être le seul qui ait un goût si naturel, quoique je ne l'aie trouvé jusqu'ici chez nul autre.

Les rives du lac de Bienne sont plus sauvages et romantiques[4] que celles du lac de Genève, parce que les rochers et les bois y bordent l'eau de plus près; mais elles ne sont pas moins riantes. S'il y a moins de culture de champs et de vignes, moins de villes et de maisons, il y a aussi plus de verdure naturelle, plus de prairies, d'asiles[5] ombragés, de bocages, des contrastes plus fréquents et des accidents[6] plus rapprochés. Comme il n'y a pas sur ces heureux bords de grandes routes commodes pour les voitures, le pays est peu fréquenté par les voyageurs. Mais qu'il est intéressant pour des contemplatifs solitaires qui aiment à s'enivrer à loisir des charmes de la nature, et à se recueillir dans un silence que ne trouble aucun autre bruit que le cri des aigles, le ramage entrecoupé de quelques oiseaux, et le roulement des torrents qui tombent de la montagne! Ce beau bassin d'une forme presque ronde enferme dans son milieu deux petites îles, l'une habitée et cultivée, d'environ une demi-lieue de tour; l'autre plus petite, déserte et en friche, et qui sera détruite à la fin par les transports de la terre qu'on en ôte sans cesse pour réparer les dégâts que les vagues et les orages font à la grande. C'est ainsi que la substance du faible est toujours employée au profit du puissant.

Il n'y a dans l'île qu'une seule maison, mais grande, agréable et commode, qui appartient à l'hôpital de Berne ainsi que l'île, et où loge un receveur[7] avec sa famille et ses domestiques. Il y entretient une nombreuse basse-cour, une volière et des réservoirs pour le poisson. L'île dans sa petitesse est tellement variée dans ses terrains et ses aspects qu'elle offre toutes sortes de sites et souffre[8] toutes sortes de cultures. On y trouve des champs, des vignes, des bois, des vergers, de gras pâturages ombragés de bosquets et bordés d'arbrisseaux de toute espèce, dont le bord des eaux entretient la fraîcheur. Une haute terrasse plantée de deux rangs d'arbres borde l'île dans sa longueur, et dans le milieu de cette terrasse on a bâti un joli salon[9] où les habitants des rives voisines se rassemblent et viennent danser les dimanches durant les vendanges.

C'est dans cette île que je me réfugiai après la lapidation de Motiers. J'en trouvai le séjour si charmant, j'y menais une vie si convenable à mon humeur que, résolu d'y finir mes jours, je n'avais d'autre inquiétude sinon qu'on ne me laissât pas exécuter ce projet qui ne s'accordait pas avec celui de m'entraîner en Angleterre, dont je sentais déjà les premiers effets. Dans les pressentiments qui m'inquiétaient, j'aurais voulu qu'on m'eût fait de cet asile une prison perpétuelle, qu'on m'y eût confiné pour toute ma vie, et qu'en m'ôtant toute puissance et tout espoir d'en sortir, on m'eût interdit toute espèce de communication avec la terre ferme, de sorte qu'ignorant tout ce qui se faisait dans le monde, j'en eusse oublié l'existence et qu'on y eût oublié la mienne aussi.

On ne m'a laissé passer guère que deux mois dans cette île, mais j'y aurais passé deux ans, deux siècles et

4. Calqué sur l'anglais *romantic*, le mot avait paru en français pour la première fois en 1776. Il signifie ici: d'un pittoresque étrange et touchant qui parle à l'âme et qui inspire des idées mélancoliques. — 5. Refuge isolé. — 6. Terme de peinture: variations du terrain et de la lumière. — 7. Collecteur d'impôts. — 8. Admet. — 9. Pavillon.

toute l'éternité sans m'y ennuyer un moment, quoique je n'y eusse, avec ma compagne[10], d'autre société que celle du receveur, de sa femme et de ses domestiques, qui tous étaient à la vérité de très bonnes gens et rien de plus; mais c'était précisément ce qu'il me fallait. Je compte ces deux mois pour le temps le plus heureux de ma vie, et tellement heureux qu'il m'eût suffi durant toute mon existence, sans laisser naître un seul instant dans mon âme le désir d'un autre état.

Quel était donc ce bonheur, et en quoi consistait sa jouissance? Je le donnerais à deviner à tous les hommes de ce siècle sur la description de la vie que j'y menais. Le précieux *far niente*[11] fut la première et la principale de ces jouissances que je voulus savourer dans toute sa douceur, et tout ce que je fis durant mon séjour ne fut en effet que l'occupation délicieuse et nécessaire d'un homme qui s'est dévoué à l'oisiveté.

L'espoir qu'on ne demanderait pas mieux que de me laisser dans ce séjour isolé où je m'étais enlacé de moi-même[12], dont il m'était impossible de sortir sans assistance et sans être bien aperçu, et où je ne pouvais avoir ni communication ni correspondance que par le concours des gens qui m'entouraient, cet espoir, dis-je, me donnait celui d'y finir mes jours plus tranquillement que je ne les avais passés, et l'idée que j'aurais le temps de m'y arranger tout à loisir fit que je commençai par n'y faire aucun arrangement. Transporté là brusquement, seul et nu[13], j'y fis venir successivement ma gouvernante[14], mes livres et mon petit équipage, dont j'eus le plaisir de ne rien déballer, laissant mes caisses et mes malles comme elles étaient arrivées, et vivant dans l'habitation où je comptais achever mes jours comme dans une auberge dont j'aurais dû partir le lendemain. Toutes choses, telles qu'elles étaient, allaient si bien que vouloir les mieux ranger était y gâter quelque chose.

Un de mes plus grands délices était surtout de laisser toujours mes livres bien encaissés et de n'avoir point d'écritoire. Quand de malheureuses lettres me forçaient de prendre la plume pour y répondre, j'empruntais en murmurant l'écritoire du receveur, et je me hâtais de la rendre dans la vaine espérance de n'avoir plus besoin de la remprunter. Au lieu de ces tristes paperasses et de toute cette bouquinerie[15], j'emplissais ma chambre de fleurs et de foin; car j'étais alors dans ma première ferveur de botanique, pour laquelle le docteur d'Ivernois m'avait inspiré un goût qui bientôt devint passion. Ne voulant plus d'œuvre de travail, il m'en fallait une d'amusement qui me plût et qui ne me donnât de peine que celle qu'aime à prendre un paresseux. J'entrepris de faire la *Flora petrinsularis*[16] et de décrire toutes les plantes de l'île sans en omettre une seule, avec un détail suffisant pour m'occuper le reste de mes jours. On dit qu'un Allemand a fait un livre sur un zeste[17] de citron; j'en aurais fait un sur chaque gramen[18] des prés, sur chaque mousse des bois, sur chaque lichen qui tapisse les rochers; enfin je ne voulais pas laisser un poil d'herbe, pas un atome végétal qui ne fût amplement décrit. En conséquence de ce

10. Thérèse Levasseur. — 11. Mots italiens signifiant *ne rien faire*. — 12. Emploi insolite de *s'enlacer*. Il faut lire, sans doute: où je m'étais renfermé avec moi-même. — 13. Démuni. — 14. Thérèse Levasseur. — 15. Tas de livres (néologisme). — 16. Titre plaisant et pseudo-scientifique: *Flore de l'île de Saint-Pierre.* — 17. Ecorce. — 18. Herbe à gazon.

beau projet, tous les matins après le déjeuner[19], que nous faisions tous ensemble, j'allais, une loupe à la main et mon *Systema naturæ* [20] sous le bras, visiter un canton de l'île, que j'avais pour cet effet divisée en petits carrés, dans l'intention de les parcourir l'un après l'autre en chaque saison.

Rien n'est plus singulier que les ravissements, les extases que j'éprouvais à chaque observation que je faisais sur la structure et l'organisation végétale, et sur le jeu des parties sexuelles dans la fructification, dont le système était alors tout à fait nouveau pour moi. La distinction des caractères génériques[21], dont je n'avais pas auparavant la moindre idée, m'enchantait en les vérifiant sur les espèces communes, en attendant qu'il s'en offrît à moi de plus rares. La fourchure[22] des deux longues étamines de la brunelle[23], le ressort de celles de l'ortie et de la pariétaire, l'explosion du fruit de la balsamine et la capsule du buis, mille petits jeux de la fructification que j'observais pour la première fois me comblaient de joie, et j'allais demandant si l'on avait vu les cornes de la brunelle, comme La Fontaine demandait si l'on avait lu Habacuc[24]. Au bout de deux ou trois heures, je m'en revenais chargé d'une ample moisson, provision d'amusement pour l'après-dînée au logis, en cas de pluie. J'employais le reste de la matinée à aller avec le receveur, sa femme et Thérèse, visiter leurs ouvriers et leur récolte, mettant le plus souvent la main à l'œuvre avec eux; et souvent des Bernois qui me venaient voir m'ont trouvé juché sur de grands arbres, ceint d'un sac que je remplissais de fruit, et que je dévalais ensuite à terre avec une corde.

L'exercice que j'avais fait dans la matinée et la bonne humeur qui en est inséparable me rendaient le repos du dîner[25] très agréable; mais quand il se prolongeait trop et que le beau temps m'invitait, je ne pouvais si longtemps attendre, et pendant qu'on était encore à table, je m'esquivais, et j'allais me jeter seul dans un bateau que je conduisais au milieu du lac quand l'eau était calme; et là, m'étendant tout de mon long dans le bateau, les yeux tournés vers le ciel, je me laissais aller et dériver lentement au gré de l'eau, quelquefois pendant plusieurs heures, plongé dans mille rêveries confuses mais délicieuses, et qui, sans avoir aucun objet bien déterminé ni constant, ne laissaient pas d'être à mon gré cent fois préférables à tout ce que j'avais trouvé de plus doux dans ce qu'on appelle les plaisirs de la vie. Souvent averti par le baisser du soleil de l'heure de la retraite, je me trouvais si loin de l'île que j'étais forcé de travailler[26] de toute ma force pour arriver avant la nuit close.

D'autres fois, au lieu de m'écarter en pleine eau, je me plaisais à côtoyer les verdoyantes rives de l'île, dont les limpides eaux et les ombrages frais m'ont souvent engagé à m'y baigner. Mais une de mes navigations les plus fréquentes était d'aller de la grande à la petite île, d'y débarquer et d'y passer l'après-dînée, tantôt à des promenades très circonscrites au

19. Petit déjeuner. — 20. Ouvrage du naturaliste suédois Linné. — 21. Propres aux genres. — 22. Enfourchure (endroit où une chose se divise en deux parties). — 23. La brunelle, ainsi que (plus loin) l'ortie, la pariétaire, la balsamine et le buis, sont des espèces végétales. — 24. Allusion à une anecdote rapportée par L. Racine dans ses *Mémoires*. Enthousiasmé par sa découverte dans l'*Ancien Testament* du prophète Baruch (et non Habacuc), La Fontaine demandait à tous ceux qu'il rencontrait: « Avez-vous lu Baruch? C'était un beau génie. » — 25. Le déjeuner. — 26. Ramer.

milieu des marceaux[27], des bourdaines, des persicaires, des arbrisseaux de toute espèce, et tantôt m'établissant au sommet d'un tertre sablonneux couvert de gazon, de serpolet, de fleurs, même d'esparcette et de trèfles qu'on y avait vraisemblablement semés autrefois, et très propre à loger des lapins qui pouvaient là multiplier en paix sans rien craindre et sans nuire à rien. Je donnai cette idée au receveur, qui fit venir de Neuchâtel des lapins mâles et femelles, et nous allâmes en grande pompe, sa femme, une de ses sœurs, Thérèse et moi, les établir dans la petite île, où ils commençaient à peupler avant mon départ et où ils auront prospéré sans doute s'ils ont pu soutenir la rigueur des hivers. La fondation de cette petite colonie fut une fête. Le pilote des Argonautes[28] n'était pas plus fier que moi, menant en triomphe la compagnie et les lapins de la grande île à la petite; et je notais avec orgueil que la receveuse, qui redoutait l'eau à l'excès et s'y trouvait toujours mal, s'embarqua sous ma conduite avec confiance et ne montra nulle peur durant la traversée.

Quand le lac agité ne me permettait pas la navigation, je passais mon après-midi à parcourir l'île en herborisant à droite et à gauche, m'asseyant tantôt dans les réduits les plus riants et les plus solitaires pour y rêver à mon aise, tantôt sur les terrasses et les tertres pour parcourir des yeux le superbe et ravissant coup d'œil du lac et de ses rivages, couronnés d'un côté par des montagnes prochaines, et de l'autre élargis en riches et fertiles plaines dans lesquelles la vue s'étendait jusqu'aux montagnes bleuâtres, plus éloignées, qui la bordaient.

Quand le soir approchait, je descendais des cimes de l'île et j'allais volontiers m'asseoir au bord du lac, sur la grève, dans quelque asile caché; là, le bruit des vagues et l'agitation de l'eau, fixant mes sens et chassant de mon âme toute autre agitation, la plongeaient dans une rêverie délicieuse où la nuit me surprenait souvent sans que je m'en fusse aperçu. Le flux et reflux de cette eau, son bruit continu mais renflé par intervalles, frappant sans relâche mon oreille et mes yeux, suppléaient aux mouvements internes que la rêverie éteignait en moi, et suffisaient pour me faire sentir avec plaisir mon existence, sans prendre la peine de penser. De temps à autre naissait quelque faible et courte réflexion sur l'instabilité des choses de ce monde dont la surface des eaux m'offrait l'image; mais bientôt ces impressions légères s'effaçaient dans l'uniformité du mouvement continu qui me berçait, et qui, sans aucun concours actif de mon âme, ne laissait pas[29] de m'attacher au point qu'appelé par l'heure et par le signal convenu, je ne pouvais m'arracher de là sans effort.

Après le souper[30], quand la soirée était belle, nous allions encore tous ensemble faire quelque tour de promenade sur la terrasse pour y respirer l'air du lac et la fraîcheur. On se reposait dans le pavillon, on riait, on causait, on chantait quelque vieille chanson qui valait bien le tortillage[31]

27. Le marceau, ainsi que (plus loin) la bourdaine, le persicaire, le serpolet et l'esparcette, sont des espèces végétales. — 28. Jason, qui conduisit les Argonautes à la conquête de la Toison d'or. — 29. Ne manquait pas. — 30. Le dîner. — 31. Néologisme mis pour *entortillage*: ce qui est excessivement compliqué ou subtile.

moderne, et enfin l'on s'allait coucher content de sa journée et n'en désirant qu'une semblable pour le lendemain.

Telle est, laissant à part les visites imprévues et importunes, la manière dont j'ai passé mon temps dans cette île durant le séjour que j'y ai fait. Qu'on me dise à présent ce qu'il y a là d'assez attrayant pour exciter dans mon cœur des regrets si vifs, si tendres et si durables qu'au bout de quinze ans il m'est impossible de songer à cette habitation chérie sans m'y sentir à chaque fois transporté encore par les élans du désir.

J'ai remarqué dans les vicissitudes d'une longue vie que les époques des plus douces jouissances et des plaisirs les plus vifs ne sont pourtant pas celles dont le souvenir m'attire et me touche le plus. Ces courts moments de délire et de passion, quelque vifs qu'ils puissent être, ne sont cependant, et par leur vivacité même, que des points bien clairsemés dans la ligne de la vie. Ils sont trop rares et trop rapides pour constituer un état, et le bonheur que mon cœur regrette n'est point composé d'instants fugitifs, mais un état simple et permanent, qui n'a rien de vif en lui-même, mais dont la durée accroît le charme au point d'y trouver enfin la suprême félicité.

Tout est dans un flux continuel sur la terre. Rien n'y garde une forme constante et arrêtée, et nos affections qui s'attachent aux choses extérieures passent et changent nécessairement comme elles. Toujours en avant ou en arrière de nous, elles rappellent le passé qui n'est plus ou préviennent[32] l'avenir qui souvent ne doit point être: il n'y a rien là de solide à quoi le cœur se puisse attacher. Aussi n'a-t-on guère

ici-bas que du plaisir qui passe; pour le bonheur qui dure, je doute qu'il y soit connu. A peine est-il dans nos plus vives jouissances un instant où le cœur puisse véritablement nous dire: *Je voudrais que cet instant durât toujours.* Et comment peut-on appeler bonheur un état fugitif qui nous laisse encore le cœur inquiet et vide, qui nous fait regretter quelque chose avant, ou désirer encore quelque chose après?

Mais s'il est un état où l'âme trouve une assiette[33] assez solide pour s'y reposer tout entière et rassembler là tout son être, sans avoir besoin de rappeler le passé ni d'enjamber sur l'avenir; où le temps ne soit rien pour elle, où le présent dure toujours sans néanmoins marquer sa durée et sans aucune trace de succession, sans aucun autre sentiment de privation ni de jouissance, de plaisir ni de peine, de désir ni de crainte que celui seul de notre existence, et que ce sentiment seul puisse la remplir tout entière: tant que cet état dure, celui qui s'y trouve peut s'appeler heureux, non d'un bonheur imparfait, pauvre et relatif tel que celui qu'on trouve dans les plaisirs de la vie, mais d'un bonheur suffisant, parfait et plein, qui ne laisse dans l'âme aucun vide qu'elle sente le besoin de remplir. Tel est l'état où je me suis trouvé souvent à l'île de Saint-Pierre, dans mes rêveries solitaires, soit couché dans mon bateau que je laissais dériver au gré de l'eau, soit assis sur les rives du lac agité, soit ailleurs, au bord d'une belle rivière ou d'un ruisseau murmurant sur le gravier.

De quoi jouit-on dans une pareille situation? De rien d'extérieur à soi, de rien sinon de soi-même et de sa

32. Devancent. — 33. Position d'équilibre; assise; base (sens vieilli).

propre existence; tant que cet état dure, on se suffit à soi-même comme Dieu. Le sentiment de l'existence dépouillé de toute autre affection[34] est par lui-même un sentiment précieux de contentement et de paix qui suffirait seul pour rendre cette existence chère et douce à qui saurait écarter de soi toutes les impressions sensuelles et terrestres qui viennent sans cesse nous en distraire et en troubler ici-bas la douceur. Mais la plupart des hommes, agités de passions continuelles, connaissent peu cet état et, ne l'ayant goûté qu'imparfaitement durant peu d'instants, n'en conservent qu'une idée obscure et confuse qui ne leur en fait pas sentir le charme. Il ne serait pas même bon, dans la constitution présente des choses, qu'avides de ces douces extases, ils s'y dégoûtassent de la vie active dont leurs besoins toujours renaissants leur prescrivent le devoir. Mais un infortuné qu'on a retranché de la société humaine, et qui ne peut plus rien faire ici-bas d'utile et de bon pour autrui ni pour soi, peut trouver dans cet état, à toutes les félicités humaines des dédommagements que la fortune et les hommes ne lui sauraient ôter.

Il est vrai que ces dédommagements ne peuvent être sentis par toutes les âmes, ni dans toutes les situations. Il faut que le cœur soit en paix et qu'aucune passion n'en vienne troubler le calme. Il faut des dispositions de la part de celui qui les éprouve; il en faut dans le concours des objets environnants. Il n'y faut ni un repos absolu ni trop d'agitation, mais un mouvement uniforme et modéré qui n'ait ni secousses ni intervalles. Sans mouvement, la vie n'est qu'une léthargie. Si le mouvement est inégal ou trop fort, il réveille; en nous rappelant aux objets environnants, il détruit le charme de la rêverie et nous arrache d'au dedans de nous, pour nous remettre à l'instant sous le joug de la fortune et des hommes et nous rendre au sentiment de nos malheurs. Un silence absolu porte à la tristesse; il offre une image de la mort. Alors le secours d'une imagination riante est nécessaire et se présente assez naturellement à ceux que le ciel en a gratifiés. Le mouvement qui ne vient pas du dehors se fait alors au dedans de nous. Le repos est moindre, il est vrai, mais il est aussi plus agréable quand de légères et douces idées, sans agiter le fond de l'âme, ne font pour ainsi dire qu'en effleurer la surface. Il n'en faut qu'assez pour se souvenir de soi-même en oubliant tous ses maux. Cette espèce de rêverie peut se goûter partout où l'on peut être tranquille, et j'ai souvent pensé qu'à la Bastille[35], et même dans un cachot où nul objet n'eût frappé ma vue, j'aurais encore pu rêver agréablement.

Mais il faut avouer que cela se faisait bien mieux et plus agréablement dans une île fertile et solitaire, naturellement circonscrite et séparée du reste du monde, où rien ne m'offrait que des images riantes, où rien ne me rappelait des souvenirs attristants, où la société du petit nombre d'habitants était liante et douce sans être intéressante au point de m'occuper incessamment, où je pouvais enfin me livrer tout le jour, sans obstacles et sans soins, aux occupations de mon goût, ou à la plus molle oisiveté. L'occasion sans doute était belle pour un rêveur qui, sachant se

34. Etat psychique accompagné de plaisir ou de douleur. — 35. Forteresse devenue prison d'Etat sous l'Ancien Régime.

nourrir d'agréables chimères au milieu des objets les plus déplaisants, pouvait s'en rassasier à son aise en y faisant concourir tout ce qui frappait réellement ses sens. En sortant d'une longue et douce rêverie, en me voyant entouré de verdure, de fleurs, d'oiseaux, et laissant errer mes yeux au loin sur les romanesques[36] rivages qui bordaient une vaste étendue d'eau claire et cristalline, j'assimilais à mes fictions tous ces aimables objets; et me trouvant enfin ramené par degrés à moi-même et à ce qui m'entourait, je ne pouvais marquer le point de séparation des fictions aux réalités, tant tout concourait également à me rendre chère la vie recueillie et solitaire que je menais dans ce beau séjour.

Que ne peut-elle[37] renaître encore! Que ne puis-je aller finir mes jours dans cette île chérie sans en ressortir jamais, ni jamais y revoir aucun habitant du continent qui me rappelât le souvenir des calamités de toute espèce qu'ils se plaisent à rassembler sur moi depuis tant d'années! Ils seraient bientôt oubliés pour jamais; sans doute ils ne m'oublieraient pas de même, mais que m'importerait, pourvu qu'ils n'eussent aucun accès pour y venir troubler mon repos? Délivré[38] de toutes les passions terrestres qu'engendre le tumulte de la vie sociale, mon âme s'élanceraient fréquemment au-dessus de cette atmosphère et commercerait d'avance avec les intelligences célestes dont elle espère aller augmenter le nombre dans peu de temps. Les hommes se

garderont, je le sais, de me rendre un si doux asile où ils n'ont pas voulu me laisser. Mais ils ne m'empêcheront pas du moins de m'y transporter chaque jour sur les ailes de l'imagination, et d'y goûter durant quelques heures le même plaisir que si je l'habitais encore. Ce que j'y ferais de plus doux serait d'y rêver à mon aise. En rêvant que j'y suis, ne fais-je pas la même chose? Je fais même plus: à l'attrait d'une rêverie abstraite et monotone, je joins des images charmantes qui la vivifient. Leurs objets échappaient souvent à mes sens dans mes extases; et maintenant, plus ma rêverie est profonde, plus elle me les peint vivement. Je suis souvent plus au milieu d'eux, et plus agréablement encore que quand j'y étais réellement. Le malheur est qu'à mesure que l'imagination s'attiédit, cela vient avec plus de peine et ne dure pas si longtemps. Hélas! c'est quand on commence à quitter sa dépouille qu'on en est le plus offusqué[39]!

Septième Promenade

Le recueil de mes longs rêves est à peine commencé, et déjà je sens qu'il touche à sa fin. Un autre amusement lui succède, m'absorbe et m'ôte même le temps de rêver. Je m'y livre avec un engouement qui tient de l'extravagance et qui me fait rire moi-même quand j'y réfléchis; mais je ne m'y livre pas moins, parce que, dans la situation où me voilà, je n'ai plus d'autre règle de conduite que de

36. Sans doute Rousseau emploie-t-il *romanesque* ici dans le même sens que *romantique* (§2 de cette *Promenade*). — 37. Pourquoi ne peut-elle pas (même construction dans la phrase suivante). — 38. Il y a ici une *syllepse* (accord selon le sens, en dépit de la grammaire). *Délivré* reste au masculin parce qu'il s'accorde, non avec *âme*, mais avec un *moi* sous-entendu. — 39. *Offusquer* est employé ici au sens vieilli et étymologique: empêcher, boucher (la vue). Le corps (« dépouille ») s'interpose comme un écran entre notre œil et ce que nous voulons voir, ou entre notre imagination et ce que nous voulons imaginer.

suivre en tout mon penchant sans contrainte. Je ne peux rien à mon sort, je n'ai que des inclinations innocentes, et tous les jugements des hommes étant désormais nuls[40] pour moi, la sagesse même veut qu'en ce qui reste à ma portée je fasse tout ce qui me flatte, soit en public, soit à part moi, sans autre règle que ma fantaisie, et sans autre mesure que le peu de force qui m'est resté. Me voilà donc à mon foin pour toute nourriture, et à la botanique pour toute occupation. Déjà vieux, j'en avais pris la première teinture en Suisse auprès du docteur d'Ivernois, et j'avais herborisé assez heureusement durant mes voyages pour prendre une connaissance passable du règne végétal. Mais devenu plus que sexagénaire et sédentaire à Paris, les forces commençant à me manquer pour les grandes herborisations, et d'ailleurs assez livré à ma copie de musique[41] pour n'avoir pas besoin d'autre occupation, j'avais abandonné cet amusement qui ne m'était plus nécessaire; j'avais vendu mon herbier, j'avais vendu mes livres, content de revoir quelquefois les plantes communes que je trouvais autour de Paris dans mes promenades. Durant cet intervalle, le peu que je savais s'est presque entièrement effacé de ma mémoire, et bien plus rapidement qu'il ne s'y était gravé.

Tout d'un coup, âgé de soixante-cinq ans passés, privé du peu de mémoire que j'avais et des forces qui me restaient pour courir la campagne, sans guide, sans livres, sans jardin, sans herbier, me voilà repris de cette folie, mais avec plus d'ardeur encore que je n'en eus en m'y livrant la première fois; me voilà sérieusement occupé du sage projet d'apprendre par cœur tout le *Regnum vegetabile*[42] de Murray et de connaître toutes les plantes connues sur la terre. Hors d'état de racheter des livres de botanique, je me suis mis en devoir de transcrire ceux qu'on m'a prêtés; et résolu de refaire un herbier plus riche que le premier, en attendant que j'y mette toutes les plantes de la mer et des Alpes et tous les arbres des Indes, je commence toujours à bon compte par le mouron, le cerfeuil, la bourrache et le seneçon[43]; j'herborise savamment sur la cage de mes oiseaux et, à chaque nouveau brin d'herbe que je rencontre, je me dis avec satisfaction: voilà toujours une plante de plus.

Je ne cherche pas à justifier le parti que je prends de suivre cette fantaisie; je la trouve très raisonnable, persuadé que, dans la position où je suis, me livrer aux amusements qui me flattent[44] est une grande sagesse, et même une grande vertu: c'est le moyen de ne laisser germer dans mon cœur aucun levain de vengeance ou de haine, et pour trouver encore dans ma destinée du goût à quelque amusement, il faut assurément avoir un naturel bien épuré de toutes passions irascibles. C'est me venger de mes persécuteurs à ma manière: je ne saurais les punir plus cruellement que d'être heureux malgré eux.

Oui, sans doute, la raison me permet, me prescrit même de me livrer à tout penchant qui m'attire et que rien ne m'empêche de suivre; mais elle ne m'apprend pas pourquoi ce penchant m'attire, et quel attrait je puis trouver à une vaine étude faite sans profit, sans progrès, et qui, vieux radoteur

40. Inexistants. — 41. Pendant son dernier séjour à Paris, Rousseau gagnait sa vie en copiant de la musique. — 42. Ainsi s'intitule l'introduction de J. A. Murray au *Systema végétabilium* de Linné. — 43. *Le mouron*, etc.: espèces de plantes. — 44. Plaisent.

déjà caduc et pesant, sans facilité, sans mémoire, me ramène aux exercices de la jeunesse et aux leçons d'un écolier. Or c'est une bizarrerie que je voudrais m'expliquer; il me semble que, bien éclaircie, elle pourrait jeter quelque nouveau jour sur cette connaissance de moi-même à l'acquisition de laquelle j'ai consacré mes derniers loisirs.

J'ai pensé quelquefois assez profondément, mais rarement avec plaisir, presque toujours contre mon gré et comme par force: la rêverie me délasse et m'amuse, la réflexion me fatigue et m'attriste; penser fut toujours pour moi une occupation pénible et sans charme. Quelquefois mes rêveries finissent par la méditation, mais plus souvent mes méditations finissent par la rêverie; et durant ces égarements mon âme erre et plane dans l'univers sur les ailes de l'imagination, dans des extases qui passent[45] toute autre jouissance.

Tant que je goûtai celle-là dans toute sa pureté, toute autre occupation me fut toujours insipide. Mais quand une fois, jeté dans la carrière littéraire par des impulsions étrangères[46], je sentis la fatigue du travail d'esprit et l'importunité d'une célébrité malheureuse, je sentis en même temps languir et s'attiédir mes douces rêveries; et bientôt forcé de m'occuper malgré moi de ma triste situation, je ne pus plus retrouver que bien rarement ces chères extases qui, durant cinquante ans, m'avaient tenu lieu de fortune et de gloire, et sans autre dépense que celle du temps, m'avaient rendu dans l'oisiveté le plus heureux des mortels.

J'avais même à craindre dans mes rêveries que mon imagination, effarouchée par mes malheurs, ne tournât enfin de ce côté son activité, et que le continuel sentiment de mes peines, me resserrant le cœur par degrés, ne m'accablât enfin de leur poids. Dans cet état, un instinct qui m'est naturel, me faisant fuir toute idée attristante, imposa silence à mon imagination et, fixant mon attention sur les objets qui m'environnaient, me fit pour la première fois détailler le spectacle de la nature, que je n'avais guère contemplé jusqu'alors qu'en masse et dans son ensemble.

Les arbres, les arbrisseaux, les plantes sont la parure et le vêtement de la terre. Rien n'est si triste que l'aspect d'une campagne nue et pelée qui n'étale aux yeux que des pierres, du limon et des sables. Mais, vivifiée par la nature et revêtue de sa robe de noces au milieu du cours des eaux et du chant des oiseaux, la terre offre à l'homme, dans l'harmonie des trois règnes, un spectacle plein de vie, d'intérêt et de charme, le seul spectacle au monde dont ses yeux et son cœur ne se lassent jamais.

Plus un contemplateur a l'âme sensible, plus il se livre aux extases qu'excite en lui cet accord. Une rêverie douce et profonde s'empare alors de ses sens, et il se perd avec une délicieuse ivresse dans l'immensité de ce beau système avec lequel il se sent identifié. Alors tous les objets particuliers lui échappent; il ne voit et ne sent rien que dans le tout. Il faut que quelque circonstance particulière resserre ses idées et circonscrive[47] son imagination pour qu'il puisse observer par parties cet univers qu'il s'efforçait d'embrasser.

C'est ce qui m'arriva naturellement quand mon cœur resserré par la

45. Surpassent. — 46. Etrangères à ma nature profonde. — 47. Limite.

détresse rapprochait et concentrait tous ses mouvements autour de lui pour conserver ce reste de chaleur prêt à s'évaporer et s'éteindre dans l'abattement où je tombais par degrés. J'errais nonchalamment dans les bois et dans les montagnes, n'osant penser de peur d'attiser mes douleurs. Mon imagination, qui se refuse aux objets de peine, laissait mes sens se livrer aux impressions légères mais douces des objets environnants. Mes yeux se promenaient sans cesse de l'un à l'autre, et il n'était pas possible que, dans une variété si grande, il ne s'en trouvât qui les fixaient davantage et les arrêtaient plus longtemps.

Je pris goût à cette récréation des yeux qui, dans l'infortune, repose, amuse, distrait l'esprit et suspend le sentiment des peines. La nature des objets aide beaucoup à cette diversion et la rend plus séduisante. Les odeurs suaves, les vives couleurs, les plus élégantes formes semblent se disputer à l'envi le droit de fixer notre attention. Il ne faut qu'aimer le plaisir pour se livrer à des sensations si douces; et si cet effet n'a pas lieu sur tous ceux qui en sont frappés, c'est dans les uns faute de sensibilité naturelle, et dans la plupart que leur esprit, trop occupé d'autres idées, ne se livre qu'à la dérobée aux objets qui frappent leurs sens.

Une autre chose contribue encore à éloigner du règne végétal l'attention des gens de goût: c'est l'habitude de ne chercher dans les plantes que des drogues et des remèdes. Théophraste s'y était pris autrement, et l'on peut regarder ce philosophe comme le seul botaniste de l'antiquité: aussi n'est-il

presque point connu parmi nous; mais grâce à un certain Dioscoride, grand compilateur de recettes, et à ses commentateurs, la médecine s'est tellement emparée des plantes transformées en simples[48] qu'on n'y voit que ce qu'on n'y voit point, savoir[49] les prétendues vertus qu'il plaît au tiers et au quart[50] de leur attribuer. On ne conçoit pas que l'organisation végétale puisse par elle-même mériter quelque attention; des gens qui passent leur vie à arranger savamment des coquilles se moquent de la botanique comme d'une étude inutile quand on n'y joint pas, comme ils disent, celle des propriétés, c'est-à-dire quand on n'abandonne pas l'observation de la nature qui ne ment point, et qui ne nous dit rien de tout cela, pour se livrer uniquement à l'autorité des hommes qui sont menteurs et qui nous affirment beaucoup de choses qu'il faut croire sur leur parole, fondée elle-même le plus souvent sur l'autorité d'autrui. Arrêtez-vous dans une prairie émaillée[51] à examiner successivement les fleurs dont elle brille, ceux qui vous verront faire, vous prenant pour un frater[52], vous demanderont des herbes pour guérir la rogne des enfants, la gale des hommes ou la morve des chevaux[53].

Ce dégoutant préjugé est détruit en partie dans les autres pays et surtout en Angleterre, grâce à Linnæus[54] qui a un peu tiré la botanique des écoles de pharmacie pour la rendre à l'histoire naturelle et aux usages économiques; mais en France, où cette étude a moins pénétré chez les gens du monde, on est resté sur ce point tellement barbare qu'un bel

48. Médicaments d'origine végétale. — 49. C'est-à-dire. — 50. A tout le monde. — 51. Emaillée *de fleurs.* — 52. Apprenti chirurgien. — 53. La gale est une maladie de la peau; la rogne est la gale infantile; la morve est une maladie des chevaux. — 54. Linné (voir note, *Cinquième Promenade*).

esprit de Paris, voyant à Londres un jardin de curieux[55], plein d'arbres et de plantes rares, s'écria pour tout éloge: « Voilà un fort beau jardin d'apothicaire[56]! » A ce compte, le premier apothicaire fut Adam, car il n'est pas aisé d'imaginer un jardin mieux assorti de plantes que celui d'Eden.

Ces idées médicinales ne sont pas assurément guère propres à rendre agréable l'étude de la botanique; elles flétrissent l'émail des prés, l'éclat des fleurs, dessèchent la fraîcheur des bocages, rendent la verdure et les ombrages insipides et dégoûtants; toutes ces structures charmantes et gracieuses intéressent fort peu quiconque ne veut que piler tout cela dans un mortier, et l'on n'ira pas chercher des guirlandes pour les bergères parmi des herbes pour les lavements.

Toute cette pharmacie ne souillait point mes images champêtres, rien n'en était plus éloigné que des tisanes et des emplâtres. J'ai souvent pensé, en regardant de près les champs, les vergers, les bois et leurs nombreux habitants, que le règne végétal était un magasin[57] d'aliments donnés par la nature à l'homme et aux animaux. Mais jamais il ne m'est venu à l'esprit d'y chercher des drogues et des remèdes. Je ne vois rien dans ses diverses productions qui m'indique un pareil usage; et elle nous aurait montré le choix si elle nous l'avait prescrit, comme elle a fait pour les comestibles. Je sens même que le plaisir que je prends à parcourir les bocages serait empoisonné par le sentiment des infirmités humaines, s'il me laissait penser à la fièvre, à la pierre, à la goutte et au mal caduc[58]. Du reste, je ne disputerai point aux végétaux les grandes vertus qu'on leur attribue; je dirai seulement qu'en supposant ces vertus[59] réelles, c'est malice pure aux malades de continuer à l'être; car de tant de maladies que les hommes se donnent, il n'y en a pas une seule dont vingt sortes d'herbes ne guérissent radicalement.

Ces tournures d'esprit qui rapportent toujours tout à notre intérêt matériel, qui font chercher partout du profit ou des remèdes, et qui feraient regarder avec indifférence toute la nature si l'on se portait toujours bien, n'ont jamais été les miennes. Je me sens là-dessus tout à rebours des autres hommes: tout ce qui tient au sentiment de mes besoins attriste et gâte mes pensées, et jamais je n'ai trouvé de vrai charme aux plaisirs de l'esprit qu'en perdant tout à fait de vue l'intérêt de mon corps. Ainsi, quand même je croirais[60] à la médecine, et quand même ses remèdes seraient agréables, je ne trouverais jamais à m'en occuper ces délices que donne une contemplation pure et désintéressée, et mon âme ne saurait s'exalter et planer sur la nature tant que je la sens tenir aux liens de mon corps. D'ailleurs, sans avoir eu jamais grande confiance à la médecine, j'en ai eu beaucoup à des médecins que j'estimais, que j'aimais, et à qui je laissais gouverner ma carcasse avec pleine autorité. Quinze ans d'expérience m'ont instruit à mes dépens; rentré maintenant sous les seules lois de la nature, j'ai repris par elle ma première santé. Quand les médecins n'auraient point contre moi

55. Un jardin destiné aux curieux, c'est-à-dire à ceux « qui prennent plaisir à faire amas de choses curieuses et rares » (*Dict. de l'Académie*, 1762). — 56. Pharmacien. — 57. Lieu de dépôt (sens vieilli), et par extension, une réserve, une provision. — 58. L'épilepsie. — 59. Propriétés. — 60. Dans ce paragraphe et ailleurs, *quand (même)* suivi du conditionnel est l'équivalent de *(même) si* suivi de l'imparfait.

d'autres griefs, qui pourrait s'étonner de leur haine? Je suis la preuve vivante de la vanité de leur art et de l'inutilité de leurs soins.

Non, rien de personnel, rien qui tienne à l'intérêt de mon corps ne peut occuper vraiment mon âme. Je ne médite, je ne rêve jamais plus délicieusement que quand je m'oublie moi-même. Je sens des extases, des ravissements inexprimables à me fondre pour ainsi dire dans le système des êtres, à m'identifier avec la nature entière. Tant que les hommes furent mes frères, je me faisais des projets de félicité terrestre; ces projets étant toujours relatifs au tout, je ne pouvais être heureux que de la félicité publique, et jamais l'idée d'un bonheur particulier n'a touché mon cœur que quand j'ai vu mes frères ne chercher le leur que dans ma misère. Alors, pour ne pas les haïr, il a bien fallu les fuir; alors, me réfugiant chez la mère commune[61] j'ai cherché dans ses bras à me soustraire aux atteintes de ses enfants, je suis devenu solitaire ou, comme ils disent, insociable et misanthrope, parce que la plus sauvage solitude me paraît préférable à la société des méchants, qui ne se nourrit que de trahisons et de haine.

Forcé de m'abstenir de penser, de peur de penser à mes malheurs malgré moi; forcé de contenir les restes d'une imagination riante mais languissante, que tant d'angoisses pourraient effaroucher à la fin; forcé de tâcher d'oublier les hommes qui m'accablent d'ignominies et d'outrages, de peur que l'indignation ne m'aigrît[62] enfin contre eux, je ne puis cependant me concentrer tout entier en moi-même, parce que mon âme expansive cherche, malgré que j'en aie[63], à étendre ses sentiments et son existence sur d'autres êtres; et je ne puis plus comme autrefois me jeter tête baissée dans ce vaste océan de la nature, parce que mes facultés affaiblies et relâchées ne trouvent plus d'objets assez déterminés, assez fixes, assez à ma portée pour s'y attacher fortement, et que je ne me sens plus assez de vigueur pour nager dans le chaos de mes anciennes extases. Mes idées ne sont presque plus que des sensations, et la sphère de mon entendement ne passe[64] pas les objets dont je suis immédiatement entouré.

Fuyant les hommes, cherchant la solitude, n'imaginant plus, pensant encore moins, et cependant doué d'un tempérament vif qui m'éloigne de l'apathie languissante et mélancolique, je commençai de m'occuper de tout ce qui m'entourait et, par un instinct fort naturel, je donnai la préférence aux objets les plus agréables. Le règne minéral n'a rien en soi d'aimable et d'attrayant; ses richesses enfermées dans le sein de la terre semblent avoir été éloignées des regards des hommes pour ne pas tenter leur cupidité. Elles sont là comme en réserve pour servir un jour de supplément aux véritables richesses qui sont plus à sa portée et dont il perd le goût à mesure qu'il se corrompt. Alors il faut qu'il appelle l'industrie[65], la peine et le travail au secours de ses misères; il fouille les entrailles de la terre, il va chercher dans son centre aux risques de sa vie et aux dépens de sa santé des biens imaginaires à la place des biens réels qu'elle lui offrait d'elle-même quand il savait en jouir. Il fuit le soleil et le jour qu'il n'est plus

61. La nature. — 62. Irritât (on s'attendrait plutôt au *présent* du subjonctif). — 63. Malgré moi. — 64. Dépasse. — 65. Habileté.

digne de voir; il s'enterre tout vivant et fait bien, ne méritant plus de vivre à la lumière du jour. Là, des carrières, des gouffres, des forges, des fourneaux, un appareil d'enclumes, de marteaux, de fumée et de feu succède aux douces images des travaux champêtres. Les visages hâves des malheureux qui languissent dans les infectes vapeurs des mines, de noirs forgerons, de hideux cyclopes sont le spectacle que l'appareil des mines substitue, au sein de la terre, à celui de la verdure et des fleurs, du ciel azuré, des bergers amoureux et des laboureurs robustes, sur sa surface.

Il est aisé, je l'avoue, d'aller ramassant du sable et des pierres, d'en remplir ses poches et son cabinet et de se donner avec cela les airs d'un naturaliste; mais ceux qui s'attachent et se bornent à ces sortes de collections sont pour l'ordinaire[66] de riches ignorants qui ne cherchent à cela que le plaisir de l'étalage[67]. Pour profiter dans l'étude des minéraux, il faut être chimiste et physicien; il faut faire des expériences pénibles et coûteuses, travailler dans des laboratoires, dépenser beaucoup d'argent et de temps parmi le charbon, les creusets, les fourneaux, les cornues, dans la fumée et les vapeurs étouffantes, toujours au risque de sa vie et souvent aux dépens de sa santé. De tout ce triste et fatigant travail résulte pour l'ordinaire beaucoup moins de savoir que d'orgueil; et où est le plus médiocre chimiste qui ne croie pas avoir pénétré toutes les grandes opérations de la nature pour avoir trouvé par hasard peut-être quelques petites combinaisons de l'art?

Le règne animal est plus à notre portée et certainement mérite encore mieux d'être étudié. Mais enfin cette étude n'a-t-elle pas aussi ses difficultés, ses embarras, ses dégoûts et ses peines, surtout pour un solitaire qui n'a, ni dans ses jeux ni dans ses travaux, d'assistance à espérer de personne? Comment observer, disséquer, étudier, connaître les oiseaux dans les airs, les poissons dans les eaux, les quadrupèdes plus légers que le vent, plus forts que l'homme, et qui ne sont pas plus disposés à venir s'offrir à mes recherches que moi de courir après eux pour les y soumettre de force? J'aurais donc pour ressource des escargots, des vers, des mouches, et je passerais ma vie à me mettre hors d'haleine pour courir après les papillons, à empaler de pauvres insectes, à disséquer des souris quand j'en pourrais prendre, ou les charognes des bêtes que par hasard je trouverais mortes. L'étude des animaux n'est rien sans l'anatomie; c'est par elle qu'on apprend à les classer, à distinguer les genres, les espèces. Pour les étudier par leurs mœurs, par leurs caractères, il faudrait avoir des volières, des viviers, des ménageries; il faudrait les contraindre, en quelque manière que ce pût être, à rester rassemblés autour de moi. Je n'ai ni le goût ni les moyens de les tenir en captivité, ni l'agilité nécessaire pour les suivre dans leurs allures[68] quand ils sont en liberté. Il faudra donc les étudier morts, les déchirer, les désosser, fouiller à loisir dans leurs entrailles palpitantes! Quel appareil[69] affreux qu'un amphithéâtre anatomique! des cadavres puants, de

66. D'ordinaire. — 67. Le plaisir de montrer avec ostentation. — 68. Déplacements rapides. — 69. Ici, assemblage d'objets.

baveuses et livides chairs, du sang, des intestins dégoûtants, des squelettes affreux, des vapeurs pestilentielles! Ce n'est pas là, sur ma parole, que Jean-Jacques ira chercher ses amusements.

Brillantes fleurs, émail des prés, ombrages frais, ruisseaux, bosquets, verdure, venez purifier mon imagination salie par tous ces hideux objets. Mon âme, morte à tous les grands mouvements, ne peut plus s'affecter que par des objets sensibles[70]; je n'ai plus que des sensations, et ce n'est plus que par elles que la peine ou le plaisir peuvent m'atteindre ici-bas. Attiré par les riants objets qui m'entourent, je les considère, je les contemple, je les compare, j'apprends enfin à les classer, et me voilà tout d'un coup aussi botaniste qu'a besoin de l'être celui qui ne veut étudier la nature que pour trouver sans cesse de nouvelles raisons de l'aimer.

Je ne cherche point à m'instruire: il est trop tard. D'ailleurs je n'ai jamais vu que tant de science contribuât au bonheur de la vie. Mais je cherche à me donner des amusements doux et simples que je puisse goûter sans peine et qui me distraient de mes malheurs. Je n'ai ni dépense à faire ni peine à prendre pour errer nonchalamment d'herbe en herbe, de plante en plante, pour les examiner, pour comparer leurs divers caractères, pour marquer leurs rapports et leurs différences, enfin pour observer l'organisation végétale de manière à suivre la marche et le jeu de ces machines vivantes, à chercher quelquefois avec succès leurs lois générales, la raison et la fin de leurs structures diverses, et à me livrer aux charmes de l'admiration

reconnaissante pour la main qui me fait jouir de tout cela.

Les plantes semblent avoir été semées avec profusion sur la terre, comme les étoiles dans le ciel, pour inviter l'homme par l'attrait du plaisir et de la curiosité à l'étude de la nature; mais les astres sont placés loin de nous; il faut des connaissances préliminaires, des instruments, des machines, de bien longues échelles pour les atteindre et les rapprocher à notre portée. Les plantes y sont naturellement. Elles naissent sous nos pieds et dans nos mains pour ainsi dire, et si la petitesse de leurs parties essentielles les dérobe quelquefois à la simple vue, les instruments qui les y rendent[71] sont d'un beaucoup plus facile usage que ceux de l'astronomie. La botanique est l'étude d'un oisif et paresseux solitaire: une pointe et une loupe sont tout l'appareil dont il a besoin pour les observer. Il se promène, il erre librement d'un objet à l'autre, il fait la revue de chaque fleur avec intérêt et curiosité, et sitôt qu'il commence à saisir les lois de leur structure, il goûte à les observer un plaisir sans peine, aussi vif que s'il lui en coûtait beaucoup. Il y a dans cette oiseuse occupation un charme qu'on ne sent que dans le plein calme des passions, mais qui suffit seul alors pour rendre la vie heureuse et douce. Mais sitôt qu'on y mêle un motif d'intérêt ou de vanité, soit pour remplir des places ou pour faire des livres, sitôt qu'on ne veut apprendre que pour instruire, qu'on n'herborise que pour devenir auteur ou professeur, tout ce doux charme s'évanouit, on ne voit plus dans les plantes que des

70. Lisez: Mon âme, insensible désormais à tous les grands sentiments, ne peut plus être affectée que par les objets sensibles. — 71. Qui permettent de les voir (en les rendant *à la vue*).

instruments de nos passions, on ne trouve plus aucun vrai plaisir dans leur étude, on ne veut plus savoir mais montrer qu'on sait, et dans les bois on n'est que sur le théâtre du monde, occupé du soin de s'y faire admirer; ou bien, se bornant à la botanique de cabinet[72] et de jardin tout au plus, au lieu d'observer les végétaux dans la nature, on ne s'occupe que de systèmes et de méthodes; matière éternelle de dispute, qui ne fait pas connaître une plante de plus et ne jette aucune véritable lumière sur l'histoire naturelle et le règne végétal. De là les haines, les jalousies que la concurrence de célébrité excite chez les botanistes auteurs, autant et plus que chez les autres savants. En dénaturant cette aimable étude, ils la transplantent au milieu des villes et des académies, où elle ne dégénère pas moins que les plantes exotiques dans les jardins des curieux.

Des dispositions bien différentes ont fait pour moi de cette étude une espèce de passion qui remplit le vide de toutes celles que je n'ai plus. Je gravis les rochers, les montagnes, je m'enfonce dans les vallons, dans les bois, pour me dérober autant qu'il est possible au souvenir des hommes et aux atteintes des méchants. Il me semble que sous les ombrages d'une forêt je suis oublié, libre et paisible, comme si je n'avais plus d'ennemis, ou que le feuillage des bois dût me garantir de leurs atteintes, comme il les éloigne de mon souvenir, et je m'imagine dans ma bêtise qu'en ne pensant point à eux ils ne penseront point à moi. Je trouve une si grande douceur dans cette illusion que je m'y livrerais tout entier si ma situation, ma faiblesse et mes besoins me le permettaient. Plus la solitude où je vis alors est profonde, plus il faut que quelque objet en remplisse le vide; et ceux que mon imagination me refuse ou que ma mémoire repousse sont suppléés par les productions spontanées que la terre, non forcée par les hommes, offre à mes yeux de toutes parts. Le plaisir d'aller dans un désert chercher de nouvelles plantes couvre[73] celui d'échapper à des persécuteurs; et parvenu dans des lieux où je ne vois nulle trace d'hommes, je respire plus à mon aise, comme dans un asile où leur haine ne me poursuit plus.

Je me rappellerai toute ma vie une herborisation que je fis un jour du côté de la Robaila, montagne du justicier Clerc. J'étais seul, je m'enfonçais dans les anfractuosités de la montagne, et de bois en bois, de roche en roche, je parvins à un réduit si caché que je n'ai vu de ma vie un aspect plus sauvage. De noirs sapins entremêlés de hêtres prodigieux, dont plusieurs tombés de vieillesse et entrelacés les uns dans les autres, fermaient ce réduit de barrières impénétrables; quelques intervalles que laissait cette sombre enceinte n'offraient au delà que des roches coupées à pic et d'horribles précipices que je n'osais regarder qu'en me couchant sur le ventre. Le duc, la chevêche et l'orfraie[74] faisaient entendre leurs cris dans les fentes de la montagne; quelques oiseaux rares mais familiers tempéraient cependant l'horreur de cette solitude. Là je trouvai la *dentaire heptaphyllos*, le *ciclamen*, le *nidus avis*, le grand *lacerpitium* et quelques autres plantes qui me charmèrent et m'amusèrent longtemps.

72. Ici, laboratoire. — 73. Dépasse. — 74. Espèces d'oiseaux de proie.

Mais insensiblement dominé par la forte impression des objets, j'oubliai la botanique et les plantes, je m'assis sur des oreillers de *lycopodium* et de mousses, et je me mis à rêver plus à mon aise en pensant que j'étais là dans un refuge ignoré de tout l'univers, où les persécuteurs ne me déterreraient pas. Un mouvement d'orgueil se mêla bientôt à cette rêverie. Je me comparais à ces grands voyageurs qui découvrent une île déserte, et je me disais avec complaisance: « Sans doute je suis le premier mortel qui ait pénétré jusqu'ici. » Je me regardais presque comme un autre Colomb[75]. Tandis que je me pavanais[76] dans cette idée, j'entendis peu loin de moi un certain cliquetis que je crus reconnaître; j'écoute: le même bruit se répète et se multiplie. Surpris et curieux, je me lève, je perce à travers un fourré de broussailles du côté d'où venait le bruit, et dans une combe[77] à vingt pas du lieu même où je croyais être venu le premier, j'aperçois une manufacture de bas.

Je ne saurais exprimer l'agitation confuse et contradictoire que je sentis dans mon cœur à cette découverte. Mon premier mouvement fut un sentiment de joie de me retrouver parmi des humains où je m'étais cru totalement seul. Mais ce mouvement, plus rapide que l'éclair, fit bientôt place à un sentiment douloureux plus durable, comme ne pouvant dans les antres mêmes des Alpes échapper aux cruelles mains des hommes, acharnés à me tourmenter. Car j'étais bien sûr qu'il n'y avait peut-être pas deux hommes dans cette fabrique qui ne fussent initiés dans le complot dont le prédicant Montmollin[78] s'était fait le chef, et qui tirait de plus loin ses premiers mobiles. Je me hâtai d'écarter cette triste idée, et je finis par rire en moi-même, et de ma vanité puérile, et de la manière comique dont j'en avais été puni.

Mais en effet, qui jamais eût dû s'attendre à trouver une manufacture dans un précipice? Il n'y a que la Suisse au monde qui présente ce mélange de la nature sauvage et de l'industrie humaine. La Suisse entière n'est pour ainsi dire qu'une grande ville, dont les rues larges et longues, plus que celle de Saint-Antoine, sont semées de forêts, coupées de montagnes, et dont les maisons éparses et isolées ne communiquent entre elles que par des jardins anglais[79]. Je me rappelai à ce sujet une autre herborisation que Du Peyrou, d'Escherny, le colonel Pury, le justicier Clerc[80] et moi avions faite il y avait quelque temps sur la montagne de Chasseron, du sommet de laquelle on découvre sept lacs. On nous dit qu'il n'y avait qu'une seule maison sur cette montagne, et nous n'eussions sûrement pas deviné la profession de celui l'habitait, si l'on n'eût ajouté que c'était un libraire, et qui même faisait fort bien ses affaires dans le pays. Il me semble qu'un seul fait de cette espèce fait mieux connaître la Suisse que toutes les descriptions des voyageurs.

En voici un autre de même nature, ou à peu près, qui ne fait pas moins connaître un peuple fort

75. Christophe Colomb. — 76. Je m'enorgueillissais. — 77. Petit vallon (expression dialectale romande). — 78. C'est le pasteur Montmollin qui, selon Rousseau, souleva contre lui la population du village, provoquant ainsi la « lapidation de Môtiers » (*Cinquième Promenade*). — 79. C'est-à-dire: par la nature vierge, comparée aux jardins anglais, peu soignés et d'aspect « sauvage ». — 80. Il s'agit d'amis ou de voisins de campagne de Rousseau.

différent. Durant mon séjour à Grenoble, je faisais souvent de petites herborisations hors de la ville avec le sieur Bovier, avocat de ce pays-là; non pas qu'il aimât ni sût la botanique, mais parce que, s'étant fait mon garde de la manche[81], il se faisait, autant que la chose était possible, une loi de ne pas me quitter d'un pas. Un jour nous nous promenions le long de l'Isère, dans un lieu tout plein de saules épineux. Je vis sur ces arbrisseaux des fruits mûrs, j'eus la curiosité d'en goûter et, leur trouvant une petite acidité très agréable, je me mis à manger de ces grains pour me rafraîchir; le sieur Bovier se tenait à côté de moi sans m'imiter et sans rien dire. Un de ses amis survint qui, me voyant picorer ces grains, me dit: « Eh! monsieur, que faites-vous là? Ignorez-vous que ce fruit empoisonne? — Ce fruit empoisonne! m'écriai-je tout surpris. — Sans doute, reprit-il; et tout le monde sait si bien cela que personne dans le pays ne s'avise d'en goûter. » Je regardai le sieur Bovier et je lui dis: « Pourquoi donc ne m'avertissiez-vous pas? — Ah! monsieur, me répondit-il d'un ton respectueux, je n'osais pas prendre cette liberté. » Je me mis à rire de cette humilité dauphinoise, en discontinuant néanmoins ma petite collation. J'étais persuadé, comme je le suis encore, que toute production naturelle agréable au goût ne peut être nuisible au corps, ou ne l'est du moins que par son excès. Cependant, j'avoue que je m'écoutai un peu tout le reste de la journée: mais j'en fus quitte pour un peu d'inquiétude; je soupai très bien, dormis mieux, et me levai le matin en parfaite santé, après avoir avalé la veille quinze ou vingt grains de ce terrible *hippophaé*, qui empoisonne à très petite dose, à ce que tout le monde me dit à Grenoble le lendemain. Cette aventure me parut si plaisante que je ne me la rappelle jamais sans rire de la singulière discrétion de M. l'avocat Bovier.

Toutes mes courses de botanique, les diverses impressions du local[82] des objets qui m'ont frappé, les idées qu'il m'a fait naître, les incidents qui s'y sont mêlés, tout cela m'a laissé des impressions qui se renouvellent par l'aspect des plantes herborisées dans ces mêmes lieux. Je ne reverrai plus ces beaux paysages, ces forêts, ces lacs, ces bosquets, ces rochers, ces montagnes dont l'aspect a toujours touché mon cœur. Mais maintenant que je ne peux plus courir ces heureuses contrées, je n'ai qu'à ouvrir mon herbier et bientôt il m'y transporte. Les fragments des plantes que j'y ai cueillies suffisent pour me rappeler tout ce magnifique spectacle. Cet herbier est pour moi un journal d'herborisations qui me les fait recommencer avec un nouveau charme et produit l'effet d'une optique[83] qui les peindrait derechef[84] à mes yeux.

C'est la chaîne des idées accessoires qui m'attache à la botanique. Elle rassemble et rappelle à mon imagination toutes les idées qui la flattent davantage: les prés, les eaux, les bois, la solitude, la paix surtout et le repos qu'on trouve au milieu de tout cela, sont retracés par elle incessamment à ma mémoire. Elle me fait oublier les persécutions des hommes, leur haine, leurs mépris,

81. Au sens propre, l'un des deux gentilshommes qui se tenaient de chaque côté du roi lors des cérémonies et le conduisaient *par la manche*. — 82. Lieu. — 83. Boîte munie d'une lentille grandissante dont on se servait au XVIIIᵉ siècle comme d'une loupe. — 84. Encore une fois.

leurs outrages, et tous les maux dont ils ont payé mon tendre et sincère attachement pour eux. Elle me transporte dans des habitations paisibles, au milieu de gens simples et bons, tels que ceux avec qui j'ai vécu jadis. Elle me rappelle et mon jeune âge et mes innocents plaisirs, elle m'en fait jouir derechef, et me rend heureux bien souvent encore, au milieu du plus triste sort qu'ait subi jamais un mortel.

Matière à réflexion

Sur la *Cinquième Promenade:*

1. En écrivant, à propos de cette *Promenade*, que « tous nous avons eu dans notre vie des îles de Saint-Pierre » (*Aparté*), Jacques de Lacretelle transforme un nom propre en *nom commun.* Qu'est-ce, à votre avis, qu'*une* île de Saint-Pierre dans la vie d'un individu?

2. Le « sentiment de l'existence »:

(a) En tenant compte de toutes les indications de la *Promenade*, essayez de le définir ou de le caractériser avec autant de précision que possible. Dans un état mystique « classique », le moi se perd dans « le grand Tout » (à ce que nous racontent les mystiques). Est-ce le cas de Rousseau?

(b) Qu'est-ce qui permet d'y accéder? Etudiez le rôle de l'état psychologique du sujet et celui des conditions environnantes. Certains passages rappellent à ce propos le *mantra* de la méditation transcendentale: « le bruit des vagues, fixant mes sens et chassant de mon âme toute agitation [...], le flux et le reflux de cette eau, son bruit continu, frappant sans relâche mon oreille et mes yeux », etc. Cette comparaison vous paraît-elle justifiée?

Sur la *Septième Promenade:*

1. Comment Rousseau s'explique-t-il son nouvel intérêt pour la botanique? Est-ce que les raisons qu'il en donne se contredisent ou se complètent?

2. Rousseau distingue deux attitudes envers les plantes: celle qui rapporte « toujours tout à notre intérêt matériel, qui [fait] chercher partout du profit et des remèdes », et la sienne. Définissez celle-ci.

3. « L'auteur des *Rêveries* a donné pour toujours une âme à la nature, » écrit, après bien d'autres, D. Mornet (*Le Romantisme en France au XVIIIe siècle*). Mais à quelle nature? Parfois il s'agit de la nature que l'on trouve à la campagne: « arbres, arbrisseaux, plantes, parure et vêtement de la terre », etc. C'est ainsi qu'il écrit:

561

« Mais, vivifiée par la **nature** et revêtue de sa robe de noces au milieu du cours des eaux et du chant des oiseaux, la terre offre à l'homme… » (§8). Ailleurs, il s'agit de la nature au sens philosophique du terme: l'ensemble de tout ce qui existe. Ainsi: « Je sens des extases, des ravissements inexprimables à me fondre pour ainsi dire dans le système des êtres, à m'identifier avec la **nature** entière » (§15).

(a) Relevez les emplois du mot dans la *Septième Promenade* et précisez de quelle nature il s'agit: nature-verdure ou nature-univers. Arrive-t-il à Rousseau, en passant allègrement de l'une à l'autre, de les confondre, de jouer sur une ambiguïté?

(b) A quoi Rousseau aspire-t-il en ce qui concerne la nature-univers? Certains passages (comme celui du §15 que nous avons cité; voir aussi §8) font penser au *kef* des mystiques orientaux (état mental de passivité et de réceptivité totales), ou même au nirvana des bouddhistes (fusion de l'âme individuelle et de l'âme universelle). Rousseau mystique? Commentez.

Sur les deux *Promenades*:

1. Qu'est-ce qu'une lecture des *Rêveries* nous apprend sur la psychologie et sur le caractère de Rousseau? Les psychologues sont unanimes à diagnostiquer chez lui une « émotivité » et une « passivité » maladives. En trouve-t-on des signes dans ces deux *Promenades* ? Malgré la tonalité globalement sereine de ces deux *Promenades*, il subsiste des traces du « délire de la persécution ». Lesquelles? Selon Pierre Richard, on fait connaissance, en lisant les *Rêveries*, avec un homme « sympathique » (présentation des *Rêveries* dans l'édition Larousse). Etes-vous d'accord?

2. Comparez le style et le ton de la *Cinquième Promenade* et ceux de la *Septième*. Dans quelle mesure le sujet traité determine-t-il le style et le ton? En quoi le style de la *Cinquième* est-il plus « poétique » que celui de la *Septième?* Et qu'est-ce, au juste, qui rend un style « poétique »?

Postface:
littérature et révolution

En 1781, Beaumarchais, ancien horloger, arriviste, homme d'affaires, trafiquant d'armes, agent secret et, à ses heures, dramaturge génial, convainc la Comédie-Francaise de représenter sa nouvelle pièce: *Le Mariage de Figaro.* Cependant le censeur royal refuse son autorisation: la pièce, affirme-t-on, est subversive.

Beaumarchais fait semblant de ne pas comprendre; l'intrigue, assure-t-il, est « des plus badines ». Il la résume lui-même ainsi: « Un grand seigneur espagnol [le comte Almaviva], amoureux d'une jeune fille qu'il veut séduire, et les efforts de cette fiancée, celui qu'elle doit épouser [Figaro, valet du comte] et la femme du seigneur, réunissent pour faire échouer dans son dessein un maître absolu, que son rang, sa fortune et sa prodigalité rendent tout-puissant pour l'accomplir. Voilà tout, rien de plus » (préface).

Rien de plus? Mais si: l'opposition de Figaro et d'Almaviva représente celle des conditions sociales. Et c'est le valet qui se moque et triomphe du comte! Dans son célèbre monologue (Acte V), Figaro fustige son maître absent: « Parce que vous êtes un grand seigneur, vous vous croyez un grand génie! Noblesse, fortune, un rang, des places: tout cela rend si fier! Qu'avez-vous fait pour tant de biens? Vous vous êtes donné la peine de naître, et rien de plus; du reste, homme assez ordinaire! » C'était s'attaquer au principe même de l'aristocratie, pilier de l'Ancien Régime.

S'étant fait lire en privé *Le Mariage,* Louis XVI se serait écrié: « Cela ne sera jamais joué! Il faudrait détruire la Bastille pour que la représentation de cette pièce ne fût pas une inconséquence dangereuse. » Beaumarchais persista et le roi céda. En avril 1784, la pièce triomphait à Paris, et bientôt dans l'Europe entière. Cinq ans plus tard, la Bastille était prise.

Exécution d'«ennemis du
peuple» pendant la Terreur.

Brown Brothers

Si les causes immédiates de la Révolution française furent surtout politiques et économiques, il est incontestable que les écrivains avaient beaucoup fait pour la préparer dans les esprits. Les révolutionnaires eux-mêmes n'ont pas manqué de reconnaître leur dette envers les philosophes. Voltaire, qui avait mieux que personne servi la cause des *lumières*, fut proclamé « digne d'être admis au nombre des grands hommes »; en juillet 1791, ses restes furent transportés solennellement au Panthéon. Voltaire semble avoir prévu d'ailleurs les fruits que porteraient les efforts du « parti des philosophes »: « Tout ce que je vois jette les semences d'une révolution qui arrivera immanquablement, et dont je n'aurai pas le plaisir d'être témoin. [...] La lumière s'est tellement répandue de proche en proche qu'on éclatera à la première occasion; et alors ce sera un beau tapage. Les jeunes gens sont bien heureux; ils verront de belles choses » (lettre du 2 avril 1764).

Il est permis de douter que Voltaire n'eût pris beaucoup de plaisir à assister à la prise de la Bastille (où pourtant il avait passé un an comme hôte de l'Etat). Toujours est-il que cet événement, dérisoire en lui-même mais hautement symbolique[1], fut suivi en effet de « belles choses »: l'abolition des privilèges seigneuriaux (4 août 1789), la *Déclaration des droits de l'homme et du citoyen* (26 août 1789), l'adoption de la constitution de 1791. Malheureusement, ce qui commença relativement bien devait mal finir: pendant la période que l'on appelle la Terreur (mai 1793–juillet 1794), environ 40 000 « ennemis du peuple » furent exécutés. A Paris, les condamnés étaient guillotinés; ailleurs, trouvant la guillotine trop lente, on préférait les placer en masse devant des canons (Lyon) ou les noyer dans la Loire (Nantes).

1. L'ancienne forteresse devenue prison d'Etat était le symbole de la tyrannie monarchique. Après avoir capitulé et abaissé le pont-levis, permettant ainsi aux assaillants de pénétrer dans l'enceinte, le commandant fut massacré à coups de pique et décapité. Sa tête fut fichée au bout d'une pique et promenée dans les rues de Paris. La Bastille enfermait ce jour-là, en tout et pour tout, sept prisonniers, dont un aristocrate fou et quatre faussaires. Ils furent libérés en grande pompe. Tel est l'événement que les Français commémorent le 14 juillet.

On le voit: ce qu'on appelle la Révolution n'est pas un seul événement qu'il s'agirait d'approuver ou de réprouver en bloc, mais une période longue d'une dizaine d'années pendant laquelle coexistent ou se succèdent le meilleur et le pire. Comment généraliser en la matière?

Pour ce qui est de la littérature, une chose au moins est sûre: tout en stimulant la *production*, la Révolution semble avoir eu un effet contraire sur la *création*. La littérature des années 1789–1799, abondante et médiocre, semble perdre en qualité ce qu'elle gagne en quantité. Les bouleversements sociaux de cette décennie ne s'accompagnent pas d'un renouvellement de l'inspiration et des procédés littéraires. On continue à cultiver les genres traditionnels — tragédie, comédie, poésie —, mais avec de piètres résultats. Quand les auteurs n'imitent pas trop servilement leurs modèles classiques, ils s'inspirent trop directement de l'actualité et versent dans la propagande révolutionnaire; parfois les œuvres présentent en même temps les deux défauts. Beaumarchais écrit encore, mais son talent l'a déserté. Avec la liberté de la presse et de la parole, proclamée au début de la Révolution et abrogée par la suite, naissent deux genres paralittéraires: le journalisme et l'éloquence politiques. Mais on ne peut pas dire que les journalistes et les orateurs aient beaucoup enrichi la littérature, et leur production n'a plus guère aujourd'hui qu'une valeur historique et documentaire. Bref, la production de cette époque n'a pas survécu aux événements qui l'ont vu naître.

Les rares exceptions confirment la règle. Nous en mentionnerons deux: un chant qui survit grâce aux événements plus qu'à son mérite, et un poète dont le mérite a triomphé des événements.

La Marseillaise

Le 25 octobre 1792, un officier de trente-deux ans, qui était à ses heures poète, musicien et compositeur, se trouvait en garnison à Strasbourg. Quatre jours auparavant, la France avait déclaré la guerre à l'Autriche; déjà la ville était assiégée. Au cours d'une nuit d'inspiration patriotique, il composa les paroles et la musique d'un *Chant de guerre pour l'armée du Rhin.* Le chant circula vite parmi les soldats et parvint en juillet à Marseille. Là, il fut adopté par les volontaires qui devaient monter à Paris; ils le chantaient le 30 juillet à leur célèbre entrée dans la capitale. Le chant fit sensation et fut rebaptisé l'*Hymne des Marseillais*, avant de prendre peu après son titre définitif: *La Marseillaise.*

Le jeune officier s'appelait Claude-Joseph Rouget de Lisle (1760–1836), et *La Marseillaise* devait être son unique titre de gloire. Peu après l'avoir composée, il se vit suspendu de ses fonctions pour cause de… royalisme! Il fut bientôt réintégré et promu — la République avait besoin d'officiers —, mais il démissionna définitivement en 1796 et passa le reste de sa vie dans une obscurité besogneuse.

Son chant devait, en revanche, faire fortune. Dès le début, il fut intimement lié à la République, proclamée en septembre 1792. Cette association devint officielle lorsqu'en 1795 *La Marseillaise* fut décrétée hymne national. Depuis lors, son histoire a suivi celle des régimes. Proscrite sous l'Empire (1804–1814), sous la Restauration (1814–1830) et sous la Monarchie de Juillet (1830–1848), elle fit une brève réapparition sous la IIe République (1848–1851). Elle fut proscrite de

nouveau sous le Second Empire (1852–1870), et ne redevint hymne national qu'en 1879, aux débuts de la IIIᵉ République. Pendant l'Occupation (1940–1944), les Allemands la jugeaient subversive et finirent par l'interdire en 1942. Chantée à la Libération (1944) — « Liberté, liberté chérie… » (sixième strophe) —, *La Marseillaise* est l'hymne national français depuis 1946. Elle figure dans la constitution de la Vᵉ République, instaurée en 1958. Aujourd'hui, on parle beaucoup d'en changer les paroles (voir *Matière à réflexion*).

Isidore Pils, *Rouget de Lisle chantant pour la première fois* La Marseillaise, 1849.

Stock Montage

Avant de lire

Clé des « méchants ». — Rouget de Lisle désigne à la haine de ses compatriotes deux groupes d'ennemis. 1° Il y a, d'une part, les ennemis étrangers. Les « rois conjurés », les « vils despotes », les « tyrans », ce sont les souverains européens qui s'inquiètent des progrès de la Révolution en France. Il s'agit en particulier, au moment où Rouget de Lisle écrit, de l'empereur d'Autriche, lequel sera rejoint bientôt par le roi de Prusse et, quelques mois plus tard, par presque toutes les têtes couronnées d'Europe. 2° Il y a, d'autre part, les ennemis français. Les « perfides », les « traîtres », ce sont les contre-révolutionnaires en général et les émigrés en particulier. Ces derniers, aristocrates pour la plupart, s'étaient réfugiés à l'étranger pour préparer une action militaire contre le régime révolutionnaire en France. C'est parce qu'ils s'attaquent à leur patrie, assimilée au parent, qu'ils sont qualifiés de « parricides » et de « tigres qui déchirent le sein de leur mère ».

Les strophes les plus célèbres sont la première, la sixième et la septième. Cette dernière, baptisée le « couplet des enfants », n'est pas de Rouget de Lisle, mais d'un journaliste nommé Louis Du Bos. Elle fut chantée pour la première fois en octobre 1792, et depuis lors elle fait partie du chant. Elle est considérée comme la plus réussie — ou la moins mauvaise — du point de vue poétique.

☛ N.B.: Le mot *bis* indique que le mot ou le vers qu'il suit doit être répété.

La Marseillaise

I

Allons, enfants de la Patrie!
Le jour de gloire est arrivé!
Contre nous de la tyrannie,
L'étendard sanglant est levé[2]! *(bis)*
Entendez-vous dans les campagnes
Mugir ces féroces soldats?
Ils viennent jusque dans nos bras
Egorger nos fils, nos compagnes!

Refrain:
Aux armes, citoyens! Formez vos bataillons!
Marchons! *(bis)* Qu'un sang impur abreuve nos sillons!

II

Que veut cette horde d'esclaves,
De traîtres, de rois conjurés?
Pour qui ces ignobles entraves,
Ces fers dès longtemps préparés? *(bis)*
Français! pour nous, ah! quel outrage!
Quels transports il doit exciter,
C'est nous qu'on ose méditer
De rendre à l'antique esclavage!

Aux armes…, etc.

2. Lisez: L'étendard sanglant de la tyrannie est lévé contre nous.

III

Quoi! des cohortes étrangères
Feraient la loi dans nos foyers!
Quoi! des phalanges mercenaires
Terrasseraient nos fils guerriers! *(bis)*
Dieu! nos mains seraient enchaînées!
Nos fronts sous le joug se ploieraient!
De vils despotes deviendraient
Les maîtres de nos destinées!

Aux armes…, etc.

IV

Tremblez, tyrans, et vous, perfides,
L'opprobre de tous les partis!
Tremblez! vos projets parricides
Vont enfin recevoir leur prix[3]. *(bis)*
Tout est soldat pour vous combattre.
S'ils tombent, nos jeunes héros,
La terre en produit de nouveaux
Contre vous, tous, prêts à se battre.

Aux armes…, etc.

V

Français, en guerriers magnanimes
Portons ou retenons nos coups!
Epargnons ces tristes victimes,
A regret s'armant contre nous. *(bis)*
Mais ce despote sanguinaire,
Mais ces complices de Bouillé[4]!
Tous ces tigres qui, sans pitié,
Déchirent le sein de leur mère!

Aux armes…, etc.

VI

Amour sacré de la Patrie,
Conduis, soutiens nos bras vengeurs!
Liberté, liberté chérie,
Combats avec tes défenseurs! *(bis)*
Sous nos drapeaux, que la Victoire
Accoure à tes mâles accents!
Que tes ennemis expirants
Voient ton triomphe et notre gloire!

Aux armes…, etc.

3. Ce qu'ils méritent. — 4. En 1791 le roi Louis XVI tenta de quitter la France pour rejoindre en Lorraine l'armée des émigrés; c'est le marquis de Bouillé qui l'avait aidé à préparer sa fuite.

VII

Nous entrerons dans la carrière
Quand nos aînés n'y seront plus;
Nous y trouverons leur poussière
Et la trace de leur vertu. *(bis)*
Bien moins jaloux de leur survivre
Que de partager leur cercueil,
Nous aurons le sublime orgueil
De les venger ou de les suivre.

Aux armes..., etc.

ANDRÉ CHÉNIER

(1762–1794)

Pour se faire une bonne idée de la différence entre un poète et un versificateur, il suffit de lire un peu la poésie du XVIII[e] siècle. Ce siècle de la raison, de la philosophie, des lumières est un siècle *prosaïque*. « Pourquoi dire en vers ce qu'on peut dire plus facilement et plus clairement en prose? » se demandent de nombreux écrivains. Ceux qui s'obstinent à écrire en vers se contentent de *rimer leur prose*. (Bien plus tard, au siècle suivant, on s'avisera que l'objet de la poésie n'est pas de *dire*.) On n'admet généralement qu'une exception, un seul poète authentique au XVIII[e] siècle: André Chénier.

Né en Orient, élevé en Languedoc et à Paris, André Chénier se sent dès l'adolescence une vocation poétique. C'est au collège, où il suit des études classiques, qu'il écrit ses premiers vers, empreints d'un culte de l'antiquité grecque (il se croit, à tort, grec du côté de sa mère). Après un court passage dans l'armée, il voyage en Suisse et en Italie, puis retourne à Paris où pendant trois ans il partage son temps entre l'étude, la poésie et les plaisirs. En 1787, il part pour Londres comme secrétaire d'ambassade, et c'est là qu'il se trouve lorsqu'éclate à Paris la Révolution. Rentré en France en 1790, il s'engage avec enthousiasme dans la cause, fonde la *Société de 89*, publie même une ode révolutionnaire. Modéré, il a l'imprudence courageuse d'attaquer les extrémistes qui, arrivés au pouvoir, s'en souviendront. Partisan de la monarchie constitutionnelle, il collabore à la défense de Louis XVI; après l'exécution du roi, Chénier devient suspect et doit se cacher. Arrêté sous la Terreur, il passe cinq mois en prison avant d'être guillotiné le 20 juillet 1794. Deux jours après son exécution, la tête de Robespierre tombe et la Terreur prend fin.

Ses articles politiques mis à part, Chénier ne publia de son vivant que deux poèmes. Son ode à « la jeune captive » (ci-dessous) fut publiée en 1795, mais la quasi totalité de l'œuvre poétique ne parut qu'en 1819, juste à temps pour que les romantiques pussent revendiquer Chénier comme un précurseur. Cela pourrait surprendre aujourd'hui: on ne voit pas à première vue ce que pourraient avoir de romantique ces poèmes inspirés — et souvent imités de très près — des modèles

André Chenier, par J.-B. Suvée, son codétenu à la prison de Saint-Lazare. Le peintre fut libéré deux jours après l'exécution du poète.

Photographie Bulloz

grecs, où abondent allusions mythologiques et périphrases pseudo-classiques. Même les genres que Chénier cultive de préférence sont ceux des anciens: *épître* (lettre en vers), *idylle*, *eglogue* (petit poème pastoral), etc.

Mais dans quelques poèmes, il y a bien un accent personnel, une certaine mélancolie, une expression plus intime du *moi* qui annoncent les romantiques à venir. Il dit (et par endroits il écrit comme s'il le croyait): « L'art, des transports de l'âme est un faible interprète; / L'art ne fait que des vers, le cœur seul est poète » (*Eglogues*). Trente ans plus tard, les romantiques diront, presque textuellement, la même chose. Ainsi Lamartine, l'un des plus grands d'entre eux, pourra-t-il dire de Chénier: « C'était une corde nouvelle. [...] Jusqu'alors la France n'avait jamais pleuré ainsi. Ce sanglot donne le ton à l'élégie moderne » (*Philosophie et littérature*).

La Jeune Captive

La « jeune captive » du titre, à qui le poète prête la parole dans les sept premières strophes du poème, est une codétenue que Chénier a connue à la prison de Saint-Lazare. Elle s'appelle Aimée de Coigny: vingt-cinq ans, belle, divorcée. Alors que Chénier attend la mort, Mme de Coigny garde l'espoir. Libérée deux jours après l'exécution de celui qui l'a immortalisée, elle restera toujours « la jeune captive » du poème. Elle épousera en secondes noces un autre compagnon de captivité.

> « L'épi naissant mûrit de la faux respecté;
> Sans crainte du pressoir, le pampre[5] tout l'été
> Boit les doux présents de l'aurore;
> Et moi, comme lui belle, et jeune comme lui,
> 5 Quoi que l'heure présente ait de trouble et d'ennui,
> Je ne veux point mourir encore.

5. Ici, raisin.

Qu'un stoïque aux yeux secs vole embrasser la mort:
Moi, je pleure et j'espère. Au noir souffle du nord
 Je plie et relève ma tête.
10 S'il est des jours amers, il en est de si doux!
Hélas! quel miel jamais n'a laissé de dégoûts?
 Quelle mer n'a point de tempête?

L'illusion féconde habite dans mon sein.
D'une prison sur moi les murs pèsent en vain,
15 J'ai les ailes de l'espérance.
Echappée aux réseaux de l'oiseleur cruel,
Plus vive, plus heureuse, aux campagnes du ciel
 Philomèle[6] chante et s'élance.

Est-ce à moi de mourir? Tranquille je m'endors
20 Et tranquille je veille; et ma veille aux remords
 Ni mon sommeil ne sont en proie[7].
Ma bienvenue au jour me rit dans tous les yeux[8];
Sur des fronts abattus, mon aspect dans ces lieux[9]
 Ranime presque de la joie.

25 Mon beau voyage encore est si loin de sa fin!
Je pars, et des ormeaux qui bordent le chemin
 J'ai passé les premiers à peine.
Au banquet de la vie à peine commencé,
Un instant seulement mes lèvres ont pressé
30 La coupe en mes mains encor pleine.

Je ne suis qu'au printemps. Je veux voir la moisson,
Et comme le soleil, de saison en saison,
 Je veux achever mon année.
Brillante sur ma tige et l'honneur du jardin,
35 Je n'ai vu luire encor que les feux du matin;
 Je veux achever ma journée.

O mort! tu peux attendre; éloigne, éloigne-toi;
Va consoler les cœurs que la honte, l'effroi,
 Le pâle désespoir dévore.
40 Pour moi Palès[10] encore a des asiles verts,
Les Amours[11] des baisers, les Muses[12] des concerts;
 Je ne veux point mourir encore. »

6. Le rossignol (d'après un personnage mythologique changé en rossignol). — 7. Ni ma veille ni mon sommeil ne sont en proie aux remords. — 8. Tous les regards me souhaitent la bienvenue. — 9. Dans cette prison. — 10. Déesse des troupeaux. — 11. Les dieux de l'amour. — 12. Les neuf déesses qui président aux arts.

Ainsi, triste et captif [13], ma lyre toutefois
S'éveillait, écoutant ces plaintes, cette voix,
45 Ces vœux d'une jeune captive;
Et secouant le faix de mes jours languissants,
Aux douces lois des vers je pliais les accents
 De sa bouche aimable et naïve.

50 Ces chants, de ma prison témoins harmonieux,
Feront à quelque amant des loisirs studieux
 Chercher quelle fut cette belle:
La grâce décorait son front et ses discours,
Et, comme elle, craindront de voir finir leurs jours
55 Ceux qui les passeront près d'elle.

A ses amis oublieux

En plus de son ode à « la jeune captive », Chénier écrivit en prison une dizaine de poèmes violemment satiriques qu'il faisait parvenir à sa famille dans des paquets de linge sale, grâce à la complicité d'un geôlier soudoyé. Ce sont ses célèbres *Iambes*. Dans la poésie grecque et latine, un iambe est un pied composé d'une syllabe brève suivie d'une longue; il était employé surtout dans la satire. Par analogie, Chénier appelle *iambes* ses poèmes satiriques parce qu'y alternent les vers courts (octosyllabes) et longs (alexandrins). Dans ces cris d'indignation et de fureur impuissantes, Chénier fustige les « pervers », les « hideux scélérats » révolutionnaires qui vont bientôt l'assassiner. Dans le poème que nous reproduisons, l'un des plus connus des *Iambes*, Chénier s'en prend moins à ses bourreaux qu'à « ses amis oublieux » qui pourraient — peut-être — le sauver. Le terme d'« amis » comprend les membres de sa famille: l'intervention de son frère Marie-Joseph (†1811), grand personnage sous la Terreur, écrivain presque officiel et député à la Convention, aurait peut-être pu empêcher l'exécution. Après la Terreur, on reprocha à Marie-Joseph de n'avoir pas tout fait pour sauver son frère; il nia l'accusation. Faute de documents, on en est réduit aux conjectures. Il est curieux qu'ayant hérité des papiers d'André, Marie-Joseph n'en ait pas publié un mot.

Quand au mouton bêlant la sombre boucherie[14]
 Ouvre ses cavernes de mort,
Pâtres, chiens et moutons, toute la bergerie
 Ne s'informe plus de son sort.
5 Les enfants qui suivaient ses ébats dans la plaine,
 Les vierges aux belles couleurs
Qui le baisaient en foule et sur sa blanche laine
 Entrelaçaient rubans et fleurs,
Sans plus penser à lui le mangent s'il est tendre.

13. Alors que j'étais triste et captif. — 14. Ici, abattoir.

10 Dans cet abîme enseveli
J'ai le même destin. Je m'y devais attendre.
 Accoutumons-nous à l'oubli.
Oubliés comme moi dans cet affreux repaire,
 Mille autres moutons, comme moi,
15 Pendus aux crocs sanglants du charnier[15] populaire,
 Seront servis au peuple roi.
Que pouvaient mes amis? Oui, de leur main chérie
 Un mot à travers ces barreaux
20 Eût versé quelque baume en mon âme flétrie;
 De l'or peut-être à mes bourreaux...
Mais tout est précipice. Ils ont le droit de vivre.
 Vivez, amis; vivez contents.
En dépit de Fouquier[16], soyez lents à me suivre.
25 Peut-être en de plus heureux temps
J'ai moi-même, à l'aspect des pleurs de l'infortune,
 Détourné mes regards distraits.
A mon tour aujourd'hui mon malheur importune.
 Vivez, amis; vivez en paix.

15. Lieu où la viande est conservée. — 16. Au mépris de Fouquier (-Tinville), accusateur public du Tribunal révolutionnaire; c'est lui qui accusa Chénier d'être « ennemi du peuple ».

Matière à réflexion

Sur *La Marseillaise:*

En 1989 est né le comité *Pour une* Marseillaise *de la fraternité,* présidé par l'abbé Pierre. Sa mission: changer les paroles de l'hymne national français. Plusieurs personnalités s'y sont associées, dont le footballeur Michel Platini et Danielle Mitterrand, l'épouse du président. On parlait d'organiser un concours national pour choisir un nouveau texte. Après avoir suscité un mini-scandale, le projet commençait à languir un peu, lorsqu'en février 1992, pour la cérémonie d'ouverture des Jeux Olympiques d'hiver d'Albertville, *La Marseillaise* a été chantée *a capella* devant un milliard de téléspectateurs par une fillette de onze ans. Etait-ce l'âge de la chanteuse? la circonstance festive? Toujours est-il qu'ayant *écouté* à cette occasion les paroles qu'ils savaient déjà par cœur, un certain nombre de Français se sont aperçus que leur hymne national est un *chant de guerre.* « Peut-on appeler "aux armes" dans un stade olympique? » a demandé C. Ferauge (*Figaro* du 24 février 1992). La controverse a repris de plus belle, et elle continue encore.

Qu'est-ce, au juste, que l'on reproche à *La Marseillaise?*
• Les paroles en sont « belliqueuses, haineuses, guerrières, aggressives », etc.

• Le message en est « rasciste et xénophobe ». Ecoutons à ce propos l'abbé Pierre: « L'hymne d'une nation, c'est sa carte d'identité. Pouvons-nous admettre qu'elle soit tachée par l'évocation de "sang impur"? » (préface de *Pour une* Marseillaise *de la fraternité* de J. Toulat).

• Le texte de Rouget de Lisle est « anachronique ». L'abbé Pierre encore: « Les paroles sont-elles adaptées à notre temps? Le *Chant de guerre de l'armée du Rhin*, nom d'origine de notre hymne, est lié à des circonstances particulières, quand la nation était menacée par les forces coalisées. Aujourd'hui, devons-nous continuer à pourfendre ces "féroces soldats," cette "horde d'esclaves," ces "despotes sanguinaires," ces "tigres sans pitié"? » (*ibid.*).

• Garder les paroles serait impolitique: elles qualifient de « tigres » et de « traîtres » les ancêtres des partenaires de la France dans la future Union européenne.

La réplique ne s'est pas fait attendre. « Il ne faut pas toucher à *La Marseillaise*. Elle appartient à notre histoire. Or il faut éviter de tripatouiller [c'est-à-dire: altérer, truquer] le passé, » écrit Georges Suffert dans le *Figaro* du 3 mars 1992; de nombreux historiens ont émis le même avis.

Une variation de l'argument historique consiste à rappeler, avec Pierre Joxe, ministre de la Défense sous Mitterrand, que « les phrases de l'hymne étaient d'une actualité cruelle pour ceux qui ont connu l'Occupation » (*ibid.*). Pendant cette sombre période (1940–1944), les occupants allemands furent identifiés aux « cohortes étrangères », et les résistants français, à « nos jeunes héros » de l'hymne. Les Allemands ont interdit *La Marseillaise* en 1942, et bien des résistants capturés l'ont chantée au moment de leur exécution, ainsi qu'en témoignent de très nombreuses lettres adressées aux journaux par d'anciens résistants ou détenus. En voici un exemple: « En prison à Fresnes, j'ai été réveillé un matin à 5 heures par des camarades qui chantaient *La Marseillaise* alors qu'ils allaient être fusillés. Je ne puis encore aujourd'hui entendre notre hymne national sans être bouleversé en me remémorant ce matin-là. » Et un autre correspondant conclut: « Nous devons conserver le texte de notre hymne national en souvenir de nos morts » (*Figaro*, « Courrier des lecteurs » des 3 et 9 mars 1992).

Quel est le rôle d'un hymne national dans la vie collective d'un peuple? *La Marseillaise* est-elle toujours capable de remplir ce rôle? Une *Marseillaise* « pacifiée » pourrait-elle mieux le remplir? En prenant en considération tous les arguments esquissés ci-dessus, expliquez pourquoi, à votre avis, il vaudrait mieux (a) laisser *La Marseillaise* telle qu'elle est, ou bien (b) en modifier les paroles.

Sur Chénier:

1. *La Jeune Captive.* — (a) Etudiez les nombreuses images qui comparent la prisonnière à la nature. N.B.: parfois, comme dans la première strophe, elles sont explicites; ailleurs, comme aux vers 8–9 et 34–36, elles sont implicites. (b) Nous savons aujourd'hui, comme le savait le lecteur de 1795, que la « jeune captive » fut libérée et que le poète fut exécuté. Dans quelle mesure cette circonstance détermine-t-elle notre appréciation du poème?

2. *A ses amis oublieux.* — Le poème est divisé en deux parties inégales dont chacune présente l'un des termes d'une comparaison. Identifiez les parties et étudiez la comparaison. Le sarcasme de certains vers — v. 15–16, par exemple — est évident. Y a-t-il, à votre avis, du sarcasme dans l'exhortation des vers 21–22 et 28?

Appendice

Eléments de versification française

« C'est si joli, les vers: tatata, tatata, tatata, tatata »: ainsi parle la sous-préfète dans la comédie du *Monde où l'on s'ennuie* d'E. Pailleron. Faut-il préciser que l'auteur *se moque* de son personnage? Quelle parfaite philistine! Réduire les beautés de la poésie à « tatata... »! Etc. Et les spectateurs rient avec l'auteur.

La sous-préfète avait raison pourtant, et il serait difficile de mieux résumer l'essence du vers. Elle s'exprime d'ailleurs avec plus de précision que ses railleurs, puisqu'elle dit bien « les vers » et non pas « la poésie ». Il convient de ne pas confondre les deux termes: il y a des vers dépourvus de poésie, comme il peut y avoir de la poésie sans vers. La plupart des poètes ont choisi de s'exprimer en vers, mais ce choix ne fait pas le poète. La notion de *poésie* n'est peut-être pas impossible à définir, mais elle continue d'opposer aux assauts des critiques une résistance héroïque. L'analyse du *vers* présente bien moins de difficultés, et nous nous y bornerons dans les remarques qui suivent[1].

1. Le vers

1.1. L'essence du vers. — Qu'est-ce donc que le vers? Dérivé du latin *versus* (« sillon, ligne »), le mot est lié par son étymologie à l'idée de *retour:* le vers se répète comme se répètent les sillons alignés d'un champ labouré. Le vers est donc essentiellement une unité rythmique, le rythme n'étant autre chose que *le retour, à intervalles sensiblement réguliers, d'un effet sonore* (« tatata... »).

C'est le vers, et non la poésie, qui s'oppose à la *prose*. A en croire l'étymologie, la prose (du latin *prosa oratio*) est « un discours qui va de l'avant, tout droit,

1. Précisons tout de suite, pour prévenir d'éventuelles confusions, que le terme de *vers* a deux traductions en anglais: (a) le vers, « verse (in general) » (c'est dans ce sens qu'on oppose le vers à la prose); (b) un/des/les vers, « line(s) (of a poem) » (c'est dans ce sens qu'on dit « aux vers 3–6 de ce poème »).

qui avance sans entraves ». Le vers se distingue donc de la prose par les contraintes rythmiques auxquelles il est soumis et dont la prose est exempte. L'ensemble de ces contraintes s'appelle la *versification* [2].

1.2. Le vers anglais. — Quels effets sonores se répètent dans le vers? La réponse dépend de la langue en question. La langue anglaise, par exemple, étant fortement accentuée, son vers est *accentuel* : il a pour base un nombre fixe d'accents ou de groupes accentuels, appelés *pieds*. Le pied le plus employé en anglais est l'iambe (90% des vers), composé d'une syllabe inaccentuée suivie d'une syllabe accentuée (— /). Les vers suivants, du poème *To His Coy Mistress* d'Andrew Marvell,

> Had we but worlds enough and time,
> This coyness, lady, were no crime.

scandés ainsi (les syllabes accentuées sont soulignées):

> Had <u>we</u> I but <u>worlds</u> I e-<u>nough</u> I and <u>time</u>
> This I <u>coy</u> I ness <u>la</u> I dy <u>were</u> I no <u>crime</u>

sont des tétramètres iambiques (composés de quatre iambes). C'est le *nombre fixe des accents* qui détermine le vers anglais; le nombre des syllabes peut varier. Si, par exemple, le poète remplace le premier iambe d'un tétramètre iambique par un anapeste (— — /), ou le dernier par un amphibraque (— / —), la neuvième syllabe, dite « en surnombre », ne détruit pas le rythme du vers.

1.3. Le vers français: principe de base. — A la différence de l'anglais, le français est faiblement accentué. Il est vrai qu'on allonge quelque peu la dernière syllabe du mot ou du groupe accentuel — *petit; le petit enfant* —, mais cet accent est trop faible pour constituer le fondement rythmique du vers. Faute d'une accentuation suffisante, le vers français est *syllabique*: il repose sur *le nombre des syllabes qui le composent*. C'est donc selon ce nombre que l'on désigne les différentes sortes de vers français (et non pas, comme en anglais, selon le nombre et la nature des pieds). Les vers les plus anciens et les plus communément employés sont les vers de huit, de dix et de douze syllabes, appelés respectivement *octosyllabes*, *décasyllabes* et *alexandrins*.

1.4. Le compte des syllabes. — Le passage suivant, du *Cid* (1636) de Corneille, illustre ces trois types de vers; il y a en plus deux vers de six syllabes, ou *hexasyllabes*. (Le compte syllabique est indiqué entre parenthèses.)

1	Que je sens de rudes combats!	(8)
2	Contre mon propre honneur mon amour s'intéresse:	(12)
3	Il faut venger un père, et perdre une maîtresse:	(12)
4	L'un m'anime le cœur, l'autre retient mon bras.	(12)
5	Réduit au triste choix ou de trahir ma flamme,	(12)

2. Il s'agira dans cet *Appendice* des règles de la *versification traditionnelle*, lesquelles sont restées en vigueur, pour la plupart, jusqu'à la fin du XIX[e] siècle. Les vers « libre » et « libéré », affranchis plus ou moins des règles traditionnelles, seront discutés dans l'*Appendice* du Tome II.

6	Ou de vivre en infâme,	(6)
7	Des deux côtés mon mal est infini.	(10)
8	O Dieu, l'étrange peine!	(6)
9	Faut-il laisser un affront impuni?	(10)
10	Faut-il punir le père de Chimène?	(10)

« J'ai beau compter et recompter, » direz-vous, « je ne trouve au premier vers que sept syllabes, alors que la plupart de vos "alexdrandrins" n'en ont pour moi que onze. Quant aux hexasyllabes, le premier me semble trop long, et le deuxième trop court, d'une syllabe. Au dernier décasyllabe, il manque une syllabe, mais pour les deux premiers, le compte est bon. » Ici se pose la question capitale du *compte des syllabes*. Les règles en la matière, nombreuses et compliquées, se rapportent pour la plupart à deux cas: 1° l'*e* dit « muet », et 2° la rencontre de certaines voyelles à l'intérieur d'un mot.

1.4.1. L'*e* « muet ». — On appelle *muet* un *e* qui ne se prononce pas dans le langage courant. Dans la phrase suivante, les *e* soulignés sont muets: « J'insiste d'une façon un peu ridicule, mais j'ai mes raisons. » Les *e* qui sont muets en « prose parlée » ne le sont pas toujours dans la diction des vers. Tout dépend de ce qui les précède et de ce qui les suit.

1.4.1.1. L'*e* « muet » après consonne. — Les règles de la prononciation de l'*e* dit « muet » postconsonantique (après consonne) sont les suivantes.

1° Si l'*e* précède une consonne, il compte pour une syllabe. C'est le cas, par exemple, de l'*e* de *rudes* dans le premier vers du passage cité. On prononce ainsi, en huit syllabes:

Que | je | sens | de | ru | de(s) | com | bats

C'est aussi le cas de *contre* (vers 2), de *une* (vers 3), de *anime* et de *autre* (vers 4), de *triste* (vers 5), de *étrange* (vers 8) et de *père* (vers 10). Remarquez que la règle ne tient pas compte de la division du vers en *mots* : l'*e* devant consonne fait une syllabe, qu'il se trouve à l'intérieur d'un mot (*rudes*) ou en position finale (*contre*, *une*, etc.). L'*e* se prononce comme celui du mot *le* [e]. La syllabe ainsi constituée est toujours inaccentuée et se prononce le plus souvent avec encore moins d'intensité et de durée que les autres syllabes inaccentuées du vers. Mais elle est *prononcée* — sans quoi, on ne saurait parler de syllabe.

2° Si l'*e* précède une voyelle (ou un *h* muet), il ne compte pas; il s'élide — c'est-à-dire: s'efface, disparaît — devant la voyelle suivante. On dit alors qu'il y a *élision*. C'est le cas, par exemple, de l'*e* de *propre* (vers 2), qui s'élide devant l'*h* d'*honneur:* on prononce: « pro-pronneur ». Il y a également élision entre *père* et *et* (vers 3), entre *perdre* et *une* (vers 3) et entre *vivre* et *en* (vers 6).

3° A la fin du vers, l'*e* muet n'est jamais compté. Ainsi *s'intéresse* (vers 2) est-il prononcé en trois syllabes.

[1.4.1.2. L'*e* muet après voyelle.]³ — La situation se complique lorsqu'on considère le cas, bien moins fréquent, de l'*e* muet précédé d'une voyelle. Deux règles s'appliquent.

3. Les crochets indiquent une section moins importante et/ou plus technique que les autres; l'étudiant peut, sans trop d'inconvénients, passer à la section suivante.

1° A l'intérieur d'un mot, en syllabe non terminale et donc inaccentuée, l'*e* ne compte pas dans le vers. Dans *tu prieras*, l'*e* reste muet et les deux mots se prononcent en trois syllabes.

2° A la fin d'un mot, en syllabe terminale et donc accentuée, l'*e* muet est tout simplement interdit, sauf (a) s'il peut s'élider, c'est-à-dire s'il est suivi d'une voyelle, ou (b) s'il termine le vers. Dans les deux cas, il n'est pas compté. Le vers suivant, du *Cid*,

> Dis-moi, je te prie, une seconde fois

ne présente aucune difficulté: l'*e* de *prie* s'élide avec l'*u* suivant. Mais pour écrire *tu me pries*, il faudrait placer *pries* en fin de vers, puisque l's empêche l'*e* de s'élider. La même remarque s'applique au pluriel des substantifs comme *vie*. Cette règle curieuse a donc pour conséquence de bannir de l'intérieur du vers des catégories entières de mots. Quelques exceptions sont admises: les conditionnels et les imparfaits en *-aient*, ainsi que les subjonctifs présents *aient* et *soient*. Ces formes ne font qu'une syllabe, malgré l'impossibilité de l'élision de l'*e*.

1.4.2. La rencontre de certaines voyelles à l'intérieur d'un mot. — L'*e* muet n'est pas la seule voyelle à compliquer le dénombrement des syllabes: certaines voyelles sonores peuvent également poser problème lorsqu'elles se trouvent en contact à l'intérieur d'un mot. Dans la quasi totalité des cas, la rencontre de deux voyelles ne soulève aucune difficulté. Pour les combinaisons *eu, au* et *ai*, par exemple, il n'y a pas à hésiter: on prononce en une seule syllabe. Il en est ainsi de *honneur* (vers 2), de *faut* (vers 3, 9 et 10) et de *laisser* (vers 9), dans notre passage du *Cid*. Mais tout s'embrouille quand le premier élément de la série est un *i*, un *u* ou le groupement *ou*. Dans ces cas, on prononce parfois en une seule syllabe, parfois en deux[4]. On appelle *synérèse* la prononciation monosyllabique (en une seule syllabe), et *diérèse* la prononciation dissyllabique (en deux syllabes), de deux ou de trois voyelles contiguës du même mot.

Le choix entre synérèse et diérèse n'est pas toujours facile. La combinaison *ie(n)* dans *retient* du vers 4 est monosyllabique, comme dans *bien, rien, tien*, etc. Mais elle est dissyllabique dans *lien*, et dans *ancien* elle fait une ou deux syllabes, selon les besoins du vers. La combinaison *ui* est presque toujours monosyllabique, comme dans *réduit* du vers 5, mais elle est dissyllabique dans *ruine* et *fluide*. La situation semble anarchique, mais il y a en réalité de nombreuses règles, dont la plupart se réduisent à l'étymologie et à l'usage. La scansion avec diérèse de *hier* s'est imposée dans la versification lorsqu'au XVII^e la prononciation dissyllabique du mot était devenue la règle dans la conversation. Souvent, en revanche, l'étymologie résiste à l'usage et impose au vers une scansion archaïque. De nombreuses

4. Pourquoi le problème ne se pose-t-il que dans ces trois cas? Parce que ces trois voyelles se sont transformées au cours des siècles en semi-consonnes — i > [j]; u > [ɥ]; ou > [u] —, formant ainsi des *diphtongues* avec les voyelles suivantes. Une diphtongue (du grec *diphthoggos*, « double son ») est une voyelle prononcée avec un changement d'articulation et une variation de timbre: la voyelle de *lui*, prononcée [ɥi], par exemple. Une diphtongue est prononcée en une seule émission de voix et, normalement, en une seule syllabe. Mais il est possible, en forçant la séparation des deux parties du « double son », de prononcer en deux syllabes. Cette séparation ne se produit pas dans la prononciation courante, mais dans la diction (souvent un peu archaïsante) des vers, il y a bien une « option » phonétique; d'où le problème.

combinaisons qui étaient dissyllabiques en latin le restent dans le vers français, malgré l'évolution de la prononciation courante. C'est le cas, par exemple, de *io(n)*, qu'il faut prononcer avec diérèse dans tous les substantifs: *nati-on* a donc trois syllabes, *religi-on* en a quatre. Mais la même combinaison se prononce avec synérèse dans de nombreuses formes verbales: *nous passions* a trois syllabes... alors que *nos passi-ons* en a quatre!

Faut-il, pour scander correctement les vers, apprendre par cœur toutes ces particularités auxquelles les traités de versification traditionnelle consacrent d'habitude une dizaine de pages? Dans ce domaine où il semble y avoir autant d'exceptions que de règles, et où les règles varient d'une époque à l'autre, il y a heureusement un recours de facilité: au lieu de compter les syllabes en fonction des exigences phonétiques, on prononcera selon les exigences du compte syllabique. Supposons que vous hésitiez en scandant ces vers de Du Bellay (*Regrets*, XXXIII):

> Ainsi le marinier souvent, pour tout trésor,
> Rapporte des harengs en lieu de lingots d'or.

Puisque le verbe *nier* est dissyllabique, faut-il prononcer *marini-er*, en quatre syllabes? Le groupement *ieu* est parfois dissyllabique: *oubli-eux*, *envi-eux*, etc. Faut-il donc prononcer *li-eu* au deuxième vers? Ces diérèses feraient deux vers de treize syllabes dans un sonnet en alexandrins: la synérèse s'impose donc dans les deux cas.

2. La rime

2.1. La rime: fonction. — Le rythme, avons-nous dit plus haut, est le retour, à intervalles sensiblement réguliers, d'un effet sonore. La base rythmique du vers français, fondé comme il est sur la *mesure* (nombre syllabique), consistera donc, d'abord et surtout, dans *la répétition, d'un vers à l'autre, d'une même mesure* (ou des mêmes en alternance).

La mesure est néanmoins trop peu sensible, à elle seule, pour suffire au rythme. Il va de soi qu'en écoutant des vers, on n'en *compte* pas les syllabes; on *sent* plutôt qu'une même mesure se répète (ou que les mêmes alternent). Et plus le vers est long, plus l'oreille a du mal à en sentir la mesure. La mémoire auditive a ses limites, au-delà desquelles il faut que d'autres éléments rythmiques viennent soutenir et renforcer la mesure. C'est à cela que sert la rime: en marquant d'une ponctuation sonore la fin du vers, elle souligne la mesure et la rend plus sensible.

Les théoriciens traditionnels considéraient la rime comme absolument indispensable au vers français, au même titre que la mesure. Typique à cet égard, L. Quicherat affirme en 1850 « l'impossibilité de faire en français des vers sans rimes, ou vers *blancs* »; la rime, assure-t-il, « est le fondement et la condition de notre poésie » (*Traité de versification française*). Quicherat exagérait, bien entendu, et ce qu'il a donné pour impossible devait être tenté depuis lors par de très nombreux poètes. Mais il reste que la rime a toujours tenu en français une place plus importante que dans d'autres langues. L'anglais s'accommode très bien au vers blanc

(c'était le vers préféré de Milton et de Shakespeare); l'italien et l'espagnol également. Le français, par contre, en raison de sa faible accentuation, se passe difficilement de la rime; sa suppression semble rendre problématique la notion même du vers. « C'est sans doute, » concluent Molino et Gardes-Tamine, « que les fonctions que remplit la rime sont essentielles au vers français: elle est obligatoire, on est donc pour ou contre elle, mais on ne peut l'ignorer » (*Introduction à l'analyse de la poésie*, Tome I, 1982).

2.2. La rime: définition et classification. — On appelle couramment *rime* le retour du même son à la fin de deux ou de plusieurs vers. Ce « même son » étant un peu ambigu, les métriciens préfèrent la définition suivante: l'homophonie (identité sonore) de la dernière voyelle accentuée, ainsi que des consonnes, s'il y en a, qui la suivent[5]. Les rimes peuvent être classées selon 1° leur *qualité*, 2° leur *disposition* et 3° leur *genre*.

2.2.1. La qualité des rimes. — Considérées du point de vue de leur degré d'homophonie (nombre des sons identiques), les rimes sont *pauvres*, *suffisantes* ou *riches*.

La rime est *pauvre* — on dit aussi *faible* ou *insuffisante* — quand elle ne présente que l'homophonie de la dernière voyelle accentuée. Dans le passage précité du *Cid*, les vers 1 et 4 se terminent par une rime pauvre. Autres exemples: *feu/bleu; esprit/parti; imbu/rompu.*

La rime est *suffisante* quand elle présente deux homophonies. Dans le passage précité du *Cid*, les vers 5–6, 7–8 et 9–10 se terminent par une rime suffisante. Les sons identiques peuvent être ceux de la voyelle accentuée et de la consonne suivante (*manoir/soir*), ou bien ceux de la voyelle accentuée et de la consonne précédente (*banni/fini*).

La rime est *riche* quand elle présente trois homophonies ou davantage. Dans le passage précité du *Cid*, les vers 2 et 3 se terminent par une rime riche. Ici, il y a plusieurs possibilités (C = consonne; V = voyelle): CVC (*éclair/l'air*); CCV (*tordu/perdu*); VCC (*orge/forge*); VCV (*félicité/probité*). Les rimes comme *félicité/férocité* (CVCV) et *tintamarre/l'amarre* (VCVC), comprenant quatres sons identiques, sont qualifiées de *très riches*. Au-delà, les rimes dites « milliardaires » tournent au jeu de mots: *désir, idées/des irridées.*

On peut aller encore plus loin, et l'on s'est amusé à le faire. En témoignent les vers suivants, attribués à Marc Monnier:

> Etonnamment monotone et lasse
> Est ton âme et mon automne, hélas!

« La rime est tout le vers, » avait écrit en 1891 le poète et théoricien Théodore de Banville (*Petit Traité de poésie française*). De tels *holorimes* (« tout en rimes ») donnent à son affirmation un sens plutôt inattendu.

5. On ajoute « … ainsi que des consonnes, s'il y en a, qui la suivent » pour distinguer la rime de *l'assonance*, laquelle n'exige que l'homophonie de la dernière voyelle accentuée, qu'elle soit suivie ou non de consonnes différentes: *dire/bise; tournant/blanche*. Les premières chansons de geste étaient assonancées.

2.2.2. La qualité des rimes (suite). — C'est en considérant leur qualité *phonique* que l'on qualifie les rimes de pauvres, de suffisantes ou de riches. Et cela se comprend, étant donné que la rime n'est faite — n'existe même — que *pour l'oreille*. Mais la versification traditionnelle tient compte aussi, dans une bien moindre mesure, des exigences de *l'œil* et de *l'esprit*. Les rimes qui manquent de satisfaire l'un ou l'autre sont qualifiées de *défectueuses*.

1° Les exigences de l'œil. — Quand les vers sont lus aussi bien qu'écoutés, on estime qu'ils doivent présenter à la rime une certaine ressemblance orthographique. Les rimes suivantes sont donc interdites en raison des terminaisons dissemblables: *sort/bord*; *toujours/amour*, *témoin/moins*; *charment/arme* (verbe). Il est également interdit de faire rimer un substantif pluriel en -*s* ou en -*x* avec son singulier sans *s* ou *x* final: *charmes/arme*. Mais on admet *nous/doux*, parce que l'*s* et le *z* se prononcent identiquement devant une voyelle suivante. (Il est vrai qu'on ne fait pas la liaison en fin de vers; mais il est vrai aussi que la logique n'a rien à faire avec la rime pour l'œil.)

2° Les exigences de l'esprit. — La richesse phonique n'exclut pas forcément l'indigence intellectuelle. Une rime peut plaire à l'oreille et déplaire à l'esprit, lequel exige en la matière, estime-t-on, des surprises, de la variété et même une certaine difficulté. Ainsi s'explique l'interdiction des rimes dites *faciles* ou *banales*. Sont donc interdites:
• la rime d'un mot avec lui-même (à moins qu'il ne s'agisse en réalité de deux mots: *il tombe/sa tombe*; *pour lui/il a lui*);
• la rime d'un mot avec son composé (*prudent/imprudent*) ou de deux composés formés d'une même racine (*devenir/parvenir*);
• des paires associatives dont le premier membre appellerait immanquablement le second: *ombre/sombre*; *fille/famille*.

2.2.3. La disposition des rimes. — Les rimes peuvent s'agencer de plusieurs façons, dont voici les trois principales:

1° Quand un vers rime avec celui qui le suit immédiatement, la rime est *suivie* (ou *plate*). C'est le cas des vers 2 et 3 dans le passage du *Cid:*

> ... s'intéresse a
> ... maîtresse a

A l'exception de quelques « stances », dont notre passage est un exemple, *Le Cid* est composé tout entier en rimes plates: *aabbccddee...*

2° Quand deux vers rimant entre eux encadrent (« embrassent ») deux vers à rime plate, la rime est *embrassée*. C'est le cas des quatre premiers vers du passage:

> ... combats a
> ... s'intéresse b
> ... maîtresse b
> ... bras a

3° On appelle *croisées* les rimes qui s'entrecroisent, comme dans les quatre derniers vers du passage:

… infini	d
… peine	e
… impuni	d
… Chimène	e

D'autres combinaisons sont possibles, bien entendu, mais elles ne sont en réalité que des variations sur l'un de ces trois thèmes. Le schéma *abbaba*, par exemple, résulte du « croisement » d'une rime embrassée avec une rime croisée: *[ab {ba] ba}*. Quand plus de deux vers riment entre eux, comme dans le schéma précédent (*a* et *b* se répètent chacun deux fois), la rime est dite *redoublée*.

On appelle *mêlées* les rimes qui ne sont soumises à aucun schéma régulier. C'est le cas des *Fables* de La Fontaine.

[2.2.4. Le genre des rimes.] — On distingue traditionnellement entre les rimes *féminines*, dont la syllabe accentuée est suivie d'un *e* muet, et les autres, dites *masculines*. Dans le passage du *Cid*, les rimes *s'intéresse/maîtresse*, *flamme/infâme* et *peine/Chimène* sont féminines; les rimes *combats/bras* et *infini/impuni* sont masculines.

Précisons tout de suite que le « genre » de la rime ne dépend pas du genre grammatical des mots qui la composent. Il est vrai que la plupart des rimes féminines sont composées de mots féminins — d'où l'extension de sens —, mais c'est loin d'être toujours le cas. Deux mots féminins peuvent former une rime masculine (*maison/raison*); ou inversement, deux mots masculins peuvent former une rime féminine (*sable/érable*). Un mot feminin peut former avec un mot masculin une rime masculine (*eau/tombeau*) ou féminine (*colère/ père*). En matière de rime, c'est uniquement la présence ou l'absence de l'*e* muet final qui détermine le genre.

Pour comprendre la raison de cette distinction, il faut remonter au XVIᵉ siècle. A cette époque, les *e* que nous appelons *muets* étaient tous prononcés plus ou moins nettement: *rédui-te; patri-e; mépri-se*. Il pouvait en résulter une certaine monotonie quand les poètes alignaient de suite plusieurs vers terminés par une syllabe inaccentuée: *rédui-te/poursui-te; patri-e/flétri-e; mépri-se/franchi-se*… Aussi eut-on l'idée d'intercaler systématiquement une rime masculine entre chaque rime féminine, selon les schémas suivants (les rimes d'un genre sont soulignées): pour les rimes suivies, *aabbccdd*… ; pour les rimes embrassées, *abba*; pour les rimes croisées, *abab*. L'innovation réussit; on l'érigea en obligation. Ainsi naquit *la règle de l'alternance* (des rimes masculines et féminines). Son observance donne au passage du *Cid* la forme suivante: *abbaccdede*.

C'est paradoxalement au moment où la nouvelle contrainte s'impose, vers 1600, qu'elle commence à perdre sa raison d'être; la règle devient de plus en plus absolue au XVIIᵉ siècle, à mesure précisément que disparaît la diction qui l'avait fondée. En 1650, l'*e* inaccentué se prononce toujours, mais faiblement, à la fin du vers; en 1700, il semble s'être effacé à peu près complètement (les spécialistes ne sont pas d'accord). Au XVIIIᵉ siècle, on fera remarquer que *bal* se prononce exactement comme *balle*, que *hasard* rime très bien avec *fanfare*, et que, par conséquent, *la distinction des rimes masculines et féminines n'a plus aucune justification phonétique*. Les poètes continueront néanmoins, jusqu'au milieu du XIXᵉ siècle, à

maintenir scrupuleusement l'alternance, fondée désormais sur une distinction purement graphique. Chez les poètes qui l'observent encore aujourd'hui, il s'agit, en réalité, d'une espèce de rime pour l'œil[6].

N.B.: Lorsqu'on chante des vers *mis en musique*, il est d'usage, non seulement de prononcer l'*e* final des rimes féminines, mais de le détacher nettement et de le chanter sur une note différente. Songez, par exemple, à l'air de *La Marseillaise* (l'hymne national français):

> Allons, enfants de la Patri-e!
> Le jour de gloire est arrivé!
> Contre nous de la tyranni-e,
> L'étendard sanglant est levé!

Cette façon de chanter peut être considérée en même temps comme une survivance et une illustration de la vieille règle de l'alternance.

3. Le rythme accentuel

3.1. Rythme externe et rythme interne. — Le compte syllabique d'un vers, comme le son qui le termine, n'ont, en eux-mêmes, rien de rythmique: ils ne deviennent éléments du rythme qu'au moment où ils sont repris par un autre vers. C'est dire que la mesure et la rime, considérées par rapport au vers, sont des éléments rythmiques *externes*. Il faut y ajouter, pour compléter l'inventaire des ressources rythmiques, les cadences qui peuvent se présenter dans le corps du vers. Un même rythme interne peut se répéter de vers à vers et devenir de ce fait un élément du rythme externe; néanmoins il existe indépendamment d'une telle répetition.

3.2. Les accents. — C'est sur *l'accentuation* que repose le rythme interne du vers français. Il ne faudrait pas en conclure — comme on a tendance à le faire, et comme le font même certains spécialistes — que le rythme soit constitué par la seule présence d'accents. L'accentuation est une constante du langage et caractérise en français toute énonciation de plus d'une syllabe; elle est nécessaire au rythme, mais elle n'y suffit pas. Dans la phrase *Je vais à la gare pour récupérer mes bagages*, certaines syllabes portent naturellement un accent (de hauteur, d'intensité et surtout de durée), créant ainsi des *groupes accentuels* dont les limites sont déterminées par le sens, la syntaxe et les exigences de la syllabation[7]. Il ne s'agit pas pour autant de langage *rythmé*. Pour qu'il y ait rythme, à proprement parler, il faut que les accents reviennent *à des intervalles sensiblement réguliers*.

Comparez, à cet égard, le passage suivant du *Cid*:

6. Sur les tentatives de garder la vieille distinction sous une forme nouvelle, en tenant compte de la prononciation actuelle, voir l'*Appendice* du Tome II — 7. La syllabation du français est « ouverte ». Cela veut dire que la plupart des syllabes (80%) commencent par une consonne et se terminent par une voyelle (CV/CV...), *sans respecter les limites des mots*. Une consonne qui sépare deux voyelles (VCV) se détache de celle qui la précède pour former syllabe avec celle qui la suit (V/CV). Ainsi: *la mer bleue* → *la / mer / bleue*; mais *la mer à boire* → *la / me / r à / boire*.

> Si tu m'offres ta tête, est-ce à moi de la prendre?
> Je la dois attaquer, mais tu dois la défendre;
> C'est d'un autre que toi qu'il me faut l'obtenir,
> Et je dois te poursuivre, et non pas te punir.

Il suffit d'une première lecture à haute voix — à condition, bien entendu, que l'on prononce les *e* « muets », là où ils ne s'élident pas (voir §1.4.1.1.) — pour s'apercevoir de la *cadence accentuelle* de ces vers. (Les traits verticaux, appelés *barres de scansion*, indiquent la séparation des groupes accentuels. La dernière syllabe de chaque groupe, accentuée par définition, est soulignée. Les *e* entre parenthèses ne se prononcent pas.)

> Si tu <u>m'o</u> | ffres ta <u>têt</u>(e) ‖ est-c(e) à <u>moi</u> | de la <u>prendr</u>(e)?
> Je la <u>doi</u> | s attaqu<u>er</u> ‖ mais tu <u>dois</u> | la déf<u>endr</u>(e);
> C'est d'un <u>au</u> | tre que <u>toi</u> ‖ qu'il me <u>faut</u> | l'obte<u>nir</u>,
> Et je <u>dois</u> | te pours<u>ui</u> ‖ vr(e) et non <u>pas</u> | te pu<u>nir</u>.

Chaque vers de douze syllabes se décompose en groupes rythmiques *de longueur parfaitement égale:* 3 + 3 + 3 + 3 (les chiffres indiquent le nombre des syllabes comprises dans un groupe). Comme dirait la sous-préfète: « Tat<u>a</u>ta, tat<u>a</u>ta, tat<u>a</u>ta, tat<u>a</u>ta ».

De tels vers présentent le plus haut degré de rythme interne: aussi est-il rare d'en trouver plus de trois qui se suivent. Pour éviter la monotonie qui pourrait en découler, le poète aura soin, sciemment ou d'instinct, de varier la cadence en déplaçant les accents. Il ne jouit pas, pour ce faire, d'une liberté entière.

Les accents sont de deux sortes: ceux dont la place est imposée (*accents fixes*), et ceux dont la place est variable (*accents mobiles*). Dans l'alexandrin classique, il y a deux accents fixes: l'un à la dernière syllabe — c'est le cas de *tous* les vers —, et l'autre à la sixième. L'accent fixe à la sixième syllabe divise le vers en deux parties égales, appelées *hémistiches* (« demi-vers »). Chaque hémistiche comporte ordinairement un accent mobile, parfois deux, rarement plus.

Le jeu des accents fixes et mobiles permet au poète de maintenir, tout en l'assouplissant, le rythme interne du vers. Plusieurs possibilités se présentent. Le poète peut:

1° Maintenir la symétrie des hémistiches mais supprimer leur rythme interne; par exemple:

> Nouvelle dignité, fatale à mon bonheur! (2 + 4) + (2 + 4) (*Le Cid*)

2° Supprimer la symétrie des hémistiches en supprimant le rythme interne dans l'un d'entre eux; par exemple:

> A vaincre sans péril, on triomphe sans gloire. (2 + 4) + (3 + 3) (*Le Cid*)

3° Supprimer asymétriquement le rythme interne des deux hémistiches; par exemple:

> Adieu: ce mot lâché me fait rougir de honte. (2 + 4) + (4 + 2) (*Le Cid*)

Ce dernier cas présente l'extrême degré d'« assouplissement » de l'alexandrin traditionnel, puisque le rythme interne n'y est plus maintenu que par les deux accents fixes: 6 + 6 [8].

Quant aux vers de moins de douze syllabes, les plus importants sont le décasyllabe et l'octosyllabe. Dans la forme la plus employée du décasyllabe, un accent fixe frappe la quatrième syllabe et la dernière, divisant le vers en deux « hémistiches » inégaux dont le second a d'habitude un seul accent mobile: 4 + (3 + 3); 4 + (2 + 4), etc.

L'octosyllabe n'a pas d'accent fixe intérieur, mais il est assez court pour s'en passer: l'oreille n'a plus besoin d'un repère dans le corps du vers pour en saisir la mesure. Ce que les poètes avaient toujours senti a trouvé récemment une confirmation scientifique: des études expérimentales ont montré qu'au-dessus de huit syllabes, la mémoire auditive ne peut pas identifier le vers comme égal à d'autres de même mesure. Le vers doit donc être décomposé en segments perceptibles, et c'est là le rôle des accents fixes.

[3.3. Les coupes et les césures.] — Le rôle de l'accentuation dans la versification française est une découverte assez récente. Jusqu'au XIXe siècle, on avait parlé, non pas d'accents, mais de *coupes* et de *césures*. Un long usage a consacré ces termes qui reviennent dans toutes les discussions de la versification. Malheureusement, ils ont traversé les siècles avec un bagage étymologique et historique qui risque de nous induire en erreur aujourd'hui. Il convient donc de ne les employer qu'avec précaution.

Au Moyen Age, la récitation des vers longs comportait une pause non seulement à la fin, mais aussi après les accents fixes intérieurs. Le décasyllabe étant « coupé » ainsi après la quatrième syllabe, et l'alexandrin après la sixième, cette pause intérieure s'appelait, en toute logique, *coupe*. A partir du XVIe siècle, on préférait le terme *césure* (du latin *cæsura*, « coupure »), le mot de *coupe* étant réservé désormais aux pauses secondaires à l'intérieur de chaque hémistiche.

La césure — le mot et la chose — devait faire fortune. Elle fut incorporée dans la définition de l'alexandrin lorsqu'au XVIIe siècle furent codifiées les règles du vers. Depuis lors les traités de versification se sont fait écho: la césure, répète-t-on, est une « pause », un « repos », un « arrêt », une « supension » que l'on observe obligatoirement entre les sixième et septième syllabes. Aujourd'hui encore, cette définition et cette règle se trouvent dans bon nombre de manuels scolaires.

Puisque la césure est par définition une pause, elle ne peut pas séparer deux syllabes que la prononciation unit. C'est le cas, bien entendu, de deux syllabes du même mot, mais aussi de deux mots étroitement liés par le sens: verbe et adverbe, auxiliaire et participe passé, adjectif et substantif, etc.

Considérons maintenant, à la lumière de ces règles, ce passage de *Phèdre* (1677) de Racine:

8. Nous disons bien « ...de l'alexandrin *traditionnel* », lequel porte obligatoirement un accent sur la sixième syllabe. Dans l'alexandrin appelé *romantique* ou *trimètre*, dont l'usage s'est développé au XIXe siècle, deux accents, l'un à la quatrième syllabe et l'autre à la huitième, remplacent l'accent fixe au milieu du vers, lui donnant un rythme ternaire. Citons en exemple ce vers de V. Hugo: « Il vit un œil tout grand ouvert dans les ténèbres » (4 + 4 + 4). Voir l'*Appendice* du Tome II.

Phèdre

1 Ariane, ma sœur, de quel amour blessée

2 Vous mourûtes aux bords où vous fûtes laissée.

Œnone

3 Que faites-vous, Madame? et quel mortel ennui

4 Contre tout votre sang vous anime aujourd'hui?

Phèdre

5 Puisque Vénus le veut, de ce sang déplorable

6 Je péris la dernière et la plus misérable.

Aux vers 1 et 5, la ponctuation indique clairement le repos obligatoire après la sixième syllabe. C'est aussi le cas au vers 3: malgré l'*e* muet élidé, le point d'interrogation commande ou du moins permet un arrêt de la voix. La pause est également permise, au vers 4, entre *sang*, qui se rattache par le sens au premier hémistiche, et *vous*, qui se rattache au second.

Mais que devient la césure aux vers 2 et 6? Au vers 2, la consonne de liaison (*bords*) unit inséparablement le premier hémistiche au second. Il ne peut donc pas y avoir la moindre pause entre la sixième syllabe (*bor-*) et la septième (*s où*). Il en va de même au vers 6 où l'*e* élidé de *dernière* rattache le *r* final à la septième syllabe. Au vers 2, on prononce: *bor(d) / s ou*; et au vers 6, *derniè / r(e) et* (les traits obliques indiquent le passage du premier hémistiche au second). La conclusion qui s'impose, c'est qu'aux deux vers, la césure est parfaitement *inexistante* puisqu'elle consisterait à faire la pause *au milieu d'un mot*.

Faut-il ajouter que ce qui est vrai de la césure l'est d'autant plus de ces « pauses secondaires » que l'on appelle *coupes*? Selon la doctrine « officielle », les coupes suivent les accents mobiles dans les hémistiches comme la césure suit l'accent fixe au milieu du vers. Au vers 1, la coupe du premier hémistiche surviendrait donc, assez inopportunément, entre la troisième et la quatrième syllabe du mot *Ariane* (A-ri-*a*-ne)!

Il vaudrait mieux sans doute, afin d'éviter ces difficultés, cesser tout simplement d'employer les mots de *césure* et de *coupe*, et ne parler désormais que d'accents fixes et mobiles. Si l'on continue à les employer, on fera bien de leur prêter un sens nouveau; c'est ainsi que procèdent aujourd'hui la plupart des spécialistes, pour qui *césure* et *coupe* sont devenues synonymes respectivement d'accent fixe et mobile[9]. Et si l'on tient absolument à employer les termes dans leur sens traditionnel, il faut se rappeler que bon nombre de vers qui se conforment parfaitement aux règles ne sont ni « coupés » ni « césurés ».

4. Les strophes et les formes fixes

4.1. La strophe: définition. — Nous avons vu, à propos de la disposition des rimes (voir §2.2.3.), que les vers peuvent se grouper de plusieurs façons. On appelle *strophe* un groupe de vers formant un système complet de rimes. De cette définition découlent plusieurs conséquences:

9. Voir, par exemple, J. Mazaleyrat, *Eléments de métrique française* (1974), pp. 140ff.

1° La séparation de deux ou de plusieurs groupes de vers par un blanc typographique ne suffit pas pour en faire des strophes. Il peut y avoir des strophes sans séparation typographique, comme il peut y avoir une séparation typographique sans strophes.

2° Il ne suffit pas non plus que la disposition des rimes soient « fixe » ou « déterminée » (comme le disent un peu hâtivement certains manuels); il faut en outre qu'elle soit *structurée.*

3° Une strophe doit avoir au moins quatre vers. Un *distique*, ou couple de vers à rime plate, ne constitue pas un système. Il en va de même d'un *tercet*, ou groupe de trois vers: s'il est construit sur une seule rime (*aaa*), il y a succession sans système; s'il est construit sur deux rimes (*aab, aba* ou *abb*), dont une reste forcément solitaire, le système est incomplet.

4.2. Les strophes: classification. — La nomenclature des strophes est basée sur le nombre des vers qui les composent. On appelle ainsi *quatrains, quintils, sixains, septains* ou *huitains* les strophes formées respectivement de quatre, cinq, six, sept ou huit vers. Une strophe est *isométrique* si elle se compose de vers de même longueur, *hétérométrique* si elle se compose de vers de longueurs différentes.

Ce ne sont là que des premières indications, assez superficielles: on a très peu dit du *système* d'une strophe lorsqu'on n'a indiqué que le nombre et la mesure des vers qui la composent. Ce système — cette structure interne qui fait ou qui défait l'unité d'une strophe — dépend d'abord et surtout de la disposition de rimes. La définition complète d'une strophe comportera donc ces trois éléments: (a) le nombre des vers; (b) leur(s) mesure(s); et (c) l'agencement des rimes. A titre d'exemples: un quatrain isométrique de décasyllabes aux rimes embrassées, schématisé $a_{10}b_{10}b_{10}a_{10}$; un quatrain hétérométrique composé d'alexandrins et d'octosyllabes aux rimes croisées, schématisé $a_{12}b_8a_{12}b_8$. Les possibilités nombreuses que présente déjà le quatrain se multiplient à mesure que la strophe s'allonge.

Le quintil se construit sur deux rimes dont une est redoublée. Les formes les plus fréquentes sont *abaab* et *aabab.* Les autres sont moins bonnes parce que moins unies. Les dispositions *ababa* et *abbab*, par exemple, présentent un quatrain complet suivi d'une rime entendue déjà deux fois et qui n'est plus attendue.

Le sixain se construit parfois sur deux rimes (*aabaab*), mais bien plus souvent sur trois (*aabccb*). On estime que ces deux formes sont les meilleures parce que les deux tercets sont étroitement reliés par la rime en *b*. Du septain, il existe également des formes mal liées (*abbaccc*, par exemple, qui n'est qu'un quatrain traînant derrière lui un tercet monorime); et des formes parfaitement unies (*aabcccb* et *ababccb*, par exemple).

Au-dessus de sept vers, le problème de l'unité strophique devient plus difficile à résoudre. Il y a de faux huitains formés du voisinage typographique de deux quatrains complètement indépendants: *ababcdcd.* Dans la forme *ababbcbc*, les deux quatrains, quoiqu'indépendants, sont reliés par la rime en b. La forme *aaabcccb* vaut encore mieux, parce que les deux moitiés, prises individuellement, sont incomplètes.

C'est à tort que l'on appelle *strophes* la plupart des groupements de plus de huit vers (« neuvains, dizains, onzains », etc.): ce ne sont là le plus souvent que des créations typographiques nées de la suppression d'une ligne de blanc. Comme le dit M. Grammont, « une strophe ne doit pas être composée de plusieurs parties

589

qui, isolées, constituerait une strophe plus petite ou un système complet. Ce défaut [...] est à peu près inévitable lorsqu'on groupe ensemble neuf vers ou davantage » (*Petit Traité de versification française*).

4.3. Les formes fixes. — La strophe est une contrainte de plus à laquelle le poète accepte parfois de se soumettre. Il peut couler tout un poème dans une seule strophe, ou reproduire indéfiniment la même forme strophique. Dans ce dernier cas, la strophe se transforme en élément rythmique au même titre, mais à un niveau supérieur, que les accents, la mesure et la rime.

Le poète désireux d'aller encore plus loin dans la voie de la soumission composera des poèmes dits *à forme fixe*. Comme leur nom l'indique, les poèmes à forme fixe sont « réglés » d'un bout à l'autre et dans tous leurs aspects formels. Non seulement le type des strophes, mais aussi leur nombre et leur ordre sont donnés d'avance; il s'agit pour le poète de couler son inspiration (ce qu'il en reste) dans ce moule étroit. Parmi les nombreux genres à forme fixe cultivés au Moyen Age, dont certains étaient d'une complexité invraisemblable, citons pour mémoire le lai, le virelai, le rondel et la ballade[10]. Presque tous furent abandonnés à la Renaissance, pour être remplacés par le sonnet, nouvellement importé d'Italie[11]. Après sa première vogue au XVIe siècle, le sonnet devait atteindre un nouvel apogée dans la deuxième moitié du XIXe siècle.

Les genres à forme fixe ne sont pas en faveur aujourd'hui, et cela se comprend: ils représentent la « réglementation » du langage poussée au plus haut degré. Si la prose est un discours qui « avance sans entraves » (voir §1.1.), les formes fixes ne sont-elles pas « l'anti-prose » par excellence? Comment les poètes contemporains pourraient-ils s'y accommoder, rebelles comme ils sont aux contraintes du vers traditionnel? Il est naturel qu'ils aient choisi pour instruments le vers libre, le verset et la « prose poétique ».

5. Remarques sur la diction des vers

5.1. Lire et dire. — Savoir lire les vers, c'est d'abord, c'est peut-être surtout savoir les *dire*. Le vers est rythme, ou il n'est pas. Et le rythme, pour se sentir, doit avant tout *s'entendre*. Il y a, certes, l'audition intérieure, pour laquelle nous sommes diversement doués. Parfois nous devons nous contenter de la parole muette, mais elle ne suffit presque jamais pour goûter pleinement les vers — ni même, à en croire les poètes, pour les composer.

5.2. Mal dire et bien dire. — Mais comment faut-il *dire* les vers? Ici, les opinions sont partagées. Selon les uns, la diction des vers doit ressembler autant que possible à celle de la prose. Selon les autres, il faut, en prononçant les vers, respecter leur caractère spécifique.

— Mais pourquoi, demandent les premiers, y aurait-il deux façons de prononcer, l'une pour la vie courante et l'autre pour « la Poésie »? Faites-vous les diérèses quand vous vous entretenez avec votre voisin de la pluie et du beau temps? Prononcez-vous les *e* muets quand vous commandez de la viande chez le boucher?

10. Le rondel et la ballade sont représentés dans ce volume; pour une esquisse des règles qui les définissent, voir *Avant de lire*, pp. 146–147. — 11. Pour les règles du sonnet, voir *Avant de lire*, p. 189.

Je gagerais qu'à ces moments-là vous êtes loin de vous soucier du « compte des syllabes ». Pourquoi vous en donner la peine dès qu'il s'agit de vers? La diction des vers ne devrait-elle pas, comme c'est le cas en anglais, imiter la prononciation de tous les jours? Prenez, par exemple, au hasard, un vers de *Phèdre:* « Que ces vains ornements, que ces voiles me pèsent! » Cette phrase a *dix* syllabes. Les règles auxquelles vous tenez, en l'étirant jusqu'à douze, vous imposent une prononciation archaïque et *artificielle.*

— Artificielle, certes, comme l'art lui-même. Chaque art d'ailleurs a ses conventions et comporte de ce fait un degré de stylisation. L'art des vers n'est pas une exception. Je vous accorde que la diction des vers n'est pas celle de la conversation. Je vous rappellerais seulement que l'on ne converse pas en vers. Personne ne peut, certes, vous obliger à dire des vers. Mais si vous en dites, vous êtes obligé de les dire selon les règles qui ont présidé à leur composition. Sinon, vous leur enlevez *leur caractère de vers.* Prononcer en dix syllabes votre phrase de *Phèdre,* c'est non seulement fausser le vers, c'est en détruire le rythme interne et externe, c'est en faire une chose boiteuse et malvenue. Si vous ne *sentez* pas cela, vous feriez peut-être mieux de vous en tenir à la prose: elle est moins « artificielle », et elle vous suffira chez le voisin et le boucher.

Laissons là-dessus nos deux interlocuteurs; leur dispute n'est pas près de s'éteindre. Elle divise aujourd'hui en France les metteurs en scène de pièces classiques: le premier point de vue domine au Théâtre National Populaire; le second, à la Comédie-Française. On peut juger à l'œuvre les deux styles dans un film bien connu aux Etats-Unis: le *Cyrano de Bergerac* de J.-P. Rappeneau (1989). Gérard Depardieu, dans le rôle de Cyrano, prononce comme de la prose les vers de Rostand, alors qu'Anne Brochet, dans le rôle de Roxanne, s'astreint à une diction traditionnelle.

5.3. L'enjambement et le rejet. — Un problème particulier se pose en ce qui concerne la diction à observer *à la fin des vers.* En règle générale, on y fait une pause; comme le mot à la rime et comme l'accent fixe final, cet arrêt de la voix sert à renforcer l'unité du vers et à le séparer nettement du vers suivant. Là-dessus, tout le monde est d'accord. Mais faut-il *toujours* observer cette pause? Ici, les opinions se partagent, selon que l'on admet, ou non, des exceptions à la règle.

Quelles exceptions pourraient se justifier? Quand le vers présente un sens plus ou moins complet, la question ne se pose même pas: on fait la pause parce qu'il semble naturel de la faire. Toutefois, le débit normal n'admet pas d'arrêt au milieu de certains groupes syntaxiques, composés de mots étroitement liés par leur sens. La pause est exclue, par exemple, entre 1° un sujet et son verbe, ainsi qu'entre 2° un verbe et son complément d'objet direct. Si un tel groupe, commencé dans un vers, ne se termine qu'au début du vers suivant, on dit qu'il y a *enjambement* (parce que le sens « enjambe » les deux vers). On appelle *rejet* le(s) mot(s) « rejeté(s) » au début du second vers.

En voici deux exemples. Dans le premier, de Du Bellay (Sonnet VII des *Antiquités de Rome;* voir p. 203), le verbe (*fassent*) est séparé de son sujet (*bâtiments*):

> Et, bien qu'au temps pour un temps fassent guerre
> Les bâtiments, si est-ce que° le temps °pourtant
> Œuvres et noms finablement° atterre. °finalement

Le verbe *atterre*, ainsi que le complément d'objet direct *Œuvres et noms*, sont eux aussi séparées de leur sujet. On estime pourtant qu'il n'y a pas enjambement à proprement parler quand les mots reportés au second vers le remplissent tout entier. Il y a bien enjambement dans les vers suivants de *Phèdre*, puisque le complément d'objet direct (*Un*) du verbe (*laissez*) n'occupe que la première syllabe du second vers:

> Mais tout n'est pas détruit, et vous en laissez vivre
> Un… Votre fils, seigneur, me défend de poursuivre.

Dans ces exemples, la fin du vers sépare ce que le sens unit. Un choix semble s'imposer donc. Faut-il privilégier le sens ou la mesure? Respecter l'un, n'est-ce pas sacrifier l'autre?

Le dilemme s'aggrave à mesure que les enjambements s'enhardissent. Ceux des classiques semblent bien timides à côté des audaces du XIX^e et du XX^e siècles. On séparera l'adjectif du substantif: « … marcheurs/Mystérieux… » (Hugo); le substantif de l'article: « … les/Sept péchés… » (Verlaine); et même la préposition de son complément: « … devant/Votre table… » (Banville). On ira, par fantaisie, jusqu'à couper en deux le mot à la rime: « … ther-/Momètre… » (Derème).

Si difficile et si peu naturel qu'il soit d'observer la pause en tels cas, certains estiment qu'il faut toujours subordonner le sens à l'unité du vers. « Quand il y a conflit entre le mètre [mesure] et la syntaxe, » affirme, intransigeant, M. Grammont, « c'est toujours le mètre qui l'emporte, et la phrase doit se plier à ses exigences. Tout vers, *sans aucune exception possible*, est suivi d'une pause plus ou moins longue » (*Le Vers français*).

« Sans aucune exception possible », c'est beaucoup dire. Tout en applaudissant à son respect du vers, nous trouvons néanmoins que Grammont exagère. Considérons, par exemple, les deux vers de *Phèdre*, cités ci-dessus. La jeune fille qui parle est sur le point de dénoncer la femme de son interlocuteur. Oubliant son devoir de ne rien dire, elle *doit* prononcer « Un » dans l'élan du vers précédent. Puis, tout à coup, elle se ravise et s'arrête. Il y a bien une pause obligatoire, mais elle survient, non pas à la rime, où elle viderait de leur sens les deux vers, mais *après* « Un ». C'est ce qu'indiquent clairement les points de suspension. Il est vrai qu'en supprimant le repos, on affaiblit l'unité des deux vers. Mais ne peut-on pas la maintenir suffisamment en insistant sur la rime riche *vivre/poursuivre*? Et n'est-ce pas ainsi, « au cas par cas », qu'il faut résoudre la question de la pause finale[12]?

12. H. Morier serait sévère pour nous. Il ne s'explique pas qu'« il se trouve des "lettrés" pour prononcer *Mais tout n'est pas détruit, et vous en laissez vivre un…* » (*Dict. de poétique et de rhétorique*, article « Enjambement »).

Index des auteurs et des œuvres

N.B.: Les auteurs sont classés dans l'ordre alphabétique; les œuvres sont présentées dans l'ordre de leur apparition dans *Littérature française*.

594